# La France invisible

### Ouvrages de Stéphane Beaud

*Guide de l'enquête de terrain*, avec Florence Weber, La Découverte, Paris, 1997, 1998, 2003.

*Retour sur la condition ouvrière*, avec Michel Pialoux, Fayard, Paris, 1999, 2004.

*80 % au bac... et après ? Les enfants de la démocratisation scolaire*, La Découverte, Paris, 2002, 2003.

*Pays de malheur ! Un jeune de cité écrit à un sociologue*, avec Younès Amrani, La Découverte, Paris, 2004.

### Ouvrage de Joseph Confavreux

*Égypte*, avec Alexandra Romano, La Découverte, Paris, 2007.

### Ouvrage de Jade Lindgaard

*Le b.a. ba du BHL. Enquête sur le plus grand intellectuel français*, avec Xavier de la Porte, La Découverte, Paris, 2004.

Sous la direction de
*Stéphane Beaud,*
*Joseph Confavreux*
*et Jade Lindgaard*

# La France invisible

**La Découverte / Poche**

9 *bis*, rue Abel-Hovelacque
75013 Paris

Cet ouvrage a été précédemment publié en 2006 aux Éditions **La** Découverte.

**S** i vous désirez être tenu régulièrement informé de nos parutions, il **vous** suffit de vous abonner gratuitement à notre lettre d'information bimen-suelle par courriel, à partir de notre site **www.editionsladecouverte.fr,** où vous retrouverez l'ensemble de notre catalogue.

ISBN    978-2-7071-5374-6

# Introduction

S ans les tentes distribuées par Médecins du monde aux SDF parisiens, l'été 2006 n'aurait pas connu de polémique sur l'hébergement d'urgence. Un sans-domicile est-il plus visible et moins « acceptable » mis à l'abri qu'étendu sur un trottoir ? Pourquoi, jusqu'au procès en octobre 2005 des parents Cartier, jugés pour avoir voulu donner la mort à leurs enfants et effectivement tué l'un d'entre eux, le surendettement n'était-il que le problème de la Banque de France ? Avant que des stagiaires ne couvrent leur visage d'un masque blanc anonyme, qui s'inquiétait de la dépendance de son entreprise au travail gratuit des jeunes précaires ? Si le collectif de chercheurs et enseignants de Jussieu n'avait mené campagne contre la présence d'amiante dans le bâtiment universitaire, qui se serait soucié de l'intoxication des ouvriers qui l'ont construit ? Il a fallu cinq morts le 29 septembre 2005 aux abords des enclaves espagnoles de Ceuta et Melilla pour que les Européens se rendent compte que la Méditerranée était devenue un cimetière sans sépulture pour les migrants du Sud.

Le monde social semble ne poser question qu'à partir du moment où il est rendu visible sur un mode spectaculaire. Faut-il une scène, parfois tragique, pour que des phénomènes sociaux massifs soient repérés, identifiés et éventuellement pris en compte ? À coups de statistiques simplifiées et de déclarations sentencieuses, personnalités politiques, instituts de sondage, publicitaires, éditorialistes, syndicalistes, polémistes, chercheurs et journalistes participent, volontairement ou non, par manque d'ambition, d'outils ou d'intérêt, à la construction d'une représentation biaisée de la société française. À force d'être « routinisée » par des catégories ou des concepts trop lourds ou trop datés, la société semble être devenue illisible.

Un sentiment de décalage profond prend alors corps entre le vécu des Français et ses représentations dans les discours politiques, médiatiques, statistiques lors de surgissements électoraux et sociaux : Jean-Marie Le Pen au second tour des présidentielles en 2002, le « non » au référendum du 29 mai 2005 sur le traité constitutionnel européen, les émeutes de banlieue de novembre 2005, l'inquiétude de l'avenir incarnée par la contestation du CPE au printemps 2006... Car à ces événements répond la poursuite tranquille d'un ordre institutionnel et d'un agenda politique et social inchangés. Cet écart est encore accentué par le contraste entre l'inflation des outils de connaissance du monde social (multiplication des supports médiatiques, des « centres d'étude », des « observatoires », et des enquêtes et recherches en sciences sociales) et la pauvreté des solutions proposées aux crises de la société française. La profusion d'informations aujourd'hui a des effets paradoxaux en termes de transparence : elle s'apparente davantage à un kaléidoscope borgne qu'à un cadre pertinent d'analyse.

Ce livre propose une autre voie que la déploration « décliniste », l'inquiétude sécuritaire, la rage verbale incantatoire ou le refoulement souriant. Il constitue un dispositif d'urgence, pour une situation d'urgence sociale, dans le but de proposer d'autres grilles de lecture à un pays qui donne l'impression de ne plus savoir ce qu'il est, tout en se croyant transparent à lui-même. Face au sentiment que le corps social se défait, il tente d'en comprendre les raisons.

À certains égards, *La France invisible* emprunte à la démarche du magazine *Fortune* qui, à l'été 1936, demanda au photographe Walker Evans et au journaliste et poète James Agee de parcourir les routes américaines pour rendre compte d'un pays négligé et méconnu, au sortir de la crise de 1929. Le livre issu de leur enquête, *Louons maintenant les grands hommes* [1] avait pour objectif de donner à voir au grand public la condition humaine des métayers frappés par la crise.

---

1  Walker EVANS et James AGEE, *Louons maintenant les grands hommes. Alabama : trois familles de métayers en 1936*, Pocket, Paris, 2003.

Pour le lecteur, *La France invisible* fera également écho à *La Misère du monde*[2] : il s'agit en effet, là aussi, de donner la parole à des personnes et des groupes peu écoutés en tant que tels, de faire entendre une parole encore largement inaudible treize ans après la parution de l'ouvrage dirigé par Pierre Bourdieu. Sans prétendre rééditer un ambitieux projet, dont le moteur intellectuel et le soutien financier – signe des temps – paraissent aujourd'hui bien absents, *La France invisible* part du constat que non seulement les souffrances de positions sociales décelées par *La Misère du monde* ne se sont pas éteintes, mais que les souffrances de condition ne cessent de s'accroître. Toutefois, s'il s'agit de faire en creux le tableau d'une majorité réduite au silence, *La France invisible* n'est pas la seule France de la misère. Les processus d'occultation concernent aujourd'hui toutes les catégories sociales ou presque, même s'ils touchent davantage les plus fragiles.

Alors que *La Misère du monde* était le fruit d'une enquête scientifique de grande ampleur, *La France invisible* tente ici une autre voie, celle de construire un dispositif d'investigation sociale et d'écriture inédit : une succession d'enquêtes menées par des journalistes, des chercheurs et des écrivains pour produire des articles accessibles, inspirés et encadrés par les dernières recherches en sciences sociales.

Cette forme de collaboration, peu courante dans l'édition, trouve son origine dans une double déception. Celle des chercheurs qui explorent depuis longtemps les nouvelles questions sociales sans réussir à modifier sensiblement les termes du débat public – à l'exception de ceux qui, organisés en *think tanks*, possèdent les moyens et le prestige pour imposer leurs analyses dans les grands médias et auprès du personnel politique. Celle des journalistes – ceux qui se font encore de leur métier une certaine conception, nourrie de curiosité et de rigueur – qui se lamentent sur la réduction des pages « société », trop souvent assignées à un folklore minoritaire ou à des petites narrations de faits divers.

Les chercheurs ont accepté de sortir de leur tour d'ivoire et de leur jargon méthodologique pour prendre en compte l'apport des enquêtes de journalistes ou d'écrivains ; et ces derniers ont accepté le recours aux sciences sociales, en demandant en amont aux spécialistes de pointer les angles morts de leurs terrains d'étude et les aveuglements de l'opinion publique en la matière. Écrivains, journalistes, chercheurs : au-delà de leurs divergences de méthodes et d'approches, ils croient finalement en la

---

2    Pierre BOURDIEU (dir.), *La Misère du monde*, Seuil, Paris, 1993.

force de la *description* et dans sa capacité à soulever les couvercles idéologiques.

Le croisement volontaire et construit des écritures et des approches devrait permettre d'appréhender autrement notre société, de lui donner plus de relief et de contrastes. C'est à travers les récits de trajectoires singulières que peuvent surgir parfois des indices des nouvelles coordonnées d'un monde social devenu illisible.

## Les invisibles comme miroir collectif

L'ouvrage est constitué de deux parties. La première donne à voir comment vivent les groupes et personnes « invisibles », à travers une trentaine de catégories ordonnées par ordre alphabétique. Chaque enquête (ou presque) est suivie d'un entretien avec un spécialiste qui éclaire les enjeux, politiques et scientifiques, des récits et portraits [3].

La seconde partie est constituée d'interventions plus analytiques sur les raisons de l'invisibilité, selon trois axes : la critique des modes de connaissance du monde social ; ses représentations biaisées ; les transformations de la question sociale.

Qui sont ces invisibles ?

On trouve d'abord les invisibles *variables d'ajustement* : des populations, plus ou moins paupérisées, qui ne semblent plus exister dans l'espace public que sous la forme de statistiques et de flux. Ces populations, dont les fluctuations sont régulièrement commentées sur un mode qui rappelle la météo (ça « monte », ça « baisse »…), sont devenues un élément habituel du décor social : « abîmés et contaminés », « sans-emploi », « expulsés », « gens du voyage », « habitants des taudis », « Rmistes », « sans-domicile », « expulsables », « surendettés ». Les pouvoirs publics organisent vers eux un système de transferts sociaux qui comporte de plus en plus de trous. Ils ne sont pas matériellement abandonnés, mais sont devenus les dégâts collatéraux acceptables d'un système économique qui en tire parfois parti. On est passé de la « question sociale » à la « gestion sociale ». De l'habitude à l'indifférence, on perd vite de vue la réalité de la vie derrière les étiquettes.

On trouve ensuite les *hommes et femmes sans qualité*, tous ceux dont les difficultés ne sont pas prises en compte car ils se situent en dehors de la

---

3  Dans les enquêtes, le nom des personnes, voire des lieux, a parfois été changé, afin de garantir le respect de l'anonymat.

cartographie institutionnelle des politiques publiques et de l'aide sociale. Ni sans-papiers, ni sans-logis, ni sans-travail, ni sans-famille, ils ne correspondent pas aux nouveaux visages de la grande précarité et ne sont pas constitués en tant que minorités. Leur situation n'est ni complètement subie ni totalement choisie. Ils sont « salariés déclassés », « dissimulés », « démotivés », « femmes à domicile », « gars du coin », « éloignés », « intermittents du travail », « privatisés », « précaires du public », « pressurés ».

Il faut également tenir compte des *victimes des nouvelles violences sociales*, produites par des politiques publiques spécifiques plus ou moins récentes, par des comportements d'administrations et par l'évolution de l'économie dans son contexte mondialisé. Vécues sur un mode individuel, elles sont pourtant communes à un grand nombre de personnes. Mais l'absence de conscience de cette dimension collective accroît pour l'individu ou le ménage concerné le poids de l'épreuve. C'est le cas des « sous contrôle », « disparus », « jeunes au travail », « oubliés de la santé », « rénovés », « travailleurs de l'ombre », « sous-traités ».

Il y a enfin les *invisibles masqués par les images toutes faites*, tous ceux qui sont, de manière paradoxale, d'autant moins connus et compris que l'on parle davantage d'eux. Ils font l'expérience, à un niveau local et individuel, de phénomènes globaux qui sont identifiés en tant que tels, mais dont l'articulation avec la vie concrète des personnes qui les endurent est caricaturée ou traitée sur un mode uniquement compassionnel. Le meilleur exemple en est la situation des « discriminés » : la lutte contre les discriminations est devenue un sujet prioritaire pour gouvernants et médias. La question a occupé un tel espace dans le débat public qu'on pourrait croire le problème désormais réglé. Pourtant, dans le concret des salles d'audience des palais de justice, il est toujours aussi difficile de faire reconnaître juridiquement les discriminations et condamner ceux qui en sont responsables. Dans cette famille de ceux dont le vécu est occulté ou déformé, on trouve aussi les « délocalisés », les « handicapés », les « banlieusards », les « stagiaires », les « prostituées » et les « drogués ».

Les invisibles ne sont donc pas les « nouveaux prolétaires » : ils n'ont souvent rien à voir les uns avec les autres et sont de ce fait difficiles à percevoir. Ils ne forment pas une classe sociale homogène ni même des catégories sociales étanches. Pourtant, tout au long de l'enquête, beaucoup des personnes rencontrées se sont reconnues dans la notion d'invisibilité, entendue non pas comme une catégorie sociologique, ni comme un statut qui ouvrirait des droits particuliers, mais comme une situation et un ensemble de processus qui conduisent à un sentiment de non-reconnaissance et de mépris social.

Chaque sujet abordé dans ce livre pourrait faire – et devrait faire – l'objet d'un livre à part entière. Les portraits, enquêtes et analyses qu'on va lire ne dressent pas un tableau exhaustif de la France d'aujourd'hui. Ils en dessinent surtout les parts d'ombre, les trous noirs et les zones frontières.

De fait, on peut cumuler les manières d'être invisible : être à la fois « sous contrôle », « banlieusard », « rénové » et « précaire du public », « intermittent du travail », « jeune au travail » et « éloigné ». De la même façon, on n'est pas « pressuré » à vie, ni « sous-traité » pour le restant de ses jours. Mais, à certains moments de leur existence, ces personnes font l'expérience d'un type de rapport au travail, à la santé, à la famille, au logement, aux loisirs, à l'éducation, qui peut avoir des effets destructeurs sur l'estime de soi et le regard des autres. Elles échappent d'autant plus à la représentation que la société se fait d'elle-même que les situations vécues sont ordinaires. Banalité qui rend *a priori* le récit de vie moins émouvant et donc moins recherché. C'est le pari inverse que nous avons voulu tenir avec *La France invisible*.

Dans *Homme invisible, pour qui chantes-tu ?*[4], l'écrivain américain Ralph Ellison invente en 1952 un narrateur invisible aux autres et à lui-même : un jeune homme Noir dans le Sud ségrégationniste des États-Unis. « Je suis invisible, comprenez bien, simplement parce que les gens refusent de me voir. Comme les têtes sans corps que l'on voit parfois dans les exhibitions foraines, j'ai l'air d'avoir été entouré de miroirs en gros verre déformant. [...] Cette invisibilité dont je parle est due à une disposition particulière des yeux des gens que je rencontre. Elle tient à la construction de leurs yeux internes, ces yeux avec lesquels, par le truchement de leurs yeux physiques, ils regardent la réalité. » Son personnage devient une figure éveilleuse de conscience et un miroir collectif, héros emblématique du mouvement à venir des *civil rights*.

Autre époque, autre cadre. À la fin des années 1990, le mouvement des « invisibles » italiens se crée après que le maire de Milan, élu du parti de la Ligue du Nord, a traité les occupants d'un centre social évacué de « fantômes ». Reprenant l'insulte pour la retourner, ces « invisibles » aux yeux du pouvoir revêtent alors des tuniques blanches (*tute bianche*) pour signaler la présence de chômeurs, travailleurs précaires et immigrés dans

---

4    Ralph Ellison, *Homme invisible, pour qui chantes-tu ?*, Grasset, Paris, 2002.

leurs rangs lors des occupations de théâtres, de ministères et de plateaux de télévision qu'ils organisent. Les combinaisons jetées, une fois utilisées, symbolisent les millions d'invisibles abandonnés par l'économie italienne.

Dans un cas, l'invisibilité comme absence à soi-même et négation de sa condition sociale de dominé. Dans l'autre, un geste revendicatif constitué par le sentiment de ne pas être pris en compte. C'est entre ces deux registres que se situe *La France invisible*.

Lors d'un entretien, en cours d'enquête pour ce livre, le membre d'un collectif d'aide aux exilés confie que, pour lui, « aujourd'hui, le combat démocratique, c'est largement un combat pour l'interrupteur : le politique éteint le projecteur et les militants essaient de le rallumer ». Pourtant, les personnes interrogées dans ce livre ne se sentent pas, pour la plupart d'entre elles, engagées dans des luttes politiques. Ce sont surtout d'autres sentiments qu'elles expriment :

– sensation de honte : « Si vous déposez un dossier à la Banque de France, vous changez de catégorie humaine, vous vous retrouvez en marge de la société, rejeté de la société de consommation. Vous êtes mort », explique un surendetté qui refuse de solliciter l'aide de l'État pour s'en sortir ;

– sentiment d'échec personnel, peur de déranger, découragement, méconnaissance de ses droits, difficulté à entretenir des contacts avec les services sociaux : « Je préfère me retrouver cul nul dans la rue plutôt que demander secours. C'est sans doute le côté "petit orphelin" de l'assistance publique », commente un allocataire potentiel du RMI qui refuse d'en faire la demande ;

– isolement, intime conviction que l'injustice est inévitable : « Dès mon arrivée, j'ai bien vu que tous les Blancs étaient aux postes à responsabilité, et tous les Blacks et les Beurs à la chaîne de montage, mais pour moi c'était normal », se souvient un tourneur entré à l'usine au début des années 1980 ;

– matraquage de l'habitude : « Je me fais contrôler depuis que j'ai douze, treize ans. C'est une éducation qu'ils nous ont donnée », analyse un jeune médiateur de banlieue ;

– impossibilité de faire valoir ses droits quand l'administration qui en ouvre l'accès est inaccessible : « Quand j'ai voulu déposer une demande de HLM, la mairie m'a répondu : "Vous, les gens du foyer, vous n'êtes pas prioritaires pour les appartements", je n'y suis jamais retourné », raconte le résident d'un foyer de travailleurs.

Le conseiller d'un responsable politique explique dans ce livre [voir p. 478] que « ce qui a donné des informations ces dernières années, ce sont d'abord les mouvements politiques et sociaux ». Pourtant, on n'a encore jamais vu de manifestations de déclassés protestant contre leur déclassement, ni de victimes des inégalités de santé défiler dans la rue pour un meilleur accès au service public hospitalier. Et bien imprudent celui qui croirait pouvoir déceler un vote homogène des « femmes à domicile », des « vieux pauvres » ou des « handicapés ».

À l'inverse, la réticence des acteurs politiques à considérer les émeutes de l'automne 2005 comme une forme inaboutie de mouvement social a par ailleurs démontré le degré de sélection qu'ils opèrent dans les événements qu'ils choisissent ou non d'entendre. Interrogé sur France Info, l'ancien Premier ministre socialiste Lionel Jospin, à la question : « Que pensez-vous de l'idée d'organiser un Grenelle des quartiers populaires ? » s'est ainsi fendu d'une réponse sans appel : « On ne va pas recevoir les délégués de ceux qui mettent le feu aux voitures ! » De son côté, le député UMP Pierre Lellouche croyait entendre le prétendu cri de détresse des classes moyennes chez les « victimes » de l'impôt sur la fortune : « J'ai déposé ce matin même une proposition de loi visant à exonérer l'habitation familiale de l'impôt sur la fortune. Cette initiative a pour but de mettre fin à une taxation inique et dans certains cas confiscatoire qui frappe les familles et les classes moyennes de notre pays. » En France, 250 000 personnes seulement sont soumises à l'impôt sur la fortune...

## ▓▓▓▓ Jusqu'où rendre visible ?

Dans les sociétés totalitaires, la clandestinité a toujours été le dernier refuge. Dans une société avide de contrôle et de normes, le souci d'être invisible – exprimé à travers un droit au secret, la revendication d'une part d'ombre ou le simple respect de la vie privée – reste le vecteur nécessaire de l'autonomie, des résistances et de l'affirmation de soi. La visibilisation peut être, aussi, une vulnérabilisation. Ainsi les sans-papiers veulent être visibles collectivement, mais invisibles individuellement. Pour reprendre les termes du philosophe foucaldien Mathieu Potte-Bonneville interrogé dans la première partie de l'ouvrage, il existe aujourd'hui une « inversion de l'axe de visibilité du pouvoir ». Nous n'avons plus affaire à un pouvoir qui se donne à voir et à des individus anonymes, mais à un pouvoir qui se retire dans l'opacité – pas besoin que quelqu'un se trouve derrière la caméra de vidéosurveillance pour qu'elle ait un effet de contrôle – et qui cherche à mettre en lumière l'individu, et obtenir de lui un maximum de données.

Alors pourquoi chercher à rendre visible ? D'abord pour obtenir de la reconnaissance. On a mis beaucoup de temps à prendre en compte l'existence des « travailleurs pauvres », parce que les outils d'analyse et le manque d'intérêt pour cette réalité sociale ne permettaient pas d'envisager ce phénomène qui semblait une contradiction dans les termes. En matière d'éducation, même si l'on préférerait croire collectivement que chacun a les mêmes chances d'accéder aux études supérieures, il faut bien admettre qu'il existe une multitude de barrages camouflés et socialement différenciés. De même, les minorités dites « visibles » ne le sont guère, précisément parce que le refus des statistiques et des politiques publiques de les dénombrer contribue à leur manque de représentation politique et professionnelle.

Mais ce qui pèse le plus, c'est surtout de ne pas être pris en compte. L'existence d'invisibles dans une société qui dispose d'innombrables outils pour se connaître invite à repenser la question des usages sociaux des dispositifs d'action publique et des institutions. Les politiques publiques, les discours médiatiques, les courbes statistiques produisent des effets, symboliques ou matériels, sur la vie des personnes concernées. Des effets souvent involontaires : la rénovation urbaine n'a pas été pensée pour permettre aux maires de se débarrasser de leurs pauvres, l'État français n'éloigne pas les étrangers en situation irrégulière pour briser leurs familles, les entreprises n'ôtent pas des responsabilités à certains de leurs employés pour les faire tomber en dépression, la génération du baby-boom n'a pas souhaité que ses enfants galèrent plus qu'elle... Prendre la mesure de ces effets passe inévitablement par la capacité à repenser les processus de décision, en incluant d'une manière ou d'une autre la parole des populations concernées : « gens du voyage » sur leurs conditions d'installation ; « intermittents du travail » dans la réflexion sur l'éventualité de la création d'un revenu minimum d'existence ; « délocalisés », « démotivés », « disparus », « sans-emploi », « femmes à domicile », « précaires du public », « pressurés » dans l'élaboration des politiques d'emploi ; « habitants des taudis », « handicapés », « relégués », « rénovés » dans les politiques de logement et de transport...

Cela invite à repenser la place du citoyen non plus comme simple objet de politiques, de stratégies et de discours, mais aussi comme usager critique et responsable des institutions, des médias, des statistiques, des syndicats... L'exigence de visibilisation, comprise à la fois comme un mode de connaissance *et* de reconnaissance, comme un savoir *et* un pouvoir, suppose donc une forme de participation mutuelle, qui n'est ni la simple concertation destinée à valider de manière « citoyenne » des décisions prises en amont, ni le seul intérêt pour ce qui nous concerne de manière directe.

Qu'est-ce qu'une société où même les privilégiés (professions libérales, cadres, enseignants, etc.) s'estiment victimes d'injustices [5] ? Penser le monde social en termes de reconnaissance ne doit pas prêter le flanc à cette forme de banalisation politique de plus en plus courante que constitue une pensée psychologisante du corps social, où l'on se contente d'écouter les souffrances, de médicaliser les comportements.

Ce livre part donc du vécu des individus auxquels il donne la parole. Il ne constitue pas la simple chambre d'écho d'une parole dominée, mais une proposition de retournement des dissymétries, déformations et occultations qui parcourent l'univers social. Afin de reformuler à terme des sentiments (d'exclusion, de mépris, de discrimination, etc.) en discours et actions politiques.

Stéphane Beaud, Joseph Confavreux, Jade Lindgaard.

---

5    François DUBET, *Injustices, l'expérience des inégalités au travail*, Seuil, Paris, 2006.

# I

## Récits
## Enquêtes
## Portraits

# Accidentés et intoxiqués au travail

## Quand le travail tue à petit feu

La branche Accidents du travail et maladies professionnelles de la CNAM (Caisse nationale d'assurance maladie) a indemnisé 1,4 million d'accidents du travail et reconnu près de 40 000 nouveaux cas de maladies professionnelles, en 2004. Selon leur gravité, ils peuvent entraîner de simples indemnisations, des arrêts temporaires, des incapacités permanentes de travail ou des décès [1]. Accidentés ou intoxiqués dans le cadre de leur travail, de nombreux salariés doivent interrompre leur carrière ou, quand ils le peuvent, bifurquer vers d'autres professions. D'autres, beaucoup plus nombreux, souffrent en silence. Il y a deux catégories d'accidentés et d'intoxiqués au travail : ceux qui sont reconnus comme tels et ceux qu'on laisse dans l'ombre.

Le scandale de l'amiante a joué un rôle important dans la sensibilisation à la question des risques professionnels, ce qui explique en partie la progression du nombre de maladies professionnelles reconnues ces dernières années (progression de 184 % entre 1997 et 2003). Mais,

---

[1]  Pour les accidents du travail en 2004 : environ 700 000 indemnisations sans arrêt de travail, 692 000 arrêts temporaires, 52 000 incapacités permanentes et 626 décès. www.risquesprofessionnels.ameli.fr.

toutes les études le montrent : les chiffres officiels continuent de sous-estimer l'ampleur du phénomène [2]. Ainsi, là où les épidémiologistes parlent de 20 000 cancers professionnels par an, la CNAM n'en reconnaît annuellement que 1 500 [3]. Un chiffre qui paraît assez mince quand on sait que 13,5 % des salariés (soit 2 370 000 personnes) sont exposés à des produits cancérogènes sur leur lieu de travail, selon les chiffres du ministère du Travail [4].

De multiples facteurs expliquent cette sous-estimation : manque de sensibilisation des professionnels de santé, insuffisance des connaissances scientifiques pour déterminer les causes des maladies, sous-déclaration de la part des salariés qui craignent pour leur emploi... Mais c'est surtout la façon dont est organisé le système d'indemnisation qui pose problème. Les employeurs sont, en pratique, à la fois juge et partie : il est donc extrêmement difficile pour un salarié de faire reconnaître le caractère professionnel de sa maladie.

### Lionel : la boulangerie, l'asthme, l'enseignement

C'est à vingt-sept ans que le père de Lionel a dû abandonner. Contraint et forcé, il a troqué son tablier contre un bleu de travail. Asthmatique, le boulanger est devenu ouvrier, à la chaîne, dans l'industrie automobile.

La farine est la première cause d'asthme professionnel reconnue en France [5]. Ingrédient inoffensif à première vue, elle fait des ravages dans les ateliers des boulangeries. Les boulangers, enfermés pendant des heures dans des locaux souvent exigus, en inhalent des quantités à tous les stades de la production : frasage, division, fleurage, laminage, etc. Ce contact permanent avec la poussière – car c'est elle plus que la composition chimique de la farine qui est en cause – provoque rhinites et asthme. Écoulements nasaux insupportables et crises d'essoufflement à répétition : nombreux sont les boulangers qui doivent abandonner le métier.

---

2   Voir le « Rapport de la commission d'évaluation 2005 sur le coût des accidents du travail » (www.securite-sociale.fr).

3   « En France, 20 000 cas de cancers par an sont d'origine professionnelle », *Le Monde*, 23 mars 2006.

4   « Les expositions aux produits cancérogènes », *Premières synthèses informations*, DARES, juillet 2005 (www.travail.gouv.fr).

5   La farine est à l'origine d'un quart des asthmes professionnels reconnus.

Le père de Lionel donc a dû abandonner, alors que Lionel n'était pas encore né. Mais il est resté fidèle à sa première passion :

> « Il avait tellement d'amis qu'on passait notre temps dans les boulangeries quand on était petits, se souvient Lionel, les yeux pétillants. On allait même voir le fournil ! L'odeur des fournils, vous connaissez ? C'est incomparable ! C'est peut-être à cause de cette odeur que j'ai pris cette voie-là... »

Le père a légué sa passion à son fils. Lionel est devenu boulanger. Malheureusement, le fils a aussi hérité de gènes particulièrement sensibles, un « terrain familial favorable », comme disent les spécialistes. Les mêmes causes produisant parfois les mêmes effets, le jeune boulanger a été frappé d'asthme et de rhinite après seulement quelques années de métier. Il a longtemps essayé de garder le silence et de faire comme si de rien n'était. Puis, n'y tenant plus, il a dû se résoudre à porter un masque « pour limiter un peu la casse ».

Conscient du risque qu'il prenait en suivant la voie paternelle, Lionel avait prévu ce qu'il appelle une « sortie de secours ». Son CAP en poche, il a poursuivi ses études en maîtrise. Bien lui en a pris, ce sont ces études supplémentaires qui lui ont permis d'éviter la « sortie de route », lorsque le médecin lui a annoncé en 1998 qu'il ne pourrait plus travailler en boulangerie. Lionel est devenu enseignant, en boulangerie, au Centre de formation des apprentis de la faculté des métiers de l'Essonne. Celui qui « faisait » jadis des kilos de farine, reste aujourd'hui à bonne distance du vilain produit, se contentant d'enseigner, de loin, les ficelles du métier aux apprentis boulangers.

S'il affiche la mine réjouie de ceux qui s'en sont sortis, son sourire se fige lorsqu'on lui demande de raconter sa reconversion professionnelle. Un moment angoissant :

> « Le médecin aurait pu refuser que je reste dans la boulangerie, même comme professeur ! Dans ces moments-là, on se demande ce qu'on va devenir. Livreur ? Chauffeur ? »

Estimant qu'il s'en est « finalement bien sorti », il énumère les avantages de sa situation actuelle : grasses matinées, vacances prolongées, vie de famille. Mais, on sent la déception entre les mots. Celle de n'avoir pu ouvrir sa propre boulangerie, le rêve de tous les gens du métier, le sien et celui de son père.

Lionel nous fait visiter les locaux flambant neufs de la faculté des métiers. Il nous explique, parce qu'on le lui demande, les meilleures manières d'éviter les projections de farine. Mais le sujet ne l'intéresse pas

**Accidentés et intoxiqués au travail**

beaucoup. Il embraye rapidement sur les meilleures recettes, les temps de cuisson et l'art de la décoration boulangère. Photo de ces dernières réalisations en main, Lionel devient tout à coup intarissable. Dans les immenses cuisines, quelques apprentis en blouse blanche se font la main sur de la pâte à choux.

Au cours de la visite, Lionel nous présente Stéphane, le prof de pâtisserie. Lui aussi souffre de la farine. « Il ne fait pas d'asthme, précise Lionel. Mais il a des crises de rhinite encore plus fortes que les miennes. » Et, comme Stéphane n'est pas pris en charge par la Sécurité Sociale, c'est Lionel qui lui fournit les médicaments :

> « Les jours où je fais des démonstrations devant les élèves, je suis obligé de me shooter au Zyrtec, s'amuse Stéphane en se prenant la tête dans la main. Sinon je ressemble à Elephantman ! » Et les élèves ? « On les prévient quand on voit des signes avant-coureurs de maladies, répond Lionel. Il vaut mieux quitter le métier à seize ans qu'à trente. Il vaut mieux arrêter... quand on n'a pas encore commencé. »

## ▒▒▒▒▒▒ Daniel, un ouvrier en col blanc

« À l'époque, je n'étais pas plus inquiet que ça. J'étais comme tout le monde, je ne portais pas le casque, je ne portais pas de lunettes. » Daniel raconte ses souvenirs de chantiers, à Fos-sur-Mer dans les années 1970. La sécurité n'était alors une priorité ni pour les patrons ni pour les ouvriers :

> « Parfois même, on se faisait plaisir avec la grue, se souvient-il. Il y avait la chute libre : le gars nous laissait tomber avec la nacelle de 25 ou 30 mètres et il nous rattrapait avec le frein. »

Le temps de l'insouciance s'est brutalement arrêté pour Daniel, dans une fonderie, un jour de 1981. Un axe en fer lui écrase la main droite et lui sectionne quatre phalanges. Après une longue convalescence et d'indicibles souffrances, sa main reste à jamais handicapée. Malgré les greffes qui masquent quelque peu la mutilation, il ne peut plus plier les doigts :

> « Je ne vous cache pas que je n'aime pas présenter ma main. J'ai longtemps hésité à serrer la main des gens. Il y a toujours les poignes de fer... et puis, il y a un petit peu de honte aussi. On ne devrait pas, mais on a toujours un peu honte. »

Avec un taux d'invalidité fixé à 40 %, le premier obstacle que Daniel doit franchir après son accident est celui que lui tendent ses patrons. Ils veulent le licencier pour inaptitude médicale :

> « Ils m'ont dit : "Vas à la Cotorep [Commission technique d'orientation et de reclassement professionnel], ils vont s'occuper de toi, ils vont te reclasser", se souvient Daniel. Ça, c'est un peu dur, surtout qu'à la Cotorep, il n'y a pas beaucoup d'emplois, pas beaucoup de beaux emplois en tout cas, parce que les patrons qui prennent des emplois Cotorep sont surtout intéressés par les gros avantages qu'il y a derrière. Aller à la Cotorep, ça veut dire quitter le monde réel, le monde du boulot pour entrer dans le monde des handicapés. Alors, quand ils m'ont dit ça, j'ai bondi : "C'est hors de question, je suis chez vous, je reste chez vous !" »

Daniel obtiendra gain de cause. Après quatre mois de stage, on lui confie un poste de « responsable sécurité » sur les chantiers.

C'est l'époque, le début des années 1980, où certaines entreprises commencent timidement à se soucier des accidents du travail et à comprendre qu'elles perdront moins d'argent à prévenir les risques qu'à financer une armée d'éclopés. Pris dans cette révolution culturelle balbutiante, et placé sous les ordres d'un cadre très intéressé par ces questions, Daniel change d'optique. Il suit des conférences et des formations, et se passionne pour la prévention des risques professionnels. Le vocabulaire de Daniel évolue lui aussi. Celui qui ne mettait pas de casque quelques années plus tôt est maintenant chargé de « faire respecter le port des protections individuelles » sur les chantiers et de mener des « campagnes de sensibilisation sur les gestes et postures ». Cette position ambiguë ne plaît pas à ses anciens collègues :

> « Quand vous reprenez un poste où vous dépendez uniquement du patron, les syndicats voient ça d'un mauvais œil, souligne Daniel. Ils n'aiment pas qu'on impose des choses, ils n'aiment pas qu'on réprimande les ouvriers. »

S'il lui a permis de rester dans le « monde du travail », le « recyclage » de Daniel l'a donc propulsé aux frontières de deux mondes, entre cols blancs et cols bleus. Chargé de faire respecter la sécurité des ouvriers à la demande des patrons, Daniel utilise instinctivement la métaphore footballistique : « C'est comme un arbitre sur un terrain, c'est dur, mais si on ne tire pas le carton jaune de temps en temps, chacun fait un petit peu ce qu'il veut. »

S'il regrette que beaucoup d'ouvriers rechignent à intégrer les bons réflexes, l'arbitre sait bien que les patrons ne jouent pas franc jeu. La prévention des accidents de travail ? C'est certes pour le bien des ouvriers, mais c'est aussi une habile stratégie des patrons pour se protéger, remarque le « responsable sécurité », bien conscient qu'il peut à tout moment devenir un coupable idéal :

> « Dans les bureaux, on fait beaucoup de papiers, note-t-il. Mais, sur le chantier, on n'a pas le temps de suivre. Il faudrait mettre une planche sur cet échafaudage ? Pas le temps ! La pression qui est mise sur les gars, elle n'est marquée nulle part dans les papiers ! Alors les patrons sont tranquilles... »

L'accélération des cadences se double d'une terreur permanente chez les ouvriers :

> « Tous les gars aujourd'hui, ils ont peur d'être virés. Alors ils ne vont pas aller déclarer un tour de rein ! Ils savent très bien qu'il y a plein de gens qui attendent pour prendre leur poste et que les patrons n'hésiteront pas une seconde pour les remplacer. Les gars souffrent en silence mais ils ne l'avoueront jamais. Et puis, les gens sont fiers dans le monde ouvrier, malgré tout, fiers de ce qu'ils peuvent faire. Et ils n'osent pas déclarer qu'ils ne peuvent pas faire ci ou ça. »

Après avoir longtemps alterné les « casquettes » de chef de chantier et de responsable de la sécurité, Daniel a quitté la Provence pour la Normandie, et est définitivement passé du côté des bureaux. Mais celui qui a « commencé tout en bas » continue de s'identifier au monde ouvrier dont l'a éloigné une barre de fer trop tranchante. Par fierté, il n'a jamais pris une journée de repos pour apaiser sa souffrance. Pour éviter d'être refoulé, il n'a jamais parlé de son handicap à un employeur : « Mon patron actuel m'a embauché par téléphone et je ne l'ai vu qu'une fois depuis, il ne sait rien de mon accident. »

Ses collègues ne lui font pas plus de remarques, même s'ils jettent parfois un œil discret sur sa main droite. « Je suis comme tout le monde, conclut l'ouvrier en col blanc, presque comme tout le monde. »

## ▰▰▰▰ André, la difficile reconnaissance d'une maladie « professionnelle »

« Un gros point d'interrogation. » Au bout du fil, le docteur Coué, médecin à Espéraza, laisse notre question en suspens. Mais il n'a pas l'air mécontent qu'on l'appelle. Car la même question le taraude depuis quelque temps. Y a-t-il un lien entre les produits chimiques utilisés à Efisol et les maladies dont souffrent plusieurs anciens salariés de cette entreprise ? La rumeur circule à Espéraza et dans les villages environnants. Le docteur Coué, qui compte deux anciens salariés d'Efisol dans sa clientèle, veut pour sa part rester prudent :

« Je ne sais pas si l'on peut faire des statistiques, explique-t-il, mais c'est vrai que mes deux patients ont des cancers graves, et pas très courants... »

Petite ville de 2 000 habitants, Espéraza a connu son heure de gloire dans l'entre-deux-guerres. Capitale française du chapeau de feutre, ses quatorze usines faisaient, à l'époque, travailler 3 000 ouvriers. Mais, après guerre, la plupart des usines ont disparu, victimes de la mode des têtes nues. D'autres, comme celle que l'on connaît aujourd'hui sous le nom d'Efisol, ont été reconverties, à la fin des années 1960. Rachetée par un entrepreneur local, l'usine de chapeaux est devenue une usine de poly-uréthane expansé, une mousse isolante utilisée notamment dans la fabrication des véhicules frigorifiques.

C'est ainsi que Jacques, André, Simone, René et Louis ont été embauchés, au tournant des années 1970. Âgés d'une vingtaine d'années, parfois moins, ils n'étaient pas mécontents de trouver un emploi dans cette région sinistrée. Peu leur importaient les conditions de travail et les produits chimiques qu'ils utilisaient continuellement :

« À l'époque, c'était pas moderne comme c'est maintenant, se souvient l'un d'entre eux. C'était tout manuel. Les bidons de 200 litres, on tirait, ça tombait par terre, on mettait dans les cuves et on mélangeait... »

Trente ans plus tard, et alors que la plupart d'entre eux ont été licenciés ou mis en préretraite au fil des ans, Jacques, André, Simone, René et Louis sont atteints de cancers. Trois vessies, un rein et un foie. Selon les médecins, certains d'entre eux n'ont plus longtemps à vivre. Et tous se souviennent de leur collègue, Georges, décédé d'un cancer il y a quelques années, au terme d'une carrière très similaire à la leur.

À les écouter, on comprend qu'une sorte d'accord tacite a longtemps régné autour de l'usine, pourtant classée Seveso (à risque) : silence sur la santé contre maintien de l'activité. Une équation classique qui fut implicitement reconduite à chaque changement de propriétaire et à chaque vague de licenciements. Car l'usine d'Espéraza, rachetée par Elf-Aquitaine dans les années 1970 puis par Efisol dans les années 1980, subit de plein fouet la concurrence internationale, très rude dans le secteur du polyuréthane. Les effectifs ont fondu, passant de cent quarante salariés au milieu des années 1970 à dix-huit seulement, trente ans plus tard. Et ce n'est qu'aujourd'hui, alors que l'usine semble définitivement condamnée, que les langues commencent à se délier.

Ce sont les riverains de l'usine qui ont, les premiers, fendu le silence. Fatigués du bruit nocturne et des odeurs nauséabondes provoqués par l'usine, ils ont commencé à se manifester, avec le soutien de quelques associations écologistes de la région. Alertée, la Direction régionale de l'industrie, de la recherche et de l'environnement (DRIRE) a mené une enquête dont les conclusions sévères ont définitivement fait exploser le compromis local. Refusant d'investir pour mettre l'usine aux normes, comme l'exigeait la DRIRE, les dirigeants d'Efisol ont préféré contourner le problème. Ils ont annoncé, fin 2005, la fermeture de l'usine.

Du côté des salariés atteints de cancer, c'est André, le plus jeune des cinq malades, qui a « remué le souk », comme il dit, le jour où, en avril 2005, il a découvert sa maladie. Des dizaines de séances de chimiothérapie et des heures de recherches sur Internet plus tard, il est convaincu que ce sont les produits qu'il a utilisés pendant ses trente ans de carrière à l'usine qui sont responsables du « mal sournois » qui le ronge. Il cite des composés chimiques aux noms assez obscurs pour le profane (« amines aromatiques », « isocyanates », « chlorure de méthylène », « polyol », etc.) et entend bien faire reconnaître son cancer comme maladie professionnelle. Une démarche qui ressemble à un parcours du combattant, comme il a pu s'en rendre compte il y a quelques mois, lorsque sa demande a été rejetée par la Sécurité sociale. « Il est très difficile de faire reconnaître une maladie professionnelle, admet la direction des risques professionnels de la CNAM à Paris. Surtout quand l'exposition aux produits date de plusieurs années et quand l'entreprise a changé de main. Il faut recueillir des archives ou des témoignages. C'est très compliqué. » André, qui a dressé la liste des produits qu'il a manipulés tout au long de sa carrière, a constaté qu'elle ne correspondait pas à celle qu'a fournie la direction d'Efisol lors de l'examen de son dossier par la Sécurité sociale :

> « Aucun des produits que nous utilisons ne correspond aux tableaux des maladies professionnelles [établis par la CNAM], explique tranquillement la responsable des ressources humaines, au siège parisien d'Efisol. Ils veulent nous faire porter le chapeau parce qu'on est en période de licenciements. »

Les cancers, insiste-t-elle, s'expliquent par le « tabagisme » et même l'« alcoolisme » des salariés, et non par l'exposition aux produits utilisés dans la fabrication du polyuréthane.

Admettons que les produits actuellement utilisés par Efisol ne soient pas en cause [6]. Comment savoir, en revanche, quels produits ont été utilisés avant le rachat de l'usine par Efisol, au début des années 1970 par exemple, à l'époque où Jacques, André, Simone, René et Louis ont débuté leur carrière ? Les témoignages recueillis auprès des salariés lors de l'enquête de la Sécu n'ont pas été plus concluants. « Ils ont peur pour leur prime de licenciement, conteste simplement André, alors ils se taisent. » Les dix-huit salariés rescapés des plans de licenciements successifs continuent, en d'autres termes, à respecter le compromis tacite qui régnait jusque-là : le travail ou la santé.

De fait, la fermeture annoncée de l'usine a brisé la solidarité ouvrière, provoquant une fissure entre, d'une part, les salariés toujours en poste, qui luttent en priorité pour leur reclassement et leur prime de licenciement, et, d'autre part, les ex-salariés malades, qui veulent avant tout faire reconnaître le caractère professionnel de leur cancer. Les licenciés contre les intoxiqués, en quelque sorte. Triste bras de fer.

Les démarches individuelles étant vouées à l'échec, Jacques, André, Simone, René et Louis se sont constitués en association pour faire jouer le poids du nombre. Ils entendent ainsi avoir une réponse satisfaisante à une question qui pourrait bien faire pencher la balance en leur faveur : pourquoi y a-t-il autant de cancers chez les anciens salariés de leur usine ?

« Personne, malheureusement, ne peut jamais déterminer avec certitude la cause unique d'un cancer, confie un médecin du service d'urologie de l'hôpital de Carcassonne qui a traité les cancers de trois anciens salariés d'Efisol. Mais, en ce qui concerne cette usine, il est clair qu'il y a une fréquence hors norme de cancers de la vessie. Il y a quelque chose en plus du tabac. »

En attendant de connaître ce mystérieux « quelque chose », la rumeur se propage du côté d'Espéraza.

---

6  Même si, note un rapport de l'INSERM, la « production de mousse de polyuréthane » fait partie des « principales sources d'exposition aux amines aromatiques cancérogènes » [figurant dans le « Tableau 15ter » des maladies professionnelles reconnues, NdA]. Voir INSERM, « Métabolisme et mécanisme d'action des principales substances cancérogènes d'origine professionnelle » : http://ist.INSERM.fr/BASIS/elgis/fqmr/rapp/DDD/806.pdf.

**Accidentés et intoxiqués au travail**

**Entretien avec**

# Marcel Goldberg

Professeur de santé publique, épidémiologiste à l'INSERM, corapporteur du rapport « Effets sur la santé des principaux types d'exposition à l'amiante » qui avait abouti à l'interdiction de l'amiante en France en 1997.

## Maladies professionnelles, injustices de classes

### Quelles sont les maladies professionnelles les plus courantes ?

Ce que l'on peut dire d'une manière très générale sur le plan scientifique, c'est qu'énormément de problèmes de santé peuvent avoir leur origine dans le milieu de travail : beaucoup de cancers, les maladies cardio-vasculaires, dermatologiques, respiratoires, musculo-squelettiques, mais aussi, psychologiques. Si l'on prend un livre de médecine et que l'on regarde toutes les maladies, je pense qu'une grande partie d'entre elles peuvent avoir leur origine dans le travail. Reste qu'il est difficile de déterminer la cause d'une maladie. La plupart des maladies sont multifactorielles, elles n'ont pas une cause unique. C'est toujours le problème quand on veut déterminer une maladie professionnelle : sur le plan médical rien ne distingue un cancer du poumon lié à l'amiante d'un cancer du poumon lié au tabac.

### Quelles répercussions cette difficulté à déterminer scientifiquement la composante professionnelle des maladies a-t-elle sur leur reconnaissance et sur la prise en charge des victimes ?

En matière de reconnaissance, il faut distinguer deux aspects : l'aspect médico-administratif – l'indemnisation au titre des maladies professionnelles – et la question de la visibilité sociale au sens large. Dans les deux cas, la réalité est largement au-delà de ce que l'on reconnaît.

Concernant la reconnaissance au titre des maladies professionnelles, elle est notoirement insuffisante. C'est pour le mésothéliome de la plèvre et pour les cancers du nez, par exemple, qui sont des cancers extrêmement rares sans exposition, que la reconnaissance est la moins mauvaise : environ la moitié de ces cancers sont reconnus au titre des maladies professionnelles. C'est peu, mais davantage que pour d'autres cancers. Car, dès que l'on sort de ces deux cancers, le taux de sous-indemnisation est très fort, souvent de l'ordre de 90 %.

Concernant le second volet, la reconnaissance sociale d'une façon générale, la situation est, là aussi, assez catastrophique. Il y a une sous-évaluation globale : de la part du grand public qui est très mal informé sur les risques professionnels, mais aussi chez les professionnels de santé qui devraient pourtant être plus sensibilisés... Bien qu'il y ait eu d'importants progrès ces dix dernières années, ces problèmes restent largement méconnus.

**Sur le premier point, le problème ne vient-il pas, pour vous qui êtes épidémiologiste, des tableaux établis par la commission des maladies professionnelles qui laissent de côté de nombreuses pathologies ?**

Il y a deux choses : les tableaux tels qu'ils existent et l'utilisation de ces tableaux. Pour ce qui concerne les maladies officiellement répertoriées, il y a un gros problème de sous-déclaration, qui est en partie lié au manque de sensibilisation générale dont on a parlé. Pour les tableaux en eux-mêmes, il y a le problème de leur non-adaptation à l'évolution des connaissances scientifiques. Beaucoup de tableaux sont dépassés ou n'existent tout simplement pas. Une étude réalisée par le département « santé-travail » de l'Institut de veille sanitaire, qui a confronté la liste des cancérogènes avérés présents dans les milieux professionnels et les tableaux des maladies professionnelles indemnisées en France, a montré qu'il y a une inadéquation très importante [7]. Donc une indemnisation très insuffisante.

**Comment s'explique cette non-adéquation des tableaux ?**

En tant qu'épidémiologiste, je ne peux donner qu'un témoignage. Mais ce n'est pas un secret de dire qu'il y a des enjeux socio-économiques très importants et bien apparents. Il y a une volonté absolue, organisée, systématique, délibérée et cynique des représentants des employeurs d'éviter toute évolution favorable des tableaux. J'y ai été confronté personnellement quand j'ai été sollicité, en tant qu'expert, par la commission des maladies professionnelles. C'est un lieu de guerre ouverte entre les employeurs et les représentants syndicaux. C'est extravagant. J'ai eu beau montrer des données indiscutables, scientifiquement incontestables, les représentants des employeurs m'ont accusé de mentir ! De ma vie entière je n'avais jamais vu une chose pareille !

**L'influence des organisations patronales est assez généralisée dans le domaine des risques professionnels...**

L'organisation du système de gestion des risques professionnels en France est totalement contraire à tout ce qui fonde l'esprit de l'État de droit. Toutes les instances de gestion des maladies professionnelles sont aux mains des employeurs, de façon officielle. C'est organisé comme ça : la branche Accidents du travail et maladies professionnelles de la Sécurité sociale est toujours dirigée par un représentant des employeurs, les médecins du travail sont dépendants des employeurs en dépit de leur situation de neutralité et de leur protection théoriques, etc. Les risques professionnels sont le seul domaine où les structures sont explicitement organisées de cette manière-là. Il n'y a

---

7   INSTITUT DE VEILLE SANITAIRE, *Confrontation des cancérogènes avérés en milieu de travail et des tableaux des maladies professionnelles*, février 2005 (révisé le 30 janvier 2006) www.invs.sante.fr

Accidentés et intoxiqués au travail

aucune séparation entre l'évaluation des risques et la gestion des risques. Pour imager la chose, disons que c'est à peu près comme si l'État avait confié aux fabricants de tabac la lutte contre le tabagisme !

**Si l'emprise patronale est aussi forte, c'est peut-être parce que les autres acteurs, État et syndicats notamment, ne jouent pas leur rôle ?**

Aucun gouvernement ne souhaite partir en guerre contre les employeurs. L'État reste très en retrait et préfère souvent se protéger plutôt que de faire avancer les choses. De plus, il y a un grand désintérêt pour la question et très peu d'engagements financiers. Vous savez combien il y a de médecins inspecteurs du travail ? Une quarantaine dans toute la France. Et ils ne sont même pas fonctionnaires. Ils sont contractuels, donc très mal payés ! Par rapport aux autres pays européens, la France se trouve dans une situation de sous-développement total en matière de gestion des risques professionnels.

Quant aux syndicats, ils ne se sont traditionnellement jamais intéressés à ces questions. En période de plein-emploi, ils revendiquaient des primes. En période de chômage, ils veulent conserver les emplois. C'est parfaitement légitime, mais cela a marginalisé les problèmes des risques professionnels pendant très longtemps. Ils le reconnaissent d'ailleurs. Et, aujourd'hui encore, ils tiennent des positions extrêmement ambivalentes.

**Les victimes de l'amiante ont récemment manifesté avec des slogans évoquant une « injustice de classe ». Vous partagez cette analyse ? S'applique-t-elle à toutes les maladies professionnelles ?**

Je le sens très fort. Et l'exemple de l'amiante est assez frappant : alors qu'on avait dit et répété que l'amiante était avant tout un problème professionnel, les médias n'en ont parlé qu'au moment où est apparu le problème de Jussieu. Je l'ai souvent dit : l'amiante est devenu un problème public quand les universitaires ont eu peur pour eux et leurs enfants. Tant que ce n'étaient que les ouvriers, on n'en a pas beaucoup parlé... Et cette logique demeure. L'affaire de l'amiante a fait avancer beaucoup de choses. Elle a fait évoluer les mentalités. Mais, en dehors de l'amiante, la santé au travail reste encore largement méconnue, et occultée.

## Pour aller plus loin

BUISSON Catherine, GOLDBERG Marcel, IMBERNON Ellen, IWATSUBO Yuriko et KASBI-BENASSOULI Valentine, *Confrontation des cancérogènes avérés en milieu de travail et des tableaux des maladies professionnelles*, Institut de veille sanitaire, février 2005 (révisé le 30 janvier 2006). Disponible sur : www.invs.sante.fr

BUZZI Stéphane, DEVINCK Jean-Claude et ROSENTHAL Paul-André, *La Santé au travail : 1880-2006*, La Découverte, Paris, 2006.

BUÉ Jennifer, COUTROT Thomas et PUECH Isabelle (dir.), *Conditions de travail : les enseignements de vingt ans d'enquêtes*, Octarès, Toulouse, 2004.

Drandov Albert, *Amiante : chronique d'un crime social*, Septième choc, Vernouillet, 2005.

Diricq Noël, *Rapport de la commission d'évaluation 2005 sur le coût des accidents du travail*, juin 2005. Disponible sur : www.securite-sociale.fr

Daubas-Letourneux Véronique et Thébaud-Mony Annie, « Les angles morts de la connaissance des accidents du travail », *Revue Travail et emploi*, DARES, 2001. Disponible sur : www.travail.gouv.fr.

Ministère de l'emploi, de la cohésion sociale et du logement, *Travail en France : santé et sécurité 2004-2005 : actions, chiffres clés, perspectives*, Liaisons sociales/Ministère de l'Emploi, Paris, 2005.

Sécurité Sociale (AT-MP) : www.risquesprofessionnels.ameli.fr

Institut national de la santé et de la recherche médicale : www.INSERM.fr

Institut national de recherche et de sécurité : www.inrs.fr

Institut national de veille sanitaire : www.invs.sante.fr

Association des accidentés de la vie : www.fnath.org

◇ **Thomas Deltombe.**

**Accidentés et intoxiqués au travail**

# Banlieusards

## Comment vivre relégués

« Interdiction à tous les mineurs âgés de 15 à 18 ans de se
déplacer de jour comme de nuit à plus de trois dans le
centre-ville, sous peine d'une amende de 38 euros. »
Arrêté pris par le maire de Montfermeil, Xavier Lemoine,
le 7 avril 2006 [1].

S i certains responsables politiques prétendent guérir le malaise de
la jeunesse des banlieues en rétablissant une version pacifique du
service militaire obligatoire, ce n'est pas seulement par désir de
leur inculquer des valeurs d'ordre et de hiérarchie. C'est aussi pour leur
fournir de quoi occuper leurs journées.

Il suffit de se promener en semaine dans les rues des quartiers populaires de la périphérie des grandes villes pour y remarquer des jeunes
réunis en petits groupes, en bas de leur immeuble ou autour de leurs
scooters. On dit d'eux qu'ils « tiennent le mur », une expression qui
condense l'immobilité, le désœuvrement et le sentiment d'inutilité qui
les caractérisent pour certains. Cette oisiveté plus ou moins démonstrative les transformerait en figures dangereuses à contenir. Le récent
arrêté du maire de Montfermeil (Seine-Saint-Denis) en est une spectaculaire manifestation.

Ainsi, pour certains jeunes des banlieues hexagonales, la relégation
prend-elle la forme d'un excès de temps libre sans loisirs pour l'occuper,

---

1    Annulé en mai par le tribunal administratif de Cergy-Pontoise.

de soirées passées dans des villes où après 21 heures plus rien n'est ouvert, de week-ends reclus dans des halls d'immeubles et de vacances écoulées dans les cités voisines. Parfois – mais pas toujours – en rupture scolaire ou en recherche d'emploi, ils se retrouvent assignés à un lieu de vie qui leur pèse, sans grands moyens pour s'en détacher.

En découle un double sentiment d'éloignement et d'enfermement, accentué par le sous-équipement en services publics (à Clichy-sous-bois, il n'y a ni gare, ni ANPE, ni caisse d'allocations familiales), la difficulté à trouver sa place dans l'espace public local et la perception parfois très négative qu'ont des locataires des cités HLM leurs voisins immédiats : propriétaires de pavillons et autres habitants de résidences.

## ▓▓▓ Vacances à Aubervilliers

Ahmed a vingt-trois ans. Aujourd'hui investi dans le travail social, il raconte son enfance et son adolescence dans une cité d'Aubervilliers. Une rupture s'est produite dans sa vie le jour où il a été privé de vacances avec une brutalité vécue par le jeune adolescent qu'il est alors comme très injuste.

« Dans la famille, nous étions cinq enfants. Mon père gagnait 1 000 euros par mois : impossible de tous nous mettre au centre de loisirs, parce que ça coûte 5, 6 euros par tête, plus le goûter. Donc, tu es obligé de rester chez toi. C'est ce qui t'amène à la voyoucratie, à ce que tu n'aurais jamais voulu être.

À l'école, les élèves se racontaient leur week-end, ce qu'ils avaient vu au cinéma. Moi, j'avais passé mon week-end dans un bâtiment. Pour les vacances, j'allais dans la famille au Clos-Saint-Lazard, à Stains, dans une cité encore plus chaude que la mienne à Aubervilliers. À la rentrée, quand les autres revenaient en banlieue, ils étaient bronzés. Nous, notre bronzage, c'était nos cicatrices.

Une fois, avec mon grand frère et ma petite sœur, nous sommes partis en colo avec Aubervacances, un organisme municipal. L'année suivante, on devait repartir en avril. Dès décembre, dans le RER, on en rêvait. Et un jour j'ai reçu une lettre d'eux à mon nom... J'ai ouvert : mon dossier était refusé car mes parents n'avaient pas tout payé. Cette lettre, ça a été la fin du monde. C'est là que je suis parti en vrille. J'avais quatorze ans, le système m'avait abandonné.

Alors je suis rentré dans mon système à moi. S'il fallait que je tape quelqu'un, je le tapais. C'était l'instinct de survie. Parfois j'arrachais un sac à main. Parfois je n'avais pas envie de parler gentiment. C'était un truc qui était là, qui me bouffait. Mon père me parlait mais je n'écoutais pas. Je me disais : "Jamais je ne serai comme toi. Me raconte pas tes salades." »

**Banlieusards**

Ma première garde à vue a duré soixante-dix-huit heures : je m'étais battu avec un mec de la BAC qui avait tapé mon copain. J'avais quatorze ans. Après, ce fut une garde à vue tous les cinq jours : bagarres, drogue... Des fois au réveil, je me sentais bien. Je me disais : "Allez je vais à la mission chercher un taf." Et là, à peine sorti, je me faisais choper, menotter, fouiller et amener au commissariat.

J'ai jamais rêvé de faire ce que j'ai fait. Quand tu rentres chez toi après avoir piqué quinze sacs à main, quand t'as traîné mémé sur 150 kilomètres, tu te dégoûtes. Le regard de mes parents quand j'ai arrêté l'école... ils ont vu que ça devenait grave. Quand je faisais des gardes à vue, je leur disais que j'avais passé la soirée avec ma copine, mais ils me voyaient revenir sans lacets, sans ceinture. Physiquement, je changeais. Je durcissais. Je devenais un peu comme un animal. J'avais l'esprit de vengeance. À un moment, j'étais plus riche que mes parents. Et peut-être que j'avais plus d'oseille que tout le bâtiment.

Et un jour, mon père m'a dit : "Tu as une semaine. Si tu n'as pas un boulot, tes affaires seront dehors." J'ai pensé à son parcours : il était venu d'Algérie. Toute sa vie il avait travaillé et il n'avait même pas le droit de vote. Je me suis mis à travailler dans les poissonneries à Rungis. Je dormais sur les quais entre 4 heures et 6 h 30 car je n'avais pas de moyens de transport entre chez moi et Rungis. Dormir dans le froid sur les quais, c'était une mauvaise expérience. Mais le sourire de ma mère... c'était des milliers de dollars. »

## ▓▓▓▓ Sortir le soir à Sarcelles

Ils jouent par paquets de quinze minutes : dès qu'une équipe marque deux buts, rotation des joueurs. Chaînes en or sur t-shirts, quelques jeans, un maillot Jean-Pierre Papin resplendissant, sono à fond, textos et clopes à la pause : c'est « Sport Nocturne » au gymnase Jean-Jaurès du quartier Valéry Watteau à Sarcelles. Depuis six ans, un rendez-vous bihebdomadaire à partir de 22 h 30, quand la salle se libère : « Ça a parfois duré jusqu'à 3 heures, 4 heures du matin », sourit un habitué, représentant de la « vieille génération », celle des trentenaires.

Un éducateur : « Ce sont des consommateurs de la nuit. » Sortir le soir à Sarcelles, c'est partir en quête de lieux disparus et de moments impossibles : plus de salle de cinéma, plus de MJC, pas de salle de concert pérenne, pas de salle de jeux, plus de boîte, pas de cafés ouverts après 22 heures. Yelik, vingt et un ans, en BTS :

« Ici, il n'y a rien à faire, surtout pour les majeurs. Même le Quick a fermé. Les journées sont réciproques, toujours les mêmes. Pour sortir, on va à Paris, manger une crêpe à côté de La Loco. »

La capitale, ses filles et ses boîtes, est toute proche : quinze minutes en voiture, pas plus en « transports » (en RER). Mais une fois raté le dernier train, c'est la galère du Noctilien bondé, avec ses papiers gras de sandwichs grecs, ses mères de famille paumées avec leurs poussettes, et une longue, longue traversée de la banlieue Nord.

K6, trente ans, éducateur improvisé en codes de sortie parisienne :

> « L'autre jour, un jeune et son pote entrent dans mon bureau : "Est-ce qu'on pourra entrer au Queen [une boîte de nuit gay parisienne] ?" Il tient un truc dans la main. "Il faut que je me déteigne les cheveux ? Il paraît que c'est les gens bizarres qui rentrent." Il avait déjà acheté sa teinture capillaire ! »

Un ancêtre, quarante-quatre ans :

> « Quand j'étais jeune, on montait sur Paris, on traînait, on se faisait jeter de partout et on finissait toujours dans la même boîte, le Kiss club à Strasbourg-Saint-Denis, la seule où on pouvait entrer. Il n'y avait que des Arabes. »

Aujourd'hui pour Yelick, « Sport Nocturne » :

> « C'est une occupation, pas une sortie. La différence, c'est qu'une sortie, ça fait des souvenirs. Ici, c'est habituel. »

Entre deux parties, un jeune aborde un éducateur. Il sort de prison :

> « Tu cherches un boulot ? » « Non... des papiers. »

Un autre vient d'être condamné à cent heures de TIG (travaux d'intérêt général) et aimerait les accomplir à la Maison de quartier. Un autre cherche une formation pour l'été. Un autre encore, suivait une formation chez un sous-traitant d'Aéroport de Paris. L'entreprise vient de faire faillite. Il cherche un nouvel employeur. Sortir le soir à Sarcelles, c'est parfois jouer au foot, mais c'est souvent rester dans la galère.

## ▦ À Vaulx-en-Velin, la difficile aventure électorale d'une liste citoyenne lancée par les habitants d'une ZUP

Après les émeutes de l'automne 2005, les associations se sont beaucoup mobilisées pour inciter les jeunes, notamment en banlieue, à s'inscrire sur les listes électorales. Mais les citoyens de ces quartiers peuvent-ils tenter de prendre en main eux-mêmes leur expression politique ? La ZUP (zone à urbaniser en priorité), loin d'être un désert politique,

**Banlieusards**

apparaît plutôt comme un chemin sinueux, un espace étroit entre corps représentatif souvent vilipendé et habitants déshabitués de la responsabilité politique.

À Vaulx-en-Velin, dans le quartier du Mas-du-Taureau, terrain sensible des émeutes de 1990 qui ont suivi la mort de Thomas Claudio – passager d'une moto qui tentait d'échapper à un contrôle de police –, survit, contre toute attente, un processus de liste citoyenne initiée lors des municipales de 1995 : le « choix Vaudais ». À l'époque, se souvient Pierre-Didier Tché-Tché Apéa, fondateur de l'association Agora, force motrice de la liste, « c'est un coup de bélier contre le maire en place », Maurice Charrier (PCF). Ils lui reprochent une indifférence à leur sort, ainsi qu'une gestion incendiaire du réseau associatif local :

> « On était avec lui ou contre lui. En termes de démocratie locale, il n'y avait pas d'espace. Il fallait défoncer les murs. »

Comment s'intégrer à l'espace public local lorsque, sans expérience préalable, on constitue sa voix sur une telle ligne de défi à l'égard du pouvoir en place ?

> « Pour le maire, la liste du « choix Vaudais » était ethnique, communautaire et complice du Front national, point final. Et les élus se sont retrouvés dans la position très désagréable d'être remis en cause par ceux-là mêmes qu'ils prétendaient représenter », décrit Yves Ména, alors membre du cabinet du maire, chargé de la jeunesse et du logement. « Ça s'est passé de manière plus que négative, avec des réactions racistes au sens littéral du terme. »

Il démissionne et rejoint la liste. Résultat : 7,2 % de voix au premier tour (18 % sur le Mas-du-Taureau). Pas assez pour accéder au second tour. Pierre-Didier :

> « Ça a été un tremblement de terre local : en deux mois. sans thunes, avec une culture collective de la chose publique pas du tout aguerrie, on est arrivé en deuxième position derrière le maire et on fait autant que le Front national. »

Le processus se pérennise : 8 % de voix aux municipales de 2001, 10 % aux cantonales de 2004. Mais les projets soutenus par Agora (festival de quartier...) perdent leurs subventions municipales – disparition qui entraîne le retrait des autres financeurs, dont le département et l'État. Le centre social du Mas-du-Taureau, lieu de convergence pendant les émeutes, est rasé un matin à l'aube, alors qu'Agora est en train de négocier un projet de Maison des habitants. « C'était une façon symbolique de raser un lieu de résistance, se souvient Pierre-Didier, ça a été un traumatisme dans le quartier. » Lui-même doit prospecter jusqu'à Grenoble pour trouver un travail – chargé de mission à la politique de la ville auprès du conseil général :

> « Lors d'un entretien pour un poste à Villeurbanne, on m'a reproché mon engagement politique : ça risquait de "nuire" à l'image de la ville. »

Pour Yves Ména :

> « Les déceptions furent cruelles car beaucoup avaient cru au discours de participation citoyenne. Ils ont senti qu'ils étaient indésirables. »

Pierre-Didier pondère :

> « Il faut voir d'où on partait : le traumatisme des émeutes et le mépris des pouvoirs publics. La liste a ouvert des espaces nouveaux. Petit à petit, on s'est aperçu qu'il y avait d'autres forces qui ne vivaient pas la même réalité que nous, hors ZUP, et qui partageaient nos revendications : des instituteurs, des chercheurs, des chômeurs, des ouvriers. Mais c'est vrai que ça n'a pas été facile. Nous n'avons pas profité d'un vote communautaire : ce n'est pas parce que tu connais ton voisin depuis trente ans qu'il va voter pour toi. Parce qu'il te connaît très bien, et qu'il a plutôt tendance à adhérer au projet de quelqu'un qu'il ne connaît pas. Le problème, c'est qu'aujourd'hui les élections ne permettent pas de démarches désintéressées. »

## La dialectique de la cité HLM et du pavillon

Son pavillon, c'était, comme son diplôme d'ingénieur et son emploi chez Accenture : « Un peu l'idée que l'on se fait de la réussite. » Un endroit enfin à soi après les années de vie en barre HLM dans un quartier d'habitat social, planté non loin d'une usine automobile, au cœur d'un bois peu à peu rongé par le développement des infrastructures routières d'Île-de-France, explique Anna, fille d'immigrés kurdes (de Turquie). Mais une cadre en cité HLM, « Ça faisait quartier mal famé, pas très classe. J'avais l'impression que c'était gênant si les collègues savaient que j'y habitais ». À l'inverse, la maison individuelle paraît un signe tangible d'accession, en dur, en vrai, à la promotion sociale : « L'idéal de tous, c'est un beau jour d'avoir les moyens d'habiter une maison. » Opération réussie en 2001 : un pavillon, un peu isolé, mais spacieux, agréable, doté d'un jardin, inscrit dans un voisinage sympathique.

C'est alors que survient l'improbable et imparable tuile : l'ennui. « Dans notre nouveau quartier, personne n'emmerdait personne. Mais il n'y avait pas de vie autour. Mon mari et moi, on s'est sentis tout seuls, comme des cons. » Au début, Anna travaille : « Je partais tôt le matin, je rentrais tard le soir, le week-end j'étais fatiguée. »

Mais en 2000 éclate le scandale Enron : Accenture s'effondre. Elle négocie son départ. Et se retrouve à plein-temps dans son pavillon : « Ce dont je manquais le plus, c'était des visages. Parce qu'ici, à part s'occuper de son jardin… c'est pas riche en événements sociaux. Quand j'en parlais avec les voisins, ils me disaient : "Mais là on est peinards ! Qu'est-ce que tu veux de plus ?" »

En 2004, le maire dont dépend le quartier de son enfance déclare vouloir en démolir les bâtiments au nom de la rénovation urbaine. L'annonce est brusque, les perspectives de relogement des locataires floues : les habitants se sentent agressés, un collectif se forme :

> « Je rends visite à une amie qui travaillait chez Accenture, et qui avait acheté un appartement à Garches. Je lui dis : "Tu as vu qu'ils veulent démolir les quartiers HLM ? Mais que vont devenir ces gens ?" Et cette amie me répond : "Mais je m'en fous, c'est pas mon problème." Alors je me rends compte que beaucoup de gens doivent penser comme ça. Si on commence à faire le lien entre eux et les quartiers HLM, ça leur fait peur. L'année dernière, lors d'un barbecue de quartier, une mère de famille parle de sa fille qui doit entrer au collège. Elle hésite à l'inscrire dans le public parce que l'année précédente "ils ont fait une énorme connerie" : un échange d'élèves avec la cité HLM voisine. Ça la traumatisait que son enfant se retrouve avec ceux d'une cité. »

À la surprise d'Anna, la distance séparant habitants des cités et propriétaires des pavillons se révèle bien plus grande que prévu. Et même infranchissable.

En 2006, elle met en vente son pavillon. Mais son quartier d'origine est désormais inhabitable car engagé dans un processus de transformation qui interdit les nouvelles attributions de logement :

> « Jusqu'à l'année dernière, j'avais envie d'y retourner. La manière dont le maire a traité les habitants les a ressoudés entre eux. Ça a créé une solidarité. Mais malgré cette lutte, le quartier va être détruit. Il a déjà beaucoup perdu : immeubles délabrés, jardins laissés à l'abandon… Tel quel, s'y installer avec les enfants, ce serait un peu suicidaire. »

Avec son époux, ils viennent de s'acheter un appartement en centre-ville.

## Pour aller plus loin

**Ouvrages :**

Kokoreff Michel, *La Force des quartiers : de la délinquance à l'engagement politique*, Payot, Paris 2003.

Wacquant Loïc, *Parias urbains. Ghetto, banlieues, État*, La Découverte, Paris, 2006.

**Revue :**

*Actes de la recherche en sciences sociales*, « Politique des espaces urbains », n° 159, septembre 2005.

**Films :**

Chibane Malik, *Hexagone*, 1993. (Film)

Chibane Malik, *Voisin, voisine*, 2004. (Film)

Ameur Zaimeche Rabah, *Wesh Wesh, qu'est-ce qui se passe ?*, 2002. (Film)

**Site :**

À toutes les victimes de novembre 2005 : http://atouteslesvictimes.samizdat.net

Bondy blog : http://previon.typepad.com

◇ **Jade Lindgaard.**

# Délocalisés

Quand les salariés sont mis en concurrence

Les délocalisations révèlent de manière caractéristique le décalage profond qui peut exister entre le vécu des Français et le discours public. En 2004-2005, de nombreux rapports ont conclu que le phénomène était marginal, alors qu'il a indéniablement joué un rôle dans le refus du traité constitutionnel européen de mai 2005. En novembre 2004, un des rares sondages sur le sujet [1] montrait qu'une forte majorité des sondés jugeait le phénomène « grave » (88 %) et durable (70 %), plus d'un sur trois considérant que son « propre emploi ou celui d'un de ses proches » était directement menacé. Si tant de rapports ont minimisé l'ampleur des délocalisations, en mettant en avant des chiffres tronqués et peu révélateurs, c'est aussi qu'il n'existe en la matière ni statistique officielle ni définition communément admise. *Stricto sensu*, on compte peu de fermetures d'usines avec ouvertures concomitantes dans un autre pays. En revanche, si l'on mesure les importations depuis les pays à bas salaires de biens qui étaient auparavant produits en France ou qui pourraient l'être, alors la tendance est à

---

1   Enquête CSA-L'Expansion-France Inter, publiée dans un dossier de *L'Expansion*, « Délocalisations. La grande peur française », novembre 2004.

la hausse dans presque tous les secteurs, depuis longtemps (textile-habillement, électronique, équipement du foyer) ou plus récemment (automobile, métallurgie, chimie). Une tendance effectivement durable, car elle est liée à la fin des régimes communistes, à la hausse des niveaux d'éducation dans les pays pauvres et à la quasi-disparition des droits de douane industriels dans les pays développés.

Les ouvriers des vieux pays développés comme la France sont ainsi mis directement en concurrence avec des ouvriers très peu payés, ce qu'ils ressentent comme injuste, voire aberrant. Car à quoi bon lutter sous l'angle de la productivité technique, quand les salariés concurrents sont payés dix fois moins ? Les Français, du reste, ne l'acceptent plus et ils ont autant craint en 2005 les délocalisations que la directive dite « Bolkestein » visant à libéraliser le marché européen des services, deux faces d'une même médaille. Le détachement en France d'ouvriers étrangers aux salaires bas est en effet une délocalisation inversée. Les dirigeants politiques ou les journalistes y sont moins sensibles car leur pouvoir d'achat n'est pas (encore) menacé par des Tchèques ou des Chinois qui pourraient faire le même travail à leur place. Le débat de 2004-2005 sur les délocalisations a disparu, mais le phénomène a cependant continué (Dim, Sogerma, Seb, Brandt-Fagor, etc.). L'Europe est bien depuis deux décennies une « machine à délocaliser », par son élargissement rapide à des pays à bas salaires à l'intérieur, par sa politique commerciale de franche ouverture à l'extérieur. Des réponses différentes sont sans doute à apporter dans les deux cas.

## La délocalisation avance souvent masquée

En février 1999, une multinationale de l'habillement, Levi Strauss, a fermé son usine française de La Bassée (Nord), où 541 personnes, à 85 % des femmes, confectionnaient le célèbre jean 501. La production pour les marchés ouest-européens que cette usine alimentait a été transférée en Turquie. Même s'il n'y a pas eu concomitance chronologique parfaite entre la fermeture de l'usine française et l'ouverture des sites turcs, il s'agissait bien d'une délocalisation. Or, pour diverses raisons, cette réalité a été occultée à l'époque, et *a fortiori* ses causes. En interrogeant longuement entre 2000 et 2005 plusieurs ouvrières licenciées, on s'aperçoit que, pour imaginer des solutions à un problème, il faut d'abord le démasquer. Communication de l'entreprise, agenda politique du moment, stratégie syndicale, absence d'écoute des ouvrières, sentiment

**Délocalisés**

que les fermetures d'usines textiles sont une évidence inéluctable sur laquelle il est inutile de s'interroger : les explications de l'invisibilité de la délocalisation sont nombreuses.

La stratégie du groupe fut très clairement de dissimuler la délocalisation. « Notre décision est de fermer une usine, pas de délocaliser », déclarait à l'automne 1998 le président de Levi Strauss Europe. La communication fut axée sur trois thèmes qui masquèrent complètement la recherche de coûts salariaux inférieurs dans des pays à bas salaires : les « surcapacités de production en Europe » – alors même que de nouvelles « capacités » étaient en cours de création en Turquie ! –, le « changement de goût de jeunes vis-à-vis des jeans » et la « décroissance du marché du denim ». Le quotidien *Libération* résuma, le 24 octobre 1998 : « Les jeunes taillent un short au blue jean. Les ados le boudent et Levi's ferme quatre usines en Europe. »

Si le traitement de l'affaire par les médias fit l'impasse sur le thème de la délocalisation, c'est aussi que les institutions intermédiaires ne les y incitèrent pas. En France, les syndicats nationaux n'en parlèrent pas. Seule la Fédération européenne du textile évoqua le problème, mais sa parole fut peu relayée. Quant à l'agenda politico-économique français du moment, il était centré sur les 35 heures, l'euro et l'information-consultation des travailleurs dans les entreprises. Mais pas sur les délocalisations, comme il avait pu l'être cinq ans plus tôt après la publication d'un rapport du sénateur Jean Arthuis. Pourtant, les ouvrières étaient bien conscientes d'être les victimes d'une délocalisation. Au cours du conflit, lors d'une manifestation à Lille, le calicot brandi par Annie et Nadine était sans équivoque : « Non à la délocalisation. » Lors d'une manifestation à Bruxelles, Levi Strauss fut même accusé de pratiquer une « délocalisation déguisée ».

Un an après la fermeture, en mai 2000, les vingt-cinq femmes au chômage que je rencontre à l'occasion d'un atelier d'écriture sont encore plus claires. Elles sont obnubilées par les délocalisations et le travail « qui part à l'étranger » :

> « Depuis [la fermeture] et même avant, on en voit beaucoup des sociétés qui sont comme ça, paf, délocalisées. Pour les jeunes, ça me fait un peu peur, parce qu'il y a de moins en moins de travail dans la région », me dit Jacqueline, résumant un avis quasi général qui ne changera plus.
> Deux ans plus tard, Pascale estime quant à elle que les délocalisations : « C'est même de pire en pire. On entend parler que de fermetures d'usines. Des grandes, des petites [...], et dans toute la France. Le travail part à l'étranger. Et il n'y a pas de loi antidélocalisation qui obligerait les entreprises à rester où elles sont tant qu'elles font des bénéfices ! »

Loin de l'agitation des analystes politiques et économiques, prompts à mettre en exergue les alternances politiques ou à l'affût du plus petit frémissement de croissance, la vision de ces femmes ne variera plus : la situation empire.

Ainsi, en 2003, Annie juge que « avant, ça allait déjà mal, mais Raffarin est en train de tout changer, et en mal. Le gouvernement français ne fait pas beaucoup pour son pays, ni pour les ouvriers. Seulement pour les riches. [...] Sous la gauche, il y avait beaucoup de licenciements, c'était le fléau. Mais le travail va encore partir. Les entreprises vont encore délocaliser. Les usines vont de plus en plus loin, c'est pour ça que le chômage augmente ».

Il faut dire que, globalement, les conséquences de la délocalisation ont été mauvaises pour ces ouvrières : perte de pouvoir d'achat, entrée dans un monde précaire inconnu des plus âgées, recours aux associations caritatives et aux banques alimentaires, difficultés pour certaines de continuer à payer des études supérieures à leurs enfants. Deux ans plus tard, beaucoup votent non au référendum sur la Constitution européenne en justifiant leur vote par les mêmes raisons, telle Colette :

« J'ai voté non, j'ai suivi le mouvement. Mais je me demande pourquoi ils nous demandent notre avis, ils n'en tiennent pas compte. Ce n'est pas bon pour nous, d'une façon générale, les délocalisations, les fermetures d'usines, il faut arrêter tout ça. Toutes les usines qui ferment, elles sont parties où ? Il paraît qu'un homme politique a dit : "Les délocalisations, c'est bon pour l'Europe [2]", une copine m'a dit ça. Alors les autres pays ont le droit de travailler, mais nous on n'a plus le droit de travailler, s'ils s'en vont tous ailleurs. On va quand même pas suivre nos usines. Moi je ne me vois pas partir à Tataouine pour être payée une misère. »

Justification proche pour Annie : « Je ne suis pas pour l'ouverture de l'Europe. On parle de l'Afrique, de la pauvreté, mais, si ça continue comme ça, dans quelques années, ce sera la France. [...] S'il y a ouverture, automatiquement, ils vont partir dans les pays les plus pauvres. Et il ne faut pas oublier que les enfants qui travaillent là-bas, il n'y a pas les règlements de l'emploi d'ici, et ils font 10-12 heures par jour, pour des cacahuètes. »

Pour Nadine et Michèle, « les délocalisations s'enchaînent, vers les pays de l'Est, où la main-d'œuvre est moins chère » et « la Chine, qui a le monopole du travail. L'OMC avait-elle besoin de suspendre les quotas ? Dans quel but ? Ils

2   En février 2005, au moment de la campagne en France du référendum sur le traité constitutionnel européen, la commissaire européenne à la politique régionale, la Polonaise Danuta Hübner, avait déclaré vouloir « faciliter les délocalisations » au sein de l'Europe. La ministre française déléguée aux Affaires européennes avait réagi en affirmant que ces propos l'avaient « surprise et choquée ».

Délocalisés

sont bien contents, messieurs les directeurs d'entreprise de ce pays. Bien sûr les salariés n'y peuvent rien, les malheureux. Le textile a vu beaucoup de ses entreprises délocaliser, alors maintenant on ne va plus se gêner ».

Ces ouvrières veulent travailler, mais elles ont parfaitement conscience qu'en étant mises en concurrence avec d'autres ouvrières beaucoup moins payées, leur sort est scellé. Selon les chiffres syndicaux, en 1998, le jean terminé coûtait à Levi Strauss 56 francs français en Turquie pour 140 en France. Alors que faire ? Encore une fois, en interrogeant une ex-ouvrière, Joëlle, on découvre un point de vue rarement présent dans le débat économique classique.

« Ce qu'il faut ? Il faudrait empêcher les entreprises de partir. Elles sont en Europe, OK. Mais, dès qu'elles délocalisent, on taxe leurs produits qui rentrent en Europe. Cela donnerait à réfléchir à beaucoup d'entreprises. » Et l'ancienne syndicaliste CFDT de l'usine de prendre l'exemple qu'elle connaît le mieux : « Levi's a décidé de fabriquer ses jeans en Turquie. Mais si c'était 50 % plus cher de les vendre en Europe, il aurait réfléchi à deux fois ! »

D'ailleurs, en réunion restreinte avec des politiques, Joëlle l'avait dit, fin 1998, mais elle n'avait pas été entendue.

« Quand on lui a dit qu'on devrait taxer les entreprises délocalisées dont les produits reviennent en Europe, le gouvernement [de gauche de l'époque] nous a dit "ce n'est pas possible, parce qu'il faut que les groupes français puissent aussi exporter en Chine ou au Japon". »

Ainsi Joëlle aborde-t-elle la question des droits de douane, réponse selon elle à la différence de coûts salariaux avec les pays ayant des stades de développement différents. Pourtant, les économistes orthodoxes oublient les tarifs douaniers et les quotas quand ils évoquent les raisons des délocalisations, dues selon eux aux salaires, aux coûts de transport ou aux nouvelles technologies de la communication.

Quand on creuse le sujet, Joëlle est pourtant doublement inspirée. D'abord, s'il y a eu une levée progressive des quotas et droits de douane entre l'Union européenne (UE) et la Turquie, c'est de 1996 que date la suppression des derniers quotas, c'est-à-dire peu avant que Levi Strauss fasse de la Turquie sa base d'exportation vers l'Europe de l'Ouest. « À mon avis, la levée de quotas et taxes douanières est la principale raison d'accroissement des exportations textiles turques dans l'Union européenne », estime la jeune économiste turque Handan Soguk. À l'instar de la Chine, atelier textile du monde, la Turquie est devenue à plus petite échelle celui de l'Europe. H&M, Ralph Lauren, Tommy Hilfiger, Damart,

Du Pareil au Même, Monoprix, Carrefour, Étam ou La Halle aux Vêtements s'y approvisionnent.

Par ailleurs, Joëlle abordait spontanément le cadre européen, or c'est bien celui de la politique commerciale, une des compétences les plus emblématiques de l'Union européenne. Et, pour Levi Strauss, la fermeture de l'usine de La Bassée a en quelque sorte été le coup d'envoi d'un changement total de stratégie : fermeture de toutes les usines ouest-européennes (en Écosse en 1999 et 2002, puis en Espagne en 2004) et américaines, sous-traitance généralisée dans les pays à bas salaires. En 2005, au terme de cet abandon de sa production propre, Levi Strauss conserve moins de 10 000 employés dans le monde, contre plus de 30 000 une décennie plus tôt. La liste de ses 750 sous-traitants souligne l'ampleur de cette nouvelle donne [3].

Si toutes les anciennes ouvrières interrogées n'incriminent pas les ouvrières turques, ni même véritablement Levi Strauss, elles réclament en revanche une solution aux responsables politiques. Comme elles, les ouvrières turques qui ont hérité de leur travail sont des « malheureuses », des « victimes » qui « n'y peuvent rien ». Quant à Levi Strauss, elles le dédouanent dans la mesure où le groupe évolue dans un cadre politique général qui l'incite à délocaliser pour faire davantage de bénéfices. Certaines ouvrières ont même affirmé qu'à la place de l'entreprise, elles auraient fait pareil. « Levi's a délocalisé, mais c'est vrai qu'on en veut peut-être plus au gouvernement parce qu'il n'y a pas de loi contre ça », résumait l'une d'elles. Un changement de politique est-il envisageable ?

> « Ils vont attendre qu'il n'y ait plus de travail manuel en France, pense Joëlle. Mais si un gouvernement avait le courage, cela changerait beaucoup. Certains disent que ce ne serait plus la mondialisation. Mais nous, on perd notre boulot ! Il faut voir le problème dans ce sens-là. »

## ▓▓▓▓ Un secteur automobile qui regarde vers l'étranger

Le 14 avril 2005, en direct à la télévision, le président de la République Jacques Chirac choisit comme mode de communication, pour défendre le projet de Constitution européenne, soumis à référendum un mois et demi plus tard, une émission dans laquelle il répond à un panel de quatre-vingts jeunes Français. Le face-à-face tourne à un résumé des

---

3   *Cf.* le site www.levistrauss.com/responsibility/toe/supplier_list.pdf.

inquiétudes des jeunes, parmi lesquelles les délocalisations figurent en bonne place. Après une coiffeuse du Pas-de-Calais, qui fait le lien entre les délocalisations dans le textile et la métallurgie, le chômage, la baisse du pouvoir d'achat et, au final, celle de l'activité économique en général, en estimant que « les gens ont moins d'argent et nous les artisans, nous ne travaillerons plus », l'animateur Jean-Luc Delarue donne la parole à un jeune de la région de Sochaux, en Franche-Comté, fief historique du constructeur automobile Peugeot.

> « – Dans ma région, témoigne ce jeune ouvrier, tout le monde travaille avec le secteur automobile. Si Peugeot va mal, tout va mal. Si Peugeot commence à partir un peu à l'étranger, forcément, toutes les petites succursales annexes vont fermer et partir avec. Donc, nous n'aurons plus de travail.
> – Cher monsieur, lui répond le président de la République, je n'ai pas du tout le sentiment que Peugeot veuille partir à l'étranger. Je citais tout à l'heure Renault...
> L'animateur l'interrompt :
> – Là, c'est Peugeot.
> – Oui, mais c'est le même genre d'activité, répond le président, qui poursuit : Le développement des marchés que permettent certaines délocalisations est extrêmement positif pour les créations d'emplois en France. Cela aussi, c'est la vérité. Alors, je ne parle pas du cas spécifique de l'usine à laquelle vous faites allusion, mais je n'ai pas du tout le sentiment que Peugeot ait pour vocation de se délocaliser. Peugeot a pour vocation de développer son activité, de la développer en France, y compris par des investissements à l'étranger. »

Jacques Chirac a donc cherché à dissiper l'inquiétude du jeune intervenant. Or les mois suivants ont montré que celle-ci était fondée. Depuis 2000, le groupe PSA-Peugeot-Citroën a en en effet fait construire deux usines en Europe de l'Est, une en République tchèque, à Kolin près de Prague, l'autre en Slovaquie, à Trnava, et a annoncé en décembre 2005 l'extension de ce site slovaque. La Peugeot 207, remplaçante de la 206, sera produite à Trnava, cette stratégie étant appliquée aux nouveaux modèles, en particulier d'entrée de gamme : le groupe automobile ne fait plus d'investissements dans ses sites traditionnels, mais crée de nouvelles capacités de production dans les pays où les salaires et les impôts sont plus bas. Du même coup, les sous-traitants et équipementiers de Peugeot suivent. Au premier semestre 2006, le scénario décrit par le jeune interlocuteur de Jacques Chirac se réalise de façon particulièrement dramatique, les responsables de tous bords en conviennent.

« De 1990 à 2003, l'industrie automobile a été le poumon de la Franche-Comté et a contribué à asseoir son rang de première région industrielle », témoigne Patrice Perron, responsable de la conjoncture à l'INSEE. Au total, l'industrie automobile a fait travailler jusqu'à 36 500 personnes dans la région, le groupe PSA employant 70 % des salariés de la filière et faisant vivre nombre d'équipementiers automobiles. « Mais une page est manifestement en train de se tourner », ajoute M. Perron. « On n'a jamais vu ça dans la région », renchérit Jacques Bauquier, secrétaire régional de la CGT, qui incrimine « la logique de PSA, qui délocalise et fait pression sur les équipementiers pour qu'ils baissent les prix ». Les uns après les autres, les principaux équipementiers annoncent en effet fermetures ou suppressions d'emplois : Mecaplast, Rencast, Visteon, Wagon automotive, Delphi, Faurecia, etc. Des groupes qui, pour certains, ne vont pas mal, mais s'installent en République tchèque et en Slovaquie, près des nouveaux sites de PSA. Résultat, selon Jacques Bauquier, « les salariés restent sur le carreau ». PSA lui-même aurait supprimé depuis début 2006 quelque 1 000 postes d'intérimaires sur le site de Sochaux, selon la CFDT. Responsable à la chambre de commerce et d'industrie de Besançon, Marc Vuillet prédit même une « casse bien plus durable ». « Le marché français de l'automobile est saturé, analyse-t-il. Le mouvement de PSA vers l'Est et l'Asie pour conquérir des marchés est une tendance lourde. » Mais derrière la stratégie de « conquête » de l'Europe de l'Est se dissimule en fait la création d'une base d'exportation vers l'Europe de l'Ouest. Au total, les équipementiers automobiles et leurs propres sous-traitants ont supprimé en France au cours du seul premier semestre 2006 plus de 7 000 emplois.

**Entretien avec**

# Claude Pottier

Économiste à l'université Paris-X-Nanterre et au CNRS. Il a publié *Les Multinationales et la mise en concurrence des salariés*, L'Harmattan, Paris, 2003.

## Quand plane la menace de délocalisation

**En 2004-2005, les délocalisations sont apparues dans le débat politique, mais plusieurs rapports ont conclu à un phénomène marginal. Or les Français sont inquiets, beaucoup**

Délocalisés

**ressentent qu'ils sont mis en concurrence avec des travailleurs de pays à bas salaires et ce thème a été un motif de rejet de la Constitution européenne. Pourquoi ce décalage ?**

Il y a d'abord une raison politique. Les délocalisations touchent surtout les ouvriers. Or ceux-ci occupent une position très marginale dans les préoccupations politiques et médiatiques. On nous dit qu'il n'y a plus d'ouvriers en France alors que c'est la classe sociale la plus nombreuse (30 % de la population active), à égalité avec celle des employés. Il est vrai qu'ils sont moins en position de se faire entendre, parce qu'ils sont moins concentrés dans de grands établissements et que le patronat peut maintenant les mettre en concurrence avec les ouvriers des pays à bas salaires. Ce thème, présent lors du référendum de 2005, est à nouveau occulté. Il faut souligner le rôle de l'idéologie pseudo-humaniste de gauche dans cette occultation. Souvenez-vous de l'éditorial de Serge July, dans *Libération*, au lendemain du référendum sur l'Europe, qui expliquait la victoire du non par la montée du populisme et de la xénophobie. On culpabilise et on accuse la classe ouvrière parce qu'elle n'accepte pas l'abolition des frontières qui permet de mieux l'exploiter. En outre, il est difficile pour les syndicats d'admettre que la mondialisation met les salariés en concurrence. Quant à la « science » économique, elle raisonne globalement, en ignorant l'impact différencié de la mondialisation sur les diverses classes sociales. Ainsi, on souligne que l'effet des délocalisations est très faible sur le solde global des emplois, sans se soucier de leurs effets spécifiques sur les ouvriers, leurs salaires, leurs conditions de travail. Cela n'entre pas dans le cadre de la pensée économique dominante qui renvoie ce problème à la sociologie.

**Comment faire pour mesurer les délocalisations, dont il n'existe pas de statistiques officielles ?**

Les mesures de l'étendue et de l'impact des stratégies de localisation des firmes pour accéder à une main-d'œuvre moins coûteuse et plus malléable se heurtent à de nombreuses difficultés. D'abord, il faut évaluer la part des investissements directs dans les pays à bas salaires qui correspond à ces stratégies. Ensuite, les données statistiques relatives à la sous-traitance à l'étranger sont très fragmentaires. Selon moi, le meilleur indicateur est l'évolution des importations à partir des filiales et des sous-traitants implantés dans les pays à bas salaires. Les données étant quasi inexistantes en Europe, il faut se limiter aux entreprises américaines et japonaises. Et là les choses apparaissent clairement. Depuis le milieu des années 1980, les firmes américaines ont étendu leur système productif au Mexique, notamment dans l'industrie automobile. Les firmes japonaises ont fait de même, avec plus d'ampleur, en Asie du Sud-Est et en Chine, surtout dans l'électronique.

**En Europe, quelle est l'importance des délocalisations ?**

Les seules données globales utilisables sont relatives aux importations des pays de l'ex-Europe des quinze à partir des sous-traitants situés dans les pays d'Europe centrale et orientale (PECO) et du Maghreb. Mais ces données sont limitées. À titre d'exemple, celles sur les importations depuis les PECO n'ont plus de signification depuis 1998. Jusqu'à cette date, ces importations étaient enregistrées dans un poste spécial de la nomenclature douanière leur permettant de ne pas être taxées. Mais ce n'était plus nécessaire ensuite puisque la plupart des barrières commerciales ont alors été levées. Cela étant dit, dans la période 1988-1997 où les données avaient encore une signification, ces importations de l'Europe des quinze à partir des sous-traitants des PECO se sont très fortement accrues. Quant à l'activité des filiales des firmes ouest-européennes en Europe de l'Est, le cas de l'industrie automobile est édifiant. Volkswagen, Fiat, Opel et, dans une moindre mesure, Renault et Peugeot, ont constitué dans ces pays des bases productives à faible coût pour servir les marchés d'Europe de l'Ouest. Les fournisseurs et sous-traitants ouest-européens ont suivi.

**Les délocalisations ont aussi un impact important sur le pouvoir d'achat et les conditions de travail ?**

Les transferts d'activité vers les pays à bas salaires tendent à réduire le niveau de l'emploi dans les pays développés, soit par suppression de postes, soit par absence de création. À l'inverse, le renforcement de la compétitivité des entreprises mettant en œuvre ces stratégies peut avoir des effets positifs sur l'emploi, de même que la demande émanant des pays à bas salaires. Je crois donc qu'il ne faut pas focaliser l'analyse sur le nombre d'emplois détruits et créés, pour conclure que le solde est faible par rapport à la masse des emplois existant, ce qui est vrai, et que le danger représenté par les délocalisations est un fantasme, ce qui est faux. Car l'impact sur les salaires est important. Des études américaines ont montré que l'augmentation des importations des États-Unis à partir des pays à bas salaires a été l'un des principaux facteurs de la baisse relative de la rémunération des ouvriers depuis les années 1980. Et il faut aussi examiner les effets négatifs des menaces de délocalisation. Si leur mesure est presque impossible, cela ne veut pas dire qu'ils n'existent pas. Souvenez-vous de la grande offensive du patronat à l'été 2004 en France et en Allemagne. En brandissant la menace de délocalisations à l'Est, plusieurs entreprises ont obtenu un allongement de la durée du travail sans compensation salariale et la remise en cause d'autres avantages sociaux.

Or, même à gauche, la tonalité dominante est d'attribuer l'affaiblissement de la position du travail à des politiques nationales réactionnaires en niant les effets de la mondialisation. Il me semble que celle-ci joue pourtant un rôle très important. Grâce à la baisse des droits de douane qui met directement les ouvriers en concurrence, elle permet au patronat de casser les avantages sociaux conquis dans le cadre des rapports de forces nationaux. Mais les Français sont choqués qu'on puisse fermer une entreprise simplement pour trouver de la main-d'œuvre moins chère ailleurs. C'est une idée qui ne passe pas.

**Délocalisés**

## Pour aller plus loin

**Ouvrages :**

GRÉAU Jean-Luc, *L'Avenir du capitalisme*, Gallimard, Paris, 2005.

TODD Emmanuel, *L'Illusion économique, essai sur la stagnation des sociétés développées*, Gallimard, Paris, 1998.

**Films :**

COLLARD Marie-France, *Ouvrières du monde*, Latitudes production, 2000.

KUNVARI Anne, *Mon boulot, l'Europe et moi*, VM productions, 2005.

MOORE Michaël, *Roger et moi*, production A Dog Eat Dog, 1989.

◇ **Emmanuel Defouloy.**

# Démotivés

## Quand le travail détruit l'envie de travailler

> « Du lundi jusqu'au samedi, pour gagner des radis / Quand on a fait sans entrain son boulot quotidien, /Subi le propriétaire, le percepteur, la boulangère, /Et trimballé sa vie de chien, / Le dimanche vivement, on file à Nogent, /Alors brusquement, tout paraît charmant ! »
>
> Julien Duvivier, *Quand on se promène au bord de l'eau*, 1936.

Au-delà du phénoménal succès du pamphlet *Bonjour Paresse* de Corinne Maier [1], toutes les enquêtes statistiques le confirment : les salariés se reconnaissent de moins en moins dans les finalités de leur travail et c'est chez les cadres que ce processus de désengagement s'avère le plus frappant. Selon un sondage CSA pour l'ANACT (Agence nationale pour l'amélioration des conditions de travail), publié en mai 2006 [2], si 96 % des salariés se déclarent « impliqués » dans leur travail, 15 % de ceux qui sont en contrat à durée indéterminée (CDI) disent tout de même n'avoir « aucune envie » d'aller travailler en se levant le matin. 38 % affirment encore qu'ils ne sont « pas satisfaits de la reconnaissance de leur investissement dans le travail ».

Pendant que Laurence Parisot, présidente du MEDEF, milite pour l'assouplissement du droit du licenciement, les salariés paraissent, eux, éprouver la tentation de la sécession au cœur même des entreprises. Dès lors, afin que le capitalisme ne meure pas de la « baisse tendancielle

---

1   Corinne MAIER, *Bonjour Paresse*, Michalon, Paris, 2004.

2   « Pourquoi je vais travailler ? », sondage CSA pour l'ANACT, mai 2006 : http://www.csa-fr.com/dataset/data2006/opi20060427e.htm.

du taux de motivation », il faudrait, nous serine-t-on, « réhabiliter la valeur travail ». Mais, obnubilés par cette visée idéologique, dans un contexte de chômage de masse et de modération salariale, le gouvernement comme le patronat et les directions d'entreprises refusent de voir combien la valeur du travail a été dégradée par son « intensification » : en accroissant les procédures de contrôle, en sapant les ressorts des hiérarchies traditionnelles et en établissant des relations directes avec les clients, les entreprises ont exigé de leurs salariés plus d'efforts, plus de « qualité », plus de disponibilité, plus de responsabilité et plus de rentabilité, alors que, dans le même mouvement, elles leur déniaient toute reconnaissance, même symbolique, de crainte d'avoir à recruter ou à augmenter les salaires.

## Rêves de fuite chez les cadres

Bienvenue au pays de l'« entreprise sans usine », cette solution miracle à la crise du capitalisme, ce rêve où la production disparaît purement et simplement pour faire place nette à la finance : la Défense, un monde à l'ouest de Paris où des milliers de cadres hantent chaque jour des centaines de bureaux dans des dizaines de tours, à perte de vue. Mais, derrière la façade, au gré des fusions, acquisitions, absorptions, réorganisations, externalisations et filialisations, les gratte-ciel commencent à ressembler à des châteaux de cartes. Entendez-vous le *blues* des cadres de la Défense ?

Quand l'opérateur de télécommunications Neuf Télécom se « rapproche », selon l'expression consacrée, de Cegetel, en mai 2005, il envisage dans son projet de réorganisation une suppression nette de 500 emplois (sur un effectif initial de 3 420 salariés à temps plein) et, afin de faciliter l'opération, ouvre un guichet pour les « départs volontaires ». Un an plus tard, la direction de Neuf Cegetel tente encore de colmater les vannes qu'elle a ouvertes : selon les documents officiels fournis au comité paritaire de suivi du plan social, 1 250 salariés des deux entreprises ont tenté de quitter le navire dans le cadre de ce dispositif incitatif (deux ans de salaire, garanties de reclassement) et, à la fin du mois d'avril 2006, 946 départs avaient été validés.

Même scénario chez IBM un peu plus loin sur l'esplanade de la Défense : au printemps 2005, la multinationale américaine décide un plan mondial de restructuration dont découle la destruction de 780 emplois en France (sur un peu plus de 9 000). Selon les projections des syndicats à l'époque, des charrettes de licenciements sont à craindre. « Et puis ça ne s'est pas passé comme ça », rapporte Jean-Michel, cadre et syndicaliste CFDT :

> « Ils ont ouvert un plan de volontariat et il y a eu beaucoup plus de candidats au départ que de postes à supprimer. On peut se féliciter qu'il n'y ait pas de licenciements, mais c'est quand même inquiétant comme démonstration : les gens n'ont qu'une idée, c'est de se barrer ! On le voit chez les plus jeunes, ceux qui ont moins de quarante ans : à la première opportunité, ils se sauvent et ils vont planter leurs choux là où ils sentent qu'ils ont plus d'avenir. »

Consultante en organisation dans un cabinet de conseil, spécialiste de la « gestion du changement », Séverine a été « internalisée » à l'automne 2004 dans un petit service innovant et rentable chez Cegetel, chargée de développer des réponses sur mesure pour les grands comptes des « clients VIP ». La trentaine, diplômée d'une grande école de commerce et, d'après elle, « bien dans le moule », elle pensait débarquer dans une *start-up* ; dix-huit mois et une fusion « au bulldozer » avec Neuf Télécom plus tard, tout a volé en éclats : c'est dans une usine qu'elle a l'impression de se consumer.

> « Je comprends bien qu'on ne va pas mettre 3 000 personnes autour de la table pour décider de la stratégie du groupe, explique-t-elle. Mais, depuis la fusion, on est traités n'importe comment. Entre Neuf Télécom et Cegetel, il n'y a rien de commun, en dehors du fait qu'elles sont toutes les deux dans le secteur des télécommunications : la première fait du *low cost*, la seconde de la qualité. On nous a rapprochés brutalement et, demain, si on doit faire des boulons à Boulogne, ce n'est pas grave pour l'entreprise. C'est une réindustrialisation du métier, presque du taylorisme. On ne fait plus d'innovation, on doit faire du chiffre. Finis les généralistes qui font du "bout-en-bout" ! On veut des gens dans leurs cases qui accomplissent une tâche précise et qui passent aux autres. Sur le plan du business, c'est une conception qui se défend, mais, sur le plan humain, cela n'a rien d'idyllique. Je fais encore bien mon boulot, seulement parce que je suis d'une nature consciencieuse, mais il y en a d'autres qui ne viennent plus que pour pointer, c'est sûr. »

Trop occupée à couper les têtes, la direction de Neuf Cegetel a largement délaissé les salariés qui demeuraient dans l'entreprise, mais elle a tout de même promis de leur offrir cent actions lors de la prochaine introduction en Bourse.

> « C'est présenté comme une manière de nous motiver, de nous remercier d'être restés dans l'entreprise, mais, on le sait, c'est surtout une manière de ne pas trop disperser le capital, raille Séverine. Et avec l'accélération des

concentrations dans le secteur, ce n'est même pas sûr qu'on la voie, cette introduction en Bourse : d'après ce qu'il se dit, SFR veut remonter dans le capital et, en même temps, Vodafone veut piquer SFR à Vivendi. Ça bouge tout le temps. On est un peu des pions dans cette affaire. Ce tout petit paquet d'actions de Neuf Cegetel, si c'est tout ce qu'on nous propose comme culture d'entreprise, comme signe d'appartenance, ça ne va pas tromper grand monde. »

Dans une entreprise aussi ancienne et paternaliste qu'IBM, l'histoire de ce processus de désaffiliation est forcément plus longue, mais les effets sur le moral des troupes sont aujourd'hui identiques. Il y a une trentaine d'années, hégémonique sur le marché mondial de l'informatique et maîtrisant toute la chaîne – de la production de matériels aux logiciels et à la commercialisation –, la multinationale s'est « recentrée » sur les services. Ainsi, en France, depuis 1992, IBM a supprimé près de 25 000 emplois en dehors de son « cœur de métier ». En toute discrétion, bien souvent sans plans sociaux mais par le biais de « transactions », de licenciements individuels pour « fautes lourdes », de démissions forcées et de préretraites maison.

« La démotivation, c'est un phénomène assez lent, raconte Jean-Michel, et il y a une grande force d'inertie : tout devrait pousser les salariés à lever le pied plus systématiquement, à se protéger, mais ils continuent quand même pour le moment. C'est peut-être une survivance de l'ancienne culture d'entreprise où les rapports étaient très fusionnels. Mais ça ne pourra plus durer bien longtemps. Avec la montée de l'angoisse de l'avenir et de la pression au travail, depuis le milieu des années 1990, de nombreux salariés commencent à craquer. »

De plus en plus précaires dans leur emploi, de plus en plus pressurés dans leur travail, les cadres d'IBM savent qu'après la liquidation des sites de production, ce sera leur tour, et qu'avec la disparition des ouvriers dans le groupe, ils sont devenus, eux, la « masse » en première ligne des variables d'ajustement. Mise en œuvre de protocoles de notation et modélisation extrême des comportements : dans un souci de rendement et de contrôle de l'« engagement » de ses salariés, le champion des services informatiques a, lui aussi, « réindustrialisé » les tâches. Quand ils ne sont pas stressés [3], les salariés sont, d'après Jean-Michel, « écœurés » :

---

3   Selon un rapport, rédigé par des médecins du travail et présenté début 2005 au comité d'hygiène, de sécurité et des conditions de travail (CHSCT) d'IBM, 44 % des salariés de l'entreprise souffrent d'un stress permanent. Un taux largement supérieur à la moyenne nationale qui est de 25 % chez les salariés. 3 % des employés d'IBM sont en état de *burn out* (syndrome

« Par le biais du "taux d'utilisation", censé mesurer le temps de travail que l'on peut facturer au client, on nous sollicite en permanence, mais sur des éléments que nous ne maîtrisons pas du tout. C'est vécu comme une totale injustice : un type qui doit donner des leçons sur les logiciels à des clients, il ne part pas à la pêche, il a des clients ou il n'en a pas. Or, s'il n'en a pas, son taux d'utilisation s'écroule et on le pénalise. Cela oblige les gens à truander, à déclarer les temps d'attente à autre chose, à de l'administration par exemple... Cela produit un malaise très profond dans la société. »

De manière assez exemplaire, alors que le travail devenait immatériel, IBM, connu comme « laboratoire social », a laissé peu à peu croire à ses salariés qu'ils étaient interchangeables, que l'on pouvait sans encombre dématérialiser les lieux de travail et les collectifs qui s'y forment.

« La cohésion disparaît, on ne sent pas qu'on fait partie d'une entreprise, note Jean-Michel. Ces phénomènes précipitent l'effritement de l'adhésion à la boîte. La direction a mis en place un système de double hiérarchie avec un responsable opérationnel qui donne le boulot et un responsable ressources humaines qui fait la notation du salarié. Bien souvent, ces gens sont très éloignés de nous, parfois même installés à l'étranger. On peut ne croiser ses responsables qu'une fois par an. Et eux, ils se contentent de surveiller des indicateurs à l'écran pour mesurer l'implication au travail et, éventuellement, sanctionner. Cela crée de l'inquiétude et de la lassitude. »

Non contente de délocaliser les services du personnel dans le monde entier (par exemple, les fiches de salaires sont établies en Hongrie et les notes de frais, aux Philippines), la direction a tenté, sous couvert d'un plan baptisé « *Dynamic Workplace* » (« poste de travail dynamique »), de dynamiter purement et simplement les espaces de travail dans sa tour à la Défense et de contraindre ses salariés à réserver leurs bureaux, au jour le jour, et pas plus de quatre d'affilée !

« On n'a déjà plus grand-chose, plus de culture d'entreprise, plus de management, relève Jean-Michel. Et la direction essaie de retirer l'endroit où on peut mettre la photo de son conjoint, de sa famille. Les salariés se sont rebellés et, pour le moment, ils recolonisent la tour en douceur. L'entreprise est devenue comme un désert que l'on traverse sans trop savoir pourquoi, mais ici ou là, les salariés y plantent encore leurs fleurs. »

d'épuisement professionnel au stade ultime, marqué par des dépressions et des risques suicidaires).

## ■■■■■■ Libraire ? C'est alimentaire !

Hélène et Michèle travaillent dans la librairie universitaire d'une ville de plus de 100 000 habitants, au sud de la Loire. Elles ont débuté dans le métier au début des années 1980, un peu par hasard, beaucoup par amour de la littérature :

> « Tout ce qui tourne autour du livre, les gens, ils viennent par passion, considère Hélène. C'est du commerce, bien sûr, mais il vaut mieux vendre des livres que de l'alimentation, non ? C'est mon avis, en tout cas. On entre dans le métier de libraire parce qu'on sent qu'on va l'aimer, pas parce qu'on veut bien gagner sa vie. Ça se sait depuis toujours qu'on est mal payé en librairie... On reste accrochés au fil du Smic, mais on y a longtemps trouvé notre compte : quand tu es dans les livres, que tu dois en vendre, tu les conseilles, tu en parles, il se passe quelque chose. »

Les deux libraires ont tout appris sur le tas. Et, elles en sont convaincues, avec une quarantaine de collègues, elles ont contribué au développement du magasin :

> « Quand nous avons été embauchées, la boîte, qui avait été ouverte par un colon revenu d'Afrique, avait à peu près dix ans, se souvient Michèle. Sans expérience en librairie, le patron nous laissait pas mal d'autonomie parce que, lui, il était infoutu de savoir quoi commander. Sa femme, une ancienne instit', l'aidait un peu, mais elle ne lisait que des trucs à l'eau de rose, pas de grands romans. À l'époque, il n'y avait dans la ville que de toutes petites librairies, et pas encore de grandes surfaces spécialisées. Donc, c'est vite devenu la grande librairie du coin. On a appris à se débrouiller toutes seules et à faire le boulot. »

À la fin des années 1980, le patron de la librairie encore indépendante a, selon Hélène, le « nez fin » : il pense à l'avenir, celui de sa retraite au moins, et revend le magasin à un éditeur. Un doigt dans l'engrenage et, en quelques années, la librairie passe de main en main : de l'éditeur à un distributeur, puis à un conglomérat de l'édition et, enfin, dans le giron d'un mastodonte mondial des médias. Et petit à petit, le sentiment d'être écrasés, dépossédés, dévalorisés, voire infantilisés, se répand chez les salariés.

> « Tout s'effrite, glisse Michèle, parce qu'on ressemble de plus en plus à n'importe quel autre commerce. »
> « Ça a mis du temps chez nous, raconte Hélène, mais on y est : maintenant, on s'en fout du boulot, c'est alimentaire. C'est encore plus net chez les jeunes qui arrivent dans la librairie et qui déchantent très vite. Ce qui a transformé radicalement la situation, ce sont des formes de management qui

viennent percuter nos pratiques. On fait partie d'un grand groupe, ils ne nous donnent pas encore de consignes générales, mais on sent qu'on n'en est pas loin désormais. On peut encore commander nos livres, mais pour combien de temps ? On voit déjà, à travers des "campagnes" ou des "promotions", des cadres qui prennent les affaires en main, qui commandent tout seuls et qui vont faire la mise en place. On nous enlève progressivement les choses qui rendent le métier intéressant et valorisant. Pour les offices, ces commandes des nouveautés avec les représentants des maisons d'édition, on nous a donné des consignes impératives : selon l'ouvrage, il faut en prendre un, quatre ou dix, et pas une autre quantité. Comme si d'un coup on était devenus complètement débiles ! C'est ridicule, mais on s'y tient parce qu'on doit désormais gérer la librairie comme une administration où on pourrait tout mettre dans des imprimés, où tout serait modélisé. Dans le groupe, ils veulent rendre les procédures homogènes, afin que ça fonctionne partout à peu près pareil... »

Afin d'« optimiser » la gestion, la direction de la librairie a mis en place une hiérarchie formelle à l'intérieur du magasin. Une « vraie pyramide », mais qui ne s'est pas construite du jour au lendemain :

« Cette hiérarchisation des tâches, du contrôle, a contribué à me dégoûter, avoue Hélène. J'utilise un mot dur, mais vrai. »

Mieux encore que sa collègue, qui est restée employée de base, Michèle connaît parfaitement cette histoire. C'est la sienne :

« Un beau jour, vers 1994, on a été une dizaine à être nommés cadres. Comme on n'avait pas été particulièrement formés, comme on continuait de bosser avec les autres dans le magasin, on était cadres, c'est vrai, mais personne ne semblait savoir vraiment ce que ça voulait dire. La librairie était en retard question management, mais, en même temps, comme ça n'était pas structuré et que nous, on n'allait pas prêcher la bonne parole dans les équipes, le dirlo restait un peu seul face aux salariés. Nous, les nouveaux cadres, on était pas mal dans l'évitement quand même... La situation s'est détériorée avec la direction et, quand, en 1999, dans la perspective de la négociation sur les 35 heures, on a monté un syndicat dans la librairie, c'est devenu terrible, c'était la guerre. Tous les cadres avaient adhéré au syndicat. Du jamais vu... On a obtenu un accord pas trop mauvais, mais, par la suite, la direction a mis en place une tactique pour foutre en l'air le syndicat et les cadres qui y étaient : il s'agissait d'emmerder les uns, de rabaisser les autres, et d'embaucher des nouveaux cadres attachés directement à la direction. »

Certains des collègues sont partis et ceux qui restent éprouvent une grande lassitude, ou pire :

**Démotivés**

« Dans la première équipe de cadres, on nous faisait constamment des reproches et nous avons tous fait une dépression nerveuse à un moment donné, reprend Michèle. On nous utilise pour quadriller le terrain et, derrière, il y a un malaise profond qui nous étreint tous. Mon sous-directeur à moi, c'est un jeune qui veut y arriver, qui a les dents longues. Il est d'une naïveté terrible, il croit inventer des trucs tous les quatre matins parce qu'il a lu un livre du rayon management : l'autre jour, il m'annonce qu'il s'est abonné à je ne sais plus quel magazine people "pour voir les tendances". C'est un peu déprimant. Ceux qui décident, ce sont des gens qui n'ont pas forcément plus de bouteille que nous, qui ne connaissent pas la clientèle. Ils font des réunions stratégiques et, à la fin, ils convoquent les cadres pour relayer les décisions. Des fois j'apprends de ces trucs, je ne le dis pas immédiatement à l'équipe, je n'y arrive pas et je rumine : "Mais comment je vais leur tourner, cette connerie ?" »

Dans ce contexte, à mesure que le travail perd son sens, les libraires en reviennent à leurs fiches de paie. Et la colère douche alors leurs dernières flammes. Dans le magasin, ce n'est plus le salarié qu'on paye, mais l'actionnaire qu'on rémunère. Avec près de vingt-trois ans d'ancienneté toutes les deux, Hélène et Michèle n'ont plus guère de perspective d'augmentation salariale. L'employée a atteint le coefficient le plus élevé qu'elle pouvait revendiquer dans la grille des salaires du commerce :

« J'ai atteint le maximum, mon salaire suivra au mieux les augmentations ridicules du Smic, estime Hélène. Je n'irai pas plus loin, c'est tout. »

En tant que cadre, Michèle touche 1 350 euros nets par mois :

« Dans la maison, on nous dit tout le temps : "Heureusement que les actionnaires sont là !", mais à quoi ça rime ? Nous avons rejeté longtemps cette idée de ne pas savoir pour qui on trimait, et maintenant, avec les plus-values qu'ils ont faites en nous revendant, il ne reste plus rien pour nos primes. Cette année, on a touché la première partie de la prime sur objectifs et, alors qu'on avait 12 000 francs en 1999, là j'ai regardé, ils m'ont versé 115 euros. C'est de la promotion sociale, n'est-ce pas ? C'est le même phénomène avec l'intéressement : on passe de 380 euros à 70 cette année. Pour payer les actionnaires, ils ne font pas dans la dentelle avec leurs salariés, quand même. C'est presque comme s'il fallait dire merci de nous avoir gardés si longtemps. »

**Entretien avec**

# Pascal Ughetto

Chercheur au Laboratoire Techniques, territoires et sociétés (LATTS), maître de conférences en sociologie à l'université de Marne-la-Vallée et auteur de *L'Exigence du travail contemporain* (Éditions de l'ANACT, à paraître fin 2006).

## « Les salariés menacent de se retirer »

**À travers des livres ou des films, mais aussi dans les sondages, on a vu fleurir ces dernières années des représentations de salariés qui se désinvestissent de l'entreprise… Comment interprétez-vous ce phénomène ?**

Les différents éléments que vous évoquez dressent un tableau assez catastrophiste de la situation. Or il faut traiter cette question dans la complexité du rapport au travail. On a beaucoup parlé d'« intensification » ; l'expression « souffrance au travail » lancée par Christophe Dejours [4] est désormais très largement reprise et, perdant en nuances, dénaturée. Le travail serait devenu invivable. Dans les données statistiques, lors des entretiens qualitatifs que l'on peut faire avec des salariés, la réalité apparaît plus contrastée : contrairement à certaines représentations, gestionnaires notamment, la tendance première des salariés consiste à se donner dans le travail. Et les transformations du travail depuis les années 1980 ont beaucoup sollicité cette propension. On constate aujourd'hui une sorte de retour de bâton : les salariés, ayant l'impression qu'ils ont pas mal donné d'eux-mêmes, mais sans en voir la reconnaissance, menacent – plus qu'ils ne mettent à exécution – de se retirer.

**On dit les cadres « fatigués ». Quel rôle jouent-ils dans la prise de conscience actuelle ?**

Un rôle absolument déterminant : si les cadres sont également « fatigués », cela signifie que le maillon sur lequel les directions misent le plus risque de lâcher. La relégitimation des questions du travail est un processus très long : amorcé par le mouvement des infirmières dans les années 1980 qui, lui, s'adressait à la société tout entière, il arrive dans les entreprises à partir du retournement conjoncturel de 1993, quand les cadres, touchés à leur tour par le chômage, commencent à se montrer désabusés. Ils se mettent à réclamer de bénéficier de la loi sur les 35 heures au même titre que les autres salariés. Il faut tous ces éléments de maturation pour que le discours des cadres sur le travail prenne la portée qu'il a désormais.

---

4    Christophe DEJOURS, *Souffrance en France. La banalisation de l'injustice sociale*, Seuil, Paris, 1998.

**Démotivés**

**Face aux manifestations de démotivation, les entreprises
paraissent inquiètes, mais démunies...**

L'idéologie des « ressources humaines » était censée concilier l'intérêt des salariés et des directions. Une vingtaine d'années après la montée en puissance de cette idéologie, les travailleurs n'ont pas du tout l'impression que ça a été le cas. Les directions ne comprennent pas ces gens qui ne manifestent pas un enthousiasme permanent, qui ne se pensent pas comme des « ressources humaines », et elles sont complètement déroutées par des récriminations moins porteuses d'envolées lyriques que leurs discours managériaux. C'est une énigme pour elles : pendant longtemps, les directions ont cherché à rester sourdes, à tout rejeter sur des cadres « incapables de motiver les troupes » ; aujourd'hui, elles sont obligées de prendre acte du malaise, mais elles ne parviennent pas à le décoder parce qu'elles ne disposent pas d'une théorie du travailleur susceptible de lui donner sens.

**Parmi les éléments de reconnaissance qui, aux yeux des
salariés démobilisés, font défaut, le salaire occupe-t-il une
place déterminante ?**

Tout marche un peu à l'envers de ce que l'on imagine fréquemment. La reconnaissance ne se limite pas à la question monétaire. Pour exister socialement, on s'empare des situations où on a l'occasion de prouver à soi et aux autres que l'on est quelqu'un qui compte. De ce point de vue, le travail reste une scène déterminante. Les salariés ont plutôt tendance à aller au-devant de la tâche et, à partir de là, ils attendent un retour de cet investissement qu'ils ont consenti. Ils cherchent de diverses manières, au moins dans le regard des collègues et surtout dans la bouche du supérieur hiérarchique, la preuve que ce qu'ils ont cherché à faire a bien été vu.

En valeur absolue, les travailleurs souhaitent évidemment toucher un salaire plus élevé, mais, une fois qu'ils sont dans leur travail, avec un niveau de salaire donné, ils ne subordonnent pas leur engagement à la prime monétaire qu'ils peuvent escompter. Pour un salarié, le contexte, ce n'est pas le marché du travail, c'est d'abord la vie de tous les jours avec des collègues, des cadres et des directions. Ce n'est qu'en l'absence de marques de reconnaissance, qui peuvent apparaître comme des banalités pour un observateur extérieur, mais qui n'en sont vraiment pas pour lui, que le salarié se retranche finalement derrière un comportement d'individu économique « bête et méchant ».

**Fréquemment convoquées dans le discours des entreprises,
les figures du client et de l'actionnaire ne dégradent-elles pas
un peu plus le sens du travail pour les salariés ?**

Le client et l'actionnaire ne sont pas sur le même plan et, en tout cas, les effets qu'ils produisent sur les transformations du travail ne sont pas du tout du même ordre. Un des effets de l'intrusion de l'actionnaire va être le développement d'indicateurs de performance extrêmement simplifiés, alors même que, pris dans la complexité des situations de travail, les salariés aimeraient, eux, pouvoir discuter de ce qui se cache derrière ces chiffres. Cela entre en conflit par exemple quand, pour un actionnaire qui voudrait se faire une idée des possibilités de redressement d'une entreprise, la direction choisit d'évoquer un « sureffectif », ce qui, aux yeux des salariés, ressemble nécessairement à un déni de la réalité des efforts accomplis au travail depuis des années. En ce qui concerne le client, c'est assez différent : du point de vue des salariés, le client fait souvent déjà partie de la réalité du travail, mais il constitue un problème. Ils attendent qu'on les aiguille, qu'on les appuie dans le travail qu'ils font avec les clients... À cet égard, la mise en place de « stratégies clients » peut donner l'occasion de discuter dans l'entreprise de la complexité des situations rencontrées par les salariés et, au bout du compte, si on trouve les solutions, de rendre le travail plus intéressant.

## Pour aller plus loin

Agence nationale pour l'amélioration des conditions de travail (ANACT) : http://www.anact.fr

BAUDELOT Christian et GOLLAC Michel, *Travailler pour être heureux ? Le bonheur et le travail en France*, Fayard, Paris, 2003.

BOUFFARTIGUE Paul, *Les Cadres, fin d'une figure sociale*, La Dispute, Paris, 2001.

DESBRUSSES Louise, *L'Argent, l'urgence*, P.O.L., Paris, 2006.

DUPUY François, *La Fatigue des élites, le capitalisme et ses cadres*, Seuil, Paris, 2005.

DURAND Jean-Pierre, *La Chaîne invisible, travailler aujourd'hui : flux tendu et servitude volontaire*, Seuil, Paris, 2004.

LEVARAY Jean-Pierre, *Putain d'usine*, Agone, Marseille, 2005.

LEVARAY Jean-Pierre, *Tranches de chagrin*, L'Insomniaque, Montreuil, 2006.

MARI Pierre, *Résolution*, Actes Sud, Arles, 2005.

◊ **Thomas Lemahieu.**

# Discriminés

Quand il est impossible de mesurer
les injustices quotidiennes

S elon la loi du 17 novembre 2001 relative à la lutte contre les discriminations : « Aucune personne ne peut être écartée d'une procédure de recrutement ou de l'accès à un stage ou à une période de formation en entreprise, aucun salarié ne peut-être sanctionné, licencié ou faire l'objet d'une mesure discriminatoire, directe ou indirecte, notamment en matière de rémunération, de formation, de reclassement, d'affectation, de classification, de promotion professionnelle, de mutation ou de renouvellement de contrat en raison de son origine, de son sexe, de ses mœurs, de son orientation sexuelle, de son âge, de sa situation de famille, de son appartenance ou de sa non-appartenance vraie ou supposée à une ethnie, une nation ou une race, de ses opinions politiques, de ses activités syndicales ou mutualistes, de ses convictions religieuses, de son apparence physique, de son patronyme ou en raison de son état de santé ou de son handicap. »

Parmi toutes ces sources possibles d'inégalités, seule la problématique de la discrimination raciale est abordée dans ce chapitre, car elle se trouve aujourd'hui au cœur d'un paradoxe qui lui est propre : c'est au nom du respect du principe de l'égalité républicaine que la société française s'empêche aujourd'hui de se doter des instruments de mesure nécessaires à la prise en compte, dans les politiques publiques, des populations exposées aux discriminations.

La forte présence, dans les discours militants et médiatiques, de la notion de « minorités visibles » est en réalité une apparence trompeuse : les populations qu'elle désigne n'existent pas au regard de la loi, qui refuse de leur accorder un traitement spécifique, notamment dans la production et l'usage des statistiques, au nom du refus de la stigmatisation de groupes particuliers. C'est pourtant la capacité de mesurer les différences de salaires entre hommes et femmes (24 % en moyenne pour les temps complets dans le secteur privé) qui a permis d'incarner la permanence d'une inégalité de traitement vécue au quotidien par une grande partie de la population active, et de gagner une bataille politique.

L'hypertrophie du discours sur les discriminations crée un décalage. D'un côté, une lecture rassurante fondée sur le constat d'un appareil législatif et juridique enfin armé depuis la loi du 16 novembre 2001 relative à la lutte contre les discriminations, et l'idée que le racisme relatif aux origines des individus et à leur sociotype racial serait désormais résiduel. De l'autre : une réalité de terrain faite de violences plus ou moins assumées par les entreprises et les institutions, de culpabilité rentrée des victimes et du discrédit d'un système vécu comme trop inégalitaire.

## ▨ Échange cave sans fenêtre contre F4

L'odeur prend à la gorge sitôt passé le pas de la porte : humidité si lourde qu'il faut laisser le chauffage toujours allumé, même en été, pour empêcher que les vêtements et les draps ne moisissent. L'installation « tout électrique » de ce 32 mètres carrés revient cher : plus de 900 euros en moyenne par facture bimestrielle, avec une pointe à 1 700 euros.

La famille Injai habite depuis quatre ans cette pièce unique, au sol troué, donnant sur une salle d'eau dont la fenêtre ne peut fermer et dont les toilettes fuient. Elle se trouve au rez-de-chaussée d'une maison à l'entrée d'un parking, à deux pas de la gare de Mantes-la-Jolie. Au passage, les pneus des voitures cognent une vieille dalle d'égout mal fixée qui à chaque fois se déboîte et produit un bruit sec qui résonne dans toute l'habitation. Le soir, les deux parents et les trois enfants dorment à la cave, sous-sol sans fenêtre. Le plus petit, un an et demi, vit depuis peu chez sa grand-mère, à Marseille. Il a des problèmes respiratoires.

Le loyer coûte 478 euros par mois, charge allégée par l'allocation logement de la famille, qu'encaisse directement le propriétaire. Le 12 janvier
2005, un inspecteur d'insalubrité a pourtant conclu à la non-conformité
du logement au règlement sanitaire départemental des Yvelines. Mais
depuis, ni la mairie ni le département n'ont délivré d'arrêté d'insalubrité
les obligeant à reloger la famille. Les Injai ne savent plus comment alerter
les services sociaux, six ans après leur première demande de logement. Les
« attestations d'enregistrement départemental d'une demande de logement locatif social » de la société 3F, un bailleur, qu'ils accumulent avec
les années au fur et à mesure de leurs renouvellements, indiquent pourtant qu'en matière d'attente « le délai anormalement long est de
trente-six mois pour les Yvelines ».

Venu en France de Guinée fin 1988, Imbemba Injai vit à Mantes-la-
Jolie depuis 1994. Polyvalent dans la restauration collective, il gagne
1 000 euros par mois. Son épouse, née au Sénégal, est en recherche
d'emploi. Leurs trois enfants sont nés en France. Le 29 mars 2000, alors
résident en foyer à Gassicourt, un quartier du centre-ville de Mantes,
Imbemba Injai dépose une demande de logement à la mairie. Il raconte
qu'un mois plus tard, lorsqu'il revient s'enquérir de la procédure à suivre,
une secrétaire lui annonce que sa demande ne peut pas être prise en
compte : il lui faut une attestation de logement chez un tiers. Il l'obtient,
mais apprend ensuite de la même personne que, condition supplémentaire, il doit habiter chez l'auteur du certificat. Il obtempère, et s'installe
chez un cousin, avec son épouse et ses deux enfants. Au bout de six mois
de cohabitation forcée, la même employée municipale lui dit alors que
pour que sa demande soit traitée, il doit être lui-même locataire d'un
appartement. Mais l'agence immobilière à laquelle il se rend le décourage
de poursuivre ses recherches : intérimaire, il ne leur paraît pas assez sol-
vable. M. Injai retourne alors à la mairie, qui maintient son exigence. En
désespoir de cause, il reprend le bail d'une connaissance qui s'apprête justement à quitter un studio en mauvais état : c'est le 32 mètres carrés qu'il
occupe encore aujourd'hui avec sa famille. Car, après un nouveau passage à la mairie et une nouvelle demande de la secrétaire du maire affirmant qu'il lui faut séjourner trois ans dans son logement afin d'être
éligible, il s'entend répondre par son interlocutrice habituelle que ce n'est
plus la peine de venir : « Le maire ne veut pas te voir. »

En octobre 2002, la commission de coordination du logement rend un
avis défavorable à sa demande de logement. Dans un courrier le mois suivant, l'adjoint au maire, délégué au logement, Jean-Luc Santini, lui écrit :

« Votre dossier ayant fait l'objet d'un avis défavorable, compte tendu de votre situation (absence d'attache et précarité), j'ai le regret de vous confirmer que vous ne pourrez bénéficier d'une attribution de logement HLM à Mantes-la-Jolie. »

Et termine sur un ton comminatoire :

« Il est inutile de venir régulièrement en mairie de quartier du Val-Fourré, les agents présents sont dans l'obligation de respecter les décisions prises par la commission et ne pourront en aucun cas vous donner satisfaction. »

Imbemba Injai est pourtant titulaire d'un contrat à durée indéterminée depuis 2002, et résident de la ville depuis 1994. Mais surtout, rien dans la loi ne justifie le recours à ces deux motifs de refus. Selon le Code de la construction et de l'habitation, pour l'attribution des logements sociaux, « il est tenu compte notamment de la composition, du niveau de ressources et des conditions de logement actuelles du ménage », ainsi que de l'éloignement du lieu de travail et de la proximité des équipements. Selon les documents d'information du ministère du Logement [1], les conditions d'attribution sont la composition du foyer et un plafond de ressources au-dessus duquel le ménage n'est plus autorisé à se porter candidat. Il n'est jamais fait mention d'un revenu minimum nécessaire. Sont considérées comme prioritaires « les personnes dont la demande présente un caractère d'urgence en raison de la précarité ou de l'insalubrité du logement qu'elles occupent », conformément à la loi du 31 mai 1990 visant à la mise en œuvre du droit au logement.

C'est une version différente qui est avancée trois ans plus tard par le maire de Mantes-la-Jolie, Michel Vialay, en octobre 2005, toujours par écrit :

« Les éléments contradictoires de votre dossier avaient motivé cet avis défavorable, et sont d'ailleurs corroborés depuis par votre situation plus que confuse quant au nombre de personnes que vous avez aujourd'hui à charge. »

D'après la famille, l'édile fait ici référence aux deux premiers enfants de M. Injai, nés et élevés en Guinée, qu'il se défend de vouloir faire venir en France, et qu'il n'a jamais mentionnés dans ses demandes de logement. La missive se conclut par une cruelle formule de politesse :

« Souhaitant que cette réponse mette un terme à votre insistance, je vous prie de croire, Monsieur, à l'assurance de mes sentiments distingués. »

---

1   http://www.logement.gouv.fr.

Interrogée sur la notion d'« attache » au territoire, une employée chargée du suivi des demandes de logement social à la mairie de quartier du Val-Fourré renvoie vers la Charte intercommunale du logement, rédigée sous le contrôle du préfet. « C'est tout à fait légal », affirme-t-elle. Le texte en question, signé en septembre 2003, indique en effet la volonté d'« affirmer la vocation locale du parc social en le mettant prioritairement au service des habitants du territoire » et de « répondre prioritairement aux demandes de logement émanant des ménages ayant des attaches avec notre territoire[2] ». L'affirmation d'une préférence territoriale, en dehors de toute légalité.

La famille Injai est-elle victime de discrimination ? Pour le savoir, il faudrait pouvoir produire des statistiques sur le traitement de l'ensemble des demandes de logement sur la ville. Mais elle n'est, à l'évidence, pas un cas isolé. Mamadou, intérimaire, Sénégalais vivant à Mantes-la-Jolie depuis 1988, résidant en foyer, raconte qu'il y a trois ans, il s'est rendu à la mairie de quartier du Val-Fourré pour déposer une demande de logement. Réaction de l'employée municipale qui le reçoit : « Vous, les gens du foyer, vous n'êtes pas prioritaires pour les appartements. »

Incrédule face à ce qu'il ressent de plus en plus comme les « mensonges de la mairie », pas toujours habile dans son expression (il ne sait ni lire ni écrire) et incapable de garder son calme lors de ses venues en mairie, Imbemba Injai est devenu peu à peu la bête noire de l'administration municipale. Au bout de plusieurs mois d'attente, il prend l'habitude de se rendre aux permanences que tient le maire dans les mairies de quartier. Recalé plusieurs fois, il s'adresse un jour directement à la responsable de la liste d'attente :

> « Je veux savoir pourquoi le maire ne veut pas me voir alors qu'il ne me connaît pas. Je reste ici jusqu'à ce qu'il arrive. »

Et s'assoit. M. Dioumkou, un ami qui l'accompagne ce jour-là avec son épouse, se souvient :

> « Imbemba a parlé à la dame, avec sa grosse voix. Elle semblait nerveuse. Quelques minutes plus tard, je vois arriver la police. Ils l'ont attrapé et lui ont attaché les mains. »

Imbemba reprend le récit :

---

2    http://www.mantesenyvelines.fr.

« Je ne voulais pas qu'ils me touchent. J'avais déjà eu des problèmes avec la police : en 1998, j'avais fait trois jours de garde à vue parce que je correspondais au signalement d'un homme qui avait violé une femme. J'ai été innocenté grâce au test ADN mais le commissariat a refusé de prendre ma plainte. »

Mauvais souvenir d'humiliation. Dans la salle d'attente de la permanence, il se débat. Ses vêtements se déchirent. Il apprend des policiers que la secrétaire du maire leur a dit qu'il était armé d'un couteau. Ils ne trouveront qu'un téléphone portable dans sa poche. Menotté, il est conduit au poste de police et placé en garde à vue. Le maire vient porter plainte contre l'entêté, accusé de menaces sur l'employée municipale. Il est condamné pour coups et blessures en avril 2005 par le tribunal de grande instance de Versailles. À trois reprises déjà, il a visité des F4 proposés par les bailleurs, accepté les logements sans jamais plus en avoir de nouvelles :

« J'ai pleuré, pleuré, tant que j'en ai marre. J'ai honte de cette histoire. Mais je veux rester ici », explique le père de famille.

Il a complètement perdu confiance en la justice et n'espère plus que de réussir à se faire inviter à une émission de TF1 qui fait son miel des causes perdues. Il a envoyé une lettre à l'animateur, restée sans réponse. Pour une employée municipale, son « mauvais comportement a joué contre lui. Il est désormais accusé de présomption de mauvais voisinage. Il ne lui reste plus qu'une solution : demander un logement sur une autre ville ».

## ▰▰▰ « Avant les Noirs, on pouvait les fouetter, maintenant, ils veulent encadrer ! »

En langage médical, ce serait un « bon cas ». En discours militant, c'est un « bon dossier », un exemple de traitement de défaveur tellement manifeste que même la justice l'a reconnu, du bout des lèvres : le 11 janvier 2005, le conseil des prud'hommes de Paris a condamné la société Renault à 120 000 euros de dommages et intérêts pour avoir accordé un traitement inégal à l'un de ses cadres, Laurent Gabaroum, Français né au Tchad en 1950. Mais si le tribunal constate qu'« il n'a pas été permis à M. Gabaroum de développer une carrière normale de cadre », il refuse de reconnaître qu'il a été discriminé :

« Aucun élément concret, aucun fait objectif, aucun document ne viennent étayer l'accusation très grave selon laquelle la couleur de M. Gabaroum aurait motivé l'attitude de son employeur. »

Le constructeur automobile est seulement reconnu coupable de n'avoir pas « exécuté loyalement ses obligations nées du contrat de travail ».

Déçu du jugement, Laurent Gabaroum fait appel. Le 20 juin 2006, devant la cour d'appel, M$^e$ Catherine Le Jouan, avocate de Renault, appuie sa plaidoirie sur la dénonciation du sentiment revanchard que nourriraient certains salariés envers leur employeur. Dans la salle d'attente, un retraité de soixante-trois ans, entré chez Renault à la sortie de l'adolescence, donne des cours d'histoire en industrie automobile aux jeunes avocats : « Renault, c'était la Régie, l'État dans l'État. » C'est bien parce que la société Renault fut une entreprise publique et le fleuron de la politique industrielle nationale que les procès intentés contre elle revêtent une importance particulière. Beaucoup craignent que la nomination en mars 2005 à la tête de la Halde (Haute autorité de lutte contre les discriminations et pour l'égalité) de Louis Schweitzer, P-DG de Renault jusqu'en avril 2005, n'occulte soixante ans de pratiques empreintes de culture coloniale.

Dans son dossier, l'avocat de Laurent Gabaroum produit une pièce retentissante : la nomenclature « Escadre II », codifiant les salariés en fonction de leur nationalité : « algérienne », « béninoise », « cambodgienne », « malgache », etc., mais aussi de leur sociotype racial : « afro-britannique », « afro-portugaise », « afro-espagnole », « française d'origine algérienne ». Ce document du service des études de Renault intitulé « Les OS dans l'industrie automobile » daterait des années 1970 et aurait été utilisé jusqu'aux années 1992, 1993, selon Areski Amazouz de l'Association des anciens travailleurs de Renault de l'île Seguin. Il comporte des « notes pouvant servir à l'information de personnes appelées à utiliser des travailleurs africains de race noire ». On y lit que l'« Africain musulman » est

« habitué à regarder la nature, il a un don d'observation certain et une faculté d'adaptation que l'on appellera mimétisme. [...] Son intuition lui tient lieu de raisonnement. Il pourra passer du concret à l'abstrait, mais la démarche inverse lui sera pratiquement impossible. »

Par ailleurs, « la culture africaine est à base parlée. Il n'y a pas à proprement parler d'écriture africaine. Nous trouverons donc chez lui un art de la fabulation où les événements actuels se mélangent aux légendes et cela nous déroute. De là, le don très réel qu'il a pour inventer des histoires, pour déguiser la vérité et surtout pour l'omettre... en toute bonne foi. »

En découlent des conseils de comportement à adopter :

« Parlez lentement sans élever la voix, expliquez-lui le pourquoi des tâches que vous lui confiez, assurez-vous qu'il a compris, ne critiquez pas par principe sa façon de s'y prendre, ayez de l'autorité, conservez votre calme et armez-vous de patience. »

Enfin :

« Ne généralisez pas, mais ne perdez pas de vue que l'Africain est un paysan mal nourri et pendant longtemps berné. Ceci vous expliquera beaucoup de choses. »

Ce rapport fut l'objet d'une analyse – critique – par le CNRS en 1986, à la demande de la Régie, preuve qu'il était à l'époque toujours en circulation.

Laurent Gabaroum est entré chez Renault en 1975 comme veilleur de nuit au siège de Boulogne-Billancourt. Il est alors étudiant en première année à Sciences Po :

« Dans les années qui suivent, j'obtiens trois DESS ainsi qu'un doctorat de droit international. En novembre 1985, je passe cadre. Mais je suis nommé au personnel non affecté, un service où transitent habituellement les expatriés entre deux postes. Six ans plus tard, je suis nommé à la « communication » de la direction "Après-vente monde", intitulé qui désigne en réalité un vaste ensemble de tâches d'élaboration technique, qui n'ont rien à voir avec ma formation initiale. J'y reste quinze ans. Je suis ensuite détaché auprès de la SCOA (Société commerciale de l'Ouest africain), un ancien comptoir colonial, qui me rattache à son tour à une filiale. Je me retrouve ainsi sans contrat et en mission en Côte-d'Ivoire et au Cameroun. Dans un rapport interne, le directeur du personnel ingénieur et cadre note que j'ai des "talents de communication en milieu africain". En 1986, année d'un important plan social, on me propose une aide au retour « au pays », alors que j'ai abandonné la nationalité tchadienne et que je suis français depuis ma naissance. En 1991, je suis titularisé. Ma secrétaire me coiffe au poteau et devient ma chef, conseillère de ressources humaines, alors qu'elle n'a qu'un CAP de sténodactylo. En 2000, j'ai été nommé chargé de mission mais sans mission. Mon supérieur m'a dit : "Je ne sais pas à quoi tu sers, je n'ai pas besoin de chargé de mission." »

Les praticiens du droit ne cessent de le répéter : la discrimination, c'est une comparaison, un décalage de traitement d'une personne par rapport aux autres, une notion forcément relative. Elle est difficile à établir à l'embauche et échappe complètement au regard quand elle concerne l'évolution des carrières, occultée par les années, le volume de la main-d'œuvre dans les grandes entreprises et l'absence d'outils statistiques officiels et transparents. Pour la rendre visible, des syndicalistes ont fabriqué un outil de mesure inédit : la règle triangulaire, qui compare l'évolution de carrière de personnes embauchées en situation identique (mêmes années, même diplôme, même coefficient de classification, dans la même filière) et permet ainsi de calculer le préjudice subi par la personne discriminée. Ce mode de calcul permet de constituer des preuves matérielles de traitement défavorable qui viennent étayer les indices et signaux d'alerte que sont brimades, insultes et propos racistes.

Laurent Gabaroum raconte ainsi cette anecdote remontant à l'année 1984, alors qu'il vient de demander le statut de cadre :

> « J'en parle à un copain breton, qui à l'heure du déjeuner retrouve un ami dans une brasserie. Derrière lui déjeunent le responsable de la promotion supérieure du travail et une relation. Il les entend parler d'un Noir de la boîte qui veut devenir cadre : "Avant les Noirs, on pouvait les fouetter. Maintenant, ils veulent encadrer !" Mon copain m'a prévenu, pensant bien qu'ils parlaient de moi. Je me suis présenté à l'entretien : c'est l'homme de la brasserie qui m'a reçu. Il m'a dit : "Vous avez tous les diplômes qu'il faut mais il y a une réalité. Nous ne sommes pas prêts à intégrer des Noirs dans l'encadrement de Renault." »

Vingt ans après, les choses sont-elles toujours dites aussi crûment ? Messaoud, trente ans, est équipementier dans une usine francilienne du secteur automobile. En mai 2006, alors qu'il demande à son directeur si les primes de vacances peuvent être versées en juin plutôt qu'en juillet, il s'entend répondre :

> « Si au Sénégal le chef de la tribu solutionnait tous les problèmes, il faut arrêter de me considérer comme tel afin de répondre à toutes vos attentes. »

Sa lettre de protestation envoyée à la direction du groupe est restée sans réponse :

> « Est-ce que c'est normal ? Je voudrais savoir que dit la loi, dit-il aujourd'hui. C'est important pour moi parce que ça m'a fait très mal. »

Pour monter un dossier de discrimination, il lui faut engranger d'autres témoignages du même type. Un long travail d'enquête commence. La prescription pour propos racistes est de trois ans.

Mohamed Brahmi, quarante-deux ans, est entré chez Bosch en 1984, un CAP de tourneur en poche :

> « J'ai été affecté à une machine pénible, la Huller, qu'il faut alimenter pièce par pièce sans jamais s'arrêter. On était sept ou huit à tourner sur la machine : un Réunionnais, un Tunisien, un Kabyle... sur les trois Européens qui ont commencé en même temps que moi, deux ont eu des postes de contrôle et

un, une machine "noble". Il y avait une autre machine, la Blanchard, un poste très dur de quatre personnes où il fallait visser et dévisser des plateaux. Les contremaîtres l'appelaient le "continent africain" parce que n'y travaillaient que des Noirs. Ils le disaient en rigolant, mais, avec le recul, je me rends compte qu'il y a eu des saloperies de faites. La maîtrise, les ressources humaines avaient fait en sorte que ça se passe comme ça. »

À l'époque, pas de Noirs, pas d'Arabes, pas de femmes dans la maîtrise. Mais :

« C'est compliqué de se convaincre qu'on est discriminé. Dès mon arrivée, j'ai bien vu que tous les Blancs étaient aux postes à responsabilité, et tous les Blacks et les Beurs à la chaîne de montage, mais pour moi c'était normal. »

Il faut attendre 2000, et l'accord négocié par les syndicats avec le groupe Bosch sur la discrimination syndicale, pour que Mohamed Brahmi « commence à gamberger ». Il anime aujourd'hui le collectif racisme et discrimination à la fédération métallurgie de la CGT.

Embauché comme ouvrier professionnel de première catégorie (P1) dans l'usine de Vénissieux, vingt-deux ans plus tard il est toujours P1, pour un salaire net de 1 400 euros par mois. Une quarantaine de dossiers ont été déposés devant les prud'hommes, mais une vingtaine de poursuites ont été levées après acceptation de transactions financières proposées par l'employeur (entre 1 500 et 6 000 euros), sans mention de discriminations raciales. Depuis le lancement des procédures, les choses ont un peu évolué : l'usine Bosch de Vénissieux compte trois agents de maîtrise arabes, sur un total de 850 salariés.

Le plus souvent, seuls les plus politisés tiennent jusqu'au procès. Ou les plus désespérés.

Ali obtient en 1992 un DUT de génie mécanique et productique :

« En juillet 1994, je postule à l'offre d'une entreprise alsacienne. En septembre, une lettre arrive : je ne corresponds pas au profil. Comme je ne trouve toujours pas de boulot, je m'inscris dans une association d'insertion. Je découvre par ce biais qu'un restaurant cherche un plongeur. Je postule. Mais la structure refuse de m'envoyer au prétexte que je suis trop diplômé. J'insiste, au point qu'on appelle la directrice qui me prend en sympathie, et appelle un employeur qui avait placé une annonce pour un bac + 2. Elle branche le haut-parleur du téléphone : "Tu cherches toujours quelqu'un ?" Il acquiesce. Elle commence à lui épeler mon nom, et j'entends : "Oh non, Mireille, pas un Arabe." Elle devient toute rouge. Elle lui fait la morale et j'obtiens un rendez-vous. On me propose un poste d'opérateur, niveau bac. Je fais

**Discriminés**

remarquer qu'avec mes diplômes, j'ai droit à mieux. "Soyez content de ce que vous avez." Au bout de deux ans je postule à un poste de premier opérateur, mais j'apprends que je n'ai pas assez d'ancienneté. À ce moment est embauchée à un poste équivalent au mien une jeune femme titulaire d'un simple BTS en papeterie. Six mois plus tard, je me marie et prends quinze jours de vacances. À mon retour, la jeune femme, dernière embauchée, a été promue à un poste de premier opérateur. Pendant quatre ans, quinze postes de bac + 2 ont été libérés, ils n'ont jamais voulu me les donner. Pour m'en sortir, je décide d'entreprendre une école d'ingénieurs. À mon retour, mon supérieur me dit : "Les écoles d'ingénieurs au rabais qui donnent des diplômes à n'importe qui dévalorisent la profession. Il n'y aura jamais de poste de cadre chez nous pour vous." En octobre 2005, un poste de cadre se libère. Je dépose ma candidature par lettre recommandée. Je n'ai jamais eu de réponse. En mars 2006, un jeune bac + 2 a été embauché au poste. Il y a un mois et demi, on m'a proposé un poste qui ne m'intéresse pas, à niveau hiérarchique et de rémunération égal. J'ai refusé. On m'a dit : "C'est ça ou la porte." Depuis, je suis en arrêt maladie. »

C'est la loi du 16 novembre 2001 relative à la lutte contre les discriminations qui a ouvert la voie aux poursuites judiciaires pour discriminations. Son principal apport est d'inverser la charge de la preuve : quand un salarié fait la preuve d'une différence de traitement à son égard, c'est à l'employeur de justifier ce traitement différencié.

Même s'il existe désormais des outils juridiques, faire la preuve d'une différence de traitement n'est pas évident : certains ont peur, ou honte, et ne se défendent pas. Et les syndicats n'ont pas toujours aidé :

« Pour beaucoup de copains, c'était normal que le délégué syndical soit discriminé, se souvient Mohamed Brahmi. Pour eux, il est là pour se sacrifier et souffrir. Il ne peut pas avoir le même déroulement de carrière que les autres. Quand j'ai commencé à parler des discriminations raciales dans la boîte, je me suis fait insulter : "Ça n'existe pas. Vous êtes des enfoirés." »

Khélifa Keraghel, agent de recyclage chez Koyo, dans le Rhône, gagne 1 600 euros net par mois :

« Je suis rentré OS en septembre 1971, je suis devenu P1 en 1977 et vingt-neuf ans plus tard, je le suis toujours. Quand j'étais au contrôle qualité, j'ai formé une dizaine d'Européens : ils sont arrivés OS et maintenant ils sont P3, techniciens d'atelier. La semaine dernière, ils m'ont demandé de livrer les ramettes de papier dans les bureaux : j'ai vu qu'ils étaient tous blancs, alors qu'à l'atelier, on est tous colorés. J'ai vu dans les bureaux des gens qui sont arrivés après moi et qui me regardaient de haut. Ça fait très mal. Ce n'est pas l'argent qui va réparer ça. »

Khélifa Kéraghel a récemment monté un dossier de discrimination syndicale et reçu une indemnisation substantielle pour son retard de carrière :

> « J'aurais préféré évoluer normalement, comme tout le monde, sans avoir à faire ça. Aujourd'hui, même s'ils me donnaient le poste que je voulais, je ne pourrais pas l'assumer. C'est trop tard. Je n'ai plus de motivation. Dans mon atelier, je passe pour un fainéant. Mais je n'ai pas toujours été comme ça. »

Douleur de travailleur humilié, avivée par la douleur d'un père qui voit aujourd'hui sa fille titulaire d'un DESS en droit vivre du RMI. Il y voit la continuité de l'histoire d'une mise à l'écart :

> « Quand j'ai proposé aux délégués syndicaux de demander à l'entreprise de signer la charte contre les discriminations, ils m'ont répondu : "C'est quoi ça ?" Ils ne veulent pas en entendre parler. J'ai organisé une conférence débat en mai : sont venus des employeurs du coin. Mais ni la direction des ressources humaines ni les délégués. »

## ▉▉▉▉ La vie rêvée en Seine-et-Marne

Il faut tirer la porte de toutes ses forces pour entrer dans le bâtiment du Crous (Centre régional des œuvres universitaires et scolaires) de Torcy, près de Marne-la-Vallée. À l'étage, le studio qu'occupe Almamy Kaloboa, vingt-trois ans, petite pièce blanche et chaude. Il est inscrit en licence d'électronique à Paris-XIII (Villetaneuse) – à 1 h 30 de chez lui en RER et bus. Par la fenêtre, on aperçoit un bloc de ciment gris, l'immeuble où vivent ses parents. « Vous avez vu ? C'est Alcatraz. »

Né en Guinée, élevé par ses grands-parents, il a rejoint à dix-neuf ans sa famille installée en Île-de-France. Son père enchaîne intérims, CDD et CDI interrompus depuis 1990. Sa petite sœur s'apprête à entrer au lycée. Née en France, elle a la « nationalité ». Pas lui, qui bénéficie d'un titre de séjour d'étudiant étranger. Élève assidu, il compte sur ses diplômes à venir pour réussir sa vie professionnelle. La logique de son parcours voudrait donc qu'il poursuive ses études en master, peut-être même en doctorat, et devienne ingénieur. En réalité, il n'est même pas sûr de reprendre la fac à la rentrée prochaine :

> « Je ne sais pas encore. Quand on voit des ingénieurs faire des stages chez Mc Do... Sur le CV, quand les patrons voient que je viens d'une fac du 93, ça n'aide pas. C'est même un handicap. »

Pour financer ses études, il travaille, ou plutôt travaillait : il n'a pas réussi à retrouver d'emploi depuis son licenciement d'un restaurant Courtepaille :

> « J'envoie des tas de CV. Je reçois des courriers qui disent : "On a bien retenu votre candidature mais ça ne correspond pas au profil." Mais c'est quoi le profil ? Franchement, il n'y a pas besoin d'un CV pour travailler dans une pizzeria ou pour faire du poulet ! Même pour balayer ils te demandent un CV. J'ai postulé je ne sais pas combien de fois à Carrefour, pour Leroy Merlin je ne connais même plus le nombre, j'ai passé trois entretiens à Disney… Ma cousine travaille dans un Chicken Spot. Devant elle, son patron a dit : "Je ne veux plus recruter de Noirs." En France, il y a de la discrimination. Ma petite sœur est en troisième. Elle devait faire un stage de trois jours d'initiation à l'entreprise. Elle a envoyé des CV partout : elle n'a même pas eu de réponse pour lui dire qu'elle n'était pas prise. Elle a dû faire son stage à l'ambassade de Guinée. Et elle est française. On n'est pas accepté ici. »

Almamy a fait son deuil de son rêve de France et n'envisage plus son avenir qu'au Canada. Ou peut-être en Angleterre :

> « Je suis un étranger ici. La France m'a tout donné en matière d'intégration mais bloque l'évolution de carrière. Je n'ai pas envie de faire un master pour ensuite être vigile. Je veux partir au Canada faire un MBA. Les quatre cinquièmes des gens qui partent là-bas réussissent. Sauf s'ils n'ont pas la volonté. Moi je suis motivé. »

La moitié des 2,2 millions d'expatriés français recensés par le ministère des Affaires étrangères sont âgés de moins de trente-cinq ans. Selon le consulat français de Londres, entre 250 000 et 300 000 jeunes Français s'y sont installés. Au Québec, depuis quelques années, des jeunes Français venus de Vaulx-en-Velin et de la banlieue marseillaise viennent tenter leur chance. Cette fuite des cerveaux de jeunes ayant grandi dans les périphéries des villes disparaît dans les statistiques des séjours à l'étranger des cadres supérieurs en recherche d'évasion fiscale et de carrières ambitieuses.

Né de l'expérience personnelle réelle ou anticipée de blocages et de discriminations, le désir d'étranger de ces jeunes ayant grandi dans les banlieues hexagonales exprime autant un combatif esprit de survie qu'un désespoir sans retour de trouver un jour leur place en France. Ils s'inventent d'invisibles parcours d'autoéviction, organisant leur sortie – pas toujours définitive – de la scène collective jugée trop inégalitaire. Dans l'espoir aussi parfois d'en revenir sous les traits d'un Français comme les autres, enfin débarrassé de l'étiquette encombrante de « jeune de banlieues ».

Ahmed, vingt-quatre ans, est un copain de quartier et de mosquée d'Almamy. Depuis novembre 2005, il est chargé d'affaires dans une agence bancaire, poste obtenu après trois ans et demi de séjour au Canada. À l'issue du bac, son inscription en BTS refusée par son école, il s'est envolé pour le Québec :

> « J'avais une chambre universitaire superbe, rien à voir avec ce qu'on voit à Paris. J'ai rencontré des Espagnols, des Mexicains, des Anglais, des Chinois... c'est ce qui m'a plu le plus. Les Canadiens me disaient : "Tu ne ressembles pas à un Français." Ils ont une mauvaise image de la France, un pays de racisme et de chômage. Mais une fois qu'ils me connaissaient, j'étais plus perçu comme un Français qu'en France. »

Double ascendance : algérienne et marocaine, mais de nationalité française, Ahmed avait toujours vécu dans l'Hexagone. Son retour au pays, couronné par le début d'une réussite professionnelle, aurait pu sonner un nouveau départ, l'amorce d'un ancrage. C'est tout le contraire qui s'est produit :

> « Je ne compte pas rester en France. Ce qui me déplaît ici, c'est qu'on ne peut pas réussir. Les Québécois ne sont pas moins racistes que les Français mais ils ont des lois très strictes : quand il y a une connotation raciste dans ce que vous dites à quelqu'un, vous pouvez aller en prison. Il n'y a pas de racisme dans les rues. On n'entend pas "sale Arabe" comme on peut l'entendre ici. La loi française sur la laïcité n'est pas pensable là-bas. En France, la loi sur le voile et celle sur les effets positifs de la colonisation sont discriminantes. Maintenant que j'ai vu comment était l'étranger, je sais que la France est un pays très, très fermé. »

Prochain départ prévu par Ahmed : la Chine, pour faire de l'import-export de marchandises, puis l'Égypte et l'Angleterre. Pour cet enfant des banlieues hexagonales comme pour beaucoup d'autres, mieux vaut être un Français expatrié et assumé à l'étranger plutôt qu'un étranger malgré soi en France.

**Discriminés**

Entretien avec

# Patrick Simon

Sociodémographe à l'INED.

## Être discriminé sans le savoir

**Peut-on être discriminé sans le savoir ?**

C'est même le cas le plus fréquent. La discrimination n'existe pas comme scène objective : c'est un phénomène diffus, sans auteur véritablement identifiable et sans victime avérée. C'est à la fois un mode de fonctionnement et l'état d'un système. Les actes discriminatoires légendés en tant que tels sont relativement rares : la restriction « BBR » [Bleu Blanc Rouge] dans un profil d'embauche pour signaler que seuls des Blancs sont désirés ; appeler une agence immobilière pour visiter un appartement, s'entendre dire qu'il est déjà attribué alors qu'en appelant cinq minutes plus tard, une autre personne dont le nom n'a pas de consonance arabe est invitée à le visiter… Il y a un traitement différencié qui ne peut être expliqué que par l'origine de la personne qui se présente. C'est une discrimination directe.

Hors ces situations typiques, la discrimination consiste à attribuer un coefficient négatif – parfois peu important – à une caractéristique qui ne devrait pas être prise en compte : le sexe, l'origine ethnique ou raciale, la religion, le handicap, l'orientation sexuelle, etc. La régularité de l'application de ce coefficient négatif a des conséquences statistiques. L'analyse des discriminations procède à partir d'un raisonnement comparatif entre des groupes considérés comme équivalents mais différents sur le plan de la caractéristique « suspecte » : hommes et femmes, personnes d'origine X par rapport aux autres ou à des personnes d'origine Y. Si ces caractéristiques ont une action propre « toutes choses égales par ailleurs », alors la procédure peut être considérée comme suspecte. Le paradoxe est que la discrimination doit d'abord être révélée par une mise en évidence extérieure – de type statistique – pour que les personnes exposées puissent qualifier leur expérience concrète. Sans ce travail de visibilisation, la discrimination n'est pas vécue en tant que telle.

**Quel est le périmètre du continent invisible des discriminations indirectes ?**

C'est le fonctionnement de la société dans son intégralité. On peut décomposer par exemple une chaîne de prises de décision pour l'attribution d'un logement social. Officiellement, l'origine n'a pas d'incidence pour accéder au logement social. Jouent le niveau des revenus, la composition familiale et la situation du logement occupé. En pratique, les logements sont attribués dans une logique soigneuse de l'évaluation de la capacité d'un ménage à « bien » occuper le logement : être bien inscrit dans son environnement, dans un rapport « équilibré » aux autres (une famille « difficile » ne doit pas être à côté d'une autre famille « difficile » pour ne pas déséquilibrer le quartier), ne pas renforcer les concentrations d'habitants de même origine – et singulièrement d'origine immigrée... l'attribution est une prise de risque. Parmi les critères du risque, l'origine finit par résumer toute une série de caractéristiques sociales. Comme il y a beaucoup de demandes de logement, les commissions d'attributions gèrent le risque en ne prenant pas d'Arabes et de Noirs. Cet arbitrage est invisible, intériorisé par les acteurs de la chaîne... et légitimé par les politiques publiques de lutte contre la ségrégation. C'est l'aspect pervers de la mixité sociale : pour éviter les concentrations de personnes ayant peu de ressources et/ou d'origine immigrée, les politiques d'attribution sont entrées dans une logique de gestion ethnicisée des demandes. Pourtant, une telle prise en compte de l'origine est interdite par la loi.

Les analyses fondées sur les enquêtes logement montrent qu'une famille d'origine maghrébine, à nombre d'enfants et revenu égal, attend trois fois plus longtemps un logement social qu'une famille française. Le mécanisme derrière ce différentiel dans le temps d'attente est une discrimination. Mais les acteurs de la chaîne qui prennent les décisions aboutissant à ce résultat n'en ont pas une vision complète. Il faut bien concevoir que des militants antiracistes sont quotidiennement engagés dans des processus discriminatoires sans disposer d'outils pour analyser leurs pratiques. Par exemple, les correspondants des missions locales se trouvent en situation de relayer les critères discriminatoires des employeurs en préparant les jeunes aux « contraintes » du marché du travail : formuler un projet « réaliste », travailler leur présentation, faire du relookage. En quelque sorte, ils leur apprennent à ne pas faire trop « typés » Arabes ou jeunes de banlieue. Ce faisant, ils valident l'idée que les jeunes sont en partie responsables de leurs difficultés d'insertion. Dès qu'on parle de discrimination, la défaillance de la victime est mise en avant.

**Vous préconisez l'usage par la statistique de catégories ethniques, alors que beaucoup craignent que ces informations n'aggravent la stigmatisation des minorités.**

Il y a un malentendu profond à l'égard de ces catégories « ethniques et raciales » dans le vocabulaire en général et la statistique en particulier. D'abord, la question n'est pas de savoir s'il faut ou non des « statistiques ethniques », mais quelles statistiques peuvent permettre de décrire et analyser les discriminations fondées sur l'origine ethnique ou raciale. Or les statistiques attestant des discriminations reprennent nécessairement les catégories péjoratives utilisées pour discréditer et défavoriser. Le risque d'un renforcement du discrédit est consubstantiel de la politique de lutte contre les discriminations, puisqu'il s'agit de réparer l'effet des préjugés et du racisme. Le second problème tient à l'impossibilité très française de concevoir qu'« Arabe » ou

**Discriminés**

« Noir » puisse être autre chose qu'une insulte ou une revendication identitaire contradictoire avec la citoyenneté. Le malaise avec les catégories « ethniques et raciales » tient tout autant à leur potentiel péjoratif pour ceux qui seraient désignés par elles que par leur capacité à révéler les divisions internes à la société française...

Nous vivons aujourd'hui dans une société multiculturelle. Le « peuple » n'est pas homogène. Masquer les hiérarchies ethniques et raciales ne contribue pas à les réduire, mais au contraire à les préserver. À force de ne pas en prendre la mesure, nous créons un espace de déni qui produit de la violence. Plus on recule l'échéance de l'actualisation de la représentation de la société française, plus on fait de ces catégories quelque chose d'exceptionnel, alors que c'est l'inverse qu'il faudrait accomplir : les rendre littéralement ordinaires, pour désamorcer le potentiel de stigmatisation. Plutôt qu'être dans la censure, permettre la réappropriation et la banalisation.

## Pour aller plus loin

BORILLO Daniel (dir.), *Lutter contre les discriminations*, La Découverte, Paris 2003.

FASSIN Didier et FASSIN Éric, *Question sociale, question raciale ?*, La Découverte, Paris, 2006.

FAUROUX Roger, *La Lutte contre les discriminations ethniques dans le domaine de l'emploi*, La Documentation française, Paris, 2005.

FONDS D'ACTION ET DE SOUTIEN POUR L'INTÉGRATION ET LA LUTTE CONTRE LES DISCRIMINATIONS, *Les Discriminations des jeunes d'origine étrangère dans l'accès à l'emploi et l'accès au logement*, La Documentation française, Paris, 2003.

SIMON Patrick, « L'arbre du racisme et la forêt des discriminations », *in* GUÉNIF-SOUILAMAS Nacira (dir.), *La République mise à nu par son immigration*, La Fabrique, Paris, 2006.

Rapport annuel 2005 de la Haute Autorité de lutte contre les discriminations et pour l'égalité :
http ://www.halde.fr/rapport-annuel/2005
http ://www.sos-racisme.org.org

◊ **Jade Lindgaard.**

# Disparus

## Le licenciement comme mort sociale

L'invisibilité est à son comble quand les administrations perdent tout lien avec des personnes qui s'isolent, souvent à la suite d'un licenciement. Le travail rythmait le temps, sa perte dérègle totalement l'organisation de la vie quotidienne. L'inactivité réveille des douleurs anciennes (maltraitances dans l'enfance notamment), alimente les différends conjugaux, favorise l'alcoolisme, fragilise financièrement et psychologiquement. On se sent inutile au monde.

Plus la précarité est grande, plus la sociabilité familiale, amicale ou associative diminue. Selon une étude de l'INSEE [1], le nombre de personnes faisant partie de l'entourage baisse en cas de chômage et les hommes sont davantage touchés que les femmes. Cela s'explique en grande partie par la perte des relations professionnelles et est accentué par un léger recul des relations avec la parenté. Pour les pouvoirs publics, il ne faut donc plus attendre que les personnes viennent leur demander de l'aide, il faut aller les chercher.

1   Nathalie BLANPAIN et Jean-Louis PAN KE SHON, « Les Français se parlent de moins en moins », *INSEE Première*, n° 571, mars 1998.

Mais un autre enseignement du suivi à long terme des licenciements est qu'un nombre important de personnes disparaissent pour de bon... c'est-à-dire meurent. Les restructurations tuent ou rendent gravement malade. D'où les créations récentes de cellules de soutien psychologique ou d'associations de licenciés d'une même usine. Selon une étude parue en 2000 [2], chômage et inactivité s'accompagnent, aux âges actifs, d'une surmortalité quel que soit le sexe. Dans les cinq ans qui suivent l'observation du chômage, le risque annuel de décès d'un homme chômeur est, à chaque âge, environ trois fois supérieur à celui d'un actif occupé du même âge. Et la mortalité des chômeuses correspond environ au double de la mortalité des actives occupées au même âge. La médecine du travail ne suffit plus, il faut une médecine du chômage.

### ▰▰▰▰▰ Dépressions, maladies, suicides... la réalité de l'après-licenciement

Depuis sept ans, je m'efforce de suivre ce que deviennent les ouvrières françaises licenciées en 1999 par Levi Strauss, et presque chaque trimestre, quand je me rends dans la région de Lens, j'apprends de nouveaux décès, et encore davantage de maladies. Suicides d'abord, maladies graves et parfois mortelles ensuite, dépressions, problèmes conjugaux... les quadragénaires et quinquagénaires de ces milieux populaires ont payé cher leur abandon par la multinationale du jean.

« En travaillant, je voyais quand même mon salaire au bout », expliquait en 2001 Brigitte, qui a travaillé vingt-six ans chez Levi Strauss, à Céline Baudouin [3] :

> « Tandis que là, toujours enfermée, j'ai pas le permis, rien du tout. J'osais plus sortir, les gens savaient que je travaillais chez Levi's, c'était un peu une honte. [...] Quand ils ont fermé l'usine, je venais juste d'avoir le petit chien, ça m'a permis de me balader. Sinon, je crois que j'aurais fait comme Annie. Elle restait les volets fermés, toute seule, du matin au soir. On l'a retrouvée pendue dans son garage. »

---

2   Anne MESRINE, « La surmortalité des chômeurs : un effet catalyseur du chômage ? », *INSEE Économie et Statistique*, n° 334, octobre 2000.

3   Entretien issu de Céline BAUDOUIN, « *501 Blues* » mis en scène par Bruno Lajara. *La découverte d'une pratique artistique à l'âge adulte, dans un contexte économique et social difficile*, mémoire de recherche, maîtrise IUP « métiers des arts et de la culture », université de Lille-III, 2001.

Ce suicide est évoqué à la fin de la pièce de théâtre *501 Blues*, qui fut jouée de 2001 à 2005 par cinq ex-couturières de Levi Strauss, dont Brigitte, qui s'en est sortie et continuait en 2006 à jouer dans d'autres créations du même metteur en scène, Bruno Lajara.

Mais la fermeture de l'usine a correspondu à d'autres tragédies. Le mari de Nadine, un ouvrier qui avait connu le chômage mais ne travaillait pas chez Levi Strauss, s'est donné la mort une semaine seulement après le licenciement de sa femme. Beaucoup de femmes ont contracté de graves cancers et plusieurs en sont mortes, comme Corinne Cuisse, emportée début 2006, à quarante-sept ans par un cancer de la moelle épinière.

« J'ai contacté beaucoup de copines. Cancer des ovaires, cancer du sein, cancer de la gorge », énumère Francine, couturière de seize à quarante-trois ans chez Levi Strauss. En novembre 2002, Francine tombe complètement aphone. Verdict : tumeur cancéreuse :

> « J'ai fait trois chimios, trente-trois séances de radiothérapie, et là je suis toujours sous contrôle pendant un an. Je vois mon ORL. Pour l'instant, ça va. Mais on perd 80 % de salive. Deux glandes salivaires ne marchent plus. Je vis un calvaire, me disait-elle en 2003. On ne sait pas vraiment si ça vient de là [de chez Levi Strauss], mais moi je pense. À un moment, ils nous faisaient du jean noir-noir, l'odeur dégagée par ce tissu était insupportable. Quand le tissu arrivait à la coupe, on sentait déjà l'odeur d'où on était placées. Ma voix s'en allait, elle revenait. »

> « C'est dingue, le nombre de personnes décédées de chez Levi's, me confiait à son tour Colette en 2005. Il y a eu beaucoup de maladies, et brutales parfois. Il y a eu l'enterrement récent de Philippe, qui était manutentionnaire. En un mois de temps, il est parti. »

> « Moi, le phénomène Levi's, ça m'a démolie, ça m'a déclenché des maladies, m'assurait Joëlle deux ans plus tôt. Et pas mal de gens sont comme ça. Toutes les maladies professionnelles qu'on avait et qu'on n'a pas pu déclencher sont arrivées après le licenciement. »

Ces constatations ne semblent cependant pas propres à l'ancienne usine Levi Strauss ou au bassin minier lensois, puisqu'elles se retrouvent sous des formes très semblables chez des personnes ayant subi des plans de licenciement dans d'autres entreprises ou dans d'autres régions de France. Dans la plupart des cas où un suivi de long terme a été rendu possible, par exemple par la création d'associations d'ex-salariés, des décès et des maladies graves ont été constatés. C'est le cas pour Cellatex dans les Ardennes, Mossley dans le Nord, Metaleurop dans le Pas-de-Calais, Moulinex en Normandie ou Wolber (du groupe Michelin) dans l'Aisne. Chez Mossley, le concierge de l'usine s'est suicidé. Chez Cellatex, Christian

**Disparus**

Larose, responsable à l'époque de la CGT-textile, se souvient d'avoir rencontré en 2000 « une fille belle et jeune. Un an après, elle était méconnaissable, ravagée par l'alcool. Deux ans après, elle est morte d'un cancer généralisé à trente-huit ans ». Après la fermeture de l'usine Wolber de Soissons, c'est pour relayer les difficultés d'ex-salariés, « dépression, tentatives de suicide, foyers déstabilisés », que l'évêque de Soissons, Mgr Marcel Herriot, avait écrit fin 2004 à Édouard Michelin pour proposer, en vain, ses services de médiateur. Un an et demi plus tard, je rencontre un ancien salarié de Wolber qui évoque spontanément ce sujet :

> « Édouard Michelin vient de mourir, et j'en vois qui s'apitoient. C'est moche de mourir à quarante-deux ans. Mais quand je vois tous les anciens collègues qui sont morts depuis la fermeture, y'a pas de courbettes à faire à ces gens-là. Je viens encore d'apprendre la mort d'une fille, il y a deux ou trois semaines, d'un cancer. Et en général, ce sont des jeunes, la cinquantaine. Il faut y passer pour s'en rendre compte. »

Les dépressions, en particulier, sont nombreuses, et les ouvrières qui sont confrontées au chômage changent d'avis sur le monde extérieur, comme l'explique Patricia, une ancienne couturière :

> « À force d'avoir des réponses négatives comme ça pour le fait de ne pas être qualifiée et l'âge que vous avez [...], je comprends que des gens faibles puissent complètement s'enfermer et puis être dépressifs, une chose que je n'aurais jamais comprise avant. Je disais : "Mais non, quand on veut, on peut, il faut être volontaire." J'étais assez, comment dire, un peu intransigeante envers les gens un peu faibles. Je comprends maintenant ces gens-là, c'est vrai que le chômage, ça vous bouffe. C'est une maladie. Il faut y être pour le croire, j'assimile ça à un cancer. C'est incroyable comme ça vous bouffe de l'intérieur. »
>
> « Ce n'est pas pour rien que j'ai demandé des cellules de suivi psychologique à l'occasion des licenciements massifs », explique Christian Larose, qui se demande « pourquoi on comptabilise les suicides des enfants et des adolescents, et pas ceux après les licenciements ».
>
> « Si une personne se met à boire et qu'elle meurt d'un coma éthylique, on va mettre ça sur le compte de l'alcoolisme, pas de la perte d'emploi », s'énerve de son côté l'ancien ouvrier Daniel Steyaert, « parce que l'on ne veut pas voir ».

Et si les pouvoirs publics commandaient des études épidémiologiques pour comprendre les raisons des décès et des maladies ? La liste des quelque 500 ouvrières licenciées en 1999 par Levi Strauss est à leur disposition.

## ▓▓▓▓ Le piège de l'isolement

Annie, cinquante-quatre ans, et Alain, quarante-huit ans, ont tous les deux été licenciés en mars 2006 de CIM Plastiques, lors de la liquidation de cette entreprise de traitement des plastiques (alaises, rideaux, etc.) implantée dans un quartier populaire de Lille. Ils y travaillaient depuis vingt-cinq ans pour Alain, agent de maintenance, depuis vingt-deux ans pour Annie, couturière polyvalente. Alain gagnait environ 1 300 euros nets par mois, Annie 1 100 euros, « quand il y avait une prime au rendement ». Pendant deux mois, entre leur dernière paye et l'indemnité versée par le mandataire liquidateur, ils n'ont pas reçu un centime. Ils auraient pu basculer dans l'isolement complet s'ils n'avaient pas bénéficié du dispositif Arrmel (Appui, reconversion, reclassement dans la métropole lilloise) en place depuis 2003.

Annie, une petite femme blonde, vit avec son compagnon à Mons-en-Barœul, dans un petit logement de briques rouges :

> « Je n'ai pas été payée pendant deux mois. On mangeait des pâtes, parfois on restait trois ou quatre jours sans manger. Heureusement, pour mon enterrement, j'avais mis un peu de côté, j'ai pu taper là-dedans un petit peu. »

Annie a prêté 100 euros à l'une de ses sœurs, licenciée de la même entreprise, qui a encore des enfants en bas âge. Toutes deux ont établi un « code » pour se téléphoner, avec un certain nombre de sonneries, « car tout le monde [les] embêtait, le loyer, les eaux, EDF ». Avant d'être aidée, Annie ne savait pas qu'elle pouvait demander des colis de nourriture au Secours populaire : « Fallait le savoir, j'avais jamais été dans le cas qui s'était présenté, je ne savais pas que c'était possible. »

Bien qu'elle ne soit jamais partie de sa vie en vacances, qu'elle ait connu peu de sorties, Annie constate cependant que, du jour au lendemain, le licenciement a profondément changé sa vie :

> Avant : « Je travaillais la semaine, le week-end j'allais au marché. Avec les collègues, on parlait, on oubliait ses soucis. » Depuis : « Je suis souvent dans mon lit, en haut, fort dépressive. Tous les jours mon Lexomyl. Dans mon lit, je regarde des films. Ça travaille, là-dedans », dit-elle en montrant sa tête. « Là, ça me fait du bien de parler un petit peu avec vous. »

Sa vie se limite à un environnement très immédiat. Elle fait ses courses au supermarché Cora, à 300 mètres. Et elle n'a pas le permis. « J'ai essayé, mais je l'ai loupé. J'avais une quarantaine d'années, j'étais trop nerveuse, je ne l'ai pas repassé. » Son compagnon, chaudronnier, avait aussi été licencié, avant elle, et est depuis tombé malade, atteint d'une polynévrite, maladie des nerfs qui l'oblige à rester allongé toute la journée :

> « Il avait une bonne entente avec ses amis, ses copains, on passait de bonnes soirées, maintenant c'est fini. Il a été licencié, lui aussi il a perdu tous ses amis. Depuis qu'il est malade, on ne sort plus, et depuis que j'ai été licenciée, c'est pire. On peut mourir tranquille ici, il n'y a personne qui va venir. Pour la fête des mères, ma fille m'a quand même acheté un canari pour passer mon temps, comme ça, je le nettoie. »

Au moment de la liquidation de CIM Plastiques, les cinquante ouvriers encore employés par l'entreprise avaient organisé un repas au restaurant le dernier jour, mais Annie n'a échangé « aucun numéro de téléphone, avec personne ». Quand je lui demande pourquoi, elle répond : « J'ai fait comme eux, c'était pas à moi de demander. »

Alain semble, lui, avoir plus de relations avec l'extérieur qu'Annie :

> « Quand je vais faire une petite belote au café, le soir, je dis aux gens ce qui m'arrive. Ça me vide la tête d'en parler. » Il est aussi beaucoup plus optimiste pour retrouver un emploi : « J'ai quand même pas mal de compétences, électricité, mécanique, électronique, pneumatique, hydraulique, et même outilleur. Je n'ai qu'un CAP, mais avec mon expérience, on m'a dit que je pouvais avoir un niveau BTS. »

Seulement, quelques semaines avant son licenciement, Alain s'est séparé de sa femme et s'est trouvé sans domicile pendant plus de trois mois. Il a commencé à dormir dans l'usine : « Dans un petit local à moi que je m'étais préparé. Le matin, je me levais tôt pour éviter que les gens s'en aperçoivent, que ça parle sur moi. »

Après le licenciement, Alain a continué à dormir quelque temps dans l'usine désaffectée, mais celle-ci a définitivement fermé. Alain s'est alors retrouvé SDF, sans un centime. Sans paye, ni chômage, ni indemnités, difficile de convaincre un bailleur et de verser une caution. Alain a alors été mis en contact avec une caisse solidaire. Normalement, ce type d'organisme octroie des prêts mais Alain était surendetté et interdit bancaire. La caisse a cependant accepté d'établir un document prouvant qu'il toucherait bien ses indemnités dans les deux mois, ce qui a convaincu un propriétaire de lui louer un petit appartement, au-dessus d'un salon de coiffure. « Une caisse solidaire, je ne savais pas qu'il y avait une banque comme ça, je ne savais même pas que ça existait. » Alain se donne trois mois pour meubler son appartement, avec les indemnités de licenciement enfin touchées, puis il commencera à chercher un emploi.

Dans le cas d'Annie comme dans celui d'Alain, il s'en est fallu de peu pour que la rencontre, pourtant fixée à l'avance, n'eût pas lieu. Chez Annie, la sonnette avait retenti au rez-de-chaussée alors qu'elle vit presque en permanence au premier étage, où son compagnon est allongé toute la journée. Elle n'a entendu que la troisième sonnerie. Alain, lui, dormait et, dans un premier temps, ni la sonnerie ni le message téléphonique laissé sur son portable ne l'avaient réveillé. On peut alors penser aux images d'un reportage télévisé, entre les deux tours des élections législatives de 2002. Martine Aubry, en mauvaise posture dans sa circonscription, un autre quartier populaire de la périphérie lilloise, et qui finalement perdra son siège de députée, fait du porte-à-porte dans un immeuble à la recherche des nombreux abstentionnistes du premier tour, visiblement sans grand succès. Et on l'entend dire en substance : « Mais où sont-ils ces abstentionnistes, ils sont bien quelque part ? »

**Entretien avec**

# Daniel Steyaert

## « Comment les gens s'isolent »

Ouvrier du textile licencié en 2001, Daniel Steyaert a trouvé un emploi au sein d'un dispositif innovant de la région lilloise visant à sortir les ouvriers licenciés de l'isolement ou à les empêcher d'y tomber. Nous sommes chez lui, il m'incite à le tutoyer.

**Comment t'es-tu aperçu que les gens s'isolent ?**

Après la fermeture de l'usine Mossley où je travaillais, une cellule emploi a été mise en place. Je me suis rendu compte que certaines personnes n'y venaient jamais. Non pas parce qu'elles avaient déjà retrouvé du travail, mais parce qu'elles étaient mal dans leur peau. En général, c'étaient des personnes qui n'avaient pas été actives dans la lutte [pour obtenir de meilleures indemnités], qui étaient mal à l'aise en réunions de groupe, qui avaient peur du regard de l'autre. Parfois des gens peu diplômés, avec des difficultés d'expression, voire illettrés, mais pas seulement. Toujours est-il que ces gens s'isolaient, mais c'était un isolement que l'on ne voyait pas, même dans la ville. Et cet isolement peut aboutir à une radiation de l'ANPE.

**Disparus**

**Tu me disais que, dans les premiers jours, les licenciés que tu
aides ont rarement l'idée des démarches administratives à
faire, ou bien en ont peur.**

En général, en cas de problème, les personnes s'orientent automatiquement
vers la mairie ou le CCAS (centre communal d'action sociale). Mais là
commence le problème. Au CCAS, il faut remplir une fiche, ils se disent : « Je
suis fiché », et donc en mairie, le cœur de leur ville, on sait qu'ils deviennent
précaires, ils ont une « étiquette ». Ils ont peur, comme s'ils avaient des choses
à cacher, qu'on juge leur façon de vivre, leur façon d'être. Et puis faire un dossier d'endettement Banque de France, un dossier Cotorep [Commission technique d'orientation et de reclassement professionnel] de reconnaissance de
handicap ou demander le fonds de solidarité au logement, ils n'y pensent pas
forcément, donc je les aide ou je mets en relation avec les bonnes structures.
Ils n'ont souvent aucune connaissance de leurs droits, et on ne leur dit pas. Par
exemple, le service prévention santé, c'est gratuit, pris en charge par le conseil
général. Les centres médico-psychologiques aussi sont gratuits. Mais ils ne le
savent pas. La méconnaissance n'est cependant pas le seul obstacle. J'ai rencontré une personne qui ne mangeait pas à sa faim après le licenciement. Elle
devait aller au CCAS, mais je voyais bien qu'elle était tellement perdue que si
elle se présentait seule, elle n'aurait pas su quoi dire. Autre exemple, faire un
dossier Cotorep, c'est douloureux. Car on te dit du jour au lendemain : « Pour
trouver du boulot, ça va être dur, vu ton âge », en plus si c'est pour t'entendre
dire que tu es physiquement diminué !

**Et les administrations ne facilitent pas la tâche à ces
licenciés ?**

Non, parce que souvent ils ne rentrent pas dans les critères. Les dispositifs
d'aide sont trop balisés, pas assez souples. Et puis il faut aller chercher les
licenciés, ce que ne font pas les administrations. Un psy, par déontologie, normalement, ne va pas à domicile. Les assistantes sociales, elles, y vont, mais en
général les gens en ont peur. Ils me le disent. Ils ont l'image que si l'assistante
sociale intervient, au vu du manque de revenus, de la façon de vivre, précaire,
du peu de meubles, il puisse y avoir enquête et retrait d'enfant. Je ne sais pas à
quoi est due cette mauvaise image, mais c'est l'image réelle que les gens du
Nord-Pas-de-Calais ont des services sociaux. Ils le disent sans cesse. Et puis les
administrations ont peur de froisser les gens. Par exemple une personne qui
boit, un agent de l'ANPE ou de la cellule de reclassement se dit : « Si je le présente à un poste, on ne le prendra pas. » Mais de plus, le plus souvent ces personnes n'avouent pas qu'elles boivent. Elles sont souvent dans le déni et
disent par exemple : « Je prends des psychotropes. » Pourtant, il y a des signes
qui ne trompent pas : l'odeur de l'haleine, les petits vaisseaux rouges et même
jaunes dans les yeux, le visage qui gonfle. Mais les agents des administrations
ont du mal à aborder ce thème-là, ils n'arrivent pas à en discuter. Ils n'ont pas
le temps. Pourtant ce n'est pas leur rendre service que d'abandonner. Moi je

prends plus de temps, je vais à domicile. J'ai persuadé quelqu'un d'aller au service prévention santé. Il a accepté un check-up : prise de sang, pas de doute, il boit. Il a même accepté d'être vu par un psy. Il faut dire qu'il avait perdu son père et sa mère à la file, deux ans avant le licenciement. Aller au domicile peut aussi débloquer des situations. Par exemple, les femmes ont plus de facilité à accepter des aides, donc il m'arrive de convaincre la compagne du licencié. Mais c'est impossible si on ne va pas chez les gens. Autre exemple : le travail au noir. Ils peuvent me dire des choses qu'ils ne diraient pas à l'ANPE, et on essaie de trouver des solutions. Je ne suis ni assistante sociale, ni psy, ni médecin, je suis le maillon qui manquait.

**Pourquoi n'ont-ils pas l'impression que tu les juges et pourquoi n'as-tu pas peur de les froisser ?**

Car je suis dans l'affectif, je reviens toujours sur mon vécu, donc je me permets de dire des choses que des employés administratifs ne se permettraient pas. D'abord, je n'hésite pas à dire : « Moi aussi, je suis passé par la case chômage » ou : « L'écriture, c'est comme moi, c'est pas ton fort. » Je leur dis aussi : « T'es pas le seul », car souvent ils ont l'impression de l'être. La question qui revient souvent est : « Tu suis beaucoup de personnes de mon entreprise ? » Je leur dis oui. Je les rassure, je dédramatise la situation, je prends du temps, je leur dis : « Tu peux m'appeler pour me dire tout ce qui te vient par la tête. » Mais ensuite, quand je vois qu'ils m'écoutent, je n'hésite pas à leur dire : « Moi, si j'étais DRH, je te prends pas. Regarde-toi dans une glace, je te le dis pour toi, faut te reprendre. » Par exemple, la personne dont j'ai parlé qui buvait et avait perdu ses parents : chez lui, c'était comme si tout s'était arrêté, il y avait un mélange de vaisselle propre et de vaisselle sale de plusieurs jours, la table du salon avait une couche de poussière comme si personne ne s'en servait plus, et lui portait toujours le même jean. Dans ces cas-là, il ne faut pas employer un langage administratif. Il faut un peu se moquer, un peu encourager.

## Pour aller plus loin

DEBOUT Marcel et LAROSE Christian, *Violences au travail : agressions, harcèlements, plans sociaux*, Éditions de l'Atelier/VO Éditions, Paris/Montreuil, 2003 (lire en particulier la troisième partie, « La violence masquée des plans sociaux »).

LINHART Danièle, *Perte d'emploi, perte de soi*, Érès, Ramonville-Saint-Agne, 2002.

STEYAERT Daniel, *Remonteur de moral*, Le Cherche midi, Paris, 2005.

TRILLAT Marcel, *300 jours de colère*, VLR Productions, 2002 (film consacré à l'occupation de l'usine Mossley d'Hellemmes).

◊ **Emmanuel Defouloy.**

**Disparus**

# Dissimulés

Quand l'homosexualité se vit encore en silence

« **A**u commencement, il y a l'injure. Celle que tout gay peut entendre à un moment ou à un autre de sa vie, et qui est le signe de sa vulnérabilité psychologique et sociale », écrit le sociologue Didier Éribon [1]. Cette vulnérabilité constitue le terreau de toute une gamme d'attitudes hétérogènes en termes de visibilité des singularités sexuelles : discrétion, dissimulation, double vie, *coming out*, exhibition…

Le choix de montrer ou non sa préférence affective et sexuelle relève de l'intime et nombreux sont les homosexuel(le)s à la vivre sans problème. Néanmoins, la médiatisation de certaines figures du monde gay et lesbien, ou la stratégie d'une partie du militantisme gay d'afficher frontalement ses choix, par exemple lors de la *gay pride*, masquent l'enfouissement de drames intimes. Selon les espaces sociaux, les univers professionnels et les territoires géographiques que l'on habite, la possibilité de se dire, et de dire, ce que l'on est, se heurte à la violence des normes sociales et familiales. La mise en danger affective,

---

1   Didier Éribon, *Réflexions sur la question gay*, Fayard, Paris, 1999.

psychologique, voire physique, que constitue le dévoilement, condamne donc une majorité d'homosexuel(le)s à jouer double jeu et à rester planqués dans le placard des apparences.

La réponse à ce secret, douloureux mais souvent nécessaire pour éviter l'homophobie, n'est pas communautaire, mais collective. Chacun contribue en effet au durcissement ou à la relativisation des normes sexuelles, et cette souffrance prospère sur les stéréotypes de genre, c'est-à-dire la manière dont on correspond ou non à la manière attendue pour un garçon ou une fille de parler, de se comporter, de s'habiller, d'aimer... Cette notion de genre, forgée par la philosophe américaine Judith Butler, nous atteint tous, puisqu'elle dépasse la seule identité sexuelle pour envisager les manières de vivre et d'afficher ce que l'on se sent. Des manières qui peuvent évoluer au cours de la vie (plus ou moins féminin ou masculin, plus ou moins homo ou hétéro...). Comment, alors, assumer de se donner un genre plutôt que d'avoir à donner le change ?

## ▰▰▰ Pour vivre heureux, vivons cachés : le danger d'être débusqué

David a seize ans et est élève dans un lycée hôtelier d'un petit bourg rural de l'est de la France :

> « L'année dernière, je me posais des questions, mais cette année j'ai commencé à être sûr d'être homo. Mais à l'internat, je ne peux pas le dire aux copains... Ceux qui sont dans ma chambre, ils ne supporteraient pas. Ils m'insulteraient. Quand ils savent que quelqu'un est homo, ils sont après lui constamment. Mais il y a eu des fuites, et sur le cahier de classe collectif, il y avait un mot, enfin une lettre de menace, avec marqué : "Sale homo, je vais venir te tuer, sale homo, sale homo." Et moi, j'ai pris peur que ça se sache, et je me suis débarrassé de la lettre ! Et le soir à l'internat, il y avait marqué sur un des murs de l'internat : "David, sale pédé." Du coup, le CPE a été mis au courant, il a dit qu'il punirait le responsable, mais personne ne s'est dénoncé, et il voulait appeler ma mère pour la mettre au courant, mais moi je voulais pas. »

Peu de temps après avoir été ainsi débusqué, David a fait une tentative de suicide.

Chez les jeunes, l'enfouissement des questions de genre est un véritable problème de santé publique. Les homosexuels âgés de seize à trente-neuf ans ont, en effet, treize fois plus de probabilités de commettre une

**Dissimulés**

tentative de suicide que les jeunes hétérosexuels. Cette souffrance singulière de ceux qui n'ont souvent devant eux qu'une mauvaise alternative : le secret, psychologiquement épuisant, ou le *coming out*, qui peut entraîner le rejet de la famille, du voisinage, des camarades de classe ou des collègues de travail. Comme la discrimination de genre porte sur quelque chose qu'on peut masquer, on pourrait l'imaginer moins violente si, contrairement à la discrimination ethnique par exemple, elle n'agissait aussi au cœur même de la famille, voire dans le for intérieur de l'individu.

Najib habite à Pierrefitte, dans une cité HLM. À Paris, il est ouvertement gay. En banlieue, il se transforme :

« Chez moi, je suis hétéro pur et dur, et même macho. Enfin, j'essaie d'imiter les hétéros comme je les vois. Là où j'ai grandi, un mec gentil, ou doux, ou sensible, ça rime avec pédale. Donc, forcément, on est obligé de se cacher. Je regarde pas les mecs. Quand je reçois des amis, je peux pas laisser traîner des magazines gays, et je suis obligé de coder mon abonnement à *Pink TV*. Je fais attention à qui j'accueille chez moi, qu'il soit pas trop efféminé, au cas où quelqu'un passe à l'improviste, qu'il puisse jouer le même rôle que moi, l'homo caché. Je considère pas ça comme un mensonge, comme une protection plutôt. Je fais partie des gays qui se cachent en banlieue et je pense qu'il y en a beaucoup comme moi, mais du coup c'est difficile d'en rencontrer, puisqu'on se cache tous. Tu dragues pas un mec dehors. Quelqu'un qui te dit ça, c'est fantasmatique. Tu vas pas tenter le diable, de peur que ce soit un hystérique homophobe. La seule solution, c'est donc le réseau et les pseudos. Même dans ta cité, tu découvres qu'il y en a toujours qui sont connectés. Mais une fois que tu dis à quelqu'un que t'habites dans la même cité que lui, il va peut-être même pas te recevoir, parce qu'il a peur. Moi, je change ma voix, je donne rarement le même pseudo, je donne pas exactement la vraie adresse, je donne rencard un peu plus loin... Tu deviens vite parano. Donc c'est assez compliqué, parce qu'on sait qu'il y en a tout près, mais c'est plus simple de rencontrer des mecs loin. »

Les stratégies de dissimulation ne s'effacent pas entièrement une fois franchies les frontières du périphérique :

« Quand je sors en boîte et que je vais au Queen, j'angoisse quand j'entre et quand je sors, parce que la boîte a une image gay donc si tu sors de là, ça veut dire que t'es gay. Comme c'est sur les Champs, tu risques de croiser des gars du quartier parce que, quand on sort sur Paris, la première chose qu'on va voir c'est les Champs. Donc moi, je me mets au milieu de mes potes – je suis pas très grand – et on sort groupés. »

Si Najib est aujourd'hui si prudent, c'est que, voilà deux ans, il habitait encore chez ses parents, dans une autre banlieue qu'il a dû quitter précipitamment lorsque son homosexualité a été découverte par sa famille et ses amis :

« J'ai grandi dans le 93. Ma cité était séparée de la ville par la zone industrielle. Je sortais avec une meuf, et j'ai quitté ma meuf pour aller avec un mec qui lui aussi était avec une meuf. On était amis, et après un an d'amitié, on n'a pas vu les choses venir, ça s'est fait tout seul. J'avais dix-neuf ans. C'était très perturbant. Je me posais plein de questions, je passais des nuits blanches à réfléchir sur *ouam*. J'ai fini par accepter, alors qu'au début je l'acceptais pas, je refoulais. À l'époque, tu m'aurais dit qu'un jour, je kifferais sur un gars, je t'aurais dit non !

Je n'ai rien dit à ma famille, parce que je me cherchais, et j'espérais qu'avec le temps ça allait s'arranger. C'était récent. Je ne savais pas si j'étais homo ou hétéro, j'étais à la recherche. Je m'étais dit, si un jour je suis sûr que je n'aime pas les nanas, il faudra que je l'impose. J'avais pensé à essayer d'en parler, mais il y avait eu des réactions chez mon père qui faisaient que j'en parlais pas. S'il y avait une pub pour un réseau gay, il basculait immédiatement sur une autre chaîne. S'il y avait un comique qui se travestissait, il regardait pas, même si c'était marrant. Dans l'islam, c'est un péché. Ma famille n'était pas pratiquante, mais il y a le côté culturel. Tu fais vite les liens entre ce que pense ton père et ce que pensent les gens. Et quand tu vois que ta vie correspond pas, tu vis en dessous, tu vis en *underground*. Mais j'ai pas eu le temps de faire mon *coming out*. Je voulais l'annoncer en présentant quelqu'un, en étant fier de lui. Mais j'ai été grillé avant.

Mes parents sont partis un vendredi soir voir de la famille et ils ne devaient rentrer que le lendemain. Normalement, ils ne rentrent jamais le soir même. J'étais avec un mec, on avait mis la télé, et on les a pas entendus rentrer. J'ai été pris en flagrant délit pendant un rapport. Donc je pouvais pas nier. Ça a vraiment pété. Je t'épargne les détails, mais ça m'a fait grandir d'un coup. Cinq minutes après, j'étais dehors. Ma mère était en train de ranger mes affaires. Je n'ai plus jamais remis les pieds chez moi. Ça va faire deux ans. »

Najib, l'aîné de la famille, quitte alors, à vingt-deux ans et du jour au lendemain, le domicile familial :

« J'étais jeune, j'avais pas pour optique de quitter le quartier, mais ça s'est su tout de suite. J'ai fait du porte-à-porte pendant deux/trois jours, parce que j'étais au Formule 1. J'appelais mes copains, ceux qui répondaient, j'allais les voir, je leur expliquais. Mais ils me laissaient pas rentrer. Y'a même un ami, je lui ai dit : "Ok, je comprends que tu veux pas partager ton lit avec un gay, mais je sais pas, je peux quand même venir manger." Mais non, rien. La porte, elle s'ouvre pas. Il m'a crié : "Je veux pas te voir", à travers la porte... C'est un phénomène de groupe, un engrenage. Mes amis, ils sont un peu engrenés à penser. Même si un mec n'est pas homophobe, il veut pas être catalogué ami d'une pédale. Il y en a aussi beaucoup qui mettent les homos comme des pédophiles, qui sont pas instruits, qui savent pas ce qu'est un homme qui aime les hommes. Ils voient que le côté un peu pervers, la cage aux folles ou la baise tout le temps.

J'ai subi le choc de la cassure avec des amis que tu as depuis dix ans et que tu vois plus, pour un détail, qui me regarde moi seul... Ça a été dur. Je souhaite ça à personne. Je suis donc parti habiter un moment à Paris, et puis je suis retourné dans le 93, dans une autre cité, pas trop loin de chez moi pour pas être dépaysé et pas trop près pour pas croiser mes parents ou mes anciens amis. »

Finalement, sa sœur l'a rappelé et l'a aidé à trouver un logement – jusqu'alors, Najib n'arrivait pas à en obtenir un, bien qu'il soit régulièrement salarié, dans la maintenance informatique. Deux de ses meilleurs amis l'ont aussi recontacté, mais à une condition :

« Ils m'ont dit : "Écoute, on veut pas en parler. Si t'es avec un mec, on veut pas savoir qui c'est. Donc on le remet tabou, et c'est cool. On se voit et on passe des super soirées, mais on n'en parle pas." Mais, des potes, on peut en trouver d'autres. Ce qui est plus dur, c'est mes parents. Couper ce cordon ombilical aussi profond alors que je l'avais pas vraiment coupé, je vivais toujours chez eux... Je demande pas à revenir chez eux, mais à avoir le droit de voir ma mère pour son anniversaire, ou pour le mien... Au moment de perdre mes parents, je faisais des cauchemars, je revoyais le regard de mon père quand il m'a surpris, c'est la seule fois de sa vie où il m'a regardé comme ça... »

Devant l'air que déclenche chez moi l'expression qu'il vient d'employer, Najib précise :

« Je dis "perdre" mais j'espère qu'ils vivront jusqu'à ce qu'on reprenne contact. »

## ▓▓▓▓ Jusqu'où se dissimuler à soi-même ce que l'on est ? L'histoire édifiante du moine devenu sœur

Représentez-vous un jeune homme brillant, trente ans, directeur d'hôpital le jour, travesti en fausse bonne sœur la nuit. Guillaume a été « pro-vie », homophobe et royaliste. Il est désormais « pro-choix », militant gay et toujours royaliste. Quand la brutalité d'un changement personnel révèle la violence des normes sociales...

« C'est l'histoire d'un petit garçon qui se rend compte, vers 10-11 ans, quand il est scout, que c'est agréable d'être entouré de tous ces garçons. C'est l'émergence d'un désir qui n'est pas encore un désir, plutôt une attirance. Les années passent et, au moment où mes copains commencent à regarder les filles, moi je continue à regarder mes copains. Mais je ne le vis pas mal, parce que de toute façon, je ne me formule pas ce que ça peut dire. Je vis dans une bonne famille bourgeoise, dans laquelle on ne parle pas de sexualité. Dans mon adolescence, ma grand-mère m'a bien dit que si j'étais homosexuel, je ne serais plus son petit-fils. Mais ce n'est pas martelé, même si ce sont des petits trucs qui s'impriment.

Au moment où je quitte le domicile familial pour aller en hypokhâgne à Reims, un blocage énorme se fait. Il est hors de question que je sois homosexuel, il ne le faut pas. C'était inacceptable. Donc je refoule tout, au moment même où je pourrais commencer à vivre, parce que j'ai une peur immense, une vraie terreur. J'achète une revue porno gay pour la première fois de ma vie, je la lis avec un bonheur immense et la seconde d'après, je la brûle de manière hystérique, et je me dis qu'il faut que j'aille me confesser. À ce moment, j'avais rencontré des moines traditionalistes du monastère du Barroux, dans le Vaucluse, une communauté bénédictine où l'on dit la messe en latin. Là, j'ai vécu une expérience mystique et je me suis rapproché des milieux les plus intégristes de l'Église catholique. En cours, heureusement, il y avait un autre extraterrestre comme moi, et on avait des longues discussions pour savoir si c'était les Bourbons ou les Orléans qui devaient remonter sur le trône.

Pendant trois années, de dix-huit à vingt ans, j'ai complètement rejeté ce que je pouvais être. Je suis parti dans un militantisme homophobe important, sur un plan non seulement religieux, mais aussi politique. C'était l'époque de la *World Pride* à Paris. J'étais représentant de Philippe de Villiers dans mon département et j'ai envoyé une lettre à mon député pour dire qu'il était inadmissible que l'État finance des pervers... Mais, en même temps, il y avait toujours ce désir en moi. Quand je me réveillais la nuit avec la gaule, je filais prendre une douche froide, en ayant l'impression d'avoir combattu le démon. Mes rêves érotiques, c'était avec des garçons, mais, quand je les confessais, je ne le disais pas. Je n'allais pas casser du pédé, parce que j'étais plutôt dans la prière pour les pauvres homosexuels. J'étais davantage dans une autohomophobie. Je ne pouvais pas croiser mon reflet dans un miroir sans me cracher à la gueule, en me disant "sale pédé", dans une haine puissante de ce que j'étais, mais qui n'a pas évolué jusqu'au suicide. Là, pour le coup, je pense que c'est grâce au milieu catholique intégriste. Paradoxalement. Ça m'a détruit, mais ça m'a aussi aidé. Je voulais devenir moine, mais j'avais décidé de faire Sciences-Po avant et, à vingt ans, je suis donc parti à Sciences-Po Lille.

On arrive alors au 13 janvier 1997. Je pars à un cours de relations internationales. Comme d'habitude, en chemin, je récite mon chapelet, et je ne vois pas arriver une voiture qui m'envoie valdinguer. Première pensée quand elle

me heurte : "Pas de problème, je suis en état de pureté, je ne crains pas l'enfer."
Mais je me réveille sur un lit d'hôpital en ayant très mal. Et là, en même temps
que la douleur, le désir. J'avais un corps ! Toutes les questions planquées et les
désirs niés ressortent d'un coup.

Lorsque je recommence à marcher, je me dis : "Bon, le bar homo contre
lequel je pétitionne depuis que je suis à Lille et qui est à deux pas de chez moi,
je vais aller voir ce que c'est." Pour moi, c'était un lieu de perdition. J'avais tous
les fantasmes possibles, Sodome et Gomorrhe, avec des gens à poil qui tortil-
lent du cul. J'avais mis un grand manteau noir et un chapeau, parce que j'avais
une copine qui habitait pas loin et il ne fallait surtout pas qu'elle me voie. Heureusement, en province, c'était encore l'époque des *drag queens*, parce que je
crois que j'aurais été déçu de tomber sur un bar normal. J'y retourne quelques
fois et, un jour, je dis à une *drag* : "Tu es vraiment super belle", et là, elle me
galoche. Je reste paralysé. C'était même pas : "J'ai embrassé un garçon", mais :
"J'ai embrassé quelqu'un." Je savais même pas que c'était mouillé.

Je vais donc à ma première *gay pride* à Lille en 1997, et je décide que, ce
soir-là, j'aurai ma première relation sexuelle. C'était comme ça dans ma tête et
ça s'est vraiment passé comme ça. Le lendemain matin, je me retrouve dans
ma salle de bains, je me regarde dans le miroir, je me dis : "T'es pédé", mais,
pour la première fois, je ne me crache pas dessus en le disant. La soirée de fin
de deuxième année à Sciences-Po, je débarque en *drag queen*, et le lendemain,
les cathos traditionnels que je fréquentais à l'IEP me disent : "Tu as bien fait de
ne pas venir hier, il y avait une *drag queen*." Ils ne m'avaient pas reconnu ! Je
romps alors tous les ponts avec ma vie d'avant. Je déménage. Je ne réponds
plus à mon directeur de conscience. Mais je ne dis rien à mes parents, car je
n'étais pas indépendant financièrement.

À la *gay pride*, l'année suivante, je rencontre une bande de travelos complètement incongrus, les « Sœurs de la perpétuelle indulgence », qui sont à mille
lieux des nonnes que je connaissais. C'est un groupe de militantisme gay particulier. Comme je suis admis en DEA de droit de la santé à Aix, je rentre chez les
Sœurs à Aix, je suis élevé au rang de Novice au Salon du préservatif de Dragui-
gnan en février 1999, puis au rang de Sœur le 29 août 1999. La tradition des
Sœurs veut que le postulant, au moment où il prononce ses vœux, se voie attribuer un nom qu'il élabore en lien avec sa marraine. Moi, c'est Sœur Maria-
Innocenta-aux-Mains-Pleines dite l'Ingénue. Je suis aujourd'hui parti refonder
le couvent de Paris, après avoir été dans le couvent schismatique de Paname.
Ce qui me plaît chez les Sœurs, ce n'est pas une dimension spirituelle, mais le
costume et le fait d'apporter de la joie. Je suis une sœur drôle, qui aime bien
picoler, qui fait les démonstrations de capote dans les lieux de la nuit...

En parallèle, j'ai fait l'école de la Santé, à Rennes, je suis devenu directeur
d'hôpital. J'ai dit à mes parents que j'étais homo le 22 août 2002. Mes valises
étaient prêtes. Je ne leur ai pas dit que j'étais sœur, mais je pense qu'ils le
savent. L'homophobie politique a au moins le mérite d'être franche. Tu peux

toujours lutter pour changer la législation, l'homophobie religieuse t'inculque de l'"autrisme", une forme de racisme, dès ton plus jeune âge. Mais la messe en latin me manque. »

À la fin de ce récit, il me restait une question à laquelle Guillaume n'avait pas de réponse. Comment le père Gabriel, son ancien directeur de conscience, l'un des moines combattants de ce monastère du Barroux célèbre pour avoir accueilli Paul Touvier pendant sa fuite, a-t-il vécu la « conversion » de son ancien disciple ?

## La double différence : comment se faire voir ?

Un mercredi soir par mois se tient, dans les locaux de la Ligue des droits de l'homme, à Paris, un groupe de parole consacré à la double différence. Une différence visible : un handicap ou une difformité. Une qui ne l'est pas, ou qui l'est moins : l'orientation affective et sexuelle. Comment vit-on une sexualité singulière quand le handicap nie, aux yeux du monde qui entoure, un usage sexuel de son corps ? Comme le dit l'animateur de ce rendez-vous mensuel, ce qui fait souffrir est peut-être moins le rejet de ce qui est visible que de ce qui ne l'est pas. Ce soir-là, il y a Coco, lesbienne et sourde, Fred, gay et atteint du syndrome de Sturge-Weber (tache de vin sur le visage et glaucome), Peter, gay et obèse, et Sylvain, gay et aveugle :

> « Quand tu postules à un emploi et que tu mets que tu es aveugle, c'est sûr que ton CV repart en bas de la pile. Mais à part ça, cela se passe bien. Sur le plan affectif, c'est plus compliqué. Il y a des moments où je me suis dit : "Est-ce qu'il faut que je me peigne en bleu pour être vu ?", "Coucou, j'existe !" Pour les handicapés, quel que soit le handicap, l'inconscient collectif est super lourd : un handicapé ça ne baise pas. J'ai l'impression de ne pas avoir de sexe. Et puis, manque de bol, la rencontre c'est un jeu de regards, et là nous... J'ai quarante ans, et dans ma vie, je n'ai jamais vécu trente secondes d'amour partagé. »

Fred renchérit :

> « J'avais du mal à affirmer mon homosexualité, parce que les gens, quand ils me regardent, ils me voient comme handicapé, et ils ne s'interrogent pas sur ma sexualité. Pour montrer que je suis gay, je me suis demandé si je devais afficher quelques signes plus féminins pour être identifié comme gay, plutôt que par mon physique, mais ce serait ignorer ma vraie nature. »

Lorsque la rencontre sexuelle est possible, elle est souvent décevante, explique Sylvain :

> « J'ai eu peu de relations et toutes assez moches, peut-être parce que je suis d'une autre époque. Je ne dirais pas que la sexualité ne me manque pas, mais ce n'est pas ça qui me manque le plus. J'ai eu une vague historiette avec quelqu'un de marié, qui s'amusait avec moi, mais ça n'a jamais été vraiment joli ou émouvant. »

Fred, lui aussi, n'a jusqu'ici connu que des « petites relations qui n'ont pas duré, et plutôt avec des cas désespérés. Des plans cul, par Internet ». Peter, qui vient de clore une longue relation d'amour réciproque, évoque ses interrogations :

> « En plus, quand on déteste son physique, on s'interroge sans arrêt sur les motivations de l'autre. J'ai rencontré quelqu'un de beau, qui a la moitié de mon âge, qui est attiré par moi, alors que je me trouve affreux, pas désirable, abominable. Est-ce une perversion ? Est-ce qu'il est sur un rapport de réassurance ? Je me pose des questions sur la nature profonde de l'amour qui peut naître de la relation. »

Les lieux habituels de rencontre, comme les bars, sont davantage des repoussoirs que des tremplins. Pour Fred, les regards y sont des fusils et on peut s'y faire traiter d'*Elephant man*. Pour Sylvain, entrer dans un endroit où l'ambiance sonore est trop forte demeure déstabilisant. La tentation du repli sur soi est alors grande, d'autant que les lieux communautaires, assimilés à des ghettos, sont massivement rejetés par la majorité des personnes présentes ce soir-là. Coco a renoncé à ses fonctions dans l'Association culturelle des gays et lesbiennes sourds de France. Les échanges y étaient trop violents. C'est aussi l'expérience qu'a connue Sylvain :

> « Ce que rencontre Coco avec les sourds, je l'ai vu avec les aveugles. Il n'y a pas de solidarité. Pas même de coexistence pacifique. Le sport préféré des aveugles est de planter un coup de couteau dans le dos des autres aveugles. Dans les associations d'aveugles, il y a sans cesse des putschs. Il va très vite y avoir un rapport de domination, de la part de celui qui est plus autonome, qui voit un petit peu plus. La différence nous rassemble, mais elle nous divise. On dit souvent que le milieu gay, c'est assez raide, mais comparé aux aveugles ! Et quand tu as les deux ! »

Est-il plus difficile d'assumer une singularité sexuelle quand on est déjà différent physiquement et que cette différence est très visible ? L'apprentissage précoce de la différence rend-il l'aveu, à soi-même et aux autres, plus facile ?

Fred :

> « Mes parents, quand, je suis né, ont dû s'ouvrir sur la différence, et donc le *coming out* ne s'est pas fait dans la douleur, mais dans la compréhension. »

Sylvain :

« Moi, j'ai su à vingt-trois ans que j'étais homosexuel. Avant, rien. Avant, je n'avais pas de sexualité, enfin une autosexualité, mais très bizarre, sans véritable objet. Il y avait des fantasmes ou des émotions très brumeux, comme un nuage entre ce que je ressentais et le fait de ressentir. C'est évident qu'il y avait des voix de garçons qui me séduisaient, mais ça ne redescendait pas dans le conscient, cela restait brumeux. Et, à vingt-trois ans, une éclaircie ! Les nuages se sont dissipés, et je me suis dit : "Pépère, tu dois être gay alors." Il y a eu six mois un peu durs, où je me suis dit : "Ça va pas être simple." Dans ma famille, on ne parle pas de sexualité. Et puis très vite, je me suis dit : "Tu es miro depuis vingt-trois ans, tu ne vas pas cacher ta différence, parce que de toute façon elle se voit et elle est constitutive de ta personnalité. Ben voilà, t'es gay, ça te fera une différence de plus, et puis roule." Mon père a très mal réagi, mais pour moi c'était un contre-modèle. Il a quand même dit à mon petit frère : "C'est dommage que Sylvain ne puisse pas voir, parce que sinon il irait en boîte et il saurait ce que c'est qu'une fille." »

Dans un petit village près d'Arnhem, dans l'est des Pays-Bas, existe une structure, l'Association de médiation alternative pour les relations, créée il y a dix-neuf ans. Elle met en rapport des adultes handicapés physiques avec des hommes et des femmes disposés à leur faire l'amour.

**Entretien avec**

# Éric Verdier

Psychologue, coauteur du *Petit Manuel de Gayrilla à l'usage des jeunes*, H et O Éditions, Paris, 2005 et de *Homosexualité et suicide*, H et O Éditions, Paris, 2003.

## « Questions de genres »

### Est-il encore difficile de vivre une orientation affective et sexuelle qui s'écarte de la norme courante ?

Oui. Même si les transformations des identités ont rarement été autant d'actualité, notamment autour d'une bisexualité, de plus en plus assumée, même chez les garçons. On n'est plus dans une situation où il y aurait une norme unique et des déviants, mais il existe des juxtapositions de normes

**Dissimulés**

hétérogènes selon les espaces sociaux. Dans le monde rural, en banlieue, dans certains milieux culturels, il demeure très dur de s'écarter des stéréotypes du garçon ou de la fille. Plus le statut social est dévalorisé – pour les hommes en particulier –, plus les stéréotypes de genre sont en vigueur, et parfois même revendiqués à outrance. Les transgressions sont violemment dénoncées et réprimées par le groupe d'appartenance. Entre un quart et la moitié des ados qui meurent par suicide sont concernés par l'homo ou la bisexualité, ce qui est considérable, et totalement ignoré par l'Union nationale de prévention du suicide.

**Est-ce seulement les gays et les lesbiennes qui subissent des discriminations de genre ?**

Pas forcément. On peut distinguer quatre registres dans l'identité ayant à voir avec la sexualité. Le registre biologique (son corps et ses hormones), le registre psychique (comment on se sent dans sa tête, homme ou femme), la préférence affective et sexuelle (le désir relationnel) et l'identité de genre (la dimension sociale : l'habillement, le choix du métier, la façon de parler, de croiser les jambes, qui fait qu'on se range du côté féminin ou masculin). À ces quatre registres correspondent des paires de mots différentes. Pour l'identité sexuée : mâle et femelle. Pour l'identité sexuelle : garçon et fille pour les enfants, homme et femme pour les adultes. Pour l'orientation sexuelle : homo et hétéro. Pour l'identité de genre : masculin et féminin.

Ces quatre registres, on feint de croire qu'ils sont binaires alors qu'entre les mâles et les femelles on trouve les hermaphrodites, entre les hommes et femmes on trouve les transgenres, entre les homos et les hétéros on trouve les bisexuels, et entre le masculin et le féminin il y a l'androgynie. Chacun compose de plus en plus, au cours de sa vie, son propre équilibre entre toutes ses possibilités, mais les mécanismes individuels et collectifs de défense vis-à-vis des ambiguïtés demeurent très forts. Ceux qui sont entre deux dérangent plus encore que ceux qui ont complètement fait le choix d'inversion de la norme dominante. On confond trop homosexualité et transgression de genre. Ceux qui sont le moins acceptés sont les « entre-deux » et les « cumulards », qui, en outre, ont des difficultés à trouver des tribus refuges.

**À travers la figure des pères, vous estimez paradoxalement que les souffrances de genre peuvent même toucher les mâles hétérosexuels ?**

Il existe un poncif à démolir, qui serait de voir la domination comme, par essence, masculine. Le courage est une valeur considérée comme plutôt masculine, et qui n'a rien à voir avec la domination. Inversement, l'empathie, considérée plutôt comme une valeur féminine, n'est pas une valeur dominée. Là où il y a de la domination, c'est sur les nœuds qui forment les stéréotypes autour desquels hommes et femmes sont obligés de se ranger. Ces nœuds sont la virilité pour les hommes et la maternité pour les femmes. L'homme le plus viril au monde, dans un univers où les mecs sont des vrais et « écrasent la gueule des bonnes femmes et des pédés », la seule personne devant laquelle il s'incline est sa mère. Notre société est encore dominée dans les espaces publics par l'homme et dans les espaces privés par la mère. Pour exister socialement, les jeunes des milieux défavorisés, sans avenir autre que le chômage, s'empressent ainsi de correspondre aux normes de genre : les filles par des grossesses précoces, les garçons en roulant des mécaniques et en affirmant leur virilité. Mais, alors que le féminisme a en partie permis de déconstruire la domination virile, les pères qui revendiquent d'être « paternant », d'obtenir la résidence alternée, d'avoir une vraie place auprès de leurs enfants quand il y a conflit, continuent à être vus comme des machos qui utilisent ce moyen-là pour dominer à nouveau les femmes. Il ne faut pourtant pas confondre patriarcat et « viriarcat » [domination virile]. La souffrance des pères, totalement invisibilisée, est bien une souffrance de genre. Ces pères transgressent la domination maternelle de la même façon que les homosexuels transgressent la domination virile.

### Comment lutter contre les discriminations de genre ?

Une discrimination est un iceberg. Il y a une partie émergée, qui est par exemple l'insulte ou les coups et qui tombe sous le coup de la loi. Il y a une partie immergée, qui est la négation de la différence et de la discrimination, et donc de la souffrance, ce qui fait le plus de dégâts. Et il y a l'eau froide, qui entoure l'iceberg, c'est-à-dire les stéréotypes communs, qui font que la glace n'a aucune chance de fondre. Aux discriminations actives, il faut répondre par la loi et la tolérance zéro. Ensuite, pour lutter contre les discriminations passives, l'instauration de l'équité permet à chacun de témoigner de son vécu : les récits des autres et les exemples encouragent les autres à faire de même. Pour les discriminations de détournement, c'est-à-dire les stéréotypes, il est difficile d'agir directement, car c'est interprété comme une attaque contre ceux qui portent ces stéréotypes. Il faut d'abord avoir passé les deux premières étapes, avant de s'attaquer aux autoroutes de pensée. Les marches des fiertés ou la journée mondiale de lutte contre l'homophobie ont ce rôle-là. Tout le monde, même concerné, n'est pas forcément encore en mesure d'y participer, mais cela peut néanmoins aider à visibiliser d'autres personnes qui ont encore honte ou peur.

### Pour aller plus loin

Butler Judith, *Troubles dans le genre*, La Découverte, Paris, 2005.
Fassin Éric, *L'Inversion de la question homosexuelle*, Éditions Amsterdam, Paris, 2005.
Tin Louis-Georges (dir.), *Dictionnaire de l'homophobie*, PUF, Paris 2003.

◊ **Joseph Confavreux.**

**Dissimulés**

# Drogués

Usagers au quotidien

« **D**rogués » est un terme que les usagers de psychotropes n'utilisent que par défi, pour retourner un vocabulaire stigmatisant. Le terme d'« usager » de drogues vient de la distinction anglo-saxonne entre *drug users*, *drug abusers* et *drug addicts*, qui a donné en français : « usage », « usage nocif » et « dépendance ». Il imposait une forme de neutralité dans un contexte politique et symbolique chargé et permettait d'abandonner le terme « toxicomane », une catégorie médicale devenue catégorie policière.

Difficile de connaître le nombre d'usagers de drogues en France. 150 000 personnes en France sont considérées comme des « consommateurs problématiques », selon un rapport de l'Observatoire européen des drogues et des toxicomanies de 2004. Mais nous sommes presque tous consommateurs de produits dopants ou apaisants, légaux ou illégaux, médicaux ou récréatifs. Tout dépend du contexte, des substances, des dosages, des équilibres... En 1998, le rapport du professeur Bernard Roques [1] jetait un pavé dans la mare en remettant en

---

1  Bernard ROQUES, *La Dangerosité des drogues, rapport au Secrétariat d'État à la santé*, La Documentation française, Paris, 1999.

cause l'échelle de dangerosité des drogues : le tabac et l'alcool sont cloués au pilori, le cannabis bénéficie d'un traitement nuancé. Il obligeait surtout à se départir des couples binaires (drogues licites *versus* drogues illicites, « douces » *versus* « dures », usage médical *versus* usage social de psychotropes) pour penser comme un tout la politique de lutte contre les drogues.

Pour les usagers les plus intensifs, les apôtres de l'abstinence et les partisans de la répression totale continuent régulièrement de miner la politique de réduction des risques, consistant, par la distribution de seringues notamment, à diminuer les dangers sanitaires auxquels les usagers de drogues sont sans cesse confrontés. Cette politique est encore perçue comme un aveu d'échec, puisqu'elle fournit aux drogués des outils destinés à satisfaire impunément leur « vice », en même temps qu'elle sauve, chaque jour, des vies. Les politiques des drogues sont en effet victimes d'une double paralysie. Les gouvernements de droite, pourtant pionniers, de la distribution de seringues à la substitution, sont désormais prisonniers d'un discours sécuritaire. Ceux de gauche, sans doute effrayés par l'image laxiste de la « gauche-pétard », n'ont permis aucune avancée importante. Pris dans ces silences, les usagers de drogue se cachent, souvent pour consommer, parfois pour mourir.

## ▨ Le crack : réduire la visibilité des usagers ou réduire les risques de l'usage ?

« J'ai commencé à fumer le crack en 1989. Je suis un des plus anciens du circuit, un vétéran. J'ai fait tous les squats, depuis Saint-Denis jusqu'à la Chapelle. Je fume le caillou, mais il ne me fume pas. »

Pour décrire son existence, Yan, la quarantaine, explique : « Le rythme de vie des toxicomanes est nocturne, c'est une vie de chauve-souris. » Cet animal vit dans le noir, disparaît certaines parties de l'année, inquiète celui qui s'aventure à proximité et véhicule un imaginaire collectif effrayant. C'est, à peu près, l'image que l'on se fait de l'usager de crack. Bien que, ou parce que, ce psychotrope a détrôné l'héroïne au fronton de l'imaginaire négatif sur les drogues, ses milliers d'usagers demeurent des ombres, comme si la réponse à ce problème de santé publique avait consisté à réduire une visibilité effrayante, plus qu'à poursuivre la réduction des risques.

Au début des années 1990 se répand dans le nord-est parisien non pas une nouvelle drogue, mais une nouvelle manière de consommer la cocaïne : par adjonction de bicarbonate de soude ou d'ammoniaque. Le territoire du crack, onomatopée du petit grésillement qui a lieu lorsqu'on allume le « caillou » dans la pipe en verre, se limite à un petit périmètre de quelques kilomètres carrés, décrit Yan :

> « Imaginez un continent, une île, où le soleil n'existe pas, où il ne fait que nuit. C'est ça le XVIIIᵉ pour nous, avec ses frontières : le pont du métro aérien jusqu'à Jaurès et puis de Barbès jusqu'au Périph, à la porte de Clignancourt : voilà notre pays à nous. Je vous jure que vous irez voir n'importe quels toxicomanes ici, vous leur demanderez ce qui s'est passé à la gare de l'Est, ils ne le savent pas. Ils ont jamais dépassé ce pont, ils savent pas ce qu'il y a de l'autre côté, ils se sentent perdus dès qu'ils passent ce pont. Le danger est qu'on reste isolés, enfermés. »

Groupés, les usagers de crack paraissent vite inquiétants aux yeux des passants, d'autant que cette substance laisse ses utilisateurs très actifs, contrairement aux opiacés. Les usagers font également peur parce que le crack « marque » très vite et qu'il peut engendrer des comportements incompréhensibles, comme le reconnaît Ahmed :

> « C'est vrai qu'on passe vite pour des zombies ou des fous. La première fois que j'ai pris du crack, je me suis mis à courir dans tous les sens, en hurlant, sans m'arrêter. Tu fais n'importe quoi. Il y a aussi ce qu'on appelle "faire la poule", parce que t'as l'impression qu'il y a du crack partout par terre, et tu ramasses toutes les merdes, comme si tu picorais. Quand tu en prends, tu en prends n'importe où, sous un porche, sur les voies de gare du Nord, à toute allure, parce que l'important, c'est de ne pas l'avoir sur soi si tu te fais choper. »

Cette représentation terrifiante est aussi entretenue par la propension médiatique à montrer les usagers les plus déglingués et l'imaginaire symbolique chargé autour des origines « américaines » d'une drogue, dont le marché et la vigueur ont détruit plusieurs quartiers pauvres des États-Unis dans les années 1980. Cette image fait notamment l'impasse sur ces usagers vraiment invisibles qui consomment à domicile quelques fois par mois, sans être désocialisés. Un cinquième des 2 662 personnes passées, en 2005, par STEP (Seringues, Tampons, Eau, Préservatifs), une petite structure d'accueil postée sur le boulevard de la Chapelle qui offre aux usagers différents services : nourriture, accès Internet, orientation sociale ou sanitaire, mais aussi distribution de seringues et de kits pour fumer le crack en limitant les risques de transmission du virus du sida et de l'hépatite C, déclarent ainsi avoir un travail régulier. Les fumeurs de crack qui n'ont pas besoin des associations n'apparaissent, eux, nulle part.

Pour la plupart des crackers qui vivent dans la rue, les alternatives sont réduites : rue, prison, caves, squats, mort. Ils échappent le plus souvent aux mailles d'une action sanitaire et médicale, à part en extrême urgence. Contrairement à l'héroïne, il n'existe pas, en effet, de produit de substitution au crack, ce qui complique les soins, mais ne les interdirait pas, si les structures existantes n'étaient pas inadaptées à ce public. Seul un gros tiers de ceux qui passent par STEP bénéficie ainsi d'un suivi médical en dehors du cadre de la substitution, alors que les maladies sont légions : 8 % des usagers sont porteurs du virus du sida, 30 % de l'hépatite C, 9 % de l'hépatite B, sans compter tous les traumatismes de la rue : blessures aux mains et aux lèvres qui surviennent lors de la préparation du produit, état avancé de malnutrition, dents perdues... Est-ce seulement en raison de l'absence de substitution que le traitement de cette question de santé publique a consisté d'abord en une réponse policière destinée à disperser les usagers ?

Au début des années 1990, la « scène » des drogues était la Rotonde, au métro Jaurès, en bas du bassin de la Villette. Aujourd'hui, il n'existe plus de « scène », mais des centaines de lieux de *deal* ou de consommation. Après les premières mobilisations des commerçants, en 1993, on installe des forains pour parer à la concentration des consommateurs habitués des arches de la Rotonde. Simple coup de pied dans la fourmilière : les groupes se reforment un peu plus loin. Les CRS ou les BAC parcourent alors les rues, forçant les usagers à se déplacer sans trêve. Le commissaire Maucourant, alors responsable du 3e secteur de la capitale (Xe, XVIIIe et XIXe arrondissements), le reconnaissait lors d'une rencontre avec les habitants du quartier : ses services tentent alors de « diluer le phénomène pour le rendre supportable pour les riverains, mais c'est un peu le tonneau des Danaïdes ». Un peu moins de dix ans plus tard, le collectif Anti-Crack, monté en 2001 par des pères de famille lassés de la concentration de crackers au bas de leurs immeubles, annonce son retrait provisoire de la scène, satisfait d'avoir contribué au recul du trafic, au moins visible, dans son quartier. Mais, peu de temps après, par un effet de contiguïté, un squat s'établit dans un ancien entrepôt de la SNCF, à la limite de la Seine-Saint-Denis : environ 250 personnes s'y installent, en majorité consommatrices de drogues. Il est évacué en septembre 2004. Le lendemain, un nouveau squat apparaît, à proximité des voies de la gare du Nord, dans des conditions sanitaires catastrophiques. Mais nombre d'usagers ne veulent plus êtres isolés et demandent l'ouverture de salles de consommation *ad hoc*, comme cela existe en Suisse ou aux Pays-Bas. L'expulsion a pourtant lieu en novembre, réduisant à néant le dernier espoir de stabiliser ces drogués, de leur permettre un accès plus facile à l'information ou aux soins, même si ces squats n'étaient pas des panacées... Tout le monde est à nouveau éparpillé. La plupart des usagers retournent à la rue, investir de nouveaux lieux, encore plus isolés, ou trouver refuge dans les caves des immeubles les plus dégradés. Parmi les usagers fréquentant STEP, dans 60 % des cas, le dernier *kiff* a été pris dans des lieux publics et des conditions d'hygiène déplorables (métro, parkings, toilettes...).

Comme personne ne veut accueillir les structures s'occupant des toxicomanes, la nuisance retombe donc toujours sur les quartiers et les immeubles les plus précarisés, où les voisins, parfois sans papiers, en tout cas sans recours, ne peuvent faire appel aux forces de l'ordre lorsqu'il y a un problème de sécurité.

Le territoire du cracker s'est donc progressivement étendu, vers la banlieue nord, vers le XVIIᵉ arrondissement, passant la frontière du boulevard Barbès pour prendre à revers la butte Montmartre. Pendant ce temps-là, la file active des associations d'accueil des crackers ne cesse d'augmenter. Mais l'usager demeure, plus que jamais, une ombre sans repos. Comme l'explique Jeff, consommateur de crack depuis quinze ans : « Tant qu'on marche, la police ne nous arrête pas, le problème c'est quand on stationne. » Certains crackers marchent ainsi jusqu'à cinquante kilomètres par nuit, les pieds parfois en sang, insensibles à la douleur et à la fatigue quand ils sont sous l'effet du produit. Un nouveau service a ouvert à STEP et rencontre un vif succès : c'est « l'atelier pieds ». Deux heures par jour, Alberto, l'un des trois permanents, soigne et désinfecte les pieds puants et sanglants des usagers de crack.

### ▬▬▬ Drogués et insérés : des usagers de drogues vraiment fantômes

Légalement, le portrait qui suit devrait être sombre, le récit inquiétant, le jugement sévère. L'article L. 630 du Code pénal interdit en effet, sous peine d'amende et de prison, de présenter les drogues « sous un jour favorable ». Difficile, pourtant, de faire coïncider l'« enfer de la drogue » et la vie de Jérôme et Lise. Un ménage de catégorie CSP +, 3 000 euros de revenus par mois, location d'un 80 mètres carrés en duplex dans le XIXᵉ arrondissement de Paris pour 900 euros par mois. Jérôme est permanent d'une association, après avoir travaillé pendant sept ans dans une boîte informatique comme programmateur. Lise est attachée de presse d'une maison d'édition dont vous avez sans doute lu plusieurs ouvrages.

L'accroc statistique, c'est 600 euros de « frais fixes » par mois pour acheter des substances illégales :

> « La liste complète des substances que nous avons utilisées, je te passe les licites : cannabis, ecstasy, MDMA, MDA en poudre, amphétamines, LSD, cocaïne, héroïne, crack, opium, champignons (européens, mexicains, hawaïens), kétamine, GHB, Yaba [méthamphétamine], *salvia divinorum*, 2-CI, 2-CB, 5-MeO-DMT. Lise a aussi goûté le San Pedro [cactus de la famille du peyotl] et l'ayahuasca, et moi j'ai aussi goûté les *Hawaïan Wood Roses* [LSA, précurseur naturel du LSD] mais je n'ai rien senti. Sinon c'est tout. Le plus régulier, c'est environ 2 grammes de coke par mois, 2 grammes de MDMA par mois et 1 à 2 grammes d'héroïne par an. »

Lise consomme depuis qu'elle a dix-neuf ans, Jérôme depuis qu'il en a vingt-cinq. Tous deux ont aujourd'hui dépassé la trentaine. Tous deux l'ont déjà dit à leurs collègues, voire à leur patron :

> « C'est important pour nous que les gens sachent qu'on peut se droguer et avoir une vie normale. Le dire, c'est un moyen de lutter contre la honte, la stigmatisation des drogués. Parce que le vrai danger, c'est la dissimulation. On sous-estime toujours l'importance fondamentale du contexte et de la manière dont on consomme un produit. Le danger vient d'abord de la méconnaissance. Les drogues illégales ne sont pas forcément plus nocives que d'autres trucs, comme l'alcool ou les médicaments. L'important, c'est de savoir ce qu'on fait. »

Et si 80 % des consommateurs de drogues dites « dures » ne correspondaient pas à l'image que nous avons des « toxicomanes » ? Nombreux sont les gens qui consomment fréquemment des psychotropes puissants sans être pour autant désocialisés. Une analyse des eaux de la Tamise, qui a mesuré la quantité de cocaïne passée des urines des consommateurs aux eaux du fleuve, révèle par exemple que quelque 150 000 « lignes » sont absorbées tous les jours dans la capitale anglaise, ce qui suggère que les statistiques officielles sont quinze fois inférieures aux chiffres réels. Une autre étude avait permis de tirer des conclusions semblables pour la plaine du Pô. À quand l'analyse des eaux de la Seine ?

Être socialement inséré, avoir un travail stable, être un couple stable, ne serait donc pas incompatible avec l'usage régulier de drogues dites « dures ». Au contraire, ce pourrait être la condition même d'un usage maîtrisé :

**Drogués**

« D'être carré dans le boulot, de faire son taf de manière intense, reconnue et cadrée, ça aide à se lâcher, parce que j'ai besoin de cette magie. Si je ne vais pas bosser le lundi matin parce que je me suis couchée à 8 heures du matin, mon patron sait que je vais bosser trois fois plus le reste de la semaine. Mais j'ai parfois besoin de me mettre la tête par terre, de ne plus avoir de limites. Pour moi, c'est aussi un moyen de lutter contre l'idée de la mort, et je ne veux pas qu'on me l'enlève parce que ce n'est pas légal », explique Lise.

« On peut avoir un usage maîtrisé, même avec des substances puissantes. Il y a dépendance, mais pas forcément accoutumance. Dépendance physique et dépendance psychique sont différentes. Nous, on se drogue surtout le week-end, avec un usage festif, même si ça m'est arrivé, très exceptionnellement, de prendre de la cocaïne pour tenir au travail après une nuit blanche », ajoute Jérôme.

Jérôme et Lise se droguent et travaillent, certains se droguent parfois pour travailler. La cocaïne n'est pas seulement la drogue du décalage horaire, associée à l'univers des *golden boys* des années 1980, à une époque où, comme l'explique l'ancien rédacteur en chef de *La Tribune*, « il y avait deux écoles parmi les traders, la Kro ou la coco ». Elle est très employée, notamment parmi les coursiers ou encore les saisonniers, même si l'usage augmente en fonction de la position sociale en raison du coût élevé du gramme, autour de 70 euros.

Adil a vingt-cinq ans et vit à Pierrefitte. Il travaille dans la maintenance informatique :

« Les drogues qu'on utilise au boulot, c'est le cannabis ou la cocaïne, pour se calmer ou pour s'exciter. La seule drogue qui te garde lucide quand t'es crevé, c'est la coke. Je commence à 8 heures du matin, donc ça m'est arrivé plusieurs fois, pour pas tomber, de passer aux toilettes plusieurs fois dans la journée me faire un trait. Si tu veux pas que ton patron te plante, parce que t'as déconné la veille, que t'as pas assez dormi, c'est comme si tu as envie de changer une roue, tu as besoin d'un cric. »

Antoine, lui, préfère l'héroïne à la cocaïne. À trente-cinq ans, il consomme depuis qu'il a dix-huit ans et est aujourd'hui journaliste :

« Ça m'a toujours aidé à bosser. Les études de droit, ça me gonflait. Comme je connais bien le système scolaire français, je faisais pas mal la *teuf*, et le dernier mois, je m'envoyais toute l'année d'un coup, sans dormir, en prenant plein de dope, et j'arrivais ravagé à l'oral, mais je sortais ce qu'ils voulaient entendre. Et ça passait. J'ai toujours eu un problème avec le temps, et la dope m'a toujours aidé à faire plus, à gagner sur mon temps de sommeil. Tu prends de la came pendant une nuit, tu bosses, normalement il faut dormir douze heures après pour te remettre, mais si tu dors quatre heures et que tu en reprends au réveil, tu repars. Ça marche beaucoup mieux qu'un litre de café. Quand j'ai un texte à écrire et que je suis charrette, je sais que j'ai la nuit devant moi grâce à la dope, que je vais pouvoir me concentrer à fond sur le sujet. Quand j'étais jeune, c'était plus pour une expérience intérieure, une expérience psychoactive. Maintenant, c'est pour bien bosser. »

Antoine est depuis quelques années substitué à la méthadone, un moment délicat, où il a fallu se reconnaître drogué, expliciter sa consommation, assumer son addiction. Cette substitution n'est pas totale, puisque Antoine consomme encore de l'héroïne. Mais il ne redoute toujours pas les contrôles de police : « C'est simple, il suffit d'avoir *Le Monde* sous le bras, et tu passes sans problème. »

Antoine tient toutefois à son anonymat, depuis qu'il a senti, dans son précédent travail, que certains devinaient sa consommation et lui confiaient moins de piges pour cette raison.

Se droguer au travail demeure en effet délicat, car toujours susceptible d'être repéré, même si l'image du toxicomane, liée à la rue et à la désocialisation, fait qu'on imagine mal son collègue de bureau travailler sous substance.

Étienne a trente ans :

« Je répare les ordinateurs pour une société de service qui a des contrats avec d'autres entreprises. En ce moment, je travaille à la Défense. Ça m'est arrivé de prendre de la drogue au travail ou avant d'aller travailler, parce que j'avais pas dormi, donc de taper un peu de coke ou de prendre du speed. Mais je ne m'implique pas suffisamment dans mon travail pour avoir à me droguer pour ça, et je n'ai pas envie que la drogue devienne utilitaire. Mais un jour, j'avais quand même pris du speed le matin, et je découvre qu'il y avait un repas d'entreprise, avec tout le monde, prévu à midi. Je ne pouvais pas me défiler. Je me suis retrouvé au restaurant chinois, devant mes raviolis, c'était pas évident, je mâchais à un à l'heure, je tenais pas en place. »

Pour Étienne, le rapport entre drogue et travail se situe sur un autre plan :

« Le fait de travailler, ça sociabilise, pas seulement au niveau de l'activité que cela représente, mais surtout en raison des revenus que cela apporte. J'ai été au chômage pendant six mois, et là, j'ai réduit drastiquement ma consommation de drogues. »

## ▰▰▰▰▰ La nuit du « trop boire » [2]

Elles sont d'apparence bien fugace, ces lettres recueillies dans les dossiers médicaux d'un centre de cure de l'Oise. Des femmes d'alcooliques ont écrit au médecin pour dire dans quelles situations critiques elles se trouvent. Avec retenue ou par de vifs ressentiments, elles racontent les jours de plaisir mêlés de souffrance, le contrôle de soi qui glisse et file vers une fatigue sans fin par des nuits chargées d'ivresse.

Le médecin traitant a reçu les secrets. Et ceux-ci sont bien tenus. Les secrets fabriquent de l'invisibilité. Et ce droit doit exister, absolument. Pour autant, on peut interroger les excès, les cassures et les épreuves qui n'ont, eux, vraiment rien de privé. Accepter que les lettres qui suivent créent effraction dans notre actualité, c'est aussi commencer à avoir prise sur une expérience partagée, à lui donner plus de sens, à orienter l'attention. Car on n'en peut plus d'entendre le lourd silence rôder, de voir les regards se tourner de gêne des regards qui disqualifient le « trop boire », comme secret de polichinelle. Peut-on rendre un peu visible ce qui est si proche de nous, si immédiat, qu'à cause de cela notre réceptivité diminue ?

Si bien boire est du côté du public, trop boire est bien du côté de l'intimité et du secret, afin de déjouer la pression sociale. Dès lors, comment restituer les conditions pratiques du « trop boire » dans lesquelles nous sommes pris ? Comment desserrer l'espace du travail, celui de l'entreprise, des contraintes des métiers, celui de la famille et de l'amitié masculine pour éclairer quelque peu ces excès ? Difficile, certainement, mais ce dont on est sûr, c'est qu'il est impossible de présenter le « trop boire » comme un objet sécable entre l'homme privé et l'homme public, une pratique stable spécifiquement familiale ou nettement publique.

On le sait, chaque lieu autorise un type d'intimité contrebalancé par la pression sociale, des droits de regard et des attentes, un corps fractionné par morceaux puisqu'il n'est pas question de donner libre cours à ses excès n'importe où et n'importe comment. Entre le bar et la cérémonie du mariage, entre l'atelier et la maison, une gamme étendue de pressions s'exerce. Chaque lieu dessine une vaste hiérarchie où des structures de visibilité s'emboîtent et entre lesquelles il n'est pas permis de faire des confusions. La première structure est constituée de la famille. La deuxième englobe les intimes et les complices. À la périphérie s'étend la

---

2   Texte de Jean-François Laé.

nébuleuse des relations plus ou moins lâches. Plus loin encore se trouve le public. À l'égard de ces quatre catégories de coprésence, les gestes et les paroles changent, les éclairages sont latéraux. Dès lors, il ne faut pas s'étonner de l'immense variété des mots et du sens qu'une seule personne peut donner à ses consommations.

Nous pourrions ouvrir quelques lettres qui s'enchâssent dans des situations souffrantes, prisonnières d'un maximum de codification ou distendues à l'extrême, placées sous des contrôles variables. Au moins pour se convaincre qu'en deçà du convenable et de l'obligatoire, « trop boire » n'est vraiment pas une « petite affaire privée », tant il s'accompagne d'une véritable profusion de messages.

Le 08.07.1999,

Docteur,

Vous recevez M. Jacques Gagnon samedi prochain et il me semble utile de porter à votre connaissance ce qui se passe actuellement à la maison parce que nous vivons ensemble.

Il consomme journellement, restant parfois couché le jour et la nuit, mélangeant alcool et médicaments, ne se nourrissant qu'irrégulièrement, parfois pas du tout pendant plusieurs jours, parfois vomissant ses repas, il a fait plusieurs chutes et fait de la casse involontairement.

Le risque s'aggrave encore lorsqu'il prend le volant alors qu'il peut à peine marcher, ce qui m'a obligée à dissimuler ses clefs de voiture.

De plus, il continue de prélever de l'argent sur son compte bancaire alors que celui-ci est en débit et qu'il est au chômage sans aucun revenu, n'ayant pas droit aux Assedic.

Il est donc à ma charge et je suis solidaire d'un prêt contracté avec lui.

Lorsque nous évoquons le problème, il reconnaît qu'il consomme, avoue qu'il ne peut arriver à renoncer ou diminuer la dose d'alcool et affirme souhaiter partir le plus vite possible en cure.

Je me trouve dans une situation extrêmement pénible et angoissante, ainsi que lui-même.

C'est d'autant plus difficile qu'il allait parfois bien durant six mois après sa cure à Compiègne, en novembre 1998.

Je vous remercie par avance de ce que vous pourrez faire pour l'admettre en cure dès que possible.

Vous comprendrez le sens de ma démarche et vous prie d'agréer l'expression de mes sincères salutations.

Martine.

Note : je me permets d'ajouter que depuis peu Jacques se plaint d'avoir « mal partout » et souffre d'incontinence.

Drogués

Le 18.07.2000,

Monsieur le docteur Tiers,

Cette fois-ci, je prends la plume pour vous dire que depuis longtemps, ça va bien chez nous. Mon mari est allé récemment consulter le docteur Braux qui lui a prescrit Prozac 20 mg, et Dogmatil 50 mg. Depuis, pas une seule dispute. Michel a un caractère d'une personne normale, pas comme quelqu'un de déchaîné et toujours en colère et en voulant à la terre entière comme d'habitude.

Quand je vous disais qu'il avait besoin de quelque chose pour l'aider de ce point de vue-là, vous ne m'avez pas crue. Michel peut être adorable, mais son « mental » est souvent caractériel, dépressif. Comme il est malheureux, il rend les autres responsables, il rend la vie impossible autour de lui. J'espère que la prochaine fois que vous le rencontrerez, vous pourrez avoir une bonne discussion, le comprendre et l'aider, vous aiderez ainsi toute une famille.

Nous avons maintenant une adolescente à la maison, notre fille Ingrid a quatorze ans, elle a besoin d'un dialogue et non pas d'un père perpétuellement sous pression et en train de faire des crises.

Vous voyez, tout arrive, je savais que Michel avait besoin de ce genre de médicament, je n'ai pas prié en vain, j'ai peur de la fin des boîtes, c'est tout.

Recevez docteur Tiers mes respectueuses salutations.

Évelyne.

Le 02.06.2002,

M. le docteur Lapierre,

Si je me permets de vous écrire c'est parce que j'ai besoin de votre aide, vous qui avez soigné mon mari Dagon Joël contre l'alcoolisme. Celui-ci m'ayant quittée depuis le 06.03.2001 en me laissant seule avec deux enfants. Une petite de six ans et l'autre de cinq mois pour se sauver avec une autre femme, qui elle aussi a abandonné ses trois enfants, une petite de dix ans une de huit ans et une de trois ans et demi.

Naturellement tous deux ont agi de la même façon emportant avec eux tout l'argent. Actuellement je ne sais toujours pas où il se trouve, malgré que sa compagne se permet d'écrire à mes filles, comme si c'était mon mari, des lettres dont les cachets proviennent des alentours de Pau. J'ai prévenu la gendarmerie qui fait le nécessaire pour le retrouver.

Je suis très peinée ainsi que mes beaux-parents de voir dans quel état se conduit mon mari, mais vous savez docteur, mon mari ne m'écoutait pas. Je lui demandais qu'il retourne vous voir pour se faire soigner et assister aux réunions, mais je n'ai rien pu faire.

Chaque soir en rentrant du travail il avait la bouteille de vin rouge à la main, sans compter tous les arrêts dans les cafés qu'il fréquentait. La vie chez moi était infernale, car il me battait et m'insultait devant ma petite de six ans qui en était traumatisée ayant déjà souffert de notre séparation en 2000.

À cette époque nous vivions en concubinage. Mais il avait aussi une autre liaison, encore avec une femme mariée, et je me trouvais seule aussi avec ma première enfant. Cette femme de nouveau l'a ensorcelé et je ne sais à quel point il peut en être pour arriver à oublier ses deux filles.

Je vois mon mari perdu par l'alcool mais je ne peux plus rien faire pour lui, car j'ai demandé le divorce ainsi que l'aide judiciaire qui m'a été accordée, naturellement, n'ayant que mes allocations pour vivre.

C'est pour cette raison docteur que je voudrais vous demander, si vous accepteriez de me faire un papier qui certifie que mon mari a déjà subi des cures de désintoxication, ce qui me serait utile pour mon divorce.

J'ai très peur, pour mes deux enfants et j'espère que vous me comprendrez. Il a déjà emmené ma plus grande dans un café, un soir, j'ai dû me renseigner pour savoir où il était, étant parti depuis sept heures du soir et il était déjà dix heures. Je suis arrivé au café avec ma belle-mère, ma pauvre petite attendait et lui ne tenait plus debout. Ivresse complète.

J'espère docteur ne pas trop abuser de votre temps, et que vous pourrez me récupérer ce document dont j'ai besoin.

Vous remerciant à l'avance mes salutations distinguées.

Arlette.

**Entretien avec**

# Aude Lalande

Ethnologue, chercheur à l'université Paris-X-Nanterre.

## « Confronter les savoirs »

**Aujourd'hui, les politiques de lutte contre les drogues sont menées en fonction du type de produit : drogue légale ou illégale, « dure » ou « douce ». Est-ce efficace ?**

Les problèmes qui se posent ne sont pas liés aux produits eux-mêmes mais à l'usage qu'on en fait. Cela impose de réfléchir en termes d'usage, d'abus, et de cibler l'usager et non le produit. On peut se tuer avec des drogues légales. Des produits aujourd'hui classés comme stupéfiants ont été, ou sont encore, des médicaments. La cocaïne a été utilisée comme anesthésiant, la morphine pour lutter contre la douleur, mais on peut s'en servir pour la défonce. Ce qui

**Drogués**

compte, c'est l'utilisation qu'on veut en faire et le dosage qu'on choisit en conséquence. Et par ailleurs les modes de consommation : la cocaïne shootée ou transformée en crack puis fumée a des effets beaucoup plus difficiles à maîtriser que sniffée. Le cannabis est considéré comme une drogue « douce », mais on sait que certaines de ses variétés, la Skunk par exemple, ont une teneur en THC [tétrahydrocannabinol] très élevée, donc des effets très forts – ce qui revient à une question de dosage. Se contenter d'une séparation entre drogues « dures » et « douces », c'est faire abstraction de tout cela. Une législation en termes de produits ne permet pas de répondre à des questions qui relèvent du contrôle des effets, de l'anticipation de leur intensité et des phénomènes de dépendance qui peuvent découler d'une consommation régulière.

**Y a-t-il une corrélation entre la tolérance légale, plus ou moins grande, et le sort des usagers de drogues ?**

Certainement, même si cette corrélation est largement fonction des moyens (financiers, symboliques, etc.) dont dispose chacun pour y résister. On sait à quelle spirale peut exposer l'addiction à un produit cher, disponible uniquement sur le marché noir. Et à quel point les pauvres y sont plus vulnérables, se retrouvent plus vite à la rue. Longtemps, la politique des drogues s'est apparentée à une politique de cordon sanitaire : on prévenait des dangers, mais on s'intéressait peu au sort de ceux qui avaient franchi la ligne. Le sida et la substitution à l'héroïne ont modifié le paysage en proposant une offre thérapeutique, y compris à ceux qui continuaient à consommer. Aujourd'hui, les politiques des drogues se tiennent dans un entre-deux : d'un côté, on hésite, pour les produits de masse (alcool, tabac, cannabis), entre médicalisation et interdiction, dans des proportions qui s'inversent avec le statut juridique des produits. De l'autre, le traitement de la dépendance aux opiacés est entré dans le champ des compétences médicales. Mais entre les deux subsiste une forme de trou noir : de nouveaux types de produits sont consommés, de plus en plus nombreux même. On sait au fond assez peu de choses, et des pratiques et des effets des produits, notamment sur les corps. Alors qu'ils ne sont sans doute pas d'usage si minoritaire, notamment dans les tranches d'âge où l'expérimentation des drogues est courante.

**Faut-il nécessairement en passer par un assouplissement de la législation pour mettre au jour les questions et les problèmes enfouis ?**

Sur la réponse légale, la dépénalisation me semble une mauvaise idée. Elle lève l'interdit sans réguler l'offre, ni offrir de garantie sur la nature des produits qui circulent. Le seul système cohérent est la légalisation de la consommation et des circuits de distribution, comme cela a été tenté pour le cannabis aux Pays-Bas. Mais pour les produits autres que le cannabis, c'est une perspective très lointaine. Il faut imaginer des paliers intermédiaires. Il y a un enjeu fort aujourd'hui, me semble-t-il, d'une part à rouvrir les possibilités d'expression sur les drogues – lever cette interdiction de les présenter sous un jour autre que négatif qui nuit à la crédibilité de la prévention –, d'autre part à améliorer la formation des médecins, qui sont les seuls à pouvoir offrir aux usagers un terrain technique dénué de jugements moraux, qui permettrait de confronter leur savoir à celui des usagers.

**Qu'est-ce que désigne vraiment ce savoir des usagers ?**

Une pharmacologie profane, fondée sur un savoir pratique des *effets*, à la différence du savoir des médecins, qui cherche d'abord à dégager des *causes* pour traiter ensuite les effets. Par ailleurs, le savoir des usagers est surtout oral. La plupart des choses se transmettent dans l'expérience, dans la pratique, dans les histoires qu'on se raconte... C'est une de ses limites. Cela autorise le flou, l'instabilité sémantique, la rumeur. Enfin, les connaissances et les règles de gestion de la consommation varient beaucoup d'un milieu à l'autre. Qu'il y ait un savoir pratique partagé dans l'expérience ne signifie pas qu'il existe une communauté des usagers de drogues. Ce milieu est très atomisé, structuré autour de groupes de petite taille et relativement étanches, qui savent mal ce qui se fait à côté. Comme les usagers ont en commun de se rendre invisibles aux yeux du monde social, on les imagine parfois formant un milieu homogène, mais ils sont, tout autant, majoritairement invisibles les uns aux autres.

**À force de dire que chacun a sa drogue (le travail, le jeu, le sexe, Internet...), ne perd-on pas de vue la spécificité des substances psychoactives ?**

Il y a des addictions sans drogue et sans doute leur traitement clinique a-t-il des parentés avec celui des drogues. Mais il faut se garder d'évider les drogues de leurs effets propres. On parle de façon générique de *psychotropes* (de produits qui manifestent un tropisme, une attraction pour la *psyché*), mais les drogues ont aussi des effets sur le corps – c'est même pour ça que les usagers en prennent. Toute drogue produit un ensemble complexe de changements cellulaires, physiologiques et psychologiques chez qui en fait usage. Ces effets font l'objet d'un travail de mise en forme culturelle, depuis la fabrication de leur cahier des charges jusqu'à l'apprentissage social de leur réception, qui explique sans doute la disparité des effets d'un même produit selon qu'il est pris par un guerrier viking ou par un *shaman* sibérien, qu'il est prescrit par un médecin ou utilisé à des fins récréatives. Mais cette mise en forme ne prive pas le produit de ses effets, loin de là. Pourquoi réduire l'épaisseur de ces expériences à une seule de leurs dimensions ? On n'a pas fini de se défaire de l'emprise psychanalytique, dans ce domaine.

**Pour aller plus loin**

BOURGOIS Philippe, *En quête de respect : le crack à New York*, Seuil, Paris, 2001.
COPPEL Anne, *Peut-on civiliser les drogues ? De la guerre à la drogue à la réduction des risques*, La Découverte, Paris, 2002.

FONTAINE Astrid, *Double Vie : les drogues et le travail*, Les Empêcheurs de penser en rond, Paris, 2006.

LALANDE Aude, « Des drogues ingouvernables ? », *Vacarme*, n° 36, été 2006, p. 36-39.

LALANDE Aude et GRELET Stany, *Tensions et transformations des pratiques de substitution en ville. Suivi de patients usagers de drogues en médecine générale*, Observatoire français des drogues et des toxicomanies, Paris, avril 2001.

MAESTRACCI Nicole, *Les Drogues*, PUF, Paris, 2005.

◇ **Joseph Confavreux.**

# Égarés

*Borderline*, à la frontière du médical et du social

L'institution psychiatrique ne s'est jamais vraiment relevée de la sectorisation des années 1960, revue et corrigée en 1985. Dans ou hors les murs, la clôture s'est exercée à tous les étages de l'organisation : entre les malades « chroniques » à garder en institution et ceux « en transit » qui peuvent circuler librement, les « *borderline* » et les « souffrances sociales » de toutes natures (alcoolisme, toxicomanie...), entre abandon et enfermement, désinsertion et errance. Finalement, la figure de l'hôpital et la question du nombre de ses lits indisponibles l'ont emporté sur l'option du réseau de quartier, ouvert nuit et jour. L'hôpital de jour et le centre médico-psychologique (CMP) ont gardé un haut seuil d'accessibilité qui se manifeste par la culture du rendez-vous une fois par mois, un rythme pourtant impossible à respecter pour ceux qui souffrent de psychose naissante.

*Borderline* est un mot inventé pour suspendre le diagnostic, afin de ne pas porter préjudice au patient, dans ce fort long moment initial où la psychose sommeille et dont on ne connaît pas l'issue. Or cette suspension fort louable a ajouté à l'invisibilité. « Attendons ! » Attendre, le secteur psychiatrique public s'est disloqué dans ce verbe, conséquence de sa dépendance au maître secteur sanitaire qui n'a cessé de l'assécher de ses professionnels (moins 35 % en quinze ans). La pratique de secteur qui devait modifier le rapport avec le patient, son environnement social et familial a sombré, le savoir accumulé s'est volatilisé, les sous-spécialités se sont renforcées. Nous ne trouvons pas un seul soignant qui parvient à éviter le mot « régression » de son langage. Alors que la sectorisation devait assurer la continuité des soins, le « *mental patient* » peuple les rues. Ni vu ni connu, il échappe et s'échappe. Que diable, n'a-t-il pas lu la charte démocratique des droits des patients ? Comment ça, les troubles psychopathologiques progressent ? Les appels à des interventions auprès des pauvres augmentent ? Qu'importe, il n'y aura bientôt plus d'infirmiers, ni de psychiatres, ni de personnels d'aide. Les équipes engagées dans un travail de terrain ne peuvent plus depuis fort longtemps faire du terrain !

La question du secteur interroge ce lien avec les publics, les équipes, les familles, l'écosystème du quartier, des aires urbaines très contrastées. L'inscription dans le flux local, le long des circuits d'errance qui caractérise certaines pathologies, les rondes des cheminements notamment, ce qui constitue le principe fort de la politique de secteur n'a jamais eu lieu. Or, le lieu de la psychiatrie, c'est l'interstice de la rue, près des fluidités des trajectoires des patients en attente, des jeunes, de dix-sept à vingt-sept ans souvent, dont la psychose débutante est si silencieuse et sourde ! Sans contact quotidien avec eux, ne perd-on pas l'essentiel ? Ce dont rêvait la psychiatrie des années 1970, c'était de recruter les concierges, les bistrotiers, les kiosquiers, le petit voisin, le commerçant pour contenir la folie dans la place avant qu'elle n'explose de trop. Aujourd'hui, savants et politiques l'ont jetée à la poubelle.

### Entre l'institution et la rue : le parcours du *mental patient*

Dans cette grande région d'insignifiance qui fabrique les invisibles, on trouve des personnages disséminés, marcheurs innombrables dans la ville, privés de langage, transparents souvent. Vous leur posez une question ? Ils tournent la tête, effarouchés, s'en vont s'asseoir sur les marches de la Bourse, boudeurs. Ils vont des heures durant suivre des mots : feuilles, cigarettes, voitures ; branches, vent, toitures ; sons, mots, tortures. Bizarre, cet homme qui susurre entre ses dents, chaussures délacées et qui expose quelques autres signes faibles de discrédit. Ils vont trottiner de nouveau, d'errance en repli, d'exaltation en angoisse jusqu'au mutisme. Ah oui, se dit-on, il y a des fous dans la ville, c'est ainsi, rien à faire ! C'est cette espèce de sentiment dégradé – dont on ne peut être fier – qui étouffe : ces corps souffrants (nommés psychotiques, schizophrènes…) sont hors du pensable, comme lapsus de la société qui ne sait plus que faire. C'est ce léger tourment dont on ne se débarrasse pas qui pose question : l'invisibilité découle-t-elle d'une crise du faire, là où, dit-on, il n'y a plus rien à faire ? Ou bien, est-ce l'intermittence du trouble qui provoque désordre et nous fait perdre le sens commun [1] ?

Quels que soient la ville, le bourg, peu de temps suffit à percevoir ces médiocres souffrances, sans grandeur – ni une maladie rare ni un cancer, mais la nef des fous ouverte à l'égarement dans l'espace public. Depuis que les portes des hôpitaux psychiatriques ont été grandes ouvertes, aucun radeau ne s'est construit tout de bois pour attraper les naufragés. Bien sûr, les psychotropes les ont soulagés, mais encore, est-ce à dire que les soins soignent ? Ces radeaux pourtant portaient de beaux noms : « Centre des Égarés » peut-on lire dans les archives des années 1950 à Montréal, une institution d'accueil des invisibles, de ceux qui trahissaient des désordres mentaux. Non point comme un lieu idéal, mais au moins comme une station possible. Or la misère des CMP en France n'est plus à décrire, les psychiatres n'ont plus rien à offrir, les infirmiers ont disparu, les égarés s'échouent dans la rue, valsent entre les urgences et les zones secondes de la ville, la pharmacie et la chambre de bonne. « Hors les murs », ils sont devenus les nouveaux *homeless*, abandonnés au silence.

Parce qu'ils sont humiliés, ils vivent en dessous, à l'extrême frontière de l'inaction. Parce que les événements qui les portent sont médiocres, maigres et piteux, ils restent au fond de l'eau jusqu'à la vase. Ils sont tenus au fond du limon, pris dans la tourbe, silence, passez, il n'y a rien. Le médecin a beau lui dire de venir le trouver, l'infirmier lui répéter, l'assistante l'encourager, la peur l'emporte de monter l'escalier du service. Les coups de non-sens le font courir à tout va dans la rue, comme une course au bord d'un toit, au bord de la gouttière, il va tomber. Il ne parle guère et n'ira pas à son rendez-vous. Il ne se rend pas, voilà tout. Il balancera du silence sur les professionnels stupéfaits. Est-il l'auteur des gestes de ceux qu'il croise ou ces derniers le sont-ils des siens [2] ?

Le serveur de terrasse lui demande : « Vous désirez quelque chose ? », de la tête, il dit « non », regard inquiet, visage tourné vers la Brioche

---

1   Isaac Joseph et Joëlle Proust (dir.), « La folie dans la place », *Raisons pratiques*, n° 7, EHESS, Paris, 1996.

2   Henri Grivois, « Psychose naissante », *in* Isaac Joseph et Joëlle Proust (dir.), « La folie dans la place », *op. cit.*, p. 42.

dorée. Il est à cette table depuis trois ans tous les jours ; le serveur observe qu'il a maigri et fait remarquer au patron qu'il est toujours bien habillé, blouson confortable, tennis neuves. Sa place en terrasse, chez les bouquinistes, au roi de la frite, chez le buraliste, de la place de la Bourse au métro Cadet lui permet de couler le long des murs et des autres, de couler comme ça, d'homme à homme, le long des passages où tout est tracé d'avance, coulure, échappée, laisser couler. Parce qu'il circule sans s'arrêter, marche vive, une heure durant, tous les jours, avec son bonnet blanc en tout temps, levant la main d'un salut, on le nomme « globule blanc » entre commerçants, et quelques coups d'œil cordiaux suffisent à dire : drôle de type. L'un d'eux se rappelle de ceux qui naviguaient tous les jours de pluie dans les passages, en 1947 : les estropiés de guerre.

On le connaît dans le quartier, lui et la quinzaine d'égarés qui vont et viennent dans le passage Verdeau. Ils n'ont de cesse de trotter, clopiner, cheminer entre les bacs à livres et les vitrines. L'un d'eux déplace de la main quelques ouvrages, les regarde fixement. Sur ses lunettes jaune pâle, les lueurs des antiquaires et des puciers se reflètent. Un commerçant lui prête de l'argent et un peu de sympathie. Il s'arrête, repart, compte ses pas, repasse devant le café, s'immobilise devant le kiosque à journaux, demande une cigarette, un euro ou le journal d'hier. On le lui donne, souvent. « Mon père vous remboursera », dit-il à l'un d'eux à la sauvette. Les habitués sourient. Il est si gentil ! Mais où vas-tu, lui demande la concierge ? Quand rembourseras-tu tes dettes ? Va donc livrer les pizzas de Mister Croc ! Ébouriffé et vacillant, il court, revient, dit avoir perdu les clés de sa chambre.

Rumeur dans le passage, les égarés cherchent les clés. Ils montent l'escalier, descendent, remontent. Et si elles étaient à l'intérieur ! Avec sa technique éprouvée, une fine feuille tôlée passée dans l'entre-porte, le voisin râleur vient lui ouvrir sa porte. Il l'engueule en passant, le menace. Le voisinage en a assez des excès de tout. La musique tourne nuit et jour. Il arrive avec un caddie plein de boîtes de hareng, de sucreries et l'abandonne soudain dans le hall. D'autres viendront dévorer le butin ce soir, ils s'installeront là, à digérer allongés : le plaisir d'être plein. La déambulation, l'impossible rencontre malgré la coprésence, l'échange défait. Le ménage, les repas, l'argent de poche, les factures, l'ardoise de l'épicier, l'ordonnance et la pharmacie, le ticket de métro, les poubelles, l'allocation handicapé, le voisinage, la concierge, les dettes, tout explose à toute heure et se réalise à l'envers du temps ordinaire.

À l'appel téléphonique de la concierge, les sœurs et les proches sont assommés. Pour parvenir à courir tous les guichets pour « refaire les papiers », ils font comme si ; ils oublient hier et demain, pour éviter la stupeur paralysante. Comment va votre frère ? Il va mieux évidemment. L'urgence, c'est d'oublier de larges pans du passé pour s'assurer de l'engagement dans le présent. Le présent impératif dévore le passé et le futur, il les réduit en cendres. Pour tenir moralement, il faut tout oublier.

Vite, le frère poursuit son chemin, vers le passage du Panorama, il s'arrête chez Mister Croc. Il compte cent vingt-trois, cent vingt-quatre, cent vingt-cinq pas avant de s'asseoir ; il calcule, multiplie, il sait que de la Bourse au métro Cadet, il faut mille neuf cent dix pas. Il émiette le temps en pas, pour rogner chaque instant, réduire à rien les pas, pour qu'il n'en reste rien. La folie est dans la place, qu'est-ce à dire ? L'ordre des interactions est troublé à tel point que l'indifférence s'installe. Il dessine sur le sol un tracé qui se réitère à l'identique, une ligne horizontale (les passages) avec des arêtes (les rues adjacentes). Aux mêmes heures, les mêmes stations arrêts, il est assis-debout. Dans *Les Enfants et le silence*, Fernand Deligny analyse ce jeu des parcours, comme outil de relation entre le pédagogue et le psychotique, où la cartographie non seulement informe mais invite à suivre au plus près (plutôt qu'à fixer un rendez-vous) [3]. Mais les services psychiatriques sont à mille lieux de ces lignes d'erre ! Pas le temps, pas de personnel, pas équipé, pas possible de courir après la folie. Ceux qui suivent ce manège, ce sont les métiers de la rue : boulanger, serveuses, vendeur de journaux, le roi de la frite, une concierge, le buraliste, qui parfois le retiennent brièvement comme un radeau.

Alors, chaque jour a ses fausses notes, suivant le point où l'on se place. Le frère rate son rendez-vous au centre médical. Mais qui rate qui ? Pour lui, ce n'est pas raté exactement, car on lui avait dit qu'il pouvait venir tous les mercredis, et il y en a bien des mercredis dans une année ! Pour remettre sa vie en place, il a le temps, mais, pour aujourd'hui, c'est déjà trop tard. Lorsqu'il réfléchit à ces heures fixées ainsi, il n'est plus sûr de rien. L'heure fixe, c'est l'attentat. On l'attend ? Alors, il va être dans son esprit scruté, flairé, fouillé, tout ce qu'il déteste. Le renouvellement de l'ordonnance attendra, les médocs avec, les pilules qui collent à la bouche, pénètrent le foie, se délaient et écrasent la tête, ralentissent les gestes. Un rendez-vous est comme un approfondissement de la plaie. On lui mendie une heure, une heure seulement par mois. Et pour que ses rendez-vous soient ratés avec le psychiatre qui attend, absolument, il guette la fermeture de la Brioche dorée, il sait que des kilos d'invendus

---

3    Fernand DELIGNY, « Les cartes et le fil des choses », entretien avec Monique Alliot, Paul Fustier et Isaac Joseph, *Cahiers de l'Immuable 2*, Recherches n° 20, décembre 1975.

vont en sortir, quelques menus sandwichs. Il piste tous les jours ce moment si précieux. Le plaisir d'échanger avec Myriam, la serveuse. Mais le psychiatre l'interrogera sur sa semaine :

– Qu'as-tu fais ?

– Rien.

– Rien ?

– Rien. Si, j'ai brûlé mon matelas.

– Quel jour sommes-nous ?

Mais qu'est-ce que ça peut faire ? Le jour qu'on est, c'est ce jour-là. Qu'a-t-il ce jour de particulier ? Au point de s'en souvenir. Et la semaine prochaine ? Holà, une semaine comme les autres, un écoulement de jours, de cigarettes, de cassoulets, de sonneries à la porte. Quel jour, pourquoi se souvenir de quel jour on est ? Lorsque les jours sont nuit et jour et nuit et jour, pourquoi cette indiction ? Comment marquer le jour qui passe ? À quoi le tailler ? À quoi l'accrocher ?

Oui, les invisibles cherchent un « radeau », comme mode d'attache, où la distance entre chaque tronc est suffisamment lâche et solide, pour laisser les trombes d'eau passer à travers les troncs écartés. Cette conception du radeau, de Fernand Deligny, veut dire qu'entre le silence de la rue et l'institution-esquif, il y a place pour des liens rudimentaires, des lieux qui relient. Non pas une énième institution, mais sur ces trajets parcourus, des points de ressource, qui autorisent le balancier des gestes, un ensemble d'agir et de langage [4]. La clinique des urgences ne peut se contenter du cabinet de consultation, elle doit être une veille des situations, tenue d'aller à la rencontre de l'Égaré dans le cours troublé des sociabilités. La question est urgente, qui va et comment parler à l'Égaré ?

### Pour aller plus loin

GRIVOIS Henri, *Naître à la folie*, Les Empêcheurs de penser en rond, Paris, 1991.

GOFFMAN Erving, « La folie dans la place », *La Mise en scène de la vie quotidienne. II. Les relations en public*, Minuit, Paris, p. 313-361.

LOVELL Anne M., « Psychiatrie hors des murs », *in* Isaac JOSEPH et Joëlle PROUST (dir.), « La folie dans la place », *Raisons pratiques* n° 7, EHESS, 1996.

◊ **Jean-François Laé.**

---

4    Voir Fernand DELIGNY, *Le Croire et le craindre*, Stock, Paris, 1976.

# Éloignés

Comment vivre exilé en son propre pays

I l y a des gens qu'on ne voit pas, ou presque pas, parce qu'ils vivent dans des lieux qui génèrent des modes de vie totalement individualisés entre travail, maison particulière et zone commerciale. Ce sont les rurbains, chassés des centres-ville par la hausse des prix du foncier et de l'immobilier. Ouvriers ou employés, disposant de revenus faibles mais stables, ils cherchent souvent à acheter leur logis dès qu'ils sont mariés. En raison des prix trop élevés, ils ne trouvent pas à s'installer où ils demeurent et sont alors contraints de s'éloigner des villes centres pour trouver un logement à portée de leurs emprunts, tout en continuant à travailler dans ladite ville centre.

On les trouve donc dans ces lotissements et ensembles de villas individuelles ressemblantes, cachés derrière les murets, grillages ou haies qui cernent leur petit chez-eux. Ces gens discrets, jeunes pour la majorité d'entre eux, constituent aujourd'hui l'essentiel des populations des petites villes et villages périurbains. Ils font rarement parler d'eux, majorité silencieuse et travailleuse, ballottée entre travail et habitation, voiture individuelle et zone commerciale.

### ▰▰▰▰ La vie en lotissement des nomades du quotidien

En Provence, où la pression foncière rend les grandes villes et certaines zones prestigieuses inaccessibles, ces rurbains sont contraints de s'exiler de plus en plus loin des lieux de leur travail et de leur premier désir d'achat. C'est notamment le cas à Vinon-sur-Verdon (Var), village ancien situé à sept kilomètres du centre de recherche du Commissariat à l'énergie atomique (CEA) de Cadarache, comptant 3 732 habitants au dernier recensement et probablement 4 300 au printemps 2006. Au carrefour de quatre départements, les Bouches-du-Rhône, le Vaucluse, les Alpes-de-Haute-Provence et le Var, ce village, nommé dès le XII siècle, a trouvé une nouvelle vie avec l'installation du CEA en 1962 : sa population, qui déclinait lentement tout au long du XX siècle, a retrouvé depuis 1968 une courbe ascendante ininterrompue. Dominique Joubert, son maire (divers droite) depuis 1995, estime, sans certitude chiffrée mais avec peu de chances de se tromper, qu'en 2006 il y a « 800 Vinonnais d'origine », c'est-à-dire des gens qui estiment l'être plus que d'autres car ils ont d'anciennes racines ici. Les « autres » sont 3 500, ils sont donc très majoritaires. Parmi ces nouveaux venus du dernier quart de siècle, beaucoup travaillent au CEA et dans les zones d'activité des villes de Manosque, Pertuis ou Aix-en-Provence. Mais une proportion grandissante d'entre eux vient de plus en plus loin, et de Marseille en particulier. La capitale régionale reste en effet le plus important bassin d'emploi pour les habitants de la zone située à moins de vingt minutes de transport de Cadarache : elle génère 8 300 sorties de la zone sur les 11 200 qui, chaque jour, vont travailler ailleurs que dans leur commune d'habitation [1].

Nombre de ces nomades du quotidien vivent dans la vingtaine de lotissements de six à quinze maisons individuelles qui entourent le noyau villageois, où se sont récemment installées des populations un peu plus aisées qu'à la périphérie. La première implantation de villas individuelles et de lotissements a eu lieu dans la large et plate vallée alluviale de la Durance, près de l'aérodrome où dominent les planeurs. À l'occasion du championnat du monde de vol à voile en 1982, l'État a pris en charge l'installation des lignes d'eau et de tout-à-l'égout, ce qui a grandement facilité l'urbanisation de la zone. Les terrains étaient constructibles et l'on y trouvait déjà des maisons individuelles, un hôtel et un centre équestre. Depuis, la route plate et droite traverse des ensembles de maisonnettes

---

1   INSEE, *Sud INSEE*, n° 86, novembre 2005.

appelés « Le Clos Christelle », « La Sablière », « La Suble ». Plus ou moins neufs, plus ou moins cossus, ces ensembles abritent des pavillons d'un seul étage, ou des villas légèrement plus chères ornées de colonnettes à chapiteau en pierre de Rognes, censées évoquer les villas romaines et que l'on voit s'étaler dans toute la Provence. Les jardinets sont clôturés, protégés des regards par des haies de cyprès et d'ifs dont la taille indique la date d'installation des familles. Les jouets d'enfants éparpillés dans les jardins signalent que les propriétaires sont, pour l'essentiel, des jeunes couples.

Au sud du village, d'autres petits lotissements comme le « Hameau de la Chapelle » ou celui de la « Croix de Malte » sont de meilleur standing et installés à flanc de colline. Et sur la rive droite du Verdon, qu'on atteint en franchissant le pont en direction de Gréoux, l'impasse des Fauvettes ou le chemin des Amandiers conduisent aux mêmes sortes d'habitations et au même genre d'habitants.

Dans un récent et remarquable *Atlas social régional* réalisé par la région PACA, la préfecture et la caisse d'allocations familiales des Bouches-du-Rhône, ces récentes installations de population loin d'un littoral devenu inaccessible sont repérées dans un chapitre intitulé : « Les nouvelles fractures sociales : la relégation des classes populaires vers la périphérie ». On y lit : « Au sein des villes, on observe à la fois un phénomène de "ghettoïsation" des quartiers sensibles et une gentryfication des centres qui renforcent leur dualité. [...] Les couches populaires se voient ainsi reléguées dans les périphéries urbaines et périurbaines. En région comme dans le reste de la France, la campagne, notamment lorsqu'elle est située à proximité d'une agglomération urbaine dynamique, est aujourd'hui le territoire privilégié d'accueil des catégories modestes : la hausse des couches populaires y est majoritaire – 60 % des communes rurales et 54 % du périurbain sont concernés [2]. » Et Vinon-sur-Verdon au premier chef, puisque situé à la périphérie du pays d'Aix – ville qui affiche le plus haut revenu moyen de PACA et donc les prix du foncier qui y correspondent.

Cette analyse statistique, que tout vérifie sur le terrain, ne dit pourtant pas exactement ce que pensent et vivent les gens qui ont subi cette sorte d'exil, à la fois forcé et choisi, et qui peuplent les voitures effectuant les navettes quotidiennes entre la zone de Cadarache et Marseille.

2    DISPOSITIF RÉGIONAL D'OBSERVATION SOCIALE (DROS), *Atlas social régional*, 2006. Téléchargeable sur http://www.dros-paca.org/atlas.php.

Éloignés

## ▓▓▓▓▓ Un exil forcé et choisi

Laurent et Laurence Kalfoum, trente-huit et trente-six ans, installés depuis 2000 à Vinon, sont de ceux-là. Ils racontent un exil involontaire et, finalement, heureux. Laurent est chauffeur de bus à la RTM (Régie des transports de Marseille), plus célèbre pour ses grèves que pour ses histoires d'amour. En 1997 pourtant, il transporte régulièrement Laurence dans son bus n° 72. Elle va faire des courses avec ses deux fillettes. Il sourit aux filles et séduit la mère : en 1998 les tourtereaux se marient. Le jeune couple s'installe dans un T3 du sud des quartiers Nord, boulevard Danièle Casanova. Le loyer est de 3 500 francs mais il faut payer 400 francs pour le garage. C'est cher et petit. Ils partent donc en 1999 vers le quartier des Olives, dans un ensemble de copropriétés appelé « Les Jonquilles » ; 4 500 francs de loyer, garage compris, pour un appartement un peu plus grand que l'autre. Lui gagne à cette époque 9 800 francs par mois, elle ne travaille pas hors les tâches domestiques. Un jour qu'il se rend chez le propriétaire pour s'acquitter de son loyer, celui-ci lui explique tranquillement que cette rentrée d'argent lui est bien utile pour payer ce qu'il est en train de construire à Allauch, petit village limitrophe de Marseille. « Ça a fait tilt, explique Laurent Kalfoum, on s'est dit qu'il était idiot de payer éternellement un loyer sans jamais devenir propriétaire. »

Les voilà donc partis à la recherche d'un terrain à bâtir dans Marseille. Ils se rendent aussi à Expobat, une exposition temporaire qui propose toutes sortes de terrains, de maisons et surtout d'offres de crédit. Ils visent à ce moment-là un logis à « La Pomme », dans les quartiers Est de Marseille, où s'édifient par dizaines des maisonnettes. « On avait les deux enfants et j'étais enceinte », se souvient Laurence. Ils s'entendent finalement dire que, compte tenu leurs moyens, « pour le terrain il faudra s'éloigner un peu de Marseille ». L'idée, nouvelle pour eux, les séduit en même temps qu'elle les inquiète : il n'est pas question que Laurent quitte un emploi stable, correctement payé et absolument lié à Marseille. Les voilà partis les week-ends vers Vitrolles (Bouches-du-Rhône), Bras (Var) et Vinon-sur-Verdon pour trouver leur bonheur. C'est à Vinon que leur choix se fixe.

« Assez vite en fait car le terrain nous a plu immédiatement. D'autant que, comme on était les premiers, on a pu choisir ce qui nous convenait le mieux. » 22 millions de francs le terrain – « pour les grosses sommes on calcule toujours en francs, et même anciens francs » – pour un investissement total de 78 millions et 90 mètres carrés habitables dans une villa T4. Heureuse année pour eux : ils bénéficient de l'aubaine d'un emprunt à taux zéro. Leurs traites s'élèvent donc exactement au montant de leur ancien loyer. Le contrôleur RTM qu'est devenu Laurent gagne un peu plus d'argent qu'au moment de l'achat, ce qui soulage quelque peu les finances, même si les retenues sur salaire, pour la longue grève de quarante-trois jours à l'automne 2005, obèrent encore son budget sept mois après.

Mais cela implique tout de même deux heures de route par jour. Au début, Laurent alternait horaire du matin et horaire d'après midi :

> « Cinq heures du matin/13 heures, c'était vraiment dur parce que cela signifie lever à 3 heures, retour à 15 heures. J'étais crevé, je ne voyais pas mes enfants, ni personne. L'hiver je me demandais parfois si on n'avait pas fait une grosse bêtise avec cet achat. J'avais de la fatigue, beaucoup de lassitude. »

Désormais, hormis deux ou trois fois par trimestre où il finit à 2 heures du matin et dort chez ses parents à Marseille, il ne travaille plus que l'après midi de 14 heures à 22 heures. Et il est heureux :

> « Je le dis à mes collègues qui parfois se moquent de mes trajets : quand je rentre chez moi, chaque jour, j'ai l'impression d'être en vacances. »

Il n'a donc aucune envie de revenir en ville. Laurence, qui a toujours aimé la campagne « parce que [son] père était aveyronnais », a du mal à supporter la ville quand elle y retourne : « Je sens toutes les pollutions, les mauvaises odeurs, je ne pourrais plus y vivre. » Elle a trouvé du travail comme technicienne de surface aux thermes de Gréoux-les-Bains, à dix kilomètres de là, et à la mairie de Vinon. Elle alterne ces travaux selon les saisons et les demandes.

Farouches partisans du maintien des services publics au village, ils s'en sentent de plus en plus membres, eux et leurs enfants. Mais ils savent aussi qu'ils ont fait une excellente affaire. Laurent, par son exemple, a convaincu deux de ses collègues de faire les mêmes choix et investissements que lui. Le mètre carré de terrain qu'ils ont acheté à deux pas de chez eux leur a coûté en 2006 à peu près le double du sien, acheté en 2000 ! Et l'arrivée du réacteur international de fusion atomique ITER à Cadarache va accentuer encore la pression foncière. L'exil involontaire, que Laurent et Laurence vivent comme un heureux tournant de vie, a aussi tourné à la bonne affaire...

**Éloignés**

**Entretien avec**

# Christophe Traïni

Maître de conférences à l'IEP d'Aix-en-Provence, il a dirigé *Vote en PACA : les élections 2002 en Provence-Alpes-Côte d'Azur*, Karthala, Paris, 2004.

## Comment votent les relégués des centres-ville

**Certains politologues ont constaté que les zones périurbaines, où vivent souvent des habitants relégués des centres-ville, offraient des scores imposants au Front national. Vous avez radiographié ce vote FN en PACA : avez-vous constaté cette corrélation ?**

Avant de répondre, il faut préciser que « urbain » ou « périurbain » sont des caractéristiques géographiques qui, comme d'autres catégories statistiques à visée descriptive, ne sont pas explicatives des comportements électoraux par elles-mêmes. De surcroît, le « périurbain » est une catégorie très éclectique : il y a par exemple une très grosse différence entre les villages dortoirs et les zones résidentielles des environs d'Aix-en-Provence. Ce qui est important, c'est ce qui se passe réellement dans un territoire donné. Et il faut bien avouer que la science politique doit encore affiner ses analyses afin de rendre compte de la diversité des processus qui déterminent le vote.

**Avez-vous pu avancer des hypothèses de travail sur l'importance de ce vote et sur sa localisation dans certaines zones autour des villes ?**

Ce qui est le plus probable, et que l'accumulation de données statistiques permet d'entrevoir partiellement, c'est que ce vote intéresse souvent des populations qui se trouvent dans des situations de mobilité sociale potentielle entravée.

**Concrètement, qu'est que cela signifie ?**

Notre hypothèse de travail vise à souligner que le phénomène en question peut présenter des modalités très disparates. Dans certains cas, on a souvent affaire à des populations qui sont assignées à des territoires qui ne sont pas forcément leur premier choix et réagissent à ces contrariétés avec ce vote. Pour d'autres cas, il peut s'agir de gens qui sont venus s'installer dans un lieu qu'ils percevaient comme celui de leur ascension sociale et qui sont déçus car des populations moins prestigieuses y sont aussi venues. Cela dévalorise leur installation, en termes symboliques ou en termes réels – ou les deux. On connaît ce cas à Vitrolles, où des gens installés dans des quartiers et des pavillons de la périphérie de la ville nouvelle ont très mal vécu l'installation de populations plus pauvres – et souvent maghrébines – dans les HLM de la ville en expansion. Mais il peut s'agir aussi d'autochtones qui voient d'un très mauvais œil l'arrivée de populations plus aisées qu'eux : ils vivent cela comme un déclassement relatif. C'est un phénomène rarement analysé et pourtant assez répandu, par exemple dans des villages du Var où s'installent des retraités riches, Français ou non. Les autochtones constatent que leur pouvoir d'achat n'a pas évolué alors que la vie devient plus chère et que les nouveaux sont beaucoup plus à l'aise pour répondre à ce renchérissement qu'ils provoquent. À ce propos, il est possible de se référer à la notion de « couches sociales à deux fronts » que le sociologue et historien Norbert Elias a forgée afin de désigner ces couches qui vivent de façon très douloureuse les risques de déclassement relatif. Pour revenir à votre première question, ces couches peuvent se trouver aussi bien dans l'urbain que dans le périurbain. Dans les lotissements de village mais aussi dans certains quartiers de Marseille, une ville qui reste quand même un laboratoire majeur pour qui veut comprendre le vote Le Pen. Ces sentiments de « déclassement/reclassement » me paraissent un ressort essentiel du vote FN et l'analyse de leur genèse et de leur devenir constitue en tout cas une hypothèse de travail plus intéressante que la seule accumulation de données statistiques ou géographiques.

**Ces votes ne sont-ils pas liés à des catégories sociales constituées de petits propriétaires de leur maison ?**

Comme le reste, la propriété est un indicateur, rien de plus. Ce qui compte, c'est le projet de vie confronté aux contraintes sociales. Le sentiment plus ou moins explicite d'avoir réussi sa vie ou au contraire de connaître des obstacles, voilà l'un des facteurs possibles du vote FN. Pour comprendre ce vote dans un lieu, il faut donc scruter l'histoire de ce lieu, comprendre quel type d'accession à la propriété s'y est joué et comment il a été vécu par ceux qui y ont investi leur argent et leur vie. On verra alors apparaître ces deux choses dont je parlais plus haut : le sentiment du déclassement par le bas (arrivée des plus pauvres que soi) ou par le haut (arrivée des plus riches que soi).

**Vous n'avez donc pas observé de corrélations significatives entre propriété et vote FN ou catégorie sociale et vote FN ? Et encore moins entre ouvriers propriétaires de leur maison et vote FN ?**

La catégorie sociale « ouvriers » ne nous dit pas grand-chose en termes de choix : c'est encore une catégorie statistique descriptive, mais pas explicative. Il est bien différent d'être ouvrier à Gardanne, où il n'y a plus de mines et où Péchiney licencie, que de l'être dans un bassin d'emploi où l'industrie reste florissante, où son propre fils pourra devenir, lui aussi, ouvrier. « Ouvrier » d'accord mais dans quelle trajectoire sociale, dans quel projet de mobilité, entravée ou non ? En Provence, le travail évoqué à l'instant montre que l'association statistique « ouvrier/vote FN » s'inverse totalement entre les Bouches-du-Rhône et le Vaucluse. Dans le premier département, l'association statistique la plus forte entre présence d'ouvriers et vote Le Pen est observée dans les communes rurales, alors que cette association est inexistante dans les communes plus urbaines. Dans le Vaucluse, c'est exactement l'inverse : le vote Front national en 1995 y est fort en milieu urbain et l'association entre présence d'ouvriers et vote FN est forte en milieu urbain et inexistante en milieu rural. Quant à l'idée de la translation entre vote PC et vote FN, qui ressort de la même catégorisation générale, elle se heurte aux mêmes contradictions et constitue une généralisation beaucoup trop hâtive pour se vérifier dès qu'on examine le vote dans le détail des communes et des circonscriptions.

**Pour poser ces questions autrement : le vote des relégués des centres-ville a-t-il une singularité repérable ?**

Pas vraiment dans notre région et pour cette raison simple : la ville centre, Marseille, a longtemps été la ville où restaient ceux qui n'avaient pas les moyens de vivre à la périphérie. Plus que des relégués, on connaissait ici des « assignés à résidence » dans la ville centre. Mais si les gens qui vivent dans ces lieux de relégation sont bien souvent des gens appartenant à des « couches à deux fronts » dont je parlais plus haut, on a là un facteur favorable à un vote FN important. Mais il faut encore souligner que cet examen approfondi et systématique n'a encore jamais été fait.

◇ **Michel Samson.**

# Enfermés

Comment, derrière les barreaux,
on devient forcément transparent

« **L**es psychiatres de l'infirmerie spéciale font un travail de police. Ce sont des colleurs d'étiquettes, des machines à signer des placements d'office et des placements volontaires. [...] Les conditions de vie d'un placé d'office n'ont rien d'une hospitalisation, c'est un enfermement. » Ces lignes d'une brochure intitulée *Psychiatrie, la peur change de camp* furent écrites en 1972, par des médecins, infirmiers mais aussi psychiatrisés qui se mobilisèrent au sein du GIA (Groupe information asile). Son objectif était de dénoncer l'alliance prévue par la loi du 30 juin 1838, reprise dans le Code de la santé publique de 1953 – toujours en vigueur à l'époque –, entre la police et les psychiatres et de faire valoir que les internés d'office, mais aussi volontaires, étaient des enfermés qu'il convient de libérer au même titre que les détenus qui, en ce début des années 1970, étaient montés sur les toits des établissements pénitentiaires pour manifester contre leur situation intolérable.

Un front était alors ouvert qui rassemblait des hospitalisés, des prisonniers, mais aussi des jeunes en foyer, en une même lutte contre l'enfermement. Dans le sillage de Mai 68, des populations silencieuses, tenues soigneusement à l'écart de l'histoire, faisaient entendre leur voix. Des internats aux casernes, des prisons aux asiles, la France enfermée se souleva.

Trente ans plus tard, les enfermés sont redevenus invisibles. Certains diront que la législation a largement limité les excès d'autorité : l'internement d'office exceptionnel ne peut durer que quarante-huit heures et une série de recours ont été introduits. Reste qu'en 2001, 553 000 personnes ont été hospitalisées dans un service psychiatrique dont 12 000 d'office et 60 000 à la demande d'un tiers, tandis qu'au 1er mars 2006, la population emprisonnée était de 60 667 personnes, c'est-à-dire presque un détenu pour 1 000 habitants. Le nombre de prévenus parmi eux était alors de 19 368, et 658 avaient dix-huit ans ou moins.

Autrement dit, l'enfermement comme mode de contrôle social, loin de régresser, s'est au contraire accru et cet accroissement a été accompagné du renforcement de certaines institutions et de la création de quelques autres. Le centre de rétention administrative est ainsi une invention récente qui date de 1983 (bien qu'elle intègre certaines pratiques anciennes de concentration des étrangers) ; il n'est pas anodin que la Cimade – créée à la fin des années 1930 pour venir en aide aux réfugiés espagnols – soit la seule association ayant la possibilité d'y intervenir. Ces centres de rétention sont aujourd'hui en France au nombre de vingt dont quatre autorisés à accueillir des familles (arrêté du 29 août 2005). Y sont, disent les textes, « retenus » (mais non « détenus ») les étrangers en situation d'irrégularité de séjour sur le territoire national. La réalité est que ces centres sont, par bien des aspects, très semblables à des lieux de détention (cellules, dispositif antiévasion, etc.).

La raison de l'invisibilité des enfermés ne vient pas du fait que peu de personnes se mobilisent pour leur cause mais que cette invisibilité constitue le véritable objectif de ces institutions. L'institution carcérale, comme les « camps pour les étrangers », a beau être régulièrement l'objet de scandales, les enfermés demeurent transparents.

### La cathédrale des enfermés : le « dépôt » de la préfecture de police de Paris

À n'en pas douter, c'est l'institution qui cristallise avec le plus de force ce qu'est l'enfermement aujourd'hui. Sans équivalent dans le reste du territoire national, le dépôt est situé sous le Palais de justice de Paris, sur l'île de la Cité, quai de l'Horloge ; la porte par laquelle on y accède n'est pas aussi monumentale que celle qui mène à la Sainte-Chapelle et pourtant, c'est bien à la cathédrale des enfermés qu'elle mène. L'établissement est sous l'autorité directe du préfet de police de Paris. On descend quelques marches, on franchit nombre de grilles et nous voilà au cœur du dispositif.

L'endroit est divisé en deux quartiers : le quartier des femmes et celui des hommes. Au sein de chacun, à nouveau une distinction : le CRA (Centre de rétention administrative), sur le point de fermer, et le dépôt judiciaire. Au CRA, des hommes, uniquement des travestis ; ils ont rangé chaussures à talons et paillettes dans un casier et enfilé un survêtement, on les tient là, tandis que les « vrais hommes » sont retenus en banlieue, derrière l'école de police de Vincennes. Le personnel est composé de contractuels de l'administration pénitentiaire, tandis que le dépôt judiciaire destiné aux hommes, sous la responsabilité de fonctionnaires du ministère de l'Intérieur, comprend un quartier pour les mineurs et un service d'identification judiciaire (celui-là même de Bertillon, qui fit condamner Dreyfus). Le quartier des femmes réserve une surprise de taille : il est sous la responsabilité de religieuses catholiques. Aucun texte ne justifie cette présence, la surveillance et la prise en charge des détenus et retenus ont été laïcisées depuis 1945.

Travestis, jeunes mineurs, gardés à vue en attente d'être entendus par un juge d'instruction, policiers, pénitentiaires et religieuses se partagent donc ce lieu qui n'a cessé depuis vingt ans de susciter des polémiques à chaque fois que son existence a été « révélée ». Taille des cellules, surpopulation, insalubrité des lieux, suicides et coups, rupture du suivi des traitements médicamenteux caractérisent le « Petit Dépôt ». On annonce régulièrement sa fermeture, mais par sa situation – au cœur de la cité, à proximité du tribunal mais aussi de l'Hôtel-Dieu et du quai des Orfèvres – il apparaît comme un point stratégique.

## Les « bonnes manières » d'enfermer

Aujourd'hui, on ne s'étonnera pas de trouver ensemble en détention des personnes souffrant de troubles mentaux, des étrangers en situation irrégulière, des usagers de stupéfiants… Ainsi, tout se passe comme si l'on assistait à un vaste mouvement d'ensemble qui constituerait les « enfermés » en une catégorie conforme aux principes défendus par le CPT (Comité européen pour la prévention de la torture et des peines ou traitements inhumains ou dégradants). En réalité, la situation est plus ambiguë.

Le CPT a été créé par la Convention du Conseil de l'Europe de 1987. Il s'agit selon l'article 1ᵉʳ de cette convention « d'examiner le traitement des personnes privées de liberté en vue de renforcer, le cas échéant, leur protection contre la torture et les peines ou traitements inhumains ou dégradants » par le moyen de visites. Le travail du CPT est dans les textes conçu comme une partie intégrante du système de protection des droits de l'homme du Conseil de l'Europe. Lorsqu'il effectue une visite, le CPT bénéficie de « la possibilité de se rendre à son gré dans tout lieu où se trouvent des personnes privées de liberté, y compris le droit de se déplacer sans entrave à l'intérieur de ces lieux ; l'accès à des renseignements complets sur les lieux où se trouvent des personnes privées de liberté ainsi qu'à toute autre information dont dispose la partie et qui est nécessaire au Comité pour l'accomplissement de sa tâche ». C'est donc aujourd'hui l'un des observatoires les plus aigus du sort des enfermés de droit commun (détenus, retenus, aliénés) en Europe.

Or le CPT dénonce les excès mais non le principe d'enfermement. Depuis vingt ans, il en a même produit des normes. Ainsi, pour le CPT :

> « La détention par la police est (ou au moins devrait être) de relativement courte durée. Toutefois, les conditions de détention dans les cellules de police doivent remplir certaines *conditions élémentaires*. Toutes les cellules de police doivent être propres et d'une taille raisonnable eu égard au nombre de personnes que l'on peut y placer, et elles doivent bénéficier d'un éclairage adéquat (c'est-à-dire suffisant pour lire en dehors des périodes de repos) ; de préférence, les cellules devraient bénéficier de lumière naturelle. De plus, les cellules doivent être aménagées de façon à permettre le repos (par exemple un siège ou une banquette fixe), et les personnes contraintes de passer la nuit en détention doivent disposer d'un matelas et de couverture propres. Les personnes détenues par la police doivent avoir accès à des toilettes correctes dans des conditions décentes et disposer de possibilités adéquates pour se laver. »

On ne pourra que sourire à la lecture de ces « bonnes manières » d'enfermer. Reste que, par ses multiples missions, le comité dessine, à mesure de la réalisation de son travail d'enquête, une carte de l'enfermement contemporain très utile qui met en évidence des tendances et révèle des lieux. Ainsi, lors de sa visite en France en 2000, le CPT s'intéressa à la fois à des établissements de police (commissariats, centres de rétention administrative, zones d'attente et locaux d'aéroport), des établissements de gendarmerie (brigades et centres de rétention administrative), des lieux de retenue de l'administration des douanes, des établissements pénitentiaires (centres pénitentiaires et maisons d'arrêt) et des établissements de santé (services psychiatriques et unités pour malades difficiles).

## Le droit des enfermés

Ce pouvoir de nos États modernes de constituer une population d'enfermés est, pour un philosophe comme Giorgio Agamben, la part d'arbitraire absolument structurelle de l'État démocratique moderne. Il n'est pas de nation sans enfermés. Comme deux rapports des chambres parlementaires le soulignaient en 2000, cet arbitraire démocratique de l'emprisonnement ne consiste pas seulement en une privation de liberté ; l'enfermé n'est pas uniquement mis derrière un mur, son invisibilité est redoublée par des mesures d'isolement qui sont toujours qualifiées par la jurisprudence de « mesures d'ordre intérieur ».

Le Conseil d'État considère en effet que ce type d'isolement n'aggrave pas les conditions de détention, et ne peut faire l'objet d'un recours pour excès de pouvoir. Or, selon les parlementaires :

> « Cette vision de la prison, et plus particulièrement de l'isolement, relève d'une méconnaissance totale de la vie pénitentiaire : les conséquences désocialisantes et psychiquement déstructurantes d'une décision de mise à l'isolement ont été à la fois dénoncées par tous les intervenants de l'administration pénitentiaire et constatées lors des visites. L'impunité dont jouit l'administration pénitentiaire dans la décision de recourir à l'isolement est scandaleuse. »

L'invisibilité de l'enfermé est accentuée par une impossibilité d'exercer son droit de vote alors que le détenu est normalement privé de la seule « liberté d'aller et de venir » ; de nombreuses libertés sont supprimées en prison, ou/et inapplicables, en dehors même de celles qui deviennent inapplicables en raison de la surpopulation carcérale. Aucune disposition n'interdit en effet aux détenus d'exercer leur devoir électoral. Le législateur a d'ailleurs réduit le nombre de personnes susceptibles de faire l'objet d'une privation de droits civiques. Cela dit,

> « le droit de vote est, selon les sénateurs, pourtant quasiment inexistant en prison, car aucune disposition n'est prévue pour en faciliter l'exercice, à l'exception de quelques lignes figurant dans le guide du détenu, remis en principe à chaque arrivant ».

Enfin, être enfermé en France aujourd'hui, confisque aux détenus le droit de réunion et d'association :

« Il n'existe pas en France de droit concernant l'expression collective des détenus, notaient les députés. Au Canada, la loi sur le système correctionnel précise, dans son article 73, que "les détenus doivent avoir, à l'intérieur du pénitencier, la possibilité de s'associer ou de participer à des réunions pacifiques". L'article 74 de cette loi indique également que le service correctionnel "doit permettre aux détenus de participer à ses décisions concernant tout ou partie de la population carcérale, sauf pour des questions de sécurité. » En application de ces dispositions, il existe des comités de détenus dans tous les établissements qui sont invités à donner régulièrement leur avis sur les questions touchant à la détention telles que l'emploi, les rémunérations, la politique antitabac, etc. Ils servent de lien entre la direction et la population carcérale. »

En France, il existe en revanche des petits tribunaux – les prétoires – au sein des établissements, pour juger les manquements à la discipline.

## ▰▰▰▰ L'espace réglementé

Sophie H. est une jeune avocate pénaliste parisienne ; militante à l'OIP (Observatoire international des prisons), elle raconte ici une matinée au tribunal interne de la prison de La Santé :

« Convoquée à la maison d'arrêt de La Santé, pour la commission de discipline, j'entre, passage des portes : enlever chaussures, ceintures, clés, enlever tout, laisser le portable, gagner, après le premier sas de l'entrée, le second sas : un bureau, tapissé de photographies de fossiles, où un surveillant, dans une odeur d'encens, vérifie ma carte et me remet mon badge.

Je traverse la cour, attends devant la porte d'accès au premier couloir ; elle s'ouvre. Odeur d'ammoniaque, c'est un couloir presque normal, avec des travées latérales (administration…) jusqu'à ce que l'on coupe une sorte de *no man's land*, entre le bâtiment que je quitte et le premier bâtiment de détention : je jette un coup d'œil par les fenêtres, toujours impressionnée par ces murs hauts, percés de fenêtres bouchées, et le ciel, en haut. Petit escalier, j'arrive à la deuxième porte : il faut m'ouvrir avec une clé. J'arrive à la rotonde. Je fais le tour, croisant des petits groupes de surveillants réglant la circulation du petit peuple vaquant vaguement à ses occupations : détenus auxiliaires en tenue de travail traînant seaux, balais, chariots, artisans divers, avocats, visiteurs, détenus – on les reconnaît, les détenus, en jogging, traînant les pieds, étirant le temps de cette promenade…

J'arrive devant mon allée. Nouvelle porte à ouvrir. J'entre dans le couloir du prétoire, où se situe, proximité géographique significative, le mitard : un couloir, de part et d'autre, des portes de cellules numérotées, au milieu du couloir : une grille. De l'autre côté, le couloir se présente de la même façon, mais c'est le quartier d'isolement. C'est bruyant dans le couloir (les surveillants parlent fort, rigolent) et, en même temps, quel silence derrière les étroites portes des cellules, quel silence. Et tout d'un coup, coups derrière une porte, un, deux, trois et le cri : "Surveillant !" : le surveillant ne répond ni au premier coup ni au deuxième, au troisième, il dit : "Ça va, ça va, on va venir", la consigne est apparemment de ne surtout pas donner au détenu l'impression que l'on est à son écoute, être à son écoute, ce serait donc être à sa disposition ?

Cela fait environ une heure que j'ai franchi la porte d'entrée de la maison d'arrêt ; je rencontre le détenu que je dois assister. Il est sorti d'une cellule d'attente et nous nous rencontrons dans une autre cellule : une table, deux chaises, la fenêtre est haute et ne laisse passer que peu de lumière, la porte est fermée. Il lui est reproché une bagarre avec d'autres codétenus, en promenade. Il conteste avoir été à l'origine de la bagarre, lui et ses deux compagnons ayant été attaqués d'abord, au vu et su d'un surveillant qui aurait couvert les agresseurs et ne serait intervenu que lorsqu'ils auraient, eux, riposté. Les faits sont confus, le rapport d'enquête et le rapport d'incident sont laconiques, et ce que ce détenu ne sait pas, c'est que l'un de ses compagnons a fait une tentative de suicide dans la nuit et a été hospitalisé. Un surveillant me l'a dit avant notre entretien. On sort de la cellule, on entre dans une nouvelle cellule ; cette fois, c'est celle du prétoire : une estrade, un bureau ; sur l'estrade, le directeur ou directeur adjoint, un gradé de chaque côté ; une petite table et une petite chaise sont installées à droite en bas de l'estrade pour l'avocat, un surveillant est à mes côtés, le détenu, derrière une barre, fait face à l'estrade et à ses "juges". Deux surveillants me font face. Il y en a encore deux ou trois à l'extérieur, devant la porte, dans le couloir. L'espace est petit.

Le directeur rappelle les faits (tels que décrits dans les rapports, version des faits qu'il connaît et sur laquelle il a déjà porté une appréciation, puisque c'est lui qui a décidé que le détenu comparaîtrait pour ces faits). Le ton est moralisateur, paternaliste, infantilisant : la scène est toujours stupéfiante, caricaturale, anachronique : le détenu, en survêtement, mal rasé, le bougre, qui se défend plus ou moins adroitement face au directeur qui écoute avec l'air de celui à qui "on ne la fera pas" et jette des coups d'œil entendus à ses deux acolytes, qui opinent du chef. La parole est ensuite donnée à l'avocat, en robe : tout le monde écoute poliment, mais, si ma présence est tolérée, il est toutefois acquis que, de toute façon, nous, avocats, ne pouvons comprendre ce qui se passe vraiment en détention, et puis, le directeur connaît ses ouailles, tout le monde se connaît et moi je suis là depuis seulement une demi-heure. Sentiment qu'être là est à la fois important et inutile puisque les règles qu'on évoque sont, en prison, appliquées en prison à la discrétion du directeur (règle de procédure pénale : principe du contradictoire, charge de la preuve, droits de la défense etc.).

Finalement, je suis entendue, et la tentative de suicide du troisième détenu y est sans doute pour quelque chose : le directeur ordonne un complément d'instruction ; en attendant, le détenu doit repartir en cellule. On sort de la cellule prétoire, on se retrouve quelques instants dans la cellule de l'entretien, on se salue, et je repars, je repasse les portes, je retrouve la rue, la ville, laissant là les invisibles... »

Dans les centres de rétention administrative pour les étrangers, la discipline est également centrale : le règlement intérieur en annexe de l'arrêté du 24 avril 2001 précise dans les articles 8 et suivants les conditions de la vie quotidienne : on y lit notamment à l'article 11 que : « Les étrangers retenus peuvent circuler dans le centre dans les conditions ci-après... [périmètre autorisé, horaires, conditions particulières d'accès à certains lieux, restrictions dans certaines circonstances, etc.] », puis suivent toute une série de points qui réglementent la nourriture, les sanitaires, etc.

Ce qu'indique involontairement le texte, c'est que le centre de rétention peut accueillir des enfants. Ainsi, et il n'en est pas autrement en détention, l'enfermé ne se limite pas à un individu mais désigne souvent une unité familiale. Les permanents de la Cimade rapportent ainsi le cas de Mme K. de nationalité congolaise, entrée en France en 2003 avec sa fille, de nationalité angolaise. Interpellées sur la voie publique le 1er novembre 2004, la préfecture de Moselle prend un arrêté de reconduite à la frontière. Mme K. et sa fille, âgée de six ans, sont placées dans un local de rétention à Metz, puis transférées dans celui de Rouen. L'enfant placée avec des adultes n'a ni alimentation spécifique ni lieu distinct. Et, au total, Mme K. et sa fille sont retenues pendant trente-deux jours. La procédure d'éloignement n'ayant pas abouti, elles sont remises en liberté.

### « À ceux de l'extérieur osant affirmer que la peine de mort est abolie. Silence ! On achève bien les chevaux ! »

L'enfermement ne fonctionne pas sur la seule interdiction, il produit aussi et surtout une figure de l'enfermé. En témoigne cette archive de la fin du XIXe siècle, extraite de la documentation du savant turinois Cesare Lombroso :

« Je meurs parce que je suis trop humilié de mon sort. Il y a neuf ans que je fais le voleur et n'en ai pas encore assez ; 2 538 jours de prison en neuf ans ; infâme destin ! J'ai toujours été convaincu que de faire le mal, cela ne pouvait pas durer longtemps, que sa durée était brève, mais une force indomptable me poussait au vol ; vivant, je serai toujours un voleur et mourrai en prison ou aux galères et je ne veux pas mourir de maladie en prison. Je n'ai que cet infâme vice ; du reste je ne suis pas querelleur, ni efféminé, ni joueur, ni buveur, je suis un infâme voleur, un porc immonde, le vol ne m'a jamais procuré aucune félicité. Soyez maudits ! vous tous qui avez été mes compagnons d'infortune parce que lorsque vous parliez de votre passé, vous ne parliez que de mille francs. Soyez maudits mille fois, car avec vos racontars, vous avez alléché ma faible imagination en me faisant espérer la possibilité de faire fortune en volant... [...] La compagnie m'est odieuse ; j'aime l'ombre, le silence, la solitude, j'abhorre tout et tous, moi aussi premièrement. La vie pour moi, est un fardeau trop pesant, elle m'opprime ; en mourant, je ne fais que m'alléger d'un poids qui m'écrase. »

En témoigne aussi cette récente lettre ouverte de dix enfermés de la Centrale de Clairvaux qui demandent la mort, ne supportant plus d'être détenus :

« Nous, les emmurés vivants à perpétuité du centre pénitentiaire le plus sécuritaire de France (dont aucun de nous ne vaut un Papon), nous en appelons au rétablissement effectif de la peine de mort pour nous. Assez d'hypocrisie ! Dès lors qu'on nous voue en réalité à une perpétuité réelle, sans aucune perspective effective de libération à l'issue de notre peine de sûreté, nous préférons encore en finir une bonne fois pour toutes que de nous voir crever à petit feu, sans espoir d'aucun lendemain après bien plus de vingt années de misères absolues. À l'inverse des autres pays européens, derrière les murs gris de ses prisons indignes "la République des Lumières et des libertés" de 2006 nous torture et nous anéantit tranquillement en toute apparente légalité [...]. Après de telles durées de prison, tout rescapé ne peut que sortir au mieux sénile et totalement brisé. En pareil cas, qui peut vraiment se réinsérer socialement ? En fait, pour toute alternative, comme avant 1981, ne nous reste-t-il pas mieux à trouver plus rapidement dans la mort notre liberté ?

De surcroît, pour nous amener à nous plier à ce sort d'enterrés vifs, on nous a, ces dernières années, rajouté murs, miradors, grilles en acier et maintes autres contraintes. Le tout, pour faire taire toute velléité. Assorties de "commandos" de surveillants casqués, armés et cagoulés, à l'impunité et aux dérives vainement dénoncées çà et là, dans l'indifférence générale. [...] N'en croyez rien : il y a ici une place pour vous et pour vos fils. C'est encore plus vrai que jamais à l'heure où l'on préfère supprimer à tour de bras dans les écoles du pays bien des postes d'instituteurs et d'éducateurs pour, en lieu et place, miser sur l'embauche de toujours plus de nouveaux policiers et surveillants de prison et en érigeant de nouvelles prisons et autant de QHS [quartiers de haute sécurité]. Aussi, parce qu'une société dite "démocratique" ne devrait pas se permettre de jouer ainsi avec la politique pénale visant à l'allongement indéfini des peines, selon la conjoncture, l'individu ou les besoins particuliers : à choisir à notre mort lente programmée, nous demandons à l'État français, chantre des droits de l'homme et des libertés, de rétablir instamment pour nous tous la peine de mort effective. »

Clairvaux, le 16 janvier 2006. Soussignés, les susnommés ci-après du mouroir de Clairvaux : Abdelhamid Hakkar, André Gennera, Bernard Lasselin, Patrick Perrochon, Milivoj Miloslavjevic, Daniel Aerts, Farid Tahir, Christian Rivière, Jean-Marie Dubois et Tadeusz Tutkaj.

**Entretien avec**

# Armand Mallier

Éducateur. Il a exercé pendant vingt ans dans tout le champ du travail social : foyers de travailleurs, institutions pour handicapés, relais pour toxicomanes, antennes de prévention de la délinquance. Depuis 2000, il travaille auprès des mineurs à la Protection judiciaire de la jeunesse du ministère de la Justice.

## « Le centre des jeunes détenus ressemble aux cités du 94 »

**Les éducateurs de la PJJ (protection judiciaire de la jeunesse) sont les témoins les plus directs des plus invisibles des enfermés que sont les mineurs. Dans quelles conditions à Fleury-Mérogis sont incarcérés ces jeunes ?**

Ma fonction d'éducateur à la PJJ en milieu ouvert consiste, d'une part, à prendre en charge des jeunes dans leur milieu d'origine par une action avec le jeune lui-même et son entourage, à mettre, d'autre part, en œuvre des mesures d'investigation. Quelques jeunes pendant la prise en charge de la mesure éducative vont être tout de même incarcérés pour des vols à répétition, du deal, ou de la conduite sans permis, plus rarement pour des crimes, viols en réunion, violences avec tortures, etc. La répétition des délits entraîne, à un certain moment, l'incarcération.

**Qui sont ces jeunes incarcérés ?**

Actuellement, je rencontre chaque semaine trois jeunes... Il y a Alex incarcéré à la suite d'un braquage à main armée chez un grossiste de Rungis. Il était auparavant suivi par notre service dans le cadre d'une mesure éducative pour un vol de scooter. Un appel d'un majeur de son quartier pour un petit coup de main. Il ne résiste pas et va tomber pour braquage... Ichem, quant à lui, a commis trois braquages de banque, tout seul, au guichet comme avec une Play Station... Et Michel qui fait des séjours réguliers au quartier des mineurs de Fleury depuis ses seize ans pour vols, insultes et cailloutage des forces de l'ordre, ou conduite sans permis.

**Comment se passe la visite ?**

Chaque mardi, j'entre dans ce bâtiment gris et triste du CJD (Centre des jeunes détenus) qui ressemble à s'y méprendre aux cités du 94. D'ailleurs le CJD n'est pas très dépaysant pour ces jeunes des territoires perdus de la région parisienne : mêmes paysages, même voisinage et pression identique de la cité et donc du caïdat. Chaque fois, je m'informe de l'emplacement des cellules de mes jeunes. M. est-il dans l'aile stricte, encadrement, ordinaire, au quartier disciplinaire ? Avec ces infos, je dispose tout de suite d'une photographie de son comportement, de sa manière de vivre et de s'adapter à l'enfermement. Eux-mêmes me racontent l'école à la prison, les programmes télé, leur interruption à minuit pour les mineurs, la solitude de la longue nuit carcérale, parfois les mots échangés avec son voisin par un trou dans le mur ; plus rarement, les cris et les hurlements dans la nuit.

**Comment fonctionne le CJD ? Les personnels en charge de cette population pénitentiaire particulière ont-ils une formation spécifique ?**

Il y a au maximum une centaine de jeunes au CJD. Ils ont une cellule individuelle et sont à l'écart des majeurs. Quand ils accèdent à la majorité, ils quittent obligatoirement le quartier mineurs et les conditions d'incarcération changent radicalement : fini ou presque le suivi éducatif, psychologique, sanitaire et surtout ils se retrouvent à plusieurs dans la même cellule.

Les surveillants dans les quartiers mineurs sont des volontaires et bénéficient d'une formation spécifique d'une semaine. Ils ne portent pas l'uniforme mais un jogging bleu « Administration Pénitentiaire ». Depuis le mois de septembre 2005, des éducateurs de la PJJ interviennent en permanence dans le quartier des mineurs de Fleury-Mérogis. Si le climat est beaucoup moins tendu depuis cette date, le débat est encore très vif au sein de la PJJ sur le bien-fondé de la présence des éducateurs en détention. Certains doutent de leur rôle éducatif et refusent de rencontrer les jeunes au sein de la détention, n'utilisant que le parloir avocat pour les entretiens. D'autres professionnels soutiennent que la prison peut permettre de mener *a minima* quelques actions éducatives. Moi, j'ai choisi de me rendre en détention pour tout d'abord rencontrer plus rapidement et plus facilement le mineur mais je reste vigilant sur le risque d'instrumentalisation.

**Quelles différences entre ce quartier des mineurs et les centres fermés ?**

Les centres fermés sont des foyers avec un encadrement éducatif important, avec, théoriquement, remise à niveau scolaire, insertion professionnelle et pratiques sportives. Les jeunes ne peuvent pas sortir sans encadrement, sauf pour se rendre, par exemple, chez un maître de stage ou pour une activité sportive précise. Ils sont placés là par le juge pour une durée de six mois et sont donc aussi sous contrôle judiciaire. Une fugue d'un centre fermé peut ainsi

**Enfermés**

entraîner une incarcération. Par contre, ces jeunes ne sont pas sous écrou à la différence des mineurs de Fleury qui ont le statut de détenus.

La loi d'orientation et de programmation pour la Justice du 9 septembre 2002 prévoit l'ouverture de sept EPM (établissements pénitentiaires pour mineurs), conçus pour « concilier sanction pénale et éducation dans un but d'insertion et de prévention de la récidive ». Chacun d'eux accueillera jusqu'à soixante détenus mineurs âgés de treize à dix-huit ans. Le premier EPM, sans miradors, fonctionnant avec le binôme « éducateur-surveillant » devrait ouvrir en 2007 et entraîner à terme la fermeture des quartiers mineurs. On ne peut qu'être sceptique car des places supplémentaires en prison entraînent obligatoirement et automatiquement plus d'incarcérations.

**Ces changements provoquent un malaise dans le monde des éducateurs : ces centres fermés ne tendent-ils pas en effet à changer votre fonction ?**

L'ordonnance de 1945 a été modifiée plus d'une vingtaine de fois depuis sa promulgation, pour s'adapter à l'évolution de la délinquance depuis soixante ans. La primauté de l'éducatif sur le répressif est aujourd'hui encore mise en avant, même si les nombreuses modifications récentes viennent écorner sérieusement ce principe. C'est plus payant électoralement ! Les éducateurs de la PJJ perçoivent aussi que la société, qui avant cherchait plus à aider les jeunes à s'insérer, veut aujourd'hui les mettre à l'écart. On redevient en somme des agents de probation car le travail de suivi éducatif ne semble plus audible, face à un discours médiatique « sécuritaire », confondant prévention de la récidive et prévention de la délinquance. De plus, le syndicat majoritaire de la PJJ, le SNEPS, qui prône un « tout angélisme éducatif » dans une dialectique très lutte des classes, ne permet pas le débat serein, par exemple, du lien entre éducation, autorité et sanction… On est donc dans une impasse ; c'est gravissime car ces personnels sont attentifs et motivés et sont les derniers artisans de la relation avec ce monde invisible et, de cela, on a l'impression terrible que tout le monde s'en moque.

## Pour aller plus loin

ASSEMBLÉE NATIONALE, *La France face à ses prisons, rapport d'enquête*, juillet 2000.

MARCHETTI Anne-Marie, *Perpétuités : le temps infini des longues peines*, Plon, Paris, 2001.

« Prisons en société », *Cahiers de la Sécurité intérieure*, n° 31, 1er trimestre 1998.

« L'Europe des camps », *Cultures et conflits*, n° 57, avril 2005.

Cimade : www.cimade.org

CPT : www.cpt.coe.int/fr

CESDIP : www.cesdip.com

GIA : www.groupeinfoasiles.org

◇ **Philippe Artières.**

# Expulsables

Comment vivre sans papiers en France
quand on est en règle dans son pays

**S**ous la menace de l'expulsion, les sans-papiers vivent en France enfermés à l'intérieur des frontières : ils ne peuvent quitter le territoire, sauf à perdre leurs biens et leurs espoirs, ils se sentent en danger dès qu'ils sortent de chez eux, ils sont inconnus de l'administration mais en contact permanent avec elle, ils exercent des droits dont ils sont privés (comme travailler, manifester ou déambuler), tandis qu'ils en ont d'autres (se soigner ou aller à l'école) difficiles à activer... Qu'est-ce que l'État leur reproche ? D'être en situation irrégulière. Qu'en dit la société ? Elle les ignore ou les défend lorsqu'ils parviennent à l'émouvoir, comme cela a été le cas lors de la procédure de régularisation, à l'été 2006, de certaines familles ayant des enfants scolarisés.

Après des mobilisations importantes dès les années 1970, leur histoire collective a basculé à l'été 1996 avec l'occupation de l'église Saint-Bernard à Paris : en revendiquant une existence au plein jour, les sans-papiers s'imposent dans l'espace public. Jusque-là, ils n'étaient que des clandestins, un peu criminels, un peu délinquants, voués à vivre cachés aux yeux des pouvoirs publics qui avaient eux-mêmes contribué à les créer avec l'arrêt de l'immigration de travail en 1974. Depuis, la législation sur l'entrée et le séjour des étrangers en France n'a cessé de se durcir. Jusqu'aux deux lois Sarkozy de 2003 et 2006 qui, en limitant les possibilités d'être régularisé, fabriquent des sans-papiers, puisque rares sont ceux qui retournent chez eux. Combien sont-ils ? 200 000 à 400 000 selon le ministre de l'Intérieur. Hier clandestins, les étrangers en situation irrégulière sont aujourd'hui expulsables. Mais tant qu'ils restent invisibles et participent à l'activité économique du pays, ils ne dérangent pas. L'objectif du gouvernement est moins de les faire partir tous que de les fragiliser en faisant peser sur eux la menace du départ forcé. Clandestins, sans-papiers, expulsables : les politiques de droite comme de gauche ont, depuis trente ans, réduit cette population à une catégorie uniforme et à part. À suivre, cinq récits à contre-courant de ce parti pris : où la multiplicité des situations témoigne des dysfonctionnements politiques, économiques et sociaux de la société française tout entière.

## Travail dans le noir

Paris, début de semaine, rue du Faubourg Saint-Denis, à l'aube : une fourgonnette s'arrête devant la mosquée. Une dizaine d'hommes attendent. Ils sont turcs et sans papiers et espèrent se faire embaucher dans le bâtiment, à la journée ou à la demi-journée. Le conducteur en désigne deux et les fait monter à l'arrière.

Montreuil, dimanche après-midi, le marché aux puces du côté de la porte de Bagnolet : assis sur des couvertures étendues par terre, des Chinois, originaires des provinces du Nord-Est, vendent des minitrésors récupérés dans les poubelles avoisinantes : vêtements et chaussures usagés, casseroles cabossées, colliers sans fermoir. Ils ne parlent pas français, mais, avec quelques mots, se font comprendre des revendeurs maghrébins, à côté desquels ils ont installé leurs affaires.

Neuilly-sur-Seine, milieu de semaine, après l'école, le kiosque à journaux de la place du Général-Gouraud : des femmes de toutes nationalités se pressent à l'arrière de la structure métallique. Certaines – originaires du Sud – se proposent comme nourrice ou femme de ménage à des prix défiant toute concurrence, tandis que d'autres – celles du Nord – font leur choix.

C'est l'un des points communs à l'ensemble des sans-papiers résidant en France : tous travaillent, au noir, à des conditions très avantageuses pour les entreprises et les particuliers qui les emploient, leur invisibilité leur conférant une utilité certaine sur le marché du travail. Rencontrés lors d'une des grandes manifestations du printemps 2006 contre le projet de loi Sarkozy, Linjie, quinze ans, son frère et ses parents vivent dans douze mètres carrés, dans le quartier de Belleville, à Paris. Originaires du Zhejiang, région du sud-est de la Chine, ils sont arrivés en France les uns après les autres, à partir de 1998, pour échelonner le coût du voyage. On passe un couloir sans électricité et, au fond de la cour, c'est l'appentis loué 450 euros par mois, qui sert d'appartement-atelier :

> « Le propriétaire sait qu'on n'a pas de papiers, c'est pour ça que c'est si cher. »

Une seule lucarne, condamnée par une planche de bois : « On n'a pas le droit de travailler ici, les voisins pourraient nous dénoncer. » Une machine à coudre et une machine à couper le tissu : les parents travaillent à domicile, sous un lit superposé où dorment les enfants. Ils sont payés à la pièce :

> « Entre 40 et 50 centimes d'euro le pantalon, entre deux et trois fois plus pour une veste. C'est le patron, un Chinois, qui apporte le tissu. Il dit toujours : "Vite fait, vite fait, c'est pressé", ça veut dire qu'il faut tout faire dans les douze heures. En général, il apporte 80 ou 100 pièces dans des grands sacs-poubelle. Alors là, on travaille jusqu'à minuit et on reprend le matin à 8 heures. En fait, on continue tant qu'on n'a pas fini. Le travail est irrégulier : en hiver surtout, il n'y a pas grand-chose, il faut emprunter de l'argent aux uns et aux autres pour tenir ; l'été ça va mieux, on met un peu d'argent de côté », raconte Yuedi, la mère de Linjie.

Avec son mari, elle dit gagner environ 1 000 euros par mois, ce qui lui permet, en plus du loyer, de rembourser une partie des dettes du voyage contractées auprès de « proches » en Chine et en France. Depuis cinq ans qu'elle travaille dans la confection, « les tarifs n'ont cessé de baisser ». « On n'est plus assez rentables », dit-elle en référence à la levée partielle des quotas sur le textile chinois depuis janvier 2005. La fabrication de vêtements marque le pas au profit de l'importation : les ateliers clandestins, plus assez compétitifs, ferment les uns après les autres. Également concurrencée, la production à domicile conserve deux avantages aux yeux des grossistes : la réactivité et la discrétion puisque la police considère comme responsable celui qui habite les lieux.

Linjie, en troisième dans un collège parisien, ne s'apitoie pas sur son sort :

> « Le soir, plus les parents font du bruit, plus j'arrive à dormir. Le raffut des machines, ça me berce. »

Elle fait ses devoirs à l'école, pendant la récréation, « car il y a des chaises et des tables, c'est plus pratique pour poser son cahier ». Pas une seconde, elle n'envisage de retourner dans son pays d'origine :

> « Là-bas, j'ai abandonné l'école en primaire, je n'ai aucun diplôme. Je veux travailler ici, dans une boulangerie ou quelque chose comme ça, mais pas comme simple vendeuse, je veux ouvrir ma boutique. »

## « Si tu veux travailler, trouve-toi des faux papiers »

Confection, mais aussi hôtellerie, restauration, bâtiment et agriculture : ces secteurs doivent une bonne part de leur activité aux travailleurs étrangers en situation irrégulière, même si l'économie souterraine n'est pas l'apanage des clandestins [1]. Ce n'est pas un hasard : les employeurs y offrent des conditions de travail si peu attractives que les jeunes et les chômeurs français s'en détournent. Mais, alors que les contrôles se renforcent et que les préfectures hésitent à délivrer des contrats légaux, un nouveau phénomène se développe : le recours croissant aux faux papiers, qu'ils soient fabriqués à la va-vite par des amateurs ou qu'ils soient mis en circulation par des fonctionnaires corrompus. Car aux vrais sans-papiers, les employeurs préfèrent les faux réguliers, grâce auxquels ils espèrent échapper aux vérifications de la police et de l'inspection du travail. La brigade des fraudes aux moyens de paiement de la Préfecture de police de Paris confirmait récemment une forte hausse de l'utilisation de faux documents. Le député UMP Thierry Mariani, proche de Nicolas Sarkozy, faisait le même constat, dès 2003, dans le Vaucluse, où il notait une « recrudescence des faux titres de séjour [2] ».

Cuisinier, spécialiste des tripes et des pieds de mouton, Mostafa est un Marocain de trente-huit ans entré en France en 1999 avec une carte de touriste. Il est aux premières loges pour analyser la tendance actuelle :

> « Avant, il y avait moins de contrôles, je travaillais tout le temps, dans des restos, j'allais là où on allait bien me payer. Je n'essayais même pas d'être régularisé, de toute façon je savais que je n'avais aucune chance. Aujourd'hui, les gens comme moi sont prêts à tout pour avoir des papiers, on devient fous, on

---

[1]  Parmi les infractions constatées en matière de travail illégal, l'emploi d'étrangers sans titre de travail ne représente qu'une fraction du total (environ 10 %). Et encore, les étrangers sans autorisation de travail (étudiants, « touristes », demandeurs d'asile, etc.) ne sont pas forcément sans papiers.

[2]  À l'Assemblée nationale, lors des questions orales au gouvernement, mardi 2 décembre 2003.

ne pense plus qu'à ça. Avec les contrôles, ça devient de plus en plus dur. C'est pas forcément qu'il y en a plus, mais les opérations sont médiatisées, ils appellent cela les opérations coup de poing. Ça crée un climat de terreur. Tout le monde a peur, y compris les patrons. Et, du coup, qu'est-ce qu'ils font ? Ils exigent des fausses cartes. Ils se disent que comme ça, ils ont moins de chances de se faire arrêter et que, si c'est le cas, c'est toi qui prends, pas eux. Alors, maintenant, si tu veux travailler, il faut des faux papiers, si tu n'en as pas, ils te disent : "Reviens quand tu en auras trouvé." C'est sûr que l'absence de perspective avec la nouvelle loi qui supprime les régularisations au bout de dix ans va renforcer ce trafic. C'est simple, tu en trouves à tous les coins de rue, pour 150 euros. Si tu te fais prendre, tu risques deux ans de prison : c'est comme devoir choisir entre la peste et le choléra. »

## ▰▰▰ Sans-papiers, mais contribuables

Quand je l'ai rencontré, Mostafa faisait le guet, rue Auguste-Perret dans le XIIIᵉ arrondissement de Paris, devant les locaux de l'ancien service social d'aide aux émigrants (SSAE). Désignant une voiture banalisée :

« Tu vois, eux, ils n'arrêtent pas de passer et de repasser. Ce sont des RG en civil qui viennent prendre la température : ils nous surveillent, ils vont nous évacuer, mais ils ne savent pas encore quand. »

Depuis plusieurs jours, il dort là, comme des dizaines d'autres sans-papiers, pour manifester son opposition au projet de loi Sarkozy sur l'immigration. En pleine mobilisation contre le contrat première embauche (CPE), l'occupation dure un mois au printemps 2006. Des Maliens, des Marocains, des Algériens, des Chinois, des Philippins, des Kurdes, etc. : la presque totalité de la planète Sud est représentée. Entre déni d'existence et inscription dans le mouvement social, la parole circule : confrontation d'expériences individuelles, espoir d'enclencher une dynamique collective. Mostafa parle de « l'angoisse constante de se faire prendre et d'être expulsé » :

« Depuis un an, il y a ces rafles, partout dans les quartiers où vivent des immigrés. Château-Rouge, Belleville, Ménilmontant. C'est comme une traque pour nous faire peur : ils entrent dans les magasins, les bistrots, ils cadenassent tout et ils vérifient les papiers des Noirs et des basanés. »

Il évoque la circulaire du 21 février 2006 : adressé aux préfets et aux procureurs, ce texte détaille les conditions d'interpellation des étrangers, à leur domicile, au foyer, en préfecture ou dans la rue. En annexe : une convocation type pour attirer les personnes en situation irrégulière à la préfecture en vue de les arrêter aux guichets.

> « Quand tu es sans-papiers, tu n'es rien, tu es censé ne pas exister, ne pas être là. Quand je suis dans la rue, je me sens comme un trafiquant. Je regarde à droite, à gauche, pour voir s'il y a des flics, comme si j'avais quelque chose à me reprocher. En fait, à part la police, l'État t'ignore le plus souvent, sauf quand ça l'arrange. Par exemple, je déclare mes revenus, parce qu'on m'a dit que c'était bien vu comme justificatif de présence sur le territoire. »

Il a tous ses papiers sur lui : de la poche intérieure de sa veste, il sort un courrier administratif qu'il vient de recevoir. Le Trésor public lui écrit – nommément – pour exiger le paiement de la taxe d'habitation, « alors que je loge chez ma sœur, et qu'elle paie déjà ». Extrait : « Sauf erreur que vous voudrez bien me signaler, vous restez redevable de la somme de 33 euros. J'ai le regret de vous informer qu'à défaut de paiement sous huit jours, je serai dans l'obligation d'engager des poursuites à votre encontre, notamment : la saisie de votre compte bancaire, de votre salaire ou de vos revenus, ou la saisie-vente de vos meubles. »

> « La Poste, c'est pareil : j'ai une amie qui y travaille. Grâce à elle, j'ai pu ouvrir un compte. Mais dix jours après, ils m'ont envoyé un courrier pour me dire que le passeport ne suffisait plus et qu'ils avaient besoin de ma carte d'identité. Du coup, j'ai 250 euros bloqués, et je n'ose pas aller les récupérer. »

Il espère que, grâce à l'occupation, « l'État va entendre notre voix » :

> « Comme avec le CPE, le gouvernement cherche à nous diviser. Il joue les uns contre les autres, les jeunes contre les vieux, les étrangers contre les Français, les réguliers contre les clandestins. »

Les locaux du 18 rue Auguste-Perret sont détournés : le guichet d'accueil sert de cuisine, la salle d'attente d'aire de jeux pour les enfants, les armoires de stockage pour les sacs de couchage, la cave de salle de réunions… Au fur et à mesure de la mobilisation, les murs se couvrent d'affiches dénonçant la politique migratoire du gouvernement. Des slogans font le lien avec le CPE que les sans-papiers relient à leur propre expérience de la précarité. Le projet de loi sur l'immigration vient d'être présenté en Conseil des ministres. Chacun en décortique la portée : la suppression des régularisations après dix ans passés en France ; le durcissement des conditions du regroupement familial et d'entrée au titre des « liens personnels et familiaux » ; le regard de suspicion porté sur les mariages mixtes, etc. Quand les étudiants réussissent à faire plier le gouvernement, les sans-papiers commencent à espérer. Pas longtemps. Quelques heures à peine après le retrait du CPE, les gendarmes mobiles et les CRS envahissent l'ex-SSAE. Les occupants sont évacués et emmenés au poste de police. Au total, soixante-seize personnes sont interpellées, dont huit sont « conduites » en centre de rétention administrative. S'ensuit un printemps des sans-papiers : plusieurs samedis de suite, des manifestations sont organisées à l'appel du collectif Uni(e)s contre une immigration jetable. Des dizaines de milliers de personnes s'y rendent. Les caméras filment. Une fois encore les « clandestins » sortent de leur invisibilité. Le ministre de l'Intérieur n'en tient compte qu'à la marge en exerçant son pouvoir discrétionnaire : en juin 2006, il s'engage à régulariser quelques familles. Sans toucher au socle de son projet de loi.

## Ana, ou la vie en rose

Ana, elle, n'a pas participé à ces manifestations. Cette Équatorienne d'une trentaine d'années ne se trouve « pas à plaindre ». L'invisibilité, voulue par les pouvoirs publics, elle s'en accommode, si bien qu'elle ne représente pas une menace pour l'État. Après la régularisation partielle de 1997-1998, qui avait exclu des dizaines de milliers de sans-papiers, Lionel Jospin, alors Premier ministre, déclarait en substance aux déboutés qu'en cas de contrôle, ils avaient « vocation » à repartir, mais que s'ils ne se faisaient pas repérer, personne n'irait les chercher chez eux (car « ça, c'est exclu [3] »).

Ana est enceinte et verrait presque la vie en rose. Épanouie, détendue, souriante, elle est enfoncée dans un confortable fauteuil, velours vert foncé. Au-dessus d'elle, une grande toile abstraite rougeoyante. Une immense bibliothèque encadre un divan : œuvres complètes de Rilke et de Kierkegaard sur les étagères. Deux pièces, une petite salle de bains, un coin cuisine à peine visible. Fenêtre ouverte sur une cour intérieure, arbre mauve en fleur. Elle vit là depuis plus d'un an. C'est le cabinet de travail de « Madame », psychanalyste, mère de trois enfants dont une petite fille de deux ans dont Ana s'occupe. Ses affaires sont soigneusement rangées dans de grands placards blancs, provisions, vêtements, papiers administratifs. Une petite télé jaune, qui disparaît le matin venu. Car, dès

---

3 Lionel Jospin sur France Info le 24 novembre 1998, cité par Alain MORICE, « Le travail sans travailleur », *Plein Droit*, n° 61, juin 2004.

Expulsables

8 heures, elle doit faire place nette pour aller travailler et laisser sa patronne recevoir ses patients. Ana est arrivée en France le 30 mai 2003, après vérification. Elle quitte un mari infidèle et rejoint sa grande sœur installée en banlieue parisienne à Asnières dans une « chambre minuscule » :

> « Les premiers mois, j'étais perdue, je me suis dit : "Il faut que je rentre." Mais je ne pouvais pas, ma sœur m'avait prêté l'argent pour le voyage, environ 3 000 dollars. »

Rapidement, elle entend parler de différentes églises, dans l'ouest parisien, sortes d'ANPE sauvages, où nourrices et mères de famille se rencontrent librement. Elle travaille beaucoup (environ 50 heures par semaine avec deux employeurs) et n'y trouve rien à redire :

> « J'ai eu de la chance, je suis tombée sur des dames très gentilles. »

En multipliant les baby-sittings, elle gagne jusqu'à 1 400 euros par mois. Elle liste ses dépenses mensuelles : 150 euros de loyer, 600 euros qu'elle envoie à sa tante à Quito chargée de superviser la construction d'une maison et « un peu d'argent pour mon neveu, le fils de ma grande sœur qui est resté en Équateur ». Le prêt pour le voyage, elle a mis plus d'un an à le rembourser, et son divorce lui a coûté 500 dollars :

> « Il ne me reste pas grand-chose à la fin du mois, parce que tout est cher ici. Et maintenant que je suis enceinte, je mets de côté pour le bébé. »

Elle n'a pas de compte bancaire, pas de chéquier, rien à son nom, ne peut pas prendre l'avion, mais elle reçoit l'aide médicale d'État et a pu s'inscrire « sans problème » dans un hôpital parisien pour l'accouchement :

> « Toute la grossesse est prise en charge, le suivi et tout, on m'a même dit que j'aurai droit à des couches et du lait pour le petit. »

Ana s'étonne :

> « Je me demande comment la France fait pour payer tout ça. »

Progressivement, la vie à Paris commence à lui plaire :

> « Pendant un an, je ne suis pas sortie, je ne connaissais personne. Puis, j'ai rencontré des copines. Elles n'ont pas de papiers, elles font comme moi, des ménages ou nourrice. Tous les samedis, on sort dans un endroit avec de la musique de chez nous, et le week-end on va jouer au volley dans le parc près de la Muette. C'est quand même plus amusant qu'en Équateur : quand j'étais

mariée, je devais rester à la maison le soir, faire le dîner, le linge, tout, maintenant j'aime sortir, aller chez les uns chez les autres.

Je suis arrivée ici avec l'idée que je n'allais pas rester. Je m'étais donné jusqu'en 2008, le temps de payer la maison là-bas, et après j'avais prévu de rentrer. C'est pour cela que pendant longtemps, je n'ai pas eu besoin de papiers. À quoi ça me servait ? D'ailleurs je savais que c'était très difficile d'être régularisé. Je connais des gens qui ne pensent qu'à ça, moi je préfère rester tranquille. »

L'asile politique ?

« Euh non, je n'ai jamais essayé, c'est pour ceux qui ont des problèmes dans leur pays, ce n'est pas mon cas. »

Avec le bébé, tout change :

« Il sera d'ici, ce sera son pays, mais est-ce qu'il sera français, ça, je ne sais pas, il sera équatorien né ici, je pense. Il aura des droits, plus que moi, et maintenant je ne peux pas rentrer chez moi, car je sais qu'en France il aura de meilleures conditions de vie. »

Elle a commencé à se renseigner. Une assistante sociale de la mairie du XVIIIᵉ arrondissement l'a très mal reçue, mais Ana est magnanime. Elle cherche un petit studio, qui soit à elle. Tout ce qu'elle a visité lui a déplu et paru hors de prix, mais elle reste confiante :

« – J'ai écouté Monsieur Sarkozy, à la télé l'autre soir, il a dit qu'il faut dix ans pour être régularisé, je crois, quelque chose comme ça.
– Tu es sûre ? »

Au fond, elle s'en fiche, le ministre de l'Intérieur peut bien raconter ce qu'il veut, elle croit en sa bonne étoile.

## « Et le bac, est-ce que j'ai le droit de le passer ? »

Ana, par sa sérénité, fait exception. La plupart des sans-papiers disent ne pouvoir envisager leur avenir tant qu'ils seront en situation irrégulière. Pour Ali, vingt ans, obtenir des papiers est devenu une telle obsession que cela s'est transformé en enjeu identitaire. Son père est « légal », lui non. Il est inscrit en terminale scientifique au lycée Voltaire, dans le XIᵉ arrondissement de Paris :

« Tout le monde me connaît, sans savoir vraiment qui je suis. Ça me gêne qu'ils sachent, même si certains s'en doutent, mais qu'est-ce qu'ils diraient s'ils

savaient ? Comment ils réagiraient ? En fait, je ne sais pas encore comment leur
dire. »

Il vient de passer le concours général d'arabe, mais prépare son bac
dans l'angoisse :

> « À quoi ça sert, tout ça, si je suis expulsé ? Sarkozy a passé une circulaire,
> l'hiver dernier, pour suspendre les expulsions jusqu'à la fin de l'année scolaire.
> Ça veut dire qu'à partir du 30 juin, ils peuvent venir frapper à ma porte. Et le
> bac, est-ce qu'ils vont me laisser le passer sans papiers ? Est-ce qu'ils vont
> m'accepter dans la salle d'examen ? Est-ce que j'ai le droit ? »

Il est arrivé en France le 28 août 2000. Un an trop tard, au regard de la
législation qui prévoit l'octroi d'un titre de séjour de « plein droit » aux
jeunes entrés sur le territoire avant l'âge de treize ans. Son père l'a précédé d'une trentaine d'années, pendant lesquelles il a travaillé à l'usine,
comme OS, chez Renault et Citroën, puis comme cuisinier dans la restauration. Pendant ce temps, Ali grandit au Maroc et ne voit son père qu'un
été sur deux :

> « Il revenait les bras chargés de cadeaux, on nous disait qu'il travaillait pour
> nous en France, qu'il venait pour se reposer, alors on ne devait pas trop le
> déranger. Avec le chômage là-bas, ma mère a mis la pression pour qu'il nous
> ramène ici, mon frère jumeau et moi, parce qu'on était bons en classe. »

Son père « fait les démarches » et les deux garçons se retrouvent dans
une « classe d'accueil » au collège André-Malraux dans le XVIIᵉ arrondissement de Paris :

> « Il y avait des Russes, des Brésiliens, des Kurdes, des Chinois, des Africains
> d'Afrique noire. Chacun parlait sa langue avec un peu de français mélangé,
> c'était étrange. On était timides, on restait sans rien dire, mais on s'est adaptés.
> On nous appelait les "NF", les non-francophones, on nous avait mis dans une
> salle spéciale, toute petite, un peu à l'écart, et à la cantine, on mangeait entre
> nous. »

À la rentrée suivante, ils intègrent une classe de quatrième au lycée
Voltaire avec arabe en LV1 et anglais en LV2. Ali y fait toute sa scolarité,
tandis que son frère est orienté à la fin de la troisième vers un BEP
comptabilité.

Son père fait une première demande de regroupement familial, qui est
rejetée au motif que l'appartement est trop petit. La famille déménage en
banlieue parisienne pour obtenir un logement plus grand. Nouvelle
demande, une nouvelle fois refusée : ce n'est plus la taille de l'habitation

qui est incriminée mais le fait que les garçons pourraient aussi bien être élevés par leur mère au Maroc. Leur mère, justement, qu'ils n'ont pas vue depuis six ans :

> « Elle me manque, on se parle au téléphone, mais c'est toujours pour lui dire qu'on attend une réponse de la préfecture, ça nous rend tristes tous les deux. Si j'avais des papiers, j'irais la voir tout de suite, j'irais voir la famille aussi et je reviendrais ici. »

À sa majorité, Ali devient expulsable. Pour faire face, il apprend à contourner les pièges et développe un savoir-faire de la furtivité :

> « C'est simple, avec mon frère, on évite les mauvais coups. Une fête de premier de l'an où il y a trop de monde, on n'y va pas, on reste en petits groupes, pas plus de quatre ou cinq personnes, on va jouer au foot quelque part où ça ne craint rien, on ne traîne pas des heures au pied d'une tour. D'ailleurs, on ne va pas dans les cités près de chez nous, c'est trop risqué, on ne reste jamais au même endroit trop longtemps, on ne laisse pas nos coordonnées et, bien sûr, on ne fraude pas dans les transports en commun, ce serait trop facile de se faire repérer.
>
> À dix-huit ans, j'avais encore de l'espoir. Mais avec le temps, avec les nouvelles lois, ça devient de plus en plus dur, j'ai l'impression de vivre dans le noir. Attendre, attendre, d'accord, mais jusqu'à quand ? La question des papiers, on essaie de la zapper, mais elle revient toujours car, après le bac, il y a la fac, et après le travail. Est-ce que je peux étudier sans papiers, est-ce que je peux travailler ? Est-ce que je peux passer le permis de conduire ? L'arrivée de l'été, c'est le cauchemar, il n'y a plus école, plus rien à faire, plein de gens qui partent en vacances, les potes vont au bled, moi je reste ici à tourner en rond, tout le monde se pose des questions. L'école, au moins, on est un peu comme les autres. Alors, normalement, la rentrée c'est le soulagement, mais cette année, il n'y aura pas de rentrée. Sauf si je rate mon bac. »

**Entretien avec**

# Claire Rodier

Juriste, membre du Gisti (Groupe d'information et de soutien des immigrés) et présidente du réseau de militants et de chercheurs Migreurop.

## Sans-papiers, le retour des mobilisations citoyennes

### Dix ans après l'occupation de l'église Saint-Bernard, où en est le mouvement des sans-papiers ?

Peut-être faut-il parler d'une nouvelle phase ou même d'un autre mouvement. Saint-Bernard a été un temps fort, comme l'avait été en 1990-1991 la lutte des déboutés du droit d'asile. Entre chacun de ces moments, il y a eu des creux de la vague. L'arrivée du PS au gouvernement en 1997 est la principale cause de la retombée de la mobilisation à cette époque. Les collectifs de sans-papiers ont été divisés entre ceux qui ont pu obtenir une régularisation et ceux, plus nombreux, qui sont restés sur le carreau. Parmi les « soutiens », beaucoup se sont mis à faire du « cas par cas », certains ont mis une sourdine à leurs revendications d'ensemble, quand ils n'ont pas ouvertement défendu les décisions du gouvernement Jospin. Les interlocuteurs qu'on pouvait alors rencontrer dans les ministères étaient ceux qui, peu de temps auparavant, défilaient aux côtés des sans-papiers pour demander l'abrogation de la loi Debré... Symbole de ce clivage, le ridicule débat qui a traversé les associations au moment de l'application de la circulaire Chevènement [qui fixait les critères de la régularisation des sans-papiers organisée dès l'arrivée du gouvernement de gauche en juin 1997] : nombre d'entre elles ont décidé de limiter leur soutien aux seuls étrangers qui avaient fait une demande de régularisation avant le lancement de la circulaire, comme si les inégalités, les injustices, les absurdités de la loi qui fabriquaient des sans-papiers avaient été effacées comme par miracle avec l'arrivée de la gauche au pouvoir. Or la réforme de la loi sur les étrangers adoptée en mai 1998 s'inscrivait dans la continuité de la politique menée depuis plus de vingt ans en France en matière d'immigration, fondée sur la fermeture des frontières et ne consentant que quelques améliorations à la marge. Il n'y avait donc aucune raison pour que les mêmes causes ne produisent pas les mêmes effets, ce qui s'est effectivement passé avec la reconstitution rapide d'un « stock » de nouveaux sans-papiers qui se sont ajoutés aux refusés de la régularisation. Mais, pour ces personnes, il était bien sûr beaucoup plus difficile de se faire entendre. D'où l'émergence d'autres formes de mobilisation, moins visibles, plus locales, ce qui s'est nécessairement traduit par une fragmentation de la lutte.

**Le mouvement s'est alors fragilisé ?**

Lorsque les forces manquent pour lancer des actions à portée nationale, il est plus rentable de mener des initiatives à l'échelon d'une ville ou d'un département. Tendance encouragée par les notoires disparités de traitement selon les préfectures, qui ouvrent des opportunités interdites dans le cadre de revendications générales. Mais de la fragmentation à la division, il n'y a parfois qu'une marge étroite, qu'il a souvent été difficile de contenir.

**Comment les revendications et les pratiques se sont-elles transformées ?**

En 1972, un des premiers mouvements d'importance en matière de lutte de sans-papiers (l'expression date de cette époque) a démarré, dans une église, par une grève de la faim de Tunisiens menacés d'expulsion. Trente ans après, les moyens de se faire entendre n'ont guère été renouvelés... Ce qui est en revanche marquant, c'est une internationalisation de la lutte, ou au moins l'influence visible de la mondialisation sur les discours et les revendications. On ne demande plus seulement « des papiers » mais aussi la liberté de circulation et d'installation ; et les tracts distribués aujourd'hui font de plus en plus de place aux conséquences des politiques de contrôle des frontières des pays riches sur la situation des migrants au Mexique ou au Maroc.

**À quoi servent les collectifs aujourd'hui ?**

Soyons clairs : il n'y aurait pas de lutte de sans-papiers s'il n'y avait pas de collectifs de sans-papiers ! De la même façon, d'ailleurs, que le mouvement pour leur régularisation ou pour une autre politique d'immigration n'existerait probablement pas s'il n'était pas aussi porté par les associations. Il me semble qu'il y a parfois confusion sur la place respective des uns et des autres. Par exemple, ceux-là mêmes qui plaident pour l'« autonomie des luttes » des sans-papiers en rejetant tout ce qui est vécu comme une trop grande dépendance aux « soutiens » réclament parfois d'eux, y compris en recourant au registre de la culpabilité, un suivisme inconditionnel. D'où, parfois, des crispations et des tirages, là où il pourrait y avoir répartition des rôles et complémentarité des méthodes d'intervention.

**A-t-on assisté à un renouveau de la mobilisation, au printemps 2006, avec la lutte contre la loi de Nicolas Sarkozy ?**

La loi Sarkozy, qui est la plus importante attaque portée contre les étrangers depuis de nombreuses années, a entraîné une riposte d'ampleur inhabituelle. Reste à savoir si le front constitué en janvier 2006 autour d'Uni(e)s contre une immigration jetable (UCIJ) – qui fédère « soutiens », collectifs de sans-papiers, partis et syndicats – résistera à l'approche de la présidentielle de 2007, qui va inciter les partis de gouvernement à prendre leurs distances avec la frange la plus radicale du mouvement.

**Y a-t-il un risque de récupération ?**

Là encore, j'aurais tendance à répondre que chacun joue son rôle. Dès lors que le collectif UCIJ a fait le choix de peser sur le débat parlementaire, il avait intérêt à associer à son combat les partis représentés à l'Assemblée et au Sénat. Que chacun reprenne ensuite ses billes et ses méthodes d'action ne me paraît pas remettre en cause la pertinence d'alliances conjoncturelles. Il est plus intéressant d'essayer d'identifier ce qui est en train d'émerger avec la nouvelle donne mise en place par la loi Sarkozy. Comme chaque fois que paraissent franchies les bornes de l'acceptable, on assiste à un retour des mobilisations citoyennes, comme il y en avait eu en 1997 du temps de la loi Debré, qui avait fait descendre 100 000 personnes dans la rue contre le fichage des hébergeants. Un réseau comme Éducation sans frontières, au travers duquel des milliers de personnes s'engagent à protéger des jeunes étrangers menacés d'expulsion, met sérieusement à mal la rhétorique Sarkozy, qui joue sur l'imaginaire de la peur en associant jeunes étrangers et émeutes de banlieues et en faisant croire que tout cela serait la conséquence d'une immigration mal contrôlée. C'est quand même un sacré pied de nez ! Certes, on peut regretter que semblable dynamique ne s'enclenche pas de la même façon lorsque, au lieu d'enfants ou de familles, ce sont des déboutés de l'asile ou des travailleurs saisonniers exploités qu'il s'agit de défendre, mais on a envie de croire que ce n'est qu'un début.

## Pour aller plus loin

ABDALLAH MOGNISS H., *J'y suis, j'y reste !*, Éditions Reflex, Paris, 2000.

BALIBAR Étienne, CHEMILLIER-GENDREAU Monique, COSTA-LASCOUX Jacqueline et TERRAY Emmanuel, *Sans-papiers : l'archaïsme fatal*, La Découverte, Paris, 1999.

CIEMI, « Sans-papiers : d'hier et d'aujourd'hui », *Migrations Société*, n° 104, mars-avril 2006.

FASSIN Didier, MORICE Alain et QUIMINAL Catherine (dir.), *Les Lois de l'inhospitalité*, La Découverte, Paris, 1997.

SIMÉANT Johanna, *La Cause des sans-papiers*, Presses de Sciences-Po, Paris, 1998.

◊ **Carine Fouteau.**

# Expulsés

Quand il n'est pas possible de refaire sa vie
« au pays » après avoir été expulsé de France

« **S**'il y en a que cela gêne d'être en France, qu'ils ne se gênent pas
pour quitter un pays qu'ils n'aiment pas. » La sortie de Nicolas
Sarkozy, le 22 avril 2006, devant les nouveaux adhérents de
l'UMP à Paris, est une formule trompeuse qui laisse penser que le droit
de séjour sur le territoire national serait subordonné à l'amour des résidents pour leur patrie d'adoption. En réalité, il n'en est rien. Chaque
année des milliers d'étrangers en situation irrégulière – soit parce qu'ils
sont entrés clandestinement en France, soit parce que la durée de leur
visa de séjour a expiré, soit parce qu'ils ont été déboutés du droit
d'asile – sont reconduits contre leur gré dans leur pays d'origine, ou leur
pays d'entrée dans l'espace Schengen-Dublin. Beaucoup laissent derrière eux un réseau social, amical, professionnel et familial, irrémédia-
blement détruit.

C'est le Code de l'entrée et du séjour des étrangers et du droit d'asile
qui définit les mesures d'éloignement des étrangers. Elles peuvent
prendre trois formes : la reconduite à la frontière, décision prise par le
préfet à l'encontre d'un étranger entré ou séjournant irrégulièrement
en France ; l'expulsion, pour l'étranger dont la présence est jugée
constituer une menace grave à l'ordre public ; l'interdiction du

territoire, souvent prise en complément de peines de prison, qui peut être prononcée contre des étrangers ayant des attaches familiales ou sociales en France.

Depuis 2002, les chiffres de l'éloignement sont en constante augmentation : 10 000 en 2002, près de 12 000 en 2003, plus de 15 000 en 2004 et 20 000 en 2005 – soit un doublement de 2002 à 2005. L'objectif fixé pour 2006 est de 25 000 [1].

Le 25 août 1991, M. Arumum, de nationalité sri lankaise, meurt « de crise cardiaque », dans un avion de retour forcé à Roissy. Il était scotché à son siège et étouffé sous une couverture maintenue sur lui par des policiers [2]. Le décès, le 30 décembre 2002, de Ricardo Barrientos, cinquante-deux ans, d'une crise cardiaque juste avant le décollage de l'avion le renvoyant en Argentine, alors qu'il est, d'après un témoignage [3], menotté, attaché au siège avant et replié sous une couverture la tête en bas, et celui de Mariam Getu Hagos, Éthiopien sur le dos duquel des témoins disent avoir vu un policier s'asseoir [4], alertent l'opinion publique sur les conditions d'éloignement.

Mais la vie après l'« expulsion » reste une zone inconnue de l'existence de ces étrangers, même de leurs proches. Une fois passée la frontière nationale, ils disparaissent, au sens propre du terme, de la scène hexagonale. Ils sont sans doute les plus invisibles des « Invisibles ». Si certains d'entre eux tentent de revenir, beaucoup se résolvent à faire leur deuil d'un pays où ils ont parfois passé plusieurs années, laissant dans de nombreux cas des enfants derrière eux. Honte, sentiment d'échec, brutale privation de leurs familles et amis : ces « Français » de l'étranger, nationaux de cœur et de vie mais non reconnus comme tels par l'administration, se retrouvent alors isolés et démunis, de véritables étrangers dans leur pays de nationalité.

### ▓▓▓▓ « Si tu vas là-bas, tu dois revenir président ! »

« Ceux qui sont bons en maths et en physique, ils peuvent réussir partout. C'est ça le raisonnement de mon père. » Son baccalauréat

---

1   Rapport annuel 2005 de la Commission nationale de déontologie de la sécurité (CNDS).

2   Rapport officiel de la police établi le 25 août 2001, voir Gɪsᴛɪ, *Plein Droit*, n° 15-16, novembre 1991.

3   « Il était sous la couverture, tout était calme », *Libération*, 22 janvier 2003.

4   Rapport annuel 2003 de la CNDS.

de mathématiques en poche, Rachid aurait pu rester au Maroc. Il aurait même pu aller dans une université privée, comme le font les enfants des bonnes familles marocaines. Ses parents ont de l'argent. Dans un quartier huppé de Casablanca, l'immense maison familiale en atteste. Le jeune homme, âgé de vingt-six ans, nous accueille dans le salon tout en stuc et en dorures. Il parle vite, en avalant les mots. Il sait que nous sommes là pour peu de temps : « Mon père était très présent, côté études. Même s'il ne l'avoue pas, il m'a imposé son choix en quelque sorte. Il voulait que je fasse médecine. Moi, j'avais jamais pensé à ça, mais je me suis dit : "Allez, on y va." » Chef d'entreprise, le père a de l'ambition pour ses enfants et tient à leur offrir ce qu'il y a de mieux, selon lui, pour leur avenir : l'université française.

Rachid débarque donc à la cité universitaire d'Angers, à la rentrée 1997. Il n'a que dix-huit ans, et pas mal de légendes dans la tête. Celles de ceux qui regardent la France à la télévision : liberté, richesse, réussite. Il aime sa vie angevine et s'acclimate sans difficultés. Mais il peine à la fac de médecine, et échoue au concours de fin d'année. Un échec compréhensible dans une filière où seulement un étudiant sur dix passe en deuxième année. Mais une blessure d'amour-propre, pour le bon élève marocain, qui ne cicatrisera pas.

Rachid s'inscrit en fac de pharmacie, sans succès, puis en fac d'économie, sans envie. Il accumule les échecs, et s'enlise. Il enchaîne les « premières années » pendant des années. Pression parentale, mauvaise orientation, manque de maturité. Et la « honte », pour finir, face aux jeunes bacheliers qui affluent chaque année, cartable au dos, pendant qu'il se noie dans les eaux stagnantes du DEUG d'économie.

« J'ai commencé à me dire que je ne réussirais jamais, explique le jeune homme. L'université est devenue le symbole de l'échec de ma vie. » Il fuit le campus, sèche les cours, rate les partiels. Et, pour ne pas décevoir, ment à ses parents qui le félicitent de ses « succès » par téléphone pendant qu'il se morfond en silence dans sa chambre d'étudiant. Mais ses parents ne sont pas les seuls à s'intéresser à ses résultats scolaires. La préfecture, pensant avoir débusqué un étudiant fictif, menace de lui retirer son titre de séjour :

> « Ça a été une période très sombre, se souvient Rachid. Tout à coup, j'ai compris que j'étais un étranger, que je n'étais pas comme les autres, donc que je devais réussir. Ça m'a réveillé, évidemment, mais il était trop tard. »

Rachid a beau se plonger dans les manuels d'économétrie, il rate ses examens, une fois de plus, une fois de trop, et devient « clandestin ». Lui qui pensait que ça n'arrivait qu'aux autres, aux ombres faméliques qui traversent l'Afrique à pied et travaillent au noir dans les arrière-cuisines...

Rachid marque une pause dans son récit. Il entame une pastilla préparée par l'employée de maison de ses parents. « Parallèlement à ça, reprend-il, je vivais une histoire d'amour. » Avec une jeune Française qu'il côtoie depuis cinq ans. Face à l'urgence de sa situation, l'idée d'un mariage se profile. « On s'est dit qu'on allait faire d'une pierre deux coups, précise Rachid, se marier et éviter l'expulsion. »

L'administration, évidemment, ne l'entend pas de cette oreille. Surtout depuis le vote de la première loi Sarkozy sur l'immigration, qui durcit considérablement le contrôle des mariages mixtes. L'enquête, menée à charge et au pas de charge, aboutit à une conclusion brutale pour les naïfs tourtereaux : « Le caractère précipité de ce mariage, la méconnaissance des intéressés et la concomitance de ce mariage avec la signification du refus de séjour démontrent que la réalité du consentement [de l'épouse] à ce mariage n'existe pas. »

Rachid n'a pas le temps de s'en remettre qu'il est emmené en garde à vue. Menottes aux poignets et sous escorte permanente, il est trimbalé du tribunal administratif au juge des libertés, de Nantes à Angers. Puis, dans la foulée, il est expédié dans un centre de rétention en région parisienne, une semaine avant la date prévue pour son mariage.

Étrange expérience pour cet enfant de la bourgeoisie casablancaise :

« Je n'avais jamais vu de centre de rétention. La première chose à laquelle j'ai pensé, c'est à un film américain. Des gros grillages, des barbelés, avec des gardes dans tous les coins qui font des tours... Impressionnant ! Quand on sort dans la cour, on voit les avions qui atterrissent et qui décollent. On nous prépare déjà psychologiquement. On convoque les gens par haut-parleurs : telle personne est convoquée pour son avion qui va décoller à telle heure. »

Rachid retrouve Casablanca après six ans d'absence. Un retour difficile. Son père lui en veut pour l'échec scolaire et pour les mensonges. Mais il en veut encore plus à la France d'avoir renvoyé son fils comme un malpropre :

« En plus, ici, la mentalité est très difficile pour les jeunes qui vont suivre des études supérieures à l'étranger, ajoute Rachid. Tu n'as pas le droit de revenir avec un échec. C'est impossible. C'est catastrophique. Mes parents ont été obligés de camoufler beaucoup de choses, parce que les gens ne retiennent que ça. "Son fils ? La honte !" C'est la risée. Si tu vas là-bas, tu dois revenir président ! »

Les parents de Rachid ont fini par lui pardonner. Ils ont rencontré sa petite amie qui fait la navette, depuis deux ans, entre la France et le Maroc. Un mariage a été célébré à Casablanca en 2004 et un fils est né à Angers l'année suivante. Mais le couple ne voit pas encore le bout du tunnel car les autorités françaises rechignent à reconnaître leur mariage marocain. Les engrenages administratifs, qui tournent si bien dans un sens, peinent à faire machine arrière. Coincé au Maroc faute de visa, le jeune père n'a pas assisté à la naissance de son fils qui grandit à l'ombre d'une webcam, de l'autre côté de la Méditerranée.

Travaillant actuellement dans l'entreprise paternelle, Rachid s'est juré de reprendre les études, à Casablanca, dès qu'il aura vaincu l'administration française et brisé les chaînes du soupçon. Il veut convaincre sa femme de venir s'installer au Maroc. « Si ma femme y tient, je serais prêt à retourner en France, conclut-il. Mais je n'ai pas envie d'élever mes enfants là-bas. Finalement, on vit très bien au Maroc, quand on a les moyens. » La France n'a jamais été son rêve, plutôt un cauchemar qu'on lui a imposé.

## Un temps de vie épuisé

C'est Geneviève, près de quatre-vingts ans, qui parle de Ridouane. Elle vit entre Paris et la Kabylie, et a rencontré son jeune ami en Algérie. Si c'est elle qui parle à sa place, c'est qu'elle veut garder secret le lieu de vie actuel de Ridouane, quelque part en Europe. Épuisé et complètement désabusé par un bras de fer de dix ans avec l'administration française, il ne reviendra probablement plus jamais dans l'Hexagone bien que son épouse, une jeune Française, y vive toujours.

Ridouane arrive en France en 1992. Ses quatre frères y vivent déjà. Il trouve un emploi dans un restaurant et rencontre une femme, déjà mère de quatre enfants, dont il tombe amoureux. Il l'épouse, mais craint qu'elle ne croie son geste intéressé. Femme de ménage accomplissant de très lourdes journées de travail, mère célibataire, fille de l'assistance publique, c'est une personne que Geneviève décrit comme « solide », mais très peu sûre d'elle-même, facilement inquiète. Ridouane décide donc de tenter de se faire régulariser pour lui prouver que, s'il l'a épousée, c'est par amour. Il faut, lui dit-on à la préfecture, retourner en Algérie et de là-bas faire une demande de visa long séjour. Il s'exécute en novembre 1993. Mais en pleine guerre civile, l'Algérie qu'il retrouve est un pays troublé. Le consulat de France est fermé. Il est coincé. Effrayée par la démarche, n'ayant jamais pris l'avion, son épouse ne lui rend pas visite en Algérie.

Le consulat français reprend du service quatre ans plus tard. Ridouane obtient alors un visa court et revient enfin en France en mai 1999. Il retrouve son épouse et dépose une demande de titre de séjour. Mais, l'année suivante, il est arrêté pour usage de carte bleue falsifiée et passe sept mois en prison, de novembre 2001 à juin 2002. À sa sortie, il est conduit directement à l'aéroport pour être expulsé vers l'Algérie. C'est la « double peine [5] », l'éloignement forcé du territoire français auquel peuvent être condamnés à leur sortie de prison les étrangers en situation régulière. Il se débat, et retourne en prison pour refus d'embarquer. Quatre mois de détention supplémentaires. En octobre 2002, la seconde expulsion est la bonne. Il est aussi condamné à trois ans d'interdiction de séjour sur le territoire français.

Une fois en Algérie, il fait appel. Mais la procédure est interminable car il lui faut d'abord obtenir l'aide juridictionnelle. Le 30 janvier 2005, il apprend que l'audience de son appel est fixée au... 2 décembre, soit onze mois plus tard. Après un nouveau rebondissement, la cour d'appel de Paris décide finalement que l'appel n'a plus lieu d'être puisque les trois ans se sont écoulés. Ridouane a légalement le droit de revenir en France.

Mais, entre-temps, le jeune homme désormais trentenaire a refait sa vie en Belgique, avec une Algérienne, amie d'enfance. Son épouse française a refusé de lui rendre visite. Il demande le divorce pour qu'ils puissent chacun refaire leur vie. Pour Geneviève : « L'expulsion a brisé son cœur et son couple. Il n'a pas pu décider seul de sa vie. Il a perdu dix ans de son existence, son épouse aussi. » Le temps de l'administration, même quand elle statue au final en faveur des expulsés, excède tant la durée d'attente humainement supportable, qu'il broie sans considération la vie des personnes concernées.

## Pères expulsés, familles détruites

Ahmed Boudouani dit avoir cinquante-trois ans. En fait, il en a cinquante-quatre mais il ne s'en est pas rendu compte : pour son anniversaire, en janvier 2006, il était déjà perdu dans le *no man's land* de sa vie dévastée d'après l'expulsion. C'est en octobre 2005, pendant le ramadan,

---

5    Il s'agit de la possibilité donnée au juge pénal (tribunal correctionnel ou cour d'assises) de condamner les étrangers reconnus coupables, à une peine d'amende, d'emprisonnement ou de réclusion pour l'infraction commise mais aussi à la peine d'interdiction du territoire (ITF) temporaire ou définitive.

qu'il est reconduit en Algérie. Il vit alors à Bourges avec sa famille depuis 2001 :

> « J'ai fini la prière de 13 heures. Vers 13 h 30, on frappe à la porte. Je regarde par le trou mais je ne vois personne. Ils étaient cachés. Je regarde par la fenêtre. En bas, une voiture banalisée de la BAC, avec un numéro d'immatriculation que je connais. J'ai dit à ma femme : "Je vais partir", j'ai ouvert. Ils étaient quatre. Nos filles étaient à l'école. Ma femme m'a donné un petit sac. Les policiers m'ont demandé si j'avais mon passeport. J'ai répondu : "Oui, il est là mon capitaine, je suis prêt. Je te laisse mes enfants et ma femme." Ils m'ont dit : "On va être gentils avec vous, ce n'est pas la peine de vous mettre les menottes. On vous amène à Paris, à Roissy." J'ai passé deux jours en rétention, puis ils m'ont expulsé. »

Si l'arrestation est si mécanique et en apparence sereine, c'est qu'en réalité, elle s'est déjà produite une première fois, en juillet :

> « J'étais chez moi avec mon fils de vingt ans et sa copine. Ils ont eu un enfant ensemble. Ma femme et mes filles étaient dehors. La police est venue et nous a arrêtés tous les deux et conduits au centre de rétention de Vincennes. Mais le juge a rejeté notre dossier. Il manquait quelque chose dans la procédure. Nous avons été libérés, mais nous avons préféré ne pas rentrer chez nous. Des amis nous ont hébergés, ma femme, mes enfants et moi-même. Nous avons beaucoup changé d'appartements. Une nuit, mon fils et moi avons même dormi dans une cave. On sentait les rats passer à côté de nous. Le temps passait, la rentrée des classes approchait. Ma femme et mes filles sont finalement rentrées à la maison. Je suis resté chez un ami. Mais, à l'approche du ramadan, j'ai voulu retrouver ma famille, pour ne pas passer la fête sans eux. Cinq jours après mon retour, j'étais arrêté. »

Le 12 octobre, il est embarqué menotté à bord d'un avion de ligne :

> « Des passagers sont allés parler au commandant de bord qui leur a dit qu'il ne pouvait rien faire parce que j'étais accompagné de deux policiers. L'avion a décollé. Au bout d'un certain temps, je ne sais pas combien de kilomètres dans le ciel, ils m'ont détaché. Ils étaient jeunes. Ils étaient gentils. Arrivés à l'aéroport d'Alger, ils m'ont rendu mon passeport. »

Trois mois plus tard, le voilà au fond d'un lotissement planté aux confins de Chifa, près d'Alger, gardé par un barrage militaire. C'est un ensemble de tours bicolores, aux tons beiges et grenat, hérissées de paraboles. En face d'une benne à ordures, l'aire de jeux pour enfants est inondée de flaques de pluie. La tête d'un vendeur, le visage barré d'une grosse paire de lunettes dépasse d'un kiosque à sucreries. Sur le parking, une Peugeot 505. Sur le pare-chocs arrière, un autocollant TF1. Passe l'imam. Son frère, ébéniste, habite Paris, dans le quartier de La Chapelle, et il aimerait lui transmettre le bonjour. Tout ici, ou presque, évoque la France. Passe le vendeur de pains et sa grosse botte de baguettes. « La famille d'Ahmed habite bien ici mais il ne lui rend plus visite. La vision de leurs enfants lui rappelle trop les siens. Ça le rend trop triste. » La mosquée du quartier est en réfection. Des ouvriers hissent les briques en haut du chantier dans des cageots en plastique tirés par une poulie manuelle.

À grandes enjambées, approche soudain Ahmed Boudouani. Il porte deux pulls enfilés l'un sur l'autre sous sa veste en jean et tient un mouchoir dans le creux de sa main. Il a trouvé refuge dans la salle de classe de la mosquée, dans l'aile habituellement réservée aux femmes. Il y passe ses nuits dans un froid glacial :

> « Le matin, c'est moi qui ouvre aux fidèles à 4 h 30. Vers 6 h 30, quand ils sortent, je nettoie, je range, j'éteins les lumières et je sors. Je vais voir un copain qui tient un bistrot. Tous les matins, il m'offre un croissant et un café. Je n'ai pas d'argent. Je reste là et je ne parle à personne. Parce que je n'y arrive pas. Je suis comme un étranger ici. Tout le monde me moque, avec le doigt : "C'est lui ! Il a laissé sa femme et ses enfants là-bas." Ils me demandent : "Alors, tu rentres quand en France ?" Parfois, j'ai l'impression de voir mes enfants. Je ne vais pas bien. »

Sa belle-mère, son beau-frère et sa belle-sœur habitent un petit appartement déjà plein. Ils sont venus le chercher à l'aéroport à Alger. Mais depuis : « Je suis très gêné avec eux. J'ai l'impression de les déranger. »

C'est le 12 mars 2001 qu'Ahmed Boudouani, son épouse Rania et ses enfants sont arrivés par bateau à Marseille. Mais son histoire de vie en France a commencé bien plus tôt, en 1977 :

> « J'ai travaillé comme ouvrier spécialisé à l'usine Renault de Sancerre de 1977 à 1986, sur la chaîne de montage : on faisait les jantes et les boîtes de vitesses. J'étais célibataire à l'époque. C'était pas difficile comme maintenant pour avoir des papiers. J'avais une carte de résidence. Fin 1985, mon père est mort. Ma mère m'a appelé. Elle était toute seule. Elle m'a demandé de revenir en Algérie. J'ai réfléchi. Je suis parti. Quelqu'un qui quittait l'usine, avec le préavis, touchait 50 000 francs. Ma mère habitait à Kamis Meliana, à 100 km de Chifa. J'y suis resté, je me suis marié, j'ai eu trois enfants. Mais, en 2001, j'ai été menacé. Je travaillais comme chauffeur livreur pour une compagnie de produits laitiers. Parmi leurs clients, une caserne militaire. Un jour, un groupe de civils a arrêté mon camion et a voulu y placer une bombe pour faire sauter la caserne. Cela s'est reproduit plusieurs fois. Ils m'ont dit : "Si tu ne veux pas mettre la bombe dans la caserne, on prend tes enfants et ta femme." J'ai eu peur, j'ai démissionné et j'ai fait une demande de visa touristique pour la France. Je ne voulais

pas laisser mes enfants se faire tuer. J'ai choisi la France parce que c'est mon deuxième pays. Je suis né avant 1962 et l'indépendance algérienne. Arrivés à Marseille, on a pris le train pour Bourges parce que c'est à côté de Sancerre et que je connaissais bien. Quand je travaillais pour Renault, j'y allais tous les week-ends. »

La famille Boudouani y est accueillie par le Secours catholique et dépose une demande d'asile territorial. Ses enfants ont alors huit, onze et quatorze ans. Mais la préfecture du Cher ne croit pas à l'histoire de menaces d'Ahmed. Manque de preuves. Ils sont déboutés en 2002 :

« Je ne pouvais pas travailler puisque c'est interdit pour les demandeurs d'asile. On a vécu grâce aux associations qui nous ont payé l'hôtel, l'auberge de jeunesse. Petit à petit, nous avons connu des gens qui nous ont beaucoup aidés : ils nous achetaient de la viande, du chocolat pour les enfants, des habits. La mosquée nous a aussi donné aussi un peu d'argent. Nous avons habité un peu partout. On a dû changer de domicile 27 ou 28 fois. Je connaissais tout le monde, les vendeurs du marché, les familles de l'école, les policiers, le commissaire. Aujourd'hui, je veux que la France me donne des papiers pour que je puisse rester avec mes enfants. Je ne suis pas méchant. Je ne brûle pas les voitures. »

La rencontre avec Ahmed Boudouani, à Chifa, a eu lieu le 26 février 2006. Pendant quelques semaines, sa famille en France a encore de ses nouvelles lors d'appels téléphoniques de plus en plus rares. Ils ne correspondent pas par lettres – il ne sait pas écrire. Puis plus rien. En juin 2006, ils perdent tout contact. Depuis, il a disparu.

Imad, quarante-sept ans, est lui aussi né avant 1962. « Je suis plus français que Sarkozy. » À la terrasse du café qui s'étale devant la poste centrale d'Alger, il parle en chuchotant presque, de peur de se faire remarquer par les policiers en civil. S'il a une telle hantise des oreilles indiscrètes, c'est qu'il compte bien retourner en France :

« Soit clandestinement, soit en nageant, soit en volant comme un oiseau... mais je vais revenir. Je me sens étranger ici. Je suis en avance ou en retard, je ne sais pas mais je ne peux pas suivre le rythme de vie. En France j'avais des copains, un cadre de vie. Ici je suis tout seul. Pour les Algériens, j'ai subi un affront : "T'es pas capable, t'as pas pu réussir." Ils me reprochent d'avoir tout laissé, pour revenir en sans-papiers dans mon pays. Je n'ai pas dit que j'avais été expulsé. »

Son expulsion remonte dix-huit mois plus tôt, en novembre 2004. Il est alors en plein travail sur un chantier d'une ville normande :

> « L'Urssaf est venue faire un contrôle des ouvriers. Nous étions deux sans-papiers, nous avons tous les deux été arrêtés et expulsés. J'avais encore les clés de chez moi dans ma poche. Ils ne m'ont pas laissé la possibilité de dire au revoir à ma fille. Le commissaire m'a demandé si j'étais marié et si j'avais des enfants. J'ai dit oui. "Ils vont te suivre", m'a-t-il dit en se frottant les mains. Comme s'il avait arrêté Ben Laden ou Escobar. »

Avant de s'installer en France en mars 2002, Imad, marié et père d'un tout jeune enfant, enseignait la construction mécanique dans un centre de réinsertion pour délinquants mineurs dans le Nord de l'Algérie :

> « Je voulais que ma fille grandisse dans un environnement prospère. Je savais que ce ne serait pas l'eldorado en France mais je voulais m'y faire une situation. J'ai préféré être sans-papiers là-bas plutôt qu'employé ici. J'ai donc fait une demande de visa de tourisme. Arrivés à Marseille, nous avons pris au hasard le premier train qui partait. Nous sommes arrivés en Normandie. »

Quatre ans plus tard, de retour forcé en Algérie, il se dit en survie :

> « Je me suis retrouvé à Alger sans un rond. Après un interrogatoire à l'aéroport par la police algérienne ("Qu'est ce que vous faisiez en France ? Vous avez demandé l'asile ?"), j'ai été relâché vers 23 heures, seul. J'ai dû passer la nuit dehors. Peu après, j'ai fait appel de mon expulsion mais sans succès. Alors j'ai demandé à réintégrer mon ancien poste mais cela a été refusé pour "absence irrégulière". Depuis, je cours derrière les petits boulots. Mais il n'y a pas de travail ici. J'ai envoyé une centaine de CV... que des réponses négatives. Je vis chez ma mère. Ma famille me soutient un peu pour la bouffe et les cigarettes. Je vis je ne sais pas de quoi. C'est la galère. Je n'ai pas envie de manger. J'ai perdu huit ou neuf kilos. Quand je suis arrivé en France, je n'avais pas un poil blanc. Maintenant ma moustache blanchit. C'est la descente vertigineuse. Pour moi ici c'est une tombe. »

Son épouse, sans-papiers elle aussi, est restée en France avec leur fille. Quelles nouvelles d'elles ? La réponse fuse :

> « J'ai répudié ma femme. J'ai divorcé pour qu'elle refasse sa vie. Ma fille a dix ans, elle travaille bien à l'école. Elle parle mieux le français que moi. Je ne veux pas qu'elles connaissent la galère dans laquelle je suis. Si je reviens, je ne leur dirai pas. Je ne veux pas les perturber. Je ne leur écris pas non plus. Parce que... il n'y a pas de mots. »

## Pour aller plus loin

**Ouvrages:**

CISSÉ Madjiguène, *Parole de sans-papiers*, La Dispute, Paris, 1999.

CNDS (Commission nationale de déontologie de la sécurité), *Rapport annuel 2005* (www.cnds.fr).

GOUSSAULT Bénédicte, *Paroles de sans-papiers*, Éditions de l'Atelier/Éditions ouvrières, Paris, 1999.

HAÈM Rudolph (d'), *La Reconduite à la frontière des étrangers en situation irrégulière*, PUF, Paris, 1997.

OLLIVIER Anne-Leïla, *Enquête en zone d'attente*, L'Esprit frappeur, Paris, 2003.

**Sites:**

www.association-diem.org

www.dequeldroit.net

www.gisti.org

http://terra.rezo.net/sourcesetdocuments/francophones/documents/filmographie.htm)

**Films:**

AMEUR-ZAÏMECHE Rabah, *Bled number one*, 2006 (film).

BAQUÉ Philippe et GIRARDOT Arlette, *Carnet d'expulsions, de Saint-Bernard à Bamako et Kayes*, 1997 (film).

CASALTA Valérie, *Double peine, les exclus de la loi*, 2001 (documentaire).

KARLIN Daniel, *Serge-Philippe, un fantôme dans la ville*, 1998 (film).

MUSTELIER Anne, *Paris Kinshasa*, Ateliers Varan, 1995 (film).

VITRY Camille (de), *Parti les mains vides*, 1998 (documentaire).

◇ **Thomas Deltombe et Jade Lindgaard.**

# Femmes à domicile

Comment les femmes au foyer

sont souvent des « chômeuses de l'ombre »

À la faveur de la diffusion en France d'une série télévisée américaine, *Desperate Housewives*, les « femmes au foyer » sont récemment revenues sur le devant de la scène, et les magazines féminins se sont penchés, avec un certain enthousiasme, sur une nouvelle « vogue » : certaines femmes, plutôt jeunes et assez diplômées, « préfèrent rester à la maison » plutôt que de « travailler ».

Il y aurait, selon les chiffres publiés dans la presse, 2,5 millions de « femmes au foyer » en France. Mais cette notion reste floue. Elle cache des situations et des motivations diverses. Parmi les femmes à domicile, il faut aussi prendre en considération le phénomène – statistiquement observable celui-là – des femmes retraitées qui, ayant ou non « travaillé », survivent à leurs maris.

Pourquoi décide-t-on de ne pas ou de ne plus « travailler » ? Est-ce une décision sous contrainte ou un choix assumé, voire revendiqué ? Le terme « travailler » est-il d'ailleurs pertinent quand on sait que c'est toujours aux femmes, actives ou non, qu'incombe le gros du travail domestique ? Pourquoi l'expression « au foyer » s'applique-t-elle encore si facilement aux femmes et si rarement aux hommes ?

La notion de « travail » reste sexuée et le non-emploi des femmes demeure largement toléré, quand il n'est pas encouragé avec des mesures comme l'APE (allocation parentale d'éducation) instituée en 1985. Après la réforme de ce dispositif en 1994, le nombre de bénéficiaires de l'APE a augmenté de 330 000 (dont 98 % de femmes). Une belle opération, observent les spécialistes, pour faire baisser les chiffres du chômage. Ainsi, les « chômeurs de l'ombre », non comptabilisés par les statistiques officielles, sont largement des chômeuses.

## ▓▓▓▓ Les cyber-femmes au foyer

« Bonjour les filles ! J'espère que tout le monde a passé une bonne nuit ! Le petit dej vous attend... ce matin, café et muffins tout chauds + confiture de figues maison ! »

C'est devenu un rituel : chaque matin, la première levée souhaite le bonjour aux autres. Aujourd'hui – comme souvent – c'est Liath, quarante-six ans, « un mari, cinq enfants, un chien, un chat et deux poissons rouges », qui ouvre le bal, dès six heures du matin. Inscrite depuis seulement quatre mois sur le forum Internet des femmes au foyer [1] mais avec déjà près de 3 500 messages au compteur, elle fait partie des membres « totalement addict ! ! ! ». Au cours de la matinée, ses « copinautes » se connectent une à une : Mimounette, Flam, Majy, Florette... Tour d'horizon de la météo dans leurs régions respectives et exposé détaillé du programme de la journée.

« Ce matin les trucs habituels : danse pour une des jumelles, orthophoniste pour la seconde jumelle, bibliothèque, etc. », annonce Coco, des Yvelines, à grand renfort de *smileys* clignotants indiquant qu'elle n'oublie pas ses lessives, sa vaisselle et son aspirateur. Elle donne aussi quelques nouvelles de son mari, Éric, qui vient de trouver un appartement à Moscou où la famille est sur le point de s'installer. De là-bas, elle pourra continuer à *tchater* avec ses amies internautes.

Mis en ligne en septembre 2005, le forum des femmes au foyer – les « FAF » comme elles se surnomment elles-mêmes par contraste avec les « FQT », les femmes qui travaillent – est un petit phénomène de société. Pour la plupart satisfaites de leur condition de « FAF », les 1 500 inscrites accueillent chaque jour de nouvelles venues. Aujourd'hui, c'est

---

1    http://femmeaufoyer.dynamicforum.net.

Arthenice13, de Marseille, qui rejoint la communauté. « Si on m'avait prédit que je serais un jour mère au foyer, j'aurais bien rigolé... », explique cette ancienne infirmière dans son premier message. Son mari absent en semaine et n'ayant pas trouvé de solution adéquate pour la garde de son fils, « la solution s'est imposée d'elle-même », elle a arrêté de travailler :

> « Ce n'est pas facile tous les jours car je suis une maman isolée, pas de famille ni d'amis sur place, ma seule vie sociale résidait dans mon travail, poursuit-elle. Ce qui me manque le plus c'est de n'être considérée que comme une mère alors que je suis aussi une femme avec ses envies, ses opinions. Je n'ai pas que les enfants comme sujet de conversation. »

En quelques minutes, des dizaines d'internautes lui souhaitent la bienvenue. Enid conseille par exemple à Arthenice13 de s'inscrire sur le salon virtuel des « FAF » de Provence-Alpes-Côte-d'Azur au cas où elle voudrait rencontrer ses « voisines ».

Si le forum a débouché sur quelques rencontres en chair et en os, les échanges restent souvent anonymes et virtuels. Quand l'une traverse une phase de déprime, les autres se jettent sur leur clavier pour lui remonter le moral. Quand un enfant est malade, les conseils fusent sur les médicaments à prendre ou à éviter. Et quand une « FAF » participe à un concours de recettes organisé par une grande marque d'agroalimentaire, les autres se connectent sur le site de ladite marque et votent en masse pour que le « lapin à la méridionale » de leur championne remporte le premier prix. Si un grand nombre de discussions tournent autour des enfants, de la cuisine, de la couture et du jardinage, les sujets et les activités se sont diversifiés au fil du temps : d'abord, un journal en ligne rédigé par des « journalistes au foyer », puis des « boutiques solidarités » où les « FAF » donnent, vendent ou échangent leurs livres, leurs vêtements pour enfants ou leur production artisanale. Et une foule de blogs de femmes au foyer est apparue, dans le sillage du forum, où l'on voit grandir les gamins et fleurir les jardins. À se demander même si certaines « FAF » ne se sont pas mises au point de croix uniquement pour avoir de quoi garnir leurs pages web...

Cette énergie qui se déploie sur Internet ne peut que réjouir Marie-Pierre, pionnière du blog et créatrice du forum des femmes au foyer. Ancienne publicitaire, cette mère parisienne de deux enfants veut, comme l'indique l'intitulé du forum, favoriser l'expression de « celles qui ne sont plus des anonymes et qui travaillent dans l'ombre ». Son ambition n'est pas de faire la promotion d'une nouvelle forme de traditionalisme, jure-t-elle, mais de permettre à celles qui ont choisi de ne pas, ou de ne plus, « travailler » d'obtenir une reconnaissance et un statut social. Depuis qu'elle a lancé l'idée d'une pétition, le forum des « FAF » n'est plus seulement un espace de rencontres et d'échanges. C'est devenu une plate-forme de revendication et d'introspection.

Aux discussions sur les tupperware et les tartes aux pommes se sont ajoutés des débats enflammés sur le rôle des femmes, sur les « droits » et sur les « choix », sur les notions de « travail » et d'« activité ». Faut-il accorder un salaire aux « FAF » ? Et une retraite ? Des réductions dans les musées ? On est certes encore assez loin d'un programme unifié, mais Marie-Pierre ne craint plus, à quelques mois des échéances électorales, de parler de pur et simple « lobbying ». Tandis que les « FAF » du forum ont commencé à inonder les médias de leur prose électronique, d'autres envisagent déjà des solutions plus radicales. Damouredo, une fidèle entre les fidèles, suggère par exemple « l'inscription en masse des trois millions de FAF "inactives" à l'ANPE » pour faire exploser les chiffres du chômage. Une étrange atmosphère de rébellion, sur fond d'écran rose bonbon.

## ▰▰▰▰ Nadjat : « éliminer les obstacles avant de chercher du travail »

Nadjat, trente ans, habite à Villeneuve-La-Garenne, une banlieue stigmatisée des Hauts-de-Seine. Son mari a quitté l'Algérie au moment où la France embauchait des informaticiens pour le « bug de l'an 2000 ». Ce déplacement, prévu pour être temporaire, est devenu définitif. Nadjat l'a rejoint. On la rencontre à l'association Le Phare, à Villeneuve, un centre qui organise des activités pour les femmes de la commune. Le parcours d'une femme voilée et pleine d'humour qui aimerait travailler :

« Je suis en France depuis septembre 2002 mais je n'ai pas encore travaillé depuis que je suis arrivée. J'ai eu une expérience d'une semaine mais ce n'était pas ça... J'ai fait bac + 3 en électronique en Algérie. Ensuite, j'ai travaillé pendant trois ans dans la maintenance informatique et j'ai été aide-gestionnaire dans le service après-vente, dans le domaine informatique aussi. J'ai travaillé deux ans d'affilée sans prendre de congés. Donc quand je suis arrivée en France, en septembre 2002, j'ai pris un temps de congé. Je ne cherchais pas à travailler, le temps de s'adapter...

En 2003, je n'ai fait que ça, chercher du travail : les CV partout, par Internet, par fax. Mais ça ne donnait rien, personne ne m'a rappelée. J'ai eu un entretien mais quand ils m'ont vue, ils ont commencé à trouver des excuses. Ils se défilaient, ils trouvaient des prétextes, mais ça se voyait que c'était le

*Femmes à domicile*

foulard. Dans leur façon de parler, dans les prétextes qui n'avaient rien à voir... Ils me disaient que j'avais une voix trop basse ! Mais je vais réparer les machines, je ne vais pas parler avec les machines ! Je me suis dit : bon, ça y est, c'est bon, j'ai compris... Alors j'ai fait un bébé.

Avant d'avoir le petit, je m'ennuyais. Au départ, c'était du repos, mais après... Je voulais faire quelque chose, mais je ne savais pas quoi. Je ne connaissais pas l'association [Le Phare], donc j'étais toute seule. À un moment, je ne faisais que dormir : dormir, regarder la télé, dormir... Des fois, je priais que la télévision explose tellement j'en avais marre de regarder la télé, de dormir. C'est terrible. Maintenant, avec le bébé, ça va, ça fait de l'ambiance quand même ! Ça occupe. Et puis, avec l'association, c'est bien aussi. Maintenant, je connais du monde. Avant, je ne connaissais personne. Tout a changé.

Parfois, je fais des choses que je n'ai pas envie de faire... Par exemple, j'ai retiré le dossier pour être assistante maternelle. C'est pas que je veux faire ça, mais maintenant que je suis chez moi, autant que j'en fasse bénéficier d'autres mamans. J'essaie toutes les branches, en attendant...

En février dernier, j'ai travaillé une semaine à Vivadirect, une compagnie d'assurance. J'ai fait du télémarketing pendant une semaine... pour la convention obsèques ! C'était une expérience pas terrible. Ça commençait à huit heures et demie. On devait être à huit heures et demie au poste, avec le casque. On réveillait les vieux pour leur parler de convention obsèques ! De huit heures et demie jusqu'à quatorze heures... En plus, c'était la semaine où mon fils a fait les vaccins, il avait les effets secondaires : température, diarrhée... Alors je n'avais pas la tête dans le travail. C'était le cauchemar. Le vendredi midi, j'ai pris la fuite parce que mon fils avait de la fièvre.

C'était la période d'essai, une semaine. Alors ils ont vu que c'était pas sérieux, que je ne pouvais pas être disponible. Le samedi, ils m'ont dit : voilà, on ne peut pas vous garder. La dame était un peu gênée pour m'annoncer ça, parce que je pleurais. Je lui ai dit : "Mais non ! C'est des pleurs de joie !" J'étais tellement soulagée. Parce qu'arrêter de moi-même, je n'aurais pas pu. J'avais enfin trouvé un emploi, je n'allais pas m'arrêter ! Ils m'ont libérée, c'était la joie. J'étais souriante et les yeux qui pleuraient.

Depuis, je n'ai pas vraiment recherché de travail. Pas vraiment. Parce que, dans mon domaine, je sais que je ne dois pas chercher, je dois d'abord passer par une formation. L'informatique, ça évolue très vite. Je me souviens qu'une personne m'a appelée en 2004, j'étais enceinte. Et, direct, il m'a demandé ce que j'avais fait depuis 2002, il m'a demandé si j'avais fait des formations. J'ai dit non. Alors il m'a dit : "Désolé, laissez tomber." Du coup, j'ai fait une formation à l'espace de la Défense, presque trois mois. Je suis allée jusqu'au niveau deux. Avant de chercher du travail, j'essaie d'éliminer les obstacles.

Quand je suis allée à Nanterre, j'ai vu un service après-vente qui ressemblait beaucoup à l'endroit où je travaillais en Algérie, un service après-vente de matériel informatique. J'ai senti une odeur... Franchement, j'ai été attirée ! Je suis rentrée. Il y avait des agents qui réparaient une unité centrale. Ils étaient tellement occupés avec un autre monsieur que je suis restée à regarder, pour profiter. Il y avait des termes qu'ils employaient qui étaient nouveaux pour moi, que je ne comprenais pas. Ça m'a fait mal, parce que je voyais que mon niveau avait un peu baissé. Alors j'ai dit : "Vous faites services après-vente à ce que je vois." Il m'a dit : "Oui." "J'aimerais avoir votre carte de visite." Mais je ne pouvais pas lui proposer... Moi ça ne me pose pas de problème, mais je sais le regard qu'on a sur moi... Alors j'ai pas eu le courage de lui proposer mes services.

Mon mari, il m'a dit : "Pourquoi tu veux travailler ? Tu as besoin de quoi ? Si tu as besoin, tu l'as..." Mais pour lui, c'est pareil : "Si tu veux travailler, je ne vais pas t'empêcher." Il ne m'a jamais empêchée. Même, il m'aide à chercher. Il m'a aidée à envoyer mes CV, par mail, par fax. Parce qu'il sait que j'ai envie de travailler. Travailler ou faire des études. Déjà voir des personnes, voir d'autres personnes, d'autres mentalités. Même si je ne me concentre pas dans les études, ça me fera voir d'autres choses.

L'année prochaine, je vais peut-être m'inscrire à l'université, reprendre des études. Ils m'ont promis la crèche au mois de septembre. J'espère qu'ils ne vont pas changer d'avis. »

## ▰▰▰▰ Thérèse : une vie réglée comme du papier à musique

« Ça sent la soupe dans ma maison ou non ? » Comme tous les dimanches midi, Thérèse prépare le « dîner » pour son fils, sa belle-fille et leurs deux enfants. Tous les quatre sont la chose la plus importante dans sa vie. Surtout depuis la mort de son mari en 1984. À la voir s'agiter dans sa cuisine, on n'imaginerait pas que Thérèse est octogénaire. Le travail, aime-t-elle à répéter, entretient la santé. Alternativement ouvrière agricole et employée de maison, Thérèse a commencé à travailler à treize ans et s'est levée à cinq heures du matin pendant des années. Une vie de dur labeur. Pas déclarée jusqu'en 1965, elle vit aujourd'hui avec une toute petite pension.

Thérèse habite depuis sa naissance, en 1925, à Quilen, un village d'une cinquantaine d'habitants au sud du Pas-de-Calais. Loin de tout. Avec son école et son clocher, Quilen semble, aux observateurs pressés, avoir traversé le XXᵉ siècle sans une égratignure. C'est ce côté « typique » et « tranquille » qui attire de nouveaux habitants. En quelques années seulement, un couple parisien, des Lillois qui viennent le week-end, et trois familles anglaises se sont installés :

« Je connais pas tous les gens de Quilen, c'est vrai. Je connais les anciens, explique Thérèse. En face, c'est des étrangers, mais ils sont gentils, ils me disent bien bonjour et tout ça. Ils sont venus une fois pour m'inviter à boire du café. J'y suis allée. »

Les intonations paysannes ne trahissent aucune aigreur, juste une vague ironie teintée de fatalisme. Elle n'a pas renouvelé sa visite chez ses nouveaux voisins.

La vie de Thérèse est réglée comme du papier à musique, calquée sur les commerçants ambulants qui ont chacun leur jour de passage au village : « C'est un peu plus cher qu'au magasin, mais, pour aller au magasin, il faut y aller aussi, avoir une voiture… » Thérèse n'a pas le permis.

Casanière, Thérèse reçoit en revanche beaucoup chez elle. Hier encore, sa belle-sœur, qui habite à l'autre bout du village, est venue avec une amie boire un verre de porto à la sortie de la messe : « On a parlé du village… des personnes qui sont handicapées ou malades, explique-t-elle. On demande des nouvelles. »

Elle reste discrète sur les histoires qui circulent, comme dans tous les villages, et que les « étrangers » ne soupçonnent sans doute même pas : « C'est plus pareil qu'avant, concède-t-elle. Avant, on se réunissait, tout le monde était bien d'accord. Maintenant, il y a un peu de jalousie… »

Avant, c'était il y a une quarantaine d'années quand il y avait encore un bistro à Quilen : « À l'époque, tout le monde allait à la messe, poursuit-elle. Après la messe, les hommes allaient boire un coup au café, ils jouaient aux cartes et tout ça. »

Les hommes ont, pour beaucoup, disparu plus tôt que leurs épouses. Et, aujourd'hui, ce sont les femmes qui jouent aux cartes, chaque mois, dans la salle communale d'un village voisin : « C'est le club des vieux, explique Thérèse. Ils font des voyages quelquefois. Cette fois-ci, ils sont allés à Béthune. Moi j'y suis pas allée parce que j'avais fort mal au dos. »

Thérèse parle de ses médicaments et de ses ulcères mais on comprend qu'elle n'aime pas voyager. « J'ai pas été habituée », avoue-t-elle simplement. Elle est allée une fois à Lille, qui ne lui a pas vraiment plu, et une fois à Lourdes, avec son mari, en 1978. Un très bon souvenir, celui-là.

Thérèse aime bien les informations. Elle épluche *Montreuil Hebdo*, se fait prêter *La Voix du Nord* et écoute son « petit poste », bloqué sur *France Info* : « Ces jours-ci j'écoutais beaucoup, pour le temps… et pis Chirac qui était parti voyager. Il était en Chine, je crois. Il doit rentrer aujourd'hui. »

Un petit peu de télévision aussi, avant le « souper » : *Questions pour un Champion* et le *19/20* sur France 3. Thérèse se couche tôt.

## ▰▰▰ Céline : « vivre en adéquation avec ses idées »

Céline a l'air un peu surprise qu'on frappe à la porte de la ferme. Mais « ça ne dérange pas du tout », explique-t-elle en rajustant son grand gilet de laine et en nous installant à une grande table en bois, à côté du chat. En attendant que le poêle centenaire réchauffe la théière, Céline expédie son petit garçon de quinze mois à la sieste et suggère à son aînée, âgée de trois ans et demi, de faire « un joli dessin parce que demain c'est la fête des mamans ». Le stratagème s'avère efficace pour occuper sa fille. Céline n'aime pourtant pas tellement la fête des mères et ses relents pétainistes.

Céline a trente-six ans. En 2003, elle et son compagnon Yannick, de six ans son cadet, ont décidé de « sauter le pas ». Ils ont quitté la région parisienne, sa foule et sa faune, ses trajets interminables et sa pollution intenable, pour s'installer à Quilen, situé à quelques kilomètres du lieu de son enfance. Informaticienne chez EADS pendant dix ans, Céline a décidé qu'il était temps de « vivre en adéquation avec ses idées ». Dans le couple, c'est elle qui la première a contracté le virus écologiste : « J'ai découvert [la revue] *Silence* par hasard, sourit-elle, et puis j'ai commencé à aller dans les salons écolo, à rencontrer beaucoup de gens dans le milieu... »

Comme elle, plusieurs de ses amies se sont installées à la campagne, aux quatre coins de la France.

« Plus artiste qu'écolo à la base », Yannick n'a pas tardé à se convertir à son tour. Ouvrier chez L'Oréal, il supportait de moins en moins les kilomètres et le travail à la chaîne. Il a fini par plaquer les bouteilles de shampoing pour organiser leur projet « écolo-décroissant ». Des idées plein la tête et quelques économies en poche, ils ont enfilé leurs bottes, remonté leurs manches et acheté une vaste ferme en ruine à la lisière du village. Objectif : remettre les lieux en état et y développer une activité autosuffisante, un « pôle d'intérêt » avec chambres d'hôtes, vente d'artisanat, production d'énergie renouvelable.

Mais deux ans plus tard le chantier, ambitieux, est encore loin d'être achevé. Malgré l'aide occasionnelle du père de Céline, Yannick travaille toujours d'arrache-pied, douze heures par jour, à bâtir la ferme la plus scrupuleusement écologique. Quant à l'ex-informaticienne, elle vit dorénavant entre le balai et le râteau, la popote et les couches-culottes (lavables), dans une visée quasi autarcique :

> « J'ai parfois l'impression d'avoir moins de temps libre qu'avant, constate-t-elle. Et comme, en plus, on a fait le choix d'allaiter les enfants – à quinze mois, le petit tète encore –, c'est assez accaparant. »

Ayant quelque peu délaissé *Silence* et *Le Monde Diplo*, elle s'est plongée dans les manuels d'éducation alternative et s'est abonnée aux *Quatre Saisons du jardinage* :

> « C'est marrant, s'amuse Yannick. Alors que j'adore cuisiner et qu'à une époque c'était plutôt moi l'homme de maison, on est revenus à un schéma ultraclassique, avec Céline qui s'occupe des gamins et moi qui m'occupe de la bétonneuse. Finalement, quand tu te colles à la campagne, tu t'aperçois que le bon vieux schéma d'il y a quarante ans, d'il y a mille ans même, il tient toujours. Moi je suis redevenu le bon vieux beauf de base ! »

Yannick prend les choses avec humour et s'enthousiasme à l'idée de pouvoir rapidement lancer sa « centrale de production électrique fonctionnant à base d'huile végétale de recyclage ». Céline, par contre, commence à « saturer » un peu de « faire l'autruche » :

> « Au départ, on part avec des idées, on se dit : "On a trois ans de pognon d'avance, dans trois ans on va rigoler." Mais, en fait, ça ne se passe pas comme ça, constate-t-elle. Il y a un certain nombre de trucs qu'on n'avait pas imaginés, alors il faut s'adapter. »

Trahissant quelque peu leur objectif initial, elle envisage aujourd'hui de prendre un emploi à temps partiel.

Céline ne le cache pas : outre que leur pécule a fondu et qu'il va falloir trouver des revenus supplémentaires, elle commence à souffrir de l'isolement radical dont elle a tant rêvé. Le couple a bien tenté quelques ouvertures avec les gens du coin, mais ces néoruraux altermondialistes restent des « étrangers » pour les villageois. On les regarde encore avec des yeux écarquillés, comme des ovnis atterris un beau jour au milieu des prés. Les quelques agriculteurs auxquels Yannick emprunte ponctuellement du matériel pour le chantier et les quelques parents que Céline croise en accompagnant sa fille au car scolaire n'ont rien de comparable avec le réseau militant que le couple avait tissé en région parisienne :

> « Il y a quelque temps, je suis allée à Paris pour une manif, raconte Céline. Après, je suis allée à une projection dans un café. Là, je me suis quand même dit que Paris, ça avait du bon... »

En dehors de leur ravitaillement hebdomadaire et des rares visites de leurs amis parisiens, le seul contact véritable que Céline et Yannick entretiennent avec le monde extérieur et avec leur vie passée transite par leur connexion ADSL. Leur solide installation informatique, au coin du feu, tranche avec l'extrême rusticité de la ferme :

« Internet m'a vachement aidée, confie Céline, surtout pour les choix éducatifs qu'on a faits avec les enfants. Alors que ma belle-mère y était opposée, j'étais contente de constater qu'il y avait d'autres gens qui faisaient comme nous ! »

**Entretien avec**

# Margaret Maruani

Sociologue, directrice de recherches au CNRS, fondatrice du GDR-CNRS « Marché du travail et genre en Europe » (MAGE), dirige la revue *Travail, genre et sociétés*. Elle est notamment l'auteur de *Travail et emploi des femmes*, La Découverte, Paris, 2006. Elle a dirigé *Femmes, genre et sociétés : l'état des savoirs*, La Découverte, Paris, 2005.

## « Parmi les femmes au foyer, il y a en fait beaucoup de chômeuses découragées »

**Comment expliquez-vous ce retour en grâce des « femmes au foyer », auxquelles ont été consacrées récemment plusieurs émissions de télévision ?**

La mode de la « femme au foyer » est quelque chose de tout à fait récurrent. Régulièrement, on nous parle des femmes qui rêvent de retourner au foyer. Voyez le succès, il y a quelques années, du livre de Christiane Collange *Je veux rentrer à la maison* [2]. Ça fait partie des stéréotypes les plus éculés comme « c'est pas grave si elles gagnent moins d'argent » ou « le chômage, ça les embête moins ». Tout se passe comme si cette société n'avait pas digéré la montée en puissance de l'activité féminine. Alors que les femmes représentaient 34 % de la population active dans les années 1960, elles en représentent 46 % aujourd'hui.

**Vous avez beaucoup travaillé sur le traitement statistique du travail et de l'emploi des femmes. Comment envisagez-vous la notion de « femme au foyer » ?**

Cette notion brouille les frontières entre le « chômage » et l'« inactivité », un brouillage qu'on applique aux femmes mais pas aux hommes. Parmi les « femmes au foyer », il y a en fait beaucoup de chômeuses découragées. Combien ? Il faudrait des enquêtes spécifiques. Ce serait extrêmement intéressant d'aller voir, parmi une population de femmes au foyer, combien sont des

---

2   Christiane COLLANGE, *Je veux rentrer à la maison*, Grasset, Paris, 1979.

Femmes à domicile

chômeuses découragées, des chômeuses non déclarées, des chômeuses non dites. En les rangeant dans la case « inactivité », on les raye du « chômage ». La façon dont on présente le chômage masque beaucoup de privations involontaires d'emploi derrière des situations d'inactivité. La case « inactivité » n'est pas dangereuse politiquement, contrairement à la case « chômage ». Faire passer socialement les gens du statut de « chômeur » à « inactif » est une opération politiquement rentable.

**En dehors des mentalités qui peinent à évoluer, il y a aussi des effets plus mécaniques, d'ordre économique (chômage de masse et précarité de l'emploi) et politique (incitation au retrait du marché du travail)...**

Depuis près de trente ans que sévit le chômage de masse, le grand retour au foyer qu'on nous a prédit ne s'est pas produit. L'activité professionnelle des femmes a continué de croître y compris en pleine période de chômage massif. C'est une première dans l'histoire du travail. De l'autre côté, il y a eu une chose plus ponctuelle : l'APE (allocation parentale d'éducation). Réservée aux parents de trois enfants et plus à sa création en 1985, elle a été ouverte aux parents de plus de deux enfants en 1994. Parmi ces parents qui ont pris l'APE, et qui ont donc cessé leur activité professionnelle pour pouvoir la toucher, 98 % étaient des femmes et seulement 2 % des hommes. C'est ce que j'avais appelé la « prime à l'inactivité maternelle » : en plus d'être un cache-chômage, cette mesure « parentale » est aussi un cache-sexe. Et elle a fonctionné : le nombre de mères de famille bénéficiant de cette allocation a augmenté de 330 000 et le taux d'activité des jeunes mères de famille a chuté. Mais seulement pour une petite classe d'âge et de façon très momentanée parce que cette allocation ne dure que trois ans. Au bout des trois ans, que se passe-t-il ? Eh bien, la plupart de ces femmes se remettent à chercher du travail et beaucoup d'entre elles n'en trouvent pas. Par ailleurs, les études ont montré que beaucoup de ces femmes qui s'étaient retirées du marché du travail étaient soit à temps partiel, soit chômeuses, soit dans des situations de précarité. Entre gagner 3 000 francs pour rester chez soi à garder ses enfants et gagner la même chose en étant caissière à Carrefour, beaucoup de femmes ont choisi... Mais qu'ont-elles choisi ?

**Sur le « choix », ne peut-on pas penser que certaines « femmes au foyer » participent d'un rejet plus général du travail et du salariat, qui concerne aussi les hommes ?**

Il peut y avoir un rejet du travail, qui n'est pas un rejet de l'emploi. La différence entre travail et emploi, je l'ai vue dans une de mes enquêtes avec Annie Borzeix, à la fin des années 1970, sur une grève d'ouvrières dans le Pas-de-Calais [3]. C'étaient des femmes, des OS de la confection, qui avaient occupé leur usine jour et nuit pendant trois ans pour sauvegarder leur emploi alors

---

3   Annie BORZEIX et Margaret MARUANI, *Le Temps des chemises : la grève qu'elles gardent au cœur*, Syros, Paris, 1982.

même qu'elles faisaient un travail qu'elles n'avaient vraiment pas choisi, qu'elles détestaient même, qu'elles effectuaient dans les pires conditions. On peut donc se battre pour son emploi même si on déteste son travail. Je pense qu'aujourd'hui, de plus en plus de gens détestent leur travail, détestent leurs conditions de travail… mais ne sont pas prêts pour autant à lâcher leur emploi et leur revenu.

**Hommes et femmes perçoivent-ils différemment le travail ?**

Un homme qui fait du bricolage hors de chez lui dit facilement qu'il le fait « au noir ». Une femme qui fait de la couture à domicile ne dit pas qu'elle « travaille », elle fait « par ailleurs, un peu de couture ». Combien j'en ai vu de femmes qui « ne travaillent plus ». « Ah bon ? Et les trois petits, là ? » « Ah oui, eux, c'est des enfants que je garde, c'est rien ! » Le non-travail est admissible socialement pour une femme mais ne l'est pas pour un homme.

## Pour aller plus loin

Maruani Margaret, *Travail et emploi des femmes*, La Découverte, Paris, 2006.

Maruani Margaret (dir.), *Femmes, genre et société : l'état des savoirs*, La Découverte, Paris, 2005.

Maison Dominique, « Grandeurs et servitudes domestiques : expériences sociales de femmes au foyer », doctorat sous la direction de Charles-Henry Cuin, université de Bordeaux-II, 2006.

Singly (de) François, *Fortune et infortune de la femme mariée : sociologie des effets de la vie conjugale*, PUF, Paris, 2002.

Caisse nationale des Allocations familiales : www.cnaf.fr

◇ **Thomas Deltombe.**

**Femmes à domicile**

# Gars du coin

Quand l'appartenance villageoise
ne garantit plus l'insertion sociale

Ouvriers, ruraux et jeunes : les « gars du coin » sont des centaines de milliers, mais cumulent les restrictions d'accès à la visibilité sociale.

Ouvriers. Ce monde aurait disparu en même temps que se serait effacé son représentant politique historique, le Parti communiste français (PCF), et que se seraient effondrées les grandes forteresses industrielles des Trente Glorieuses. La France compte pourtant plus de 5 millions d'ouvriers, de plus en plus dispersés sur le territoire, une part croissante d'entre eux vivant en zone rurale, parce que les usines éclatées et dispersées prolifèrent et s'installent à la campagne pour bénéficier d'aides et de coûts moindres, même si elles demeurent soumises à la domination de grands groupes, notamment du fait de la sous-traitance.

Ruraux. Au XXᵉ siècle, le monde rural a fonctionné comme un miroir inversé de la modernité, dans un pays où la mobilité sociale, matérielle et symbolique fonctionnait comme opérateur d'intégration. Déjà marginalisé par rapport à l'urbain, le monde rural ne serait plus peuplé que de paysans et de néoruraux attachés à une vision folklorique et apaisante du paysage. Comment exister, alors, quand on est du coin, et que l'on n'est pas l'héritier du travail de la terre ?

Jeunes. Dans le débat public, qui dit jeunesse en difficulté sous-entend « jeunes de banlieues ». Il existe pourtant une autre jeunesse qui a, elle aussi, subi de plein fouet la crise de la reproduction sociale, l'appréhension de l'avenir et la contrainte de mobilité. Contrairement aux enfants des banlieues urbaines, ces jeunes ruraux issus des classes populaires ont souffert en silence, presque oubliés.

## Conduites à risque

Le vélo, la mob puis le permis et la voiture. Les étapes successives de l'émancipation des jeunes ouvriers de la campagne sont aujourd'hui des moyens de transport. Confrontés à la précarisation des statuts salariés et à une crise de l'emploi qui oblige aujourd'hui à la mobilité géographique pour trouver à s'insérer professionnellement, les « gars du coin » sont également dépendants de leurs véhicules pour élargir un horizon matrimonial ou de divertissements de plus en plus fermé. Se déplacer, pour tenter d'exister.

Yohan a dix-neuf ans et vit à Bolbec, petite ville de Seine-Maritime :

« – Qu'est-ce que tu recherches ici ?

– Moi, pour l'instant, je cherche une fille, mais… j'trouve pas ! Les filles, tout le temps elles sont prises, alors… j'galère !

– Qu'est-ce que tu recherches finalement ?

– Ben, je sais pas… Moi c'est une femme quand même assez mûre. Et puis qu'elle soit bien avec moi, qu'on s'engueule pas, que… je sais pas, qu'on ait les mêmes idées, qu'on sorte et tout, quoi !

– Comment tu vois les choses pour les années qui viennent ?

– Ben là, je veux travailler, m'acheter une mobylette. Ensuite passer mon permis, avoir une maison, avoir une femme et des gosses, quoi. Ça suffit […] J'ai envie de bouger de Bolbec, c'est mort.

– En même temps, tu as quand même un CAP, t'as quand même une formation ?

– Oui. Ben oui, j'ai un CAP MBC, maintenance des bâtiments des collectivités. Ça veut dire que je peux tout faire… Mais, je sais pas, j'ai encore rien trouvé pour l'instant. Pis, j'galère encore pour chercher. Faut dire, je suis en vélo pour l'instant. Il me faut un moyen de transport. J'ai le vélo, c'est sûr, mais une mobylette, ce serait mieux pour un patron.

– Ça, ils te le disent ?

– Ben oui, tout le temps.

– Et c'est vraiment pas possible, je sais pas, d'emprunter pour acheter une mobylette ?

– Ben non, parce que la banque, elle veut pas prêter des sous quand on travaille pas, quand on n'a pas de CDI, rien. Pis à mon père, je lui dois déjà de l'argent, je n'veux pas emprunter à nouveau de l'argent, quoi [1]. »

Mais les étapes de l'émancipation sont aussi, fréquemment, pour ces jeunes ouvriers du monde rural, les jalons de conduites à risque. Comme si l'invisibilité sociale d'un déracinement sur place ne pouvait se lire qu'au moment de l'écart, dans la rubrique tragique des accidents de la route. Sommes-nous tous, en effet, égaux devant le risque routier ?

À cette question simple, les services de la sécurité routière répondent exclusivement sur le registre de l'âge : seule la tranche des 18-24 ans résiste à la baisse continue du nombre de tués sur les routes de France. Dès lors, seules des explications psychologisantes viennent répondre à l'inégalité face à ce type de risque. Si les jeunes se tuent davantage au volant, c'est du fait de leur insouciance... donc parce qu'ils sont jeunes. Étudiant le département de la Haute-Garonne en 2003 et 2004, Matthieu Grossetête, chercheur en sciences politiques, montre pourtant que, chez les actifs du département, la part des ouvriers dans les victimes d'accidents mortels a presque doublé durant cette période. La part des employés, elle, n'a augmenté que du tiers. Alors que l'agglomération toulousaine se caractérise précisément par une surreprésentation de cadres, ces derniers sont presque absents de la mortalité routière du département, de même que les professions intermédiaires, les artisans-commerçants et chefs d'entreprise, avec seulement 6 % des morts pour ces trois catégories, qui représentent ensemble 27 % de la population active. Disposer d'un airbag ou d'un système de freinage ABS sur son véhicule n'explique pas tout. Au-delà des inégalités matérielles flagrantes des conditions de la conduite automobile, ces données interrogent le rôle social de l'accès à la mobilité dans une société qui valorise cet accès à outrance : tant symboliquement – la valorisation de la mobilité fait partie intégrante du « nouvel esprit du capitalisme » – que concrètement, trouver un travail nécessite de plus en plus d'être capable de s'éloigner quotidiennement de son lieu de résidence.

Octobre 1998, un vendredi soir. Après une journée de travail difficile dans la scierie qui l'emploie comme manœuvre, Hervé veut se changer les

---

1  Entretien effectué par le journaliste Mathieu Garrigou-Lagrange pour France Culture, dans l'émission « Travaux publics » du 11 octobre 2005.

idées. À vingt-quatre ans, sans petite amie, c'est un jeune homme discret, sensible, plutôt solitaire mais toujours prêt à « donner la main », dit-on de lui. Comme ses amis sont à l'entraînement de football, il propose à Renaud, son jeune frère, de les accompagner lui et sa bande de copains dans leur virée en boîte. Sa vieille 205 sera bien utile pour effectuer les trente kilomètres, et pour déposer Renaud à temps « en ville » le lendemain matin, car ce dernier doit prendre un train afin de se rendre à sa convocation aux « trois jours ». Ils partent à cinq ou six, les deux voitures se suivent.

Plus tard, le lendemain, les amis raconteront que, ce soir-là, Hervé a « pas mal bu » et aussi qu'il était très fatigué. Il a même dormi un bon moment sur les canapés de la boîte. Il a fallu le réveiller pour rentrer. Il a alors dansé un peu, comme pour secouer sa fatigue. Puis, vers cinq heures du matin, les deux frères sont remontés dans la 205, reprenant la route sous une forte pluie d'automne. Les copains ont suivi mais ont rapidement été distancés : Hervé roulait plus vite que d'habitude afin de ne pas rater le train de Renaud. Puis la voiture a disparu au bout de la route. Une grande ligne droite suivie d'un virage plutôt facile. Quand les copains arrivent, la 205 est enroulée contre un arbre, broyée. Pour Renaud, il est déjà trop tard. Hervé décédera dans les heures qui suivront.

Le choc est immense dans les environs. La nouvelle paraît dans l'édition du dimanche du journal régional. Le patronyme des deux frères, répandu dans les cantons alentours, est très fréquent à Foulange[2], une petite commune de Bourgogne. Au sein du village, tout le monde connaissait l'un ou l'autre, ou bien était collègue de leur mère à l'usine de câblerie. Six cents habitants, c'est suffisamment peu pour que tous se situent, de près ou de loin. On s'informe des circonstances du drame, on évoque la fatalité (le suicide de leur père il y a dix ans) ou bien encore les précédents drames de la route qui ont touché les jeunes des environs il y a six mois, il y a cinq ans... On ne s'y attend jamais, on n'ose l'envisager pour ses proches. Là, deux frères, on peine à y croire.

Hervé était ouvrier, comme son père. Il habitait chez sa mère, dans le village où il était né. Après un passage dans un centre d'apprentissage où il avait obtenu un CAP de plâtrier, il avait trouvé un CDD de quelques mois chez un artisan du bois, dans une petite scierie voisine. Puis il avait effectué son service militaire. De retour dans sa famille, il était resté presque un an au chômage. À défaut de trouver une meilleure situation,

---

2   Le nom de la commune a été modifié.

Gars du coin

plus adaptée à sa qualification et moins pénible, il avait fini par retourner voir son précédent patron. Ce dernier, qui avait gardé un très bon souvenir de lui, l'avait embauché en CDI, « pour de vrai », comme certains disent aujourd'hui.

Sylvain, vingt-neuf ans, ouvrier du bâtiment et cousin d'Hervé, revient, cinq ans après, sur le contexte de cet accident, survenu six mois après celui d'un autre ami d'enfance de Sylvain, « Balou » :

> « C'était l'année 1998, Balou est parti au moins de février, Hervé est parti au mois d'octobre, là aussi c'était une année dure. Dur, dur, dur ! Parce que Hervé, c'était pareil, c'était... C'était un appui, c'était un cousin, c'était un pote... Et puis voilà, quand tu partages du temps avec des personnes comme ça, que tu partages énormément de choses, et que du jour au lendemain on te les enlève, eh ben tu as une partie de toi qui part. Tu te demandes ce que tu vas faire après. Même si à c't'époque-là, j'avais mes enfants, j'avais Suzanne [sa compagne], je me suis posé des questions... J'ai eu un vide, un grand vide. Très, très grand vide... Et c'est des choses qui te font encore plus mûrir, je trouve. C'est des choses que tu dois connaître... Enfin, que tu dois connaître... Que la vie est censée te faire connaître quand tu as cinquante, soixante ans. À notre âge, c'était un peu tôt, quoi. »

Comment les amis d'Hervé expliquent-ils sa disparition ? Pour Sylvain, la réponse est claire :

> « Ce qui l'a tué, c'est le boulot... Fallait voir les semaines qu'il se tapait ! Comme moi, on bosse tous les deux comme des fous ! [...] C'était un costaud, l'Hervé ! 1,5 g [d'alcool dans le sang], c'était rien pour lui. Non, c'est l'boulot qui l'a tué. Il n'en pouvait plus, c'est tout... »

Mots de solidarité : Sylvain met en avant la pénibilité du travail de manœuvre de son ami ; il défend dans le même temps les pratiques dangereuses d'Hervé, qui sont aussi les siennes. D'autres diront qu'il les excuse. Peu importe : elles découlent bien d'une fragilité, de difficultés à s'insérer dans une vie professionnelle et matrimoniale stable, qui peuvent avoir des conséquences dramatiques. Cette difficulté conduit, dans certaines conditions, à une prise de risque, une mise en danger de soi. Portée à son seuil ultime, cette volonté se rapproche de celle du suicide, que l'on sait depuis longtemps révélateur du degré de dépendance des individus à l'égard des pressions sociales : son taux augmente lorsqu'une société connaît un déficit d'intégration. Trente ans d'effondrement des bassins industriels font que les « nouvelles classes dangereuses » le sont peut-être, d'abord, pour elles-mêmes.

## ▨▨▨▨ Hall de cité ou abribus de village, un même désœuvrement

Parmi la jeunesse populaire, la virulence de l'expression du désarroi d'adolescents de cités urbaines n'a d'égale que l'invisibilité publique et la « timidité sociale » de jeunes ruraux isolés et éparpillés sur le territoire. Pourtant, du fait de leurs origines, une même « communauté de destins » réunit les uns et les autres.

José est, comme Hervé et Sylvain, issu du petit village industriel de Foulange. Contrairement à Hervé, ses déboires sur la route l'ont paradoxalement « sauvé » : en 1991, à dix-neuf ans, une chute à moto lui fracture la jambe alors qu'il paraissait entrer dans la spirale de la délinquance. Pendant plusieurs mois, son plâtre l'empêche de suivre ses amis au moment même où ceux-ci sont poursuivis par les services de gendarmerie, qui pour vols, qui pour trafic de cannabis.

Plus ou moins déscolarisé dès l'âge de quatorze ans, sans diplôme, en conflit ouvert avec ses parents dont il fuit régulièrement le domicile, enchaînant périodes de travaux non qualifiés (dans le bâtiment ou la petite industrie) et d'inactivité, José, selon ses propres termes, « part en vrille » : petits vols, deal, conduite sans permis... Au village, il sort dès que possible de chez lui pour retrouver les copains, chercher à s'amuser ou rêver à plusieurs :

> « La période 13-16 ans, on était au village, on se demandait ce qu'on foutait là, quoi. Il n'y avait rien à faire, t'avais pas le permis : c'est ça qui bloquait et qui nous a poussés à faire un peu n'importe quoi. Parce qu'au début, pour aller chez mon patron, c'était à vélo ! Je me rappelle, je les ai faits deux hivers, quand même, les huit kilomètres. Partir le matin en vélo, qu'il pleuve, qu'il neige ou qu'il gèle, tu te fais ta journée de boulot (qu'était pas petite !), revenir le soir... C'est des trucs de dingue ! Tu pleures, le matin ! Quand tu sais que ton père, il peut t'emmener, que sa voiture reste au garage, c'est ça qui te fait pleurer. Tu montes sur le vélo, mais des fois t'as envie de le brûler le vélo ! C'est comme ça que t'attrapes de la haine, quoi. C'est pour ça que j'ai vite acheté une moto. Au début j'étais parti pour acheter une 125 [cm³]. On est allé en ville avec mon patron, je ne trouvais pas de 125, j'ai acheté une 400. À seize ans, j'ai roulé pendant six mois avec ça, après une 1 000. »

L'accès à la mobilité se fait en bande : « Il y en avait deux qui avaient acheté des voitures, et moi et un autre gars des motos. Donc on était quatre à rouler sans permis dans le village. » C'est alors la découverte des villes des environs, des boîtes de nuit, mais aussi des autres bandes de la région. Il y a également les aînés « en galère », fils d'ouvriers du village qui ont tenté leur chance ailleurs avant de revenir chez leurs parents :

> « Quand il y a certaines personnes de Foulange qui n'étaient plus là, qui sont revenues, qui avaient presque dix ans de plus que nous, qui avaient déjà magouillé dans des grandes villes tout ça, qui nous ont montré deux, trois plans, ben tout de suite, ça entraîne, quoi. À chaque fois qu'on sortait, ça partait en bagarre. Et de fil en aiguille, un petit peu, un petit peu plus... Et voilà, quoi. »

Certains bourgs ruraux ont, eux aussi, connu « leurs » émeutes d'automne 2005, dont a exclusivement rendu compte la presse régionale, généralement sur le mode rassurant de la « contamination ». En Côte-d'Or par exemple, des véhicules ont été incendiés en novembre à Montbard et Venarey-les-Laumes, respectivement 6 000 et 3 000 habitants. Mais, même lorsqu'ils brûlent des voitures, les jeunes ruraux des classes populaires demeurent inaudibles.

**Entretien avec**

# Nicolas Renahy

Docteur en sociologie, chercheur à l'INRA (Centre d'économie et de sociologie appliquée à l'agriculture et aux espaces ruraux), auteur de *Les Gars du coin : enquête sur une jeunesse rurale*, La Découverte, Paris, 2005.

## « Déracinés sur place »

**Quelles sont les raisons de l'absence des ouvriers du monde rural, tant dans l'imaginaire collectif, dans les médias que dans la représentation politique ?**

À l'invisibilité croissante, à la fois des ouvriers et du monde rural, s'ajoute la spécificité de l'angle mort du monde ouvrier à la campagne. L'invisibilisation du monde ouvrier est, classiquement, liée à un problème de représentation politique. Le PCF, qui représentait « naturellement » les ouvriers, a décliné et les partis politiques, et même les syndicats, se sont modifiés sociologiquement : il n'existe quasiment plus de dirigeants issus du monde ouvrier. De plus, en contexte rural, la politisation est moins forte, l'habitat est dispersé, c'est plus dur de mobiliser les gens, et les mouvements syndicaux ont souvent été suivistes. Le monde rural, lui, a eu au XX$^e$ siècle une fonction symbolique d'envers de la modernité. Ce qui en découle, c'est une perception, non seulement médiatique mais aussi scientifique, qui pose l'équation « rural = paysans ». Pourtant, il existe de nombreux villages ouvriers et si l'on regarde de près, on voit qu'il reste de nombreuses petites industries rurales.

En outre, on a assisté, dans les médias comme dans les sciences sociales, à une spatialisation des problèmes sociaux, qui correspond à une réalité, mais qui modifie le point de vue. On s'est mis à regarder les territoires d'exclus, principalement les banlieues, et on a souvent cessé de raisonner en termes de catégories sociales. La question sociale est devenue synonyme de « banlieues » et le monde des cités est devenu plus signifiant que le monde ouvrier. Il reste pourtant des classes populaires dans le monde rural, et notamment des jeunes, qui subissent non seulement la domination sociale mais une forme d'oubli culturel. En effet, les classes populaires urbaines banlieusardes ont des formes de structuration, une image sociale qui transparaît, par exemple, à travers le rap. Les jeunes ruraux n'ont qu'une image par défaut, celle de « ploucs ».

C'est aussi pour cette raison que ces jeunes des classes populaires du monde rural sont très silencieux. La précarité n'est pas tant matérielle que liée à l'isolement. Il est très difficile d'exprimer son désarroi. Jusque dans les années 1970, les ouvriers du monde rural ne se sont jamais considérés comme isolés, il y avait une forme de fierté d'être « du coin ». L'isolement géographique pouvait exister, mais il ne constituait pas un isolement social, qui est venu avec la crise. Du fait de cette triple relégation – spatiale, économique et symbolique –, il existe chez eux une forme de timidité sociale, un manque d'assurance, lié à l'intériorisation de l'idée que l'avenir passe par la ville.

**Pourquoi ces « déracinés sur place » restent-ils là où ils sont ?**

Beaucoup continuent de partir, temporairement ou définitivement. Statistiquement, les campagnes continuent de vieillir. Mais on voit, au sein d'une même classe d'âge, apparaître de fortes inégalités, scolaires, économiques, mais aussi matrimoniales, entre ceux qui sont prêts à migrer et ceux qui n'y sont pas préparés. Les jeunes qui restent, ceux que j'ai étudiés, cumulent souvent handicaps scolaires, familiaux et professionnels. Mais s'ils restent, c'est aussi parce qu'ils étaient, au début des années 1990, encore suffisamment confiants dans l'ancrage local pour envisager l'avenir sur place : trouver un travail, un logement, ou fonder une famille. C'est ce que j'appelle un capital d'autochtonie, qui est un peu le capital du pauvre, mais que j'ai vu se dévaluer à toute allure, du fait de la poursuite de la crise économique et de la profonde transformation de l'artisanat.

**Quels sont les éléments structurants de ce malaise collectif exprimé par ces jeunes ouvriers ruraux ?**

Il y a principalement les conditions d'entrée sur le marché du travail, qui s'opère tardivement et avec des contraintes objectives fortes. Mais il existe des formes plus subjectives de dévalorisation qui affectent en priorité les jeunes

**Gars du coin**

garçons, notamment la très forte dépendance vis-à-vis des parents, marquée par les nombreux allers-retours entre les premières émancipations et les retours à la maison. Ces accès hachés à l'autonomie et l'indépendance se mesurent statistiquement avec l'allongement de l'âge à la naissance du premier enfant. Ce phénomène, souvent analysé en termes positifs, comme la traduction que les femmes sont entrées dans la vie active, peut aussi se lire comme une crise de reproduction. Ne pas avoir d'enfants, c'est aussi, pour beaucoup, temporiser sur le fait de se projeter dans l'avenir.

Il existe une forme de crise de la masculinité. Elle s'ancre souvent dans le fait que d'avoir eu un père au chômage, ou de l'avoir vu « soumis » à l'usine du coin, pose, pour des jeunes garçons, problème dans l'image de l'homme. Mais cette domination sociale a des répercussions intimes douloureuses. Elle se manifeste chez beaucoup de jeunes hommes qui ont du mal à avoir du succès auprès des filles. Parce qu'ils espéraient mieux et que leur horizon s'est réduit ou parce qu'ils incarnent trop un mode ancien de conjugalité. Concrètement certains ne savent pas cuisiner, s'occuper de leur linge, et, comme me disait une des filles que j'ai rencontrées : « Mon mec, il a trente ans de retard... » Ceux-là demeurent enfermés dans des logiques de bandes, postadolescentes, parce que c'est rassurant. Au sein du petit groupe, parfois le même que celui du collège, on n'a pas de choses à prouver. Ceux-là intériorisent un manque de confiance terrible qui les annihile pour arriver à séduire.

### Pour en savoir plus

BAUDELOT Christian et ESTABLET Roger, *Suicide : l'envers de notre monde*, Seuil, Paris, 2006.

BEAUD Stéphane et PIALOUX Michel, *Violences urbaines, violence sociale : genèse des nouvelles classes dangereuses*, Fayard, Paris, 2003.

◊ **Joseph Confavreux et Nicolas Renahy.**

# Gens du voyage

Quand la caravane passe

I est des citoyens français qui doivent résider deux ans sur une commune avant de pouvoir y voter, ou en déménager. Qui doivent payer une taxe d'habitation sans pouvoir prétendre à l'allocation logement. Pour qui la possession d'une carte d'identité ne suffit pas à être en règle. « Gens du voyage », « Tsiganes », « Roms », tous ces termes visent à nommer les contours d'un peuple sans pays, qui s'est ramifié au cours des siècles en fonction des zones géographiques dans lesquelles différents groupes se sont durablement installés. Les Sintis d'Italie, les Manouches rhénans ou encore les Gitans andalous ou catalans... Diversité des composantes mais uniformité des traitements : l'application d'un droit discriminatoire à l'égard des 400 000 « gens du voyage » vivant en France est en effet une véritable tradition. Oscillant entre contrôle, rejet et tentative d'assimilation, les formes actuelles en sont l'obligation de choisir une commune de rattachement, l'obligation de détenir un titre de circulation régulièrement mis à jour, et le refus politique et social de reconnaître la caravane comme type d'habitat particulier.

Avec l'arrivée récente des migrants roms issus des pays de l'Est, qui sollicitent le droit d'asile, amalgame et xénophobie se réactivent. On sait peu pourtant qu'une grande majorité de ces « gens du voyage » disposent de la nationalité française. Seul leur mode d'habitat demeure problématique. Pourquoi les pouvoirs publics préfèrent-ils les envisager comme des « gens du voyage » et prôner une politique d'accueil plutôt que d'habitat ? Ces « étrangers de l'intérieur » ne s'inscrivent guère dans les cadres privilégiés d'inclusion sociale que sont l'école, le salariat et la sédentarité et deviennent trop visibles dès qu'ils s'emparent des rares espaces accessibles.

### Les « gens du voyage » sont-ils des voyageurs ?

Pati vit en caravane, avec sa belle famille, depuis vingt-cinq ans. Sa table regorge de livres d'histoire car il se consacre actuellement, avec son frère, à l'écriture d'un dictionnaire franco-manouche. Juif par sa mère, Manouche par son grand-père et anarchiste de conviction, le goût du savoir et ses convictions militantes le rendent attentif à l'usage des mots. On ne dit pas forces de l'ordre, mais « forces de police car sur le campement, il y a un ordre, et c'est eux [les policiers] qui viennent le désorganiser ». Son érudition dissipe une partie du brouillard créé par la multitude de termes qui se chevauchent pour définir les « gens du voyage » :

> « On n'est pas beaucoup à être nomades. En Roumanie, Hongrie, Espagne, sud de la France, ils sont presque tous sédentarisés. Nous, on est une minorité à s'accrocher au voyage. D'ailleurs, les Roms roumains qui arrivent en France, ceux qui font si peur, ils ont peur de nous. Ils nous considèrent comme des brigands car le nomadisme était interdit en Roumanie et donc les derniers nomades se cachaient et regroupaient toute sorte de gens en délicatesse avec la loi. Et nous, on considère les Roms comme des barbares. C'est normal, ils sortent d'une caserne communiste où ils étaient ouvriers, agriculteurs, ils habitaient dans des maisons et ils arrivent ici, ils se retrouvent nomades de force, coincés dans des caravanes pourries. Mais eux, les Roms, ils veulent rester en France parce que même s'ils sont considérés comme des touristes à perpétuité ici, là-bas, on les persécute. »

Première précision donc. Les Roms roumains récemment arrivés vivent dans des bidonvilles autour de Paris ou de Lyon car ils ont fui les violences de leurs compatriotes au moment de la chute du régime communiste. Pour eux, la caravane n'est pas le symbole revendicatif d'un choix de vie d'itinérants, mais l'ultime refuge de sédentaires persécutés.

À l'échelle européenne, seule une minorité continue à être itinérante et la majorité se retrouve « sédentarisée ». L'adjectif souligne la difficulté à saisir la spécificité des « gens du voyage ». En France, les pouvoirs publics préfèrent simplifier en distinguant les « sédentaires », les « semi-sédentaires » et les « voyageurs ». Pourtant, beaucoup ne sont ni simples sédentaires ni grands voyageurs, ils sont l'un ou l'autre selon le moment de l'année ou les périodes de leur vie. Sabrina, cousine de Pati, a par exemple grandi dans une caravane sur un terrain privé sans eau ni électricité. Les pouvoirs publics la considèrent alors comme « semi-sédentaire », sur le chemin menant à la sédentarité, suppose-t-on. L'été, lorsqu'elle part faire des saisons agricoles ou suivre des pèlerinages religieux qui la conduisent à traverser la France, elle est catégorisée comme « voyageuse ». Enfin, en se mariant, elle a installé sa caravane dans le jardin du pavillon de ses beaux-parents et cette situation la définit comme « sédentaire », car elle est sur un terrain avec une maison, même si elle ne vit pas à l'intérieur et continue à faire les saisons.

Plus d'un quart des 400 000 « gens du voyage » est effectivement sédentaire et vit en majorité dans les appartements des quartiers paupérisés. Pour caractériser ces derniers, la distinction pertinente à opérer se situe entre appartement et pavillon :

> « En pavillon, tu peux reconstruire la vie communautaire grâce au terrain, et puis tu peux partir, ça t'empêche pas, au contraire même, tu sais que t'as ta petite place pour les caravanes et là, c'est bien. En HLM, t'as plus de places, ni pour la caravane ni pour les tiens », souligne Pati.

Aussi, les « gens du voyage non sédentaires » (*sic*) revendiquent la caravane comme type d'habitat particulier dont l'usage permet de concilier ancrage et mobilité, vie familiale et pratiques communautaires. Dès lors, plutôt qu'opposer « semi-sédentaires » et « voyageurs », la fréquence et la durée des mobilités, la diversité des lieux investis et la distance entre eux aident à mieux comprendre la situation de chaque ménage, qui dépend surtout des ressources économiques. Cela permettrait ainsi de redéfinir une offre diversifiée d'accueil pour les périodes d'itinérance, mais aussi et surtout d'habitat pour les phases de sédentarité.

Pour tous, trouver un espace où poser sa caravane, pour quinze jours ou neuf mois, est un problème épineux, car la caravane a un statut inique et paradoxal. Que l'on soit propriétaire ou locataire, elle ne peut rester plus de trois mois sur un terrain privé en zone non constructible si elle est habitée. Elle ne peut stationner plus de quarante-huit heures sur un espace public et les campings leur sont de fait interdits. Elle n'ouvre pas droit à l'allocation logement mais elle est, depuis peu, redevable de la taxe d'habitation !

## ▓▓▓▓▓ Pourquoi les « gens du voyage » ne voyagent plus

> « J'ai grandi dans le XIX<sup>e</sup> à Paris où on avait un terrain. J'allais à l'école Porte des Lilas et quand je me suis mariée, je suis allée à Argenteuil. Après on a dû quitter pour Sannois et maintenant, on est vers Taverny. »

Miya, soixante-dix-huit ans, se souvient aussi bien des descentes collectives dans le métro parisien pour se protéger des bombardements que de la panique de cette petite fille blonde effrayée de voir une Manouche d'aussi près. Elle vit toujours dans une caravane, mais elle se trouve désormais à plus de vingt-cinq kilomètres de Paris. Dans la contre-allée étroite d'une zone d'activité du Val-d'Oise, une dizaine de caravanes est stationnée. À l'entrée du campement, Paco, petit-fils de Miya, à peine trente ans, roux aux yeux clairs et à la bonhomie rassurante, écoute la radio au volant de son camion. Ce matin, l'inspecteur de police est venu rappeler les termes de l'avis d'expulsion : il faut quitter les lieux avant demain matin, 8 heures. Paco attend les autres camions, pour partir tous ensemble :

> « Les expulsions, je connais. Ça fait quinze jours qu'on est là et c'est normal qu'on doive partir, on gêne le passage, mais il n'y a pas de places. Juste avant on était derrière le cimetière, dans la zone, pas loin, on était bien là, on gênait personne, peut-être les oiseaux, je sais pas, mais ils nous ont fait partir quand même. »

Un étrange ballet de camionnettes fait des allées et venues. Le père monte dans le camion de Paco, parle peu et finit par lui demander de prendre la tête du convoi qui se prépare. La jambe droite de Paco se met alors à rythmer son anxiété, il ronchonne, menace de partir seul mais continue d'attendre. Paco a été désigné par son père pour solliciter l'hospitalité d'un autre groupe, qui a profité au début de l'hiver d'un terrain squatté par Paco et les siens, duquel tous ont fini par se faire expulser. À présent, la solidarité inverse devrait s'exercer :

> « Les autres, ils ont trouvé une place cet hiver grâce à nous. Moi, je les connais bien, enfin il y en a un qui est mon copain et l'autre fois, je lui ai dit pour de rire, on va venir chez toi, et il a dit, oui, mais... Je sais pas s'il y aura assez de places. Je vais passer devant, avec les autres derrière, et si je peux garer la caravane sur le terrain, c'est bon. »

L'étroitesse des espaces laissés vacants oblige à la solidarité même si la question de la cohabitation entre groupes et le partage des faibles opportunités de stationnement est délicate. Paco souhaiterait que toute sa famille puisse vivre autour de sa grand-mère Miya. Avec ses neuf enfants, ses quarante petits-enfants et ses cinquante arrière-petits-enfants, il est impossible aujourd'hui de trouver un terrain qui puisse les accueillir, elle et ses descendants. Aussi les regroupements ne cessent-ils de se recomposer en fonction des espaces disponibles et de l'état des relations entre groupes.

Implantés un peu partout en France, du monde rural aux périphéries des grandes villes, les « gens du voyage », à l'instar du monde ouvrier, ont une histoire marquée par l'industrialisation et l'urbanisation. Ils sont surtout dans les campagnes au début du siècle, rejoignent ensuite les grandes villes et en sont rejetés toujours plus loin ces dernières décennies. Ces transformations ont réduit l'éventail des métiers possibles et des opportunités économiques, altérant ainsi leur mobilité. Certains se sont sédentarisés, d'autres restent attachés à l'itinérance, devenue, pour une partie d'entre eux, synonyme d'errance. Pour ces ménages, l'été permet de reprendre la route car les offres d'emploi sont plus nombreuses, de même que les possibilités d'accès à des terrains, redevenus praticables en cette saison. De septembre à juin, l'enjeu est surtout de trouver une place. Ils arpentent alors en tous sens un territoire ne dépassant guère les 30 kilomètres carrés. Dans une région sur laquelle ils sont présents depuis des décennies.

Dans sa caravane, sous assistance respiratoire, son téléphone portable à proximité, Miya sort son répertoire sans noms associés aux nombreux numéros de téléphone. Penchée sur le carnet, elle le parcourt en tous sens et finit par lire les seuls mots inscrits :

> « La peine encourue : six mois de prison, une amende de 3 250 euros, suspension du permis trois ans, et véhicule saisi. C'est la loi Sarkozy, pour un terrain privé. Là, on est sur un terrain privé, alors on risque la prison », conclut-elle. « Mais s'ils prennent les véhicules, on peut pas partir », rajoute-t-elle avec malice.

Elle dispose d'un numéro de téléphone en cas d'expulsion, qu'elle n'a jamais appelé. Sa sœur, soixante-seize ans, à l'évocation du mot « journaliste », exulte :

> « Dans le poste, ils parlent pas bien de nous. On n'a pas le droit de rester sur notre place, on n'a pas le droit de prendre de l'eau, alors je sais pas moi, quand

**Gens du voyage**

est-ce qu'on va être tranquille ? Ce matin, les gendarmes ils sont venus. Ils ont arraché le tuyau qu'on avait mis pour l'eau pour pas que ça coule partout ».

Un petit-fils poursuit :

« Le broc, je venais de le remplir, il m'a dit pose-le et il a mis un coup dedans pour le vider. Nous, on se lave avec ça, on mange et lui... Et après, c'est la parole d'un voleur de poules contre celle d'un flic, qu'est-ce qu'on peut faire ? »

Les anecdotes sont légions à propos du mauvais traitement policier. L'expérience de l'expulsion marque le quotidien et colonise l'imaginaire :

« Il y a de la boue sous le camion/Le camping est accroché au camion/Comme ça, si les gendarmes viennent/Pas besoin d'accrocher le camping. »

Ce poème de Maiki, onze ans, décore la salle de classe ambulante de l'Association de scolarisation des enfants tsiganes, qui tente de suivre ces enfants deux fois par semaine. Au bout d'une heure et demi de séance d'apprentissage scolaire, le camion-école va partir à la rencontre d'un autre groupe et il s'agit de s'organiser pour pouvoir se retrouver la fois prochaine :

« Les enfants, c'est les vacances pendant quinze jours. Donc, entre-temps, vous serez sans doute expulsés. Vous avez toujours mon numéro de téléphone ? », s'inquiète l'instituteur.

Quant à « l'école en dur », elle effraie nombre de familles et l'Éducation nationale a choisi d'ignorer cette question. Souvent, elle ne comptabilise pas ces enfants dans les effectifs scolaires. Rendus invisibles, leur accès à l'école, non prévu, repose dès lors sur le volontarisme des enseignants impliqués.

Si la situation dans la région parisienne est si difficile et que la caravane reste le symbole du goût de l'itinérance, pourquoi ne pas tenter de s'installer ailleurs ? Tout d'abord, il y a le titre de circulation à faire viser et les multiples autres inscriptions administratives qui attachent au territoire et conditionnent l'accès à de nombreux droits sociaux comme le RMI. Il y a aussi l'école et les activités économiques qui, toutes deux, réclament du temps pour nouer d'indispensables liens de confiance. Indépendants pour la plupart, les hommes sont tour à tour ferrailleurs, élagueurs, peintres ou couvreurs, et leur pluriactivité ne trouve à s'exprimer qu'à partir d'une inscription relationnelle forte. Pour ces raisons, le départ effectif n'interviendra qu'en ultime solution :

« Si on n'a pas le choix, on ira sur la province, mais... Il y en a déjà qui sont partis sur la province, l'hiver, quand il y a trop de boue et pas de places, ils vont sur Rouen. Et nous, cet hiver, on a quand même réussi à rester deux mois sur Argenteuil, sur un terrain privé, on s'était arrangé avec le propriétaire, mais c'est toujours pareil, faut connaître pour ça. Et puis pour les papiers, les docteurs, la famille, t'es loin. »

Mais ce qui attache au territoire, bien avant les médecins compétents, les instituteurs impliqués, les travailleurs sociaux disponibles, les fournisseurs institués, les propriétaires conciliants ou autres clients fidélisés, c'est la famille. Si beaucoup de jeunes partent faire des saisons sur la côte bretonne, normande ou autre, une partie reste auprès des plus anciens qui ne supportent plus d'endurer les longues heures de camion, ni de devoir atteler une caravane. Source de fierté, cette solidarité entre générations les amène à préciser qu'à leur connaissance aucun vieux n'est mort durant la canicule. Les caveaux familiaux ne se trouvent jamais très loin de leur territoire circulatoire, mais pas nécessairement tout près. Le mode de respect des morts révèle, en effet, que ce qui fait sens à leurs yeux est invisible aux nôtres :

« Chez nous, on parle pas des morts et il a fallu briser ce tabou-là pour parler du génocide. Quand une personne meurt, il n'y a pas d'héritage, tout est brûlé. La caravane, toutes ses affaires, et un seul objet est donné à chacun des enfants. Ça peut être une photo, une bague, un fusil, sinon tout est brûlé. Après, une caravane que t'as pas fini de payer, tu vas pas la brûler, tu vas la ramener aux marchands, et elle est plus là. Mais sinon, une vieille caravane, on la brûle, les affaires aussi, et on en parle plus. Et après on se remet plus sur cet endroit-là, c'est pour ça en fait qu'on a quitté Argenteuil, parce que ma belle-mère était morte sur le terrain, donc on l'a quitté ; on séjourne pas sur le lieu où quelqu'un est mort », nous éclaire Pati.

Comme le souligne l'ethnologue Patrick Williams, ce rapport aux morts des Manouches paraît similaire à leur mode d'inscription dans la société environnante ; en creux, dans l'évitement. Aussi, la rationalisation du territoire les repousse toujours plus loin et les incite à n'investir que les friches et les marges. Pour autant, ils ne témoignent pas là d'une irréductible altérité d'itinérants communautaires, pour lesquels les déchetteries et autres espaces insalubres seraient les lieux d'expression favoris de leur essence particulière. Une fois assignés à leur place d'exclus des centres urbains, puis des zones d'habitation périphériques, il n'est pas rare, en effet, de les rendre responsables de leur situation par un culturalisme douteux qui oublie que les mariages mixtes ne sont pas rares, que les relations de couple se transforment, que nombre de femmes conduisent, que les jeunes écoutent du rap... Les images communes qu'ils continuent d'évoquer demeurent celles d'une carcasse de voiture, d'enfants nus pieds s'accommodant trop bien de l'absence de toilettes, de trop belles caravanes... La survisibilité de cette précarité, suspecte et « culturalisée », voile autant l'hétérogénéité de cette population, traversée comme toute autre par les différences sociales, que les multiples raisons de leur attachement à un territoire, dont ils restent des étrangers de l'intérieur, des voleurs de poules. Il y aurait bien une solution :

> « On va vous lâcher 1 million de poules dans Paris, pour vous les rendre, comme ça, on parlera plus de l'affaire », ironise un neveu de Miya.

## ▰▰▰▰ Comment les pouvoirs publics font voyager les « gens du voyage »

Tapez « loi Besson » sur Google et vous serez mis en lien avec immodéfiscalisation.com ou guideducredit.com. Mais derrière cette loi favorisant l'investissement immobilier, il existe une autre loi Besson, celle du 31 mai 1990. Elle oblige toute commune de plus de 5 000 habitants à disposer d'une aire d'accueil pour les « gens du voyage ». La majorité des communes n'ayant rien fait, tout est affaire de négociation entre une mairie qui ne respecte pas la loi et des « gens du voyage » souvent contraints à l'illégalité. Nino a dû apprendre à manier avec habileté cet art de la négociation, fait de justifications financières et juridiques :

> « On savait que les riverains allaient nous faire venir les flics. Quand ils venaient menacer de nous expulser, on leur disait : "Vous devez avoir un terrain et vous avez rien, alors laissez-nous une place pour quinze jours." C'est mieux pour eux que de faire un référé qui allait leur coûter 30 000 francs avec l'huissier, la police et tout et nous on serait partis de toute façon la veille de l'expulsion, avant qu'ils aient le référé qui prend quinze jours. »

Il ne s'agit pas seulement de négocier une place, encore faut-il convaincre son interlocuteur de pouvoir disposer d'eau et d'électricité :

> « Ma parole d'homme, dans vingt jours, on est parti et le terrain sera nickel. Le groupe électrogène, ça fait du bruit, ça gêne les riverains, alors, ouvrez le local pour qu'on puisse se brancher. J'ai toujours tenu ma parole. »

Mais, avec la loi sur la sécurité intérieure qui a criminalisé tout stationnement illégal, devenu délit, les choses ont changé :

« Maintenant, le référé, et donc l'expulsion, c'est vingt-quatre heures. Ils te prennent ton camion, te mettent des amendes, te menacent de prison mais des aires, y'en a toujours pas assez. »

Avec 6 000 places construites pour un besoin (sous-)estimé par les pouvoirs publics à 38 000, pouvoir accéder à une aire d'accueil n'est pas toujours chose aisée et quand on trouve un lieu, on tente d'y rester. Un soir, Nino investit un terrain vague de 24 000 mètres carrés, demande à pouvoir rester quinze jours, puis tout l'hiver, et enfin les hivers suivants. Au final, il y restera dix ans et deviendra le référent de ce terrain. Ce rôle a fait naître des tensions avec sa propre famille ou d'autres groupes, puisqu'il devait refuser à certains et autoriser à d'autres l'accès au terrain, tout en avisant la mairie :

« J'ai des préfets, des commissaires, le maire, qui ont mangé à ma table. Ils sont tous venus et m'ont félicité. Pendant dix ans, j'ai géré soixante caravanes. »

Lorsqu'en 2001 la commune décide de construire une aire d'accueil, Nino et sa famille en deviennent les uniques bénéficiaires, tant qu'ils règlent leurs consommations et s'acquittent du droit de stationner. À tel point que l'aire ferme ses portes lorsque le groupe familial s'absente.

Payer pour disposer, comme Nino, d'une adresse et d'un emplacement légal, avec eau et électricité, tout en pouvant se regrouper en famille et partir en sachant qu'il est possible de revenir correspond aux demandes d'habitat que font nombre de « gens du voyage » concernés par les aires d'accueil. Mais les rares collectivités locales qui appliquent la loi choisissent de privatiser l'aire d'accueil en la réservant uniquement à « ses » gens du voyage, comme pour Nino, ou bien de distribuer peu à tous. La solution la plus répandue est en effet de n'autoriser le stationnement que pour une durée, insuffisante pour beaucoup, de deux ou trois mois. La majorité des communes préfère tout bonnement rester en dehors de cette économie de la pénurie, s'emparer de la loi Sarkozy et menacer de sanctionner lourdement tout stationnement illégal.

Mais la seconde loi Besson de 2000 a pris en compte les réticences des communes et manie la carotte et le bâton : l'État peut décider de construire l'aire aux frais de la commune si celle-ci tarde trop, mais elle voit ses pouvoirs de police renforcés pour expulser plus facilement les campements illicites si elle accepte de construire une aire d'accueil.

Les communes semblent donc désormais s'accorder pour résoudre une même équation aux intérêts contradictoires : lentement s'associer avec d'autres communes, construire une aire commune aussi loin que possible

**Gens du voyage**

de ses administrés et disposer de pouvoirs de police étendus. La politique d'« accueil des gens du voyage » aboutit ainsi, au final, à recouvrir le droit d'habiter par un(e) air(e) d'accueil et une menace d'expulsion.

Sachant qu'il s'agit avant tout de trouver une place où se poser, lorsque l'automne arrive, que le froid se fait sec et le sol boueux, certains prennent l'autoroute et s'arrêtent à la première station-essence car son aire de repos offre un répit et des services. Pour le responsable d'exploitation de la station, cela se traduit par l'arrivée de dizaines de caravanes réalisant des raccordements audacieux aux armoires électriques, une indisponibilité des bouches d'incendie, des barbecues au plus près des citernes, des clients qui préfèrent continuer leur route et un personnel effrayé, épuisé après des mois de cohabitation. En Seine-et-Marne, ces stations situées en zone hors péage ont connu un tel succès qu'autour de la commune de Réau, deux sur quatre ont fermé. McDonald's a également préféré plier bagages. Pour les deux autres stations-service, le responsable s'est inspiré du savoir-faire de nombreuses communes en construisant un relief artificiel qui empêche l'accès aux caravanes. Fossés, remblais et rambardes constituent en effet les ingrédients avec lesquels nombre de communes choisissent de dessiner leur paysage de l'exclusion. Certaines entreprises en ont fait leur spécialité. La société Coccinelle, par exemple, vous garantit, grâce à ses « éléments d'aménagement extérieur en béton », de disposer de « l'arme absolue contre le stationnement abusif : gens du voyage, camions... ». Les aires d'accueil deviennent d'ailleurs elles-mêmes des marchés, où l'entreprise Sanirom se propose, non pas de nettoyer des Roms, mais d'installer des toilettes. Est-ce le signe que le marché, son hygiène et ses vertus, représente la solution d'avenir pour les gens du voyage ?

**Entretien avec**

# Claire Cossée

Sociologue, membre du laboratoire Genre Travail Mobilités (universités Paris-VIII et Paris-X), attachée à l'équipe Minoritymedia (accueillie par le laboratoire Migrinter, de l'université de Poitiers).

# Modèle républicain et pratique communautaire : l'ethnicisation du politique ?

**En France, quelle différence de conception traduit l'usage des termes « Tsiganes », « gens du voyage » ou « Roms » ?**

Chaque terme révèle les différences de points de vue adoptés. « Gens du voyage » correspond au choix des pouvoirs publics dont les fondements constitutionnels empêchent la reconnaissance des minorités culturelles. Ils mettent en avant un mode de vie supposé, pour ne pas avoir à utiliser un terme ethnique, alors même qu'ils ont une lecture ethnicisée de ce terme, sinon ils ne parleraient pas de « gens du voyage sédentaires ». Le terme « Tsiganes » est très utilisé en Europe de l'Est, mais il est devenu très péjoratif dans ces pays. En France, contrairement à d'autres termes, ce n'est majoritairement pas le cas et c'est pourquoi je l'utilise, ainsi que le terme « Voyageurs ». Les termes stigmatisants en France peuvent être « Gitans » ou « Manouches », qui en réalité désignent une partie des Tsiganes. Les Roms en constituent également une autre composante, et militent pour que le terme « Rroms », avec deux r, signifiant « homme » en langue romani, devienne à l'échelle européenne un terme générique, pour parler de l'ensemble des Tsiganes. Ce qui n'est pas sans poser question du point de vue des « Voyageurs », dans la mesure où les Roms originaires des pays d'Europe centrale et orientale ne forment qu'un sous-groupe parmi l'ensemble, et, qu'étant sédentaires de longue date, ils ne revendiquent pas du tout l'itinérance comme mode de vie. C'est en partie pour cette raison que l'instance de représentation et de concertation créée au sein du Conseil de l'Europe s'intitule « Forum européen pour les Roms et Gens du voyage ».

**Quels sont les principaux représentants des Tsiganes en France aujourd'hui ?**

L'absence d'une élite a longtemps servi à expliquer leurs difficultés à défendre leurs intérêts, mais on assiste ces dernières années à l'émergence d'un mouvement tsigane composé d'une multitude d'éléments. Il y a, d'une part, une branche internationaliste, principalement portée par des Roms, qui s'investit beaucoup auprès des pouvoirs européens pour être reconnue en tant que nation ou, selon leurs termes, « peuple sans territoire compact ». D'autre part, il y a une branche nationale composée davantage de personnes apparentées aux groupes manouches et/ou « voyageurs » et beaucoup plus attachées au nomadisme. Ces groupes ont été historiquement plus proches des « associations amies des Tsiganes » qui ont longtemps tenu seules le rôle de représentant auprès des pouvoirs publics. Il est d'ailleurs notable que le traitement social des « gens du voyage » a donné naissance à un secteur d'action sociale spécialisée, lui-même devenu interface entre les pouvoirs publics et les populations dont ils s'occupaient. Cette fonction de médiation a, de fait, ralenti l'émergence de représentants issus du monde tsigane. Aujourd'hui, il existe

Gens du voyage

des associations comme Regards qui représentent cette posture de défense des intérêts des groupes tsiganes par des militants tsiganes et axent leurs revendications sur l'accès aux droits, sans tomber dans une posture culturaliste. Enfin, il y a le mouvement pentecôtiste [1], qui a connu un développement très important depuis les années 1950, au sortir de la Seconde Guerre mondiale, et qui actuellement dispose de la plus grande force de mobilisation au sein des populations elles-mêmes. Ce mouvement développe des services à vocation sociale et prend une dimension politique importante car c'est, jusqu'à récemment, un interlocuteur écouté des pouvoirs publics.

**Quelle est l'attitude des pouvoirs publics face à la diversité des représentants ? Ne sont-ils pas amenés à en légitimer certains au détriment d'autres ?**

En théorie non, car la représentation des intérêts des Tsiganes en France se joue au sein de la Commission nationale consultative des gens du voyage et elle est censée regrouper toutes ces différentes tendances, même s'il existe toujours des polémiques sur la place faite à chacun. Toutefois, la Commission n'avait pas été renouvelée et ne s'était pas réunie depuis 2002 (jusqu'à sa récente nomination) et, pendant cette période, l'attitude du ministre de l'Intérieur n'a pas été claire. En 2002, une législation relative à la sécurité intérieure a été votée, comprenant des articles qui ont durci de façon démesurée la réglementation du stationnement en dehors des aires d'accueil, alors même que la majorité des communes n'avaient pas rempli leurs obligations en matière de création d'aires (loi Besson). Les débats ayant entouré le vote des amendements de cette législation ont été émaillés de discours ouvertement racistes et discriminatoires à l'encontre des « gens du voyage », ce qui a donné lieu à la création du Collectif du 24 septembre 2002, regroupant une dizaine d'associations de représentation des intérêts des groupes tsiganes. Il semble que, lors de cette mobilisation contre la loi sur la sécurité intérieure, le ministre de l'Intérieur ait choisi de davantage rencontrer les interlocuteurs religieux que le collectif regroupant les diverses tendances qui avait été constitué. D'une part, parce qu'étant mieux organisés et représentant plusieurs dizaines de milliers de fidèles, les leaders pentecôtistes sont dans une certaine mesure, plus facilement reconnus comme interlocuteurs aux niveaux local et national. D'autre part, parce que les pouvoirs publics sont préoccupés par les grands passages et rassemblements, or ces derniers sont majoritairement portés par le mouvement pentecôtiste.

---

1  Mouvement d'inspiration évangéliste affilié, au travers de la Mission évangélique tsigane, à la Fédération protestante de France. Sa pratique repose sur la conversion/guérison, opposant un « avant » de souffrance physique ou morale (débauche, conduite irrespectueuse, bagarre, violence conjugale…) et un « après », conforme aux préceptes religieux, qu'il s'agit ensuite de transmettre.

**Quelles sont les conséquences de cette orientation ?**

Deux orientations majeures structurent les revendications du mouvement. L'une souhaite davantage la reconnaissance des Tsiganes comme une minorité culturelle, dont l'écueil peut être un renfermement. Par exemple, *Vie et Lumière* – la mission évangélique tsigane – n'a pas voulu se joindre à une manifestation à laquelle participait le Collectif du 24 septembre 2002 au motif qu'il y avait des prostitué(e)s et surtout il semble qu'une partie de ses représentants religieux jouent le renversement du stigmate pour défendre une sorte de séparatisme culturel. C'est ainsi que certains revendiquent le maintien des titres de circulation au motif qu'ils signifieraient la reconnaissance de leur singularité. À l'inverse, le mouvement laïque défend davantage l'accès au droit commun, sans traitement discriminatoire, l'égalité femmes-hommes, y compris parmi les représentants des Tsiganes, et interroge par exemple le bien-fondé de l'existence d'un secteur social spécialisé « gens du voyage ». Le risque est que cette orientation soit moins bien entendue car il est vrai qu'elle a une audience moins forte au sein des pouvoirs publics.

**N'assiste-t-on pas à un décalage entre un modèle de référence républicain et une pratique communautarisante ?**

Tout à fait, on légitime les représentants revendiquant une appartenance religieuse et cela a pour effet de renforcer davantage encore le poids de cette dimension au sein des populations. Aujourd'hui, le mouvement pentecôtiste offre des opportunités de mobilité et de nombreuses familles déclarent que les missions itinérantes sont devenues un moyen efficace de pouvoir voyager, puisque les pasteurs, représentants d'une autorité religieuse, sont des interlocuteurs crédibles et efficaces face aux pouvoirs publics. Ces rassemblements favorisent également des initiatives économiques, ressoudent des liens distendus par la précarité d'une partie d'entre eux et remplissent donc des fonctions autres que religieuses. Au final, les pouvoirs publics favorisent indirectement le renforcement du sentiment d'appartenance communautaire, fondé sur un sentiment religieux, qui lui-même est lié au développement des grands passages et rassemblements, alors que la maîtrise de ce phénomène demeure l'une des préoccupations premières des politiques publiques.

## Pour aller plus loin

Cossée Claire, Lada Emmanuelle et Rigoni Isabelle (dir.), *Faire figure d'étranger. Regards croisés sur la production de l'altérité*, Armand Colin, Paris, 2004.

Humeau Jean-Baptiste, *Tsiganes en France : de l'assignation au droit d'habiter*, L'Harmattan, Paris, 1995.

Williams Patrick, *Nous, on n'en parle pas : les vivants et les morts chez les Manouches*, Maison des sciences de l'homme, Paris, 1993.

Centre européen pour les droits des Roms, *Hors d'ici ! Anti-tsiganisme en France*, Série des rapports pays, n° 15, novembre 2005.

◊ **Jérôme Huguet.**

Gens du voyage

# Habitants
# des taudis

Comment vivre dans un logement indigne

**U**n taudis : le mot vous saute à la figure, renvoie aux bidonvilles, aux cabanes délabrées, aux maisons en ruine. Au tiers monde, pour tout dire. Ou à l'hiver 1954, quand l'abbé Pierre, encore jeune prêtre inconnu, lançait un appel émouvant sur les ondes de Radio-Luxembourg : « Mes amis, au secours ! Une femme vient de mourir gelée... » Pourtant, cinquante-deux ans plus tard, la Fondation Abbé-Pierre compte encore plus d'un million de personnes (1 150 000 précisément) « vivant dans des conditions de logement très difficiles », sans le confort de base : salle de bains, W-C ou chauffage.

En France, la lutte contre les taudis a pris la forme d'une lutte contre l'insalubrité : est insalubre tout logement présentant des dangers pour la santé de ses occupants. Toujours valable aujourd'hui, à travers l'arrêté d'insalubrité délivré par le préfet qui peut frapper un immeuble en mauvais état, elle vient d'être complétée par une notion nouvelle, politique et non juridique, celle d'indignité. La lutte contre le logement indigne recouvre toutes les situations où le droit au logement et la dignité de la personne sont atteints. La loi SRU (Solidarité et renouvellement urbain) du 13 décembre 2000 a préféré parler de « logement décent », que tout propriétaire doit offrir à son locataire. Pour la première fois, on quitte le champ administratif pour le champ du droit privé, puisque les locataires peuvent attaquer leur bailleur s'il ne respecte pas cette obligation. Le terme est moins restrictif que celui d'insalubrité, mais vise aussi à préserver la santé de l'occupant des lieux.

## ▰▰▰ « C'est à peine survivre que d'habiter ici »

C'est une maison de briques, dans le quartier de Fives, à Lille, comme il y en a des milliers dans le Nord-Pas-de-Calais. Elle a été reconvertie en appartements, un au rez-de-chaussée, avec une petite cour, l'autre sur les deux derniers étages, en duplex. Les locataires ont porté plainte contre leur propriétaire pour indignité de leur logement.

Virginie, trente et un ans, cuisinière, est au RMI :

« J'habite ici depuis 1995, d'abord avec mon mari, puis seule. Je suis en instance de divorce. Ce n'est pas du tout dans les normes, ici. Vous avez vu la porte d'entrée, elle est complètement foutue. Dans la salle de bains, j'ai dû refaire le plafond, il est tombé, parce que la toiture fuit. Et il y a des champignons, à cause de l'humidité. L'électricité ? C'est mon beau-père qui l'a refaite, tous les fils sortaient des gaines.

Comme je fais de l'asthme, ce n'est pas évident de vivre ici. Je suis passée d'une bouffée de Ventoline, à deux d'un produit plus fort. Le médecin voudrait bien que je déménage, mais je n'ai pas d'autre logement. J'ai dû arrêter de travailler pour des raisons de santé, je suis maintenant au RMI. Je ne peux pas trouver ailleurs. J'ai fait une demande de logement HLM, et dans le privé, je n'ai pas les moyens.

Avec mon mari, on a envoyé pas mal de courrier au propriétaire, cela n'a jamais abouti à quelque chose. On lui demandait de mettre l'appartement aux normes, il nous disait que c'était à nous d'entretenir le logement. La seule chose qu'il a faite, c'est remettre la chaudière, quand elle était en panne en plein hiver. C'est un gros propriétaire qui a pas mal de logements à Roubaix, à Tourcoing, à Lille. L'allocation logement, il la touche directement sur son compte. Après le départ de mon mari, il y a un an, j'ai arrêté de payer ce que je devais en plus. Je n'avais pas le choix, sinon je n'arrivais plus à me nourrir. J'ai préféré en mettre plus dans mon congélateur. Il m'a attaquée pour impayé de loyer. Ma voisine et moi, on est en train de l'attaquer toutes les deux. J'y tiens : si je pars comme ça, il va reloger d'autres personnes sans rien changer.

C'est dur de vivre dans un logement insalubre : on n'ose pas inviter des gens, ma propre famille ne veut plus venir ici. On a tellement peur des critiques, des reproches, qu'on garde tout au fond de soi. »

**Habitants des taudis**

Florence, vingt-neuf ans, électricienne, trois enfants, touche l'allocation parent isolé :

« J'attends, j'attends, je ne fais qu'attendre. Parfois, la patience a du mal à passer. C'est à peine survivre qu'habiter ici. Il n'y a pas de plaisir. Quand les enfants jouent dans leur chambre, j'ai l'impression qu'ils démolissent tout, je finis par hurler. C'est invivable. L'installation électrique est douteuse, avec encore des porte-fusibles en porcelaine. L'humidité est flagrante, les murs en torchis tombent, j'ai rebouché comme j'ai pu. Le chauffage au gaz surchauffe la cuisine, mais on doit mettre un pull pour aller aux toilettes, sur le palier. Et surtout, c'est infesté de cafards. J'ai mis plus de 500 euros dans des produits, ça ne sert à rien. C'est répugnant, on vit dans un dégoût. Je suis obligée de laver les affaires juste avant de les utiliser. Les cafards vont même dans le micro-ondes, j'attends qu'ils partent pour faire chauffer les aliments. Je sais que quand je partirai, je serai obligée d'abandonner tous mes meubles, parce qu'ils sont pleins d'œufs. On a beau nettoyer, on a l'impression que cela ne sert à rien. La peinture s'écaille, mes enfants ont subi les tests de plombémie, pour détecter le saturnisme. Heureusement, tout est normal. Cela fait huit ans et demi que je vis ici, pour 490 euros par mois. Il me reste 57 euros à payer, et je suis en règle de mes loyers. Mais le propriétaire ne veut rien faire. J'ai fait venir tout le monde, le service d'hygiène, le Cal-Pact [une association qui aide les gens à se loger], et j'ai décidé de déposer plainte. »

## ▰▰▰▰ « L'insalubrité, ce n'est pas que des histoires de briques, il y a de l'humain derrière »

Corons, courées : on habite toujours, dans le Nord-Pas-de-Calais, dans ces restes de la révolution industrielle, nés pour loger à bon compte les ouvriers à la fin du XIXᵉ siècle. La crise les a transformés en taudis, d'abord tout juste bons à démolir, désormais rénovés. Car il a bien fallu se rendre à l'évidence : beaucoup préféraient rester dans leurs baraques aux sanitaires bricolés plutôt que d'aller en HLM. C'est Roger, dix-huit ans de courée, qui ricane :

« Ceux qui avaient des enfants, ils les ont obligés à aller dans les cages à poules. Moi, je suis bien ici, je veux rester. »

Pourtant, l'humidité décolle ses papiers peints, le voisin d'à côté a empilé un invraisemblable bric-à-brac dans la cour, le tout-à-l'égout n'existe pas, mais il secoue la tête :

« J'ai tout ce qu'il me faut, faut pas croire, Canal +, le satellite et tout. Je pourrais avoir l'ordinateur mais ça ne m'intéresse pas. »

Roger reconnaît cependant qu'il habite ici par manque de moyens.

« Si on m'offre une maison à la campagne, j'y vais tout de suite ! »

Claude Dujardin, le responsable du service d'hygiène de la ville de Roubaix, constate, entre tendresse et consternation, que « l'insalubrité, ce n'est pas que des histoires de tas de briques, il y a de l'humain derrière ».

Les corons, ce sont de longues rangées de maisons de briques avec jardinet, dupliquées à la va-vite autour des carreaux des mines. Ils ont pris sur les campagnes autour de Douai, Lens, Valenciennes. Michel Dagbert, le maire de Barlin, bourgade du bassin minier, explique :

« En 1850, Barlin était un petit village de 500 habitants. Il s'est développé au fur et à mesure que les puits se creusaient jusqu'à frôler les 10 000 habitants dans les années 1950-1960. »

De manière anarchique, au gré de la localisation des veines exploitées. « Nos villes n'ont pas de structure », constate le maire. Les corons appartenaient aux compagnies minières, argument pour recruter des bras dans les régions pauvres d'Italie ou de Pologne : toit et chauffage gratuits.

À Roubaix, à Lille, à Tourcoing, les trois villes reines du textile, les filateurs et les bobineuses s'entassaient dans les courées appartenant à de petits propriétaires. Les usines construisaient aussi le logement de leur personnel, mais en nombre plus limité. Il s'agit souvent d'un passage entre deux immeubles, s'élargissant en une petite cour où se blottissent des maisonnettes, une dizaine en règle générale, briques toujours, deux étages au maximum. En cœur d'îlot, sans aucune fenêtre sur la rue :

« Roubaix, qui est assez petite, a 99 % de sa surface construite », constate Christine Averlant, architecte de cette ville. « Les courées ont la même densité que l'habitat HLM vertical, mais en maintenant l'impression de la maison individuelle. »

La ville a dû faire face à une arrivée massive de travailleurs : 8 000 habitants en 1800, 35 000 en 1850, 125 000 en 1910 :

« Les cafetiers créaient leur maison front à rue, l'épicerie-café-dîneurs au rez-de-chaussée, les meublés pour les travailleurs célibataires à l'étage. Et la courée sur le terrain derrière. Ils avaient ainsi une clientèle captive, les gens de la cour, à qui ils faisaient crédit », complète Claude Dujardin.

Les corons comme les courées étaient des habitations honorables, aux normes de leur époque. Chauffage au charbon, toilettes à l'extérieur, pas de salle de bains mais un point d'eau froide. Les mineurs étaient logés à

**Habitants des taudis**

meilleure enseigne, puisqu'il y avait une arrivée d'eau et un W-C pour chaque maison, quand les ouvriers du textile n'avaient qu'une pompe à l'entrée de la cour et deux cabinets d'aisance pour tout le monde. Les courées ont été les premières à se dégrader, au fil de la fermeture des filatures. « La montée du chômage a été un facteur de dégradation générale », souligne Claude Dujardin. Ceux qui le pouvaient sont partis. Les biens ont perdu de leur valeur et de leur intérêt pour les petits propriétaires privés. Dès lors, à quoi bon rénover ? Ils les ont souvent revendus à petit prix à leurs occupants, ou à des spéculateurs immobiliers :

> « Après l'appel de l'abbé Pierre, en 1954, il fallait lutter contre les bidonvilles. On a mis les courées dans le même panier. Pas les corons, puisque les houillères travaillaient encore », rappelle Claude Dujardin.

Les corons ont été entretenus jusqu'à la fermeture du dernier puits, le 21 décembre 1990. « C'est que les gardes des mines passaient dans les cités, et quand sa devanture ou son jardin était sale, il fallait nettoyer ! », se souviennent Jean Kupiec, Jules Hallez, Lucien et Raymond Moreau, tous du 5 de Barlin, anciens mineurs de fond.

Alors, on a détruit, sur grande échelle. À Roubaix, la première tranche RHI (résorption d'habitat insalubre), dans les années 1960, concerne entre 600 et 700 logements. « Les aides de l'État étaient énormes, 1 800 francs le mètre carré de terrain libéré », rappelle Christine Averlant. Avec ces terrains gagnés sur les taudis, Roubaix a donné des jardins aux maisons qui restaient. Puis la logique du bulldozer a trouvé ses limites :

> « Les cas les plus graves avaient été traités. L'émiettement des propriétés ne rendait pas simples les procédures d'expropriation. Surtout, il y a eu une prise de conscience que ce type d'habitat était un patrimoine d'une certaine qualité, avec un mode de vie qui gardait une réelle valeur aux yeux de ceux qui vivaient là. »

Quand les habitants d'une courée s'entendent bien, ils peuvent former une petite communauté, avec ses entraides et ses coups de gueule, où le lien social a encore du sens. Vous posez le pied sur leur territoire, il y a tout de suite un nez qui pointe à une fenêtre, pour vous demander qui vous êtes. Marie-Thérèse, dès les beaux jours, a sa porte grande ouverte :

> « Ça fait quatorze ans que je vis ici, je suis habituée. Je ne vois pas pourquoi je partirais. Puis il y a le confort, mon mari a installé le chauffage au gaz de ville. »

Claude Dujardin décode :

> « Une maison, c'est un chez-soi, quand un appartement n'est qu'un petit bout d'un ensemble : il n'y a pas la même relation affective aux murs, il n'y a pas cette impression d'être chez les autres. »

À présent, les réhabilitations se font dans la dentelle, sans résoudre la question des propriétaires indignes, qui profitent de la crise du logement, se contentant de travaux *a minima* :

> « Chez une de mes voisines, la douche était installée en face de la porte d'entrée, sous l'escalier », se souvient une habitante de courée. « L'écoulement de l'évier de la maison mitoyenne passait par son bac à douche. J'ai vu de mes yeux sa petite fille, alors qu'elle se lavait, patauger dans les restes de pâtes d'une eau de vaisselle venant d'à côté. »

Les corons ont suivi la même logique : destruction d'abord. Des 140 000 logements initiaux, il ne reste plus que la moitié. Avec le chômage, ce ne sont pas que des pans de mur qui se sont écroulés, mais aussi toute une culture ouvrière. Sans compter la silicose, cette maladie du mineur, la poussière avalée au fond qui attaque les poumons, ainsi des corons entiers ne comptent plus que des veuves :

> « Dans notre cité, il n'y a plus que treize mineurs. Beaucoup ont pris sur leur argent pour améliorer leur logement », explique Jean Kupiec.

Pas les nouveaux arrivants, chômeurs ou Rmistes, locataires plutôt que propriétaires :

> « Il nous reste 8 000 logements à rénover. Ce n'est pas pour en faire des résidences 4 étoiles, mais pour installer un certain nombre de commodités, le chauffage central, une salle d'eau, les W-C à l'intérieur », détaille le maire de Barlin.

Le gros du morceau : l'assainissement. Dans les cités minières, pas de tout à l'égout, pas de voirie digne de ce nom, juste du schiste pour goudronner la route et une rigole, le ruisseau, où s'écoulent les eaux usées. L'État s'est engagé sur un budget de 60 millions d'euros dans le contrat État-région 2000-2006.

> « Mais il nous manque toujours 54 millions », rage Michel Dagbert. « Je connais une dame de quatre-vingts ans. Sa salle de bains, elle ne va pas en profiter vingt ans. Alors, on l'a un peu mauvaise d'aller mendier les fonds à Bercy alors que nous avons la signature de l'État. »

Au 5 de Barlin, Carmen et Jules Hallez ont racheté leur maison aux Houillères, ils l'ont rénovée avec leurs moyens. Les travaux de réhabilitation ont enfin commencé dans leur quartier :

« Avec le tout-à-l'égout, on va être tranquille. Pour l'instant, nous avons une fosse septique avec le vidangeur qui passe tous les six mois. »

Ils se chauffent toujours au charbon, il n'y a rien de mieux comme chaleur, disent-ils. Jules Hallez a passé trente-trois ans au fond :

« Avec notre retraite de mineur, 800 euros par mois, on ne peut pas se permettre d'avoir une belle maison. Mais je suis bien, je suis natif d'ici, au n° 4 de la rue du Pic, je ne bougerai pas du coin. »

Chez les Kupiec, le gaz de ville n'est arrivé que depuis octobre :

« Ça fait un peu tard. Les trois quarts des mineurs sont décédés, ils en auraient bien eu besoin avant », s'exclame le couple.

Les maisons les plus abîmées logent ce que les anciens de la mine appellent entre eux les « cas sociaux ». Ils connaissent le rêve du maire, que les corons rénovés, avec leurs jardins, attirent les citadins en mal de maison et de campagne. Et ils s'interrogent :

« Mais avec ces rénovations, où est-ce qu'ils vont aller, ceux qui habitent là ? Parce qu'ils n'ont pas les moyens d'aller ailleurs ! »

## ▰▰▰▰ Un arsenal juridique à côté de la plaque

Du côté administratif, l'arrêté d'insalubrité ; du côté judiciaire, la loi SRU : les armes pour lutter contre les logements indignes existent, mais les procédures sont trop longues pour être efficaces dans les situations d'urgence.

« C'était ça ou la rue, alors… » Mylène, son mari et leurs cinq enfants ont vécu pendant trois ans dans « un salon, une cuisine et quasiment une chambre, en fait un petit cagibi », pour 450 euros par mois à Lille. Avec un plafond qui s'est écroulé, un escalier où manquaient les quatre premières marches – « On avait mis une porte pour faire un plan incliné et passer au-dessus » –, une humidité constante et un chauffage qui ne marchait pas – « L'hiver, je laissais ouverte la porte du four allumé. » Avec la trouille que l'assistante sociale vienne frapper à la porte et les sépare de leurs enfants. « On avait déjà connu ça quand on était arrivé d'Hazebrouck, j'étais en foyer et les enfants placés », explique Mylène. C'est finalement le Cal-Pact, un bailleur très social, qui passera par hasard, pour proposer un logement à l'ancien locataire. Grâce au soutien de cette association, Mylène a osé attaquer son propriétaire en justice :

« J'ai d'abord fait des courriers, puis des mains courantes, mais j'ai eu des menaces. J'ai tout de même continué. »

Après plus de deux ans de procédure, elle a obtenu gain de cause et 2 000 euros de dommages et intérêts au titre du préjudice moral. Argent dont elle ne verra jamais la couleur : son propriétaire est domicilié en Belgique et les frais d'huissier seront aussi importants que la somme à recouvrer. Heureusement, entre-temps, Mylène et sa famille ont été relogés, l'appartement frappé par une interdiction d'habiter.

Mylène a fait jouer dans cette affaire une nouveauté juridique, incluse dans la loi SRU du 13 décembre 2000 : le propriétaire a l'obligation d'assurer un logement décent, qui ne laisse pas apparaître de risques manifestes pour la santé. En cas contraire, le tribunal peut ordonner l'exécution de travaux, sous astreinte d'une amende quotidienne s'ils ne sont pas effectués. L'avocate de Mylène, Me Elodie Perruchot, est une spécialiste de ce type de dossiers :

« La population mal logée est une population précaire socialement, en situation fragile par rapport à la loi. Elle n'a pas forcément les moyens de râler, pas le culot d'écrire les courriers nécessaires, pas les connaissances des procédures juridiques. Elle va plutôt passer par un arrangement avec le propriétaire, fait des petits travaux contre une diminution de loyer, puis finalement arrête de payer les mensualités à cause de l'insalubrité. »

En face, les propriétaires indélicats connaissent la loi, ont leur avocat et contre-attaquent au dépôt de plainte pour habitat indigne par une plainte pour impayés. Ainsi, la procédure se complexifie et se rallonge, dans une situation d'urgence :

« Les locataires ont souvent fait une demande de logement social. Quand ils l'obtiennent en cours de procédure, ils l'acceptent. Du coup, ils n'ont plus la qualité de locataire pour agir et ils laissent tomber. »

Le bailleur n'a plus qu'à relouer son bien, tel quel. Claude Dujardin, responsable du service d'hygiène de la ville de Roubaix, est tranchant :

« La loi SRU est une utopie. Beaucoup de locataires ont peur d'aller au tribunal. On ne peut pas envoyer les gens se débrouiller tout seuls. »

Pour lui, seule la force publique peut aider les populations vulnérables. C'est l'autre pan de protection des locataires, on quitte le droit privé pour entrer dans les procédures administratives. Le préfet, après enquête du service de la DDASS (Direction des affaires sanitaires et sociales) ou du service d'hygiène communal dans les villes où il existe,

**Habitants des taudis**

délivre un arrêté d'insalubrité, avec interdiction d'habiter provisoire ou définitive. C'est aussi un long parcours. Avec au bout la question du relogement des familles, normalement à la charge du propriétaire, toujours assumée par la collectivité. Dernière solution, la mairie :

> « La municipalité peut pallier les insuffisances d'un propriétaire et décréter des travaux d'office, avec obligation de remboursement », explique Sébastien Pollet, directeur de l'Organisme social de logement, à Lille. « Mais c'est complexe, et si les villes s'engagent dans cette voie, elles doivent prévoir de dupliquer cette procédure *n* fois, et donc prévoir un budget colossal à gérer. Cela suppose une ingénierie et des sommes gelées importantes. Peu de communes souhaitent mettre en œuvre cette disposition. »

En effet, même si des communes comme Roubaix tentent l'affaire avec de bons résultats, puisque le propriétaire a toujours préféré prendre en charge les travaux plutôt que de devoir rembourser la ville, les autres municipalités renvoient vers le préfet ou les avocats :

> « Le service logement de ma mairie m'a renvoyé vers l'antenne justice », témoigne Véronique. « Je n'y suis pas allée parce que ce que je voulais à tout prix, c'est quitter mon logement. »

Résorber l'insalubrité passe donc par un parcours de combattant pour tous les acteurs concernés, propriétaires compris. « Beaucoup de petits propriétaires sont de bonne foi mais n'ont pas les moyens de rénover, surtout quand leurs locataires ne les paient pas », explique M<sup>e</sup> Perruchot. Et les aides obtenues auprès de l'ANAH (Agence nationale pour l'amélioration de l'habitat) sont insuffisantes. Sébastien Pollet partage le même constat et rajoute :

> « Le comportement des locataires contribue parfois à leur inconfort. Certains ne savent tout simplement pas comment entretenir un logement, d'autres le font exprès, car ils ont de lourds problèmes comportementaux. »

Difficile dans ce cas de faire porter toute la charge de l'indécence au seul bailleur. Au final, le pouvoir le plus efficace est aux mains des caisses d'allocations familiales : quand l'habitat ne correspond plus aux normes, elles peuvent suspendre l'allocation logement, généralement directement versée sur le compte du propriétaire. Frappez au portefeuille, il en restera toujours quelque chose.

**Entretien avec**

# Claire Levy-Vroelant

Professeur de sociologie, membre du Centre de recherche sur l'habitat (UMR LOUEST du CNRS) et membre associée à CSU (Cultures et sociétés urbaines) de l'UMR 7112 du CNRS.

## « À travers une cause noble, la lutte contre le taudis, on organise un lissage de la ville »

**Quelle est pour vous la définition du logement insalubre ?**

Il n'y a pas de définition claire du logement insalubre : une telle définition reposerait sur l'administration de la preuve, c'est-à-dire la démonstration qu'un tel habitat a un effet néfaste sur la santé des habitants. Cette notion des « murs qui tuent » est particulière à la France. C'est par une loi de santé publique, en 1850, que les communes acquièrent la possibilité de constituer des commissions de logements insalubres pour répondre aux plaintes des locataires. Ce qui veut dire que vous autorisez la puissance publique à entrer dans le sacro-saint univers familial et à attaquer les propriétaires.

**Comment est née cette préoccupation ?**

Le mouvement hygiéniste du XIXᵉ siècle rassemblait des conservateurs comme des progressistes. Ils avaient des buts différents mais un objectif les rassemblait, rendre la ville propre. « Il faut nettoyer les nids où prolifère la tuberculose, assainir le territoire », affirmaient-ils. Des périmètres sont tracés, ce sont les « îlots insalubres », aussi appelés « îlots tuberculeux » car établis sur la base d'une mortalité tuberculeuse supérieure à la moyenne. Les autres critères ? Le manque d'air et de lumière, la malpropreté, l'absence d'eau et le surpeuplement. La principale cause de l'insalubrité est bien sûr la misère, mais elle n'était pas du ressort de l'administration qui luttait contre l'insalubrité. Alors les inspecteurs étaient enclins à la tolérance. C'est toujours le cas aujourd'hui lorsqu'on ne sait pas quoi faire des habitants. Il faut donc en passer par des procédures plus globales, comme les ZAC (zones d'aménagement concerté) et autres périmètres de rénovation.

**Que pensez-vous de l'appellation « habitat indigne » ?**

Il s'agit d'une notion nouvelle, utilisée au plan européen, que le plan de cohésion sociale, par exemple, mobilise. C'est un concept politique et non juridique, chargé d'une forte connotation morale. Il recouvre les anciennes catégories d'habitat insalubre et d'habitat précaire ou dit « de fortune ». Si l'esprit des temps change, l'usage reste le même. Le diagnostic d'insalubrité a servi à justifier les recompositions urbaines. L'indignité sert très localement les opérations de rénovation des « quartiers », là où la population est considérée

**Habitants des taudis**

comme « ingérable ». Les effets sur la santé publique sont insignifiants mais ces reconstructions peuvent contribuer à changer le visage des voisinages. Ce glissement de sens n'est pas un hasard : l'indignité, qu'on le veuille ou non, atteint l'habitant lui-même. Ce qui a fait dire à Pascale Pichon que notre époque voit le passage de la ville « hygiénique » à la ville « humanitaire » et institue de nouvelles normes : il faut traiter les choses (le bâti) mais aussi les personnes (action sociale) mais sans pour autant leur accorder de droits.

**Quelles sont les populations les plus touchées ?**

Les derniers arrivants étant les plus mal servis, les travailleurs migrants, et leur famille le cas échéant, ont toujours été les plus mal logés : aux marges de la ville, aux marges du « bon logement », et souvent aux marges du logement tout court, dans les bidonvilles, les habitats de fortune, qu'on voit aujourd'hui ressurgir autour des grandes villes. Les organismes de logement social gèrent aujourd'hui près de 4 millions de logements. Pourtant, les plus pauvres vivent, sans espoir d'en sortir, dans les logements les plus dégradés du parc privé. La période contemporaine offre le triste exemple de formes nouvelles d'exclusion du logement, qui touchent des personnes par ailleurs « intégrées » en région parisienne, un SDF sur trois n'est pas coupé de l'emploi.

**Y a-t-il une réelle dégradation de la situation ?**

Oui. L'offre est fortement inadaptée, avec trop peu de logements abordables dans un contexte de précarité accrue. Un phénomène me semble en voie d'aggravation, la ségrégation sociospatiale. Les vœux de « mixité sociale » des pouvoirs publics, cette nouvelle utopie où les riches devraient accepter les pauvres, et les pauvres se « disperser » pour éviter les « ghettos », se heurte à des logiques de séparatisme social des classes favorisées. Choisir son lieu de résidence – et pas seulement son logement – est aujourd'hui l'apanage d'une très petite minorité.

**Que pensez-vous de l'évolution des politiques gouvernementales ?**

L'accent mis sur la nécessité de lutter contre l'insalubrité entre en contradiction avec la faiblesse des moyens, malgré les efforts du pôle national de lutte contre l'habitat indigne. Parfois les petits propriétaires ne sont pas en mesure de financer les travaux, les aides sont très insuffisantes. Et contre les multipropriétaires pécunieux et malhonnêtes, les recours existent mais sont toujours difficiles à mettre en œuvre. On constate également une incapacité des décideurs à agir en concertation avec les habitants. Il n'y a pas de réelle culture de démocratie participative. Les désirs de voisinage sont mal compris et donc peu respectés.

Alors, les solutions choisies, plus ou moins dures, destruction, réhabilitation, « résidentialisation », neutralisent les problèmes en neutralisant les rapports sociaux. Par exemple, on clôt l'espace, on « tarit les circulations », ce qui évite en effet les rassemblements de jeunes sous les fenêtres. Dans le meilleur des cas, il y a plus de tranquillité. En réalité, on n'a fait que déplacer le problème.

Enfin, les logiques et les outils de l'action sociale ont pénétré très largement dans le secteur du logement. Les frontières entre le logement de droit commun et l'hébergement – ou des formes hybrides de logement temporaire – sont de plus en plus poreuses. Les « résidences sociales » nées d'un décret de 1994 sont des établissements de logement temporaire qui bénéficient de subventions publiques. Les habitants ne sont que des résidents, pas des locataires ordinaires. Ils doivent passer par les critères de l'insertion sociale. Parallèlement, les hôtels meublés disparaissent. À travers une cause noble, la lutte contre le taudis, on organise un lissage de la ville.

## Pour aller plus loin

*Droit au logement, construire la responsabilité*, 9e rapport du Haut-Comité pour le logement des personnes défavorisées, La Documentation française, Paris, 2004.

Fondation Abbé-Pierre : www.fondation-abbe-pierre.fr. En ligne les rapports annuels sur le mal-logement en France.

Pôle de lutte contre l'habitat indigne :
http://www2.logement.gouv.fr/actu/habitatindigne/default.htm

◊ **Stéphanie Maurice.**

**Habitants des taudis**

# Handicapés

Comment s'émanciper d'un corps diminué

Le 14 juillet 2002, quelques semaines après le choc électoral du 21 avril, Jacques Chirac inaugure son second mandat présidentiel par l'annonce, sur le mode du drame et de la compassion, de trois « grands chantiers » touchant à la mort (les accidents de voiture), à la longue maladie (le cancer), et à l'irréparable (le handicap). Trois registres d'événements brutaux à l'échelle d'une vie humaine, habituellement délaissés par les grands discours politiques, mais qui, dans le contexte d'une crise institutionnelle forte, deviennent soudain d'inépuisables sources de profit symbolique. Qui donc pourrait juger ces objectifs illégitimes ? Évidemment, personne.

Quatre ans plus tard, le bilan sur le terrain est impossible à tirer. La loi handicap du 11 février 2005 n'est entrée en application qu'en janvier 2006. Elle a créé un guichet unique pour le retrait des allocations et des aides à l'emploi (les maisons départementales des personnes handicapées), renforcé les sanctions contre les entreprises de plus de vingt salariés qui n'emploient pas 6 % de handicapés, créé la prestation de compensation sans condition de ressources. Elle donne une large définition du handicap : « Toute limitation d'activité ou restriction de participation à la vie en société subie dans son environnement par une personne en raison d'une altération substantielle, durable ou définitive d'une ou plusieurs fonctions physiques, sensorielles, mentales, cognitives ou psychiques, d'un polyhandicap ou trouble de santé invalidant. »

La notion de « handicap » est récente. Jusqu'à la première partie du XIXᵉ siècle, on parle d'« infirmes » ; « déficients » apparaît entre les deux guerres. Après 1918, les « mutilés de guerre » deviennent une catégorie spécifique, bénéficiant d'emplois réservés (bureaux de tabac, fonction publique). Après 1945, l'État français s'intéresse aux « travailleurs handicapés », qui correspondent aux anciens « réadaptés » (tuberculeux, accidentés en fauteuil roulant, aveugles). Dans les années 1970 et 1980, apparaît la figure de la « personne handicapée ». L'étymologie du terme raconte l'histoire d'un glissement de sens : à l'origine, le *hand in cap*, expression anglaise, désigne un jeu dans lequel on se dispute des objets personnels, la mise étant déposée dans un chapeau. On passe de cette notion de valeur comparative au hippisme : le handicap est le poids que l'on accroche aux chevaux les plus rapides afin de diminuer leur avantage sur les autres.

Aujourd'hui, le mot est particulièrement polysémique. Pour le sens commun, un handicapé est une personne diminuée. Dans l'imaginaire collectif, il est en général associé aux déficients moteurs se déplaçant en chaise roulante. Mais selon une note de l'INSEE de 2000 [1] – la dernière en date –, la France compterait cinq millions de personnes handicapées, soit presque 10 % de la population, qui toutes bénéficient d'une aide régulière pour accomplir certaines tâches de la vie quotidienne : déficiences motrices (13,4 % de la population), sensorielles (11,4 %), organiques (cardio-vasculaires, respiratoires… 9,8 %), intellectuelles ou mentales (6,6 %). Mais aucune donnée exhaustive n'existe sur la population handicapée mentale. Plus d'un million et demi de personnes sont dans l'incapacité de se lever ou de s'habiller seules. Les femmes sont plus nombreuses à déclarer bénéficier d'une aide humaine. Un fils d'ouvrier est deux fois plus souvent atteint d'une déficience qu'un enfant de cadre. Le taux de chômage des handicapés avoisinerait les 30 %.

Le handicap est une notion complexe car dynamique et relative : on est toujours handicapé par rapport à quelqu'un. Cette plasticité fait que le continent du handicap est toujours en extension. Depuis quelques

1  Pierre MORMICHE, « Le handicap se conjugue au pluriel », *Division des enquêtes et études démographiques*, INSEE et le groupe de projet HID, n° 742, octobre 2000.

**Handicapés**

années, un certain nombre de malades du sida peuvent s'inscrire aux Cotorep (Commissions techniques d'orientation et de reclassement professionnel), qui fixent les taux d'incapacité permettant l'attribution de prestations financières.

Que rapporte le mot à ses utilisateurs ? Des droits, de l'argent (un peu), des structures associatives, mais aussi parfois beaucoup d'embarras, lié à d'éreintants dilemmes : se cacher ou s'exhiber, faire comme les autres ou demander un traitement de faveur, dissimuler sa différence ou se battre pour la faire prendre en compte.

### Opérations mains propres

Comment mesurer le handicap ? Par la dépendance vis-à-vis d'autrui (définition fonctionnelle), l'incurabilité (définition fataliste), le degré de gêne occasionnée (définition administrative) ? Pour les amputés traumatiques, il s'évalue à la perte. Et quand il s'agit de la main, c'est aussi d'un organe social qu'il faut faire le deuil. Douleur du membre fantôme, empreinte cérébrale de la fonction perdue, sentiment de ne plus être « complet »… Il n'y aurait pas d'amputés heureux.

Ainsi en est-il de ce jeune ouvrier tourneur-fraiseur qui perdit un bout de son pouce en travaillant à sa machine. Le chirurgien de la main qui l'opère pour en désensibiliser l'extrémité lui propose un allongement du doigt. Refus : il veut retrouver son ongle. Il l'envoie alors chez un fabricant de prothèses réputé. Mais l'appareil est trop cher. Le plasticien lui propose alors une opération risquée : une greffe d'orteil en lieu du doigt manquant. Coup de bol : fait exceptionnel, la largeur de l'ongle de son doigt de pied équivaut très exactement à celui de sa main. La transplantation se passe bien, et le médecin jubile à la vue de la réussite technique de l'opération. Mais, le lendemain, il apprend avec effroi que le patient s'est réveillé pendant la nuit, a ôté son pansement, tenté d'arracher avec les dents les broches serrant son nouveau pouce, trop gonflé à son goût.

Six mois plus tard, le doigt a repris un volume normal et acquis une sensibilité jugée très satisfaisante. Mais le patient se sent toujours diminué et refuse de reprendre le travail. Puis s'y résout. Il réapparaît deux ans plus tard : il trouve son doigt trop rigide. Estimant, lui, l'opération réussie au-delà des espérances, le chirurgien l'envoie alors chez un confrère, qui refuse de procéder à une nouvelle opération. Depuis, le patient réapparaît à la consultation à intervalles réguliers. Pour le médecin, il s'agit d'une dysmorphophobie : une insatisfaction permanente de son apparence.

À l'inverse, un alpiniste qui avait perdu un doigt écrasé par un rocher se fit retirer un doigt resté raide, trop douloureux. Surprise : une main à quatre doigts se remarque à peine. Un mois après l'opération, il reprenait l'entraînement au mur d'escalade. Il y a aussi le cas, en apparence plus anodin, de ce pompier coquet qui voulut une liposuccion pour remplir la cavité creusée dans sa main par une paralysie partielle. En remplissant ce petit trou avec sa propre graisse, sans doute a-t-il pu franchir un grand pas vers la restitution de sa précédente apparence. Pour Raymond Vilain, fondateur des urgences mains de l'hôpital Boucicault à Paris, les premières du genre : « L'esthétique, c'est la fonction. »

Pour aider les amputés dans leur vie quotidienne, il existe toute une gamme de prothèses-outils : pour souder, tenir une fourchette, un verre, tourner la page d'un livre. Ce sont de simples pinces ou des appareils myoélectriques, reliés aux muscles valides et qui permettent la transmission de l'influx nerveux. Petites merveilles techniques, elles sont néanmoins « aveugles » sur le plan sensitif : il faut les regarder pour s'assurer qu'elles exécutent le geste désiré. Lourdes et difficiles à manier, elles sont le plus souvent délaissées par les amputés de naissance qui n'éprouvent pas le besoin de retrouver une fonction qu'ils n'ont jamais eue.

## ▰▰▰▰▰ Louise et la maladie du sourire

Son visage est comme un langage : il faut apprendre à le déchiffrer. Louise Béraud est atteinte du syndrome de Moebius, une maladie orpheline dont l'un des symptômes est la paralysie faciale. Quand elle parle, sa bouche reste inerte, la lèvre inférieure complètement ouverte, comme s'enroulant sur elle-même. Ses dents, constamment exposées à l'air extérieur et à la sécrétion de salive, s'en sont gâtées. Sa diction est pourtant parfaite, ce qui lui donne l'air, lorsqu'elle parle, de porter un masque. Comme ses yeux ne clignent pas non plus, l'ensemble du visage paraît figé dans une éternelle expression de stupeur hébétée.

C'est de là que naît le malentendu : à première vue, la jeune femme peut passer pour une handicapée mentale. Au collège, à Angers, au début des années 1990, on la surnomme « Gogol ». Il y a quelques jours, à Paris, discutant musique avec une copine autour d'une partition dans un café, elle aborde un voisin de table qui s'avère être chanteur lyrique. Au bout d'un moment, il lui dit : « Bravo, j'ai beaucoup d'admiration pour ce que vous faites. » Sous-entendu : avec sa voix, en dépit des organes qui ne fonctionnent pas. D'abord coite, elle se ressaisit et lui répond : « Ravie que le spectacle vous ait plu ! », laissant à son tour l'homme interdit :

> « Sur le coup, ce fut une réaction intuitive. Mais, en y réfléchissant, je crois que c'était assez juste : à ses yeux, le fait que je me comporte normalement devenait une performance. »

Il y a quelques années, encore étudiante, elle cherche à garder des enfants et se présente à une agence de recrutement. La recruteuse s'inquiète :

> « Vous êtes sûre que vous pouvez garder des enfants dans l'état où vous êtes ? »

L'état de quoi ? À vingt-six ans, bibliothécaire (à la Bibliothèque nationale), Louise Béraud est bien, aux yeux de l'administration, une « adulte handicapée », bénéficiaire à ce titre d'un statut qui lui permet de payer moins d'impôts. Une reconnaissance bureaucratique due à ses pieds mal formés, ses déficiences visuelles, ses problèmes de dos, les céphalées qu'entraînent ses yeux toujours ouverts... Ses parents avaient insisté pour qu'elle en fasse la demande, inquiets qu'elle ne trouve pas sa place dans le monde du travail :

> « Mais je ne suis pas sûre de garder ce statut. J'ai un problème de conscience : je ne suis pas handicapée. »

Pour désigner son état, elle a trouvé mieux : la « gêne ». Elle trouve que là est sa place, celle d'une « légère différence qui rend certaines activités plus difficiles mais pas impossibles ». Sans l'appareil dramatique du handicap, à ses yeux levier semi-automatique de victimisation.

Au printemps 2006, dans l'étouffant et baroque musée de la dermatologie de l'hôpital Saint-Louis, elle a organisé un colloque au titre provocateur : « Où est le handicap ? Vivre, soigner et parler dans la cité ». Une intervenante y a décrit le désarroi des parents et des soignants d'enfants atteints du syndrome de Moebius, confrontés à ces visages sans sourire, qui ne peuvent manifester clairement la joie, l'amour, la reconnaissance, le bonheur.

Louise :

> « Oui, mais finalement ce n'est pas si problématique que cela car ça fait place à l'invention. Les gens qui me connaissent savent quand je souris. Les ponctuations se font différemment. Par exemple, je passe pour quelqu'un de très bavard. Je me suis rendu compte que, si je parlais autant, c'est parce que le

langage oral était mon seul mode de communication. Ça revenait beaucoup quand j'étais petite, parfois sur le ton du reproche. C'est peut-être là qu'est le plus grand danger de la déficience : ne pas laisser aux gens le moyen de trouver leur solution. Dire de quelqu'un qu'il est bavard, c'est lui signifier qu'il a un défaut. En ce qui me concerne, c'était une adaptation. Un principe de survie. »

Un jour, une collègue de travail, en état dépressif, lui chuchote sur le ton de la confidence : « Tu sais, je suis vraiment une handicapée mentale. » Geste à double tranchant, à la fois signe de confiance et marque d'un traitement singulier :

« Je ne fais pas partie du monde du handicap. Je ne crois d'ailleurs pas qu'il existe. Il n'y a pas deux mondes qui se regardent, il y en a des tas. Je ne pourrais jamais présider une association de handicapés ou de personnes malades. Je ne peux pas imaginer être l'actrice de ce type de lobbying. L'action doit être politique. »

Elle est militante communiste et syndiquée à la CGT. Ces dernières semaines, elle a tracté contre la réforme de la loi Sarkozy sur l'immigration. Et le mur de ses toilettes est décoré d'une grande affiche dénonçant le CPE (contrat première embauche).

Depuis cinq ans, elle suit une analyse :

« Il y avait encore de la douleur, je me suis rendu compte qu'il ne fallait pas qu'elle reste. »

Contrairement au président de l'association Syndrome Moebius France, elle a refusé l'opération que ses médecins lui proposaient pour lui permettre de fermer la bouche et d'esquisser un sourire. Trop de souffrance anticipée, trop d'effets secondaires appréhendés, pas de résultat probant à ce jour. Et le sentiment que :

« Ça arrange beaucoup de monde que nous rentrions dans la norme, ça élimine la confrontation à l'inconnu. Parfois, ceux qui me rencontrent ne se rendent compte de rien : "Ah, j'avais même pas vu que t'avais un truc !" D'autres restent bloqués : "Mais qu'est-ce qui t'arrive ?" Ça dépend énormément de ce qu'ils ont vécu, de ce qu'ils ont déjà vu ou pas. J'avais une vision pessimiste de ce que je pouvais présenter. J'ai accepté une fois de participer à une émission de télé : je me suis vue... c'est pas si grave ! Au bout d'un moment, on s'habitue. »

Son petit ami actuel, rencontré il y a six mois, lui glisse au bout de quelques jours : « C'est dur, tu ne souris jamais. » Puis n'en parle plus. Mais lui demande si ses enfants seraient comme elle. « Ça m'a choquée. »

**Handicapés**

Jusqu'à dix-huit ans, elle est vierge de toute vie amoureuse et sexuelle :

« Je n'arrivais pas à être complètement sûre de ma capacité à séduire. »

Et il en reste des traces aujourd'hui.

« C'est une question qui reste bloquée en moi : y a-t-il de la place pour ma capacité de séduction ? Les choses ne sont-elles pas déjà trop formatées ? »

À dix-huit ans, elle quitte Angers et sa bourgeoisie guindée pour s'installer à Paris :

« Et là, je m'en suis donné à cœur joie. Je rencontrais des mecs tous les jours. Si bien que, parmi mes amies, je suis celle qui m'en suis tapé le plus. »

Au moins cinquante, dit-elle, et ça la fait beaucoup rire. Son atout ?

« J'écris de super annonces. Et je fais de beaux pseudos (Pilhannaw, Cordelia-in-shake, Miélusine, Oisule). Fallait bien inventer quelque chose. Toute mon existence amoureuse est liée à la pratique des réseaux : téléphone rose, Internet, Minitel. Ça me permet de ne pas me mettre en avant tout de suite. J'y ai fait mon trou facilement. C'est plus facile dans ce cadre-là car juste le fait de s'y trouver, c'est déjà l'aveu de la recherche d'une rencontre amoureuse ou sexuelle. J'ai exploré les relations d'un soir, celles qui sont un peu plus longues, celles qui durent longtemps. J'ai compris que tout était possible. Même si j'ai encore du mal à imaginer que quelqu'un vive avec moi sur le long terme. »

Toujours la crainte « de ne pas trouver sa place sur le marché de la vie amoureuse ».

Dans le texte d'introduction qu'elle a lu en ouverture du colloque, elle écrit :

« Tout ce qui sort de la norme peut devenir handicap, un individu qui ne parle pas la langue du pays dans lequel il vit (vu ma déplorable maîtrise de l'anglais imaginez la galère quand je débarque sur le sol britannique), un géant dans le métro parisien ou Toulouse-Lautrec dans un supermarché, ou encore une personne dont la mémoire défaille dans une culture de tradition orale (un griot atteint d'aphasie ou de la maladie d'Alzheimer). [...] Je m'interroge : ne serait-ce pas la société, ou le pacte collectif, qui ne serait pas adaptée aux individus qui la composent, ne serait-elle pas, cette société, un peu handicapée de ses handicapés ? »

## L'amnésie, handicap invisible

Un jour Isabelle a oublié qu'elle avait des enfants. C'était en fin d'après-midi, le téléphone a sonné : l'école était inquiète de ne pas voir venir la maman des deux petits élèves. Elle a répondu sans aucune hésitation : « Chère Madame, vous vous trompez, je n'ai pas d'enfants », et raccroché aussi net. Passer son permis lui a coûté sept essais (et cinquante-sept heures de leçons supplémentaires pour le dernier), le temps de réapprendre à chaque fois le levier de vitesses, la pédale de frein, l'embrayage. Il lui est arrivé d'oublier son sac chez ses patients atteints de la maladie d'Alzheimer : « Ça les fait rigoler. On se demande qui soigne l'autre. » Aujourd'hui, Isabelle, soixante et un ans, est orthophoniste. Il lui aura fallu cinq années pour réussir à créer seule des fichiers sur son ordinateur. Certains livres lui demandent jusqu'à quinze relectures.

Ça dure depuis quarante ans, à cause de cette méningo-encéphalite avec forme poliomyélitique attrapée lors d'un stage d'infirmière militaire. Quinze jours de coma. Trois ans de rééducation. Réapprendre à parler, lire, écrire, marcher – jambes récupérées à arpenter les pavés parisiens de Mai 68 :

> « Au réveil, je ne savais plus où j'étais, qui j'étais, si c'était le jour ou la nuit, pourquoi j'étais là. J'avais l'impression d'être une noix qu'on serrait dans un casse-noix. Un jour mon fiancé est venu me voir – je voulais depuis un moment le présenter à mon père, et je lui avais demandé d'acheter un costume. À son arrivée, je lui dis : "Oh tu l'as enfin acheté, c'est magnifique." Il était très content parce qu'on lui avait dit que je ne me rappellerais de rien. Je touche la veste avec admiration. "C'est de la bonne laine." Des années plus tard, il m'a avoué qu'il n'avait jamais eu de costume. Je l'avais vu dans ma tête »

Un parcours universitaire brisé et une mise à pied pour abandon de poste (« J'étais hors statut car stagiaire, c'est-à-dire rien »). À vingt ans, elle se retrouve amnésique.

Mariage, naissance de deux enfants : à la sortie de l'hôpital, une vie familiale se développe à l'ombre d'un handicap invisible :

> « Les gens ne prennent pas les troubles mnésiques au sérieux. Ils me disent : "T'arrives pas à te rappeler la fin d'un film, mais ça n'a jamais empêché le monde de tourner." Pourtant, j'étais tout le temps en train de me demander : "Est-ce que j'habite bien ici, est-ce que je rentre bien chez moi, est-ce que c'est bien la bonne porte ?" Pour faire les courses chez Auchan, je prenais le bus avec le landau du bébé, j'arrivais au magasin, je sortais ma liste... zut, pas de liste, je l'avais oubliée. Et je rentrais sans rien ramener par peur d'acheter deux fois la

même chose parce que je n'en avais pas les moyens financièrement. Je me noyais dans un verre d'eau. Mon mari me prévenait toute la semaine que le vendredi soir il débarquerait avec des copains pour dîner. Le soir, j'avais royalement oublié, préparé une salade verte avec des œufs durs, et il était obligé de les emmener au resto parce que le congélateur était vide. Ça vous bousille une vie. Il était tellement habitué à mes échecs que quand je suis enfin rentrée avec le permis, il m'a demandé : "Comment était l'examinateur ?" "C'était un charmant Martiniquais." Il me répond : "OK et t'es blonde…" Ça m'a foutu un coup de bourdon… »

Pendant quinze ans, elle réapprend petit à petit à organiser ses pensées en se pliant à la discipline des procédures : tricot, broderie, piano, clavier de machine à écrire, décoration d'intérieur… la mémoire des gestes comme un second cerveau, corporel. Elle fabrique aussi frénétiquement des cornichons en boîte, des conserves de fruits, des meubles… tout, tout, tout pour :

> « justifier que j'étais utile, pour être reconnue. J'étais tellement rien, tellement insignifiante dans ma tête. Même dans ma famille, j'étais tellement fade que j'étais devenue la femme de J.-F., la mère des enfants, "Ma chérie". Je n'avais pas de prénom, pas d'existence à moi, j'étais toujours l'objet de quelqu'un… Je me sentais nulle, bonne à jeter. Quand j'ai repris mes études à la fac, à trente-quatre ans, la première fois qu'on m'a appelée Isabelle, je ne me suis pas retournée, je ne pouvais pas penser que c'était pour moi… On m'a dit : "T'es snob ou quoi ?" »

Il y a vingt-cinq ans, par défi, elle a choisi de devenir orthophoniste, c'était le jour où son époux la quittait pour vivre avec une spécialiste reconnue des troubles de la communication et du langage :

> « Il n'en pouvait plus de vivre avec quelqu'un qui à la fin de la conversation ne se souvenait plus de comment elle avait commencé. »

Depuis, elle a réussi ses études reprises à son divorce, suivi une rééducation cognitive très adaptée avec la créatrice de *Gym-Cerveau*, Mme Le Poncin, travaillé en hôpital, écrit des livres, conçu des jeux pour travailler la mémoire. Elle s'est remariée avec un homme de dix-sept ans son cadet, a adopté deux enfants nés en Afrique, est tombée gravement malade du foie et s'apprête à prendre sa retraite.

Le bureau de son cabinet est organisé selon des codes couleurs : les Post-it jaunes pour les informations professionnelles, les roses pour la vie familiale. Un cahier pour les rendez-vous de boulot, un autre pour la vie privée. Les consultations notées au crayon papier, et les rendez-vous impératifs en couleur au stylo-bille :

> « C'est au cordeau, c'est-à-dire que si je perds ça, je perds ma tête, je ne peux plus me rappeler, je n'ai plus rien. »

Parmi les dossiers de ses patients, elle conserve son « livre des souvenirs », un cahier où les stagiaires passées par son cabinet lui ont écrit un mot affectueux. Sur chaque page, une photo accompagne le témoignage pour aider Isabelle à s'en souvenir le plus longtemps possible. Dans le coin de la pièce, posé sur une étagère, encadré, son diplôme d'orthophoniste :

> « De temps en temps, je le regarde pour m'assurer qu'il est bien vrai. J'ai encore du mal à y croire. »

## Mère handicapée ou mère isolée, il faut choisir

Ce corps qui l'a diminuée et lui a compliqué la vie fut aussi, contre toute attente, la voie de son émancipation. Marie-Christine avait vingt-deux ans. Avec son premier rapport sexuel, tant attendu par son courtisan, commençait une vie nouvelle :

> « J'aimais bien, ça a été le début d'autre chose, une façon d'être reconnue. »

Elle a quitté le foyer maternel, changé de ville pour emménager dans son propre appartement avec des « aides logées, nourries contre services », pas loin de chez son ami, père divorcé, qu'elle a accompagné amoureusement puis amicalement, dans l'éducation de ses quatre enfants.

Atteinte d'une amyotrophie spinale congénitale, une maladie neuromusculaire dégénérative, elle ne peut quasiment faire aucun geste et souffre de problèmes respiratoires. À deux ans, elle a pu esquisser quelques pas en se tenant aux mains et aux chaises rencontrées sur son passage, mais en a perdu la capacité après un rappel mal supporté de vaccin contre la polio.

À quarante-six ans, elle vit en fauteuil dans un appartement de Nanterre dont la porte s'ouvre et se ferme automatiquement. Elle écrit lettre par lettre grâce au casque infrarouge posé sur sa tête qui lui permet de diriger la souris de son ordinateur. Elle peut boire seule, à la paille, le verre d'eau qu'on lui tend. Elle parle sans gêne apparente :

**Handicapés**

« On hérite de cette maladie génétique par ses parents qui peuvent être porteurs sains, comme les miens. Dans ce cas, il y a une chance ou une malchance
sur quatre de l'avoir. C'est un coup de poker. »

À vingt-deux ans, elle n'aurait jamais imaginé vivre maritalement et
devenir mère de famille autrement qu'en élevant les enfants d'un autre.
Un enfant et plusieurs relations conjugales plus tard, elle mesure la distance parcourue, un parcours de combattante :

« Je savais déjà que la sexualité était une question invisible du handicap. Mais
quand j'ai commencé à dire que je voulais faire un enfant, je me suis rendu
compte qu'évoquer la reproduction et la parentalité, c'était le tabou par excellence... Surtout quand le handicap est congénital. Les gens, surtout dans ma
famille, me disaient : "Tu es folle de faire un gosse ! Comment vas-tu t'en
occuper ? Et ta santé ? Tu n'as pas pensé à l'avenir ?" Mais le désir d'enfant
était devenu important pour moi, depuis que mon second compagnon
(artiste-peintre, valide) m'avait déclaré vouloir un enfant de moi, afin qu'il soit
le prolongement de moi, après ma disparition (j'étais médicalement censée
mourir jeune). Je leur ai dit que c'était comme ça et pas autrement. J'entendais
aussi : "Et si ton mec te laisse ?" »

Commença alors une longue quête d'informations :

« Tout ce que je voulais savoir, c'était si je pouvais porter un enfant et comment
j'allais pouvoir accoucher. J'ai d'abord contacté un obstétricien qui ne m'a
jamais répondu. Le médecin spécialiste des maladies neuromusculaires qui me
suivait à l'époque m'a dit qu'il n'y avait pas de raison que l'enfant soit atteint,
que, génétiquement, ça ne craignait rien et m'a envoyée vers des obstétri-
ciens renommés pour suivre la partie "grossesse-accouchement". Le premier
m'a reçue de manière cordiale et m'a rapidement proposé le circuit illégal des
mères porteuses (si possible une des sœurs de mon compagnon !). Et son collègue anesthésiste m'a totalement découragée : "Si vous voulez vous suicider,
tombez enceinte ! Je vous conseille de reprendre la pilule." C'était l'horreur.
Après avoir accusé le choc, je suis repartie à l'attaque avec un second obstétricien renommé : "Si vous me demandez mon sentiment de médecin, je vous
conseillerais de ne pas tomber enceinte. Si vous revenez me voir enceinte, je
vous suivrai et vous accoucherai." C'était juste avant les grandes vacances. En
septembre, j'étais enceinte. J'avais vingt-neuf ans. »

Contre toute attente, la grossesse se passa bien :

« On m'avait prédit plein de mauvaises choses, les pires trucs : un éclatement
de l'utérus, des phlébites... je n'ai heureusement rien eu de tout ça. Je suis
entrée à l'hôpital en prévision de l'accouchement par césarienne à la
37e semaine, avec peu d'avance. C'est l'anesthésie qui a été la plus pénible : ils

ne savaient pas comment m'endormir. Ils ont essayé plusieurs fois de me faire une péridurale alors que j'avais deux tiges de métal le long de la colonne. À chaque fois ça ratait. J'avais cinq anesthésistes pour moi toute seule ! Finalement, ils m'ont intubée éveillée, sous fibroscopie, puis m'ont endormie. Ils m'ont réveillée dans la salle d'opération en me faisant passer beaucoup de produits dans le corps pour me nettoyer de tout ce qu'ils m'avaient injecté... J'ai accouché un 25 mai, et ils m'ont laissé sortir de réanimation deux jours après, pour la fête des mères ! J'étais bien contente de m'en être aussi bien "sortie". »

Son fils Yoann est valide.

« En fait, je me suis rendu compte qu'il y avait beaucoup de femmes handicapées qui accouchaient. Mais elles tombent dans l'oubli car elles ne laissent pas de trace. Il n'y a pas de statistiques à leur sujet. Quand j'ai accouché, j'ai voulu le faire savoir. J'ai donc préparé des témoignages, dont un pour la revue de l'Association française de myopathie, *Vaincre la myopathie*... et j'ai été scandalisée : ils ont refusé de le publier sous prétexte que ce n'était pas de nature scientifique. Tout est fait pour ne pas inciter les femmes handicapées à avoir des enfants. »

La réjouissance postnatale de Marie-Christine est de courte durée. À la sortie, elle et son compagnon doivent se débrouiller car rien n'est prévu pour les parents handicapés : pas d'allocation spécifique, pas d'auxiliaire maternelle, pas de structure, pas de conseiller. Rien :

« C'était la galère totale. Et encore, à l'époque, je ne travaillais pas. J'ai eu une travailleuse familiale pendant un mois, reconduite trois mois parce que j'ai eu le relais pour s'en occuper le soir, la nuit et le week-end. Quand elle était malade, personne ne la remplaçait. Cela n'aurait pas dû durer plus de trois-quatre semaines. Elle était là du lundi au vendredi de 8 h 30 à 17 heures. Après, c'est mon ami qui prenait la relève parce qu'il n'y avait pas assez de personnel. Quand elle devait partir avant que mon ami ne soit rentré, elle mettait le petit lit près de moi pour que je puisse parler à mon bébé et qu'il m'entende au moins ma voix pour calmer ses pleurs. Je ne pouvais pas le prendre dans mes bras, mais il me reconnaissait tout de suite à la voix, à l'odeur. » À trois mois, l'enfant obtient une place en crèche.

Mais, au bout d'un an et demi de dévouement, le conjoint craque et quitte le foyer. En plus de s'occuper de Yoann, c'est lui qui s'occupait de Marie-Christine (toilette, repas...) :

« Il est parti avec la baby-sitter polonaise... À la fin, il était fatigué. Il n'en pouvait plus. Il a fait une dépression nerveuse. J'ai vécu huit ans avec lui, ma plus longue relation. »

**Handicapés**

Le mari parti, c'est le branle-bas de combat. La rupture ne tombe pas trop mal, deux mois après que Marie-Christine a commencé à travailler comme formatrice. Un apport de revenu essentiel puisqu'il n'est pas possible de cumuler l'AAH (allocation adulte handicapé) et l'allocation mère isolée :

> « J'ai embauché des personnes au pair. J'en ai vu de toutes les couleurs, entendu parler toutes les langues, et confronté toutes les tendances sur l'éducation... mais il me fallait bien trouver une solution. Financièrement, je n'avais pas les moyens. Donc je les payais peu : elles étaient logées, nourries et recevaient de l'argent de poche. Au pire elles restaient six mois, au mieux un an. Deux jeunes filles travaillaient à tour de rôle, en roulement car il en fallait toujours une présente, pour l'enfant et la mère, 24 heures sur 24 (la nuit, il faut me retourner pour me changer de position). Ce n'était vraiment pas évident. Je les formais, mais elles n'avaient jamais fait d'études paramédicales. Cela a duré jusqu'aux sept ans de Yoann. »

Nouvelles rencontres amoureuses, nouveaux copains, nouvelles cohabitations :

> « J'ai refait ma vie avec un jeune homme handicapé mental qui travaillait dans un CAT (centre d'aide par le travail). Sans statut, sans contrat de travail, il a été viré du jour au lendemain. Il voulait avoir un enfant avec moi et prendre un congé parental. Mais j'ai fait deux fausses couches avec lui. Et un jour, il a pété un câble. On a dû se séparer. Je me suis retrouvée toute seule. J'ai dû monter en urgence des dossiers avec les assistantes sociales, demander l'aide de la Sécurité sociale pour payer les interventions : nuit et week-end, de mes auxiliaires... J'ai dû prendre sur moi car, à chaque rupture, je ne voulais pas dire que j'étais seule avec mon gosse. J'avais peur qu'on me le retire. Au final, je me suis débrouillée avec des aides à domicile, puis mes copains suivants. Maintenant, j'ai le même ami depuis deux ans, et j'ai fait deux nouvelles fausses couches. »

Depuis 2002, Marie-Christine s'est engagée dans la Coordination Handicap et Autonomie qui milite pour le financement des aides humaines à la hauteur des besoins réels des personnes en situation de grande dépendance. Travail qui fait suite à son engagement dans une association de défense où les personnes handicapées se représentaient déjà par elles-mêmes. L'une de ses revendications était la création d'une allocation pour les enfants valides nés de parent(s) handicapé(s) :

> « Pour que les enfants puissent trouver leur place. Le système actuel est trop symbiotique : c'est par moi, par mon handicap, que Yoann a reçu de l'aide. Ce sont mes aides qui se sont occupées de lui. Et mêmes ses jeunes filles au pair

devaient s'occuper de moi. Il aurait fallu qu'il ait quelqu'un pour lui seul, pour pouvoir prendre de la distance vis-à-vis de sa mère. » Combat perdu.

Aujourd'hui, Yoann a seize ans :

« C'est un ado. Il ne veut plus faire grand-chose avec moi. Quand on se dispute, je ne peux pas me déplacer jusqu'à sa chambre. Je ne peux pas taper du poing sur la table. Je gueule. Avec la voix, on peut faire plein de choses... parfois, je dois lui répéter la même chose vingt fois. Mais il me respecte. Quand il est dehors et que je veux qu'il rentre, je l'appelle sur son portable et il finit par obéir. Il m'a toujours écoutée, même si parfois c'est difficile et que ça prend plusieurs jours. »

Marie-Christine a essayé en vain d'avoir d'autres enfants. Quatre fausses couches. « Maintenant, je suis malheureusement trop vieille pour avoir un autre enfant. Le médecin qui a suivi ma grossesse me le dit depuis longtemps : « "Vous en avez un, c'est déjà bien." C'est bien une réflexion de mec ! »

**Entretien avec**

# François Buton

Chercheur en science politique. Auteur de *L'Administration des faveurs : l'État, les sourds et les aveugles au XIXᵉ siècle*, Belin, Paris, à paraître en 2007.

## Les handicapés, victimes de la culture de la majorité silencieuse

**Pourquoi le sens du mot « handicap » est-il aussi difficile à cerner ?**

Handicap est une catégorie médico-administrative très englobante. La notion de « handicapé » apparaît en France dans les années 1950 à place de celle de « déficient », qui réunissait elle-même ceux qu'on appelait encore au début du XIXᵉ siècle les « infirmes », c'est-à-dire toutes les personnes souffrant d'une incapacité physique ou mentale. Or qui dit incapacité, dit moindre aptitude au travail, et c'est dans le sillage de la réadaptation au travail des personnes souffrant d'une incapacité acquise (mutilés de guerre, tuberculeux, etc.) que le

**Handicapés**

législateur propose l'expression « travailleur handicapé » en 1957. Il s'agit de (re)placer l'activité, le travail, au cœur de la vie des infirmes. Ceci en développant l'activité en milieu fermé, ou en organisant l'insertion dans le monde du travail « ordinaire ». Il existait déjà des dispositifs d'éducation spécialisés pour enfants infirmes dès le XVIIIᵉ siècle pour les sourds et les aveugles. Mais ce n'est que dans les années 1970 et 1980 que le travailleur handicapé devient une « personne » handicapée, bénéficiaire de mesures spécifiques, relatives non seulement au travail et à l'éducation, mais aussi à l'accès dans l'espace public ou à la protection contre les discriminations. La position des handicapés dans la société doit être examinée à l'aune de la notion de discrimination, entendue comme traitement inégal fondé sur un critère non légitime. D'ailleurs, les handicapés sont censés bénéficier d'une politique de quotas, à hauteur de 6 % des postes dans les grandes entreprises. Ce quota n'est pas respecté, car beaucoup d'entreprises préfèrent payer une contribution financière à un fonds spécial plutôt que recruter des handicapés et adapter les postes.

La catégorie de handicapé est aussi difficile à cerner, parce qu'elle est floue (il n'y a pas de définition consensuelle), donc accueillante. Les Américains parlent désormais de *persons with disabilities*, ce qui rappelle que la déficience ne fait pas toute la personne déficiente. De même, la notion de handicap présente l'énorme avantage d'être relationnelle, donc de relativiser l'infériorité présumée des handicapés. On est tous handicapés par rapport à, ou face à quelque chose ! Revers de la médaille : le développement des maladies invalidantes, le vieillissement de la population, les nouveaux comportements sociaux (alimentaires, par exemple), les nouvelles pénibilités au travail, etc. produisent des populations susceptibles de revendiquer la reconnaissance d'un handicap, avec les droits et prestations afférents. Obésité, Alzheimer, sida, mal de dos, troubles musculaires… autant de causes de handicaps dans le monde du travail ou l'accès dans l'espace public, autant de critères éventuels de discrimination ! Un allergologue a pu plaider pour les handicapés olfactifs (les « nez bouchés »), victimes, en nombre croissant, d'allergies de plus en plus diverses… Les intérêts économiques et industriels favorables à la reconnaissance de toutes ces populations sont évidemment très nombreux.

### Quelle place est accordée aujourd'hui aux handicapés dans l'espace public ?

Le handicap est aujourd'hui un problème politique légitime, que tous les gouvernants se doivent de soutenir : les lois se succèdent, il a existé un secrétariat d'État aux handicapés, les handicapés sont depuis 2002 « grand chantier national », etc. C'est typiquement l'enjeu qui sert ceux qui s'en servent : difficile de se déclarer contre ! Mais, au-delà des discours prolixes et bienveillants, les politiques peinent à atteindre leurs objectifs. Le cas du travail est emblématique : alors que la « philosophie » des politiques en matière de handicap est de demander à la société de s'adapter à la personne handicapée, et non l'inverse, l'insertion des handicapés dans le monde du travail demeure très lente, du fait des réticences de « la » société à faire une place aux handicapés, à accepter les coûts inévitables que cette idée de « faire une place » suppose. Le handicap renvoie à la problématique de l'altérité, aux contraintes économiques, et finalement au problème des minorités. Des progrès importants ont été faits. Mais les contraintes gestionnaires pèsent de plus en plus : le calcul économique n'est pas favorable au développement de portes adaptées aux fauteuils roulants, (heureusement) très peu nombreux. La peur de l'autre, par ailleurs, ne semble pas en voie de disparition dans la France d'aujourd'hui : accepter un trisomique dans une classe exige un effort collectif de la « communauté éducative ». Le problème, finalement, est bien celui de la minorité : la culture politique française est celle de la majorité silencieuse qui, au nom de l'universalité des principes républicains, repousse les revendications minoritaires, refuse de modifier les règles applicables à tous au profit de quelques-uns. Les handicapés, parmi d'autres, font les frais de cette conception de la société.

**Sourds, handicapés mentaux, obèses... Que leur apporte la notion de handicap ?**

Beaucoup : des droits, des prestations, une reconnaissance. Si « handicapé » est avant tout une catégorie d'identification médico-administrative, relativement artificielle donc, certains groupes peuvent endosser cette étiquette, qu'ils considèrent moins stigmatisante que les appellations courantes. C'est tout particulièrement le cas des personnes proches des personnes handicapées, et d'abord des parents d'enfants handicapés. Mais bien des groupes la refusent : les sourds de naissance ont une culture spécifique fondée sur la langue (la langue des signes) et ne se reconnaissent pas comme « handicapés auditifs » ou (encore moins) « sensoriels » !

**Peut-il, dès lors, exister une représentation politique des handicapés ?**

Sans doute pas : « handicapé » demeure une identité attribuée plutôt qu'endossée. Une identité artificielle, dont les principes médicaux et juridiques masquent les différences sociales, pourtant fondamentales, entre victimes d'un même handicap. Et une identité faussement unifiée, car les victimes d'un handicap s'estiment davantage différents que ressemblants des victimes d'un autre handicap.

Reprenons l'exemple des sourds. Ils se définissent comme un groupe culturel, différent du reste de la société, qu'ils désignent comme les « parlants » : tous les autres handicapés appartiennent à ce reste, à la majorité qui les a longtemps opprimés. Il est impensable pour eux de se mobiliser sous l'étiquette unique de handicapés. Pour se rendre visibles dans la société, les différents groupes de handicapés devraient peut-être renoncer à cette étiquette, ainsi qu'aux grandes lois et aux annonces fracassantes, et privilégier la collusion avec les autres causes (ultra-) minoritaires, la mise en visibilité systématique des stigmates, et la multiplication des innovations locales.

**Handicapés**

## Pour aller plus loin

EBERSOLD Serge, *Flash d'information. L'Invention du handicap, la normalisation de l'infirme*, CTNERHI, Paris, 1997.

GOFFMAN Erving, *Stigmate : les usages sociaux des handicaps*, Minuit, Paris, 1976.

NUSS Marcel, *La Présence à l'autre : accompagner les personnes en situation de grande dépendance*, Dunod, Paris, 2005.

STIKER Henri-Jacques, *Corps infirmes et sociétés*, Aubier-Montaigne, Paris, 1982 (réédité en 2005).

http://www.handroit.com

◇ **Jade Lindgaard.**

# Intermittents de l'emploi

Quand la discontinuité du travail est un parcours d'obstacles

**A**vant la réforme du mode de calcul de leur indemnisation chômage en juin 2003, les intermittents du spectacle étaient près de cent mille à bénéficier d'un régime spécifique, redéfini au cours des années 1960 par les annexes 8 et 10 de la convention Unedic. Pour tenir compte de l'irrégularité des périodes d'activité et de la variété des employeurs, ce système a longtemps permis aux artistes ou techniciens d'ouvrir des droits à l'assurance-chômage contre un quota annuel minimal d'heures assurées. Les restrictions du mode de calcul des cachets et de la période de référence ont récemment fragilisé ce régime spécifique.

Les dizaines de milliers d'anciens allocataires exclus de l'intermittence – auxquels on doit ajouter les « jamais inclus » par effet de seuil –, on voudrait les imaginer bohèmes de vocation, subsistant difficilement d'amour du métier et d'eau fraîche. Il suffit pourtant de mettre au jour leurs conditions d'existence pour voir apparaître entre les lignes du Code du travail les formes les plus diversifiées de la précarité contemporaine. En ce sens, et au-delà de toute œillère corporatiste, ces sans-droits du spectacle sont parties prenantes d'une catégorie bien plus large : les intermittents de l'emploi.

La plupart des témoignages recueillis ici montrent combien chaque itinéraire de ces embauchés temporaires ne cesse d'entrecroiser et cumuler des emplois de natures diverses en alternance avec des périodes de chômage partiel ou transitoire. Or, pour ces intermittents hors spectacle, souvent rétifs aux anciens modèles contraignants de la stabilité laborieuse, la possibilité de jouir des mêmes droits sociaux que leur *alter ego* du spectacle leur est refusée selon l'effet pervers du saucissonnage administratif de leurs statuts.

Qu'ils soient intérimaires, pigistes, saisonniers ou en CDD perpétuel et souvent tout cela à la fois d'une année sur l'autre, ils doivent tricher ou mentir par omission pour obtenir une contrepartie sociale minimale à leur temps de productivité réelle. À force de les considérer comme « atypiques », ou de déplorer nostalgiquement leur « insécurité », personne parmi les syndicats et les politiques ne semble avoir pris la mesure des nouveaux droits à instaurer pour cette figure sociale émergente. C'est sans doute que, dans le vaste monde de l'emploi discontinu, traversant les différents secteurs d'activité, les destins individuels sont le plus souvent hybrides, hors normes par définition et tellement composites qu'*in fine* ils en deviennent massivement invisibles selon les catégories de l'ANPE, de la doxa journalistique et des conceptions sociologiques dominantes.

## Samir, entre les palettes et Bertold Brecht

Né à la périphérie de Mulhouse, dans une cité de « sale réputation », Samir est l'aîné d'une famille de cinq enfants. Sa mère marocaine a « trop longtemps marné » comme femme de ménage dans les « villas huppées » tandis que son père a fini gardien d'un immeuble locatif.

En 1994, Samir est enfin majeur et à la croisée des chemins. Côté études, il a pris du retard : deuxième année de BEP comptabilité, avant son bac pro en « transport et logistique » et son premier stage, « un mois d'ennui avec un chèque de 200 balles que j'aurais bien déchiré pour leur montrer ». D'autant que, comme « petit grossiste », puis « aiguilleur », il a déjà économisé près de 150 000 francs « à dealer, du shit seulement, au quartier ». L'économie parallèle lui a surtout permis d'éponger le déficit familial : il a remboursé les amendes SNCF du petit dernier, payé une voiture d'occasion à sa grande sœur, dépanné un frère « en zonzon pour vol avec violence sur des pigeons de touristes ».

En attendant, pour décrocher du « bizness », il seconde son oncle dans une station-service, au black. Mais il a deux autres perspectives en vue : une passion de longue date et une rencontre décisive. Sa passion de jeunesse, c'est le hand-ball. Sauf qu'il lui manque dix centimètres pour avoir ses chances en nationale. Et puis, dans l'équipe, « ils sont taillés comme des requins, avec rien dans le cerveau ! ». Alors il continue « à se la jouer en amateur ». Cette réticence tient aussi à une rencontre. À seize ans, Samir s'est lancé dans une drôle d'aventure, un atelier théâtre proposé par la Scène nationale du centre-ville. Deux mois de répétitions bénévoles pour monter une pièce de Jean Genet. Deux soirs de suite, il a brûlé les planches devant les familles de la cité, non sans affronter une méfiance teintée de honte dans les yeux de ses parents. Et, depuis lors, Samir bouquine à côté, détourne les moules verbaux de son phrasé standard.

Une décennie plus tard, Samir a dû assumer, concilier et refuser. En bref, il est travailleur intérimaire et « saltimbanque à ses heures perdues ». Mais c'est dans le détail de son parcours que cet agencement professionnel prend toute sa signification. Discrimination oblige, pas facile pour un « gris » – autrement dit un Maghrébin d'origine – de trouver du boulot en Alsace. Sa première place, comme « préparateur de commandes » dans un hypermarché, il la doit à une recommandation d'un pote de hand-ball et natif pure souche : « Samir, c'est pas une racaille, c'est un taffeur. » Pas d'embauche immédiate, mais cette promesse détournée : « Va t'inscrire dans une boîte d'intérim, après on verra... » Affaire conclue. Pour les horaires, c'est quatre heures du matin jusqu'à midi. Et comme Samir a dû bluffer question transport, faute de voiture, il met plus d'une heure à vélo pour rejoindre l'entrepôt situé près de la frontière allemande.

Les contrats « temporaires d'activité » se suivent et se ressemblent : mission hebdomadaire, souvent six jours sur sept. À part le dimanche préservé, la « souplesse » inscrite sur sa feuille de paye le contraint à attendre le vendredi pour savoir de combien de jours la semaine suivante sera faite. Question salaire, c'est un « bon Smic et demi », prime de précarité comprise, sauf qu'il ne touche pas le treizième mois ni les autres avantages du comité d'entreprise. Au total, Samir ne saurait dire qu'y gagne le plus, mais ce calcul implicite pèse sur les rapports humains. Au bout d'un an de contrats dans la même entreprise, son constat est amer, celui d'un « apartheid social » invisible. Ceux qu'il appelle les « embauchés » traitent les intérimaires par le silence, sinon par le mépris. Différences de générations, d'aspirations, de mentalité ou d'intérêt syndical contribuent à maintenir les travailleurs précaires à l'écart – eux qui, justement, font la plupart des sales boulots. Du coup, entre ces deux mondes en chiens de faïence, les intérimaires qui désireraient « se poser un peu ou se marier » sont contraints de faire du zèle auprès du chef de service et des « prolos embourgeoisés » dans l'espoir de transformer leur mercenariat hebdomadaire en vrai CDI. Comme dans les cours de récréation, ces fayots-là sont baptisés « suceurs ». Ainsi va le jeu de la carotte et du bâton. Entre promesse d'embauche ferme et possibilité de résiliation à la semaine, il insère cette main-d'œuvre éjectable et corvéable à merci dans une logique de débrouille individuelle, la privant des formes de solidarité de la culture ouvrière, ce qui contribue à l'exclure et à la stigmatiser.

On ferait le même constat dans l'industrie automobile ou le bâtiment, mais, du point de vue de Samir comme pour un tiers de ses collègues d'alors, le sort des « embauchés » n'avait pas grand-chose d'enviable, « une vie réussie... sauf que déjà finie à quarante balais ». Du coup, ça l'a plutôt arrangé que le « nouveau chef », pour éviter les contrôles de l'inspection du travail, se débarrasse de lui après douze mois de missions non-stop. Ayant mené en parallèle quelques expériences scéniques en amateur, tout en gardant contact avec la compagnie qui l'avait initié à la scène, Samir tente sa chance à Paris : deux mois de répétitions seulement défrayées pour un spectacle dont la coproduction capote avant terme. L'année suivante, il échoue de peu au Conservatoire. De retour à Mulhouse en 2004, il enchaîne une nouvelle série de missions temporaires, comme convoyeur dans une usine agroalimentaire. Dès six heures du matin, il livre à des commerçants des sacs de 50 kilos, un emploi qui demande une force de travail flexible, à tous les sens du terme, jusqu'au lumbago. Mais avec la prime de portage, c'est quand même « une place aux yeux d'or », jusqu'à 2 000 euros les mois pleins. Depuis son récent mariage, prouvant que, malgré sa « tête d'Arabe », Samir « est rentré dans le rang », on lui a proposé de passer cariste, après formation sur l'engin : « La vraie planque, quoi ! » C'est 500 euros de moins, mais cela devrait lui laisser un peu d'énergie pour bosser son répertoire de prédilection : Bernard-Marie Koltès et Valère Novarina. La DRH lui a même proposé un CDI, « pour bonne conduite », comme on dit en taule. Il a décliné poliment l'offre pour « préserver sa semi-liberté ».

Depuis deux ans, son double jeu professionnel contraint Samir à composer et cloisonner deux mondes vécus en simultané. Le week-end, il anime bénévolement un atelier de théâtre en banlieue ; la semaine, il « dégueule de la palette ». En 2005, c'est devenu « gravement ingérable ». Il a dû « inventer un pipeau monstrueux » auprès de ses habituelles agences d'intérim pour justifier ses deux mois d'absence consécutifs, tandis qu'il répétait une pièce de Brecht qui allait se jouer dans un théâtre public lyonnais. À évoquer ses succès sur les planches, il « aurait giclé des listes *illico* ». De même, quand il « fréquente les théâtreux », il fait l'impasse sur son quotidien à l'usine : « Trop chiant de toujours devoir se justifier. » Il y a dix ans, en tant que comédien, Samir aurait cumulé assez d'heures pour toucher les allocations-chômage du spectacle, selon leurs annexes 8 et 10. Mais le nouveau calcul imposant d'effectuer 507 heures sur une période de dix mois étant hors de portée... il n'est pas près d'accéder à cette garantie sociale. Alors, pour ne pas trop gamberger, il navigue à vue et alterne clandestinement intérim alimentaire et arts vivants.

## ▰▰▰▰▰ Yann et Jean-Baptiste : le cinéma au bout de la galère

Parcours à la fois inverse et similaire, celui de Yann. Alors qu'il redouble sa seconde dans un lycée rennais, son père, ne pouvant plus régler les loyers, refait sa vie ailleurs. Et l'adolescent de quitter sa Bretagne pour squatter chez une copine à Paris, laisser tomber ses études et s'essayer « à une joyeuse galère », faite d'extras à l'amiable dans les bars le week-end et de vente à la criée de « journaux pour la réinsertion des jeunes délinquants ».

Au hasard des rencontres nocturnes, il fait la connaissance d'un « pro déjà dans le circuit ». Banco pour un très obscur poste d'assistant sur un téléfilm. Tissant au fil des tournages son réseau de connaissances, Yann sera intermittent du spectacle de 1988 à 1999. Mais, après dix ans de bons et loyaux services, le cinéphile autodidacte en a assez de ronger son os. Fort de son carnet d'adresses et de quelques sous mis de côté, il tourne « à l'arrache » deux courts-métrages. Mais, pour le long dont il a déjà le script en tête, il a besoin d'une « plage de temps rien que pour [lui] ». Ayant décliné « deux taff bien thunés », il peine à reconstituer son quota d'heures et décroche du régime d'allocations spectacle courant 2000. Son « projet perso » avance, mais acculé par les exigences de la survie quotidienne, Yann se met en quête d'un boulot d'appoint.

Ce sera télé-assistant pour une compagnie d'assurance et, puisque l'on est en période estivale, un chiche contrat dit « saisonnier ». À l'étroit dans un box, de 8 heures à 15 heures, casque sur les oreilles et sous l'œil vigilant d'une surveillante de plateau, il répond aux appels avant de rédiger des rapports de sinistres. Expérience mitigée, à la fois épuisante mentalement et plutôt « cocasse » étant donné l'éventail des situations rencontrées. Yann avoue même avoir été stimulé « du point de vue de l'écriture scénaristique ». Et comme la maison de production intéressée par son film le fait lanterner, il rempile : deux CDD consécutifs, mais hors saison, donc mieux payés. Ainsi, il peut s'inscrire à nouveau à l'ANPE et toucher les indemnités du régime général en alternance avec des CDD dans la même entreprise de télé-assistance, ainsi que des allocations-logement, des compléments non déclarés comme livreur de pizza à domicile et, depuis huit mois, le RMI. La proie pour l'ombre, dira-t-on ?

Au terme de cet itinéraire apparemment paradoxal, c'est bien en interrompant l'enchaînement des postes d'exécutant dans le cinéma, et en improvisant un autre cumul de revenus, en partie frauduleux, que Yann s'est donné le temps et les moyens de faire ses preuves comme réalisateur à part entière. Et, de fait, grâce à un récent apport financier, le tournage de son film est programmé, avec dans le rôle-titre une fille de sans-papiers kabyle repérée sur casting dans une MJC du 93. Premier tour de manivelle à l'automne prochain, délocalisé en Slovaquie pour rogner la masse salariale, selon les prises de risque calculées de ses futurs employeurs.

Autre destin singulier, mais exemplaire, celui de Jean-Baptiste. De père marocain inconnu, il a mal vécu ses années de collège dans l'internat catholique où l'a inscrit sa mère, guichetière postale à Tours. Orienté au faciès vers un CAP d'électromécanique, il échoue en troisième année et, malgré ses sympathies pacifistes, signe pour une préparation militaire, pressé de se donner les moyens financiers de son autonomie. Là, il découvre l'arrière-monde du salariat. Sous l'uniforme, la solde de base plafonne alors à 350 euros.

Jean-Baptiste monte en grade et en indemnités : sous-off, caporal, puis sergent, à un tiers du Smic. Sauf qu'avec les menus trafics sur l'alcool, les cigarettes et les uniformes dégriffés en douce, il améliore l'ordinaire et s'autorise même des virées ferroviaires à l'étranger pendant ses perms. Pas question de rempiler pour cinq ans compte tenu du racisme des gradés, alors il trouve « par connaissance » un CDD dans la serrurerie. « De gros chantiers pour des HLM, fallait faire au rendement, on nous poussait à saloper le boulot, pas mon truc. » Il enchaîne un contrat précaire dans une conserverie industrielle, puis un CDI dans une usine de papeterie. Six mois plus tard, étant donné l'importance des commandes à fournir, on lui impose des heures supplémentaires au black, il refuse : licenciement concerté avec lettre de démission antidatée pour éviter les prud'hommes au patron.

Jean-Baptiste se tourne alors vers l'intérim et tente de valoriser sa formation d'origine dans l'électricité. Pas facile : avec son faciès, on l'aurait plutôt vu « manœuvre ». N'empêche, il décroche des missions haut de gamme. Il tire les câbles pour un programme pionnier de vidéosurveillance. Retour en CDI chez un électricien parisien. Trois ans sans histoires, sauf que, après dépôt de bilan, il s'aperçoit que son employeur ne l'a jamais déclaré. Ceci lui interdit l'accès aux allocations-chômage. Déboires amoureux et fin de bail oblige, Jean-Baptiste finit à la rue.

Vingt mois sans logis dans une métropole hostile, une expérience indicible aux confins de la mort clinique. Hasard de la dernière chance, un charpentier-couvreur le prend sous son aile. Quatre ans durant, ils retapent des fermes en Savoie. Son maître-compagnon ayant pris sa retraite, Jean-Baptiste vit en meublé à Lyon sur ses indemnités de chômage. En 1995, son ANPE est occupée, il participe activement au mouvement local de chômeurs et, dans la foulée, effectue une démarche pour décrocher une formation : « J'avais envie de m'orienter vers l'énergie solaire, mais y avait rien, et en plus j'étais bloqué à cause de mon niveau d'études. » Par défi, il s'inscrit à la fac pour faire une capacité en droit, qui lui donnerait un équivalent du bac en un an, sans succès. Encore un petit job saisonnier de cueillette des cerises, et une rencontre décisive avec une libraire corse. Plusieurs années de collaboration sans stress ni préjugés, et autant de CDD à mi-temps tacitement reconduits.

Remarqué par un journaliste du quotidien régional pour ses lettres ouvertes dans le courrier des lecteurs, il se voit proposer quelques piges à l'essai, puis un CDD à temps partiel sous-payé, mais cumulable avec des allocations Assedic. Il accepte. Et là, tout se précipite, un mois d'initiation aux techniques de la vidéo *via* un « bon plan » refilé par un conseiller de l'ANPE et un premier film amateur tourné lors de vacances à Beyrouth. Après deux mois de montage à l'œil avec un pote intermittent, il fait circuler des copies de son documentaire de 52 minutes sur les disparus de la guerre civile au Liban. Succès d'estime en festivals, quelques ventes au noir de DVD.

Encouragé par ces débuts prometteurs, il autoproduit un autre documentaire : *Dur-dur, petites arnaques de la médecine douce.* Ne lui manque plus qu'un diplôme sur sa carte de visite pour toucher les dividendes professionnels du nouveau métier qu'il s'est bricolé. La formation nécessaire coûte plus de 7 000 euros, sans parler des frais annexes. Qu'à cela ne tienne, il signe un gros « emprunt revolver » dont il n'a d'ailleurs pas fini de payer les acomptes, cumulé à d'autres crédits à la consommation, et à leurs effets pervers. Mais, depuis trois ans, Jean-Baptiste est devenu JRI (journaliste reporter d'image), payé à la pige par telle chaîne de télé, entre 100 et 200 euros le sujet, sans défraiement de transport ni prise en compte des heures supplémentaires. Si, à compétence strictement égale, il filmait des émissions de plateau ou des retransmissions en direct, il serait OPV (opérateur de prises de vues), payé de 200 à 500 euros, sans risques de dépassements horaires. Et surtout, il serait officiellement intermittent du spectacle et pas le « sida de la profession », selon l'expression abjecte d'un collègue titulaire. Mais l'arbitraire du saucissonnage statutaire au sein d'un même métier le condamne à piger dans une dépendance totale à ses employeurs télévisuels, sans qu'aucun système d'allocations ne lui assure une continuité minimale de revenus. D'un mois sur l'autre, il peut passer de vingt-deux à quatre jours travaillés. Pour l'heure, sous-locataire surendetté, il flirte avec le fameux seuil de pauvreté. Quant à son prochain projet de documentaire sur « Les Chibanis, retraités maltraités de l'immigration d'Afrique du Nord », il n'ose même plus y penser, faute de disponibilité mentale et de visibilité financière, même à court terme.

### ▰▰▰▰▰ Sonia et Virginie, ou la clandestinité sociale

Autre destin diamétralement opposé à l'origine et pourtant si confluent *in fine*, celui de Sonia, née en 1971, fille d'un couple de profs du secondaire, promise à la voie royale de la reproduction après son entrée à l'École normale supérieure, section sciences sociales. La perspective d'une telle « sécurité de l'emploi » aurait dû la convaincre de se conformer à sa carrière annoncée.

Mais, rentière de son propre cycle d'études, à 7 500 francs par mois contre un engagement décennal d'enseignement, elle a papillonné pendant ses années de formation : spectacle amateur de théâtre universitaire, séjour prolongé à Madrid agrémenté de traductions non rémunérées pour un microéditeur local. Faute de s'être assez concentrée sur le bachotage des programmes, elle échoue par deux fois à l'agrégation et décroche le CAPES « par l'opération du Saint-Esprit ». Elle effectue son année de stage dans le lycée technique d'une zone de prévention-violence. Sonia prend goût à ses cinq heures de cours par semaine, sans s'offusquer du premier graffiti accolé à son nom au-dessus du tableau : « Zob ta mère. » À tout prendre, elle préfère la compagnie des lascard(e)s au reste de sa « formatation » obligatoire en IUFM où des « didactichiens » achèvent de la dégoûter de toute pédagogie en situation réelle.

Désormais néotitulaire dans le Val-de-Marne, Sonia découvre les charmes de la mobilité par l'absurde : nommée dans deux établissements du 94, elle s'aperçoit qu'il est physiquement impossible par quelque transport que ce soit d'assurer ses deux charges de cours de 9 et 6 heures. Informée par un syndicaliste atypique, elle découvre qu'un décret datant des années 1950 oblige les postes dédoublés à se situer dans des communes limitrophes. Arguant de cette règle juridique, Sonia n'assure que six heures hebdomadaires qui lui laissent le loisir de s'adonner à ses autres activités. Les quatre années suivantes, mêmes cas de figure associés à quelques remplacements de courte durée. « Finalement, à raison de trois ou quatre mois pleins, j'étais comme une intermittente de l'enseignement, je faisais à peine plus de 507 heures. »

Mais, par souci d'économie, le ministère restreint à partir de 2003 les possibilités de s'installer durablement dans cet entre-deux statutaire des TZR (titulaires sur zone de remplacement). La voilà contrainte d'enseigner à temps complet. Soucieuse de préserver ses expériences épisodiques de dramaturgie et de traduction, Sonia se voit refuser une disponibilité en cours d'année. Commence alors le jeu de dupes des congés maladie à répétition pour suivre la création puis la tournée d'une petite forme chorégraphique. Frappant à toutes les portes en quête de modalités de reconversion ou d'enseignements à temps partiel, elle se fait rattraper par une dépression nerveuse non feinte.

Contrôlée mensuellement par un psychiatre de la MGEN (Mutuelle générale de l'Éducation nationale), Sonia finit par craquer et démissionne de l'Éducation nationale. Depuis lors, Sonia alterne les corrections au noir pour une revue de philatélie, les projets scéniques à si faible budget qu'elle peine à réunir le nombre d'heures suffisant à sa prise en compte comme intermittente. Faute de mieux, en attendant, elle touche un RMI complet, en passant sous silence quelques cachets d'« assistante-dramaturge ». Pour obtenir ce minimum social, ainsi que la CMU (couverture maladie universelle), les démarches ont été longues et fastidieuses, retardant d'autant les premiers versements, après les trois mois de carence légale. Une ex-fonctionnaire sans-emploi de trente-quatre ans, « sur le papier, c'est juste aberrant... » Pourtant Sonia aurait bien aimé concilier ses pratiques extrascolaires et ses cours au lycée, mais aux yeux du système, ce mélange des genres est en soi une malheureuse anomalie. Et comme cette démissionnaire ne se sent nulle vocation au malheur, elle a préféré entrer dans une sorte de clandestinité sociale, cumulant illégalement des ressources pour ne plus se priver de la variété de ses savoir-faire. Sauf que cette polyvalence-là, pas celle instrumentalisée par les employeurs, la sienne propre, Sonia la paie au prix fort, en termes de niveau de vie.

Virginie, comme l'ex-enseignante Sonia, a d'abord opté pour des études au long cours ouvrant sur un emploi stable. Mais après cinq années en faculté de médecine, elle ne « s'est plus sentie à sa place » et a déserté l'externat sans espoir de retour. Cette carrière, ses parents, dentistes marseillais, en avaient tant rêvé pour elle, mais c'était sans compter les aléas d'un compagnonnage amoureux avec Diego, une tête brûlée du théâtre de rue. Du côté familial, cette rupture brutale lui vaut incompréhension et mise à distance.

Du coup, pour améliorer l'ordinaire, elle se lance dans le télémarketing, détournant la carte d'étudiante en psychologie de sa sœur jumelle. Quatre CDD successifs comme « téléconseillère-sécurité ». Le matin, elle vend « des alarmes aux beaufs du coin » ; l'après-midi, elle assiste aux répétitions d'un événementiel « sur des poupées géantes » mis en scène par Diego dans une ancienne ménagerie désaffectée. Une tournée s'improvise l'été suivant, qui permet de déclarer des cachets pour la moitié de la troupe, tandis que l'argent est équitablement réparti entre tous. Et déjà, pour trouver sa place, Virginie s'improvise costumière, puis constructrice de marionnettes, puis accordéoniste. Cet instrument, vieille passion délaissée en fin d'adolescence, l'intègre durablement aux spectacles suivants. C'est donc « sans s'en apercevoir vraiment » qu'elle est devenue comédienne-chanteuse-intrumentiste-habilleuse-constructrice-cantinière d'une compagnie bientôt conventionnée.

Pour augmenter ses cachets, elle fait un peu de figuration sur des tournages en période estivale, et même quelques « carambolages mieux payés » après un stage de « cascades mécaniques » financé par l'AFDAS (Fonds d'assurance formation des secteurs de la culture, de la communication et des loisirs). Une compagnie lui propose de participer à une comédie musicale sur Paris. Après trois mois de répétitions non payés, Virginie perd ses droits au chômage courant 2001 : « L'odyssée de la poisse ! » Chute libre. Nouvelle venue dans une ville inconnue, sans réseau ni contact, elle finit caissière en supérette puis femme de ménage contre des chèques emploi-services. Ensuite, on la sollicite pour un quartet choral à Montpellier : « Pas assez de cachets, rien qui s'enchaîne, retour à Paris, direct à la case RMI. » Mais il paraît que Virginie n'a pas à se plaindre. Sa colocataire, une danseuse en convalescence après un accident automobile, n'a pas eu droit au RMI : « Normal, on lui a dit à la CAF, vous n'avez pas encore vingt-six ans ! »

Alors, pour sortir de l'impasse, Virginie a mis sur pied une arnaque qui lui permet de vivre tout juste honnêtement. D'un côté, elle exerce ses talents de « chef de chœur » dans les écoles. De l'autre, comme elle a déposé les statuts d'une association de « promotion d'action culturelle », cette pseudo-compagnie lui permet de faire passer en cachets les honoraires de ses interventions en milieu scolaire. Ce montage aux marges de la légalité lui vaudra sans doute une radiation d'office lors du prochain contrôle de sa comptabilité. Il en va de même pour des milliers de ses semblables, contraints à la fraude pour imposer le principe de mutualisation « des périodes de rush ou de vaches maigres » qui fondait ce système d'indemnisation du chômage des intermittents.

## Philippe « Sans-fil »

Dernier cas d'exception de cet échantillon de l'emploi discontinu, celui de Philippe, dit « Sans-fil ». Né en 1956 à Bondy et placé par une assistante sociale dans une famille d'universitaires humanistes après le décès de son père, il finit par passer son bac en candidat libre et s'inscrire « en dilettante politisé » à l'université de Vincennes. Boom du travail temporaire aidant, il va être vendeur, manutentionnaire, ouvrier à la chaîne, avant de prendre deux ans ferme pour une complicité dans un hold-up, une « expropriation ratée » comme on disait à l'époque. En prison, Philippe « bouquine perso » et, à peine sorti, rembauche dans l'intérim, mais comme correcteur pour des journaux professionnels. S'ensuivent quelques CDD qui vont lui ouvrir des droits au chômage.

Une expérience amoureuse plus stable le conduit à accepter un CDD, puis un CDI de rédacteur dans une revue professionnelle liée à l'industrie du textile. « Au bout de cinq ans, je tournais à deux plaques par moi, mais le boss voulait que je sois son éternel second et j'ai refusé. » Le licenciement se passe mal. Philippe contre-attaque aux prud'hommes et, en attendant de toucher ses dommages et intérêts, s'inscrit à un stage payé par la CAF en réalisation et montage vidéo. Après la faillite de son propre journal de petites annonces, qui engloutit tout son pécule en 1992, le surendetté Philippe repart à zéro : peintures d'appart au noir et « un peu de broc aux puces ». Désormais au RMI, il participe à quelques tournages de vidéos militantes tout en sous-louant son appartement pendant ses séjours en Afrique de l'Ouest. Et c'est là-bas, au contact des cultures locales qu'il conçoit plusieurs projets de « documentaires ethno-critiques ». *Arte* diffuse le premier ; le CNC (Centre national de la cinématographie) fournit bourse et aides pour le second ; une maison de production fait appel à ses services sur d'autres projets. Radié du RMI par la CAF après la visite domiciliaire d'un de ses agents qu'il tente de filmer en direct, il a déjà assez d'heures pour s'affilier au régime des intermittents.

Ayant retapé avec sa sœur une ruine dans la Sarthe, il crée sa propre entreprise audiovisuelle, spécialisée dans les « clips de world music ». Faute de pouvoir se salarier à temps complet, il s'alloue les 507 heures nécessaires, et aide ses collaborateurs réguliers à se maintenir dans l'intermittence en leur déclarant des cachets de complaisance. Avec deux Smic par mois en moyenne, sans regret ni rancune, le bien nommé Sans-fil a déjà été OS intérimaire à Renault Billancourt, braqueur malchanceux à canon scié, Rmiste en déplacement à l'étranger, il a aussi failli être selfmade patron de PME, mais il se sent aujourd'hui à sa juste place, parmi les invisibles, « dans les contradictions du système postfordien » : inactif épisodique en suractivité permanente.

Brouillée par d'anciennes grilles d'analyse chaque jour plus inopérantes, une situation est pourtant devenue le mode de vie de la moitié des intermittents du spectacle qu'ils aient ou non échappé au parcours d'obstacles de la radiation : endosser simultanément ou successivement les habits administratifs et sociaux de l'employé, du chômeur et de l'employeur. Rémy est metteur en scène de théâtre. Sur les douze membres de sa première compagnie, fondée au sortir du lycée dans l'économie informelle d'un squat parisien, huit ont créé depuis leur propre structure dans les arts vivants ou dans l'audiovisuel. En moyenne, tous passent plus d'un tiers de leur temps à monter des dossiers pour chercher subventions et coproducteurs, ou à établir des fiches de paye et établir des budgets. À ce travail administratif non déclaré de petit patron-artisan, il faut ajouter les centaines d'heures de conception et d'écriture des projets ou de répétitions non déclarées. Ainsi les trois quarts des tâches de Rémy, et de tant d'autres, sortent-elles du cadre apparent de son activité rémunérée. Et selon cette tripartition du labeur intermittent, tous les rôles sont inversés : l'employeur est un travailleur invisible et bénévole, tandis que l'employé est souvent le financier et producteur de l'entreprise qui ne cesse de le mettre en chômage technique.

Ce casse-tête statutaire subit aujourd'hui les effets collatéraux de la baisse drastique de toutes les subventions culturelles publiques. À brève échéance, la fragile économie de la création en France semble fortement menacée. Avec sa faillite progressive, ce ne sont pas seulement des dizaines de milliers de prétendus inactifs qui vont perdre leurs dus et leurs droits, c'est aussi le seul modèle existant de visibilité, de reconnaissance et de compensation du travail précaire qui risque de disparaître. Par leurs dix années de lutte, les intermittents du spectacle ont défendu, à leur insu sinon parfois à contrecœur, le seul acquis social auquel pourrait demain s'identifier l'armée des ombres des millions d'intermittents de l'emploi.

**Entretien avec**

# Laurent Guilloteau et Valérie Marange

Laurent Guilloteau, sociologue free-lance, a publié notamment dans les revues *Chimères* et *Multitudes*. Il participe à AC ! (Agir ensemble contre le chômage) et à la coordination des intermittents et précaires d'Île-de-France. Valérie Marange, docteur en philosophie, est membre du Laboratoire de sciences de l'éducation de Paris-VIII, cofondatrice de la revue *Chimères* avec Félix Guattari et codirectrice d'Anis Gras (Arcueil), espace artistique culturel et d'insertion. Elle a notamment publié *La Bioéthique*, Le Monde éditions, Paris, 1998 et *Éthique et Violence, critique de la vie pacifiée*, L'Harmattan, Paris, 2003.

## « Le chômage n'est pas l'envers du travail, mais l'un de ses moments »

**Le saucissonnage des statuts empêche d'appréhender l'intermittence de l'emploi dans sa globalité mouvante. Est-il néanmoins possible d'en donner une vue d'ensemble ?**

L. G. : Depuis le développement de l'intérim puis des CDD, il y a une trentaine d'années, on parle d'« emplois atypiques » et de « formes particulières d'emploi » pour souligner l'exceptionnalité et la dégradation supposées caractériser l'intermittence de l'emploi. Nos représentations restent tributaires d'une vision homogénéisante de la norme d'emploi issue des années 1950 : l'emploi à temps plein et à durée indéterminée. Cette vision était parfaitement cohérente avec la domination d'une production industrielle standardisée et avec son accompagnement progressiste par le mouvement ouvrier. Or, si l'on veut bien retenir de l'irruption de 68, ne serait-ce que, *a minima*, l'intervention politique massive des salariés en formation – un phénomène qui scande désormais pour partie la vie de nos sociétés –, l'illusion d'une unité du salariat autour d'une norme contractuelle a volé en éclats. En outre, la segmentation du marché de l'emploi ne peut plus être décrite, comme dans les années 1970, en termes dichotomiques, les garantis d'un côté, les précaires de l'autre. En matière de salariat, nous avons plutôt affaire à une pluralité des normes d'emploi, plus incertaines et plus individualisées. Le salarié est pris dans un continuum de normes, à la fois hétérogènes et hiérarchisées, le passage de l'assujettissement d'une norme à une autre s'accompagnant de rupture de droits.

**Intermittents de l'emploi**

Par-delà tel ou tel tripatouillage statistique conjoncturel, une photo dénombrant les chômeurs est par définition une abstraction qui ne dit rien du film des appariements concrets des salariés aux emplois existants et de leurs discontinuités. Qui sait, sauf à le vivre, que le tiers des chômeurs indemnisés effectue dans le même temps des « activités à temps réduit » et dépend ainsi d'un revenu composite issu pour une part de l'emploi et pour une autre d'allocations chômage ? L'immense majorité des salariés passent par le chômage et l'emploi discontinu, ne serait-ce que lors d'une période de longueur variable qui suit la formation initiale. Ce stock ne dit rien des diverses formes d'emploi qui ne se présentent pas comme tels (les stagiaires, le travail au noir et bénévole, par exemple), rien non plus de l'autoentreprenariat des salariés-employeurs, ne serait-ce que d'eux-mêmes. Chômage ? On dénonce la fainéantise de « faux chômeurs », sans même évoquer le tiers des allocataires du RMI occupant un ou plusieurs emplois dans l'année.

**À partir des témoignages ici recueillis, il semble que les catégories usuelles d'identification de ces employés discontinus induisent des cloisonnements trompeurs, sans rendre compte du va-et-vient entre des situations composites propres à tout itinéraire de vie...**

V. M. : Mettant en scène des sujets à la fois assujettis, gouvernés et agissant pour leur propre compte, de tels récits montrent effectivement l'inadéquation de ces catégories. Leur construction résulte d'actions contradictoires. On appelle, par exemple, « intermittent du spectacle » la personne qui a effectué tel quantum d'heures officiellement employées dans l'année. On pourra, comme l'Unedic le décide en 2003, réduire le nombre d'intermittents en écartant de cette durée les heures d'emploi auparavant prises en compte pour l'affiliation, ou, demain, augmenter ce seuil horaire. Des salariés perdront ainsi non seulement leur droit à l'allocation-chômage, mais aussi leur nom. Ces frontières de la désignation ne sont pas simplement mobiles, elles sont également poreuses. Selon une enquête initiée par les coordinations d'intermittents et précaires, quatre salariés du spectacle vivant sur dix sont simultanément salariés et employeurs. Pour vivre et produire, cette population, définie par sa dépendance à l'allocation-chômage, échappe pour partie aux contraintes du salariat comme à celles de l'entreprenariat et se manifeste comme un hybride inattendu, voire impossible à qualifier.

Du sans-papiers, travailleur hors emploi dont on nie les droits et méconnaît l'apport productif, au régularisé qui va ainsi apparaître dans le chiffre du chômage, de l'allocataire du RMI non inscrit à l'ANPE mais employé chronique, on sait peu de choses. Il en est quasiment de même des « saisonniers », des « intermittents de l'industrie et des services » effectuant des missions d'intérim ou des « intermittents du spectacle » dont on a pu voir à quel point la définition même fait l'objet de controverses et de conflits. Plus largement, l'intermittent de l'emploi, de n'être ni « vrai salarié » ni « pur » chômeur, aide à découvrir ce que refusent d'admettre les zélotes de la valeur-travail, y compris lorsqu'ils se posent en défenseurs des travailleurs : la majeure partie des entrées au chômage ne résulte pas de licenciements mais de fins de contrats ; le chômage n'est pas l'envers du travail mais l'un de ses moments.

**On oppose souvent une précarité subie à une autre qui serait choisie. Cette distinction manichéenne rend-elle vraiment compte des bifurcations ou arrangements concrets de ces instables contractuels ainsi que des formes ambivalentes de leur rapport au travail ?**

L. G. : Plus que des choix, à l'allure de gestes démocratiques pacifiés, ce que montrent les parcours d'intermittents, c'est un : « Je préférerais ne pas » par lequel le sujet se pose, classiquement, en s'opposant. Un pas de côté suffit. Dans la dynamique induite par des refus décisifs s'opèrent les bifurcations conduisant à ces parcours qui restent, aussi longtemps que possible, à l'écart de l'emploi réputé normal. Discret ou tonitruant, ce refus fondateur vise à ne pas reproduire le destin parental, ne pas subir telles ou telles conditions ou ambiance de travail, structure hiérarchique ou collectif. Mais, s'ils se manifestent individuellement, ces refus engendrent aussi des comportements massifs qui relèvent d'une fidélité à des rythmes, des formes de vie, des moments dévolus aux rencontres ou à la formation de soi à partir desquels se joue le rapport à l'emploi. D'où ce va-et-vient de l'implication et du retrait qui forme une détermination collective.

L'ambivalence du rapport au travail tient à ce que ces refus ne vont pas sans adhésion, ne serait-ce que par défaut. L'emploi d'exécution vaudra d'être accepté pour l'échappée hors de la surimplication – fréquemment requise par le travail sur projet – et le temps socialement financé qu'il laissera disponible. Plus encore, la valorisation de l'authenticité du rapport de soi à soi conduira à privilégier la force expressive de telle activité, la variation de ses objets et des formes de coopération dans lesquelles elle s'inscrit, le projet, la rencontre.

V. M. : La précarité peut être préférée à l'enfermement, à l'emploi assujetti, et l'intermittence à la routine, voire à la soumission. Dans une certaine mesure, les libéraux ont raison de dire que la prise de risque (lorsqu'elle a un sens) est une valeur morale. Et la flexibilité peut apparaître comme une réponse du capitalisme à l'aspiration des générations de l'État-providence à une vie échappant aux disciplines industrielles ou bourgeoises. La tradition du nomadisme ouvrier est ancienne, elle est tactique de fuite dans des conditions données, choix relatif, tout comme le salariat peut être attractif face à l'esclavage notamment domestique. Le désir d'autonomie compense, pour certains, la perte de sécurité et de solidarité. Et la mobilité est, dans une certaine mesure, une joie. Les nostalgiques du plein-emploi devraient s'en souvenir. Cela dit, une forme de contrainte succède à une autre, la précarité assujettit aussi, sous la forme de l'adaptabilité forcée, d'une mise en mouvement remettant sans cesse en cause la place de chacun et l'empêchant de penser sa vie dans la durée.

**Intermittents de l'emploi**

Il y a course de vitesse entre l'aspiration à l'autonomie et la mise en place de nouveaux contrôles sur les sujets fondés sur l'exposition au risque plus que sur la sécurité.

Le conflit des intermittents du spectacle est un exemple intéressant de cette lutte sourde, en particulier du côté du spectacle vivant, parce qu'il associe une valorisation de la prise de risque, avec deux conditions importantes : une sécurité matérielle suffisante, ainsi qu'une exigence quant au sens des gestes du travail, de l'autonomie d'une trajectoire de vie. Le succès du statut intermittent, avec la naissance de centaines de petites entreprises coopératives où se confondent les figures d'employeur/employé/chômeur, exprime une version utopique de la subjectivité mobile, associée à certaines garanties du salariat. C'est bien d'ailleurs cette percée qui est combattue par le Medef aujourd'hui, et non un « déficit », un excès de « spectacles de mauvaise qualité ». C'est plutôt un mode vie et d'activité, associant expérimentation et sécurité. Si les chantres de la « flexisécurité » du modèle danois étaient sincères, ils s'inspireraient de ces pratiques au lieu de les stigmatiser.

## Pour aller plus loin

BAUDOUIN Thierry et COLLIN Michèle, *Le Contournement des forteresses ouvrières*, Librairie des Méridiens, Paris, 1983.

CINGOLANI Patrick, *La Précarité*, PUF, Paris, 2005.

CORSANI Antonella et LAZZARATO Maurizio, « L'intermittence dans tous ses états », *Multitudes*, n° 17, été 2004.

*Intermittents du spectacle, du cinéma et de l'audiovisuel : les « annexes 8 et 10 »*, Rapport d'expertise d'initiative citoyenne, laboratoire Matisse-Isys (CNRS) et Coordination des Intermittents et Précaires, 2004.

NICOLAS-LE STRAT Pascal, *Une sociologie du travail artistique : artistes et créativité diffuse*, L'Harmattan, Paris, 1999.

◇ **Yves Pagès.**

# Jeunes au travail

Quand rechercher un emploi,
c'est découvrir l'inégalité entre les générations

**E**n France, plus qu'ailleurs, précarité et flexibilité se concentrent sur les jeunes. Pour faire des économies ou s'adapter à la conjoncture, les entreprises privées utilisent les débutants comme variables d'ajustement du marché du travail. L'État lui-même, les collectivités et les entreprises publiques ne sont pas en reste. Gouvernements de gauche comme de droite ont multiplié depuis la fin des Trente Glorieuses les contrats aidés et les allègements de charges, sans régler le fond du problème, parfois même en encourageant le processus de dépréciation du travail des jeunes.

« À caractéristiques individuelles et conjoncturelles identiques », les conditions d'entrée dans la vie active sont « plus difficiles à la fin des années 1990 qu'au début des années 1980 », selon une étude de l'INSEE de 2006 [1]. La probabilité de travailler sous CDI a « chuté de manière spectaculaire » pour tous les jeunes actifs, à l'exception des diplômés du supérieur long. Alors qu'en 1983, 80 % des jeunes avaient un emploi stable un an après leur entrée dans la vie active, ils sont moins

---

1   Pauline GIVORD (INSEE), « Formes particulières d'emploi et insertion des jeunes », *Économie et Statistique*, n° 388-389, juin 2006.

d'un sur deux aujourd'hui. En 2005, le taux de chômage des jeunes actifs était de 23 %.

La difficulté croissante à avoir des revenus stables, couplée à la hausse des prix de l'immobilier et au manque de logements sociaux, entraîne des problèmes aigus de logement pour les jeunes, surtout les célibataires. À salaire identique, la surface que peut louer un trentenaire à Paris a été divisée par deux en vingt ans. Mais les sacrifices consentis par cette « génération à bas coûts » sont de moins en moins acceptés, que ce soient par les plus marginalisés dans les quartiers populaires ou par les diplômés de l'université.

## ▓▓▓▓ Retour contraint chez les parents

Pour Carine, trente-trois ans, l'entrée dans la vie professionnelle a été plutôt facile, c'est seulement quelques années plus tard que la précarité l'a rattrapée. À tel point qu'elle a dû retourner, à deux reprises, habiter chez ses parents, ce qu'elle a très mal vécu. Y retourner une troisième fois est son « épée de Damoclès ». Tout dépendra du type de contrat qui va lui être proposé.

Au début donc, l'entrée dans la vie active fut heureuse. Au niveau de la maîtrise, Carine a fait un stage chez Bordas. Travailler dans l'édition, pour elle, « c'était un rêve, je ne croyais pas que c'était possible, je pensais que c'était très élitiste ». Ce stage de quatre mois lui a « tellement plu » qu'elle s'est inscrite en DEA de littérature générale et comparée à la Sorbonne, « pour pouvoir faire d'autres stages » et entrer dans ce milieu. « Les études, ça m'a toujours fascinée », confie cette jeune femme métisse dont le père a été l'un des tout premiers ingénieurs noirs au Commissariat à l'énergie atomique (CEA) à Orsay, ce dont elle est « très fière ».

Très rapidement, Carine a réussi à décrocher un CDI d'assistante d'édition, ce qui lui a permis de quitter le foyer familial et de prendre un appartement avec son ami de l'époque. Comme son travail ne lui plaisait guère, elle a cherché et trouvé un autre CDI, comme éditrice junior, dans une plus grande maison d'édition, à l'époque filiale du groupe Vivendi Universal. « Cela me plaisait, j'avais beaucoup de responsabilités, c'était vraiment un travail d'éditeur, dans le secteur technique, médical et paramédical. » Au fil des années, les conditions de travail se sont cependant détériorées et elles ont complètement changé quand la maison d'édition a été vendue par Vivendi à des fonds d'investissement.

« Il y a eu des charrettes de licenciements et, quand il y a des licenciements, c'est éminemment stressant, parce qu'on ne sait plus s'adresser aux autres : ceux qui partent sont malheureux, ceux qui restent sont gênés. On a aussi senti un durcissement du discours, dans un sens plus marketing. Avant, on nous disait : "Tiens, cet ouvrage est à suivre, l'auteur est brillant." Après, c'était : "Tiens, voilà un chiffre d'affaires à développer." On n'était plus vraiment éditeur, on était chef de projet », explique Carine.

Pour couronner le tout, la maison d'édition a déménagé du boulevard Saint-Germain à Issy-les-Moulineaux. Ce n'était pas pour déplaire à Carine, qui habitait alors plus près de son lieu de travail, mais son choix était fait : après trois années de ce travail, elle a démissionné pour suivre son « nouveau fiancé, un stagiaire », qui retournait vivre dans la grande ville de l'ouest de la France d'où il était originaire.

« Portée » par son amour, Carine était pleine d'enthousiasme, mais elle a vite déchanté. Alors que son ami avait beaucoup de travail, Carine a multiplié les recherches d'emploi dans l'édition, le secrétariat, la restauration, elle a fait un bilan de compétence avec l'Association pour l'emploi des cadres (APEC), mais sans succès.

« Avant cette aventure, je pensais qu'en intérim, du secrétariat basique, on pouvait en faire. Mais il y a tellement de demandes que les boîtes font une sélection drastique. C'était absolument démoralisant, je ne trouvais absolument rien. »

Carine a fait quelques travaux à domicile comme éditrice free-lance : « Cela me permettait de faire des heures et de compléter mes Assedic, mais je n'avais aucune perspective. » À cette époque, elle a « regretté de ne pas avoir fait un BTS, à la place du DEUG, pour avoir un petit savoir-faire à pouvoir vendre dans ce genre de situation de crise ».

« Avec mon cursus, lettres plus édition, je sais lire, écrire, parler anglais, je suis polie, mais éditeur, ça ne veut rien dire, je n'ai pas de technicité, je ne connais pas tel ou tel logiciel », se dit-elle.

La persistance du chômage a retenti sur sa vie affective :

« Quand on forme un couple, quand l'un travaille et l'autre non, ça devient obsessionnel, celui qui n'a pas de boulot vampirise l'autre. Quand on sortait, on me demandait ce que je faisais, j'étais très gênée. Ça a entraîné une tension dans mon couple, la situation devenait douloureuse. »

Pour se « protéger », Carine a pris l'initiative de partir mais, sans emploi, elle n'a eu d'autre choix que de retourner habiter dans le pavillon de ses parents, en banlieue parisienne. La trentaine passée, « rentrer chez ses parents, ça a un côté totalement régressif, ça a amplifié mon malaise. Ces cinq mois m'ont paru une éternité », raconte-t-elle.

> « Comme j'étais en échec, j'avais l'impression que j'allais être enterrée vivante. Mes parents passaient la majeure partie de leur temps devant la télé, mon père a quatre-vingts ans et il devient sourd et aveugle. Même mon chien commençait à perdre la vue, je me voyais aussi devenir vieille. Un moment, sans attendre d'avoir un contrat, j'ai senti qu'il était vital de partir. »

Grâce à la mère d'une amie, Carine a pu louer un petit appartement rue des Écoles, en plein cœur de Paris. « Cette chambre était une ouverture sur le monde, à nouveau une petite lumière, ça m'a redonné de l'énergie pour rechercher du travail. » Mais la jeune femme a redoublé de malchance : au bout d'un mois, sa logeuse a dû reprendre l'appartement, synonyme pour Carine de nouveau retour chez ses parents. « Là, j'ai atteint le fond du fond du bas-fond du tréfonds. Tout s'acharnait, mon père n'allait pas mieux, mes relations avec mes parents non plus. »

Carine, « très sensible au racisme », a alors décidé de partir seule en Afrique du Sud, pendant un mois. « Ça m'a redonné confiance en moi, de pratiquer l'anglais et de me débrouiller toute seule. Tout ce qui est racial me touche et me fascine, la musique m'a transportée… » Le retour n'a pas été très facile, Carine se souvient d'avoir envoyé beaucoup de lettres, sans réponse. Et puis elle a eu cette « chance, au-delà du réel, car mon CV était plutôt technique et médical », d'être contactée pour un CDD de neuf mois dans l'édition grand public par une filiale d'Hachette. Avec 2 500 euros brut, elle a aussitôt loué un appartement dans la proche banlieue de Paris. Carine « savoure le fait de travailler chaque matin », mais elle craint aussi la précarité. Si le CDD n'est pas renouvelé, elle a peur de retourner une troisième fois chez ses parents.

> « C'est ma menace, mon épée de Damoclès. C'est un film d'horreur, alors que mes parents sont gentils et ne m'ont rien fait. Depuis mi-avril, j'ai un nœud dans l'estomac, j'attends de savoir si le contrat sera prolongé en CDD, ce que j'aimerais, ou le rêve, en CDI, mais j'y crois pas trop. J'ai besoin d'une situation sociale qui me sécurise. Autour de moi, je n'ai pas trop raconté tout ça. Vais-je pouvoir subvenir à mes besoins ? Je suis très sceptique, avant je l'étais moins. »

En juillet, Carine a appris qu'elle n'aurait pas de CDI, peut-être un nouveau CDD de quelques mois au plus. « Les conditions ont vraiment changé depuis que j'ai commencé dans ce métier. Je me demande si je ne vais pas changer de voie. »

## ▰▰▰▰▰ « Nos dirigeants sacrifient nos jeunes »

Alors que beaucoup de grandes usines ferment ou débauchent et que les jeunes subissent un isolement croissant au début de leur vie professionnelle, un grand établissement EDF de Seine-Saint-Denis est encore un bon poste d'observation pour appréhender en 2006 les difficultés auxquelles sont confrontés ces jeunes au moment de leur entrée dans la vie active. Les problèmes se concentrent sur le logement et le travail.

Si la précarité des contrats du privé empêche fréquemment les jeunes célibataires de trouver un logement autonome, même des emplois stables chez EDF ne leur donnent plus cette assurance. « De plus en plus de jeunes appartenant à EDF ou GDF couchent dans leur voiture avant d'aller travailler », témoigne Éric Alligner, secrétaire général CGT d'EDF-GDF Pantin. Ainsi Grégory, vingt-deux ans, travaillant à Noisy-le-Sec et malgré deux ans d'ancienneté, a dû dormir plusieurs mois dans son véhicule en dissimulant un temps sa situation à ses collègues. « Si quelqu'un dort dans la rue, il le cache », témoigne M. Alligner. Alors que les syndicats ont l'habitude d'intervenir dans de telles situations en aidant à obtenir un logement dans le cadre du 1 %, cela devient de plus en plus difficile compte tenu de la hausse des prix de l'immobilier, y compris dans les communes de Seine-Saint-Denis.

> « Un jeune embauché gagne environ 1 050 euros net par mois pour un loyer de 550 à 600 euros. Quand tu es célibataire avec un salaire aussi bas, ce n'est pas possible de vivre, commente le syndicaliste. Tant que les jeunes ne sont pas en couple, ils ne peuvent pas devenir autonomes, ils sont obligés de rester chez leurs parents. Et s'il y a des problèmes avec leurs parents, alors c'est la rue. »

Une situation qu'a connue Thierry, jeune homme d'origine africaine qui débutait chez EDF-GDF en contrat d'apprentissage à environ 540 euros par mois. Dès qu'il a eu sa première paye, son père la lui a réclamée au titre de participation aux dépenses du foyer familial. Thierry a refusé, mais du coup s'est retrouvé dehors. Compte tenu de la cherté de l'immobilier, il n'a eu d'autre choix, après un temps, que de loger dans un foyer de jeunes travailleurs.

Myriam, issue d'une famille maghrébine, a connu la même expérience à vingt ans. À la fin de ses deux années d'apprentissage chez EDF-GDF, son père l'a mise à la porte pour des raisons liées à son petit ami de l'époque. Pour son premier jour comme titulaire dans l'entreprise, Myriam était donc sans logement. Dans l'urgence, elle a « squatté » le studio de 10 mètres carrés en foyer de jeunes travailleurs d'une amie encore en apprentissage. Le week-end, elle passait généralement la nuit « en boîte, l'entrée était gratuite avant minuit ». « Cela a duré quatre mois, jusqu'au jour où j'ai osé en parler à un collègue, qui a alerté la CGT. Comme un syndicaliste avait ses entrées à la mairie de ma ville, en quinze jours j'ai eu un appartement correct », résume-t-elle.

Myriam avait bien cherché un appartement, mais il fallait « un garant, une caution, personne dans ma famille n'était prêt à cela ». Elle avait aussi fait des demandes auprès de l'OPHLM du département de Seine-Saint-Denis, mais « seule sans enfant, et pas dans une situation alarmante », elle n'a pas eu satisfaction. « Il ne faut pas se leurrer, beaucoup de jeunes ont des problèmes de logement. Si on n'a pas de parents derrière pour nous aider, on ne s'en sort pas », témoigne-t-elle.

Le manque de logements sociaux et les différences d'évolution entre les prix de l'immobilier et les salaires sont les deux principales raisons de ces difficultés, observe M. Alligner.

> « Les prix de l'immobilier augmentent scandaleusement mais les salaires, eux, non. Deux syndicats d'EDF-GDF ont signé avec la direction un accord 2006-2007 pour une hausse annuelle des salaires de 1,7 %, alors que l'inflation est de 1,8 %. Mais l'indice INSEE, ce n'est pas l'indice qu'il faudrait prendre en compte pour les salaires. Il incorpore des milliers de produits, alors que les trois postes les plus importants du budget sont aussi ceux qui augmentent le plus : les loyers, la nourriture et l'énergie. On n'achète pas un ordinateur tous les mois ! »
>
> Et le syndicaliste de noter qu'il y a de plus en plus de jeunes qui n'ont pas d'autre choix que de s'endetter : « Nos dirigeants sacrifient nos jeunes. Nous avons la jeunesse que nous méritons, c'est de notre faute à tous, ce n'est pas de la leur. »

Les conditions de travail des débutants sont l'autre grand changement en cours, une évolution d'autant plus significative dans une entreprise publique en cours de privatisation. Éric Alligner n'a que trente-quatre ans, mais, en une décennie, il a observé un changement radical :

> « Il y a treize ans, quand j'ai commencé, le contremaître me disait : "Tu as droit à ça, à ça." Aujourd'hui, il faut se battre pour bénéficier d'un droit acquis. Le tissu social dans nos établissements est en train d'être détruit et les jeunes, c'est clair, sont les premières victimes du profit à tout va. »

Depuis qu'EDF a été privatisé, « il y a des actionnaires à rémunérer [2] et donc des économies drastiques à réaliser. La direction ne remplace que deux départs à la retraite sur sept, la formation est réduite à sa plus simple expression. On baisse le coût du travail, et ça tombe sur les jeunes. C'est déplorable pour eux, mais il n'y a plus d'évolution de carrière et, pour cela, la hiérarchie va même jusqu'à les dénigrer » !

Pour Éric Alligner, la mise en place des 35 heures dans l'entreprise fut un véritable tournant. Malgré la réticence initiale des directions, 18 000 agents ont alors été embauchés, en très grande majorité des jeunes.

« Quitte à les prendre, et dans la perspective d'éviter les conflits sociaux au moment de la privatisation, la direction a séparé les jeunes des plus anciens pour les convertir au libéralisme effréné. Les jeunes, on ne leur parle plus de service public mais de rentabilité et de profit, la pression est mise en permanence sur eux. Tout est devenu conflictuel, les relations avec leur hiérarchie comme avec les usagers, et ils doivent se battre pour faire respecter leurs droits acquis ! »

Cette évolution se voit en termes de carrière et de conditions de travail, poursuit le syndicaliste :

« Au moins, si le patronat n'augmente pas suffisamment le salaire de base, il pourrait faire évoluer les agents. Mais, depuis quatre ans, le nombre d'évolutions de carrière a été divisé par trois. Les directions ont décidé que, pour les jeunes, les exécutions resteront exécutions, les maîtrises resteront maîtrises et les cadres resteront cadres. »

Les métiers pénibles ou à risque sont aussi dévolus aux jeunes, astreintes et dépannages d'urgence pour les hommes, accueil pour les femmes.

« À l'accueil physique, comme certains établissements ferment, de très jeunes femmes subissent les foudres des clients qui ne sont plus accueillis près de chez eux. Elles pleurent, elles craquent, les arrêts maladies se multiplient. Et, à l'accueil téléphonique, elles se font insulter sans cesse, car on ne répond plus aux besoins des usagers, notamment à leurs demandes de délais de paiement, on ne fait plus que leur vendre de nouveaux services. »
Résultat, côté syndical : « On a du mal à faire s'organiser les jeunes entre eux. Très respectueux des règles, ils demandent souvent : est-ce qu'on a le droit ? Du fait de la pression et par peur de ne pas évoluer ou d'être sanctionné.

jeunes au travail

---

2    En 2005, EDF a dégagé 3,2 milliards d'euros de résultat net, GDF 1,7 milliard.

Ils sont foncièrement humanistes, progressistes et solidaires, mais la direction développe un management par la souffrance pour imposer sa loi. »

**Entretien avec**

# Louis Chauvel

Sociologue, professeur à Sciences Po, auteur de *Le Destin des générations*, PUF, Paris, 1998 (rééd. 2002).

## L'horizon obscurci des jeunes générations

### En quoi les jeunes ont-ils été sacrifiés en France depuis vingt ans ?

Travail, logement et même santé, les nouvelles générations n'ont plus les mêmes perspectives d'avenir que leurs aînés au même âge. Les jeunes sont plus diplômés mais les salaires de départ sont plus bas, ils doivent faire face à un chômage de masse à l'entrée dans la vie adulte. Les taux moyens de chômage ou de pauvreté sont en totale contradiction avec ce que l'on voit autour de nous, des diplômés bac + 5 qui peuvent se retrouver en grande difficulté ou des moins diplômés qui vont de contrat précaire en contrat précaire. Les nouvelles générations vivent des difficultés très au-delà de ce que la moyenne présentée par l'INSEE laisse entrevoir. À beaucoup de jeunes, on promet par le diplôme l'accession à la classe moyenne, mais ils voient que leur situation est à la limite moins bonne que celle de la classe populaire à l'ancienne, stabilisée dans son emploi et sa culture. Cette prise de conscience peut être très déstabilisante. Les jeunes des classes moyennes dont les parents n'ont pas de patrimoine n'ont plus rien à espérer du pouvoir d'achat de leur salaire pour un logement décent. Dans Paris *intra muros*, un salaire annuel moyen à trente ans permettait d'acheter 9 mètres carrés en 1984 mais seulement 4 mètres carrés aujourd'hui. L'indice des prix sous-pondère le coût de la vie pour les locataires, et surtout pour les jeunes qui s'installent. L'état sanitaire de la population française n'est pas non plus à l'avantage des jeunes, et ce même si l'on excepte les suicides et les accidents de voiture. L'État-providence est extrêmement bon pour les seniors, leur taux de mortalité à soixante ans est au top mondial, aussi bon que celui des Suédois. Mais le taux de mortalité à trente ans ne s'est pas amélioré en France depuis vingt ans, et alors qu'il était moins bon en Suède, il y est maintenant meilleur. Les trentenaires d'aujourd'hui se préparent un état de santé à l'approche de leur future retraite qui pose de vraies questions à long terme.

### Dans le rapport au travail, qu'est-ce que cela entraîne ?

Les mouvements les plus visibles, ceux qui ont le plus retenu l'attention, en novembre 2005 et contre le CPE, ce n'étaient pas des gens qui travaillent. Les grandes unités de production aujourd'hui, ce ne sont plus Boulogne-Billancourt ou les usines de Lorraine, ce sont les lycées et les universités. Les deux millions d'étudiants ont une sécurité sociale semblable, mais dès qu'ils passent dans la catégorie des jeunes travailleurs, ils sont isolés, atomisés, précarisés, dans de petites unités de production, sans visibilité aucune. Une grève dans un McDo du centre de Paris fait difficilement tache d'huile dans les autres McDo de France. Ce sont de vraies souffrances invisibles, qui n'ont pas la possibilité d'être expliquées, verbalisées. Entre le contremaître de cinquante-cinq ans de l'industrie automobile et son fils intérimaire sur la même chaîne, l'écart de diplôme est de trois ans en faveur du fils, mais celui-ci n'a plus le même rapport à l'identité ouvrière ou à la fierté du travail accompli. Le père est syndiqué ou en lien direct avec des gens syndiqués qui ont pu lui expliquer ses droits, alors que le fils a face à lui des syndicalistes qui ont l'âge de son père. Dans toutes les enquêtes sur les syndicats, on constate un mouvement d'extinction générationnelle qui est, à terme, effrayant. Entre vingt-cinq ans et quarante-cinq ans, il y a un immense vide syndical, mais aussi politique, culturel et participatif, qui est caractéristique de notre époque et potentiellement dangereux. La transmission du savoir-faire politique – par exemple la façon de tenir une assemblée générale, d'organiser une salle pour qu'une décision, bonne et acceptable par et pour tous, puisse être prise collectivement – ne va pas aller de soi dans les prochaines années. Cela pose de grandes questions : comment faire pour sauver le rapport de forces syndical, la négociation collective des salaires et des retraites, l'État-providence ?

### Et quelle en est la traduction politique ?

Les questions sont similaires. L'âge médian du député était de cinquante-deux ans en 1997 et de cinquante-sept ans en 2002, il n'y a eu aucun renouvellement ! Quand les sexagénaires, qui ont été parfaitement socialisés politiquement, vont se retirer, quelle transmission de savoir-faire va permettre de perpétuer la social-démocratie ? Il existe encore une conscience sociale, mais plus de conscience de classes. Fédérer autour du non au référendum sur la Constitution européenne a été possible, mais autour d'un mouvement politique positif qui pèserait, c'est autre chose. Sans conscience de classes, un des risques aujourd'hui, c'est l'aliénation. Il faut du pain et des jeux en quantité croissante pour contenir une classe populaire qui n'a plus la culture politique et la conscience sociale de la classe ouvrière.

Pour les jeunes, cela fait vingt ans que la France stagne, mais nous ne sommes pas au bout du processus, il est en cours. L'avenir est vraiment ouvert : on peut imaginer que nous nous posions à nouveau des questions de long terme, sur la revitalisation de la vie démocratique ou les technologies du futur, mais je ne vois pas trop la source de ce sursaut ; on a le droit en même temps de réfléchir à des scénarios noirs qui, aujourd'hui, sont des défis à l'imagination.

### La situation est-elle semblable dans les autres pays développés ?

En Italie, en Espagne ou au Japon, oui. L'Allemagne prend un peu cette direction, mais il y existe encore un système dual, dans lequel le monde productif continue à intégrer les jeunes générations, en transmettant le savoir-faire, les connaissances technologiques, la socialisation. Dans les pays nordiques, il existe aussi de vraies spécialisations technologiques, et il n'y a pas de chômage de masse à l'entrée dans la vie adulte. Enfin, en Angleterre, c'est plus compliqué, il y a un éventail des possibilités très grand, mais comme une particularité importante est que les salaires déclinent avec l'âge, ce qui n'est pas le cas en France, les jeunes ouvriers peuvent continuer à avoir le sentiment qu'ils vont aller mieux que leurs parents. La situation française est beaucoup plus porteuse d'une situation délétère, au détriment des jeunes, la situation qui leur est faite est particulièrement propice à ne pas voir où l'on va. Novembre 2005 et le mouvement contre le CPE ont-ils suffi pour que la problématique générationnelle soit vraiment prise en compte dans les politiques publiques ? C'est encore évanescent pour l'instant.

### Pour aller plus loin

CHAUVEL Louis, « Les nouvelles générations devant la panne prolongée de l'ascenseur social », *Revue de l'OFCE*, n° 96, janvier 2006.

◇ **Emmanuel Defouloy.**

# Oubliés
# de la santé

Quand la santé est l'une des choses les moins partagées

On salue régulièrement la qualité du système de santé français. Une performance confirmée par l'Organisation mondiale de la santé qui place la France en tête de son classement dans ce domaine. En revanche, on oublie souvent de dire que notre pays occupe aussi l'une des dernières positions en Europe sur le terrain des inégalités sociales de santé. L'espérance de vie des hommes varie fortement en fonction de leur catégorie socioprofessionnelle : un ouvrier non qualifié encourt 2,5 fois plus de risques de décès entre trente-cinq et soixante ans qu'un ingénieur. Autre point noir qui fait de la France le mauvais élève de l'Europe : la mortalité des hommes de quarante-cinq à cinquante-neuf ans exerçant une profession manuelle dépasse de 71 % celle des non manuels dans l'Hexagone alors que cette surmortalité varie de 33 à 55 % chez nos voisins européens. Ces inégalités sociales face à la mort ne se sont pas réduites depuis une trentaine d'années, alors que, dans le même temps, la mortalité continuait de diminuer. Ces disparités trouvent leur origine en amont du système de soins et sont donc étroitement liées aux autres facteurs générateurs d'inégalités sociales : les revenus, l'éducation, le logement, l'emploi, les conditions de travail. Or, pour y répondre, les mesures politiques ont essentiellement consisté à étendre la protection sociale, la CMU (couverture maladie universelle) étant l'un des derniers exemples. Pourtant, selon Didier Fassin, médecin et chercheur, « l'état de santé d'une population ne dépend de son système médical que pour environ un cinquième, le reste relevant de facteurs proprement sociaux [1] ». Autrement dit, les inégalités sociales de santé sont avant tout des inégalités sociales.

### ▣ Quand se soigner est un casse-tête...

Dans la cité de Franc-Moisin, Didier Ménard est une sorte d'idole. Tout le monde le connaît et le respecte et lui aussi connaît et respecte tout le monde. Cela fait vingt-six ans que ce médecin généraliste ausculte, soigne et réconforte les habitants de ce quartier de Saint-Denis, à deux foulées du Stade de France, où une personne sur quatre est au chômage. Cette cité a connu son heure de gloire le jour où Abdellatif Kechiche est venu tourner *L'Esquive*, le film aux quatre césars... Mais la vraie star, ici, c'est le docteur Ménard, ou plutôt Didier.

Dans la salle d'attente, il suffit de prononcer son nom pour que les langues se délient. Ses patients l'encensent :

> « Il faut lui rendre hommage. C'est plus un psy qu'un généraliste. La plupart des personnes qui viennent le voir n'ont pas besoin de traitement, mais simplement de parler », explique un jeune homme.
>
> « Il est phénoménal, surenchérit Laurence, une jeune maman qui patiente avec un nouveau-né. Vous en connaissez beaucoup des médecins qui acceptent de vous recevoir alors que vous n'avez pas une thune ? Et si vous ne payez pas, il ne va pas vous harceler pendant dix ans. »

La première fois que Laurence a rencontré Didier Ménard, elle avait l'âge de sa fille, qu'elle tient aujourd'hui dans ses bras. Trois semaines !

> « Mes parents habitaient au Franc-Moisin. Je ne vis plus ici, mais je continue de venir voir Ménard. Même pour ma fille, je préfère que ce soit lui qui l'ausculte plutôt qu'un pédiatre. »

Si le tarif des consultations est affiché bien en évidence dans la salle d'attente de son cabinet médical, Didier Ménard ne déroge pour autant jamais à un principe : « On soigne d'abord, on parle fric après. Je n'ai pas

---

1   Didier FASSIN, « Les lois de l'inégalité », *Mouvements*, n° 32, mars-avril 2004, disponible sur le site de l'Observatoire des inégalités, www.inegalités.fr.

choisi cet endroit pour faire fortune ! » Du coup, à l'issue d'une dizaine de consultations en cette fin d'après-midi, il sort une maigre recette du tiroir de son bureau : un chèque de 20 euros :

> « Ici les patients bénéficient de la CMU ou d'un autre système qui leur permet de ne pas verser d'argent, ou alors ils ne peuvent tout simplement pas payer. Dans ce cas, ils régleront quand ils le pourront et la plupart du temps ils me paient. Ils savent exactement combien ils me doivent. C'est un rapport de confiance et de respect. Il y a des situations tellement dramatiques... je n'oserais même pas leur demander de payer. Parfois, c'est moi qui aide les gens, c'est moi qui leur donne de l'argent pour qu'ils puissent manger. Je stocke aussi, à mon cabinet, une réserve de lait maternisé pour les nourrissons. Cela m'arrive d'avoir des parents qui ne peuvent pas nourrir leur bébé. La majorité des habitants ici n'ont pas d'argent d'avance, ils gèrent au fur et à mesure et ils ont des crédits. »

Cette situation financière sur le fil est parfois mise en avant par ses patients pour refuser l'arrêt de travail :

> « Ils me disent : "Docteur, je ne veux pas m'arrêter, je ne peux pas." Il y a beaucoup de personnes que je voudrais arrêter. Ils sont dans un tel état de fatigue, d'épuisement, ou même dans le cas de maladie grave. Les indemnités journalières en cas d'arrêt de travail, c'est 60 % du salaire. 60 % quand déjà vous gagnez une misère... Ils ne peuvent pas se le permettre. Bien sûr, cela n'arrange rien à leur état de santé. Alors quand j'entends les discours sur les abus, je suis en colère. C'est honteux. Vouloir monter les populations les unes contre les autres en voulant faire du malade un abuseur potentiel, cela dénote une approche de la vie sociale qui me paraît complètement délirante ! »

Durant ses consultations, Didier Ménard examine des corps qui témoignent de toutes les souffrances d'une vie éprouvante. « Il faut voir les braves Portugais lorsqu'ils arrivent à cinquante-cinq ans. Il faut observer leurs épaules, voir comment ils sont cassés. » Didier Ménard, comme d'autres de ses confrères, s'est réjoui de la mise en place de la CMU qui, en simplifiant l'accès aux soins pour près de 5 millions de personnes disposant de faibles revenus, leur a permis de se soigner et, d'une certaine façon, de rattraper un retard. Mais, pour les patients qui se situent juste au-dessus du seuil, aller consulter pose souvent des difficultés. Même lorsqu'on bénéficie du tiers payant : « Parfois on me fait un chèque de 6 euros et on me demande d'attendre la fin du mois pour l'encaisser », raconte René Gentils, qui a fait toute sa carrière de médecin généraliste à la Croix-Rouge. Il exerce en Seine-Saint-Denis, dans le dispensaire du Blanc-Mesnil, dont la fermeture, reportée une première fois, est

**Oubliés de la santé**

programmée pour cette année. Plus que la question financière, il estime que la difficulté majeure de ses patients réside et résidera dans la proximité et dans le temps.

> « Quand on va fermer, il va rester quatre généralistes dans la cité du Blanc-Mesnil. Ils sont déjà saturés par les personnes qui les ont choisis comme médecins traitants. Il faudra aller au dispensaire municipal : une heure pour y aller, une heure sur place, une heure pour le retour. Vous perdez trois heures pour une consultation ! Très peu de personnes possèdent une voiture ici. Le problème est encore plus aigu avec les spécialistes. Avoir accès aux généralistes ce n'est pas très compliqué, mais les spécialistes... »

Une récente étude de la DRESS (Direction des études et des statistiques du ministère de la Santé) montre que ce quartier du Blanc-Mesnil est un des plus défavorisés de la région parisienne et qu'il constitue aussi le « secteur le moins médicalisé » d'Île-de-France. Un désert. Le nombre de médecins y est deux fois inférieur à la moyenne régionale.

Pour éviter que l'avance de frais soit un problème, certains praticiens n'hésitent pas parfois à franchir la ligne jaune :

> « Un jour, j'ai reçu un patient chez qui je soupçonnais fortement un diabète, se souvient cette professionnelle installée dans l'Est parisien. J'étais quasiment sûre qu'il avait un diabète, mais il me fallait un bilan sanguin pour le confirmer et lui assurer une prise en charge à 100 %. Ce monsieur ne pouvait pas payer les analyses nécessaires. J'ai appelé le médecin-conseil de la Sécurité sociale. Je lui ai expliqué la situation et je lui ai dit que j'allais lui faire un faux bilan ! Une fois la prise en charge assurée, on a fait ce bilan. Mon patient était diabétique et ses résultats étaient bien pires que ce que j'avais imaginé. »

Ce médecin s'inquiète aussi du fait que la plupart des personnes qu'elle traite ne souscrivent pas à une mutuelle. Et quand ils en obtiennent une, souvent grâce à l'aide à la mutualisation, elle n'est pas à la hauteur de leurs espérances. Loin s'en faut :

> « Une de mes patientes était folle de joie quand elle a obtenu, pour la première fois de sa vie disait-elle, une mutuelle. Mais elle a vite déchanté quand elle s'est aperçue que ladite mutuelle ne couvrait pas les séances chez le kiné ou les soins dentaires. »
>
> « Vu l'augmentation du prix des mutuelles, cette aide à la mutualisation, c'est un piège à cons ! s'emporte Didier Ménard. En plus la Caisse d'assurance maladie n'en fait pas la promotion. Il faut des médecins militants comme nous pour faire circuler l'information ! »

Parfois, pour éviter de perdre la CMU, certains patients n'hésitent pas à demander conseil à Didier Ménard :

> « Il arrive que l'on me demande comment faire pour refuser une augmentation au travail, pour éviter de se retrouver au-dessus du seuil de la CMU ! Pour certains, plus ils sont augmentés, plus ils sont pauvres. »

Depuis près de quinze ans, Didier Ménard travaille en réseau :

> « Dans ce quartier, toutes les personnes que je vois ont une problématique de nature sociale : précarité ou harcèlement au travail, perte de ressources, etc., qui fait qu'elles souffrent. Une fois que j'ai tiré le fil, je les oriente vers l'association Santé Bien-Être, où les médiatrices vont pouvoir les aider. »

Une satisfaction pour ce médecin lui aussi issu d'une cité. Pourtant, constatant son impuissance, il exprime ce regret : « Quand je me suis installé au Franc-Moisin, mon objectif, c'était de leur apprendre à nager. Au final, je passe ma vie à lancer des bouées de secours ! »

## La galère des parents d'enfants autistes

Elle pose un épais dossier au milieu de la table. Il contient des dizaines et des dizaines de courriers, de certificats médicaux, d'avis, qui ne représentent pourtant qu'une petite partie des vingt-cinq ans de combat menés pour Paul, son fils autiste, âgé aujourd'hui de vingt-neuf ans. Elle montre aussi les photos d'un jeune homme au visage scarifié. Des photos de l'époque pas si ancienne où, ne supportant plus les neuroleptiques et les psychotropes, Paul se mutilait. Depuis quelques mois, il a intégré un nouvel établissement en Belgique. Une maison d'accueil spécialisée. « De sa chambre, il a une vue sur le parc », se réjouit sa mère de soixante-six ans. Elle parle de l'accueil « humain », de l'écoute des familles, de la transparence des soins. « L'équipe là-bas se met au niveau du handicap de mon fils, alors qu'en France mon fils et moi, nous devions nous adapter à l'institution. » Elle a emmené Paul en Belgique faute de places en France. Faute de structures adaptées. Elle se considère comme chanceuse. « Une majorité des autistes adultes n'est pas prise en charge. Ils vivent chez leurs parents. J'ai une amie qui habite avec son fils de trente ans. » À plusieurs reprises, elle dit en sanglotant : « Si j'avais les moyens, je créerais ma propre structure pour y mettre mon fils. »

En France, on dénombre 80 000 à 100 000 personnes autistes, dont plus de 30 000 enfants. Selon l'INSERM, une naissance sur 166 est

**Oubliés de la santé**

concernée. Difficile en réalité de donner un chiffre très précis compte tenu du fait que le diagnostic est encore parfois réalisé tardivement. Pour les parents, ce syndrome est en tout cas synonyme de lutte au quotidien. Bien souvent, à défaut de pouvoir s'appuyer sur un établissement, ils prennent les choses en main et créent ou assurent eux-mêmes l'encadrement de leur enfant.

« Si mon fils va à l'école, c'est parce que j'avais une motivation d'enfer ! » Françoise a quatre enfants dont un petit garçon autiste de neuf ans. Elle a arrêté de travailler quand le diagnostic est tombé, il y a quatre ans. La mère de famille a vendu sa maison pour pouvoir faire face financièrement. Louis est cette année en CE2. À temps partiel. Dans le privé :

> « On a refusé mon enfant dans le public. On m'a dit que mon enfant ne saurait jamais lire, ni écrire ! C'est l'Éducation nationale ! J'ai appelé toutes les écoles de Grenoble et de sa région. J'ai passé des jours et des jours pendue au téléphone. Avec les cahiers de mon fils, j'allais voir les responsables d'établissement, j'essayais de convaincre que ça allait bien se passer. Je pense que la directrice de l'école où est scolarisé mon fils l'a pris plus pour me faire plaisir que parce qu'elle était convaincue. Elle ne pensait pas qu'il passerait dans la classe supérieure. »

Son fils va à l'école deux demi-journées par semaine. Le reste du temps, il travaille à la maison avec sa mère : « Je peux me le permettre. Malheureusement ce n'est pas le cas de tous les parents. »

Karima Mahi, elle, a pu placer l'une de ses filles dans une école publique d'application, dans laquelle environ 50 enfants sur 350 ont des besoins spécifiques. Sa fille, scolarisée au collège, est aidée par une auxiliaire de vie scolaire :

> « Quand les familles le peuvent, un des deux parents arrête de travailler. Pour l'autre, généralement, cela signifie la fin de l'évolution de carrière, témoigne cette maman qui a été pendant plusieurs années vice-présidente d'Autisme France. Nous sommes non seulement exclus, mais aussi de plus en plus précarisés. Nous sommes à la marge économiquement, socialement, isolés. On ne peut pas, par exemple, confier nos enfants pour sortir. »

Régulièrement, des mères et des pères démunis font appel à cette ancienne responsable d'association :

> « Je reçois des coups de fil de parents qui ne savent pas comment batailler ou qui n'en ont pas les moyens. J'ai des frissons quand je pense aux gens isolés dans des petits villages. Les médias relatent parfois des faits divers où une mère a noyé son enfant. Au procès, elle est acquittée. Évidemment qu'elle n'est pas coupable, mais alors pourquoi ne s'interroge-t-on pas davantage pour savoir qui est coupable ? »

Ces familles dénoncent l'absence de structures. Quelques CLIS (classes d'intégration scolaire) existent, souvent à l'initiative des parents eux-mêmes, mais elles sont peu nombreuses et rarement réservées aux seuls enfants autistes. Les parents s'insurgent également contre la méconnaissance de l'autisme et le manque de personnel formé. Pendant très longtemps, la psychanalyse les tenant en effet pour responsables des troubles du comportement de leur enfant, les mères ont culpabilisé. Il y a une dizaine d'années, on leur a finalement dit qu'elles n'y étaient pour rien, qu'il s'agissait d'une anomalie génétique. Ce qui a favorisé une meilleure prise en charge éducative. Mais certains clichés ont la vie dure : « Aujourd'hui encore, il existe des psys qui vous font comprendre que vous êtes pour quelque chose dans la maladie de votre enfant », insiste Karima Mahi. Il suffit de consulter les échanges entre parents sur Internet pour comprendre qu'il reste encore beaucoup d'interrogations sur cette maladie et sur la manière de la traiter :

> « En France, on passe à côté des aspects biomédicaux, alors que des traitements fonctionnent, s'emporte Françoise. Nous sommes très en retard. Il existe sur la question une importante littérature anglaise, une masse d'informations en anglais. Mais il faut franchir la barrière de la langue. »

Alors, pour tenter de diffuser ces informations au plus grand nombre, Françoise traduit des articles pour des associations qui travaillent sur l'autisme. Elle y consacre toutes ses soirées. « Je n'ai pas de vie privée. Je suis dans l'autisme du matin 7 heures jusqu'au soir. C'est un choix de vie. » Un choix de vie auquel son couple n'aura pas résisté. Françoise est aujourd'hui séparée du père de ses enfants. Une fratrie qui aura tenu bon :

> « Mes autres enfants s'en sont bien sortis. Ils ont vécu un peu comme avec une maman qui est très occupée par son travail. Ils ont aussi une certaine fierté d'être passés à travers tout ça, de constater que leur frère progresse à leurs côtés. Ils grandissent et je commence à souffler. »

Son but est de faire en sorte que, dans les prochaines années, son fils aille plus souvent à l'école :

> « Ma situation est prenante, mais quand je pense à l'enfer des parents enfermés chez eux avec leur enfant autiste ! Les grands enfants, les adultes sont souvent "surhandicapés", faute d'éducation et de soins adaptés à leurs besoins. Même s'il reste beaucoup à faire, les plus jeunes ont au moins bénéficié d'un diagnostic plus précoce et, pour les plus chanceux, d'une prise en charge plus rapide, financée il est vrai par les parents. En matière de traitement,

les choses sont en train de bouger, parce que les parents sont mieux informés. Il me semble que c'est une période charnière. »

S'il n'est pas question pour elle de reprendre un travail à temps plein, « ce serait renoncer à l'évolution de mon enfant », elle est convaincue qu'elle n'aurait guère de mal à convaincre un employeur :

« Si vous tenez le coup année après année, je ne vois pas ce qui pourrait encore vous faire peur. Pour ce qui est de la capacité de travail et de la motivation, une mère d'enfant autiste qui tient le choc, c'est redoutable ! »

## Quel avenir pour nos vieux parents ?

« La canicule a fait 15 000 morts. C'est trois fois le World Trade Center ! Il n'y a eu aucune commémoration officielle. Pas un monument, rien n'a été fait d'un point de vue symbolique. » Lorsque Pascal Champvert évoque le dramatique épisode de l'été 2003, le moins que l'on puisse dire, c'est qu'il ose la comparaison. « On a rayé de la carte l'équivalent d'une sous-préfecture. Mais parce que ce sont des personnes âgées qui meurent, on considère que c'est moins important ? » Et le responsable de l'Adehpa (Association des directeurs d'établissement d'hébergement pour personnes âgées) d'ironiser : « Cet été-là, la France a découvert ses vieux. » En effet, le pays a sans doute pris conscience à la fois de l'isolement de certains de ses aînés, mais aussi de l'absence d'une véritable politique à l'intention de sa population vieillissante. 70 % des plus de quatre-vingt-cinq ans sont en bonne santé, des « Henri Salvador en puissance », plaisante Pascal Champvert, qui gère trois établissements en région parisienne. « Évidemment ils marchent moins vite que vous, ils ont quelques difficultés pour monter les escaliers mais globalement ils se débrouillent seuls. » Les autres, les personnes handicapées, les plus fragiles, sont au nombre d'1,2 million. La moitié vit à domicile, le leur ou celui de leurs enfants, l'autre moitié en établissement. Et, contrairement à l'idée largement diffusée après la canicule, les familles n'ont pas du tout abandonné leurs anciens et représentent même un soutien très important. 80 % des personnes dépendantes sont aidées par leur famille. Dans la moitié des cas, l'aide ne provient d'ailleurs que de l'entourage :

« Le maintien à domicile repose sur la génération des 55-65 ans, explique Bernard Ennuyer, le directeur de l'association Les Amis qui assure un service à domicile à Paris. Quand il est seul à s'occuper de sa compagne ou de son compagnon dépendant, le conjoint lui consacre sept heures par jour en moyenne. Lorsque c'est un enfant qui gère, il y passe six heures par jour ! »

Un emploi du temps qui peut être toutefois allégé à l'aide des visites à domicile de professionnels. Mais la tâche demeure parfois lourde et ingrate :

« Ce n'est pas toujours facile, admet Simone, toujours très vaillante à soixante-dix-sept ans, qui s'occupe de son mari, quinze printemps de plus qu'elle. On me demande parfois pourquoi je ne place pas mon mari, qui est paralysé, dans un hôpital, pour pouvoir m'occuper de moi et me reposer. Il n'en a jamais été question. De toute façon, je ne le ramènerais pas. Là-bas, il se laisserait mourir. »

Le rapport entre enfants et parents est parfois plus complexe :

« La plupart du temps, les enfants sont retraités. Ils ont un discours ambigu. Ils viennent se plaindre parce que leurs parents les empêchent de vivre et en même temps ils disent que c'est normal de les aider », décrypte Bernard Ennuyer, qui, lui, considère qu'on en demande trop aux familles.

Pourtant Édith, elle, ne se plaint pas. Elle affirme que s'occuper de sa mère n'est absolument pas un sacrifice, mais simplement un juste retour des choses. Une grande partie de l'emploi du temps de cette jeune retraitée de l'enseignement s'organise pourtant autour de la vie de sa mère, quatre-vingt-treize ans. Avec sa sœur Monique, elles se relaient cinq nuits par semaine auprès d'elle. Elle assure, avec ses deux frères et sa sœur, une présence de tous les instants. Personne ne remet en question cette organisation. « Ma mère dans une maison de retraite ? Elle meurt dans la quinzaine qui suit. » Édith, qui n'a pas d'enfant, s'inquiète parfois de sa propre vieillesse. « Je n'aurai pas la chance de ma mère. J'ai bien quelques neveux, mais... »

Cette inversion des rôles entre les enfants et les parents dérange parfois Michel, un grand garçon de soixante-dix ans qui parle, de façon très touchante, de sa « maman » :

« Je suis très ennuyé de prendre des décisions pour maman. Gérer son argent par exemple, ça me barbe. Jusque-là elle s'était toujours occupée de ses affaires. C'est difficile de devenir le parent de ses parents. »

La mère de Michel vit dans un établissement proche de Paris depuis un accident vasculaire cérébral il y a quatre ans. Son fils passe deux heures avec elle tous les jours en début d'après-midi :

« Les familles ont un rôle très important dans les maisons de retraite. On ne peut pas laisser ses parents tutoyer les murs. Là où elle est installée, c'est un vrai lieu de vie. Le cadre, le suivi médical, tout est assuré. Elle participe aux activités. On lit la presse à 17 heures. C'est un endroit privilégié. » Privilégié, c'est aussi comme ça que Michel se voit : « La maison de retraite c'est 2 200 à 2 300 euros par mois. Quelle retraite couvre ça ? Les revenus de ma mère lui permettent de payer. »

Le coût moyen d'une place en établissement en France c'est 1 700 euros par mois. La retraite moyenne 1 200 euros :

« Les établissements voient leur fonctionnement assis financièrement sur les familles et les personnes âgées. C'est une véritable spoliation ! », s'emporte Pascal Champvert. « On pique donc toute la retraite de la personne âgée. Je ne connais pas d'autres exemples en France où l'on prenne tout l'argent aux gens. Et on récupère le complément chez les enfants ! »

Mais les réticences vis-à-vis de certains établissements ne sont pas que financières : « On se sent coupable, reconnaît Michel. La culpabilité est commune à toutes les familles qui sont passées par là. Ce n'est pas comme ça qu'on voyait les choses, on les voyait finir leurs jours chez eux. Mais ce sentiment est aussi lié à l'image souvent véhiculée des maisons de retraite, généralement assimilées à des mouroirs. Il faut changer cette image. »

Changer l'image, c'est aussi sans doute modifier la réalité de certains établissements où l'on manque cruellement de personnel. Un problème qui se pose également pour les soins à domicile. Les besoins des personnes qui continuent de vivre chez elles ne seraient aujourd'hui couverts qu'à moitié :

« L'un des principaux problèmes en France, c'est l'encadrement et l'accompagnement. Le rapport est d'un peu plus de 4 professionnels pour 10 résidents. Alors que certains pays affichent un ratio de 8 pour 10, voire de 10 pour 10 », détaille Michel, qui anime un groupe d'une petite centaine de familles qui porte la parole du quatrième âge.

Ainsi, les associations souhaitent qu'en France les politiques prennent enfin la mesure du problème, elles estiment pour certaines, comme l'Association des directeurs de maison de retraite, qu'il faudrait rapidement doubler le nombre de professionnels dans ce secteur. Rattraper le retard pris par rapport à nos voisins du nord de l'Europe qui ont perçu l'évolution de la société et ont mis plus tôt en place des structures avec du personnel :

« Il faut arrêter de vouloir culpabiliser les familles et faire comme si la France était la même qu'au début du siècle, conclut Pascal Champvert. Aimer quelqu'un, cela n'implique pas de l'aider jour et nuit. Le personnel ne remplace pas un fils ou une fille. Mais il peut aussi aider à aimer en rendant la situation plus légère. »

**Entretien avec**

# Annette Leclerc

Épidémiologiste, directrice de recherche à l'INSERM.

## Les disparités sociales de santé

**Quels sont les chiffres et les appréciations dont on dispose sur les inégalités sociales de santé en France et sur les inégalités face à la mort ?**

Il existe des différences, des inégalités, selon les milieux sociaux, géographiques, selon le sexe aussi. L'espérance de vie d'un ouvrier à trente-cinq ans est de six ans et demi inférieure à celle d'un cadre. Pour les femmes, les écarts sont beaucoup plus faibles, de l'ordre de trois à trois années et demie. Les causes de décès qui sont à l'origine des inégalités sociales de santé les plus importantes chez les hommes, ce sont les cancers du poumon et des voies aérodigestives supérieures (larynx, bouche, gorge...), pour lesquels les facteurs de risque sont le tabac, l'alcool, et l'exposition professionnelle. Mais je tiens à préciser qu'il ne faut pas en tirer de conclusions hâtives par rapport à la consommation de tabac et d'alcool. Ce n'est pas juste une question de comportement individuel. Il y a des éléments plus ou moins incitatifs à l'arrêt du tabac ou de l'alcool. Les conditions de travail sont également à prendre en compte et notamment les expositions aux éléments cancérogènes. On a aussi constaté des différences géographiques. Certaines régions comme le Nord-Pas-de-Calais ou une partie de la Champagne-Ardenne ne vont pas très bien, alors que le Centre et le Sud-Ouest se portent plutôt bien.

**Comment expliquez-vous ces inégalités sociales de santé ?**

Nous sommes de toute façon dans une société inégalitaire et cela se manifeste de différentes façons, notamment à travers les variables liées à la santé. J'ai parlé des conditions de travail, on peut aussi évoquer un problème de santé publique dont il est beaucoup question depuis quelques années : l'obésité. Elle augmente fortement et elle est déjà actuellement très inégalitaire, alors qu'elle ne l'était sans doute pas pour la génération précédente. Les foyers les plus exposés économiquement sont aussi ceux dans lesquels on rencontre le plus de problèmes de poids. L'environnement n'y est sans doute pas pour rien. Il serait intéressant de poser quelques questions à ce sujet. Qu'est-ce que les commerçants de quartier leur proposent à manger ? Est-ce qu'ils vendent des fruits et des légumes ou est-ce qu'ils ont surtout des produits très sucrés ? Est-ce qu'il y a des parcs dans le quartier pour aller courir ? Est-ce que le quartier est suffisamment accueillant pour donner envie de courir ? Rappelons que

**Oubliés de la santé**

l'obésité est un gros facteur de risque de diabète, de douleurs aux hanches, aux genoux, de problèmes cardio-vasculaires, etc.

**Ces inégalités sont-elles aussi liées à l'accès aux soins ?**

L'accès aux soins pèse assez peu finalement dans ces inégalités, sauf peut-être pour les soins dentaires ou l'acquisition de lunettes. Dans ces situations, l'aspect financier est important car ce sont des soins peu remboursés. Mais on a pu constater que ce n'était pas uniquement une question financière. Cela dépend aussi de l'insertion sociale, de l'éducation, etc. Lorsqu'on accorde des soins dentaires gratuits par exemple, on se rend compte que cela ne résout pas tout. Ce qui compte, c'est aussi la relation avec le soignant et la réponse du soignant. Quelques études récentes montrent notamment que la longueur de la consultation chez le médecin peut dépendre de la catégorie sociale du patient. Si vous avez un bagage culturel proche de celui de votre médecin, vous pouvez discuter avec lui plus longtemps. Vous pensez aussi probablement à lui poser les bonnes questions. Et lui, il ne vous fera sans doute pas les mêmes propositions concernant les soins. Face à une dent abîmée, cassée, le dentiste a plusieurs options. Il peut carrément arracher la dent ou à l'inverse proposer une couronne très sophistiquée qui va coûter cher. Si la personne qui est assise sur le fauteuil n'a pas de gros revenus, il lui proposera plus facilement de lui enlever la dent. La demande du patient n'est pas non plus forcément la même. Il peut y avoir, de sa part, la crainte d'avoir mal ou l'impossibilité de dégager assez de temps pour une solution compliquée, nécessitant de revenir plusieurs fois au cabinet du dentiste. Du coup, ce patient sera sans doute prêt à accepter la solution la plus simple. Donc la dimension financière est certes un facteur important, mais ce n'est probablement pas le seul. Les déterminants sociaux exercent également une influence.

**Comment peut-on tenter de réduire ces inégalités ?**

À mon avis, à chaque fois qu'une décision politique est prise, qu'une disposition est annoncée par tel ou tel ministre, et pas uniquement par le ministre de la Santé, on devrait se poser la question des conséquences que cette décision va avoir sur les inégalités sociales et sur les inégalités sociales de santé. Il existe des tas de domaines dans lesquels on intervient sans se poser cette question essentielle. Je pense par exemple à la législation concernant la circulation automobile, à l'installation de nouvelles voies pour les vélos, à l'augmentation des infrastructures sportives, à la hausse du prix du paquet de cigarettes, de celui des fruits et légumes...

## Pour aller plus loin

FASSIN Didier, GRANJEAN Hélène, KAMINSKI Monique, LANG Thierry et LECLERC Annette (dir.), *Les Inégalités sociales de santé*, La Découverte, Paris, 2000.

FASSIN Didier, « Les lois de l'inégalité », *Mouvements* n° 32, mars-avril 2004, disponible sur le site de l'Observatoire des inégalités, www.inegalités.fr.

KÜRZINGER Marie-Laure, RICAN Stéphane et SALEM Gérard, *Atlas de la santé en France, volume 1, Les causes de décès*, John Libbey Eurotext, Montrouge, 2000.

KÜRZINGER Marie-Laure, RICAN Stéphane et SALEM Gérard, *Atlas de la santé en France, volume 2, Comportements et maladies*, John Libbey Eurotext, Montrouge, 2006.

CHAUVIN Pierre et PARIZOT Isabelle (dir.), *Santé et recours aux soins des populations vulnérables*, INSERM, Paris, 2005.

◇ **Marie-Laurence Rincé.**

**Oubliés de la santé**

# Précaires du public

Quand l'État est un patron voyou

Être précaire au pays des fonctionnaires est peut-être une anomalie, mais pas une rareté. Selon une note discrète de la Direction de l'animation de la recherche, des études et des statistiques
(DARES), l'institut des statistiques du ministère de l'Emploi, publiée en
janvier 2006, la précarité est aujourd'hui plus forte dans le secteur
public que dans le secteur privé : 16 % des agents de la fonction
publique (d'État, territoriale et hospitalière) sont ainsi salariés sur des
contrats à courte durée (CDD, vacataires, emplois aidés, stagiaires, intérimaires...) contre « seulement » 12 % des salariés du secteur privé.

Cette précarité du secteur public n'est guère rendue publique. Bien
que massive, elle est en effet masquée par l'idée répandue que
l'employé du secteur public est, par essence, mieux protégé que son
voisin du privé. Surtout, cette précarité ajoute l'hypocrisie à la violence. D'une part, le précaire du monde public côtoie, au quotidien, des
salariés qui font le même travail que lui avec une sécurité de l'emploi
absolue ; il se trouve donc à la fois en porte-à-faux existentiel et en position de subordination de fait. D'autre part, l'État et les collectivités territoriales se permettent de dépasser toutes les bornes légales,
précisément parce qu'ils sont insoupçonnables. Leurs propres

employés acceptent d'eux ce qu'ils n'accepteraient pas toujours d'un patron du privé. L'espoir d'obtenir le statut de fonctionnaire contribue à maintenir le silence sur ces pratiques.

Que l'État ne soit pas un employeur modèle n'est pas inédit. Il a ainsi fallu attendre vingt ans, et un arrêt du Conseil d'État, pour que le secteur public daigne appliquer, comme dans le secteur privé, l'interdiction de licenciement des femmes enceintes. Mais, sous couvert d'exceptions et de dérogations, l'emploi public constitue désormais un univers de plus en plus éclaté, où des emplois semblables côtoient discrètement des statuts invraisemblables.

### ▓▓▓▓▓ Comme une lettre à la poste : l'État hors la loi

À ma gauche, Christiane : 574 CDD en dix-sept ans. À ma droite, Marylène : 377 CDD en dix ans. Encore un coup de McDonald's ? Ou de sous-traitants indiens ? Tout faux. C'est la Poste – le plus grand employeur de France, entreprise nationale à 100 % et dont le P-DG est nommé en Conseil des ministres – qui a sans doute été l'un des plus grands organisateurs de la précarité des années 1990, en franchissant allègrement et secrètement les frontières de la légalité :

> « J'ai commencé à la Poste en 1993, et j'ai été utilisée, c'est le terme, pendant 377 contrats, c'est-à-dire que j'ai passé dix ans en CDD, parfois de quelques heures seulement », explique Marylène.
>
> « Moi, confirme Christiane, le plus court de mes 574 CDD, ça a été un jour, et le plus long, pour remplacer une factrice qui était partie à La Réunion, six mois. J'étais la roue de secours. On m'appelait la veille pour le lendemain, pour la tournée du matin. Parfois le téléphone sonnait le matin à 6 h 30 pour embaucher le jour même à 7 heures. Je remplaçais les gens malades ou en congés. Je connaissais sept tournées différentes sur Marssac [Tarn], et j'allais aussi faire des tournées dans les villages des alentours : Rouffiac, Florentin, La Grave, Castelnau-de-Levis... Je me mettais au travail dès le coup de fil, et on me faisait signer après coup le contrat, une fois que la tournée était faite. »

C'est la loi du 2 juillet 1990, dite Quilès-Rocard, qui donna pour la première fois à la Poste la possibilité d'engager des contractuels de droit privé. Une mesure censée rester exceptionnelle, mais, qui fut bientôt généralisée puisque, aujourd'hui, plus d'un tiers des employés de la Poste ne sont pas fonctionnaires. Une différence guère visible à l'œil nu de celui qui vient chercher un paquet à la Poste ou son courrier dans la boîte, mais

*Précaires du public*

qui contribue à créer un écart de plus en plus grand, au sein même de l'entreprise, entre ceux qui en sont, et ceux qui n'en sont pas vraiment, comme Christiane :

> « Entre deux contrats, je ne faisais plus partie de la Poste, et on le sentait soi-même qu'on n'était pas grand-chose. Alors que j'ai travaillé pendant dix-sept ans, je n'ai jamais eu de tenue de factrice. Certains collègues ne se servaient pas de leurs vêtements et me les donnaient, mais les vestes étaient rarement à ma taille. Quand j'étais à vélo, je devais emprunter les pantalons de pluie de ceux qui étaient en voiture. Avec les collègues, on sent parfois qu'on ne fait pas vraiment partie, on n'est pas aidé. Le titulaire ne vous donne pas beaucoup de conseils, alors qu'eux ont l'habitude des tournées, et nous on met plus de temps. »

Emploi discontinu ne signifie pas pour autant travail peu exigeant. D'autant que ces contractuels sont censés être polyvalents :

> « En fait, explique Marylène, il m'arrivait de faire plusieurs choses différentes à la Poste. Le matin, j'étais factrice pour la tournée du matin à 7 h 30. Mais il m'arrivait aussi souvent de faire le ménage, toujours à la Poste, le midi. Et j'ai même enchaîné sur le guichet après. Ça pouvait faire des journées de dix heures ou douze heures sans s'arrêter. »

Cette précarité statutaire crée à la fois un décalage invisible entre les employés d'une même entreprise et une insécurité financière tangible puisqu'on ne connaît pas son salaire de fin de mois, selon qu'on aura travaillé vingt jours, deux jours, ou seulement quelques heures. Mais elle engendre surtout une vie personnelle discontinue, avec des répercussions profondes sur le quotidien, la vie de famille, l'accès aux loisirs.

> « J'attendais toujours après mon téléphone, raconte Marylène. Je ne pouvais rien prévoir du tout dans ma vie. Je ne pouvais pas prévoir les vacances avec les enfants, les crédits pour la maison, les sorties, les week-ends, d'autant que comme je faisais des remplacements, je travaillais presque tout le temps le samedi et pendant les vacances scolaires, presque tous les étés, et ça, ça a été lourd pour mes enfants. Je ne pouvais pas non plus prévoir un rendez-vous chez le dentiste, d'aller chercher mes enfants à l'école... Comme j'avais peur de refuser une proposition, car on m'avait dit qu'alors je ne serai pas rappelée, je ne prévoyais jamais de grandes choses. Un mercredi, j'ai même été obligée d'annuler l'anniversaire d'un de mes enfants, alors qu'on avait déjà invité les copains. C'est ça le truc, on vous tient, c'est un peu du chantage à la disponibilité, donc on essaie toujours d'être disponible, parce qu'on nous fait comprendre que si on ne l'est pas, on ne vous rappellera pas. »

En dépit des promesses et des espoirs, pourquoi Christiane et Marylène n'ont-elles pas réagi avant que la Poste finisse par ne plus les rappeler ? Pourquoi ont-elles attendu dix ans avant de mobiliser les syndicats ?

D'abord, il y a l'inquiétude spécifique au contrat précaire, explique Marylène :

> « On me promettait tout le temps que j'allais être embauchée, et j'ai mis huit ans à voir que c'étaient des promesses de Gascon. J'avais la crainte de ne pas être embauchée si je ne me taisais pas. »

Ensuite :

> « On entre dans un engrenage, c'est triste à dire, mais on s'habitue à la précarité, à être dépendant de l'appel du receveur. J'avais pris l'habitude de rester là, d'être à disposition. Les années passent, et on se laisse faire. Ça devient comme une fatalité. J'acceptais. »

Enfin, et peut-être surtout, ni Christiane ni Marylène n'ont saisi les prud'hommes, parce qu'elles n'imaginaient pas que la Poste puisse ainsi devenir un laboratoire de la précarité et un employeur hors droit d'autant moins repérable qu'il était insoupçonnable.

> « Je ne savais pas que c'était illégal. Je faisais confiance au receveur qui m'embauchait et à l'image de la Poste, la grande entreprise du service public, on se dit qu'ils ne peuvent pas faire des choses illégales », précise Marylène.

En 2004, des accords internes ont permis de modifier une situation que la multiplication des recours aux prud'hommes rendait financièrement périlleuse pour la Poste, condamnée le plus souvent à verser de fortes indemnités à ces roues de secours de la distribution postale. Beaucoup de personnes ont alors cessé d'être rappelées. Quelques-unes, comme Christiane, se sont alors révoltées. Elle est encore suspendue au verdict des prud'hommes :

> « À chaque fois que la Poste me faisait un contrat, c'était comme si je débutais, comme si je recommençais à zéro. Si ça en reste comme ça, je toucherai une retraite de misère. Je veux que ma carrière soit reconsidérée, et qu'on reconnaisse le préjudice subi. [...] En ce moment, pour vivre, je dois faire des ménages. »

En 2005, le prix « Ressources humaines », qui récompense chaque année un management jugé exemplaire, a été décerné à Jean-Paul Bailly, directeur de la Poste et à son DRH, Georges Lefebvre.

## Les petites mains de l'université française

Le matériel nécessaire est simple. Une fiche de paie, un scanner, Photoshop et une bonne imprimante. Vous scannez le bulletin de salaire et, dans la partie haute, vous modifiez le nom de la personne pour y inscrire le vôtre. À partir de là, deux hypothèses. Soit vous êtes, comme beaucoup, à la recherche d'un logement dans une grande ville de France et vous savez que votre salaire est loin d'être jugé suffisant pour le loyer mirobolant que vous vous apprêtez pourtant à payer. Dans ce cas-là, méfiez-vous, les agences et les propriétaires commencent à être au courant de l'astuce qui consiste à présenter des fiches de paie embellies. Soit, seconde hypothèse, vous êtes vacataire à l'université. Celle-ci, pour vous employer, exige en effet que vous ayez déjà un autre emploi, afin de ne pas être l'employeur principal et ne pas avoir à cotiser à la Sécurité sociale. Il faut donc déjà travailler pour pouvoir travailler et, pour cela, présenter une fiche de paie. Là, pas d'inquiétude : si elle est fausse et que vous maniez mal Photoshop, l'université est complice de la manœuvre, parce que le système de recherche et d'enseignement supérieur français s'écroulerait sans ce recours massif aux milliers de vacataires qui en sont le carburant docile et flexible :

« C'est quelque chose d'absolument banal », explique Shirine, chercheuse en économie :

> « En septembre, sur les listes de diffusion de jeunes chercheurs, on reçoit les vacations disponibles. Statutairement, on ne peut pas faire plus de quatre-vingt-seize heures comme vacataire, mais en fait on peut cumuler dans plusieurs facs. De 2000 à 2003, j'ai ainsi été chargée de cours comme vacataire à l'université de Marne-la-Vallée. Comme j'avais plus de vingt-huit ans, et que je ne pouvais plus avoir le statut de vacataire étudiante, il fallait donc que je prouve que je travaillais ailleurs pour être embauchée. J'avais une copine dont les parents tenaient une librairie, mais qui avait fermé, et il y avait encore les tampons et le numéro SIRES. On s'en est donc servi pour fabriquer de fausses fiches de paie. Ça permet à la fac de ne pas payer de charges sociales et, de mon côté, ça ne m'ouvre aucun droit : chômage, retraite, accident... C'est théoriquement l'employeur principal qui doit assumer tout cela, mais il n'existe pas et tout le monde le sait. »

Le sujet de thèse de Shirine était : « L'économie peut-elle se passer de la morale ? » Pour l'université française, la réponse est oui :

> « Une autre solution courante pour les vacations en fac, c'est le prête-nom. Une personne qui travaille déjà reçoit le salaire, et vous le reversez, mais le

problème c'est qu'il faut retrancher les impôts, et comme c'est pas des sommes énormes... »

Anne-Christine, docteur en géographie humaine, a dû avoir recours à ce stratagème :

« Une année, les cours de cartographie ont donc été statutairement assurés par la responsable d'accueil de la Société protectrice des animaux, ma sœur en fait ! »

De loin, vacataire pourrait sonner comme intérimaire. Pourtant, du point de vue de l'étudiant, un vacataire c'est comme un professeur, en un peu plus jeune. Le vacataire assure des cours en amphi devant des centaines d'étudiants, surveille les examens, corrige les copies qui assureront le passage en licence, répond aux appels d'offres pour les programmes de recherche... Sans ces petites mains des facultés et des laboratoires, le système universitaire français aurait sans doute déjà explosé. D'après le site du ministère de l'Éducation nationale, on compte en effet, dans les établissements publics d'enseignement supérieur, auprès des 53 000 enseignants-chercheurs titulaires, plus de 27 000 personnels enseignants ou chercheurs non titulaires :

« J'ai été pendant dix ans contractuelle à la fac, explique Anne-Christine. Je faisais deux mois de contrats, puis un mois de chômage, puis de nouveau trois mois de contrats. Le plus long a duré neuf mois. J'ai eu, en même temps, jusqu'à sept employeurs, tous publics : l'université Louis-Pasteur, le centre universitaire du journalisme, le centre Robert-Schuman, l'université Marc-Bloch, la Boutique de sciences... Sur mon CV, j'avais marqué que j'étais intermittente de la recherche ! L'université ne cesse de jouer là-dessus. Quand j'étais prise pour faire une étude, le contrat était calculé au plus juste et, pendant le chômage qui suivait, je rédigeais le rapport. J'étais au chômage, mais on m'avait laissé mon bureau, mon ordinateur, je continuais à suivre des étudiants, je m'occupais de la fête de la science, en attendant le prochain contrat. J'étais d'accord pour le faire, mais je savais que c'était illégal. Pour que ce ne le soit pas trop, on changeait l'intitulé de chaque contrat. Une fois c'était "cartographie", une autre fois "traitement des données", ou "cartographie et traitement des données" ou encore "cartographie par ordinateur", pour éviter que ce soit pareil, et qu'on tombe sous le coup de la loi avec le CDD. »

Mais la frontière légale est parfois vite franchie, rappelant un temps où le Code du travail n'existait pas encore :

« J'ai également été payée en ordinateur – une seule fois –, en feuilles de papier, en cartes topographiques de randonnée, en bouquins, en crayons-gommes-compas, etc. »

Est-ce qu'on ne se sent pas dans une situation inconfortable vis-à-vis des autres personnels de l'université ? Comment accepte-t-on d'être la rustine des besoins en accordéon de la recherche française ?

> « D'abord, j'étais loin d'être la seule. Et mon but, c'était de devenir fonctionnaire, pour avoir un salaire qui tombe chaque mois, parce que je viens d'un milieu où il n'y a pas de fric, c'est pour ça que je me suis accrochée, même si c'est parfois un peu schizophrène, parce qu'on fait plus d'heures que certains statutaires qui ont un emploi régulier. Il y a comme un décalage quand on habite, comme moi, dans du logement social, avec la douche sur le palier et le chauffage en panne, qu'on enseigne à l'université, et qu'on vit comme ses étudiants. »

## ▞▞▞▞ Métro, boulot, clodo : être employé par la ville dans laquelle on erre

Philippe a deux manières distinctes de bien connaître Paris. L'une, parce qu'il est gardien au musée Carnavalet qui retrace l'histoire de la ville. L'autre, parce qu'il fréquente quotidiennement les accueils de jour et les foyers de nuit de la municipalité parisienne. Quatre matins par semaine, Philippe se rend dans ce musée de la ville de Paris, sis dans un splendide hôtel particulier du Marais. Fier de sortir de son métier de gardien pour s'improviser guide, il fait visiter avec gourmandise la reconstitution authentique de la chambre de Marcel Proust et désigne les localisations des foyers qu'il fréquente sur les plans du Paris tracé par Haussmann. Il a obtenu voilà quelque temps un CES (contrat emploi solidarité), après cinq années passées à la rue et à la dérive, dont sa diction soufflante conserve encore quelques traces :

> « L'idée ne m'est pas venue tout seul d'aller chercher un boulot. C'est un ami de la rue qui m'a dit d'aller à la cellule CES, parce qu'il avait trouvé un contrat comme ça et s'occupait des poubelles au parc Saint-Eustache. J'ai rempli un dossier, et on m'a trouvé l'affectation. C'est des contrats de six mois. Là j'ai déjà fait six mois, je repars pour six mois, éventuellement reconductibles. On parle de deux ans. J'attends de voir. Je touche 500 euros et des poussières chaque mois. J'aurais pu me retrouver dans les parcs et jardins, dans les bibliothèques, les gymnases, les piscines… C'est vrai que c'est plus sympathique de travailler ici que dans les égouts de Paris. »

Depuis la loi dite de cohésion sociale de l'été 2005, le CES a été remplacé par le CAE (contrat d'accompagnement dans l'emploi), mais ces contrats aidés demeurent réservés au secteur non marchand : associations et secteur public. Théoriquement, ce dernier ne peut recruter que sur concours mais, n'ayant plus les moyens ou la volonté de le faire, le secteur public multiplie vacations, dérogations et emplois aidés. Paradoxalement, c'est donc à l'intérieur même des emplois publics, réputés les mieux protégés, que l'on trouve les statuts parmi les plus précaires qui soient. Les CES ne pouvaient ainsi, légalement, pas dépasser vingt heures par semaine sur une durée de six mois ; les CAE, quant à eux, même s'ils offrent désormais la possibilité de travailler à temps plein, s'apparentent encore le plus souvent à du temps partiel subi et à une situation matérielle que l'on préfère souvent taire :

> « J'ai parlé de ma situation à quelques collègues, mais globalement je préfère pas. Beaucoup se doutent qu'avec un salaire à mi-temps, on ne peut pas être dans l'aisance et l'opulence. C'est logique. Certains n'y arrivent déjà pas avec un salaire à temps plein, alors à mi-temps... Mais maintenant j'ai l'impression de redevenir quelqu'un. J'ai retrouvé certaines façons d'être. Pendant cinq ans, je n'ai pas eu l'impression de faire partie de la société. Il y a ce décalage entre toi et celui qui bosse, entre lui et toi qui te lèves le matin et qui attends le soir. Statistiquement, je suis encore pauvre, mais, dans ma tête, je ne le suis plus. Alors que quand j'étais dans la rue, c'était à la fois statistique et dans ma tête. »

Philippe constitue un archétype de cette figure inédite de la pauvreté qu'est le travailleur pauvre, d'autant plus impensable qu'il est employé par le secteur public. Pendant longtemps, on n'a pas jugé utile, en France, de traduire l'expression « *working poor* », comme si la protection sociale française, fondée avant tout sur la détention, même discontinue, d'un emploi, rendait impossible une telle réalité. Pourtant, un million et demi de travailleurs vivent aujourd'hui en France en dessous du seuil de pauvreté. Et une partie croissante d'entre eux est contrainte d'« habiter » chez des amis, en foyer, en caravane, sous des tentes ou dans la rue, puisque plus d'un quart des sans-logis perçoivent un salaire plus ou moins régulier. Contrairement aux années 1970, la pauvreté touche donc davantage les actifs que les retraités et aussi bien les employés que les sans-emploi, bouleversant notre imaginaire collectif qui fait du pauvre un assisté et du SDF un clochard ou un asocial :

> « Je connais bien Paris. J'ai enchaîné les foyers. J'ai dormi sous les ponts, dans la rue, dans les foyers, à Perret-Vaucluse ou à Duranton. En ce moment, je dors parfois chez des amis. Là, j'espère bientôt obtenir un plan pour une petite chambre, avec un coin cuisine et une douche sur le palier. Mais il est certain que ne pas avoir de chez soi, ne pas pouvoir laisser ses affaires quelque part est

un handicap pour trouver un boulot. Je me voyais mal me présenter chez un patron avec un sac en plastique d'un côté et une valise de l'autre ! Le patron, il a pas besoin de ça, il a besoin de quelqu'un qui a une tenue, qui soit correct, qui présente... Si un patron embauche quelqu'un, c'est pas pour embaucher les problèmes de l'employé en même temps. Donc, si on se présente avec un sac en plastique, c'est certain que ça passe pas. Est-ce que vous vous promenez avec votre maison sur le dos, vous ? »

Philippe n'a jamais songé à « retourner au RMI » même si, en termes matériels, il ne vit pas vraiment mieux qu'avant, puisque ses frais fixes ont augmenté :

« Je me vois mal me présenter au musée sapé comme une cloche, comme quand j'étais dans la rue, avec des vêtements tachés ou froissés. Dans un travail de présentation, le devoir c'est au moins d'être propre, même si ça coûte de l'argent. Travailler, ça apporte autre chose que l'argent. On peut choisir la couleur de son pull, de son pantalon, de sa chemise, que ce ne soit pas des choses plus ou moins imposées. Avoir quelque chose que l'on a voulu, et pas parce que ça faisait partie d'un stock de vêtements ! Même si on trouve parfois des habits de très grande valeur dans les vestiaires des foyers... Mais c'est pas la même chose. »

Comme la plupart des non-titulaires du secteur public, l'aspiration de Philippe serait de rejoindre ceux qui font le même travail que lui, mais avec une sécurité de vie beaucoup plus grande.

« Je pense à évoluer, il faut que je passe le concours d'agent de surveillance spécialisé de la Ville de Paris. Il y a beaucoup de candidats et pas beaucoup de places, mais j'y crois. J'ai l'intention de monter, mais à quoi ça sert de monter si c'est pour redescendre ? »

### Pour aller plus loin

CARTIER Marie, *Les Facteurs et leurs tournées, un service public au quotidien*, La Découverte, Paris, 2003.

CASTEL Robert, *L'Insécurité sociale, qu'est-ce qu'être protégé ?*, Seuil, Paris, 2003.

◊ **Joseph Confavreux.**

# Pressurés

Quand les salariés doivent se mobiliser corps et âme

À la fin du second Empire, une poignée d'ouvriers très qualifiés, imprimeurs ou mécaniciens par exemple, dont les compétences étaient rares, décidèrent d'imposer leur rythme de travail à ceux qui les employaient. Ils érigèrent leur autonomie et leur indépendance en mode de vie et se firent, pour cela, appeler « Les Sublimes ». Ils changeaient de travail quand ils le désiraient et fixaient leurs propres cadences, le moment où ils s'arrêtaient de travailler et l'investissement qu'ils mettaient à la tâche. Au début du second millénaire, « Les Sublimes » se font rares, si l'on en croit une étude sur les contraintes de temps et les risques pour la santé [1], dont il ressort que 56 % des Européens estiment qu'ils sont soumis à des rythmes de travail très élevés et tenus de respecter des délais rigoureux.

Les cadences intenses ne constituent pas un phénomène nouveau, mais elles empruntent des chemins plus insidieux et des figures plus diverses que la seule image de l'OS attelé à sa chaîne sous le regard

---

1   Pierre BOISARD, Damien CARTRON, Michel GOLLAC, Antoine VALEYRE, *Temps et travail, analyse secondaire de la troisième enquête sur les conditions de travail, tome I : L'intensité du travail ; tome II : La durée du travail*, Centre d'études de l'emploi, Paris, 2001.

perçant d'un petit chef chronomètre à la main. On trouve en effet des travailleurs pressurés dans des environnements de travail *a priori* protégés. On voit des employés intérioriser des demandes contradictoires ou inacceptables. Et certains rapports de travail, en apparence contenus et convenus, circonscrivent des violences silencieuses qui ne sont pas les moins dévastatrices.

Nouvelles formes d'organisation du travail, management par l'affect, augmentation de la fragilité de l'emploi, individualisation du travail, demande d'implication croissante de la personnalité profonde de l'employé dans son métier : tous les éléments sont réunis pour que la pression sur les travailleurs constitue un phénomène massif. Celui-ci demeure toutefois négligé. La valorisation sociale de la figure du travailleur acharné qui se « défonce » dans son boulot permet en effet de passer sous silence la souffrance de la majorité de ceux qui subissent l'intensification demandée aux corps et la mobilisation au labeur des esprits et des cœurs.

### Ça se passe comme ça, chez McDonald's

Quel est le point commun entre un ministre et un employé de la restauration rapide ? En République, un ministre ne saurait être licencié et l'usage veut donc qu'au moment de son entrée en fonction il signe une lettre de démission non datée qui pourra, éventuellement, être utilisée en cas de conflit ou de divergence de vues. C'est une pratique qu'on retrouve aussi dans la restauration rapide, d'après Marie-Thérèse Dufour, jeune retraitée de l'inspection du travail :

> « Je n'ai pas de preuve formelle, je n'ai jamais eu de telles lettres entre les mains, ni dressé de procès-verbal à ce sujet, car elles étaient forcément conservées par la hiérarchie et le salarié n'en avait pas de double. Cependant, lorsque je tenais une permanence dans le XXᵉ arrondissement, à Paris, j'ai reçu différents salariés de McDonald's qui m'ont parlé de ces lettres. Les témoignages concordaient et je suis prête à parier qu'on leur faisait bien signer de telles lettres dès leur arrivée. »

Contrairement à l'image qu'on en a parfois, la restauration rapide est moins un laboratoire de la précarisation de l'emploi qu'un terrain d'expérimentation de la pression mise sur les employés. L'immense majorité des embauches se fait en effet en CDI et non en CDD, et l'utilisation, par certains gérants, de lettres de démission non datées n'est pas toujours utile, puisque, pour faire partir quelqu'un, il suffit de l'épuiser.

Ali a un niveau BTS et a fait des études en podologie-orthopédie. Mais, après deux mois de chômage, il a dû pousser les portes du restaurant McDonald's des Champs-Élysées, l'un des plus grands d'Europe :

> « Le premier jour, c'était speed, je m'en souviens encore comme d'hier. C'était un dimanche. J'avais l'impression que les files de clients n'allaient jamais se terminer. J'ai fini à 15 heures, mais c'était comme si j'avais travaillé deux jours d'affilée. On vous demande toujours de faire plus, de faire entrer plus d'argent, d'être au maximum, de donner le meilleur de vous-même, tout ça pour un salaire misérable à la fin du mois. Moi, j'ai 700 euros pour trente heures de travail par semaine. Franchement, on nous pousse à bout. Si je fais deux heures de caisse, de midi à 14 heures, l'heure où le plus d'argent rentre, je vais faire rentrer 1 200 à 1 500 euros de l'heure, vous comptez, il y a vingt-trois caisses, faites le calcul. Et pour faire ça, je suis payé 7 euros de l'heure ! En 20 secondes de temps de travail – c'est à peu près ce qu'il faut pour servir un client –, on se paie. Je vends un menu et je me suis payé ! Vous avez toujours des managers en train de brailler derrière vous : "Encaisse plus vite !", "Accélère !", "T'es pas assez rapide !", "Prends de la drogue !", "Bouge-toi !", on les entend dix mille fois par jour ces phrases. »

Cette organisation du travail où l'intensité du labeur constitue à la fois la motivation des jeunes « équipiers », comme on les appelle, et l'horizon du point de rupture, tient en trois principes de base :

– l'industrialisation du tertiaire, ou plutôt la taylorisation des services à la personne, au moment où ceux-ci représentent une part toujours croissante de l'activité économique. La réalisation d'un Big Mac, par exemple, se fait à la chaîne, grâce à l'intervention de six opérations différentes (faire chauffer le steak, poser le cornichon, introduire les vingt-deux grammes de salade...) et de cinq équipiers. L'employé subit ainsi des contraintes de standardisation et de gestion « en juste à temps » de la production (un sandwich est considéré comme périmé au bout de dix minutes d'attente, ce qui interdit une préparation préalable et la constitution de stocks) qui ne sont pas inédites mais demeuraient rares dans les industries de services ;

– en plus de cette contrainte de type industriel, l'employé de la restauration rapide subit également une contrainte marchande très forte. Les clients sont sans cesse mis en scène par les managers, qui stoppent régulièrement l'agitation des équipiers en cuisine en criant : "Arrêtez-vous, retournez-vous et regardez les clients qui attendent en caisse !" L'intensification du travail et l'importance de tenir le rythme viseraient ainsi la

**Pressurés**

satisfaction du client et non celle de l'employeur. Difficile alors pour les salariés de se sortir d'une double pression contradictoire, par la production en amont et la satisfaction du client en aval. Difficile aussi de négocier collectivement, de lever le pied ou de s'accorder du temps, quand l'individualisation du travail rend le sentiment d'échec à gérer les contraintes encore plus intime ;

– enfin, les grandes enseignes de la restauration rapide comme McDonald's ou Pizza Hut sont organisées à travers un système de franchise qui oblige le franchisé à jouer le plus possible sur la main-d'œuvre, sa seule variable d'ajustement. Les murs sont loués à McDonald's. Le prix des sandwichs est fixe. Tout est fourni par McDonald's : la publicité, la décoration, et jusqu'à l'eau de Javel qui est estampillée McDonald's. Le seul moyen pour le gérant de gagner de l'argent est donc de gérer au plus juste, « en juste à temps », sa main-d'œuvre, grâce à la polyvalence des employés et la flexibilité de leurs horaires. 70 % du chiffre d'affaires d'un restaurant McDonald's se faisant entre 12 heures et 14 heures puis entre 19 heures et 21 heures, on exige des employés de travailler surtout dans ces créneaux horaires, qui coupent la journée et réduisent les possibilités de repos réel. En outre, les plannings sont faits à partir d'une jauge de fréquentation basse, à la limite du sous-effectif.

Le plus surprenant est peut-être qu'il n'est pas difficile de trouver des personnes prêtes à jouer ce jeu. Parce que les employés sont tous jeunes et que l'ambiance est bonne. Parce que, pour beaucoup, c'est un premier emploi et qu'ils n'ont pas d'autres références. Parce qu'on risque, moins qu'ailleurs, les discriminations. Parce qu'il y a une atmosphère de défi constant. Parce que même le manager met la main à la pâte pendant les moments de chauffe. Parce qu'on se tutoie. Parce que, précisément, tout est présenté comme un jeu, jusqu'à épuisement ou élimination.

Dora était étudiante en sociologie du travail et avait choisi, comme terrain d'études, un restaurant McDonald's. Ne trouvant pas de travail après sa maîtrise, elle est restée sur son terrain, pour devenir *manager* (chef d'équipe), après cinq années passées comme équipière, puis *swing manager* (sous-chef), dans un restaurant McDonald's de la rue de Rivoli :

« Aujourd'hui, au McDo, je suis assistante de direction et, je le dis, on m'a formée pour déchirer les équipiers. On m'a souvent reproché d'être trop gentille avec eux. On m'a toujours dit : "Si un équipier ne travaille pas bien, il faut que tu le déchires, que tu montres que c'est toi la plus forte et que c'est toi qui décides." J'ai passé un stage de formation au siège de McDo pour apprendre à gérer une équipe. On te dit pas, à proprement parler, il y a une méthode. On te dit : "Il y a tant d'argent à faire aujourd'hui, à toi de bien disposer ton personnel, de les motiver le mieux possible, qu'ils courent le plus vite possible pour apporter le plus de commandes." Donc ça se passe en termes de formation, de communication, en termes de pression aussi. On est constamment derrière eux, ils peuvent pas s'arrêter de travailler cinq minutes. Au bout de deux heures de rush, l'équipier, il en a marre, mais à 15 heures il doit être toujours au top niveau, comme à midi. Le but, c'est donc de les faire courir, mais sans qu'ils bronchent. Là, tu as tout gagné et tu es un manager exemplaire. Par contre, l'équipier qui court et au bout de deux heures, il te dit : "Ouais, j'en ai marre, de toute façon, j'aurai pas de prime sur ma fiche de paie", ça c'est pas bon. Au final, c'est plus des équipiers qu'on a sur le terrain, c'est des prostitués. »

Bien que les taux de syndicalisation soient dérisoirement bas, notamment en raison de la fréquence du *turn-over* des salariés, de l'éclatement des sites et de l'absence de culture syndicale, les enseignes de la restauration rapide ont connu, au début des années 2000, leurs premières grèves importantes. Chez McDonald's, les salariés ont appelé ça la « hamburgrève » et ont hurlé leur slogan : « On n'est pas des steaks hachés ! »

## ▨ « Bonjour, Regard, Action, Sourire, Merci, Au revoir » : mobiliser l'intimité des employés

La prochaine fois que vous achèterez un parfum chez Sephora, pensez « BRASMA », et vous comprendrez mieux le comportement de votre interlocuteur. Bonjour, Regard, Action, Sourire, Merci, Au revoir : BRASMA constitue l'anagramme d'un concept de management de plus en plus répandu, censé à la fois normaliser et améliorer la relation entre clients et vendeurs. Le paradoxe de ces métiers de médiation entre un client et l'entreprise à laquelle il s'adresse est d'attendre de ceux qui les exercent un investissement personnel qui mobilise une part intime de soi (sourire, écoute, ton de la voix, capacité de séduction, etc.), tout en exigeant qu'ils ne s'écartent pas d'un scénario écrit à l'avance. Cette demande simultanée et contradictoire de grand artifice et de complète spontanéité passe par un recrutement qui postule la mobilisation par le travailleur de ses compétences sociales au moins autant que ses capacités professionnelles. L'utilisation de cette sphère intime et extérieure dans l'univers de travail nécessite un lissage destiné à respecter les contraintes de temps et la standardisation des scénarios de vente.

Elsa est une très jolie jeune fille eurasienne, qui travaille à mi-temps au magasin Sephora de l'avenue des Champs-Élysées, incarnation du luxe à la française. Elle masque la pression subie derrière un sourire crispé :

> « Le jour de mon embauche, on m'a donné une liste de phrases, on m'a dit de les apprendre par cœur, et de les dire à chaque fois. On doit donc dire systématiquement : "Bonjour, monsieur, vous avez trouvé ce que vous voulez ?" Et c'est ridicule, parce que le client derrière il a entendu et celui qui est deux fois derrière il a aussi entendu, mais on doit quand même tout répéter. C'est censé améliorer l'image de l'accueil, personnaliser la relation au client, en fait ça devient l'usine, c'est aussi mécanique. Et c'est fatigant de crier des phrases débiles et prémâchées : "Vous voulez que je vous adresse à une conseillère ?", "Si vous désirez des échantillons, il faudra vous adresser en rayons", "Merci de votre visite, au plaisir de vous revoir". Bon, évidemment, quand les responsables ne sont pas là, on ne les dit pas. »

Puisque Elsa travaille à Sephora, elle n'est pas vendeuse, mais « conseillère de vente ». Elle n'est pas caissière, mais « hôtesse de caisse ». Elle n'est pas employée mais « conseillère de qualité ». D'ailleurs, puisque l'on est dans l'industrie du luxe, ceux qui font le ménage sont des « ambassadeurs de tri ». Au-delà de l'ironie dérisoire de ces titres qui dissimulent mal sous des appellations ronflantes des métiers difficiles et dévalorisés, c'est cette pression particulière des métiers de représentation qui se donne à voir. L'employé, souvent une jeune femme, subit ainsi la schizophrénie qui provient d'un recrutement consistant à sélectionner quelqu'un sur des qualités extra-professionnelles (physique, énergie, jovialité, etc.) et à lui dicter ensuite des comportements précis et des modes de contact standardisés :

> « Ils ne recrutent pas sur le physique, mais ça joue. On ne peut pas être grosse et vendre une crème amincissante, être pleine de boutons et vendre un fond de teint. À l'embauche, ils insistent sur notre personnalité, mais après on est toutes pareilles ! On a un chignon ou une tresse. On est toutes habillés en noir, et on a un long gant noir. Mais tu peux pas savoir comme c'est difficile de faire un papier cadeau avec un gant ! Et puis, c'est dérisoire quand on gagne 40 euros par jour et que des clientes achètent en deux minutes pour 300 euros d'achats inutiles...
>
> Il y a plein de petites choses soi-disant faites pour le client, mais qui peuvent, toi, te rendre dingue. Chaque saison, il y a un "disque concept", qu'on est censé écouter en boucle. Alors, parfois, ils durent assez longtemps, mais là, pour la Saint-Valentin, on avait un CD spécial qui durait à peine trois quarts d'heure. Donc sur une journée de sept heures, on entendait quinze fois *Ti amo*, et moi j'en pouvais plus. »

Les plates-formes d'appel téléphonique sont sans doute les espaces de travail où cette logique de la dépersonnalisation intime est poussée le plus loin. Le nombre de personnes employées dans cette activité est passé de 60 000 en 1996 à 250 000 en 2003. Près des deux tiers de la main-d'œuvre y est féminine et les 25-34 ans sont les plus représentés. Si vous venez donc de négocier un forfait adaptable pour votre téléphone portable ou si vous avez râlé contre votre *hotline* informatique à la suite d'un *bug*, vous avez sans doute eu affaire à ce que le jeune sociologue José Caldéron appelle des « robots de séduction », qui débitent un « prêt à parler » destiné à convaincre l'interlocuteur ; en moyenne, un toutes les trois minutes pour Aïsha :

> « On vous demande d'être ponctuel, obéissant, et de suivre les consignes et l'argumentaire que d'autres gens ont écrit pour vous. On vous demande donc d'être le plus naturel possible, en disant des mots qui ne viennent pas de vous, sous une forme qui n'est pas la vôtre. Sur la vente, il existe plein de règles pour arriver à un accord de vente, et on vous explique par A + B que si vous suivez l'argumentaire, vous arriverez à un accord positif. Par exemple, il existe une règle incroyable et très peu naturelle, c'est qu'on nous interdit de prononcer des phrases négatives, parce qu'inconsciemment la négation pose quelque chose de négatif dans la tête de votre interlocuteur et, par exemple, vous ne pouvez pas répondre "non". Vous ne pouvez pas dire non plus "je ne suis pas d'accord". Quand quelqu'un vous fait une objection, vous lui dites donc "je suis d'accord", ou bien si le "je suis d'accord" est trop compliqué : "Je vous comprends très bien", et là vous vous lancez sur vos arguments et vous posez votre pensée en phrases positives. Vous n'avez pas non plus le droit de faire des phrases interrogatives du type : "Je vous rappelle n'est-ce pas ?", parce que dans le "n'est-ce pas ?", il y a la négation, qui introduit la possibilité d'une réponse négative. »

Chaque téléopérateur doit donc suivre les consignes du logiciel contraignant qu'il déroule sur son écran. Logiciel qui ne cadre pas seulement le temps de la discussion, mais aussi son contenu, en vue de standardiser le dispositif de relation avec le client. Le recrutement de la personne s'est pourtant fait sur sa personnalité et sa spontanéité, qu'elle est contrainte, à la fois, d'utiliser et de dissimuler. Ce type de relation au client amène les employés à porter un masque social, que renforce l'uniformisation des salariés sous un même nom :

> « Je n'utilise pas mon vrai nom, car les gens doivent avoir l'impression qu'ils appellent un individu et non un standard où il y a soixante-dix personnes qui répondent la même chose. Donc on porte tous le même nom et le même prénom. Et ce qui est très drôle, c'est que comme il y a des hommes et des

femmes qui répondent au téléphone, on porte tous des prénoms androgynes et on s'appelle tous Dominique, Pascal ou Frédéric. »

Sur d'autres plates-formes, on se permet d'avoir un nom pour les filles, un nom pour les garçons ; on passe ainsi le relais si le client a déjà parlé à un homme ou à une femme et qu'il rappelle. L'intériorisation de contraintes contradictoires – être naturel avec le client tout en suivant un logiciel – et l'exigence de mobilisation des compétences intimes de l'employé accroissent la pression qu'il subit en en déplaçant l'objet. Dans ce nouveau capitalisme de l'affect, l'échec de la relation commerciale ne constitue plus en effet une remise en cause du travailleur dans ce qu'il fait et ce qu'on lui demande, mais une fragilisation de la personne dans tout ce qu'elle est.

## Associations : un dangereux mélange des genres

« Je soussignée, docteur P., assistante hospitalo-universitaire dans l'unité de pathologie professionnelle et de santé du travail de l'hôpital Raymond-Poincaré de Garches, certifie avoir vu en consultation madame Patricia G. le 24 février 2006, adressée par son médecin généraliste. Elle présente un syndrome dépressif nécessitant un traitement antidépresseur et anxiolytique et justifie une prise en charge psychothérapeutique afin de l'aider dans la restructuration d'une estime de soi qui a été très touchée lors de la dégradation de ses relations professionnelles. »

Des certificats comme celui-ci, on imagine que les praticiens de la consultation de pathologie professionnelle de l'hôpital Poincaré de Garches en signent quelques-uns chaque jour. Mais on imagine plus difficilement que, dans le cas de Patricia, « la dégradation de ses relations professionnelles » désigne une prestigieuse association tournée vers la défense des droits fondamentaux, dont l'histoire est riche de combats valeureux et le présent ardent de luttes en cours.

Le monde associatif représente un poids lourd de l'emploi national, puisqu'il emploie 1,5 million de salariés, c'est-à-dire 5 % de la population active. Qu'il y ait, dans le lot, des histoires de harcèlement et de surexploitation des salariés ne serait qu'un reflet statistique si le monde associatif ne cumulait les facteurs propices à la souffrance de ses salariés : mélange des genres entre univers professionnel et univers militant, gestion et relations de travail soumises à l'affectif, importance des volumes horaires, contraintes budgétaires répercutées sur les salariés...

Le rendez-vous au café de la gare Saint-Lazare a été long à obtenir. Patricia n'avait pas forcément envie de revenir sur une histoire douloureuse et n'avait pas lu mes mails, parce que, depuis son licenciement conflictuel et les échanges épistolaires agressifs avec son ancien employeur, elle n'a plus guère le courage d'ouvrir sa boîte mail, ni son courrier qu'elle envoie chercher par ses filles. Comme elle s'est remise à fumer, nous changeons de table, et comme elle a très mal dormi, elle commande un thé :

> « J'ai travaillé neuf ans et demi chez DuPont de Nemours, une multinationale américaine, avec un management du même nom. Mais aujourd'hui, après deux expériences dans l'associatif, je me dis que les relations de travail étaient beaucoup mieux là-bas. Après ce qui m'est arrivé, je ne travaillerai plus jamais dans le monde associatif. »

Dans sa jeunesse, Patricia était sprinteuse de haut niveau, avant qu'une rencontre frontale avec un dix-neuf tonnes ne la contraigne à abandonner la perspective d'une carrière sportive. Elle reporte donc son amour de la course sur sa vie professionnelle et grimpe rapidement les échelons, chez DuPont d'abord, puis à la Bergerie nationale, à Rambouillet. À quarante et un ans, chômage et RMI interrompent le sprint pendant trois ans, avant que l'association Agir Ici, intéressée par son double cursus, comptabilité et gestion, ne lui propose le poste de directrice des ressources humaines et du développement. Elle y reste deux ans, jusqu'à ce qu'une proposition plus intéressante se présente à elle. En 2004, en effet, la prestigieuse association de défense des droits fondamentaux qu'elle assigne actuellement aux prud'hommes, cherche sa directrice déléguée et son CV se retrouve au sommet de la pile :

> « Mon profil les intéressait car la situation financière était difficile. Mais, très vite, avec quelques membres du bureau national, notamment avec l'ancienne secrétaire générale, qui me voyait comme une concurrente, ça s'est très mal passé. Ils me savonnaient la planche, ils ne répondaient pas à mes mails, ou alors de manière inexacte, ils faisaient tout pour que je me plante. J'ai su, après, que certains salariés avaient même pris des paris sur moi, pour savoir combien de temps je tiendrais, parce que les précédents directeurs n'avaient duré que quelques mois. Mais j'avais le soutien du président qui m'avait recrutée, et, au bout de ma période d'essai, j'ai été confirmée. Seulement, pour certains des bénévoles élus, j'étais une salariée, donc quantité négligeable. Nous étions seulement trois salariés, la responsable de la communication, la responsable juridique et moi, à assister au bureau national, hebdomadaire, et au comité central, mensuel. Mais on n'avait pas le droit de prendre la parole, sauf si on y

était invité ! Pourtant, je sais ce que c'est que les discriminations. Je suis d'origine antillaise. J'ai vécu au Val-Fourré. Il m'est arrivé deux ou trois fois d'intervenir – l'ancien président l'acceptait –, mais j'ai vu que ça dérangeait. »

Pour Patricia, il existe un hiatus entre le pouvoir effectif qu'elle détient (puisqu'elle manie l'argent et les demandes de subventions) et la subordination qu'on lui demande. Mais, plus généralement, le travail des salariés des associations pâtit souvent d'être sous la responsabilité de bénévoles élus qui mélangent trop souvent univers professionnel et monde militant, embauche et engagement :

« On est salarié quand ça les arrange et militant quand ça les arrange. On ne rentre pas dans l'associatif par hasard, et encore moins dans cette association-là. On accepte donc tout plus facilement, parce que ça correspond à ses idées, parce qu'on travaille pour les droits de la personne. Les horaires en plus, les réunions auxquelles il faut assister... Quand ça se passe mal, on tombe donc très haut de l'échelle, et en prime on se mange les barreaux. »

Pour Patricia, cela s'est passé de plus en plus mal, après qu'un nouveau président a été élu :

« Le changement de président, pour moi, ça a été le commencement de la fin. En apparence, c'était ami-ami, il claquait la bise à tout le monde. Mais je recevais tous les jours des mails de reproches. On dénigrait ce que je faisais. On me sollicitait en urgence, puis on ne m'écoutait pas. J'habite près de Mantes-la-Jolie, à 80 kilomètres de Paris et, quand les bureaux nationaux duraient tard, l'ancien président, vers 22-23 heures, me disait que je pouvais partir. La première fois que j'ai demandé ça au nouveau, il m'a répondu que c'était un scandale. Comme ça finissait vers 1 heure du matin, je rentrais chez moi à 2 heures et, comme par hasard, on m'avait mis une réunion à 8 heures le lendemain matin. Je devais assister à toutes les réunions, plusieurs fois par semaine, en plus de mes horaires. Quand il y avait comité central, on travaillait tout le samedi. Je pense qu'ils attendaient que je craque. »

Ce qui se produit un soir de novembre. Son médecin prescrit à Patricia un arrêt immédiat de quinze jours. La trajectoire de Patricia est révélatrice de cette tendance de l'univers associatif à profiter jusqu'au bout de certains de ses salariés en jouant de la complexité des motivations qui poussent à travailler dans ce secteur et d'une gestion à l'affectif où cohabitent parfois mal bénévoles et salariés. Dans les histoires de harcèlement, c'est souvent parole contre parole. Mais, alors qu'elle est en arrêt, Patricia reçoit sa convocation pour un entretien préalable à son licenciement, le 28 novembre 2005. Comme le prévoit la loi, outre le président et le secrétaire général de l'association, est aussi présent, ce jour-là, le délégué du personnel, chargé du compte rendu, qu'il conclut ainsi :

> « Je tiens à faire état du problème de la définition même du poste de directeur délégué qui reste floue et des conséquences qui en résultent pour la personne qui exerce cette fonction, tant dans ses rapports avec les élus que dans ceux avec les salariés. Je me permets à ce titre de rappeler la situation des deux prédécesseurs de Patricia G. qui ont échoué pour des raisons variées dans l'exercice de cette fonction. Aussi peut-on constater que Patricia est celle qui peut se prévaloir d'une antériorité à ce poste la plus importante. Je m'interroge aussi sur le fait qu'ayant exercé cette fonction durant dix-huit mois et accompli six mois de période d'essai, aucun fait ne semble avoir donné lieu officiellement à reproche avant le déclenchement de la présente procédure. »

À la sortie de cet entretien, Patricia aurait accepté un licenciement économique. Mais, dix jours après cet entretien, elle a reçu une lettre de licenciement pour faute grave. Jugement aux prud'hommes.

## ▬▬▬ En faire deux fois plus : quand la journée de travail dure douze heures

C'est parfois du « black », mais c'est souvent déclaré. On ne s'en vante pas trop, mais on ne le cache pas à tout prix, et de toute façon ce serait difficile, car cela prend beaucoup de temps. La pratique du double travail n'est pas inédite, mais le cumul d'un mi-temps et d'un temps plein, d'un emploi en semaine et d'un boulot le week-end, voire d'une activité de jour et d'un travail de nuit, connaît un véritable essor. Une récente étude de l'INSEE a montré qu'en 2005, plus d'un million de salariés avaient plusieurs employeurs.

Le fait d'exercer, légalement ou non, une double activité est une réponse de plus en plus fréquente à l'étau de la dégradation de la qualité des emplois et de l'augmentation du prix des logements. Cette pluriactivité constitue aussi une manière, lorsque les deux métiers exercés sont très différents, d'accepter un travail peu valorisant par rapport à ses diplômes, mais rémunérateur, pour construire en parallèle un parcours professionnel plus en adéquation avec ce que l'on espère. Déclassement des diplômes et des trajectoires sociales et précarisation des emplois sont donc les deux mamelles d'une réalité ancienne qui a changé de signification. Dans le Nord, on appelle ça depuis toujours « la bricole et la brocante ». Mais on assiste aujourd'hui à la transformation de ce qui pouvait être un appoint ponctuel en véritable mode de vie. Un mode de vie à la frontière de l'autoexploitation, avec des journées de travail à rallonge, une pression sans petit chef, et une intensification du travail sans taylorisme.

Employée par une entreprise de nettoyage, Leïla travaille depuis quatorze ans sur le même site, un prestigieux établissement public situé dans le XVI<sup>e</sup> arrondissement de Paris. Jusque récemment, elle travaillait aussi chez des particuliers, pour une double journée de travail susceptible d'atteindre les quinze heures quotidiennes. L'entretien se déroule le soir venu, sur son lieu de travail, de bureau en bureau qu'elle nettoie à grands coups d'éponge, parce qu'elle n'a pas le temps de s'arrêter même pour dix minutes :

> « Je faisais le ménage ici de 6 h 30 à 10 h 30, puis je revenais là de 18 heures à 21 heures. Et, entre-temps, je faisais plusieurs heures de ménage chez des particuliers. Je n'étais pas la seule. Presque tous les gens qui nettoient ici, pendant le reste de la journée, ils travaillent dehors : les femmes font des ménages et les hommes vendent des choses, des crèmes... Ici, je gagne seulement 800 euros par mois. C'est pas assez pour me loger, me nourrir et envoyer de l'argent à ma fille qui est au Maroc, chez mon frère. Je paye 350 euros pour le logement, tout compris, charge et électricité. C'est une chambre de 13 mètres carrés dans un hôtel meublé. Je me lève à 4 h 30 pour prendre le premier métro de 5 h 30, parce que j'habite assez loin. Quand je travaillais toute la journée, je passais tout mon temps dans les transports, et il m'arrivait même de devoir prendre des taxis. En rentrant, je n'avais pas la force de me faire à manger, j'avalais un sandwich et je dormais, sans parler à personne. Je faisais le ménage chez les autres, mais chez moi c'était le bordel, parce que je n'avais pas le temps, ni l'énergie, de ranger. »

Peut-on être autopressuré ? Il n'y aurait plus besoin de carottes, de bâtons, de techniques de management, ni même de droit du travail... Toutefois, au bout d'un moment, la personne concernée risque de s'épuiser d'elle-même et, alors, le ressort est vraiment cassé :

> « Ça a duré comme ça sept ans, mais là j'ai arrêté de travailler dehors, parce que c'était trop, trop fatigant. Maintenant, quand je rentre chez moi, je peux faire à manger, ranger, regarder la télé, mais je n'arrive plus à boucler le mois. Du coup, je suis obligée d'emprunter sans arrêt. J'emprunte 100 euros à quelqu'un jusqu'au 8, puis pour rembourser j'emprunte à quelqu'un d'autre jusqu'au 16, et je rembourse le premier prêt et ainsi de suite. Je donne des acomptes et ainsi de suite, jusqu'au début du mois suivant. Heureusement que mon propriétaire me connaît. J'ai arrêté parce que je n'avais plus du tout la force, mais c'est dur. J'ai mis mes bijoux au clou, et ils y sont encore. Depuis

que je n'ai plus la force de travailler dehors, je ne peux plus aller au Maroc. Donc je n'ai pas vu ma fille depuis, et je ne sais pas quand je pourrai y aller. Chaque fois que j'y pense, je pleure, parce qu'elle est née en 1988, elle grandit et je ne la vois pas grandir. Mais je ne travaillerai plus dans les maisons, je n'ai plus la force. Quand je touche une prime, j'envoie 100, 200, 250 euros, mais, là, je ne peux plus rien envoyer. Ça fait depuis janvier que je n'ai rien envoyé. Février, mars, avril… Peut-être que je pourrais envoyer en mai, mais ce n'est pas sûr. Quand j'étais au Maroc, j'étais chanteuse, j'ai fait des cassettes, des CD, je chantais des chansons populaires. Je pouvais gagner 4 000 dirhams en une nuit, la moitié de ce que je gagne ici en un mois. J'avais deux femmes de ménage quand j'étais là-bas. »

Le double travail prospère dans les mailles du travail décalé, dans tous ces emplois, notamment la vente, où l'on travaille de manière discontinue, surtout pendant les heures de rush, dans le cadre de temps partiels subis. Il s'alimente aussi à la dévaluation des diplômes, poussant certains à marier emploi alimentaire et travail désiré, comme Marie, à la fois vendeuse et professeur vacataire en histoire de l'architecture dans une école d'ingénieurs :

« Je commence mon travail de vendeuse à 10 h 30 et je finis à 19 heures, du mardi au samedi. Le week-end et le matin, je prépare les cours que je donne dans une école d'ingénieurs, où je suis vacataire, et je réécris ma thèse pour qu'elle soit publiée. J'ai un doctorat d'histoire de l'architecture et je suis diplômée des Beaux-Arts, section design. Bac + 8, donc. J'ai travaillé douze ans en agence d'architecture comme dessinatrice puis chargée de communication. J'aurais pu tenter le concours de guide du patrimoine, mais je ne peux pas me le permettre puisqu'il faut deux ans de préparation et j'élève seule mes enfants. Je dois payer mon loyer et ce n'est donc pas possible. Avant, je travaillais, en parallèle de mes cours, dans une maison de la presse, comme caissière, à un temps très partiel, debout, neuf heures durant. Au début, je trouvais ça très vivant, mais l'hiver j'avais les doigts de pieds gelés, donc j'ai craqué durant mon deuxième CDD. Grâce à des relations, j'ai trouvé ce poste de vendeuse dans une boutique, c'est beaucoup mieux. Je suis en CDD depuis quatre mois et demi. C'est un travail où les conditions ne sont pas trop dures, donc je ne rentre pas exténuée, et je peux m'occuper de mes enfants. Ça demande beaucoup de volonté de travailler sept jours sur sept. De temps en temps, quand même, je m'écroule et je m'accorde une demi-journée de repos, une fois par mois à peu près. Je touche 1 140 euros net comme vendeuse, et j'ai un loyer à peu près équivalent avec les charges. Donc je m'en sors avec les allocations familiales, ma pension alimentaire et le complément des cours que je donne, mais c'est extrêmement juste. C'est-à-dire qu'à la maison, quand il y a un robinet qui casse, je ne peux pas faire venir le plombier. Dès que je me déplace, je suis obligée de compter ; pour les courses,

Pressurés

les fins de mois sont difficiles, mais ça pourrait être pire. Pour le moment, il n'y a pas de point de rupture. »

**Entretien avec**

# Danièle Linhart

Sociologue, auteur de *La Modernisation des entreprises*, La Découverte, Paris, 2004 ; *Perte d'emploi, perte de soi* (en collaboration avec Barbara RIST et Estelle DURAND), Érès, Paris, 2002 ; *Le Travail nous est compté, la construction des normes temporelles au travail* (avec Aimée MOUTET), La Découverte, Paris, 2005.

## « Violence contenue »

### Le monde du travail est-il de plus en plus dur ?

Les industries traditionnelles ont, plutôt, amélioré les conditions de vie de leurs employés, mais c'est tout le contraire dans la nouvelle économie de services à la personne, qui est en plein essor. Il faut distinguer différents phénomènes, même s'ils se superposent souvent :

– la précarisation des emplois et la crainte du chômage, qui contraignent à accepter des conditions de travail mêmes difficiles ;

– tout ce qui relève de l'intensification du travail. De plus en plus de métiers sont désormais soumis à des normes tayloriennes, notamment les métiers de service à la personne qui, jusque-là, y échappaient. Que ce soit dans la restauration rapide ou les centres d'appels, le salarié est soumis à des pressions très fortes en termes de temps : servir un client en tant de secondes, répondre à un appel en tant de minutes... Il lui est, en outre, plus difficile de ralentir le rythme ou de protester, car le tempo est mis en scène comme répondant à la satisfaction du client et non à la volonté du patron ;

– l'individualisation du travail. Elle a démarré dans l'après-Mai 68, à la fois pour satisfaire certaines demandes d'alors et pour inverser le rapport de forces vis-à-vis des syndicats ouvriers. Et ce phénomène à double tranchant n'a cessé de s'accentuer. Aujourd'hui, les jeunes ouvriers des services n'ont pas les mêmes horaires, pas les mêmes salaires, pas les mêmes carrières, pas les mêmes primes que leurs voisins et les situations de travail sont personnalisées. Il est donc très difficile de s'opposer collectivement, et le collègue peut être un ami, plus souvent un concurrent, mais rarement un camarade ;

– la subjectivation du travail. Le management sous-traite des contradictions au salarié, notamment entre qualité et productivité. Il y a une mise au défi permanente qui fait qu'on s'engage à fond, qu'on adhère aux règles du jeu. Mais cet emballement de la subjectivité a des effets douloureux lorsqu'on échoue parce qu'on manque d'énergie pour tenir ensemble la rapidité d'exécution et la qualité de l'interaction avec le client.

Les réponses à ces formes de travail recomposées se situent davantage sur le registre du médical (souffrance, écoute...) ou de l'indignation que sur celui de la politique. Aujourd'hui, tout le monde pense qu'il est individuellement victime d'injustices. Des enquêtes montrent que le sentiment d'injustice sociale se répand même chez les professions libérales, mais il n'existe aucune socialisation de ce sentiment, qui est vécu sur un mode personnel.

**Est-on passé du dressage des corps au management de l'affect ?**

Dans certains livres de management, on parle de « management des affects et des émotions » pour désigner les manières de modeler la subjectivité des gens. En effet, il ne s'agit plus seulement pour l'entreprise d'obtenir la force de travail du salarié, son savoir ou son savoir-faire, mais de mobiliser ses affects dans la réalisation de son travail. De plus en plus de métiers sont fondés sur des aptitudes au contact et à la séduction. En Irlande, de nombreuses plates-formes de télétravail n'embauchent pas sur des compétences techniques – qui s'apprennent en quinze jours – mais sur l'humour, le timbre de la voix, la répartie des candidats... Maintenir son efficacité professionnelle dans ce contexte demande donc la mobilisation d'une partie de plus en plus intime de soi-même et exige de puiser dans ses ressources personnelles. Cet enrôlement de la personnalité au travail a son revers, car on ne demande pas aux salariés d'être spontanés mais au contraire de se plier à une stricte discipline langagière, de répéter des phrases toutes faites, de respecter des procédures artificielles, de continuer à sourire même si le client hurle, alors qu'on aurait envie de l'envoyer balader... Le salarié subit alors, dans le même temps, l'injonction contradictoire d'engager toute sa personnalité dans son rapport au client et de brider toute sa spontanéité dans son rapport à l'encadrement. Cela engendre une violence contenue, qui peut se retourner soit contre le voisin qui aura ralenti le rythme, soit contre soi-même. Cette mobilisation des affects est donc délicate : si le salarié perd son travail, où s'il ne réussit pas aussi bien que son voisin, c'est lui tout entier qui est remis en cause.

**Ces nouvelles formes de travail ont-elles des répercussions hors du monde professionnel ?**

Il y a un lien évident entre l'avenir de la démocratie et la manière d'être au travail, parce que la socialisation au travail est le socle de l'apprentissage de la citoyenneté. Non seulement le travail reste un vecteur très puissant – en tout cas le plus puissant – d'intégration sociale, mais c'est toute la relation à autrui qui se construit dans l'univers professionnel. Et les enquêtes – celles que j'ai pu faire ou celles de mes étudiants – montrent que l'apprentissage du mensonge et de la manipulation a des répercussions sur la manière qu'ont les jeunes de se socialiser. Quand, dans un centre de télétravail, on vous apprend à donner un faux nom pour que le client croie qu'il ne s'adresse pas à un standard, à faire patienter les gens pour augmenter le coût de la communication ou à leur refourguer des forfaits dont ils n'ont pas besoin, on abandonne la fonction citoyenne du travail. De plus, l'ingérence de la prescription taylorienne dans des relations civiles est très problématique et déstabilisante, parce que la tension qu'elle génère crée des situations d'agressivité au travail, une animosité dirigée contre le client ou le collègue qui ralentit le travail. Cette agressivité n'est pas neuve, mais elle se dirigeait davantage auparavant contre la hiérarchie. Aujourd'hui, elle se retourne contre les « maillons faibles ». Au final, on risque de sortir de cette dimension vertueuse du travail salarié, qui était d'ouvrir à l'autre.

## Pour aller plus loin

CALDERON José, « Les pratiques de résistance face à la manipulation de la subjectivité », *Travailler*, n° 13, Paris, 2005, p. 75-94.

DEJOURS Christophe, *Souffrances en France : la banalisation de l'injustice sociale*, Seuil, Paris, 1998.

DUJARIER Marie-Anne, *L'Idéal au travail*, PUF-Le Monde, Paris, 2006.

DURAND Jean-Pierre, *La Chaîne invisible : travailler aujourd'hui : flux tendu et servitude volontaire*, Seuil, Paris 2004.

◇ **Joseph Confavreux.**

# Privatisés

## Comment on devient orphelin du service public

Au mois de juin 2006, le portail gouvernemental dédié à la « performance publique » héberge un jeu de massacre interactif, invitant l'internaute à se glisser dans les habits du ministre du Budget [1] : il s'agit de « dégraisser le mammouth » pour améliorer l'« attractivité » du pays, et d'appliquer à la lettre, les uns après les autres, tous les dogmes du « réalisme » économique. Alors, bien sûr, quand « la presse » vous demande si, en tant que ministre, vous allez « supprimer un grand nombre de postes de fonctionnaires », vous avez intérêt à choisir parmi les réponses proposées que « c'est l'une de vos priorités », et à ne pas arguer que « ce n'est pas le sens de votre politique ». Faute de quoi, vous perdrez tout crédit et un prophète de malheur viendra vous faire la leçon : « Les impôts ont été réduits sans maîtrise des dépenses, vos successeurs n'auront plus les moyens de financer les services publics de vos enfants. » Sur l'écran, c'est alors un char d'assaut recouvert de toiles d'araignée qui vient servir à votre édification. Et édifiant, ça l'est : le service public de demain sera-t-il une peau

---

1   http://www.performance-publique.gouv.fr.

de chagrin, couvrant juste les fonctions régaliennes, et donc répressives, de l'État ?

Dans un pays désormais peuplé de « clients » et de « contribuables », calé au sein d'un espace européen de « concurrence libre et non faussée », cette fiction de la « performance publique », calquée sur le modèle de l'entreprise, produit déjà ses effets : réduction de l'emploi public par le non-remplacement des départs en retraite, privatisations pour renflouer les caisses de l'État, ouverture des marchés à la concurrence et augmentation des tarifs, hôpitaux et Éducation nationale en crise, « désertification » dans les zones rurales mais aussi dans les cités populaires, explosion de la précarité et de la sous-traitance dans la fonction publique d'État et les entreprises publiques, etc. Au-delà des mouvements sectoriels qui éclatent régulièrement, le cri « pour la défense et le développement des services publics », lancé le 23 octobre 2004 avec la démission de 263 élus locaux de la Creuse, est peu à peu repris dans tout le pays par des syndicalistes et des usagers.

## ▓▓▓▓▓ À Étampes, le « funérarium » en sursis

Selon l'humeur du jour, Jean-Philippe baptise « sanctuaire » ou « ambassade » son bureau dans les bâtiments d'EDF-GDF à Étampes (Essonne). Une façon de signifier que, quoi qu'il arrive, la direction n'a pas le droit de mettre les pieds dans l'antre de ce « correspondant » cégétiste de la « section locale de vote ». Derrière la terminologie aux accents de Conseil national de la Résistance, cette fonction syndicale reconnue dans le statut des électriciens et des gaziers, censée exister sur chacun des sites de production, recouvre un tas de services au personnel (Sécurité sociale, mutuelles, loisirs) et, dans ses étagères fermées à clé, Jean-Philippe conserve méticuleusement les dossiers des actifs et des retraités. Tout un monde qui tient encore debout. Aux alentours, pourtant, les fantômes rôdent.

Il y a une quinzaine d'années, quand l'entreprise publique a inauguré les nouveaux locaux de cette agence « de proximité » – avec un plateau d'accueil de la clientèle, l'exploitation, les services administratifs et un entrepôt géant –, chacun lui avait trouvé un air un peu sinistre : une « gueule de funérarium », avait-on ricané à l'époque parmi les 120 personnes qui travaillaient derrière ces murs noirs et ces rideaux gris foncé. À présent, le bâtiment est désespérément vide. Chargés des petites interventions dans le secteur, une dizaine d'agents en partent le matin et y reviennent le soir, mais pour combien de temps encore ? Après les agences de Brétigny, des Ulis et de Dourdan, fermées toutes les trois au premier semestre 2006, celle d'Étampes est condamnée elle aussi.

« Ça pue la mort ici, renifle Jean-Philippe. On est déjà enterrés. Je vois tout s'écrouler autour de nous : si ça avait mis plus longtemps, j'aurais sans doute meilleur moral, mais là, on a vu tout foutre le camp en deux ou trois ans ! La boîte se met en ordre de bataille pour l'ouverture totale du marché à la concurrence au 1er juillet 2007 et liquide toutes les mailles de son réseau, en Essonne comme dans toute la France. Étampes, c'est une sous-préfecture tout de même, il y a plus de 20 000 habitants, c'est une ville en pleine expansion, on est en train de construire 400 pavillons, mais voilà, bientôt, il n'y aura plus d'agence, plus de service et tout sera, au mieux, concentré à Corbeil, à quarante kilomètres d'ici. Comme toujours, ce sont les plus fragilisés, ceux qui n'ont pas de chéquier, ceux qui ne se déplacent pas facilement, qui vont payer les pots cassés. Comme si on pouvait prétendre rester un service public, mais seulement pour ceux qui sont en prélèvement automatique ! »

Comme dans d'autres entreprises publiques, ces « réorganisations » de grande ampleur s'accompagnent d'un dénigrement méthodique des valeurs traditionnelles rattachées au service public. Avec, en sus, une belle dose de cynisme : ainsi, quand la direction d'EDF ou de GDF décide d'externaliser ou de sous-traiter telle ou telle activité, elle convoque l'imaginaire du mouvement ouvrier et parle de « mutualiser » :

« Ils raffolent de ce mot, persifle le syndicaliste. On va prochainement "mutualiser" la comptabilité ; en Normandie, on "mutualise" les astreintes. Dans le département, le processus est identique : dans les immeubles neufs ou en réfection, quand il y a plus d'un compteur à poser, c'est le privé qui le fait. »

Au-delà des leurres, il s'agit d'inculquer l'esprit de calcul aux électriciens et aux gaziers :

« Auparavant, on se voyait un peu comme les pompiers, affirme Jean-Philippe. À Dourdan, il y avait des logements au-dessus de l'agence pour les personnels d'astreinte, un peu comme une caserne. On était fiers de rendre service à la population, d'aider, de secourir. C'était notre culture d'entreprise. On l'a bien vu, il n'y a pas si longtemps, lors de la tempête de 1999 : dans la plaine de la Beauce, pas loin d'ici, les énormes pylônes alignés à perte de vue avec les lignes qui arrivent des centrales de la Loire, ils avaient tous été pliés. Tout le monde était sorti, on bossait douze à quatorze heures par jour, les administratifs faisaient chauffer les gamelles, les gaziers tenaient les poteaux et les électriciens y montaient. Ça n'arriverait plus aujourd'hui, je le crains. À l'hiver 2005, un vendredi soir, il y a eu une tempête de neige en Vendée qui a provoqué une coupure générale chez des milliers d'usagers. Les travaux n'ont commencé que le lundi matin parce que personne n'est sorti spontanément. On est une entreprise comme les autres, n'est-ce pas ? Dans le coin, on conseille aux habitants d'acheter des groupes électrogènes. »

Depuis son « ambassade » enclavée dans un *no man's land*, Jean-Philippe hésite un brin, avant de lâcher :

« C'est con, mais il y a une résignation terrible chez les agents. Les gars qui étaient à Dourdan, ils avaient le droit de refuser la fermeture et de partir à l'autre bout du département. C'est des durs à cuire, des gars qui font un travail pénible, ils ne sont pas licenciables, mais en dehors du noyau dur syndical qui se rétrécit, il y a une peur terrible chez nous et les directions en usent. Les salariés nous délèguent le pouvoir de contester : "Continuez, vous avez raison, mais nous, on peut rien faire !" »

Dans la population, l'électricien croit déceler la même énigme. Beaucoup de sympathie, pas de mobilisation :

« Dans le sud du département, la Poste supprime des bureaux dans les villages, les blocs opératoires et les maternités dans les hôpitaux sont menacés, France Télécom et EDF-GDF ferment leurs agences... À trois quarts d'heure de Paris, les habitants comprennent bien que la désertification guette, voient les risques pour le principe de péréquation tarifaire et, quand on distribue des tracts avec la CGT et les copains d'Attac, ils nous réservent un bon accueil, mais ça ne débouche pas vraiment sur de la combativité. On en est réduit à faire de l'information, on n'est pas assez nombreux pour conjurer les menaces. C'est pénible. »

## Cheminot et syndicaliste : idéaux de jeunesse ?

En observant les défilés pendant les grandes grèves de 1995 contre le « plan Juppé » de réforme de la Sécurité sociale, Fabien, qui, à l'époque, est encore en terminale au Mans (Sarthe), conçoit deux des rêves de sa vie : devenir cheminot et se syndiquer. À vingt-neuf ans, après quelques années d'intérim dans le bâtiment et dans l'industrie, il peut se dire que ces rêves-là de solidarité et de service public, il les a réalisés. Embauché en 2000, il est aujourd'hui conducteur de trains sur la ligne D du RER en Île-de-France et délégué du personnel SUD-Rail sur l'établissement Paris Sud-Est à la SNCF. Un cas à part, ce garçon ? Lui n'en est pas si sûr :

« Quand j'étais petit, je ne collectionnais pas les locos et les wagons et, plus tard, je ne me suis jamais écrié : "Super ! Génial ! Je vais conduire des trains." Non, ce qui compte, c'est que la SNCF, ce n'est pas une boîte comme une autre, qu'on ose encore y parler de service public. C'est important à mes yeux, même si, c'est vrai, ce n'est peut-être pas l'idéal de tous les jeunes. Et si c'est si différent des autres entreprises, c'est aussi parce que c'est un endroit où les gens se battent... Cette dimension me plaît. Il y a des salariés un peu plus citoyens qu'ailleurs, qui savent exercer le droit de grève quand il le faut. »

« Banlieusard » selon le jargon interne de la SNCF, Fabien se félicite de transporter jusqu'à 3 000 passagers par train aux heures de pointe :

« Ça fait du monde ! Résultat : je suis assez fier de mon métier, je me sens utile. Je convoie les gens vers leur travail, je les amène en vacances – pas trop en ban-lieue, mais tout de même. Alors, voilà, on peut travailler très tôt le matin, vers 3 heures ou 4 heures, le week-end... Mais c'est comme ça, le service public, ça ne peut pas être de 8 heures à 16 heures ! C'est sûr qu'au plan national, il y a une dégradation du service public, mais l'un des endroits où ça se sent le moins au premier abord, c'est sur le Transilien, notamment sur la ligne D du RER... En Île-de-France, on n'est pas dans l'Ariège ou dans la Creuse, où il y a des trains irremplaçables mais avec une vingtaine d'usagers seulement à l'intérieur. Chez nous, il y a beaucoup de "clients" comme dit la direction ; le "produit" est ren-table : 470 000 voyageurs utilisent nos trains chaque jour. »

Mais même là, sur ces lignes de chemins de fer qui rapportent, où les bons « produits » attirent de nombreux « clients », les « *cost killers* », ces « tueurs de coûts » qui arasent les dépenses, sont à l'œuvre.

« Il y a deux ans, les trains de nuit ont été supprimés, observe-t-il. Par l'intermé-diaire d'une pétition qui avait recueilli plus de 3 000 signatures, dont celles de très nombreux cheminots, on s'était battus contre cette suppression : certes, au niveau des horaires de travail, cela pouvait améliorer notre sort, mais nous pensions, avant tout, que ça mettait à mal le principe du service public. Il y a des gens qui travaillent une partie de la nuit, qui ne veulent pas perdre une heure de plus en rentrant chez eux en bus, et non plus en train. On constate le même phénomène sur des portions bien précises de la ligne D comme, par exemple, dans les gares entre Corbeil (Essonne) et Melun (Seine-et-Marne) : auparavant, il y avait des trains jusqu'à minuit et maintenant, il n'y en a plus après 20 heures. "Pas assez d'usagers", a décrété la direction. Ailleurs, dans certaines gares de la région parisienne, la SNCF a retiré les guichetiers, ne tablant plus que sur des distributeurs automatiques. À Livry-sur-Seine (Seine-et-Marne), il y a un train qui s'arrête trois à quatre fois par jour et sa longueur excède celle du quai de la gare : cela fait courir des risques aux usagers qui se

**Privatisés**

trouvent à l'arrière, qui, pour sortir, doivent descendre sur le ballast. Mais rallonger le quai, ça coûterait trop cher pour la SNCF. »

Porte-parole des conducteurs du RER D engagés dans une grève d'une dizaine de jours au mois de décembre 2005, Fabien mesure le retard à rattraper dans le « dialogue entre les cheminots et les usagers ».

> « L'enjeu est crucial : il s'agit d'expliquer combien l'intérêt général va souvent de pair avec l'intérêt des gens qui travaillent à la SNCF. On a mis du temps à réaliser que le seuil de tolérance par rapport aux grèves devenait de plus en plus étriqué. Tout ça n'est pas simple et on l'a bien vu en décembre 2005 : nous, les conducteurs de la ligne D, on a fait un mouvement dur, c'est vrai d'abord pour nos gueules, sur nos conditions de travail et l'accroissement de l'amplitude de nos journées. On a tenté de faire de la pédagogie en expliquant le sens de la grève dans un tract pour les usagers : comme pour les transporteurs routiers, plus on augmente l'amplitude des journées, plus ça devient pénible, plus la vigilance diminue et moins la sécurité est garantie dans les trains... Et là-dessus, la direction intervient, comme elle ne l'avait jamais fait jusque-là, en délivrant dans un tract, sur les quais des gares, le montant de notre salaire, une durée moyenne de notre temps de travail complètement fausse et le chiffre, fantaisiste lui aussi, de nos jours de travail par an. Le message, c'est : "Regardez, ces preneurs d'otages qui ne sont que des égoïstes et, en plus, quand même un peu pas mal privilégiés !" Après la grève, j'ai pris contact avec une association d'usagers de la ligne D pour expliquer nos raisons. Depuis lors, on travaille ensemble, par exemple, sur cette histoire du quai de Livry-sur-Seine. On sait qu'entre usagers et cheminots, on ne tombera pas d'accord sur tout, il suffit de penser à l'épine du "service minimum", mais en fait, quand on se parle, on voit vite qu'il y a un tas de questions sur lesquelles on est d'accord. »

D'une génération à l'autre, à l'intérieur de la SNCF comme ailleurs, il y a toujours cette tache du soupçon, indélébile : biberonnés au lait du tournant de la « rigueur », gavés de discours sur la crise ou la « fin de l'Histoire », les jeunes, même chez les cheminots, ne se préoccuperaient plus que de leurs nombrils ? Pourtant, rien n'est plus faux aux yeux de Fabien :

> « On l'a vu avec les luttes contre le CPE [contrat première embauche], mais je l'observe aussi tous les jours dans la boîte... Le président de la SNCF avait clairement fait le pari qu'en rajeunissant les troupes, il pourrait briser petit à petit la culture du service public. Sans faire de généralisation trop hâtive, j'ai tendance à penser qu'aujourd'hui les valeurs traditionnelles des cheminots sont mieux assimilées, et défendues, par les jeunes que par les plus anciens à la SNCF. Dans les luttes récentes, ce que j'ai vu à mon échelle, ce sont souvent les jeunes conducteurs de RER qui font des gestes de solidarité, qui défendent les valeurs

du service public, bien plus que les agents de conduite des TGV qui sont plus âgés et qui bougent surtout pour les mouvements catégoriels ! Dans ma génération, on a galéré à la fac, on a connu de près la précarité. Du coup, pour les jeunes qui entrent à la SNCF, le statut des cheminots, il compte vachement. Or, tout le monde le sait, ce statut nous est octroyé parce qu'on est un service public. Alors, je suis sans doute optimiste, c'est ma nature, mais je pense que le président de la SNCF, il va le perdre, son pari ! »

## ▰▰▰▰ « Chez France Télécom, parler de "service public", c'est devenu tabou »

Antoine s'en est sorti. Il ne retournera jamais à France Télécom et il devrait bientôt être intégré à titre définitif au sein d'une collectivité territoriale de la région parisienne. Un soulagement pour ce cadre supérieur qui a vécu de l'intérieur la transformation de l'administration des télécommunications en une multinationale lancée à toute allure dans la course aux profits :

« Je suis rentré aux PTT en 1977 comme ouvrier d'État. Quand on arrivait dans la boîte, il y avait une petite cérémonie au tribunal, purement symbolique mais importante, au cours de laquelle on prêtait serment en tant que fonctionnaire. Cela devait signifier qu'on acceptait de prendre une certaine responsabilité, de répondre d'une certaine éthique. À cette époque-là, il y avait des possibilités d'évolution professionnelle interne et, du coup, j'ai assez vite passé les concours de technicien externe, d'abord, et d'inspecteur interne, ensuite. Au bout d'une dizaine d'années, je faisais partie de l'encadrement. Après, j'ai été détaché pour faire du syndicalisme pendant plusieurs années, et j'ai été réintégré en 1995. Je suis devenu responsable dans les ressources humaines, je m'occupais des besoins de formation dans une direction qui comptait quelques centaines de salariés. Quand, au début des années 1990, le gouvernement sépare la Poste et les Télécommunications et qu'on instaure une nouvelle grille de classification – ce qui ouvre peu à peu la voie à la privatisation –, je suis toujours détaché pour le syndicat. Dans ces conditions, j'avais gardé sans difficulté le discours sur les "usagers", sur le "service public". Mais quand je reviens dans l'entreprise en 1995 et que je reprends mon poste, c'est la claque : je tombe dans une boîte qui n'est plus du tout celle que je connaissais. »

Le sol se dérobe sous ses pieds : adieu l'administration, ses collectifs de métiers et en particulier celui, très valorisé, des techniciens ; bonjour l'entreprise publique et ses nouveaux dieux, les vendeurs !

**Privatisés**

« Chez France Télécom, au milieu des années 1990, on est passé d'une valorisation des métiers des techniques à une valorisation des métiers du commercial. Et deuxième aspect du basculement : le discours change, des mots disparaissent et d'autres surgissent. "Usager", c'est devenu tabou, tout comme "service public". En revanche, si vous ne mettez pas "business" dans chaque phrase, vous êtes hors jeu. Il y a en permanence cette requête inquisitrice qui plane au-dessus des têtes : "Et vous, quelle est votre plus-value ?" Tout d'un coup, à France Télécom, l'utilité ne se mesure plus par rapport à l'extérieur – l'utilité sociale, l'intérêt général, le service public –, mais par rapport à la boutique, au "business". C'est le vendeur qui est utile à France Télécom et moi, qu'est-ce que je lui apporte ? Dans ce contexte, on peut encore arriver à trouver un tout petit peu de sens à son boulot, mais très localement. Quand j'étais responsable de la formation, il fallait que je sois utile aux collègues, ce n'était pas directement pour le "business" que je devais leur trouver des formations. Ensuite, j'ai aussi été responsable de l'insertion professionnelle des jeunes, c'était formidable, les gamins m'appelaient pour obtenir un stage d'apprentissage. Mais cela reste très marginal dans l'entreprise, et ça ne vaut pas grand-chose. Jamais, même en faisant l'effort de m'imprégner, je n'ai pu adhérer au nouveau discours. On ne pouvait pas faire de réunion sans décréter que c'était un "brainstorming". Je trouvais ça tellement con. »

Peu à peu, Antoine sent l'entreprise le lâcher. À moins que ce ne soit lui qui lâche prise ? Peu importe, c'est comme l'histoire de la poule et de l'œuf... Or chez l'opérateur encore public, on n'a pas fait d'omelette sans casser la baraque...

« Comme d'autres de ma génération, je n'avais plus le profil voulu par France Télécom. Certains de mes collègues cadres sup' aux ressources humaines parvenaient à se glisser dans les nouveaux habits de l'entreprise, mais quand on discutait à la cantine, ils montraient qu'ils n'étaient pas vraiment dupes... Aucun d'entre nous n'était nostalgique des PTT qui avaient, c'est vrai, un côté désuet, mais ça n'excusait pas, à nos yeux, les dérives de France Télécom. Quand, après l'ouverture du capital, Thierry Breton a pris les commandes, il a placé beaucoup de contractuels dans les ressources humaines : c'étaient des jeunes qui sortaient des grandes écoles, qui avaient, comme on disait chez nous, "les dents qui traînaient sur la moquette". En se targuant de ne pas bénéficier de la protection statutaire, ils arrivaient pour nous apprendre la concurrence et la guerre économique. C'étaient des battants ; ils menaient d'autant mieux cette guerre qu'ils savaient qu'ils n'en paieraient pas le prix, eux ! Très peu de temps avant mon départ de France Télécom, j'ai vécu une période de "placard". Ça s'est fait presque naturellement : à partir du moment où on n'a plus besoin de quelqu'un, on l'oublie lors d'une réorganisation. Dans mon cas, à la différence de beaucoup d'autres, ce n'était pas du harcèlement, il n'y avait pas d'intentionnalité : on m'avait "oublié". À un point tel qu'à un moment, le bureau où je restais est devenu un vestiaire pour une équipe de sous-traitants qui venaient faire des installations informatiques. »

Juste avant de s'enfuir lui-même, Antoine s'est vu confier la mission de « reclasser » les candidats au départ de France Télécom.

« Comme l'entreprise voulait réduire ses effectifs, mais qu'elle ne pouvait pas licencier ses fonctionnaires, France Télécom a encouragé ses personnels qui avaient le statut à partir dans la fonction publique territoriale. De manière très révélatrice, la plupart réclamaient l'anonymat ; ils voulaient avoir des renseignements, mais sans que ça se sache à l'intérieur de l'entreprise ! Ils avaient peur d'être mis sur la touche, que leur démarche témoigne d'une fidélité au service public ou, en tout cas, d'un attachement au statut des fonctionnaires. »

**Entretien avec**

# Marie Cartier

Sociologue, enseignante-chercheur à l'université de Nantes, auteur de *Les Facteurs et leurs tournées, un service public au quotidien*, La Découverte, Paris, 2003.

## Des classes populaires sous la protection du service public

**Entremêlant usagers et agents du public, les mobilisations actuelles partent bien souvent de la défense des bureaux de poste. Qu'est-ce qui rend ce service public si populaire ?**

On l'oublie aujourd'hui, mais personne ne voulait être fonctionnaire dans l'après-guerre : c'était moins payé que la plupart des emplois ouvriers du secteur privé et, en particulier à la Poste, dans une période de forte urbanisation, les conditions de travail étaient pénibles. Il y avait beaucoup de démissions durant les Trente Glorieuses. Ce contexte a créé un rapport de forces favorable aux ouvriers et aux employés de l'administration. Recrutés entre les années 1950 et le milieu des années 1970, des générations d'hommes ont été facteurs dans une institution bureaucratique, mais avec de grandes marges d'autonomie, illustrées par des rituels comme la distribution des calendriers et

**Privatisés**

la « vente des quartiers [2] ». Ces agents issus des classes populaires ont investi ces marges d'autonomie en déployant un travail de sociabilité à base territoriale et en apportant avec eux des éléments de culture populaire : les facteurs restaient des années sur la même tournée et développaient des liens de familiarité avec les habitants. Cette appropriation du métier et la nature du service rendu par ces facteurs ont favorisé la bonne réputation dont bénéficie encore aujourd'hui la Poste.

**Parmi les facteurs, vous décelez des incompréhensions entre les jeunes et les vieux. Avec l'apparition de contractuels, la question du statut pèse-t-elle dans ces malentendus ?**

On ne peut pas réduire les clivages qui traversent les collectifs de salariés d'exécution du public à une simple opposition entre les fonctionnaires et les contractuels. C'est plus compliqué : à l'intérieur des salariés à statut, il y a un clivage d'ordre générationnel. Si les caractéristiques sociales restent l'origine populaire – plutôt ouvriers et paysans chez les « anciens » facteurs, plutôt employés chez les « nouveaux » –, la différence tient notamment à l'inégale scolarisation. Peu diplômés, les « anciens » sont entrés très tôt dans la vie active, ont occupé des emplois manuels avant d'entrer aux PTT et, du coup, ils ont un rapport très positif au travail de facteur : c'est un travail d'exécution, au bas de la hiérarchie postale, mais c'est valorisant, respectable et cela accorde des marges de liberté que l'on ne trouve pas dans les usines. Recrutés à partir de 1983, après le tournant politique du gouvernement socialiste, dans un contexte de réduction des effectifs de la Poste – ce qui accroît la sélectivité des concours –, les « nouveaux » sont majoritairement bacheliers et, après avoir connu les petits boulots et la galère, ils entretiennent un rapport plus distant au métier : ils comprennent mal les formes d'appropriation du poste de travail qu'ils observent chez leurs collègues plus anciens.

**Mais cette forme de détachement perceptible chez les « nouveaux » les fait-elle adhérer aux visées de la Poste devenue entreprise concurrentielle ?**

Pour les jeunes, le salut à la Poste, ce ne sera pas de rester facteurs, comme l'ont fait les générations précédentes, mais de passer les concours internes. Dès lors, ils vont être obligés d'afficher leur intérêt pour la fonction commerciale d'« agent de développement de la Poste », de dire ce que les gestionnaires attendent dans les entretiens annuels ou les oraux des concours. Quand la Poste perd son statut d'administration et devient une entreprise, les conditions de prestation de serment, qui se déroulait au tribunal et revêtait pour les anciens une grande importance symbolique (représentation de l'État et reconnaissance de l'utilité sociale), sont modifiées : c'est désormais devant le directeur départemental de la Poste que les agents d'exécution doivent faire

---

2   Attribution à la criée, deux fois par an, des quartiers vacants par les facteurs eux-mêmes, la « monnaie d'échange » étant l'ancienneté.

allégeance à l'entreprise et à ses objectifs. Mais, au fond, les jeunes générations jouent beaucoup moins le jeu de la « modernisation » que la direction ne l'espérait et, à leur manière, elles renouvellent un esprit de résistance.

**« Adieu facteur, bonjour banquier » : dans votre livre, vous brocardez ce titre paru dans la presse en 1998, mais avec la création de la « banque postale », on en est là, non ?**

En tout cas, à l'époque de mon enquête dans un bureau de poste, les cadres parlaient beaucoup du « commercial » et les médias brodaient sur le même thème. J'ai certes observé les dispositifs mis en place pour transformer les pratiques de travail dans ce sens : lors des entretiens annuels d'évaluation, le supérieur hiérarchique discute de la stratégie d'entreprise et consulte les indicateurs chiffrés totalisant les ventes de « prêt-à-poster ». Aux yeux de tous, dans le centre où j'étais, il y avait une affichette avec un classement des « vendeurs ». Mais sur le terrain, ce que l'on voit, c'est un facteur transportant des dizaines de kilos de courrier. Au quotidien, les contraintes de la distribution laissent peu de place à la « vente ». Il ne faut pas confondre le discours de management et les réalités de travail qui en sont bien souvent éloignées : c'est déterminant de saisir l'irréalisme de la « modernisation » afin de ne pas la justifier hâtivement.

**Selon vous, cette désagrégation sous couvert de « modernisation » produit des effets qui dépassent la simple question des prestations du service public...**

On ne peut pas raisonner dans les débats politiques autour de ces « modernisations » sans prendre en compte à la fois les prestations offertes par les services publics et les protections dans l'emploi que ces services publics ont offertes à des générations d'hommes et de femmes issus des classes populaires. À mon avis, les débats actuels ne sont pas assez pris sous cet angle : en même temps que l'on défait les services publics, ce sont des formes de sécurité, des outils d'intégration et de rétablissement après des trajectoires professionnelles et sociales de précarité que l'on détricote.

## Pour aller plus loin

BEINSTINGEL Thierry, *Central*, Fayard, Paris, 2000.

BÉROUD Sophie, *Les Robins des Bois de l'énergie*, Le Cherche Midi, Paris, 2005.

CHEVANDIER Christian, *Cheminots en grève ou la construction d'une identité (1848-2001)*, Maisonneuve et Larose, Paris, 2002.

HUSSON Michel, *Les Casseurs de l'État social*, La Découverte, Paris, 2003.

LANGUMIER Julien, « Des ouvriers de la fonction publique d'État face aux réformes de modernisation, enquête auprès des agents d'exploitation de la DDE », *Sociétés contemporaines*, n° 58, Presses de Sciences Po, 2005.

Privatisés

Fédération des collectifs de défense et de développement des services publics :
http://www.v-s-p.org

Collectif pour la promotion et la défense de l'école publîque de proximité :
http://ecoledeproximite.free.fr

Coordination nationale des comités de défense des hôpitaux et maternité de proximité :
http://www.coordination-nationale.org

Résistances électriques et gazières : http://www.globenet.org/aitec/reg

◇ **Thomas Lemahieu.**

# Prostitué(e)s

Quand la clandestinité du tapin
met les travailleuses du sexe en péril

**D**e source policière, le nombre des prostitué(e)s aujourd'hui sur le territoire français se situe dans une fourchette allant de 15 000 à 20 000 personnes – tous sexes, nationalités et zones d'activité confondus. Cet ordre de grandeur, largement inférieur à celui de la plupart des pays européens si on le rapporte à leur population globale, a peu bougé durant des décennies. Cette stabilité tient sans doute à la pérennité d'un cadre légal relativement permissif ayant succédé à la fermeture des « maisons closes » dans l'immédiat après-guerre.

La législation privilégie en effet la lutte contre le proxénétisme – incluant tout individu « jouissant des fruits » ou « favorisant » des actes charnels rétribués. Quant au (à la) prostitué(e), il (elle) a su s'accommoder, depuis près d'un demi-siècle, d'une sorte de tolérance à double tranchant : seul le flagrant délit de « racolage » peut lui être reproché dans l'exercice de ses fonctions. Ni strictement réglementée ni prohibée en tant que telle, la pratique de la prostitution a cependant connu ces dernières années de brutales évolutions dans sa géographie professionnelle, ses composantes démographiques et ses conditions sanitaires. Au gré d'un cadre législatif de plus en plus répressif et d'une campagne de lobbying féministe prônant l'extinction indifférenciée de cette « traite des êtres humains », ce sont d'abord les « putains » – filles, garçons et transgenres – qui, bien au-delà de leur semi-clandestinité plus ou moins subie ou assumée tant bien que mal, se voient rançonné(e)s à force d'amendes aux taux prohibitifs, expulsé(e)s en tant qu'immigré(e)s irrégulièr(e)s. Sans que leurs passeurs et protecteurs mafieux soient pour autant inquiétés. Pour finir, ils (elles) sont sommé(e)s de disparaître des trottoirs des centres-ville ou des périphéries de Paris, Lyon ou Toulouse.

C'est ce processus d'invisibilisation forcée, sur fond d'hypocrisie stigmatisante, de paupérisation sans alternative sociale et de politique du pire sanitaire que nous voudrions mettre ici en relief, à partir d'un bref panorama, forcément lacunaire, étant donné les us et coutumes de discrétion propres à un milieu si hétérogène qu'il résiste à toutes les généralisations abusives et aux fausses compassions moralisantes.

### L'émancipation des « traditionnelles »

Le sexe payant proposé sur la voie publique, celui des ancestrales Vénus de trottoir, était encore largement majoritaire il y a une trentaine d'années dans la plupart des grandes villes françaises. Jouant sur les limites réglementaires de l'exhibition et de la discrétion, la prostitution parisienne *intra muros* jouissait de périmètres d'activité bien connus. La clientèle masculine avait alors le choix parmi les principales zones de fixation : l'avenue Foch et ses alentours, le quartier chaud de Pigalle, les abords de la gare de l'Est, les rues situées entre la Madeleine et la gare Saint-Lazare, et la célèbre rue Saint-Denis essaimant des anciennes Halles au boulevard Bonne-Nouvelle. Depuis, cette cartographie a connu de profonds bouleversements, déstabilisant les conditions d'existence des premièr(e)s concerné(e)s. Les « anciennes », ayant exercé rue Saint-Denis, rue Joubert ou dans le XVIe arrondissement entre 1970 et le milieu des années 1990, évoquent cette époque comme un « âge d'or ». Au-delà des effets trompeurs de la nostalgie rétrospective, on peut recouper dans la diversité de leurs témoignages les points communs de la progressive émancipation de celles qu'on appelle désormais les « traditionnelles ».

Pour Brigitte, banlieusarde et fille d'ouvrier, la rupture date des « événements de 68 ». Forte d'un simple certificat d'études, l'adolescente « bosse comme guichetière » la journée, mais fréquente aussi les boîtes de nuit. Fuyant la violence d'un père, mais aussi la morale étouffante de son milieu, elle lui préfère le noctambulisme des « filles de mauvaise vie ».

Prenant déjà la pilule à dix-huit ans en cachette de sa mère et se sentant
« incapable d'entrer dans les normes », cette « rebelle » fait d'abord la
gogo-danseuse à Montparnasse, puis l'escort-girl en Angleterre, l'entraîneuse à Pigalle, un peu d'abattage à la Goutte d'or, et enfin le tapin, par
l'entremise d'une « copine », dans l'Ouest parisien. Elle a donc connu des
« maris » qui exigeaient la « comptée » de leurs filles et ne leur rétrocé-
daient qu'un « billet de 100 balles ». Affirmant n'avoir jamais été
« tenue » par personne, elle se souvient de la mainmise des macs du
milieu marseillais ou des Corses sur les quartiers chauds, mais souligne
leur perte d'influence au cours des années 1980, face au puissant réseau de
solidarité entre filles « libres », partageant équitablement les frais de location des studios ou accédant à la propriété de leur lieu de travail, et échappant ainsi au racket des bailleurs protecteurs.

Liliane, elle, a commencé sa carrière de prostituée dans un « bar montant » d'Amsterdam en 1976, après avoir pratiqué l'intérim pendant six
ans comme secrétaire ou « pire encore, ouvrière dans une usine de montage de téléviseurs ». Elle a gardé de cette expérience du salariat classique
un « dégoût des contraintes et de la hiérarchie ». Intransigeante sur sa
conception de la dignité féminine, elle conclut : « Je suis pas du genre à
me laisser mettre une main au cul par le patron. » De 1977 à 1984, elle
vend ses charmes non loin de la rue Saint-Denis. Sous-louant un studio à
quatre selon des tranches horaires précises, elle paie une somme forfaitaire à la propriétaire : une « tôlière » maquée par son « voyou » qui
encaisse. Cette taxation non prohibitive, loin des formes antérieures
d'assujettissement des filles, laissait à la prostituée l'usage du reste de ses
gains, encore conséquents. L'intensification de la lutte contre ce proxénétisme hôtelier va permettre à Liliane, qui se définit comme « une cigale
plutôt dilettante », de s'acheter son propre studio. Une grossesse « acci-
dentelle mais désirée » et une aventure sans grand lendemain la pousse-
ront à retourner à la vie active « classique ». Mais, à la fin des années 1990,
c'est en « mère sans ressources » qu'elle retournera tapiner, au bois de Vincennes cette fois. Et après quelques belles saisons dans le confort individuel de sa camionnette, l'enfer de la paupérisation et du harcèlement
policier la fera sombrer dans une dépression nerveuse.

Quant à Michèle, Niçoise amourachée d'un petit voyou emprisonné,
elle ne s'est jamais sentie « obligée », « grisée » plutôt, par la possibilité de
« couvrir [sa] famille de cadeaux » et de « vivre intensément la nuit ».
Lâchée par son amant ex-taulard et terrorisée à l'idée d'être reconnue par
ses proches, elle monte à Paris. Ses « copines de tapin » la mettent en
contact avec des bars à entraîneuses de Pigalle. Mais, ça lui déplaît « de

devoir [se] laisser tripoter par un chieur pendant deux heures avant de faire [sa] passe ». Du coup, elle migre rue Saint-Denis au milieu des années 1990. Et là, elle déchante rapidement. Depuis l'arrivée des réseaux africains, la concurrence fait rage et la répression policière s'accentue, d'autant que le développement d'un trafic de stupéfiants, et les petits « vols avec violence » qui vont de pair provoquent une désertion de la clientèle. Raréfaction des habitués, règlements de comptes entre filles et fermeture de nombreux studios : une « belle époque » est en train de s'achever. Peu avant l'an 2000, comme nombre de ses semblables, Michèle loue une camionnette et tente sa chance à Vincennes, non sans avoir payé un « ticket d'entrée » à la bande organisée assurant de loin sa discrète protection. Sauf que, « au Bois aussi », les temps changent. Trois ans plus tard, Michèle se fera quotidiennement verbaliser, garder à vue, puis, finalement, déposséder de son véhicule mis sous séquestre, sans autre issue qu'un RMI pour compenser son inactivité forcée.

### Fin de l'âge d'or

Ces témoignages parcellaires sur la prostitution de rue parisienne ne suffisent pas à expliquer l'exode massif – et son corollaire, le renfermement dans des lieux clandestins – qui s'est produit au cours de la dernière décennie. À ce mouvement d'invisibilisation correspond un faisceau de motifs distincts. La progressive disparition en centre-ville des lieux-dits de la prostitution est d'abord un phénomène urbanistique. Ce rejet vers la périphérie fait partie d'une tendance plus générale à la relégation sociale des habitants des quartiers populaires ou socialement mixtes vers des banlieues de plus en plus lointaines. C'est d'abord la flambée des prix et l'incessante spéculation immobilière qui ont précipité la crise des activités liées au sexe payant au cœur de la capitale française. Embourgeoisement oblige, ce sont ensuite les préjugés et les appréhensions des nouveaux habitants de ces quartiers réhabilités qui ont sonné le glas du tapin à l'ancienne. Même le vaste quartier de Pigalle, dédié à une clientèle touristique, a connu un nettoyage de ses trottoirs au seul bénéfice d'un commerce sexuel « enfermé » dans des bars ou des peep-show. Ailleurs, la gentryfication de l'habitat a fait le reste. Ce mouvement de rejet diffus, relayé au plus haut niveau, n'a pas été sans conséquences financières, psychologiques et sanitaires. La fuite hors des territoires centraux s'est accompagnée pour la plupart des « traditionnelles » de la perte d'un ancrage social, convivial et même festif, de la perte parfois définitive d'une clientèle fidélisée, d'une baisse de plus de la moitié de leurs revenus et d'une fragilisation de leurs conditions d'hygiène alors même que l'épidémie de sida décuplait les risques encourus.

Le second phénomène tient à l'afflux durant les années 1990 de prostituées dites « étrangères ». Un bref historique s'impose à propos de ces vagues de migration. Dans le sillage des transsexuels et travestis brésiliens, dès la fin des années 1970, on voit d'abord arriver quelques filles d'Équateur ou de Colombie, puis à partir de 1991 des Albanaises, bientôt rejointes par des Bulgares, des Russes, des Ukrainiennes, des Roumaines, des Lituaniennes et des Kosovares, tandis que d'Afrique subsaharienne, commençaient à arriver d'autres prostituées, pour la plupart du Ghana, du Nigeria ou de la Sierra Leone. Ces nouvelles arrivantes ont fini par représenter à la charnière de l'an 2000 près des deux tiers de la prostitution parisienne. L'arrivée massive des filles de l'Est et des Africaines anglophones n'a pas été sans inquiéter les « anciennes », anxiété concurrentielle liée à la jeunesse de ces recrues face au « vieillissement du cheptel », comme l'explique crûment Liliane.

Les relents xénophobes n'expliquent pas seuls la gêne face aux « étrangères ». On notera d'ailleurs que les Maghrébines exerçant sur la voie publique n'ont pas eu à subir les mêmes préjugés. Pour la bonne raison que, répudiées au pays ou mises à la rue suite à un divorce ou un veuvage après regroupement familial, ces ex-migrantes d'Afrique du Nord ont suivi un parcours douloureux, mais « émancipé » qui paraît familier aux « traditionnelles ». Ainsi, à écouter la quinquagénaire Malika, mère algérienne aux accents d'Arletty, on retiendra le commun dénominateur des travailleuses du sexe de sa génération : « Moi, mon seul maquereau, c'est mon frigo à remplir et mes deux gosses à nourrir. » On pourrait d'ailleurs faire la même remarque à propos des Camerounaises qui, après avoir payé leur dette migratoire à leur « passeur », sont aujourd'hui reconnues par leurs consœurs en tant que filles « libres ».

La méfiance discriminatoire envers les « étrangères » tient donc principalement à leur sujétion à un proxénétisme organisé – mafieux pour l'Europe de l'Est ou plus classiquement lié au « système villageois » des migrations économiques du travail pour l'Afrique – que les « anciennes » sont si fières d'avoir contourné, réaménagé ou refusé. Ainsi, dans un mouvement ambivalent de compassion et de condamnation, juge-t-on durement ces « filles des réseaux » qui « gâchent le métier » et font perdre tous les acquis de solidarité et d'indépendance conquis depuis les occupations d'églises par des prostituées en 1975, à Paris, Grenoble ou à Lyon. On leur impute aussi la transgression d'us et coutumes implicites : casser les prix, manquer de discrétion vestimentaire, accepter des rapports non protégés. Autrement dit, sur fond de péril épidémique, cette méfiance tient « à la mauvaise image » qu'elles auraient donnée du tapin et qui contribuerait à criminaliser le sexe payant dans son entier. Les « étrangères » ont ainsi pu sembler constituer le facteur déclenchant de l'exode périurbain de toute la profession. De fait, les filles de l'Est, comme les Africaines anglophones ont d'emblée été « placées » *extra muros*, le long des friches déshéritées du nord/nord-est des boulevards des maréchaux, selon un principe d'enclaves ethniques homogènes facilitant un strict contrôle de leur activité par leurs réseaux respectifs. Et cette soudaine visibilité massifiée a en effet donné lieu à une surenchère répressive d'un nouveau genre.

## Décidément trop visibles

Plaintes des riverains oblige, au début des années 2000, un député socialiste, maire adjoint à la mairie de Paris, dépose une proposition de loi visant à pénaliser les clients, tandis que les médias mettent l'accent sur les maltraitances avérées des esclaves sexuels de la « traite ». C'est dans cette ambiance propice aux amalgames et à la confusion sensationnaliste, et malgré une remobilisation protestataire des prostituées en novembre 2002, que le ministre de l'Intérieur, Nicolas Sarkozy, exhume une fois encore l'infraction dite de « racolage passif » (tombée en désuétude puis supprimée en 1994), dans le cadre de sa LSI (loi sur la sécurité intérieure), mise en application en mars 2003.

Au nom de l'éradication des « réseaux » de proxénétisme venus de l'Est ou d'Afrique, une brigade supplémentaire est créée : l'USIT (Unité de soutien aux investigations territoriales), composée d'une trentaine de « cow-boys » qui vont « nettoyer » les trottoirs, de la porte de Clichy au bois de Vincennes, en moins de deux ans. Pour les prostitué(e)s sans-papiers, la LSI avait prévu de garantir l'obtention d'une carte de séjour de trois mois en échange de la dénonciation des protecteurs. Mais cette clause *a priori* humaniste, reconnaissant aux « étrangères » leur statut de victimes, est restée lettre morte. En 2004, sur 5 887 interpellations sur le territoire français, seules 11 « étrangères » ont obtenu gain de cause, tandis que des centaines d'autres migrantes du sexe finissaient devant des juridictions administratives, ne prenant en compte que leur « séjour irrégulier », et tombaient ainsi sous le coup d'un avis d'expulsion. Quant au soi-disant combat contre les organisateurs de la « traite », la baisse du nombre des condamnations depuis 2002 – n'incriminant que des proxénètes immobiliers ou des lampistes pour proxénétisme « de soutien » – acheva de révéler le double langage. Idéologie sécuritaire aidant, on a délaissé la fastidieuse traque des « passeurs » et des mafias pour ne se consacrer qu'à la réalisation spectaculaire d'un objectif démagogique, la « tolérance zéro » envers l'immigration clandestine.

Contrairement à ce qui avait été promis, la chasse aux travailleuses du sexe sans-papiers n'a pas épargné les « anciennes » du tapin. Depuis 2003, celles qui croyaient trouver un refuge discret dans le bois de Vincennes ont subi de plein fouet un harcèlement continu : injures sexistes, gardes à vue abusives, fouilles au corps humiliantes et surtout verbalisations de leur camionnette, voire saisie dudit outil de travail. Ainsi Michèle compte-t-elle, sur ces huit derniers mois plus de 120 contraventions de 35 euros (pour stationnement illicite) ou 90 euros (pour refus d'obtempérer), ce qui, cumulé avec la désertion des clients intimidés par le chantage à la délation policière, représente un manque à gagner considérable. Négociations avec les gradés des commissariats avoisinants, rédactions par des associations communautaires de chartes de « bonne conduite », actions militantes : pour l'heure, rien n'a suffi à convaincre les autorités de faire baisser la pression sur les quelques centaines de rescapées, comme si le non-dit prohibitionniste de cette politique était bien de vider ces dernières poches de prostitution sur la voie publique à Paris, comme dans d'autres capitales régionales.

Comble de l'hypocrisie, chacun sait que, depuis deux ans, cette surenchère répressive n'a fait que déplacer le problème. D'abord, nombre des prostitué(e)s chassé(e)s des Maréchaux ont migré quelques dizaines de kilomètres plus loin, vers Melun-Sénart ou en Picardie. Là-bas, leur isolement les soumet à tous les périls et à l'impunité du pire maquereautage – un racket quotidien de 300 euros, d'après la rumeur. Ensuite, une autre part des « étrangères », sans doute majoritaire, s'est vue réinstallée dans des salons de massage, bars clandestins ou encore en studio par des réseaux profitant des sites d'*escort-girls and boys* sur Internet ou des journaux de petites annonces pour poursuivre leur traite à l'abri des curiosités policières et des indignations citoyennes. Cet enfermement éloigne d'autant les « soumises » de toute perspective d'émancipation. On mesure ici le résultat de cette politique d'invisibilisation qui, à l'inverse de ses bonnes intentions, traite les « victimes » en « coupables » avant de les pousser dans les derniers retranchements d'une dépendance clandestine.

En guise d'épilogue paradoxal, il faudrait ici évoquer les marges les plus imperceptibles d'une prostitution sommée de quitter l'espace public urbain pour intégrer les formes plus policées de la web-économie ou de la prestation de service sexuel. L'actuel impératif d'invisibilité du sexe payant, sous des prétextes moraux ou d'ordre public, correspond peut-être à une mutation plus profonde de la marchandisation des corps. De ce point de vue, personne ne saurait quantifier la part croissante de ce qu'on appelle la prostitution « occasionnelle », celle qui, sur fond de précarisation sociale, pousse telle étudiante à passer des petites annonces pour louer ses charmes, tel jeune issu de l'immigration à s'offrir quelques extras rémunérés en milieu gay, telle employée en intérim à faire l'entraîneuse en soirée ou l'effeuilleuse de peep-show. Ces marges méconnues d'une prostitution à temps partiel, cumulée avec des périodes de formation ou de chômage, soumise à la seule contrainte de la survie sociale, connaît aujourd'hui une extension évidente, facilitée par l'usage des nouveaux médias de rencontres virtuels. On gagnerait sans doute à étudier plus avant l'émergence de cet « entre-deux » prostitutionnel, qui fait apparaître une figure médiane entre les survivantes d'une prostitution « choisie » aujourd'hui menacées et les victimes de la « traite des êtres humains », subissant la double peine des sévices de leurs employeurs et d'une traque au clandestin édictée au nom d'un impitoyable regard compassionnel.

**Entretien avec**

# Marie-Élisabeth Handman et Françoise Gil

Anthropologue, maître de conférences à l'EHESS, Marie-Élisabeth HANDMAN dirige, au laboratoire d'Anthropologie sociale, l'équipe « Altérité, sexualités, santé ». Elle a coordonné l'enquête sur la prostitution parisienne commanditée par la mairie de Paris en 2002. Françoise GIL est sociologue, affiliée au laboratoire d'Anthropologie sociale (CNRS). Elle a travaillé sur les comportements sexuels face à l'épidémie du sida et sur la prostitution. Elle préside l'association Femmes de droits-Droits des femmes, destinée à promouvoir les droits des prostituées.

## « Le tapin sur la voie publique est sans doute condamné à disparaître »

**Quelles sont à ce jour les conséquences sanitaires et humaines de ce double mouvement d'exode et de renfermement des formes traditionnelles de la prostitution de rue ?**

L'une des conséquences majeures de ce double mouvement est l'abandon du préservatif, jadis systématiquement utilisé, et ce pour plusieurs raisons. Les policiers ont, dès 2003, pris l'habitude de fouiller les sacs et de confisquer les préservatifs (certains les revendaient même 1,50 € pièce à la femme interpellée), ainsi que les médicaments de femmes sous trithérapie. Certaines immigrées refusent désormais de prendre les préservatifs que leur proposent les associations de prévention, parce qu'en détenir constitue aux yeux des policiers une preuve qu'elles se prostituent. D'autres acceptent maintenant des relations non protégées, même lorsque le tarif de la passe reste bas, tant les clients se font rares (au début, ils proposaient des tarifs jusqu'à dix fois plus élevés pour obtenir une relation non protégée, dans la rue comme en appartement). Pour celles qui travaillent dans la rue, le harcèlement policier entraîne un tel stress (elles disent aller travailler avec la peur au ventre), qu'elles sont presque toutes sous médicaments (antiulcère, anxiolytiques...) ; plusieurs ont recours à des psys, développent des maladies de peau. Nous avons constaté le déclenchement de cancers, dont certains mortels, depuis le début de la répression. La violence physique a beaucoup augmenté de la part d'agresseurs mais aussi de clients sachant les prostituées plus vulnérables : les viols, sans vol d'argent, se multiplient y compris sur des femmes âgées de plus de cinquante-cinq ans, là aussi en appartement comme dans la rue. Par ailleurs, celles qui se sont mises à travailler en appartement rencontrent des difficultés avec leurs propriétaires qui, lorsqu'ils l'apprennent, craignent de tomber pour proxénétisme.

Par ailleurs, l'isolement des femmes obligées d'aller travailler loin ou à des heures plus tardives de la nuit, ainsi que l'arbitraire des policiers qui n'expliquent jamais pourquoi ils interpellent X et pas Y ont brisé la solidarité qui existait entre elles lorsqu'elles étaient plusieurs à travailler au même endroit et ont détérioré leur vie sociale et familiale : ainsi, elles n'osent plus prendre de rendez-vous, de peur d'être placées en garde à vue et de ne pouvoir s'y rendre, et doivent prévoir, lorsqu'elles ont des enfants, quelqu'un qui puisse aller les garder au pied levé.

**Entre la figure de l'« esclave de la traite » et celle d'une « travailleuse immigrée du sexe », ne peut-on nuancer le panorama de cette prostitution aujourd'hui majoritaire, celle desdites « étrangères » ? Les profils ne sont-ils pas plus hétérogènes ?**

L'arrivée des étrangères a donné lieu à nombre de fantasmes sur les réseaux mafieux, dans les médias en particulier, mais aussi et surtout parmi les abolitionnistes. Il semble pourtant que ces réseaux, s'ils existent bien, ne soient pas si nombreux ni toujours si violents qu'on l'a dit. Il s'agit le plus souvent de réseaux de passeurs et non de proxénètes. Une fois remboursées leurs dettes de passage, les femmes sont libres et travaillent pour elles-mêmes. C'est le cas, notamment des Chinoises originaires du nord de la Chine qui se prostituent faute de trouver un emploi dignement rémunéré. Parmi les Russes, certaines possèdent un bac + 4, mais ne peuvent trouver d'emploi chez elles sans apporter l'argent de confortables pots-de-vin. Elles décident donc de se prostituer le temps d'amasser la somme nécessaire. D'autres, ce fut le cas de plusieurs Albanaises au capital scolaire moins élevé, ont été trompées par un « fiancé » qui les a mises sur le trottoir, parfois après leur avoir fait un enfant. Lorsqu'elles ont compris qu'elles n'étaient pas la « fiancée unique » de leur amoureux, elles l'ont soit dénoncé, soit abandonné en allant s'installer loin du lieu où elles avaient été conduites, afin de travailler pour leur propre compte, et de continuer à envoyer de l'argent à leur famille. Il en va de même pour les Africaines qui, pour la plupart, ne sont pas tenues par les rituels « vaudous » dont se repaissent les médias.

**La chasse aux prostitué(e)s sans-papiers et l'effacement des signes extérieurs du tapin dans des centres-ville embourgeoisés font partie d'une politique ultra-sécuritaire d'ensemble. Comment ce dogme de la « tolérance zéro » a pu s'articuler avec un certain lobbying féministe, partisan de la prohibition pure et simple ?**

Dans l'espace, même les parallèles finissent par se rencontrer... Il en va de même dans l'espace social. La xénophobie, fort répandue en France, se cache moins depuis que les générations qui ont connu la guerre et n'osaient plus se dire racistes, disparaissent. Les féministes, comme le reste de la population, sont soumises à un fort matraquage médiatique anti-immigration. Dans une période économique incertaine, l'étranger fait peur et le repousser sécurise. S'ajoute à cela le fait que l'une des injures qu'on adresse le plus souvent aux femmes est « putain ». Pour conserver un sentiment de supériorité, les féministes prohibitionnistes stigmatisent les véritables prostituées. Elles les considèrent soit comme des esclaves, soit comme victimes d'aliénation lorsqu'elles revendiquent leur choix et leur liberté. Le seul moyen, pour ces femmes vertueuses, de ne pas se sentir en contradiction avec leur combat féministe, est de faire disparaître l'« ennemie ». C'est pourquoi la « tolérance zéro » de Nicolas Sarkozy et le prohibitionnisme peuvent se rejoindre. Les prohibitionnistes n'ont donc rien fait pour empêcher le vote de la LSI. Mais en ce mois de mai 2006 où il est de bon ton de se démarquer du ministre de l'Intérieur, elles condescendent à critiquer les effets de la loi.

**Dans un tel contexte répressif, le libre tapin sur la voie publique n'est-il pas condamné à disparaître, au bénéfice d'une conception, plus normalisée commercialement, du service sexuel à la personne par le biais d'Internet ? Dès lors, comment imaginer une législation qui encadrerait l'activité prostitutionnelle, selon cette double exigence issue du renouveau militant des travailleur(e)s du sexe : « Ni victime ni coupable » ?**

Le tapin sur la voie publique est sans doute condamné à disparaître, mais Internet (qui fait fleurir les proxénètes) n'est pas le seul moyen de recruter des clients. Si les femmes obtiennent le statut de travailleuses indépendantes, pour lequel elles se mobilisent aujourd'hui, elles pourront travailler en appartement grâce surtout au téléphone.

Un tel statut leur reconnaîtrait les droits sociaux de tout travailleur, moyennant bien sûr l'assujettissement à l'impôt (auquel elles sont déjà soumises). Elles auraient le droit de travailler à plusieurs dans un même appartement sans tomber pour proxénétisme aggravé. Elles ne tiennent pas à l'ouverture d'*eros centers* car elles redoutent le salariat. Un tel statut suppose la révision des articles du Code pénal afférents au proxénétisme, dont la définition actuelle, extrêmement large, les empêche de rémunérer quelque personne que ce soit.

## Pour aller plus loin

GIL Françoise, *La Prostitution de rue à Paris*. Rapport remis à *Ensemble contre le sida* (Sidaction), juillet 2004.

GIL Françoise, « De la prostitution… », *Gradhiva*, n° 33, 2003, p. 111.

GUILLEMAUT Françoise, *Les Femmes migrantes dans l'étau des politiques publiques en Europe*, Communication aux Journées de rencontres internationales *Mobilités au féminin*, Tanger, 16 novembre 2005. Disponible sur www.cabiria.asso.fr

HANDMAN Marie-Elisabeth et MOSSUZ-LAVAU Janine, (dir.), *La Prostitution à Paris*, La Martinière, Paris, 2005.

PHETERSON Gail, *Le Prisme de la prostitution*, L'Harmattan, Paris, 2001.

TABET Paola, *La Grande Arnaque : sexualité des femmes et échanges économico-sexuels*, L'Harmattan, Paris, 2005.

◊ **Yves Pagès.**

# Rénovés

Comment déloger des habitants pour leur bien, malgré eux

**D**ans les villes où la rénovation urbaine est bien entamée, il n'y a pas eu d'émeutes [1]. » Après les émeutes de l'automne 2005, le ministre de l'Emploi, de la Cohésion sociale et du Logement, Jean-Louis Borloo, crut pouvoir célébrer les vertus pacificatrices de sa politique de rénovation urbaine, énorme chantier de démolitions, reconstructions et réhabilitations de logements sociaux. Entamé en 2003, centralisé par l'ANRU (Agence nationale de rénovation urbaine), le programme doit courir jusqu'en 2013. À terme, il devrait toucher près de 3 millions de personnes, remodeler 400 quartiers, et coûter au moins 21,5 milliards d'euros.

Pourtant, le chercheur Hugues Lagrange livre l'observation suivante : « Quand on examine la localisation des 62 premières conventions ANRU qui ont été signées en juillet 2005, sachant que 67 autres projets ont fait l'objet de conventions ultérieurement, on réalise que de nombreuses communes impliquées dans ces conventions ont été touchées par les violences urbaines au mois de novembre [2005] [...]. Les

---

1  *Le Figaro*, 9 mars 2006.

premières dispositions prises par l'ANRU ont contribué à accroître la vulnérabilité de la population des ménages les plus précaires de ces quartiers d'habitat social [2]. »

Dans un rapport commandé par le comité d'évaluation et de suivi de l'ANRU, les sociologues Jacques Donzelot et Renaud Epstein notent que pour les villes – Montfermeil, Reims, Nantes et Dijon – dont ils ont étudié la manière d'impliquer leurs habitants dans la conception du projet de rénovation urbaine, « force est de constater qu'en aucun cas, on ne trouve une participation digne de ce nom [3] ». Information remontée jusqu'à l'agence à diverses reprises par d'autres biais, mais restée sans effet. Il est vrai qu'accorder la présidence du comité de suivi de l'ANRU à Yazid Sabeg, homme d'affaires proche de Claude Bébéar, de Philippe Douste-Blazy et... de Jean-Louis Borloo, n'est pas la meilleure garantie d'indépendance.

Le pilier de la rénovation urbaine, c'est le principe très consensuel de mixité sociale, qui considère que la concentration sur un même quartier de populations en difficulté produit des effets socialement destructeurs. Seules quelques voix très minoritaires l'accusent de masquer une volonté d'« épuration sociale » en autorisant les maires à gérer des « quotas de pauvres » sur leur commune en fonction de seuils de tolérance supposés. C'est pourtant bien ce qui est reproché par certains à l'ANRU aujourd'hui.

En 2006, il est encore trop tôt pour tirer le bilan de la rénovation urbaine, et juger de ses effets involontaires en matière d'éviction sociale et de relégation. S'ils ne sont pas systématiques, il existe néanmoins déjà quelques indices inquiétants : dégradation des quartiers concernés, dégradation de la qualité de vie des habitants relogés, pression exercée sur les locataires, campagnes de stigmatisation des populations de certains quartiers vulnérables... autant d'éléments qui créent frustrations et sentiments d'humiliation chez certains locataires délogés de chez eux pour leur bien mais malgré eux.

---

2   Hugues Lagrange et Marco Oberti (sous la dir.), *Émeutes urbaines et protestations : une singularité française*, Presses de Sciences-Po, Paris, 2006.

3   CEDOV, *Rénovation urbaine et implication des habitants : notes pour un état des lieux et propositions pour une méthode future*, janvier 2006.

Rénovés

## ▓▓▓▓▓ À Mantes-la-Jolie, reloger pour redorer l'image de la ville

C'est dommage parce que depuis le salon la vue est belle : on aperçoit la place du marché du Val-Fourré avec ses étals de fruits et, au loin, le relief du Vexin, jolie vague verte ondulant sous l'horizon. Tout un monde qui peu à peu s'éloigne de Dado M'Bodji, perchée au septième étage de sa tour du quartier des Écrivains, à moitié recluse depuis que l'ascenseur a cessé de fonctionner. Deux sorties réglementaires par semaine – une pour les courses, une pour le kiné – mais, pour le reste, c'est quand sa lombalgie chronique le lui permet. Presque plus personne ne vient la voir car, la plupart du temps, c'est dans le noir qu'il faut gravir les étages, imprégnés d'une suffocante odeur d'urine. M. Sidibé, retraité, locataire du huitième étage, soixante-dix ans passés, s'arrête à chaque palier pour reprendre son souffle. Pas de chauffage l'hiver, et plus de réparations : le Logement Français, le bailleur, n'entretient plus le bâtiment, programmé pour la démolition dans le cadre de la rénovation urbaine.

En 2004, une représentante du Logement Français est bien passée enregistrer les vœux des habitants. Veuve et mère de quatre enfants, Mme M'Bodji demande un F4 spacieux pour ses meubles, pas plus haut qu'un troisième étage en raison de ses problèmes de santé. Quelques mois plus tard, deux propositions arrivent par lettre : un quatrième étage plus petit que son actuel appartement – deux pièces de 45 mètres carrés selon son avocat – et un neuvième étage dans une tour dont certains habitants ont déjà appris qu'elle devait être détruite. Elle refuse. Ensuite, plus rien. Sauf un bâtiment qui se décompose, se refermant un peu plus sur elle à chaque nouvelle dégradation. En 2005, un courrier du bailleur prenant acte de son refus de leurs propositions la fait automatiquement basculer tout en bas de la pile des demandes de relogement, sans plus d'espoir d'avoir voix au chapitre. En attendant qu'advienne quelque chose, elle dépose en silence ses loyers à la Caisse des dépôts et consignation. Un procès est en cours, pour réparation de la perte de la jouissance des équipements de l'immeuble ainsi que pour exiger une offre « réelle » de relogement. Le bailleur se retranche derrière la procédure et refuse de commenter la situation. Usée par l'attente, honteuse de ce qui arrive à sa famille, Mme M'Bodji refuse de s'adresser directement à la journaliste qui lui rend visite, et regarde, impassible, son fils aîné raconter leurs déconvenues.

Au Val-Fourré parfois plus qu'ailleurs, la rénovation urbaine a brutalisé des personnes socialement vulnérables, traitées sans considération comme les variables d'ajustement de spectaculaires projets de réaménagement urbain. Une violence presque indécelable, indéchiffrable, occultée par les chiffres astronomiques, les acronymes intimidants (ANRU, ZUS, OIN, GPV, etc.), la complexité des mille-feuilles juridiques, l'isolement des familles, la méconnaissance de leurs droits, et le discours des acteurs, persuadés des effets bénéfiques du processus. Force est de constater que tous les habitants ne pâtissent pas de cette politique. À chaque démolition de barres, les journaux regorgent ainsi de témoignages de locataires satisfaits de leurs nouvelles conditions de vie. La rénovation urbaine est avant tout pensée comme un moyen d'améliorer leur existence.

Terrain d'émeutes en 1991, suite à la mort de Youssef Khaif, tué d'une balle dans la nuque par un policier, le Val-Fourré, 23 000 habitants, reçoit depuis le début des années 1980 une attention particulière des pouvoirs publics. Les démolitions y ont commencé dès 1992, touchant jusqu'à 750 logements entre 2000 et 2004. En août 2003, la loi Borloo d'orientation et de programmation pour la ville et la rénovation urbaine, crée un guichet unique, l'ANRU, désormais chargé de piloter à l'échelle nationale les projets de réhabilitation des quartiers en difficultés. Il s'agit, au nom de la mixité sociale, d'organiser la démolition et la reconstruction de la partie la plus dégradée du parc HLM mais de manière à permettre une diversification de la population des quartiers dits « sensibles ». Alors qu'on démolit majoritairement des habitations à faibles loyers, on reconstruit surtout des habitations à loyers modérés et intermédiaires. Le renouvellement du parc passe aussi par des opérations d'accession à la propriété.

Jusqu'en 2013, et pour un montant de 21,5 milliards d'euros entre 2006 et 2011, le programme de rénovation urbaine se donne pour objectifs d'intégrer la réhabilitation et la « résidentialisation[4] » de 400 000 logements locatifs sociaux, la démolition et la reconstruction de 250 000 unités.

Le 10 juin 2005, la ville de Mantes-la-Jolie signe une convention avec l'ANRU, pour un montant de 260 millions d'euros. Elle prévoit de démolir 1 149 logements d'ici 2008, dont 904 au Val-Fourré et 246 à Mantes-la-Ville, municipalité mitoyenne et membre de la communauté d'agglomération. L'objectif est de faire passer le Val-Fourré de 85 % de logements sociaux à 82 %. L'ANRU accorde ses financements selon des critères plus ou moins précis : la cohérence du projet, sa faisabilité, sa capacité à

---

4    Pose de clôtures autour des immeubles agrandissant leurs espaces privatifs, censée permettre une meilleure tenue des lieux.

diversifier socialement le quartier et à améliorer ses équipements publics, la concertation avec les habitants et surtout le respect de la règle du « un pour un » : pour un logement social abattu, un autre doit être reconstruit, condition indispensable garantissant que les mairies ne profiteront pas de l'ANRU pour exiler hors de leurs territoires leurs habitants les plus nécessiteux.

Première surprise à la lecture de la convention signée par la municipalité de Mantes-la-Jolie : seuls 23 PLUS (prêts locatifs à usage social) et 22 PLUS-CD (prêts locatifs à usage social construction-démolition) sont programmés à la reconstruction, ainsi que 113 logements « contribuant à la diversité de l'habitat », alors que plus de 900 logements doivent disparaître. Dans le quartier des Écrivains, à la place de la tour qu'habite Mme M'Bodji, 7 000 mètres carrés de logements privés [5] doivent être érigés.

La convention reconnaît que seuls 10 % des logements démolis seront reconstruits sur les sites concernés par des opérations de renouvellement urbain (au Val-Fourré et à Mantes-la-Ville), mais que le reste devra l'être sur l'agglomération et ailleurs dans le département. Mais où exactement ? Impossible de le savoir car la convention a été signée et l'argent engagé sans cette information. Le document se contente d'indiquer que « des précisions devront être apportées sur la localisation des 140 reconstructions sur l'agglomération, sur la localisation de 307 reconstructions sur le département des Yvelines » : ce qui constitue 447 logements sociaux perdus dans la nature ou presque. Car comment s'assurer que ces logements ont bien été construits si l'on ne sait même pas où ils étaient supposés l'être ?

En réalité, la convention ANRU de Mantes-la-Jolie contient une grosse erreur : contrairement à ce qui y est affirmé, la ville ne respectera pas la règle du « un pour un ». Dominique Braye, président de la CAMY (Communauté d'agglomération de Mantes-en-Yvelines) et sénateur des Yvelines – c'est lui qui, en avril 2006, a rapporté au Sénat l'amendement allégeant la contrainte de la loi solidarité et renouvellement urbain (SRU), en intégrant dans le calcul du taux de 20 % [6] de logements sociaux obligatoires les logements en accession à la propriété – l'a reconnue dans le rapport d'étape du PLHI (Programme local de l'habitat intercommunal du Mantois) :

5   *Le Projet de rénovation urbaine du Mantois 2005-2008*, convention avec l'ANRU.
6   L'amendement a été rejeté.

> « En ce qui concerne le projet de rénovation urbaine, je tiens à souligner la par-
> ticularité de ce programme qui consiste à démolir 1 149 logements et à en
> reconstruire 784 dans notre agglomération [soit un déficit de 365, presque un
> tiers du total des démolitions] [...] L'État nous a permis de déroger à la règle du
> "un pour un" [7]. »

Certaines municipalités ont ainsi droit à un traitement de faveur, et reçoivent, en violation complète de l'un des principes fondateurs – et constamment affiché – de l'ANRU, l'autorisation de démolir davantage qu'elles ne reconstruisent.

Alors, mixité sociale ou « écrémage » des habitants ? Dans le même document, un schéma illustrant le « processus de paupérisation du Val-Fourré » dessine un lien de causalité directe entre la « spécialisation du Mantois en territoire d'accueil des personnes en difficulté » et l'item final, tracé en grosses lettres : « dégradation progressive de l'image ». De quoi alimenter les inquiétudes de ceux qui voient derrière cette rénovation urbaine une volonté d'« épuration sociale ».

Le conseil municipal du 30 janvier 2006 a été perturbé par des propos ouvertement racistes tenus dans le public, comme le rapporte Joël Mariojous, conseiller DECIL (Démocratie citoyenneté locale, apolitique) :

> « "On ne va pas mettre des bougnoules dans les logements sociaux du centre-
> ville !", "De toute façon, qu'est-ce que c'est que ces gens-là, c'est des rats !",
> "Fais pas attention à cette race-là." »

Ali El-Manani, habitant de Mantes-la-Jolie et membre de la coordination contre la démolition des quartiers populaires, sort alors de la salle en signe de protestation. Et s'entend traiter de « sale Arabe » par une militante connue de l'UMP locale, qui s'excuse ensuite par lettre. Lors d'une réunion publique sur le plan local d'urbanisme, au gymnase Danton en 2004, Pierre Bédier, alors conseiller général, avait déclaré que le Val-Fourré, c'est le « quart-monde ».

Depuis 2005, le maire de Mantes-la-Jolie, c'est Michel Vialey, mais l'homme fort du coin, reste son prédécesseur, Pierre Bédier, surnommé le « Kennedy du 78 », maire de 1995 à 2002, président du conseil général, député, président du conseil d'administration d'EPAMSA – l'opérateur de la rénovation urbaine à Mantes-la-Jolie –, ancien président de l'OPIEVOY (Opac interdépartemental de l'Essonne, du Val-d'Oise et des Yvelines), et ancien secrétaire d'État aux projets immobiliers de la justice, démission-naire de son poste après sa triple mise en examen (corruption passive,

---

7   *Document d'évaluation à mi-parcours du programme d'actions du PLHI*, 20 mai 2005, p. 42.

Rénovés

recel d'abus de biens sociaux, favoritisme) dans une affaire de marché public truqué.

En tant que président d'EPAMSA, il est chargé de la réalisation de l'OIN (opération d'intérêt national) Seine-Aval programmée pour les trente ans à venir. Dans les années 1960, les OIN ont permis la construction des villes nouvelles. Réalisation de logements, d'infrastructures routières et ferroviaires, ouverture d'une université, d'un parc de 30 hectares, d'espaces de bureaux, évocation d'un métro de Mantes : il veut faire de la vallée de la Seine un pôle économique et résidentiel entre la Normandie et le quartier d'affaires de la Défense. Dans la bouche de Pierre Bédier, cela donne :

> « La Vallée de Seine a connu les "Trente Glorieuses", de 1945 à 1975. Ensuite, nous avons eu les "Trente Patouilleuses", de 1975 à 2005, avec la désindustrialisation, les violences, la crise des banlieues... Il est temps de passer aux "Trente Heureuses". On doit faire monter la Vallée de Seine dans le bon train [8]. »

C'est dire si les maires des environs ont un urgent besoin de se défaire du stigmate qui pèse sur certains quartiers et de revaloriser ainsi leur territoire pour y attirer les entreprises et les classes moyennes.

## ▰▰▰▰ À Poissy et Sartrouville, la pression remplace la concertation

Au sud du département, à Poissy, siège des usines Peugeot, le maire, Jacques Masdeu-Arus (UMP, mis en examen dans la même affaire financière que Pierre Bédier) nourrit lui aussi des rêves de grandeur : chez lui, cela passe par l'ouverture entre la N13 et l'A13, d'un immense centre commercial de 80 000 mètres carrés, pouvant accueillir 35 000 visiteurs par jour, en partie dédié aux loisirs avec un hôtel et même un lac : les « Terrasses de Poncy ». Dans le plus grand secret, le groupe Beg a déjà rendu un projet d'aménagement du site. Problème : l'emplacement choisi par la municipalité se trouve juste en face de la Coudraie, ensemble de 608 logements sociaux où vivent toujours 180 familles, logées par France Habitat.

En mars 2004, l'édile annonce son souhait de raser la cité pour y faire construire des maisons de ville et des petits immeubles. Il invite les locataires à se faire connaître de la cellule de relogement. Absence de

---

8    Interview au *Courrier de Mantes*, 18 janvier 2006.

concertation avec les occupants et reconstructions insuffisantes : l'ANRU refuse le projet en juillet 2005. Mais, en janvier 2005, le maire a déjà signé un permis de démolir. L'association des locataires dépose un recours au tribunal administratif de Versailles. Depuis, les habitants réclament une opération « tiroir » les regroupant dans un ou deux immeubles, sur le site, le temps des premières démolitions et reconstructions sur place.

En mai 2006, coup de théâtre : le maire annonce vouloir faire construire sur le site de la Coudraie un hôpital, proposition socialement plus acceptable que le centre commercial, vécu par les habitants comme un nouveau coup bas :

> « On a l'impression d'avoir supporté le pire, et que le meilleur ça sera pour les autres, explique Gulcicek, une ancienne habitante très impliquée dans le collectif contre la démolition des quartiers populaires. Tant qu'on habite sur le site, il n'est pas valorisé. Mais, une fois que le maire nous aura viré, il veut en faire une perle. On a vraiment un sentiment d'injustice. »

Dalia, employée de maison, habite la Coudraie depuis quatre ans :

> « On m'a proposé deux relogements : un aux Mureaux, où c'est encore plus dur qu'ici, et un à Mantes, trop loin de mon travail. Notre problème ici, c'est que tout est laissé à l'abandon. J'habite au huitième étage, j'ai un petit garçon. Ce week-end encore, nous n'avons pas eu d'ascenseur. Le soir de Noël, coupure d'électricité. Les ordures ne sont ramassées qu'une fois par mois. J'ai même vu un rat. Ça devient un ghetto. »

Déjà mal entretenu, le quartier s'est encore plus dégradé depuis l'annonce de la démolition : les aires de jeux des enfants ont été retirées, les barrières de sécurité enlevées, les caves supprimées, et les espaces verts laissés à l'abandon. Les habitants y voient un moyen de faire pression sur eux et de les obliger à partir.

À Sartrouville, deuxième plus grande ville des Yvelines après Versailles, deux cités HLM côtoient résidences privées et pavillons : les Grands Chemins, bordant l'ancien boulevard Lénine débaptisé, et les Indes, classée zone urbaine sensible. Dans le cadre du projet conventionné par l'ANRU le 15 mars 2006, 523 logements doivent y être démolis. Le coût total de l'opération s'élève à 182 millions d'euros, dont 19 millions d'euros pour les seules démolitions [9]. Elle devrait se solder par la perte nette de 233 logements sociaux sur la ville. En effet le maire (UMP) Pierre Fond a annoncé que les logements détruits sur les Indes devraient

---

[9]  Dossier financier de la mairie de Sartrouville transmis à l'ANRU pour la réunion du comité national d'engagement du 27 octobre 2005.

être « reconstruits en majorité sur d'autres communes. Sartrouville compte 30 % de logements sociaux, selon les calculs de l'État, alors que la loi fixe un objectif de 20 %. Cette opération permettra ainsi de mieux répartir l'offre de logements sociaux et d'éviter de les concentrer sur une seule commune [10]. » Pour l'instant, aucune reconstruction n'est annoncée sur le site. Pour le relogement des habitants, le maire compte donc sur les villes voisines de Montesson et Chatou [11]. Mais Christian Murez, maire (UMP) de Chatou, s'est empressé de s'y opposer :

> « Le maire de Sartrouville s'est beaucoup avancé. Nous n'avons rien arrêté du tout. [...] Et même si nous étions d'accord, où allons nous mettre ces logements sur Chatou ? Nous n'avons plus de place disponible [12]. »

En juin 2006, une habitante des Indes dont le bâtiment va être abattu s'inquiète : elle a visité et accepté un appartement au Pecq, riche commune voisine, mais la mairie a refusé son dossier car elle est en congé parental, insuffisante garantie à leurs yeux de sa solvabilité. Où vont pouvoir se reloger les expulsés des Indes ?

Yasmina Kheladi, quarante-deux ans, habite au deuxième étage de l'une des trois tours à démolir. Son appartement est spacieux et en parfait état. En effet, en 1998, les tours 14, 15 et 16 ont été entièrement réhabilitées. Électricité, plomberie, carrelages, portes blindées, interphones, boîtes aux lettres, doubles vitrages, bancs devant l'entrée du bâtiment... les travaux d'une ampleur considérable – 16 bâtiments, espaces verts, voiries –, engagés à partir de 1991, ont coûté près de 55 millions d'euros [13] et ne se sont achevés, avec la réfection des garages en sous-sol, qu'en mars 2005.

Pour son projet de rénovation urbaine, le maire a organisé en guise de concertation une réunion d'information en septembre 2005 à 20 h 30 au théâtre Gérard-Philippe, en centre-ville. Mais les transports en commun vers le plateau s'interrompant à 21 heures, tous ceux qui n'avaient pas de voiture n'ont pu faire le déplacement. Ceux qui y assistèrent se souviennent de la mise en garde de l'édile :

> « Réfléchissez bien : si vous refusez mon projet, la ville perdra 180 millions d'euros. »

---

10 *Sartrouville*, supplément ANRU du journal municipal, juin 2006.
11 *Le Courrier des Yvelines*, 30 mars 2005.
12 *Ibid.*, 20 avril 2005.
13 *Le Parisien*, 2 décembre 1993.

Zora Belhadj est l'une des premières habitantes des tours à avoir été relogées. Elle habite désormais à quelques dizaines de mètres de son ancien appartement, dans un logement plus petit, en rez-de-chaussée. Elle n'en est pas satisfaite (« C'est sale, j'ai vu des rats »), mais c'est son mari, titulaire du bail, qui a fait la visite. Une voisine :

> « Il m'a dit qu'il avait eu tellement peur de quitter les Indes et de se retrouver dans une ville qu'il ne connaissait pas qu'il a accepté le premier logement qu'on lui proposait. » Il a soixante et onze ans et habite le quartier depuis quarante ans.

Location de camions, de main-d'œuvre... les frais des rénovés sont pris en charge par leurs bailleurs. Mais les sociétés auxquelles ils ont recours ont mauvaise presse depuis que quatre déménageurs ont été arrêtés par la police en flagrant délit de vol. Alors certains locataires transfèrent eux-mêmes leurs biens, carton par carton, pour ralentir au maximum la procédure, en signe de résistance pacifique.

Selon l'ancien préfet des Yvelines, Bernard Niquet [14], il faudrait construire 6 000 logements par an, opérations de démolitions-reconstructions non comprises pour répondre aux besoins du département. Les démolitions de Sartrouville ne peuvent donc qu'aggraver encore la pénurie.

## Asnières, Gennevilliers :
### « Ils veulent nous mettre dans des cages à lapins »

Dans le département voisin des Hauts-de-Seine, à Asnières, une barre bleue surplombe un terrain de sport et un Mac Donald's, séparée par un carrefour routier d'un essaim de barres similaires. En 2008, le métro doit arriver jusqu'au bâtiment des Gentianes, alors qu'aujourd'hui, il faut un bus et quinze minutes de trajet sans embouteillages pour rallier la station. La mairie a annoncé aux habitants que leur immeuble serait démoli pour laisser la place à un nouveau quartier. Le dossier est en cours de traitement à l'ANRU. Sofiane ne décolère pas :

> « Ici, ça va devenir un nouveau quartier, avec transports, mais sans nous ! Ils veulent faire venir ceux d'Asnières-centre ici, mais ils ne veulent pas de nous au centre. »

---

14 *Le Courrier de Mantes*, 29 juin 2005.

Rénovés

Son père habite la barre depuis vingt ans. Il vient de recevoir une proposition pour un F4 à 750 euros par mois, alors qu'il paie aujourd'hui 500 euros :

> « Dans une autre cité, et dans un bâtiment d'au moins douze étages alors qu'il a précisé qu'il ne voulait pas habiter en tour. »

M. Ali, réfugié algérien avec son épouse et ses enfants, en recherche d'emploi, s'inquiète :

> « Quand mon épouse est arrivée, elle ne parlait pas français. Depuis que nous sommes ici, elle connaît des gens. Si vous la retirez de là, elle est perdue. On nous éloigne de toute commodité. On est des moins que rien. »

Enfoncé sur sa chaise, un adolescent observe et ne dit rien. Son père reprend :

> « Mon fils m'a dit que si on partait d'ici, il retournait en Algérie. Ici on a trouvé des amis, des familles magnifiques. Il veut rester dans ce milieu. S'ils me bougent de là, ils me détruisent pour la vie. »

Sur la table du salon, le dossier « relogement mode d'emploi » envoyé par l'OPDH (office HLM des Hauts-de-Seine) est griffé du logo de l'ANRU alors que le projet n'a pas encore été conventionné.

M. et Mme Grandclaudon habitent les Gentianes depuis trente ans. Ils se souviennent d'une visite du maire, Manuel Aeschlimann (UMP), de son soutien d'alors au projet de réhabilitation, et de sa promesse de ne pas démolir. Il est retraité, elle arrêtera de travailler dans trois ans. Leurs enfants sont partis : pour leur relogement, ils n'auront donc plus droit au spacieux F5 qu'ils occupent actuellement :

> « Ils veulent nous mettre dans des cages à lapins. Et nos meubles ? J'ai un buffet normand, une bibliothèque. La maire adjointe au logement nous a dit qu'on n'avait qu'à les vendre. Mais ce sont des meubles de famille ! »

Comme dans les autres bâtiments voués à la démolition, les logements vidés sont aussitôt murés, pour empêcher l'installation de squatters ; leurs canalisations sont aussi brisées. Résultat : « On est rentré de vacances, les chiottes étaient pleines, ça débordait. » En décembre 2004, 258 familles (sur un total de 317) ont signé une lettre de pétition s'opposant à la démolition.

Gennevilliers a signé sa convention ANRU le 5 mai 2006 (destruction de 317 logements sociaux dans la cité des 3F, surnommée la « Cité rouge » en raison de ses briques, et reconstruction dans le quartier). Contrairement à ce qui s'est passé au Val-Fourré, le maire de Gennevilliers, Jacques

Bourgoin (PCF) veut reconstruire avant de démolir. Mais beaucoup ont perdu toute confiance en lui durant l'été 2004 : la ville organise alors un référendum local sur la « poursuite de la rénovation du quartier[15] », en faisant voter non seulement les locataires mais aussi leurs voisins, occupant des pavillons qui entourent la cité, dont une partie nourrissent un sentiment de méfiance vis-à-vis des 3F. La mairie refuse l'ouverture d'un bureau de vote propre à la cité. Et distribue, en guise de matériel de campagne, des tracts où sont reproduits des témoignages d'habitants soigneusement choisis :

« "Je suis pour la démolition. Les grands ensembles c'est très moche et très sale", "J'ai toujours entendu dire que la situation d'insécurité était très grave", "Les 3F étaient une plaque tournante du commerce de la drogue", "Il y a beaucoup de nuisance, de trafic de drogue. J'ai une amie qui habite les 3F et le soir on a peur en sortant du métro". »

Sur 3 000 inscrits, 1 000 ont voté : 56 % pour, 44 % contre.

Un dépliant publicitaire municipal présente une photo de parc, un cavalier sautant un obstacle, un petit voilier navigant au soleil couchant, un joueur de golf sur un green, accompagnée de la légende suivante : « Bagatelle ? Chantilly ? Enghien ? Saint-Cloud ?... Gennevilliers ! » La ville compte pourtant 60 % de logements sociaux :

« Il y a un mouvement d'ascension sociale du quartier et on fait tache », commente Haiat Hammadi, locataire.

Face à cette remontée de mécontentements, la région Île-de-France, présidée par le socialiste Jean-Paul Huchon, a annoncé en juin 2006 qu'elle bloquait les crédits demandés par l'ANRU tant qu'elle n'obtenait pas la possibilité d'examiner en profondeur les dossiers à financer.

## Au siège de l'ANRU

« Faites attention, M. Van de Maele : va y avoir des morts. On va prendre les armes si ça continue. »

Ambiance tendue au siège de l'ANRU, le 25 avril 2006. Philippe Van de Maele, directeur général de l'agence, ancien directeur adjoint du cabinet de Jean-Louis Borloo, reçoit le collectif contre les démolitions des quartiers populaires. Ordre du jour : présentation de la charte de conduite de

15 « Êtes-vous d'accord sur la nouvelle étape d'aménagement du quartier des Grésillons permettant la restructuration urbaine de la cité des 3F ? »

concertation que ses services ont préparée à l'intention des préfets. Mais les locataires ne veulent même pas en entendre parler, et bombardent le directeur de récits des dysfonctionnements de sa rénovation urbaine. Aux murs, des photos grand format de destructions de barres et de tours :

« Eh, ce sont des photos des États-Unis ? C'est le 11 septembre ? »

Daniel Vitter, un habitant des Mureaux (Yvelines) a apporté une pétition signée par les soixante locataires dont les logements doivent être démolis. Il cite le cas d'un locataire qui a reçu une proposition de relogement, pour un loyer de 300 euros plus élevé. Réponse de Philippe Van de Maele :

« – Je ne connais pas le dossier des Mureaux. »

Jean-Marie Asseray, de Gennevilliers, enchaîne :

« – On vous a vu à la télévision : vous avez dit que les gens étaient heureux des destructions.
Van de Maele : – Oui, il y a des gens qui sont contents.
Asseray : – Ah ouais, où ça ?
Van de Maele : – À Grenoble par exemple.
Asseray : – Eh bien, démolissez-les et pas nous !
Van de Maele : – Écoutez, je ne peux pas aller dans les 500 quartiers pour voir comment ça se passe. Le préfet est là pour ça. Ce qui n'est pas normal, c'est ce qui se passe à Asnières. Pour le reste, je sais que vous n'aimez pas vos maires, mais ils sont élus. C'est la démocratie. Je ne peux rien leur imposer. »

Marie-Antoinette, de Sartrouville, rigole :

« Ils nous prennent pour des billes. »

Malgré leur colère de ne pas avoir été associés aux projets, les habitants du Val-Fourré, de Poissy, de Sartrouville, d'Asnières, de Gennevilliers et des autres quartiers concernés par la rénovation urbaine ont au moins la garantie d'être relogés. Mais, pour d'autres, la situation risque de devenir dramatique. La loi d'airain des mathématiques : détruire des logements sociaux avant de les reconstruire, et reloger en priorité les habitants des bâtiments voués à la démolition, rallonge d'autant le temps d'attente des personnes qui ont déposé une demande de logement social. En 2004, elles étaient 1,3 million. Sachant qu'à ce jour, au moins 200 000 habitations doivent être abattues dans le cadre de l'ANRU, les mal-logés auront-ils jamais accès au logement social ?

Les plus mal lotis des mal-logés disposaient jusqu'ici d'un dernier recours : le « contingent préfectoral », permettant aux représentants de l'État de procéder à des relogements qu'ils pouvaient attribuer à leur guise. Mais un incident récent inquiète les associations : lors d'une réunion au printemps 2006, un préfet francilien, interpellé sur le cas de familles mal logées de son département, a répondu ne pas pouvoir intervenir à cause des contraintes exercées sur le contingent préfectoral par les relogements prioritaires induits par la rénovation urbaine. Son interlocuteur lui demande quel pourcentage de son parc est bloqué de ce fait. « À terme, répond-il, je pense que tout le contingent sera employé par la rénovation urbaine. »

**Entretien avec**

# Renaud Epstein

Sociologue, il a publié « Gouverner à distance. Quand l'État se retire des territoires », *Esprit*, n° 11, 2005.

## L'ANRU, un « gouvernement à distance »

**Pour vous, la politique de rénovation urbaine est le laboratoire d'une nouvelle forme de « gouvernementalité », c'est-à-dire l'art et les techniques de gouverner ?**

L'édification des grands ensembles constitue le meilleur symbole d'un mode de gouvernement centralisé et hiérarchique, triomphant avec les Trente Glorieuses. La politique urbaine du pays était l'affaire d'un ministère, ou plus exactement d'un grand corps (les ingénieurs des Ponts). Face à la crise du logement, la construction massive et rapide de logements sociaux s'imposait. Avec les ZUP (zones à urbaniser en priorité) apparues en 1957, les technocrates ont pu imposer aux élus locaux l'édification de grands ensembles, suivant une trame normalisée à l'échelle nationale.

La solution jugée optimale s'est vite retournée en problème dont le traitement a été renvoyé vers une nouvelle « politique de la ville ». Dans le contexte de la décentralisation, cette politique a posé les bases d'une transformation importante des techniques d'intervention de l'État dans les territoires. Tout au long des années 1980 et 1990, la politique de la ville a développé et diffusé un discours de la méthode mettant en avant la primauté des projets locaux sur les

**Rénovés**

normes nationales, l'approche transversale sur les découpages entre secteurs (logement, social, scolaire...) et appelant à la mobilisation de l'État, des villes, départements et régions autour d'un projet commun. Cette approche s'est rapidement diffusée au-delà de la seule gestion des quartiers populaires, conduisant à une forme de gouvernement négocié des territoires, concrétisé par la multiplication des contrats entre représentants des différents niveaux de pouvoir. L'État n'impose plus, il contractualise. Il revient aux préfets et aux services locaux de l'État de « territorialiser » les normes nationales, c'est-à-dire de négocier leur adaptation pour répondre aux enjeux locaux, mais aussi aux jeux politiques locaux.

La conjonction d'une série de réformes récentes est venue changer la donne. L'Acte II de la décentralisation (2003-2004) a redistribué les tâches entre État et collectivités locales. La LOLF (loi organique aux lois de finances), en 2001 a bouleversé les procédures budgétaires de l'État. Les agences se sont multipliées, suivant le modèle de l'ANRU : Agence nationale pour la cohésion sociale et l'égalité des chances, Agence de l'innovation industrielle, Agence pour le financement des infrastructures de transports, Agence nationale de la recherche... Ces innovations, qui relèvent de la sphère du management, permettent au pouvoir politique de retrouver des petites marges de manœuvre et de rendre visible son action dans un contexte de disette budgétaire. Mais l'innovation managériale, appliquée à la sphère publique, a des effets directs sur les politiques menées. De ce point de vue, le remplacement de la politique de la ville par la rénovation urbaine peut être vu comme la préfiguration d'une transformation radicale.

### S'agit-il d'une évolution vers un modèle néolibéral ?

Oui, en ce qu'elle met en avant les principes d'autonomie et de responsabilité des acteurs. Les promoteurs du néolibéralisme ne se reconnaîtraient cependant pas dans ce mouvement qui n'organise pas la réduction de l'État, mais conduit au contraire à l'extension de son emprise, en tout cas à un renforcement de ses capacités d'action. C'est là un énorme paradoxe.

La loi d'orientation et de programmation pour la ville et la rénovation urbaine du 1er août 2003 fixe des objectifs précis de réduction des écarts entre les 751 ZUS et le reste du territoire, au travers d'une batterie de 65 indicateurs, conformément à l'esprit de la LOLF. Le recours systématique à des indicateurs quantifiant les objectifs et les réalisations de l'État fait de leur définition un enjeu crucial. Mais les élus ne s'en sont pas encore saisis et le risque est donc grand de voir l'offre statistique nationale déterminer les objectifs des politiques locales.

Deuxième volet de la loi : la création de l'ANRU, qui a été défendue au nom de la simplification administrative. L'agence est un guichet unique qui se substitue à la myriade de financeurs que les maires et les bailleurs sociaux devaient solliciter pour intervenir sur un quartier. Cette fragmentation ne facilitait pas la mobilisation d'importantes ressources, mais, pour un élu porteur d'un projet, il était toujours possible de trouver l'argent nécessaire pour le réaliser. Désormais, si l'ANRU refuse votre projet, qu'est-ce que vous pouvez faire ? Rien. Donc vous révisez votre projet pour faire ce que l'ANRU veut ou ce que vous pensez que l'ANRU veut.

**Au risque de créer du contrôle social ?**

La force de cette agence, c'est qu'elle n'a même plus besoin de dire : « Faites ceci car j'en ai décidé ainsi. » L'ANRU ne dit jamais non, elle ne dit jamais : « Voilà ce qu'il faut faire », elle dit : « Révisez votre projet, faites plus ambitieux. » Et tout le monde comprend que cela veut dire d'avantage de démolitions. Les maires et les bailleurs en viennent donc à modifier leurs projets pour se rapprocher de ce qui est attendu d'eux. Pour moi cela relève du « gouvernement à distance » : le pouvoir central n'impose rien, ne négocie rien, mais organise la concurrence entre projets locaux. Le système mis en place par l'ANRU s'inscrit, sur ce plan, dans une logique néolibérale : les maires proposent librement leurs projets, mais en sachant qu'ils ont intérêt se conformer à des exigences définies hors sol s'ils veulent être retenus et obtenir des financements avant qu'il n'y en ait plus. L'accès aux ressources de l'État ne s'opère plus en fonction de critères clairs mais d'une compétition entre projets locaux. Le pilotage par les indicateurs vient prolonger ce système, en permettant aux financeurs de suivre à distance la mise en œuvre des projets. Cette technique de gouvernement est très efficace pour faire intégrer par les pouvoirs locaux les attentes du pouvoir central, beaucoup plus efficace en tout cas que la négociation. Le mécanisme se rapproche du contrôle social, au sens où il organise l'intégration, par des acteurs autonomes, de normes qui guident leur conduite.

Mais la perversité de ce système, c'est qu'il permet au pouvoir central de s'exonérer de ses responsabilités politiques en les renvoyant vers les maires. Les édiles prennent la responsabilité de projets qui transforment radicalement leur ville, alors que ces projets leur sont, d'une certaine façon, imposés. Cela permet au pouvoir central de retrouver une capacité d'action et de la rendre visible (on peut dire combien de bâtiments ont été démolis…), tout en renvoyant les responsabilités d'éventuelles difficultés sur des tiers. Les techniques mises en place avec la rénovation urbaine donnent à voir par anticipation une évolution du mode de gouvernement des territoires, marqué par la compétition et la mise en place de systèmes de suivi en temps réel, qui incitent toujours plus fortement à la conformation des projets locaux à ce qui est attendu par le pouvoir central.

## Pour aller plus loin

**Ouvrages et articles :**

Fondation Abbé-Pierre, *L'État du mal-logement en France*, rapport annuel 2005 et 2006.

Le Garrec Sylvaine, « Le renouvellement urbain. La genèse d'une notion fourre-tout », *Puca Recherche*, n° 60, 2006.

« Le renouvellement urbain dans les quartiers d'habitat social », *Recherche sociale*, n° 176, octobre-décembre 2005.

« Renouvellements urbains », *Les Annales de la recherche urbaine*, n° 97, décembre 2004.

**Film :**

Dominique Cabrera, *Chronique d'une banlieue ordinaire*, 1992.

◇ **Jade Lindgaard.**

# Rmistes

Comment vivre avec 433 euros par mois

**S**ur un petit questionnaire diffusé parmi les participants lors d'une réunion de centaines de Rmistes organisée par le Conseil général du Nord, plus de 80 % d'entre eux ont inscrit, en face de la rubrique « profession » : Rmiste. Comment un revenu devient-il un statut ? Pourquoi une aide sociale devient-elle une condition de vie, au point qu'on a inventé le substantif « érémiste » ? À sa création, en 1988, le RMI, pensé comme une mesure provisoire et d'urgence, concernait 370 000 personnes. Aujourd'hui, il est installé dans le paysage social français, *et* versé à près d'1,2 million d'individus.

Les Rmistes ne sont pas invisibles aux yeux de l'administration. Les visites domiciliaires de contrôle, 350 000 effectuées chaque année par les caisses d'allocations familiales, veillent à lutter contre l'incessant soupçon de fraude. Mais le « deal » classique de l'assistance sociale – moyens de subsistance contre une bonne volonté affichée à travers l'acceptation de « contrats d'insertion », « formations qualifiantes » ou « projets personnalisés » – est, sans doute, en train de connaître un tournant. En effet, pour la première fois, au printemps 2006, le nombre des Rmistes a baissé. On pourrait s'en réjouir et se dire que cette baisse traduit une augmentation des retours à l'emploi. On aurait aussi des raisons de s'inquiéter si elle marque l'accroissement du nombre de personnes qui ont droit à des prestations sociales mais… ne les demandent pas. Paradoxe d'une allocation d'insertion qui imposerait d'être déjà inséré pour y avoir accès ? On sait par exemple que seule une petite minorité des SDF touchent le RMI. Rebutés par la multiplication des pièces à produire, le resserrement des contrôles, la nécessité d'accepter des activités sous-payées et sans débouché, ceux qui sont de plus en plus dissuadés de s'inscrire disparaissent complètement. Une disparition qui présente un intérêt budgétaire, mais qui arme une bombe politique : ces exclus « volontaires » du système de protection sociale peuvent-ils prendre une autre voie que celle de l'économie informelle ou de la marginalisation croissante, parfois jusqu'à la mort ?

## La Saint-Rémi : que mange-t-on avec le RMI ?

Rémi est le seul saint du calendrier fêté douze fois dans l'année, le 6 de chaque mois pour être précis. Dans le quartier populaire de la Goutte d'or, à Paris, le jour de versement du RMI a en effet un surnom : la Saint-Rémi. Ce jour-là, les cafés sont pleins, les commerçants vendent, les frigos se remplissent, les garde-manger retrouvent leur fonction. Samedi 6 mai 2006, la Saint-Rémi est aussi le jour de la Sainte-Prudence, mais on se lâche un peu. Le bureau de poste de la place de l'Assommoir est assailli : une queue d'une quarantaine de personnes à l'intérieur et d'une trentaine pour le distributeur situé à l'extérieur. La plupart viennent chercher les maigres ressources d'un budget souvent épuisé depuis plusieurs jours, voire plusieurs semaines. Oumou vient ainsi de toucher le RMI et se dirige au plus vite vers le marché du boulevard de la Chapelle, en bas de la rue :

> « Je vais acheter de quoi faire des stocks, mais aussi un peu de viande et des fruits pour les enfants. Ça fait deux semaines qu'ils n'ont pas mangé de viande. »

Que mange-t-on, alors, lorsqu'on vit avec un peu plus de 400 euros par mois, soit 100 euros par semaine ? Comment nourrit-on sa famille ? Comment répondre à l'angoisse exprimée par Marie, qui, à quarante-trois ans, élève seule à Bobigny ses trois enfants ?

> « Quand tu te lèves le matin, tu as une hantise de pas savoir si on va pouvoir avoir à bouffer jusqu'au lendemain. Ça, je m'y habituerai jamais. En fringues, on arrivera toujours à s'habiller. Mais la peur de manquer de bouffer, quand tu vois ton frigo et qu'il fait des courants d'air, parce qu'il est vide… Là, tu flippes. »

Tu peux pas dire aux enfants : "Voilà, y a rien." Tu veux même pas trop l'ébruiter, parce qu'au cas où on vienne te dire : "Voilà madame, vous arrivez pas à vous occupez de vos enfants…" Là non… C'est pour ça que je préfère faire des priorités. Faire plaisir aux enfants plutôt que de payer le bailleur. »

Le « choix » de Marie entre nourriture et loyer n'est pas le plus fréquent. Malgré l'importance budgétaire de ce poste pour les pauvres, la plupart des études montrent que les décisions concernant l'alimentation ne sont pas prioritaires en raison d'arbitrages contraints sur d'autres postes : on assure d'abord le loyer, puis le paiement des factures liées au logement (le gaz et l'électricité).

Gaspard est musicien. Il vit du RMI, de l'aide de ses parents et d'un peu de « black » depuis plusieurs années. Ses APL (aides personnalisées au logement) et le RMI couvrent tout juste le loyer et l'électricité. Pour la nourriture, ça reste de la débrouille, chez les amis ou grâce à une petite amie qui fait les courses :

« Il y a une vraie différence entre ce que je mange au début du mois et à la fin du mois. Aujourd'hui, j'ai vraiment la dalle, et je ne peux pas acheter à manger. Hier, je n'ai même pas pu acheter de baguette. »

La gestion se fait alors au centime près :

« Je change de magasin en fonction des produits. Le café est à 92 centimes en bas de chez moi, au G 20, et parfois je pousse jusqu'au Franprix, à dix minutes, parce qu'il est à 84 centimes. Des fois, j'ai envie de pâtes en forme de ceci-cela, mais je prends les plates parce qu'il y a 4 centimes de différence. J'ai aussi arrêté d'aller dans ma boulangerie habituelle, parce qu'ils ont augmenté leur baguette de 80 à 84 centimes. Chez moi, il y un pot rempli de petites pièces, mais comme là on est le 2 du mois, et le RMI n'est pas encore tombé, il n'y a plus de pièces de 5 centimes dedans, seulement des 1 et des 2 centimes, et souvent j'ai un peu honte d'aller payer avec que des pièces de 2 centimes. J'attends donc le RMI et là j'achète du fromage, une saucisse bien classe, deux Bagatelles plutôt qu'une baguette, des Dragibus et, en plus, des Schtroumpfs. »

L'assiette du Rmiste s'uniformise et se vide d'autant plus vite que l'on est isolé socialement et que l'on a des bouches à nourrir. Esther vit seule en Seine-Saint-Denis – un département qui compte 45 000 bénéficiaires du RMI – avec ses deux enfants : une fille de deux ans et un fils de six ans :

« Le riz revient beaucoup chez moi, parce que je sais que je pourrais toujours, quand l'argent est fini, donner ça aux enfants. Sinon, j'achète aussi des grands sacs de pomme de terre, dès que l'argent arrive, le 5 ou le 6. Si je n'achète pas tout de suite, après il n'y a plus rien. Mais c'est pas tous les mois que je peux acheter le sac de riz. Ou alors je dois choisir entre le sac de riz et le sac de pomme de terre. Parfois, au début du mois, je me permets d'acheter un saucisson, ou un peu de poisson, du poulet, des haricots verts. J'ai vu comment, quand je peux acheter des fruits, les enfants en mangent. Mais ça c'est au plus tard avant le 10. Après il n'y a plus d'argent. »

Esther vit dans un petit F2, privé et cher, car ses demandes d'HLM sont restées sans réponse. Si les APL couvrent à peu près le loyer, elles ne prennent pas en compte une facture EDF exponentielle en raison de l'insalubrité du logement, mal isolé :

« Je ne fais pas les courses avec mon fils, parce que j'ai honte dans le magasin, parce que lui me demande des choses que, normalement, je pourrais lui donner. Quand je ne peux pas, c'est dur pour moi aussi, je me fais des remords. Je vois les autres parents, ils disent "oui prends", et moi je peux pas faire ça. Donc je profite des moments où mes enfants sont à la crèche pour faire les courses. Mon fils, je dois souvent négocier avec lui. Si je lui dis qu'il n'y a pas de chocolat avec le lait aujourd'hui, j'essaie de lui expliquer. Parfois, je mens, je lui dis, bon, le magasin était fermé, mais c'est pour ne pas me sentir ridicule devant lui. Là, on est que le 13 du mois, mais il va déjà falloir que j'aille au Secours populaire et aux Restaurants du Cœur. »

Esther doit, le plus souvent, choisir entre sa propre nourriture et celle de ses enfants :

« Il m'arrive que je fasse à manger uniquement pour mes enfants. S'il y a des restes, je grignote les restes, comme ça, j'économise un peu pour demain. Si vous me voyez forte, ne croyez pas que c'est la nourriture. C'est le stress, la qualité de ce que je mange. Mais je suis contrainte. »

L'attention s'est, récemment, focalisée sur les inégalités sociales en matière d'obésité, à la fois parce que les gros subissent de réelles discriminations, mais aussi du fait de son caractère paradoxal – la pauvreté a longtemps été associée à la sous-nutrition et à la maigreur. L'obésité, alimentée par la « malbouffe » des chaînes de restauration rapide qui calent les estomacs vides et des colis alimentaires saturés de graisse, touche désormais d'abord les pauvres.

De même que l'assiette n'est pas la même au début et à la fin du mois, on ne se fournit pas tout le temps au même endroit. Les grandes surfaces au début, les petits commerçants – qui font crédit – à la fin. Entre les deux : la dernière heure des marchés où les produits sont bradés. Encore faut-il choisir entre les grandes surfaces :

« Là, je me suis fâchée quand j'étais à Lidl, parce que j'y allais parce que le lait était moins cher. Mais le lait de 55 centimes par litre était fini, et il y avait juste le lait de 59 centimes. Je ne pouvais pas rentrer sans lait. J'ai été à la caisse. J'ai demandé : "Est-ce que c'est fini totalement ?" Ils ont été chercher dans la réserve, et j'ai pu changer mes packs. Mais je n'avais plus de lingettes pour ma fille, et j'ai donc été à Carrefour pour chercher les lingettes premier prix, à 89 centimes. Arrivée au Carrefour, je me suis dit, par curiosité, je vais voir le lait, et il y en avait un nouveau à 49 centimes. Je me suis mordu les doigts, et j'ai compté le nombre de packs de lait, avec la différence entre 55 et 49 centimes. 6 centimes de jeté par litre, c'est beaucoup, ça pouvait m'acheter au moins deux paquets de plus ! »

Cette impécuniosité ne constitue pas seulement une détresse matérielle. Elle engendre aussi un isolement progressif. Esther refuse ainsi que son fils aille aux goûters d'anniversaire où il est invité, car elle sait qu'elle ne pourra pas rendre la pareille :

« Pour lui acheter un gâteau en avril, pour son anniversaire, j'ai dû commencer à économiser deux mois avant. Parce que si je fais le gâteau moi-même, il considère que c'est pas un vrai gâteau. Il voulait celui de la boulangerie. Donc là, ce que j'ai fait, j'ai mis le gâteau devant ma fille, j'ai mis deux bougies, elle a soufflé, et j'ai pris la photo. Après j'ai mis six bougies, parce que mon fils a six ans, et il a soufflé et on a mangé le gâteau. Mais on était en avril alors que ma fille était née en février. Le même gâteau pour les deux ! »

Depuis quelques années, la caisse d'allocations familiales emploie de nombreuses « conseillères en économie sociale et familiale ». « Économie » devrait s'écrire au pluriel.

## ▨▨▨ Rmistes sans RMI : que signifie le non-recours à l'aide sociale ?

Paradoxalement, il faut, en quelque sorte, déjà avoir le « I » pour avoir le RMI. Une enquête menée parmi les sans-abri parisiens montre en effet qu'une toute petite minorité d'entre eux perçoit le RMI. La majorité est déjà trop désocialisée pour le demander ou pour l'obtenir. Si le non-recours au RMI ne cesse d'augmenter, c'est d'abord parce que le simple accès au droit demande des prérequis : aptitude à présenter les demandes et fournir les papiers, habileté à manier les différentes aides parfois incompatibles, capacité à supporter les procédures de contrôle… des préalables de plus en plus exigeants que les plus démunis ne possèdent pas.

Mais à cette incapacité à solliciter peut s'ajouter le rejet d'une assistance vécue comme un stigmate.

Jean-Marie pourrait être célèbre. Cet ancien serveur, surnommé « La Flèche » prétend en effet avoir inventé la salade parisienne :

> « J'en avais assez des sandwichs, ça me rendait triste, donc j'ai proposé de mettre une tomate, une tranche de jambon, une tranche de gruyère, un demi-œuf, d'appeler ça La Parisienne, et ça a marché du tonnerre du dieu. »

Pourtant, il est difficile d'être plus invisible aux yeux de la société que Jean-Marie : pas de téléphone, pas d'adresse fixe, pas de mail, pas de Sécu, pas de loyer, pas de compte en banque, pas de carte d'électeur, et pas de RMI...

Pour rencontrer cet homme au visage aigu, à la courte barbe grise et à la toux prolongée, la seule solution est donc de se rendre dans le vieux bistrot du quartier Saint-Séverin à Paris, où il a ses habitudes. Jean-Marie a largement dépassé la cinquantaine, d'après le seul papier qu'il conserve dans son mince portefeuille : une carte d'identité périmée depuis bientôt quinze ans :

> « Je ne veux aucune aide et je ne demande surtout pas le RMI, car cela fausse la réalité. Je ne veux pas ce minimum, je veux un travail, car je pourrais travailler, et je ne veux pas d'un système social où on passe du chômage au RMI et du RMI à la Croix-Rouge. Je ne veux pas bénéficier de cette rustine, qui permet d'éviter que tout explose. Je ne veux rien avoir avec ça. Ne pas avoir de travail, de quoi se loger, de quoi manger à sa faim, dans un pays riche comme la France, je trouve ça aberrant. Il y a ceux qui sont exclus, et ceux qui, comme moi, décident de s'exclure. En fait, je me soustrais. J'ai tiré un voile sur tout ce système social de distribution. »

Si on évoque souvent les fraudeurs, ceux qui touchent le RMI sans y avoir droit, on parle moins de ceux qui ne touchent pas le RMI alors qu'ils y auraient droit. Ils sont pourtant sans doute beaucoup plus nombreux puisqu'on estime en effet à 5 % des ayants-droit les potentiels bénéficiaires de l'aide sociale qui ne feraient pas valoir leurs droits. Méconnaissance ? Lassitude ou découragement devant les procédures administratives ? Refus d'un revenu faible et du contrôle qui l'accompagne si on travaille par ailleurs au noir ? Rejet de l'assistance ?

> « Moi, c'est sûrement lié à mon passé. Je préfère me retrouver cul nul dans la rue plutôt que demander secours. C'est sans doute le côté "petit orphelin" de l'Assistance publique. Je n'aime pas non plus la paperasse, j'ai des dizaines de courriers que je n'ai jamais ouverts, des centaines d'enveloppes qui traînent. La

banque m'écrit, mais elle ne sait plus où je suis. Chaque mois, je dois choisir entre payer mon loyer et manger. Et même quand il y a des embellies, j'ai tellement de dettes... En ce moment, je ne paie plus mon loyer, c'est une sous-location. Je n'ai pas de bail à mon nom. S'il faut de nouveau dormir dehors, je le ferai. Je n'ai aucune carte, ni bleue, ni orange, ni d'assurance. Mon passeport est périmé, ma carte d'identité est périmée, mais de toute façon personne ne contrôle mon identité. Je n'ai aucune chance de refaire surface et je suis déjà trop loin. Je n'ai plus aucun contact avec aucune administration depuis plus de quinze ans. Ils ne savent plus où je suis, j'ai disparu. S'ils regardaient, ils verraient que je ne suis pas décédé, mais c'est tout. Une fois, j'ai été dans un centre médico-social, rue du Figuier, et le docteur m'a dit d'aller voir l'assistante sociale, mais j'ai filé, parce que "assistante sociale", ça me rappelait trop "Assistance publique".

Si je me soustrais comme ça, c'est parce que j'ai l'impression, si j'accepte les aides, d'être le matériel qui justifie le système social et politique. En prenant le RMI, je serais caution. En refusant, je me positionne. Si cela fait tache d'huile, les politiques vont peut-être se rendre compte que cela ne marche pas. Maintenant, je remercie les quelques amis et relations autour de moi qui me dépannent avec un peu d'argent ou des petits boulots. Si je suis vivant, c'est grâce à eux. J'aurais l'impression, en m'inscrivant au RMI, de manger du pain qui n'est pas bon à manger, même s'il est le mien. On est rétrogradé jusqu'à l'assistanat et je ne suis pas d'accord avec ça. Je ne veux pas du RMI, je ne le demande pas, je me démerde. Et si je venais à crever de faim, je crois que je préférerais assassiner un vieux au coin de la rue – mais, attention, un vioque en or massif – plutôt que de toucher le RMI ! La charité, c'est hypocrite. C'est les miettes qu'on te donne pour laisser de la bonne conscience. [...] Je préférerais que le RMI n'existe pas pour que les relations sociales soient plus franches. Le RMI, c'est l'anesthésiant idéal. Ceux qui touchent le RMI, on leur a limé les dents. Mange et ferme ta gueule ! Moi je ne veux pas manger dans la main, c'est pour ça que je refuse le RMI. Je préfère le voleur que le Rmiste. Je préfère le terroriste au Rmiste. »

Pour Jean-Marie, le refus constant d'un RMI stigmatisant est devenu une forme de combat politique intérieur et le point de fixation particulier d'une volonté jusqu'au-boutiste de ne pas appartenir à un monde social dont il déplore les dysfonctionnements. Mais le non-recours à une prestation sociale légitime est répandu, qu'il provienne d'une difficulté d'accès ou d'une réticence personnelle. À trente-sept ans, Abdel a passé près de vingt ans de sa vie sans papiers, travaillant au noir dans la climatisation :

« J'ai quitté le Maroc à douze ans. Je suis allé en Algérie, en Tunisie, en Irak, en Arabie Saoudite, en Palestine, en Égypte. J'ai appris le métier bien comme il faut et après je suis venu ici. J'en rêvais depuis tout petit. Il fait chaud et tu donnes froid, c'est sympa. C'est très, très bien. »

**Rmistes**

Aujourd'hui qu'il est régularisé, il se refuse néanmoins à demander le RMI, comme tout ce qui touche aux administrations. Abdel est d'ailleurs prêt à se priver de nourriture plutôt que de solliciter une aide sociale :

> « Les aides sociales, c'est pas que je compte pas dessus, mais j'ai été habitué à vivre sans. Rmistes et tout ça, moi, je ne suis pas d'accord avec ce système, enfin... Je suis d'accord avec ce système au début et je suis pas d'accord pour que les gens ils profitent trop... Quand même, c'est très dangereux si ça dure. Je ne veux pas d'aide, rien du tout. Parce qu'avec ça, et je suis venu ici pour avancer. Et lorsqu'on va chez l'assistance, tu t'installes, tu te dis voilà... »

Toutefois, entre recours et non-recours, le choix n'est pas binaire. Contrairement à Abdel, Katia a fait la démarche de s'inscrire au RMI, mais elle estime aussi que l'aide ne devrait pas s'installer dans la durée, car elle redoute les effets d'habitude et de stigmatisation :

> « Moi, je me suis retrouvée à pas pouvoir acheter un litre de lait à mes filles. Même si c'est pas écrit sur la tête des gens que tu touches le RMI, je le crie pas à tout le monde ; j'ai pas envie que ça se voit non plus. [...] D'être assistée, d'avoir du fric par l'État qui tombe comme ça, à rien foutre, tu peux pas, tu vis pas. Un RMI qui tombe comme là, depuis presque deux ans en continu, psychologiquement c'est dur à supporter. »

Et si, alors, ces gens qui ne demandent pas ou plus le RMI étaient plus subversifs et inquiétants que les quelques-uns qui fraudent ? Et si le renoncement à l'aide la plus symbolique d'une solidarité sociale et nationale constituait un vecteur de déstabilisation politique interne beaucoup plus sourd et profond que les petits profits illégaux de certains ?

## Le seul maire Rmiste de France : le RMI peut-il être un mode de vie ?

C'est presque par hasard que Dominique Masset s'est retrouvé maire de sa commune. C'est vraiment par malchance qu'il s'est retrouvé au RMI. C'est, en tout cas, étrange qu'il cumule les deux, alors même que le premier magistrat de la commune est, en théorie, l'un des rouages du contrôle de l'insertion de ses ouailles Rmistes. Existe-t-il un seul autre Rmiste parmi les 36 000 maires des 36 000 communes françaises ? Gageons, au minimum, que la proportion de maires Rmistes est très inférieure à la moyenne de la population française et que ce petit village d'Ariège, peuplé aujourd'hui d'une cinquantaine de personnes, dont

Dominique Masset est le premier magistrat, y trouve là une vraie singularité :

« À la fin des années 1980, nous étions trois familles de néoruraux, mais le maire d'alors n'était pas du tout favorable à l'installation de "néos" dans sa commune. On était donc devant l'alternative, soit on s'implique, soit on s'en va. On a décidé de s'impliquer et j'ai été élu conseiller municipal pour la première fois. On ne comptait pas notre temps, on a réussi à repeupler le village, à monter plein de projets. Après ça, il y a eu deux maires successifs, mais tous deux ont eu des pépins de santé, et, en 2004, il fallait qu'un membre du conseil municipal y aille, et j'ai accepté la fonction de maire que j'exerce depuis.

Lorsque je me suis installé, en tant qu'apiculteur bio, j'avais trente-trois ans et les affaires marchaient bien. Mais, est arrivé le varois, une petite araignée qui s'en prend aux abeilles. J'ai perdu la quasi-totalité de mes 150 ruches. J'avais contracté des crédits. Je ne pouvais pas à la fois les rembourser et payer mes cotisations sociales. Mes parents étaient caution solidaire, et pour éviter qu'ils aient à vendre leur maison, j'ai rééchelonné les crédits, pris une activité secondaire, mais j'ai cessé de payer les charges sociales. En 1992, on m'a donc supprimé ma couverture sociale : je n'avais plus ni retraite ni Sécu. Quand j'étais malade, je me débrouillais. Mais, en 2000, la Mutualité sociale agricole me tombe dessus en me réclamant les sept années de cotisations sociales impayées, pendant lesquelles je n'étais pourtant pas couvert. J'ai refusé de payer. La MSA m'a envoyé au tribunal. J'ai donc subi la liquidation judiciaire de mon exploitation agricole, et l'obligation d'arrêter aussi mon autre activité professionnelle – la construction de maisons en bois et en chanvre – pour laquelle j'avais pourtant un an de carnets de commandes. On a saisi tous mes biens : cinq hectares de terrain, ma voiture, mes outils... La seule chose qui reste possible et insaisissable comme revenu, c'est le RMI, donc je me suis mis au RMI en 2000.

Quelques semaines après la mise en liquidation, je vois débarquer l'assistante sociale de la Mutualité sociale agricole qui me demande d'expliquer comment je vais me réinsérer dans la société. On me demandait de signer un contrat pour justifier ma volonté d'insertion ! D'un seul coup, je n'étais soi-disant plus inséré dans la société ! J'étais adjoint au maire, je m'investissais dans ma commune, mais je n'étais pas inséré ! J'ai refusé, poliment mais fermement. Pendant quelques mois, j'ai continué à toucher le RMI, mais ça grinçait des dents, parce que je refusais de signer. Et puis, j'ai appris qu'on me supprimait le RMI. J'ai alors demandé un rendez-vous à la commission locale d'insertion, qui statue sur la qualité des démarches des Rmistes. Il y a là des représentants d'associations, du conseil général, de la préfecture, ça fait une salle de vingt-cinq personnes, comme un grand tribunal, où on fait la queue. Je voyais des gens rentrer avec la trouille au ventre et sortir en larmes. Mais moi j'étais très remonté, et j'ai expliqué mon cas, que j'étais Rmiste par aberration.

C'était un échec humain, social et économique que de m'avoir mis au RMI. J'étais passé de l'indépendance à la dépendance et à l'assistance. On m'indemnisait, alors qu'auparavant je ne coûtais rien. Je payais mon dentiste sans être remboursé alors que là, avec le RMI, j'avais droit à la couverture maladie universelle et au remboursement à 100 %. Je leur ai aussi expliqué aussi que j'étais conseiller municipal depuis douze ans, et maire adjoint, que c'était donc difficile de dire que je n'étais pas inséré dans mon village ! Ça les a convaincus, puisqu'ils m'ont fait un chèque de rappel, et depuis ce temps-là, je touche le RMI, mais sans avoir signé le contrat de réinsertion. Quand je reçois des papiers, je raye tout, je renvoie en écrivant RAS et je n'ai aucun contrôle.

Même si le RMI est désormais géré par le département, le maire est censé avoir un regard sur l'insertion des Rmistes de sa commune :

« En tant que maire, j'ai un contact direct avec l'antenne du conseil général en charge de suivre tous les Rmistes du canton. La personne qui s'en occupe est très bien et j'ai des contacts réguliers avec elle pour les autres Rmistes de mon village qui ont signé des contrats. Au début, elle a été assez agréablement surprise de trouver un maire à ce point soucieux du sort des Rmistes. Je lui ai dit : "C'est normal, j'y suis moi-même !" C'est bizarre parce que je me retrouve aux deux bouts de la chaîne du RMI, mais, s'il y avait plus de maires ou d'élus Rmistes, on comprendrait peut-être mieux comment vivent les Rmistes.

Franchement, cette liquidation judiciaire a, au final, été un soulagement. Je bossais comme un malade. Depuis que je suis au RMI, je vis beaucoup mieux, je n'ai pas beaucoup d'argent, mais j'ai pu dégager du temps et m'impliquer dans différentes activités politiques et associatives et dans mon travail de maire. Je n'ai pas d'activités professionnelles, mais je suis surchargé. Et, maintenant, je ne sais pas comment je ferais pour travailler en plus ! Devenir Rmiste peut être une chance pour certains et une catastrophe pour d'autres. Si on est soumis au regard des autres, à la vindicte, au contrôle pas toujours bienveillant, c'est l'horreur. Moi je fais partie des gens pour qui le RMI permet de mener des activités collectivement intéressantes. Je considère le RMI comme une redistribution bénéfique non seulement pour moi, mais pour la société. »

Depuis sa position de maire et d'artisan du renouveau d'un village de montagne presque abandonné (la population a quintuplé entre son arrivée dans le village et son élection comme maire), Dominique Masset peut, assez aisément, assumer cet usage politique et individualisé du RMI comme vecteur d'épanouissement personnel. La plupart des personnes craignent plutôt de l'avouer, au risque d'être cataloguées comme « profiteurs ».

Sylvène, Parisienne de vingt-six ans, a fini une école nationale d'arts appliqués. C'est encore du bout des lèvres qu'elle assume de se servir du

RMI comme un moyen d'émancipation familiale et un vecteur de maturation de son parcours de vie personnelle et professionnelle :

« Quand tu choisis d'être artiste, tu choisis d'être pauvre *a priori*, ou pendant un certain bout de temps en tout cas. T'apprends à être content avec le minimum. Le RMI, ça me permet de me laisser le temps de savoir ce que je veux faire. Du coup, je suis artiste, Rmiste, étudiante mais faut pas le dire, et babysitter, il faut pas le dire non plus, mais c'est grâce à ça que je peux continuer mon statut d'artiste. [...] Des fois, il y a un peu de culpabilité de ça, qui me revient à des moments où je trouve que je travaille pas assez. Il faut aussi le sens de sa valeur pour dire, j'ai droit à ça, je le fais. J'en ai marre de galérer, on m'aide pas, on m'encourage en rien, mes vieux me disent tout le temps qu'on va avoir des carrières dures et rien pour la retraite, donc, au bout d'un moment, tu te dis, bon, j'ai le droit, je vais le prendre, ça va pas durer... »

C'est un secret de polichinelle que la géographie du RMI informe sur les usages différents d'une somme forfaitaire qui n'a pas la même signification à Paris où elle permet à peine de survivre et, par exemple, dans l'arrière-pays de Montpellier où certaines communes atteignent des taux « domtomiens » de Rmistes engagés dans des manières de vivre chichement mais sereinement. Doit-on s'en indigner ? Le négliger en estimant que cet usage-là du RMI demeure marginal ? Prendre ainsi conscience que l'insertion ne peut être réduite à sa dimension professionnelle ? Ou encore repenser ce que pourrait être une allocation universelle, indépendante de son volet insertion ?

**Entretien avec**

# Noëlle Burgi

Chargée de recherches au CNRS, rattachée au Centre de recherches politiques de la Sorbonne.

## « Répression accrue »

**Le revenu minimum d'insertion a-t-il changé de signification entre sa mise en place en 1988 et aujourd'hui ?**

C'est surtout le rapport de forces qui a complètement basculé au profit d'une approche néolibérale qui ne voit pas à quel point la précarisation des conditions de travail et d'existence d'une fraction très importante de la population menace la substance de la société. Quinze à 20 millions de personnes connaissent aujourd'hui en France des conditions de vie durablement difficiles. Cette situation a été naturalisée, elle est considérée comme une fatalité que chacun doit accepter au nom des impératifs de la concurrence. Du coup, le RMI fonctionne comme s'il était une solution à la pauvreté, une pauvreté dont on ne cherche pas à cerner ni à éradiquer les causes et dont on se contente de réguler les effets. Encore faut-il qu'elle soit légitime, c'est-à-dire qu'elle n'encoure pas le soupçon de paresse ou de passivité. En d'autres termes, le RMI est devenu une faveur accordée par la société aux « bons » pauvres. Cette conception est très différente de celle que le législateur avait instituée en 1988. À l'époque, les concepteurs de la loi avaient agi de façon empirique et sous la pression de l'urgence pour parer à une situation de crise – l'apparition d'une « nouvelle pauvreté », souvent laborieuse et mal identifiée. Pour eux, le RMI n'était pas une solution, mais seulement une mesure temporaire. Il devait être suivi par un débat de fond sur la question sociale qui n'a jamais eu lieu. Cependant, le rapport de forces étant déjà passablement déséquilibré, ils avaient pris soin de justifier la mesure en se référant au principe constitutionnel reconnaissant à chacun le droit d'obtenir de la collectivité des moyens convenables d'existence. Tel qu'il a été institué en 1988, le RMI était un droit, non une faveur.

**Quelles sont les conséquences de la loi de décentralisation du RMI, qui délègue aux départements le volet financement du RMI alors qu'ils n'avaient, jusqu'ici, en charge que le volet insertion ?**

Désormais, le RMI ne se définit plus comme un droit, mais comme une allocation d'aide sociale répondant à une exigence de solidarité nationale. Cette terminologie juridique est difficilement lisible par le grand public, mais elle n'est pas anodine. En 1988, les promoteurs de la loi instaurant le RMI s'étaient justement battus pour que celui-ci ne se définisse pas comme une prestation d'aide sociale légale entièrement confiée à la gestion discrétionnaire des autorités locales. Les contextes territoriaux et les moyens d'intervention étant très variables d'un département à l'autre, ils craignaient à juste titre que la mise en œuvre du RMI ne donne lieu, dans cette hypothèse, à des inégalités entre les départements et entre les administrés.

C'est la raison de fond pour laquelle un système de copilotage entre l'État, qui conservait le contrôle de la gestion de la prestation, et les départements, responsables de l'insertion, a été imaginé. En pratique, les représentants de l'État ont souvent été amenés à faire des « rappels à la loi » pour protéger le droit des bénéficiaires contre des décisions arbitraires. Non seulement cette protection n'existe plus, mais les départements sont maintenant responsables du financement du RMI alors que le transfert de ressources censé compenser l'accroissement de la charge financière résultant de la départementalisation du RMI est notoirement insuffisant. Sachant qu'ils ne contrôlent ni le montant de la prestation ni les facteurs conduisant un nombre croissant de personnes à solliciter le RMI – en particulier les restrictions apportées au régime d'indemnisation du chômage –, il ne leur reste que deux variables d'ajustement aussi pénalisantes l'une que l'autre pour les administrés : augmenter les prélèvements fiscaux ou durcir la mise en œuvre du RMI.

C'est très grave pour les départements qui souhaitent sauvegarder une approche humaine de l'accompagnement vers l'emploi des allocataires du RMI, sans parler des travailleurs sociaux qui servent de tampon entre les gestionnaires politiques et les usagers. C'est encore plus grave pour ces derniers parce que le durcissement du régime des minima sociaux achève de leur retirer toute possibilité de maîtriser leur existence et leur devenir personnel et professionnel. La loi de décentralisation du RMI et d'autres réformes en cours tendent à réduire l'accompagnement à une simple méthode de contrôle assortie de sanctions. Elles ne reconnaissent aux chômeurs que des devoirs de soumission à l'ordre économique, c'est-à-dire aux règles de la concurrence. Elles sont en train de fabriquer une main-d'œuvre improductive et de gangrener la société.

**Que pensez-vous de l'horizon d'un revenu minimum d'existence non conditionné ?**

S'il est minimum, il contraindra toujours les plus défavorisés à lutter pour la survie sans jamais parvenir à accéder à la vie, car la lutte pour la survie mobilise une énergie considérable et ne permet pas à celui qui y est contraint d'être psychiquement disponible pour construire ou reconstruire son identité et se projeter dans l'avenir. *A fortiori*, elle ne lui permet pas de s'investir dans une activité rémunérée de façon productive. Il y a d'autres risques : celui de salarier l'exclusion à vie et celui de favoriser la baisse des salaires, donc de nourrir la paupérisation de la société. La question de la pauvreté ne peut pas être résolue durablement avec des salaires ou des existences subventionnés.

## Pour aller plus loin

ASTIER Isabelle, *Revenu minimum et insertion*, Desclée de Brouwer, Paris, 1997.

BURGI Noëlle, *La Machine à exclure. Les faux-semblants du retour à l'emploi*, La Découverte, Paris, 2006.

CASTRA Denis, *L'Insertion professionnelle des publics précaires*, PUF, Paris, 2003.

PAUGAM Serge, *Les Formes élémentaires de la pauvreté*, PUF, Paris, 2005.

◊ **Joseph Confavreux.**

**Rmistes**

# Salariés déclassés

Quand travailler ne paie plus

**U**n ouvrier qui gagnait 1 500 euros et se retrouve au Smic après un licenciement, un diplômé bac + 5 ballotté de stage en stage… le déclassement devient un phénomène massif.

Le déclassement des diplômés a été abondamment étudié. Un jeune occupe un emploi « déclassé » quand il touche une rémunération inférieure à celle qu'il pourrait espérer au regard de son diplôme. Il s'agit généralement d'une acceptation contrainte, soit pour avoir un emploi stable et réduire ainsi les incertitudes sur la durée du contrat, soit pour décrocher un emploi correspondant bien au métier envisagé. En 2001, près d'un jeune sur cinq (18 %) était ainsi déclassé, selon une étude de l'INSEE de 2006 portant sur plus de 50 000 jeunes [1]. Ce sont plus fréquemment des femmes (30 % contre 14 % des hommes), des enfants d'ouvriers et d'employés, des diplômés du seul baccalauréat, mais aussi des diplômés de niveau bac + 3 ou 4.

Le déclassement salarial illustre quant à lui les chutes de niveau de vie en cours de carrière. Il touche particulièrement les ouvriers et les

1    Emmanuelle NAUZE-FICHET et Magda TOMASINI, « Parcours des jeunes à la sortie du système éducatif et déclassement salarial », *Économie et Statistique*, n° 388-389, INSEE, juin 2006.

agriculteurs, mis en concurrence par la mondialisation avec d'autres producteurs bien moins payés. Selon un rapport de 2002 sur les « mutations industrielles », les licenciés retrouvant un emploi « connaissent de façon systématique une perte de revenu, de 20 à 25 % [2] ». En 2005, le revenu des agriculteurs français a diminué de 10 % en moyenne. Résultat, jamais il n'y a eu autant de personnes payées sur la base du Smic (3,6 millions en 2005). En 2002, le salarié au Smic était jeune, féminin, peu qualifié, travaillait souvent à temps partiel et dans une petite entreprise, selon son portrait type fait par le ministère de l'Emploi en 2006 [3]. Pour toute une partie de la population, les revenus sont donc tirés vers le bas et les chiffres moyens de la croissance ou de l'inflation ne veulent plus dire grand-chose.

Mettre en évidence ces deux types de déclassement permet d'appréhender un phénomène qui n'est pas spontanément compréhensible, car indirect : par manque de perspectives d'avenir, les jeunes générations ont une vision du monde qui se rapproche de celle des classes dominées.

### L'éditrice et le RMI

Delphine, trente-quatre ans, est éditrice « free-lance » en littérature générale depuis quatre ans. Elle habite à Paris un F2 qui est aussi son lieu de travail. Les murs sont peints de couleurs vives, « pour donner la pêche », les toilettes décorées de portraits de grands écrivains. Un bureau, un ordinateur et ses dossiers occupent une grande partie de la salle de séjour. Son métier la « passionne », elle a un double niveau bac + 5, mais elle a été contrainte de demander le revenu minimum d'insertion (RMI) en 2005.

Après un bac littéraire, Delphine a fait des études de lettres, hypokhâgne puis DEA de lettres modernes. Parallèlement, elle a travaillé pour payer ses études.

> « Quand j'ai eu vingt ans, mes parents m'ont dit "tu te débrouilles". Mon premier job, à vingt, vingt et un ans, a été au Drugstore Publicis, à la vente, de 18 heures à 2 heures du matin, pendant six mois à plein-temps. J'y ai vu des gens qui travaillaient là depuis vingt ans, de nuit, qui n'avaient pas eu

---

2  Jean-Pierre Aubert, *Mutations industrielles*, Rapport au Premier ministre, octobre 2002.
3  DARES, « Les salariés au Smic en 2002 », *Premières informations. Premières synthèses*, juin 2006.

d'évolution de salaire et qui n'avaient pas beaucoup d'évolution possible, avec cette espèce de dévouement, qui semble anachronique maintenant, au dieu entreprise. »

Ensuite, Delphine a travaillé en agence de presse comme secrétaire de rédaction pendant huit ans. Elle y gagnait « entre 1 200 et 2 000 euros en fonction des horaires », mais cet emploi ne la passionnait pas.

« Je savais que je n'aurais aucune perspective d'évolution, qu'ils ne m'accepteraient pas comme journaliste. En 2000, je me suis dit, il faut transformer ce handicap en chance et je me suis servie de l'agence pour avoir un congé individuel de formation (CIF), payé 70 %, pour faire le DESS édition de Villetaneuse (Paris-XIII), un diplôme de référence dans le milieu. »

Delphine a continué un temps à travailler à l'agence, le week-end et les vacances, car « c'était un filet de sécurité ».

« Mais, au bout d'un moment, j'avais l'impression de régresser, j'avais trop de travail entre les deux, donc je n'ai plus fait que de l'édition à partir de 2003. Et depuis, je vais dans ce sens-là », dit-elle en riant et faisant un signe de la main vers le bas : « La chute, pas libre, mais la chute quand même. Quand je fais ma déclaration d'impôt, chaque année, je vois que mes revenus baissent. »

Pourtant, Delphine a débuté « avec un enthousiasme extraordinaire, par des semaines de 60 heures, parfois 80 », car elle faisait ce qui lui plaisait.

« En 2003, je n'ai pris que trois week-ends, et quatre en 2004. Mais c'est justement ce qui permet aux éditeurs de faire du chantage affectif, de justifier les faibles revenus », estime-t-elle. « Le travail d'édition se fait de plus en plus en sous-main, en externalisation. Les quinquagénaires ou sexagénaires verrouillent les postes, ils font appel en sous-traitance à des cadets surdiplômés par rapport à eux. Comme c'est payé au forfait, c'est pareil quel que soit le volume horaire. Donc si t'es consciencieux, tu ne comptes pas tes heures, tu es payé *peanuts*. Pour une réécriture de traduction de l'italien, un document-témoignage sur les violences conjugales, j'ai fait le ratio horaire, j'ai été payée 4,20 euros de l'heure. C'est être exploité, sans vouloir reprendre le vocabulaire d'Arlette Laguiller. Avant, je trouvais qu'elle était loin de la réalité. Là, je trouve qu'on est en plein dedans. On a des revenus très moyens pour un pays censé être parmi les plus prospères des pays dans le monde. »

« Le premier coup de semonce » a eu lieu l'été 2004, quand Delphine a dû déménager car son propriétaire vendait :

« Heureusement, avec mon réseau de connaissances, je suis retombée sur mes pieds. Si on n'a pas une famille, ou une famille de cœur – j'appelle mes amis ma famille de cœur –, on est tout de suite sur le carreau. Grâce à une amie de lycée devenue magistrate qui s'est portée caution, des propriétaires m'ont fait confiance. Mes grands-parents m'ont avancé les trois mois de caution. Si j'avais été seule, pour le coup, j'aurais été sous les ponts. »

Puis est venu le « deuxième coup de semonce » :

« J'emménage ici fin octobre 2004, ouf, et fin décembre, le P-DG de Balland m'annonce qu'il dépose le bilan. Ce devait être la totalité de mes salaires pour janvier et février 2005. J'ai emprunté de l'argent aux parents de mon ex-copain, qui ont répondu présents. Mais en mars, je devais être payée pour un projet d'écriture de biographie, pareil, l'éditeur m'annonce qu'il liquide. »

Alors, en avril, Delphine a pris rendez-vous avec l'assistante sociale de la mairie du XIVe arrondissement, pour lui dire « au secours ».

« Je ne voulais pas risquer d'être dans des loyers impayés, dans la spirale, il fallait agir rapidement. L'assistante sociale a été très sympa. Il y avait disproportion entre mon parcours et mes revenus, elle m'a dit : "Vous n'êtes pas la seule, on a de plus en plus de gens dans votre cas", ça m'a rassurée. Mais je me suis dis là, tu touches le fond. Il y a un sentiment de culpabilité : où ai-je raté le coche ? J'aurais peut-être dû rester à l'agence et faire des photocopies toute ma vie, répondre au téléphone. Peut-être n'aurais-je pas dû rester seulement en littérature générale et accepter à une époque des postes en interne pour des guides pratiques ou dans le secteur scolaire. Maintenant, j'ai essayé pendant quatre ans. Je vois que ça ne marche pas. Ma vocation, ce n'est pas d'être au RMI toute ma vie. Il va donc falloir changer de stratégie, trouver une place en interne, si besoin dans d'autres secteurs de l'édition. La précarité, ça suffit. »

Mais heureusement que le RMI existe, enchaîne-t-elle, car « ça m'a sauvé la vie, dans le sens où j'avais quelque chose de régulier, un soulagement, ça m'a donné une sécurité ». Seuls ses amis proches ont été mis au courant, sinon « c'est top secret, notamment dans l'édition. Pourtant, je connais des auteurs qui sont aussi au RMI, alors on se fait des soirées pâtes, à la bonne franquette. Mais les restos, je n'y vais plus. Ou alors une fois par mois, s'il y a un événement à fêter, c'est important de ne pas s'exclure de ce monde-là ». Entre le RMI et les APL (aides au logement), Delphine reçoit 653,39 euros par mois, versés ensemble. En piges d'édition, elle gagne en moyenne entre 200 et 600 euros, et son loyer est de 726 euros pour 43 m², avec le chauffage électrique à payer en plus.

Mais « le RMI dépend des revenus et il est dégressif. C'est vachement pernicieux, ça incite les gens à être dans l'illégalité. Par exemple, en août, je vais toucher 1 500 euros de droits d'auteur, pour un travail au long cours, entamé

**Salariés déclassés**

depuis trois ans. Je vais devoir faire une lettre à la CAF. C'est décourageant, il faudrait que les gens qui recommencent à avoir des revenus réguliers ne soient pas sanctionnés tout de suite ».

Delphine reste optimiste pour elle-même, mais son parcours chaotique lui a fait changer de regard sur le monde extérieur.

« Avant, j'étais plutôt centriste, maintenant je vote à gauche. Malheureusement, dans nos sociétés, le vote ne change pas grand-chose. On va voir comment notre société va évoluer, mais je pense qu'il y aura une explosion sociale. Il y a eu des soubresauts annonciateurs, les banlieues ou le CPE. Il y a bien un blocage. En parlant autour de soi, on s'aperçoit que tout le monde rame, il y a de la précarité dans toutes les couches de la société et tous les âges. »

## « On demande pas à gagner la mer et le monde »

Pendant ses années de travail chez Levi Strauss, de 1974 à 1999, Annie, embauchée à dix-sept ans par la multinationale, a gagné à peine plus que le Smic, environ 1 000 euros au moment de la fermeture. Pourtant, depuis son licenciement, elle n'a jamais pu retrouver un salaire identique. Avec un mari qui travaille ou sans enfants à charge, d'autres ouvrières ont limité la casse. Mais les femmes seules avec enfants, comme Annie, divorcée, se sont révélées plus vulnérables. « On demande pas à gagner la mer et le monde. Tout au moins le Smic et une embauche », implorait-elle en 2003. Elle n'a pas eu satisfaction depuis.

Les trois premières années après la fermeture ont été dures. Quelques gardes d'enfants, un peu de ménage par-ci par-là, mais pas d'emploi stable et correctement payé. Ce n'est pas faute d'avoir multiplié les recherches, mais elle devait rester à La Bassée – petite ville du Nord qui compte environ 6 000 habitants – à la fois pour garder ses enfants et parce qu'elle n'a pas de voiture. Avec trois enfants de dix-huit, quatorze et dix ans à l'époque, sa situation financière s'est vite dégradée. « Je vais de panade en panade, de dèche en dèche, de malheur en malheur », racontait-elle alors. « On vit, on survit, en quelque sorte c'est notre train-train quotidien. »

Dans les premiers mois après la « rupture » avec Levi's, comme dit Annie, la prime de départ et quelques formations plus inadaptées les unes que les autres ont permis d'éviter de plonger. Mais la prime n'a pas duré longtemps. « Deux ans », tout au plus.

« Avec les factures, le loyer, les impôts locaux en plein... Comme le chômage baisse de 17 % tous les quatre mois, mais pas le coût de la vie, ça va vite. On est à 6 500 francs-7 000 francs, puis au bout d'un an on tombe à 3 000 francs-3 200 francs. Donc tous les mois, je prenais un peu sur le Codevi. L'argent a été dilapidé comme ça. Sans avoir de faux frais. »

Annie reçoit alors une pension alimentaire mensuelle de son ex-mari et ses parents, des ouvriers à la retraite, la soutiennent un peu financièrement.

« Heureusement que j'ai mes parents, les parents, c'est sacré. Combien de fois j'ai demandé deux euros à ma mère pour aller chercher du pain coupé ! Parce que j'avais le steak haché, la boîte de conserve, mais pas le pain. »

Les enfants aussi sont mis à contribution.

« On ne prend jamais de vacances. Ça fait trois ans qu'on n'est pas allés à la mer. Les enfants doivent travailler le samedi et le dimanche, parce que moi je ne peux pas leur payer leurs vêtements. »

Malgré cette solidarité familiale, Annie a manqué d'argent pour nourrir convenablement ses enfants. Notamment le plus jeune. « Il a treize ans, mais il mesure 1,75 mètre et chausse du 44 ! Il ne faut pas que j'habille un enfant, mais un adulte. Il n'est pas gros, mais il mange comme quatre ! », expliquait-elle en 2003. Elle est donc allée au Secours populaire et au Secours catholique, qui ont tous deux une antenne locale à La Bassée. Au fil des années, c'est devenu la « routine ». En fin de mois, quand elle reçoit ses allocations, Annie rembourse ses parents et fait quelques grosses courses, notamment quelques produits d'entretien. Puis le reste du mois, ce sont les banques alimentaires.

« Au Secours populaire, je sais que j'aurai du lait, du beurre, mais, au Secours catholique, on ne sait jamais à l'avance. Il faut dire que je paie mon colis deux euros, donc il ne faut pas attendre le paradis. »

En trois années, Annie remarque que le « droit d'entrée » financier dans ces organismes de solidarité n'a cessé de baisser, ce qui tendrait à prouver que la crise s'est aggravée. « Avant, il fallait verser 50 francs par personne, maintenant c'est six euros et quelque », dit-elle en 2003. Le dénuement demande une organisation hors pair. L'aliment principal, parce que pas cher et congelable, c'est le steak haché. Annie en prépare plusieurs fois par semaine.

« Une fois en tartare à la polonaise [avec des jaunes d'œufs], une fois en hachis parmentier, une autre fois avec des frites. Mais bon, quand j'aurai de l'argent, j'arrêterai, car j'en suis écœurée. »

Le secret des économies, c'est la congélation. L'été, des amis de ses parents qui ont un petit potager lui donnent des haricots verts, beaucoup. Elle les congèle, et tente de passer l'automne et l'hiver avec. Mais Annie veut rester discrète. « On va pas s'en vanter, on crie pas sur tous les toits qu'on peut pas bouffer. »

Après trois ans de chômage, Annie a réussi à décrocher, comme ses ex-collègues Colette, Francine ou Gaston, un contrat emploi solidarité (CES) dans la maison de retraite publique de La Bassée, comme « agent d'entretien ». C'est-à-dire femme de ménage. Elle n'y gagnait guère plus qu'aux Assedic, environ un demi-Smic le mois [4] pour 20 heures par semaine, mais au moins travaillait-elle. Et elle ne s'est pas fait prier, elle y était heureuse. Mais les CES d'un an n'ont pas été renouvelés. Étranglée financièrement, Annie n'a pas pu continuer à payer à sa fille aînée ses études d'infirmière en Belgique. « Il lui restait un an, mais je lui ai dit : je peux plus payer. Alors elle a arrêté et elle a commencé à la maison de retraite de La Bassée le 1er juillet 2003, pour trois mois. Comme agent de service. » Puis elle a obtenu un emploi d'aide-soignante à Arras, mais n'est toujours pas infirmière.

À l'été 2006, Annie n'a toujours pas de CDI. Elle est en CAE (contrat d'accompagnement dans l'emploi), le successeur du CES, toujours à la maison de retraite de La Bassée. Les sigles changent, la précarité reste. « Normalement, si tout va bien, j'y suis jusqu'à octobre 2007. » En pouvoir d'achat, Annie a un peu gagné. Travaillant 26 au lieu de 20 heures, elle est passée de 630 à 740 euros. En outre, sa fille cadette devenue majeure a été engagée comme serveuse dans le restaurant de sa sœur, ce qui fait qu'elle n'a plus à subvenir qu'aux besoins de son fils cadet, qui rentre en terminale. « Ce n'est plus la galère de 2003 où je n'avais que les ASS (allocation spécifique de solidarité), 420 euros par mois. Entre 400 et 700, ça fait une différence. Mais ça reste un combat de tous les jours » et Annie continue à se nourrir au Secours populaire, avec « des boîtes, de la poule au riz ou du bourguignon, et des pâtes. Je fais des économies, je vais pas me chercher un bifteck à la boucherie ». En raison de la hausse de ses ressources, elle n'a en revanche plus droit au Secours catholique. « Ils ont tellement de monde qu'ils rationnent. Ils vont donner une année à une famille, l'année suivante à une autre. »

---

4   À titre de comparaison, en 2003 le seuil de pauvreté monétaire pour une personne seule était de 645 euros par mois.

**Entretien avec**

# François Dubet

Sociologue, spécialiste de la jeunesse et du monde du travail. Il vient de publier *Injustices, l'expérience des inégalités au travail*, Seuil, Paris, 2006.

## Déclassement du diplôme et dévalorisation des métiers

**À l'entrée dans le monde du travail, le « déclassement » du diplôme devient un phénomène de plus en plus important. Qu'est-ce que cela engendre ?**

Il faut distinguer deux sortes de déclassement : le déclassement objectif quand les enfants occupent des positions sociales considérées comme inférieures à celles de leurs parents, et le déclassement subjectif tenant au fait que les jeunes occupent des positions inférieures à celles que leurs études leur avaient laissé espérer. Le premier concerne 36,3 % des titulaires d'un bac et plus, et ce déclassement objectif est ressenti comme tel par 22,1 % de ces jeunes [5]. Ce déclassement tient à l'écart entre la production des diplômes fixant des aspirations professionnelles relativement élevées et le nombre de places disponibles correspondant à ces aspirations. Évidemment, ce mécanisme engendre des expériences sociales et des sentiments contrastés, notamment une double déception à l'égard des études et à l'égard du monde du travail, qui ne tiennent pas leurs promesses. Mais, au-delà, peuvent se développer des stratégies contrastées : les uns peuvent s'acharner à accumuler des diplômes, alors que les autres peuvent délaisser les systèmes de formation et ne plus croire dans l'école. Dans tous les cas, l'inquiétude domine et les jeunes peuvent avoir l'impression que la société ne leur fait pas de place ou ne leur fait pas la place qu'elle semblait promettre : les émeutes de banlieue, les mouvements des stagiaires et les protestations anti-CPE ont tous relayé cette inquiétude.

**En quoi ces sentiments de déclassement sont-ils dus à l'allongement des parcours d'études, à l'« inflation scolaire », et en quoi sont-ils dus à la dévalorisation des métiers proposés ?**

Il est bien évident que les deux phénomènes se conjuguent sans que l'on puisse aisément savoir celui qui est déterminant. Il vrai aussi que la société française semble avoir longtemps manifesté une confiance excessive dans

---

5   *Cf.* Emmanuelle Nauze-Fichet et Magda Tomasini, « Les jeunes en situation de "déclassement" sur le marché du travail : diversité des approches, diversité des éclairages », et Jean-François Giret, « Quand les jeunes s'estiment déclassés », *in* Jean-François Giret, Alberto Lopez et José Rose, *Des formations pour quels emplois ?*, La Découverte, Paris, 2005.

Salariés déclassés

l'école. Par ailleurs, les métiers manuels et techniques n'ont jamais eu très bonne presse dans une école qui oriente vers les filières professionnelles les élèves tenus pour indignes des formations générales les plus « cultivées », mais pas forcément les plus utiles quand on observe que le taux de chômage des bac + 2 est plus faible que celui de l'ensemble des diplômés du supérieur [6]. Il faut donc s'interroger sur la qualité et le prestige des formations professionnelles et sur la nature des liens, fussent-ils « improbables » entre la formation et l'emploi. Il faut aussi agir pour que certaines activités professionnelles soient plus attractives, moins pénibles et mieux payées... Aujourd'hui, l'école et le monde des entreprises semblent complices tout en s'accusant mutuellement. Mais, à court terme, il est peut-être moins difficile d'agir sur le système de formation, qui relève d'une souveraineté nationale, que sur la structure des emplois, plus enchevêtrée dans l'économie mondiale.

**Dans votre enquête sur le travail, vous avez trouvé peu de salariés pour qui les injustices étaient le fait du patronat ou des rapports sociaux, mais beaucoup pour lesquels elles étaient liées à la mondialisation. Y a-t-il des conclusions à en tirer sur ce que veulent les Français et donc les politiques à mener pour répondre à leurs inquiétudes ?**

Il semble que les Français ont le sentiment que la domination relève plus d'un système, le capitalisme mondial, que de l'action d'une classe dirigeante. Ce qui peut sembler gênant dans cette représentation, c'est qu'elle dédouane les dirigeants politiques et économiques de toute responsabilité réelle et de toute capacité d'action puisqu'on suppose que le « vrai pouvoir » est ailleurs. Dans ce cas, il n'y aurait rien à faire, sinon à rompre avec l'économie mondiale. Autre aspect gênant de cette vision, elle conduit à définir les problèmes en termes nationaux plus qu'en termes directement sociaux ; au bout du compte, elle paralyse les capacités d'action et de réforme puisqu'il s'agit plus de se défendre que de partager autrement les bénéfices, les risques et la sécurité afin que la société ne sépare pas de plus en plus les protégés des exclus et des précaires.

**Si l'inflation scolaire pose problème, ne faut-il pas recréer des emplois stables dans l'industrie ? Mais peut-on le faire sans certaines protections dans la politique commerciale de l'Union européenne, alors que la politique actuelle met les ouvriers français, belges ou allemands en concurrence avec des ouvriers d'autres pays à bien plus bas salaires ?**

Ce sont là tous les problèmes et tous les débats qui obligent le sociologue à s'engager un peu. Si un relatif protectionnisme européen semble souhaitable, on peut imaginer qu'un protectionnisme national soit une chimère étant donné le degré d'intégration des grandes économies européennes. En même

---

6   Cf. INSEE, *Enquête emploi, 2003-2004.*

temps, notre marché du travail est de nature dualiste : les uns sont protégés, alors que les autres ne le sont pas par un État-providence qui fut bien plus corporatiste qu'universel. On peut craindre que l'écart entre ces deux mondes se creuse, comme le montre d'ailleurs le cas de l'école où l'« élite de l'élite » reste très protégée alors que les élèves plus moyens sont voués à la précarité, et les plus faibles à l'exclusion. Il me semble que cette situation est moralement inacceptable et socialement dangereuse. On peut toujours réclamer des emplois stables, cet appel a toutes les chances d'être incantatoire, sauf à rompre avec l'économie mondiale, ce qui ne serait pas sans conséquences pour l'emploi. On peut aussi imaginer que la flexibilité du travail soit compensée par la sécurité des travailleurs. Mais ceci exige que l'assiette des cotisations sociales soit élargie au-delà du seul travail dont la base se rétrécit, et que nous pensions plus en termes d'égalité sociale que de protection des uns au prix de l'externalisation des risques sur les autres, notamment sur les jeunes. Même si aucun pays n'est un modèle, il ne serait pas inutile de regarder hors de nos frontières, où des pays répondent très différemment à des contraintes économiques identiques. Les mouvements sociaux conduits par les jeunes ces derniers mois montrent que si l'esprit démocratique est fort en France, les problèmes sociaux y sont aussi particulièrement aigus et que notre capacité d'action sur les systèmes de formation et d'emploi semble faible.

## Pour aller plus loin

BEAUD Stéphane, *80 % au bac… et après ?, les enfants de la démocratisation scolaire*, La Découverte, Paris, 2002.

COLLECTIF GÉNÉRATION PRÉCAIRE, *Sois stage et tais-toi ! Pour en finir avec l'exploitation des stagiaires*, La Découverte, Paris, 2006.

DOUMAYROU Fanny, « Licenciement, reclassement, déclassement », *Agone*, numéro 26/27, 2002.

DURU-BELLAT Marie, *L'Inflation scolaire, les désillusions de la méritocratie*, Seuil, Paris, 2006.

FORGEOT Gérard et GAUTIER Jérôme, « Insertion professionnelle des jeunes et processus de déclassement », *Économie et Statistique*, n° 304-305, INSEE, 1997.

RAMBACH Anne et Marine, *Les Intellos précaires*, Fayard, Paris, 2001.

◇ **Emmanuel Defouloy.**

**Salariés déclassés**

# Sans-emploi

## Quand la mesure du chômage masque le travail des chômeurs

L a frontière entre chômage et travail est devenue à ce point floue qu'elle tend à disparaître. La multiplication des contrats courts et précaires – intérim, CDD, CDD senior, CES (contrat emploi solidarité), CAE (contrat d'accompagnement dans l'emploi) – entraîne des allers-retours incessants entre l'ANPE et l'emploi. Le développement des postes peu ou pas payés (stages, formations alibis pour fournir de la main-d'œuvre gratuite aux employeurs, temps partiels contraints) accentue la tendance. Avec un contrat de vingt heures par semaine payé au Smic horaire, est-on partiellement chômeur ou partiellement travailleur ? Les possibilités croissantes de cumuler revenus d'assistance (RMI, prime pour l'emploi) et salaires miséreux, ajoutées au durcissement des conditions d'indemnisation du chômage, parachèvent l'évolution. Au lieu de « chômeur », il est plus pertinent de parler de « privé d'emploi stable et décemment payé ».

Le travail ne paie donc plus. Après la dépréciation des emplois de main-d'œuvre des classes populaires, les classes moyennes sont à leur tour déstabilisées. Depuis 2004, la droite s'est donnée comme priorité les contrats aidés et les emplois de service aux personnes, certes socialement utiles mais aussi très mal payés. Hormis pour les cadres protégés par leurs diplômes, la France ne crée plus d'emplois décemment rémunérés : les patrons de PME ont le choix entre délocaliser et pointer eux aussi au chômage ; les grands groupes français ne créent plus d'emplois qu'à l'étranger ; et « un an après un licenciement pour motif économique, 60 % des personnes concernées sont encore au chômage, 15 % occupent un emploi précaire, seulement 15 % ont retrouvé un emploi en CDI[1] », selon un rapport de 2002 sur les restructurations.

La destruction lente du modèle de salariat stable des Trente glorieuses, qui assurait la socialisation et distribuait du pouvoir d'achat, a été longtemps subie. Mais le refus de cette évolution s'exprime désormais au grand jour, lors des périodes électorales ou des mouvements sociaux. Le baromètre officiel du chômage dissimule la réalité, mais plus grand monde n'est dupe. Il n'y avait pas 2,2 millions de privés d'emplois en mai 2006, mais au moins le double. Le mythe d'une large classe moyenne, qui soutient un petit pourcentage d'exclus, a vécu.

## « Tout le monde nous ignore »

Nadine, cinquante-deux ans, et Michèle, cinquante-quatre ans, étaient couturières et ont toutes deux été licenciées en 1999. Michèle est mère célibataire d'un garçon qui va bientôt avoir trente ans. Nadine a eu trois enfants de son mari, qui s'est donné la mort une semaine après le licenciement de sa femme. Elles habitent toutes deux dans le bassin minier lensois, à Liévin et Wingles, ont travaillé dans la même usine près de vingt ans, mais ne se connaissaient que de vue jusqu'au licenciement. Depuis une rencontre en 2000, elles ne se quittent plus, s'épaulant l'une l'autre dans les recherches d'emploi, les difficultés financières, les brocantes du dimanche où elles cherchent à gagner quelques euros. Elles ont écrit le texte ci-dessous, témoignage de leurs efforts incessants depuis sept ans. À cinquante-deux ans, Nadine a reçu en avril 2006 une attestation de dispense de recherche d'emploi, à laquelle elle a droit car, avec ses trois enfants, elle a d'ores et déjà ses 160 trimestres de cotisations pour la retraite. Elle ne va donc plus figurer dans le baromètre mensuel du chômage. Mais elle est toujours sans emploi.

Avril 1999. Fermeture de notre usine. Celle-ci nous employait depuis vingt et vingt-cinq ans. Ce fut un choc terrible. Nous n'avions jamais connu de

---

1   Jean-Pierre AUBERT, *Mutations industrielles*, Rapport au Premier ministre, octobre 2002.

chômage auparavant. Une cellule de reclassement est mise en place. Alors là, le choix de celle-ci ne nous a pas été bénéfique. Nous y allions le plus souvent possible. Ne connaissant pas le fonctionnement des inscriptions aux Assedic, nous nous laissions guider par les membres du cabinet de la cellule. Est-ce que celle-ci était apte ? Certainement pas. Sept ans plus tard, nous en tirons des conclusions négatives. Car très peu de salariés ont retrouvé du travail.

Par exemple, un emploi nous fut proposé : job de vendeuse dans une boulangerie. Une cinquantaine de personnes furent sollicitées, tout le monde se présenta en même temps, mais le comble : la place était déjà prise ! Deux formations ont aussi été proposées par la cellule de reclassement, des formations qui étaient incluses dans le plan social. Si on ne la faisait pas, l'argent était perdu. Nous avons toutes les deux suivi deux formations différentes.

Michèle, ce fut la formation de vente. Nous étions vingt-huit à faire cette formation. À la fin de celle-ci, nous étions certaines de retrouver toutes du travail. Toutes les matières y sont passées : français, mathématiques, etc. C'était très difficile, après autant d'années, de reprendre les études. Ce ne fut pas évident. Quand les deux mois furent terminés, nous avons postulé chacune de notre côté. Mais sans résultat : pas assez d'expérience, trop âgées. Aucune des vingt-huit, à ce jour, n'a retrouvé du travail dans ce secteur. Nadine, ce fut la formation de linge de maison – habillement. Car chez Levi's on ne savait pas travailler, surtout pas coudre ! C'est ce que l'on nous disait à la cellule de reclassement, car on avait fait toujours le même type de travail sur les jeans. Alors, vous reviendrez quand vous aurez fait votre formation ! Mais toujours la même histoire ! Pas de place pour moi après cette formation. Les journées se sont succédé ainsi, à la recherche d'un emploi, visite à l'ANPE où l'on nous faisait comprendre que nous avions le temps car nous avions perçu une belle prime de licenciement. Il y avait d'autres personnes à placer avant nous. [...] Toujours rien à nous proposer.

Alors nous avons décidé toutes les deux de postuler dans les agences d'intérim. Toutes les agences d'intérim y sont passées. Une d'entre elles nous fut bénéfique. Nous avons sympathisé avec la directrice. Elle avait de la compassion pour nous et nous a dit qu'elle ferait son possible pour nous trouver du travail. Et elle a bien tenu sa parole. Car peu de temps après nous avons été appelées toutes les deux pour une entreprise de sous-traitance automobile de la région. Ce qui nous a fait très plaisir et nous a redonné de l'espoir. Malgré le handicap des horaires de travail (de nuit, l'après-midi ou le matin, suivant les semaines), nous nous sommes très vite adaptées. Mais ce fut de courte durée. L'intérim, c'est du provisoire. La directrice nous rappela quelques jours plus tard. Il faut du personnel dans une entreprise de pâtes à gâteaux, petits pains, croissants, nous dit-elle. Mais là, désillusion. Au lieu de faire une semaine comme prévu, nous n'avons travaillé que deux jours. Car il faut savoir que, dans cette entreprise, si votre nom n'est pas inscrit sur le tableau, vous ne revenez pas le jour suivant.

Beaucoup de personnes que nous rencontrons s'imaginent que si vous ne trouvez pas de boulot, c'est soit que vous ne cherchez pas, soit que vous êtes mieux chez vous. Tout cela est complètement faux. Car nous dépensons beaucoup d'énergie et les factures de téléphone, d'essence augmentent. Toutes les entreprises disent la même chose : trop âgées. Ce qui marche dans le monde du travail, c'est le coup de piston. Et c'est ce que nous avons eu. Nous sommes rentrées grâce à ça dans une entreprise de moteurs de voitures qui est implantée près de chez nous. Nous avons effectué quelques longs contrats. Plusieurs mois, ce qui nous a permis de bénéficier de nouveau des Assedic. Quelque temps après, nous avons été appelées par une fabrique théâtrale, qui nous a proposé des petits contrats. Il fallait faire les repas pour des compagnies qui étaient en résidence. Mais ils ont eu aussi des problèmes financiers, et nous avons été beaucoup exploitées. Quelques heures payées pour le double effectué. Mais que voulez-vous, nous n'avions pas le choix et nous étions bien là-bas. Mais ça a été de courte durée. Car ils nous ont vite fait comprendre qu'ils n'avaient plus besoin de nous. Nous avons aussi donné de notre temps et de nos bras pour un traiteur qui, à ce jour, ne se souvient plus de nous et nous attendons toujours notre paye. Avec l'expérience que nous avons eue avec la fabrique théâtrale – faire beaucoup de repas –, nous avons souhaité acquérir un local, pour organiser des rencontres, faire des repas. Et pourquoi pas, avec l'aide de quelques personnes aussi à la recherche d'emploi, nous aurions pu faire quelque chose de bien, des repas pour les visiteurs, pour des personnes âgées, faire de l'accueil. Tout le monde était d'accord avec nous. Mais à ce jour, il n'y a toujours rien de concret et aucune manifestation des personnes que nous avons contactées, le directeur de la CALL [Communauté d'agglomération de Lens-Liévin], les élus locaux. Et nous pensons que tout est tombé à l'eau comme beaucoup d'autres choses. Et que tout le monde nous ignore.

Nadine J. et Michèle S.

## « À partir de quarante-cinq ans, on te dit déjà que t'es trop vieux »

Le jour même où je rencontre Laurette et Jacky dans leur appartement d'une petite cité de Vichy, dans l'Allier, derrière un supermarché Cora, le Premier ministre Dominique de Villepin annonce son plan pour l'emploi des seniors. Un plan national d'action destiné à développer d'ici 2010 l'emploi des plus de cinquante-sept ans, dont la mesure principale est un « CDD senior » de dix-huit mois renouvelable une fois.

Sans-emploi

> « Ils se foutent de la gueule du monde ! lance Jacky, soixante ans. Aujourd'hui, les entreprises foutent systématiquement les gens âgés dehors ! Dès que vous avez cinquante ans, on vous surveille. Pour une bonne raison, à cet âge-là, les gens coûtent trop cher. Les jeunes, on les rentre dans le système, mais avec des salaires au ras des pâquerettes. Nous, on a commencé bas, mais aujourd'hui, c'est encore pire. »
>
> Et Laurette, cinquante-sept ans, de poursuivre : « À partir de quarante-cinq ans, on te dit déjà que t'es trop vieux. »

Laurette et Jacky savent de quoi ils parlent. Ils ont toujours souhaité travailler, ont même fait preuve d'une grande mobilité, mais pourtant...

Originaire de la région d'Orléans, Jacky a commencé à travailler à dix-sept ans, avec un CAP d'ajusteur. Originaire de Soissons dans l'Aisne, Laurette a débuté à quatorze ans avec le certificat d'études, en distribuant du courrier à la Poste, puis elle a travaillé en usine à partir de la naissance de son fils. En 1990, du fait de la fermeture de l'usine de pneus Michelin d'Orléans dans laquelle il travaillait, Jacky a accepté de déménager à Soissons, pour être salarié d'une filiale de Michelin spécialisée dans les pneus pour cycles, Wolber. Il y a été responsable du planning usine, jusqu'à début 2000, quand ce site aussi a fermé. L'entreprise Michelin a fait comme ses concurrents, qui ne fabriquaient déjà plus de pneus de vélos et de chambres à air en Europe de l'Ouest, elle s'est adressée à des sous-traitants en Thaïlande pour fournir les marchés français et européen approvisionnés auparavant par Wolber. Quinquagénaire, Jacky a alors consenti à quitter Soissons pour Clermont-Ferrand, siège historique de Michelin, reclassé en interne par la multinationale du pneumatique. Mais, deux ans et demi plus tard, il est à nouveau poussé au départ, dans le cadre du grand plan de suppression de 7 500 emplois en Europe entre 1999 et 2002.

> « J'avais cinquante-sept ans, comme j'avais mon nombre d'annuités, ils m'ont dit de partir. Et si je veux rester ? "On sait pas ce qu'on vous donnera à faire", m'a-t-on répondu. Et on appelle ça le volontariat ! On vous considère officiellement comme volontaire, mais en fait vous n'avez pas le choix ! »
>
> « On l'a fait descendre à cinquante-cinq ans à Clermont et à cinquante-sept ans et demi on lui a demandé de partir en cessation d'activité », résume Laurette.

Elle a eu encore moins de chance. En 2000, à la fermeture de l'usine Wolber, où elle avait travaillé vingt-six ans, Laurette s'est déclarée mobile mais Michelin ne lui a rien proposé. Elle a donc suivi son compagnon à Clermont-Ferrand, non sans avoir revendu la maison qu'ils avaient achetée ensemble un an et demi auparavant dans le Soissonnais. Ensuite, « Ça a été cinq ans de galère », explique-t-elle. Par trois fois, en 2001, 2002 et 2003, elle a proposé sa candidature à Michelin, à la suite d'annonces de recrutement parues dans *La Montagne*, le grand quotidien de la région. Par trois fois, Michelin l'a écartée. « Votre formation et votre expérience professionnelle n'entrant pas pleinement dans le cadre de nos besoins actuels, nous regrettons de ne pas pouvoir donner une suite favorable à votre demande », lui a-t-on écrit la troisième fois. Après la cessation d'activité de son compagnon, elle a aussi postulé dans l'usine Michelin de Decize (Nièvre), sans plus de succès. Entre-temps, elle a donc accepté un CES au centre hospitalier de Clermont-Ferrand, mais qui n'a duré que douze mois. Puis elle a travaillé huit mois comme gardienne d'immeuble à Rive-de-Gier (Loire), avant de s'installer avec Jacky à Vichy, où elle a enfin décroché en juin 2004 un CDI de « gardiennage et gestion d'immeubles » dans le logement social. Pour le groupe Logivis, elle gère 382 logements (documents administratifs, états des lieux, etc.) dans l'Allier. Et ce travail lui plaît. Mais tous deux sont très pessimistes sur l'avenir des emplois dans l'industrie de main-d'œuvre, notamment chez Michelin. « Il ne faut pas se faire d'illusions, bientôt à Clermont-Ferrand, il n'y aura plus de fabrication. »

### « Ici, loin des dieux, on meurt en silence »

Au temps de la mondialisation commerciale et financière, les PME disparaissent et les patrons, comme leurs salariés, pointent au chômage. Dans le département de l'Indre, fin 2004, à l'approche de la levée des quotas sur les importations de textiles chinois le 1er janvier 2005, la situation des entreprises de l'habillement n'était déjà pas réjouissante. En vingt-cinq ans, les emplois de confection dans le département avaient fondu de 8 300 à 750.

> « Ici, ce sont de petites unités, dispersées en zone rurale, loin des dieux. On meurt en silence, expliquait alors la styliste et sœur du patron de la Manufacture issoldunoise de confection (MIC). Dans les petits villages, les couturières apportaient un deuxième salaire à la famille. Cela permettait d'acheter une deuxième voiture. Aujourd'hui, à part employées de maison, les licenciées ne retrouvent pas de travail et la région s'appauvrit. »

Mais si l'entreprise Barmette, à Buzançais près de Châteauroux, semblait alors sur le point de disparaître (ce qui s'est concrétisé cinq mois plus

Sans-emploi

tard), la MIC à Issoudun et l'entreprise Hervier à Châtillon-sur-Indre paraissaient en revanche avoir retrouvé de l'allant. Contrairement à Barmette, les patrons de ces deux PME avaient accepté de délocaliser partiellement leur production. *In extremis*, suite à la liquidation en 2003 d'une PME de Roanne (Loire), la MIC avait pu racheter la marque féminine « Couleur du temps » et la faire fabriquer en Pologne en grandes tailles, un marché de niche sur lequel le P-DG Jean-Charles Moreux pariait pour ne pas être concurrencé par des pays à bas salaires. « Avec la marge dégagée là-bas, je peux encore payer mes ouvriers français », expliquait alors M. Moreux, qui avait donné du même coup du travail au façonnier Hervier, qui avait en partie délocalisé ses activités en Tunisie et en Pologne.

Pourtant, un peu plus d'un an plus tard, contacté pour ce livre, M. Moreux pointait à l'ANPE car la MIC avait été liquidée, entraînant Hervier dans sa chute. « On est en train de créer deux mondes, celui de la finance, de la distribution et des grands groupes ; et celui qui s'appauvrit et disparaît, les entreprises moyennes, les cadres moyens, l'artisanat », avait estimé Jean-Charles Moreux fin 2004. Une sorte de prémonition.

Rencontré en juin 2006 au siège du Medef de Châteauroux, avec le responsable patronal du textile de la région Centre, Alexandre Pennazio, M. Moreux accuse « la principale assurance-crédit française » d'avoir causé sa perte. Alors que les commandes étaient florissantes, cette filiale d'un grand groupe financier a annoncé aux fournisseurs de tissus de la MIC qu'elle n'assurerait plus leurs livraisons.

> « Cette filiale n'avait pas été assez rentable en 2004, et pour améliorer ses résultats, on lui a demandé de se désengager des secteurs à risque » ; l'habillement a été considéré comme tel après la levée des quotas sur les importations chinoises, explique M. Moreux. « Ils se désengagent dans la globalité, avec des ordinateurs et des chiffres, sans prendre en compte la situation de l'entreprise ni le soutien de l'État, du jour au lendemain. Dans le cas d'une entreprise comme la nôtre, c'est de l'assassinat pur et simple. »

À cette occasion, le P-DG a découvert avec intérêt l'implication de l'État et des pouvoirs publics – « le préfet, le TPG [trésorier payeur général], la DRIRE [Direction régionale de l'industrie, de la recherche de l'environnement] » – mais ceux-ci n'ont pas pu faire changer d'avis le groupe d'assurance-crédit.

> « Il faut arrêter de dire que les entrepreneurs et l'État ne font pas leur boulot, à mon avis le grand coupable à l'heure actuelle, c'est le système financier dans son ensemble, qui est devenu la plus grande multinationale du monde et se

désintéresse des gens, des salariés comme des employeurs. Il n'y a aucune barrière pour nous protéger de ces gens-là. »

À l'entendre, les financiers incitent aussi à délocaliser :

« On m'a dit : "Si votre projet avait été monté uniquement en délocalisation, sans fabrication locale, il aurait été beaucoup plus présentable." »

Mais Jean-Charles Moreux avait encore soixante-trois salariés en France :

« La famille Moreux employait depuis quarante ans à Issoudun. Quand on a une certaine conscience, on n'ose pas le faire, on ne jette pas des gens comme ça. Résultat, on a pris du retard. D'ailleurs, les chefs d'entreprise font énormément de social, contrairement à ce qui se dit, car entre les PME et les grandes entreprises, il n'y a rien à voir. Les multinationales n'ont pas de patrie, mais ce sont les PME qui se prennent tout dans la gueule. En France, l'entrepreneur individuel, on ne fait pas grand-chose pour lui. »

Et le P-DG d'espérer que l'expérience du textile servira de leçon :

« C'est le textile à l'heure actuelle, mais demain ça peut être n'importe quel secteur d'activité de main-d'œuvre. On est les précurseurs de cette mondialisation, mais d'autres métiers vont être touchés, ça commence pour la métallurgie. C'est maintenant qu'il faut mettre des garde-fous, avant que ce soit la catastrophe. »

« Mes anciennes salariées font des ménages, de l'aide à domicile, mais elles ne veulent plus aller en confection et je les comprends, poursuit M. Moreux, j'ai connu une fille, dans le secteur de Valençay, qui en était à son septième dépôt de bilan. »

« On a souvent parlé des "petites mains" dans notre métier, mais toutes les entreprises fermées ont laissé partir dans la nature des mains en or et ce sont des métiers et des savoir-faire qui disparaissent », ajoute M. Pennazio.

L'ex-P-DG de la MIC, quarante-six ans, pointe comme ses ex-salariés à l'ANPE. Il a été approché pour un poste de commercial dans un groupe d'habillement, mais lui aussi hésite désormais à retourner dans ce secteur qu'il a tant aimé. « Je suis écœuré, vous ne pouvez pas savoir à quel point. Vous êtes le dernier que je recevrai, maintenant je ne veux plus en parler. »

Sans-emploi

### ▰▰▰▰▰ « Je ne vois pas où le chômage baisse »

« Pour l'emploi, ça va réellement mieux. » En juin 2006, à quelques heures de l'annonce par le ministre de l'Emploi, Jean-Louis Borloo, d'un « recul historique » du chômage au mois de mai précédent, un autre ministre du gouvernement ne pouvait s'empêcher de se réjouir, auprès d'une poignée de journalistes et en « off », à l'occasion du lancement d'une nouvelle opération pour l'emploi. Et ce ministre d'ajouter : « C'est d'autant plus étonnant de voir un sondage Sofres montrant que 85 % des Français considèrent que leur situation économique se dégrade. C'est une perception psychologique. »

Entre la communication politique et la perception que les Français ont de la réalité économique et sociale, le décalage est en effet profond. Globalement, le discours gouvernemental sur la baisse du chômage n'est plus considéré comme crédible, et d'autant moins dans les classes populaires. À écouter des ouvrières licenciées en 1999 par Levi Strauss, quand le chômage augmente, c'est logique, et quand il baisse, elles n'y croient pas, non par simple défiance envers le gouvernement, mais parce que l'environnement dans lequel elles vivent ne leur renvoie pas cette image, en période de croissance comme de stagnation. En mai 2000, Véronique, vingt-huit ans à l'époque, expliquait qu'elle en voulait davantage aux dirigeants politiques qu'à l'entreprise qui l'avait licenciée, car pour elle le chômage n'était pas en baisse, « contrairement à ce que dit Martine Aubry », alors ministre du Travail d'un gouvernement de gauche.

> « Il y a de plus en plus d'usines qui ferment en ce moment, donc je ne vois pas où le chômage baisse. » Cette opinion, Véronique la tenait de son mari, qui installait des engins de manutention dans les entreprises. « Mon mari, dans ses déplacements, il voit à peu près les usines qui vont fermer. Il y en a de plus en plus. »
>
> Cinq ans plus tard, en juillet 2005, sous un gouvernement de droite, une autre ex-couturière, Colette, tenait des propos similaires : « Nous, on ne sait pas quoi penser. On regarde la télé, le chômage il n'augmente pas. Les usines elles ferment, mais le chômage n'augmente pas. Je ne comprends pas leur comptage. On donne des CES ici et là, ça fait des chômeurs en moins, mais ils ne disent pas que c'est provisoire. »

Si les statistiques du chômage font l'objet d'un débat au grand jour depuis 2005, la différence entre le baromètre officiel et la réalité est plus ancienne. Par exemple, entre janvier 1997 et janvier 2000, le nombre de demandeurs d'emploi hors statistique officielle avait déjà augmenté de plus de 500 000, absorbant près de 90 % de la baisse affichée par l'indicateur « officiel » [2]. En effet, depuis vingt ans, des changements statistiques ont exclu une part grandissante de chômeurs, si bien que le baromètre commenté chaque mois ignore en 2006 près d'un chômeur sur deux. Deux grands changements ont eu lieu : l'apparition en 1985 de la catégorie des « dispensés de recherche d'emploi » (DRE) et celle, en 1995, des chômeurs exerçant des « activités réduites » de plus de 78 heures par mois.

À l'ANPE, les chômeurs sont répartis en huit catégories, mais seule la première sert de baromètre officiel. Ne sont pas comptabilisés dans ce baromètre les chômeurs qui cherchent un emploi à temps partiel ou temporaire (catégories 2 et 3), ni ceux en formation ou en maladie (catégorie 4). Ne figurent pas non plus ceux des catégories 6, 7 et 8 qui ont travaillé plus de 78 heures dans le mois, même si cet emploi à temps partiel, contraint, est très mal payé et accepté faute de mieux en attendant des conditions de travail plus décentes. Or le nombre de Français de ces catégories a explosé, surtout à la fin des années 1990, reflet de la précarité croissante et de la multiplication des travailleurs pauvres. Les dispensés de recherche d'emploi, à partir d'un certain âge (en théorie cinquante-sept ans mais en pratique de plus en plus tôt), ne figurent pas non plus dans le baromètre officiel. Fin mai 2006, il y en avait plus de 411 000, contre 80 000 en 1986. Grâce à ces manipulations, les effectifs des catégories 2, 3, 6, 7 et 8 et DRE ont augmenté de 100 000 entre 1993 et 1997, puis de 400 000 entre 1997 et 2001, et de 160 000 entre 2001 et 2005.

Les pratiques de radiation sont, elles, passées de 5 000 par mois en 1995 à environ 35 000 en 2006. Depuis 2005, nombreux sont les chômeurs convoqués à un entretien individuel qui se sont retrouvés avec une cinquantaine d'autres et se sont vus contraints d'accepter des « stages de remobilisation », au risque d'être radiés. Dans les deux cas, ils ne seront plus dans le baromètre officiel. Pour les ex-couturières de Levi Strauss, les formations sans débouchés dans la vente ont figuré parmi les pratiques les plus choquantes. En 2000, Véronique a suivi une formation de vente puis fait un stage au rayon vêtements d'un supermarché Cora :

> « Derrière les habits, je mettais les prix, les antivols. Au matin, avant l'ouverture, on mettait bien les tailles dans l'ordre. J'aimais bien. Entre deux, j'allais à la cabine d'essayage mettre des aiguilles. Mais ils prennent beaucoup de stagiaires, ils n'embauchent pas beaucoup. »

---

2  L'ensemble des chiffres concernant le comptage du chômage sont issus des travaux de Pierre CONCIALDI, en particulier « Des chômages de plus en plus invisibles », note de *CERC-Association*, n° 10, juin 2001.

Sans-emploi

Véronique n'a pas été gardée : « J'ai pleuré le dernier jour, parce que j'aimais bien. En fait, ils profitent des stagiaires. »

Même sentiment pour Colette, qui a fait un stage chez Carrefour : « Après la cellule de reclassement, j'ai fait une formation avec l'ANPE. On m'avait dit, peut-être qu'il y a une possibilité d'embauche. Ça n'a débouché sur rien. Six semaines de stage, même pas merci, au revoir. J'ai pratiquement rien appris, j'étais dans les rayons à biper les prix. Je n'étais pas payée. Ils font ça avec tout le monde. Les stages scolaires, encore, je veux bien… »

Au final, alors qu'un chômeur sur dix était hors statistique officielle il y a vingt ans, ils sont 43 % aujourd'hui. Ainsi, en mai 2006, quand Jean-Louis Borloo a annoncé un recul « historique » du chômage à 2 213 100 demandeurs d'emploi, il y en avait 1,5 millions de plus dans les catégories 2, 3, 6, 7 et 8, et plus de 400 000 dispensés de recherche d'emploi, soit au total quelque 4 millions. Avec les chômeurs des départements d'outre-mer (DOM), également exclus des statistiques officielles chaque mois, et les centaines de milliers de Rmistes non inscrits à l'ANPE, il s'agit de 4,5 à 5 millions de personnes. Pratiquement 20 % de la population active.

---

**Entretien avec**

# Pierre Concialdi

Chercheur à l'Institut de recherches économiques et sociales (IRES), il est aussi l'un des animateurs du Réseau d'alerte sur les inégalités, qui a mis en place le Bip 40, un baromètre des inégalités et de la pauvreté.

## Comment des centaines de milliers de chômeurs sont basculés des catégories « visibles » vers les catégories « invisibles »

**Vous constatez depuis longtemps déjà, surtout à partir de 1997, une forte progression des catégories de demandeurs d'emploi non comptabilisées dans l'indicateur officiel du chômage. Pourquoi le débat sur les chiffres du chômage n'a-t-il surgi que ces derniers mois ?**

Lorsque le chômage augmente, ce qui a été massivement le cas depuis l'arrivée de la droite au pouvoir en 2002 jusqu'à ces derniers mois, la question de la manipulation statistique n'est guère posée. En revanche, cette question revient quand le chômage baisse. Après plus de vingt années de manipulation de la statistique du chômage, plus personne n'est dupe et le soupçon resurgit toujours, notamment à l'approche d'échéances électorales. Par ailleurs, le commentaire conjoncturel des chiffres du chômage focalise le débat sur la tendance plus que sur le niveau du chômage. Or le caractère de plus en plus invisible du chômage est un phénomène structurel qui se prête moins, de ce fait, à des commentaires d'actualité.

**Les manipulations des chiffres du chômage n'ont pas été, selon vous, de même nature entre 1997 et 2001 et après 2002. Quelles sont les différences ?**

Jusqu'en 1997, on a surtout changé les règles de comptage des chômeurs. Entre 1997 et 2001, ce sont les pratiques d'inscription des chômeurs qui ont changé. Plusieurs centaines de milliers de chômeurs ont ainsi été basculés – sans motif apparent – des catégories « visibles » vers les catégories « invisibles ». Ces pratiques ont eu pour effet d'amplifier la baisse du chômage, qui a été malgré tout bien réelle. Depuis 2002, plusieurs facteurs se sont conjugués. La hausse des radiations administratives s'est poursuivie : leur volume a plus que doublé entre 2002 et 2006. Mais ce sont surtout les départs massifs en retraite et la multiplication récente des emplois aidés qui ont permis de dégonfler la statistique.

**Vous écriviez en 2001 que « le débat public ne peut plus rester focalisé sur une statistique rendue obsolète par les transformations du marché du travail [3] ». Pourtant, le baromètre officiel ne comptabilisant que les demandeurs d'emploi de la catégorie 1 continue d'être au centre de la communication du gouvernement. Qu'en concluez-vous ?**

On a souvent tendance à assimiler baisse du chômage et amélioration de l'emploi. C'est ce que tente de faire le gouvernement actuel en voulant faire croire que la baisse de la statistique officielle est le résultat de sa politique. Pourtant, les liens ne sont pas mécaniques. Sur la période récente notamment, la baisse du chômage officiel traduit surtout une diminution de la population active (c'est-à-dire une baisse des besoins quantitatifs d'emploi) et non une amélioration significative de l'emploi, dont le volume est artificiellement soutenu par des emplois aidés. On est dans le registre d'une gestion électoraliste de la statistique du chômage.

**Ces manipulations se retrouvent-elles dans d'autres pays, notamment ceux que l'on présente fréquemment en France comme des « modèles » pour l'emploi ?**

La notion de modèle est très discutable et on ne peut pas toujours parler de manipulation. Ceci dit, il est clair que les statistiques administratives du

---

3    Pierre CONCIALDI, « Des chômages de plus en plus invisibles », *op. cit.*

Sans-emploi

chômage – qui sont les plus aisément manipulables – sont influencées par les politiques d'emploi nationales. Au Royaume-Uni, le nombre de titulaires du régime d'invalidité (*Incapacity Benefit*) a atteint officiellement 2,7 millions de personnes, soit une progression d'un million en dix ans. Par ailleurs, les contraintes imposées aux chômeurs peuvent les conduire à accepter des petits boulots, faute de quoi ils sont exclus du chômage. Dans certains pays nordiques, l'ampleur des politiques actives de formation des chômeurs peut aussi embellir la statistique.

**Compte tenu de la montée de la précarité, la frontière est de plus en plus floue entre chômeurs et travailleurs. Qui sont les chômeurs-travailleurs et les travailleurs pauvres apparus au cours des années 1990 ?**

Avec le délitement de l'indemnisation du chômage, de plus en plus de chômeurs se trouvent dans la nécessité d'accepter des petits boulots pour boucler les fins de mois. Après l'élargissement en 1992 et 1995 des possibilités de cumul entre indemnisation de chômage et salaire, on a assisté à une envolée de ces « chômeurs travailleurs » : aujourd'hui, plus d'un tiers des demandeurs d'emploi inscrits à l'ANPE travaillent chaque mois, contre moins de 10 % au début des années 1990. La pauvreté laborieuse traduit, elle, un processus profond de dévalorisation du travail salarié, qui se conjugue avec le développement de nouvelles formes d'inégalité salariale liées, en particulier, au travail précaire.

**Stagnation du pouvoir d'achat, dévalorisation du travail salarié : pour remédier à ces tendances lourdes, vous pensez qu'il faut rompre avec la politique de baisse du coût du travail engagée depuis vingt ans, afin de stopper la spirale qui tire les salaires vers le bas. Mais cette politique de régulation est-elle possible pour l'Union européenne dans le cadre de la mondialisation ?**

L'essentiel du commerce extérieur des pays de l'Union européenne (plus de 80 %) est un commerce intra-européen. Il ne faut donc pas surestimer la « menace » des pays à bas salaires. Une meilleure coordination des politiques économiques, une redéfinition des objectifs de la Banque centrale européenne pourraient contribuer à améliorer la situation de l'emploi et des salaires. Au niveau mondial, la solution ne réside pas nécessairement dans le protectionnisme, même si des formes de protection pourraient s'avérer nécessaires, notamment dans le domaine de la sécurité alimentaire. Il faut promouvoir des règles de commerce et de coopération qui prennent en compte de façon équitable la situation des différents pays. Ceci est possible. Car la mondialisation, ce n'est pas l'absence de règles, mais de nouvelles régulations (celles de l'Organisation mondiale du commerce par exemple, ou encore celles que promeut la Commission européenne) au service d'intérêts particuliers qui ne sont pas aujourd'hui ceux des populations. Sauf à imaginer que le monde devrait se transformer en une jungle, il y aura toujours des régulations. Et il n'y aucune raison de penser que ces règles ne devraient pas concourir à un meilleur bien-être des salariés. En Chine aussi, on dit aux salariés qu'il faut se serrer la ceinture...

## Pour aller plus loin

BRUTUS Fabienne, *Chômage, des secrets bien gardés*, Jean-Claude Gawsewitch éditeur, Paris, 2006.
DOUMAYROU Fanny, « Chômage : le grand camouflage », *L'Humanité*, 10 mars 2006.
GUILLUY Christophe et NOYE Christophe, *Atlas des nouvelles fractures sociales en France, les classes moyennes oubliées et précarisées*, Autrement, Paris, 2004.

◊ **Emmanuel Defouloy.**

# Sans-domicile

Ceux qui ne disent jamais « chez moi »

Il y a d'abord le visible. Le sans-abri, silhouette tassée, le bol en plastique, le carton par terre, la bouteille. Tellement vu que l'idée ne nous traverse plus que cet homme assis par terre a des souvenirs d'enfance, des goûts musicaux, le droit de vote s'il est français, peur de vieillir, et peut-être envie d'échanger. Il est apparu en France à la fin des années 1980, personnifiant le retour du vagabond et du clochard. Il est sous nos yeux. L'image la plus violente, la plus dérangeante de la pauvreté. Il est assis à sa place dans la ville, familier, mais lointain. On voit sa silhouette, lui, on ne le voit plus. Sauf en hiver, quand la presse et la télévision s'émeuvent de ce qu'il fait froid.

Et puis il y a l'invisible. Le sans-domicile dont on ne soupçonne pas l'existence. Le jeune qui vole pour vivre, bien habillé, au point que c'est au travailleur social en maraude de se rendre visible pour qu'il vienne à lui. Le travailleur précaire qui cache sa condition. Ceux qui vivent à l'hôtel, en foyer d'urgence, ou dans un appartement payé par une association, les habitantes des foyers mère-enfant, les femmes victimes de violence, les cohabitants contraints...

Difficile de les compter. Le seul chiffre sûr, c'est 100 000 en 2001, y compris 6 500 personnes logées en centres d'accueil pour demandeurs d'asile (CADA), centres provisoires d'hébergement, et centres de transit. Mais ce chiffre a progressé, justement en raison de l'augmentation des demandeurs d'asile.

En octobre 2005, la Fondation Abbé-Pierre estimait à 600 000 le déficit de logements sociaux. Le ministre de la Cohésion sociale Jean-Louis Borloo annonçait la création de 5 000 places en résidences hôtelières à vocation sociale, 5 000 en logements d'urgence et d'insertion, 500 000 logements sociaux et 200 000 habitations « à loyers conventionnés » dans le parc privé d'ici 2009. La Fondation pensait à l'époque qu'on était « loin des enjeux soulevés par la plus grave crise du logement depuis cinquante ans », et considérait que les mesures annoncées favoriseraient surtout les classes moyennes. Le programme, commencé en 2005 avec un objectif de 90 000 logements, n'a pas atteint ses objectifs.

## ▰▰▰ Tisser le lien avec les vétérans de la rue

Pluie fine et froide aux pieds à Dunkerque. Février 2005. Il fait cinq degrés à tout casser. Sur le parking du supermarché Atac, Raymond marche, manteau kaki, sac à l'épaule, bonnet sur les oreilles et embonpoint. Philippe Toulouse, éducateur, s'approche : « Il est là mon copain. » Toute la journée, Philippe cherche le sans-abri. Celui qui est à la rue depuis des années. Qui refuse les centres d'accueil, même l'hiver, parce qu'il n'a pas le droit d'y amener sa bouteille ni son chien, parce qu'il a peur des « jeunes », qui rackettent et « te démontent la tête pour deux euros ». Raymond, ancien monteur en charpente métallique, quarante-huit ans, vit dans un vieux chalutier piqué de rouille, amarré. « Je squatte là. » Le chalutier tangue un peu. À l'intérieur, des matelas, des couvertures, des bougies plantées dans des bouteilles. Le froid suinte. Il a un autre squat, au cas où, la cave de son ancien immeuble. « J'ai les clés. » Un jour, la voisine a porté plainte. Depuis, il attend la nuit, et se faufile. « À la cave, j'ai toujours un petit peu de bouffe, une boîte de camembert, des canettes. » Le bateau grince. « Il parle, corrige Raymond, il se plaint parce que c'est sa fin de carrière. »

Les vieux sans abri sont les plus visibles. Et pourtant les moins compris des pouvoirs publics et du public. « On va à leur rencontre quinze jours par an, quand il fait très froid, et on s'étonne qu'ils ne veuillent pas venir dans les locaux "grand froid". C'est toute l'année qu'il faut tisser les

**Sans-domicile**

liens », pense Philippe Toulouse, qui maraude dans la ville à leur rencontre.

Fin janvier, Raymond dormait dans le local « grand froid », ouvert par moins cinq degrés et géré par des associations, dont celle de Philippe, l'Association action éducative (AAE). Un lieu adapté aux plus rétifs. Les chiens et les bouteilles sont acceptés, les jeunes dorment ailleurs, et il n'y a pas d'horaires. « On s'adapte à leur mode de vie pour sauver des vies. Ce sont ces sans-abri-là, les très désocialisés, vieillis par les années de rue, qui meurent en premier », explique l'éducateur. En treize ans de travail, il a connu soixante-dix morts. Pas plus en hiver qu'en été. « Mais à la télé, on n'en parle qu'en hiver. »

Le local, « c'est merveilleux, dit Raymond, on est tous ensemble dans la même merde, avec les copains. Quand je suis tout seul, la bouteille, elle peut pas me répondre ». Il préfère « être là-bas que naviguer ». À présent, il navigue. Il ne gèle plus, le local a fermé. « On recueille un naufragé, résume Philippe, et on le rejette à l'eau quand la tempête est moins forte. » L'éducateur milite pour la construction de quinze studios, à Dunkerque, pour les sans-abri âgés. Avec une « maîtresse de maison », parce qu'un studio isolé, ça ne marche pas toujours pour retrouver la vie d'avant. « Parfois, on retrouve le gars par terre, sur un carton, au pied du lit. Il reproduit le squat dans son studio. »

Au pied de l'immeuble de la communauté urbaine de Dunkerque, Fifi, quarante-huit ans, ancien responsable d'accueil dans un collège, neuf ans de rue, Christian, ancien manutentionnaire, cinquante-cinq ans, neuf ans de rue, et le chien, Junior. Les deux hommes se sont trouvés il y a un an. « La chaleur humaine, ça réchauffe », sourit Fifi, un grand brun au bouc pointu. Ils sont moins vulnérables à deux. « On est toujours obligé de dormir d'un œil. » À l'affût. « Un jour, on nous a balancé une bouteille de sangria. Vide, ils l'avaient bue, ces salauds. » Le pire : la sortie du bureau de poste, le 5 du mois, le RMI (433 euros) dans la poche. Pendant dix mois, Fifi a vécu sans RMI. « Il avait signé une procuration à un camarade de la rue qui a vidé son compte », explique Philippe. Ils ne vont jamais dans les foyers pour hommes seuls. « Un jour, j'ai vu arriver le coup de poignard », se souvient Christian. Fifi, le froid l'énerve : « Quand il fait moins cinq, c'est niveau deux, on est d'accord. Et quand il y a du vent et qu'il pleut à verse, c'est quel niveau ça ? Il devrait pas y avoir de niveau, parce qu'on est des êtres humains. » Un jour, à force d'engelures, les ongles de ses deux gros orteils sont tombés.

Ils font la manche chacun de leur côté. L'un pour les cigarettes « et tout ça », l'autre pour le repas. Christian, barbu, les yeux bleus, boucles blondes sur le front, corrige : « Je fais pas la manche. On me donne. » Il s'assoit près d'une boulangerie. « Tous les jours, une gamine de quatre ans me donne un euro. » Un instituteur vient aussi. « Il me discute de ses problèmes. À Noël, il m'a dit : "Tu veux une veste ?" Le lendemain, il m'a payé une veste neuve, et il m'a donné dix euros. Je lui ai dit : "T'es con ou quoi ?" Y a des gens bien. »

Le chien a son petit pain au chocolat. « Tous les jours, on m'en donne huit ou neuf. On ne refuse jamais, sinon, on est foutus. Alors, on en donne un au chien. » Il calcule : « 1,70 euro c'est du mousseux pour deux ; 1,10 c'est cinq cigares Amigos au détail ; 1,19 huit tranches de jambon à Lidl. Si on fait assez de sous, on se balade, on va voir les bateaux. »

Au siège de l'association, Jacqueline, blouse de femme de ménage, cheveux courts, surprise de voir Fifi et Christian. À cause de ses nouveaux horaires, elle ne voit presque plus ses « gars ». Elle les embrasse, ils lui tiennent les épaules. « T'as pas besoin de chaussettes, ou quelque chose ? » Christian n'a besoin de rien, il a envie de piscine.

> « Quand je suis dans l'eau je bouge plus, elle me subjugue, elle m'apaise. Quand j'étais petit, on allait une journée à la mer, avec ma petite sœur et mon petit frère. Je faisais attention à eux. On allait aux crevettes, y en avait des grosses. Et les moules, il y en avait plus qu'aujourd'hui. C'était le vieux Dunkerque. Maintenant, c'est une ville de fous [1]. »

## ▰▰▰▰ Retrouver un logement vingt-cinq ans après

Raymond ne se souvient plus de ce jour de février 2005. On lui secoue la mémoire : « Mais si, on avait parlé des grincements du vieux bateau. » Son visage s'éclaire : « Aaaaaah. C'est vrai, un bateau, ça parle. » Un an et demi après, c'est l'été. Raymond a quitté son vieux chalutier. Il ne dit pas pourquoi. Peut-être chassé par des plus costauds que lui. Depuis, il vit toujours à Dunkerque, toujours dehors. Ça va ? « La manche, tranquille. Je suis pas souvent embêté. » Il sort de l'hôpital, il avait été tabassé pour les trois cent euros cachés dans les poches de son blouson. « J'avais les yeux comme des coquelicots. » Il rêve d'un studio, bientôt, avec l'aide de l'association. Le grand saut, de la rue à la maison. « Un petit truc à moi, tranquille. Ma télé, mon petit lit, ma petite chambre. » Il pourrait s'installer avec Christian.

---

1   Ce texte est une version remaniée d'un article paru dans *Libération* le 15 février 2005.

Sans-domicile

Christian a toujours ses boucles blondes, mais sa barbe est plus blanche. En ce moment, il a un filon pour les sandwiches le soir, dans une benne, derrière une boulangerie. Le chien Junior est mort. « Ça m'a fait un sacré coup, quatorze ans que je l'avais. » Au printemps, il avait emménagé dans un studio, son dossier avait été accepté, avec aide personnalisée au logement (APL), et caution payée par le fonds de solidarité logement (FSL). Mais il a rendu les clés au bout de trois mois. « Un coup de tête. On est tellement habitué dehors. » Philippe, l'éducateur : « La rue l'a aspiré. Il est plus isolé dans un logement que dans la rue. » Christian promet : « La prochaine fois, ce sera la bonne. » Ça devient urgent. À cinquante-six ans, il est fatigué.

> « J'ai passé trois semaines d'hôpital. J'étais tombé à la renverse à l'Estaminet du cœur, dans le coma. Je manque de globules blancs et de globules rouges. J'ai pris un coup de vieux. »

Dans le studio, il avait fini par recevoir les visites d'un autre sans-abri, avec ses deux grands chiens, interdits dans l'immeuble, et mal vus des voisins. Il n'en dira pas plus.

Il pense à se calmer sur l'alcool. « Quand j'arrête, je me sens mieux. Mais c'est notre vie. C'est le corps qui demande. » Christian a été élevé par ses grands-parents. À trente ans, il a perdu Albert, son jumeau. Il en pleure. Christian ne s'est jamais marié. « Ma fiancée est morte. Maintenant, je suis tout seul, un vieux grigou. » Il offre parfois des fleurs aux dames, à une poissonnière « maousse » de la place du Minck, ou à une bénévole de l'Estaminet du cœur.

> « Je demande une rose au fleuriste. Je lui dis : "Une rose, il faut l'aimer quand elle commence à se faner. Elle n'est plus si belle, mais elle rayonne encore." Et il me la donne. »

Fifi, c'est le troisième, qui naviguait dans Dunkerque avec Christian et Junior. Il vit seul en studio, chez un propriétaire privé, dans la banlieue de Dunkerque. Il a habité dans le local « grand froid » tout l'hiver [2]. « On a trouvé ce logement juste après », explique Philippe. Un succès, pour l'instant.

> « Ça fait quatre mois. Il évite de venir à Dunkerque pour ne pas être tenté de vivre la rue. Mais la souffrance affective est toujours là. Et il ne donne pas trop de nouvelles. On doit être vigilant. »

---

2   À Dunkerque, où la pluie et le vent aggravent la vie à la rue, les associations ont réussi à convaincre les pouvoirs publics de l'ouvrir tout l'hiver, et pas seulement à – 5 °C.

Payer le loyer, nettoyer, faire les courses, se faire d'autres amis, il faut apprendre. À part la rue, il ne connaît pas grand-chose. Il est comme un lion en cage, il reproduit à l'intérieur sa vie de squat et de liberté. Philippe « travaille sur la resocialisation ». Toute l'année, il propose des sorties – le foot à Lens –, des échanges – grand débat sur le CPE ou le coup de boule de Zidane. « Une quarantaine se sont inscrits sur les listes électorales. » Au passage, un sans-abri âgé a fini par réussir son installation après dix tentatives. « Il avait vingt-cinq ans de rue, ça faisait quatorze ans qu'on l'accompagnait. » Orphelin, toujours élevé en institution, il s'est retrouvé à la rue adulte. Au début, l'association a fait les courses avec lui. « La première fois, il avait pris dix kilos de raisin, dix bouteilles de vin et un camembert. »

Dernière inquiétude : la mort. Les vieux sans-abri ont l'angoisse de mourir sans sépulture. « Ça resurgit à chaque fois qu'un des leurs meurt dans la rue », raconte Philippe. Alors, c'est la fosse commune, pas de nom, et cinq après, exhumé, et incinéré. « Tu meurs dans l'invisibilité, fini, aucune trace de ton passage. » L'AAE organise des obsèques, des messes anniversaires, fleurit les tombes, une fois par mois. « Pour éviter l'exhumation. » En attendant un carré spécial « pour les morts de la rue ».

## Un revenu, mais pas de toit

Fred est moins pauvre que les Rmistes de Dunkerque, il touche 610 euros au titre de l'allocation adulte handicapé (AAH). Mais pour l'instant il n'a pas réussi à trouver de studio. La vie de ce Lillois, croisé assis à l'entrée du métro, commence le 5 de chaque mois, quand l'argent tombe sur son compte. Il dort dix jours par mois dans un lit. « Mister bed, c'est 40 euros, Formule 1, c'est 30. Je me repose, je fais des mots fléchés. » Il a trente-trois ans, une casquette noire, un peu d'ironie dans les yeux. Cet ancien agent de sécurité, fan de Thiéfaine, a arrêté ses études en terminale C – « mon père voulait pas que je redouble ». Il est handicapé depuis un accident de voiture. Il marche avec difficulté, sa main droite est presque amorphe.

Il survit de sa manche, assis à l'entrée du métro. Trois ans que ça dure. Il compte ses sous pour acheter « du pain, du pâté. Et pour le matin, du café soluble au robinet d'eau chaude de l'hôtel ». De temps en temps, le Flunch, « histoire de changer un peu. Toujours du pain, c'est rasoir ».

Fred pourrait se loger. Il a monté un dossier auprès du FSL, qui payait les deux mois de caution et se portait garant. L'APL devait faire le reste :

**Sans-domicile**

« Un studio à 400 euros, qui descend à 180 grâce à l'APL, 420 pour vivre, c'est bon. Quitte à faire un peu de manche en fin de mois. » Aucun propriétaire n'a voulu. « Je suis SDF, toujours des refus. » Le 15, il dort sous les porches, les halls d'immeubles. « Je voudrais faire de l'informatique. Mais dehors, je ne peux pas me former, trop de fatigue. » Il y a 12 000 demandes de logement non satisfaites à Lille selon la mairie.

Il a vécu sept ans avec une compagne fonctionnaire. Rupture, « en 2000, le bug du millénaire. » Cinq jours après, c'est l'accident. Quatre membres brisés, coma. Deux ans d'hôpital, puis il s'installe chez ses grands-parents, à la campagne. « Loin de tout, un bus le matin, un bus le soir. On ne s'entendait pas trop. Je suis parti. » Il peste au passage contre « les faux SDF, ceux qui retournent chez papa-maman l'hiver ».

Cet été, il a la jambe plâtrée. « Tombé en sortant de ma chambre. » Il doit 1 100 euros à l'hôpital. On peut être SDF et ne pas avoir droit à la CMU complémentaire : avec l'AAH, il touche 12 euros de trop. Mais comme beaucoup de sans-domicile, il ignore ses droits : la loi lui permettrait de demander une aide de 16 euros par mois pour cotiser à une mutuelle.

### ▰▰▰▰▰ « Et maintenant, on va où ? » « Je sais pas »

Elle l'a appelée sa « vie de saltimbanque ». Pendant neuf mois, Adèle a fait partie des 30 % de sans-domicile qui travaillent. L'histoire de cette journaliste de la presse quotidienne régionale commence par un malentendu.

> « Mes parents m'ont donné une éducation sévère. Ils ne comprenaient pas que j'enchaîne les CDD depuis deux ans, ils pensaient que je ne donnais pas satisfaction. »

Adèle apprend son métier dans sa ville natale à coups de contrats précaires. Puis quitte sa ville pour un autre contrat, précaire aussi, à 100 kilomètres. Elle débarque seule, sans point de chute, avec un découvert à la banque, et le désir d'épater son père. Or, dans la presse, la mode n'est pas au CDI.

D'abord, impossible de trouver un appartement sans caution. « Et tout ce que je gagnais partait dans mon trou de banque. » Adèle trouve une sous-location. Le propriétaire s'en aperçoit deux mois plus tard. « J'ai dégagé le jour même. » Elle appelle un collègue. « On a mis toutes mes affaires dans sa voiture, et il m'a demandé : "Et maintenant, on va où ?"

"Je sais pas." » Les foyers de jeunes travailleurs la refusent. « Ils voulaient tous que je paie d'avance. »

Alors elle décide de dormir sur place, au journal, dans le labo photo, où se trouve un point d'eau. Discrète, elle vaque en ville jusqu'à ce que les derniers aient quitté le bureau, vers 2 heures. « J'allais dans les bars, m'asseoir et attendre. » Adèle est rigolote, tournée vers les autres, elle se fait vite des amis. « Les pochtrons me payaient des coups. Je me suis mise à boire. » Le soir, elle fait le tour des bureaux pour trouver de quoi manger. « Y'avait un gars aux faits-divers qui adorait les barres chocolatées. Toutes les nuits, une ou deux disparaissaient. Le lendemain, il engueulait ses collègues. » Chaque matin, elle déguerpit avant 6 heures, l'heure de la femme de ménage. « Dehors, je regardais la ville se réveiller. Au boulot, on me trouvait matinale. Je dormais très peu, mais j'assurais. »

Adèle vit « heure par heure ». Incapable de penser au lendemain, elle jette ses vêtements, au lieu de les laver. « Je dépensais encore plus. Dans ces cas-là, tu n'es pas cohérent. » Aux rares confrères qui savent, elle donne le change. « Je me fabriquais une image de fille cheveux au vent, sans attaches, sans le sou. » Mais elle va mal. « Je n'ai pas vu venir ma descente. Au début, tu fais attention, et puis à force de mettre les mêmes fringues fripées tous les jours, tu lâches prise. » Après dix nuits au journal, un foyer de jeunes travailleurs l'accepte. « Quinze kilos de poussière sous le lit, une seringue dans la douche. » Chaque soir, elle rentre le plus tard possible. « J'étais raide tous les soirs. J'avais pris de mauvaises habitudes. » La précarité culpabilise, et fragilise.

Une méningite l'envoie à l'hôpital. Ses parents ne se déplacent pas. « Ils trouvaient ma vie dissolue. Ils ont appelé les médecins pour s'assurer que j'étais hors de danger. » Nouveau CDD, Adèle signe une décharge et quitte l'hôpital. « Je travaillais trois heures, et j'allais dormir une heure aux toilettes. » Les contrats s'arrêtent, quinze jours, parfois un mois. « Personne ne se souciait de ce que je devenais entre deux contrats. » Serveuse, « au black », ouvreuse de cinéma. « Si ta famille t'aide, tu ne te retrouves pas à la rue. »

Elle accepte tout, même un contrat de trois jours à Noël. Le corps cassé, les parents absents, le foyer glauque, l'embauche qui ne vient pas : Adèle est en dépression. « Je me disais : "Je dois mal bosser." J'avais fini par croire mes parents. » Son chef : « T'inquiète pas, ça va payer. Accroche-toi. » Il faut manger. Elle se fait violence pour demander de l'aide à une assistante sociale, « mais je ne rentrais pas dans leurs cases. Il aurait fallu un an de chômage. Ça m'a choquée ». Son chef d'édition lui propose un nouveau contrat, à 150 kilomètres de là, et promet que le prochain est un

CDI. Il faut encore déménager, mais elle y croit, achète une voiture à crédit, s'installe. « Chez une petite vieille que je payais de la main à la main. » Mais à l'issue de ce contrat, on lui offre un autre contrat précaire. Furieuse, elle envoie des CV dans toute la France et trouve... un nouveau CDD.

Rebelote, les poches vides dans une ville balnéaire, en été. Elle dort une nuit dans sa voiture, au bord de la mer. Puis montre son contrat à un gérant de camping, qui l'accepte. Pour vivre pendant qu'elle rembourse sa voiture et son découvert, elle fait des ménages, au noir, en plus du journalisme.

> « J'ai vécu le mépris que supportent les gens qui font ça toute leur vie. Les secrétaires qui te font ramper sous la table pour trouver la poubelle. »

Ça ne passe pas, elle le fait savoir. Virée. Son père refuse de l'aider. « T'es un panier percé. » Elle emprunte à des amis, trouve une chambre, mais à la rentrée, le journal arrête tout. « Un bataillon d'anciens CDD était de retour. Je me suis effondrée. » Elle trouve un toit chez un amoureux transi, qui ne demande rien en échange. Elle vit le statut difficile d'« hébergée ». Mal à l'aise sous le toit d'un homme avec qui elle ne veut pas vivre. Mal à l'aise, elle ne décolle plus du canapé. « J'ai pris dix kilos. Je mangeais des chips devant la télé. Le boulet. » Et puis il y a eu les 35 heures. « Un appel d'air. » Elle est embauchée, dans une autre région. « Ma vie a commencé avec le CDI. »

## « Le vol, c'est un revenu »

Les jeunes à la rue sont de plus en plus jeunes. Et contrairement aux idées reçues, ils l'ont rarement choisi. À Lille, ils ont leur adresse. De loin on dirait un bar alternatif. Le « Point de repère » est un café du matin, pour les sans-domicile de moins de vingt-cinq ans, l'âge d'obtention du RMI. Sur les tables, corn flakes, pâte à tartiner au chocolat, pain frais, café. On prend sa douche, on voit un médecin, on parle aux éducateurs, on monte un dossier de formation, ou de FSL, et on vient chercher son courrier. Sans domicile, mais pas sans adresse, comme les trois quarts des sans-abri en France. Voilà Cédric, vingt-deux ans. Madjid Djareddir, éducateur, fait les présentations. À la rue depuis trois ans, Cédric vient de trouver une place en centre d'hébergement et de réinsertion sociale (CHRS). Il rêve de devenir cariste. En attendant, il vole pour vivre, comme la plupart des jeunes à la rue, malgré le risque de la prison. Il raconte. Le vol :

« On dit "allez, je vais travailler", mais on va voler. Le vol, c'est un revenu. Je ne touche que 100 euros par mois de la mission locale. Les habits, on est obligés de les voler, pour l'esthétique. Mon gel douche, je le vole aussi. Ma montre, je l'ai volée hier, il me fallait l'heure. Je ne peux plus entrer à Euralille [le centre commercial], les vigiles me reconnaissent. J'ai trouvé la technique, je change de style, et je me laisse pousser un bouc. Je me sers de mon intelligence, je calcule les angles morts des caméras. On vole des DVD, des portables, qu'on revend à Cashland ou au vidéo club. Ils demandent pas ta carte d'identité. Un jour, j'ai vendu 50 euros une clé USB qui en valait 59. J'avais fait ma journée. J'ai rendu l'argent que je devais à des gars, le reste, je l'ai bu et fumé. On fait ça pour oublier, le système français est merdique. Avant vingt-cinq ans, tu n'as pas le RMI, tu restes dans ta merde. »

## La prison :

« J'ai fait cinq ou six gardes à vue pour vol. Je suis convoqué au tribunal. Il paraît que c'est très dur, la prison, pas mal de gars ici en ont fait. Un policier m'a dit : "Encore une garde à vue, et tu tombes." Je vole encore, mais je fais gaffe. »

## Le travail :

« J'avais essayé un contrat d'apprentissage chez un maçon, mais j'ai pas maçonné. Pendant sept mois, il m'a fait ramasser les pierres. Alors le patron, je l'ai traité, il m'a foutu une patate, je lui ai foutu un coup de pelle, il a eu quatre points de suture. Et j'ai été viré. J'ai commencé à bouger quand j'ai reçu la lettre du tribunal, pour les vols. Je démarre une formation de cariste, rémunérée. Un jour, j'irai en Belgique, il paraît que tu peux gagner 3 000 euros par mois comme cariste. Impossible de travailler quand tu vis dehors. On a du mal à trouver le sommeil. On est cinq fois plus fatigué que ceux qui dorment dans un lit. Tu t'assois dans le métro, tu t'endors. J'ai attrapé la tuberculose. Ça a duré un an. Depuis un mois, je vis en CHRS. J'ai miséré pour avoir la place. J'ai fait les papiers, j'étais à l'heure aux rendez-vous, j'ai montré que je me bougeais. »

## La famille :

« J'ai vécu en foyer depuis que je suis petit, 7-8 ans. J'étais mieux là que chez mes parents. Quand j'étais tout petit, si je faisais des conneries, mon père me frappait. Il mettait du sel par terre, et je devais rester à genoux sur le sel. Mes parents se battaient, ils se lançaient des couteaux. Nous, on n'était pas habillés, on n'allait pas trop en cours. Mon père était toujours dans l'alcool. Je devais lui acheter ses bouteilles, je faisais pas mes devoirs. Les seuls bons souvenirs, c'est quand j'étais en foyer. J'ai appris les règles, manger avec un couteau et une fourchette. L'hiver, on partait au ski, l'été, on faisait le tour d'Auvergne en vélo. J'ai vu des paysages, je ne pensais pas que ça existait.

**Sans-domicile**

On rentrait à la maison le week-end. Un été, j'ai travaillé comme agent d'entretien, mon père m'a pris mon salaire pour le boire. Ça m'a fait mal. À dix-huit ans, je suis retourné le voir. Il m'a dit : "Dégage, t'as qu'à trouver du travail." J'arriverai pas à oublier. C'est comme s'il était mort pour moi. Je suis retourné à mon ancien foyer. Ils m'ont gardé un an, et puis j'étais trop vieux. Ma mère m'a claqué la porte au nez. Mon frère est sans domicile aussi. Il a déjà tapé de la coke. Quand je l'ai su, je l'ai traité. L'avenir ? Fonder une famille, gagner de quoi faire vivre ma femme et mes gosses, et leur donner une autre vie que la mienne. »

### L'école :

« Au collège, je me bagarrais. Je faisais le con en cours. Les gens ne vivaient pas ce que je vivais. Je leur faisais ressentir la douleur que j'avais. J'étais mal dans ma peau. C'était mal vu de vivre en foyer. On se moquait de moi, je tapais. Je tapais tout le monde (ça fait cinq ans que je me suis pas battu. J'attends qu'on me donne le premier coup. J'essaie de parler, ça marche). Mon prof de maths m'aimait bien. Il voyait que je faisais des efforts. Il m'appelait "Boule de nerfs" parce que je tapais dans les murs. J'étais influençable, pour être comme tout le monde. Un jour, on a enfermé une prof dans une armoire. Elle a démissionné. Les écoles veulent plus de moi. »

### Les vieux :

« J'ai souvent appelé le 115, mais les personnes âgées sont prioritaires. De toute façon, je suis déjà allé dans les foyers d'urgence, il y a des maladies qui tournent, la gale. Les matelas puent, y'a plein de trucs sur les murs, les vieux boivent, ils se lavent pas. J'ai taillé. »

### Les éducateurs :

« Au début, c'était dur, je connaissais pas le Point de repère. S'ils étaient pas là, il faudrait ouvrir deux ou trois prisons de plus. »

### Les risques :

« La vie dehors, c'est rempli de risques. On peut se faire planter. La nuit, on dort d'un œil. L'hiver, je dors sur une grille qui lâche de l'air chaud, je l'appelle la plaque chauffante. Un matin, j'avais plus de baskets. Le lendemain, le gars, je l'ai retrouvé, il me les a rendues, je ne me laisse pas faire. La rue, c'est pas un endroit pour ceux qui ne savent pas se défendre. Les plus forts les obligent à travailler pour eux. C'est-à-dire voler. Je n'ai jamais racketté personne. Et je n'ai jamais été racketté. Ça va vite. Il faut pas leur montrer que t'as peur, et il faut leur dire non. »

### Les abris :

« Au début, je dormais dans un carton, dans le parc. Un jour, il y avait quelqu'un à ma place. J'ai dormi dans l'herbe pour pas me battre. Après, j'ai découvert la plaque chauffante. Quand il fait trop froid, on travaille à plusieurs, et on prend une chambre d'hôtel à deux ou trois. Mais les hôtels pas chers ne veulent plus de nous. En CHRS, je ne suis pas chez moi. Je m'enferme, et je ne parle à personne. Si quelqu'un tape à ma porte à 2 heures du mat' pour avoir une cigarette, je réponds pas. »

Les neurones :

« Je suis stressé. Il faut que j'évacue. Avant, c'était par la bagarre. Maintenant, c'est en lisant et en fumant. Je regarde la télé, je lis des livres, des mangas, *Da Vinci code* en deux jours. Mais il faut que j'arrête le cannabis, je vais entrer en formation, j'ai besoin de tous mes neurones. »

## La police et la mafia sur le dos, et la mer à traverser

Ashkân vit à Calais. Il a vingt-deux ans, comme Cédric, et comme lui, il a besoin de ses neurones, et se méfie de la police. Mais le migrant sans abri, appelé « réfugié », ou même « Kosovar » par les Calaisiens – depuis l'arrivée des Kosovars il y a une dizaine d'années – ne fait que passer. Il vit sur le littoral, à Calais. Il a un but : l'Angleterre. Il est sans papiers, sans domicile, et sans attaches en France. « On est comme ça, on n'a rien », sourit cet Iranien, ancien étudiant en physique à Téhéran, en écartant les bras. Dans sa poche, une brosse à dents, un rasoir. Dans la doublure, l'argent qui lui reste après avoir payé aux passeurs un long voyage en bateau, en camion, et à pied dans les montagnes, entre la Turquie et l'Iran.

Il tente de passer en Angleterre chaque nuit. Comme les Kurdes, Irakiens, Soudanais, Afghans, Érythréens de Calais. Ils sont souvent jeunes, parfois mineurs. Ils fuient la guerre, la persécution ou le manque d'avenir. Leur travail : trouver un coin sans vent pour dormir, de quoi manger, un point d'eau pour se laver. Échapper à la police. Se méfier de la mafia des passeurs qui dégainent le couteau pour éloigner ceux qui pénètrent sur leur territoire, passeur concurrent, ou simple migrant. Les passeurs tiennent dans leur main les familles et les plus âgés. Ils ont les accès et les chemins. Il glissent les migrants sous les camions, voire dans les boîtes à outils géantes accrochées sous les châssis : des familles entières, femmes enceintes et bébés compris. Les hommes jeunes, eux, tentent de contourner les passeurs. Et les passeurs essaient de les racketter. C'est la même loi du muscle, que celle du jeune Cédric, à Lille. « Ils nous frappent, ils nous demandent 500 dollars pour avoir le droit de marcher sur un chemin », soupire Ashkân.

Sous un hangar du port, des vieux ponts roulants rouillent par terre. Autour, entre canettes de bière, et boîtes de sardines vides, un étrange camping. Sur des palettes de bois, les migrants africains ont construit des igloos cubiques : barrières métalliques en guise de murs, couvertures par dessus. Aziza, trente ans, sort la tête. Cette « Soudano-Éthiopienne un peu Somalienne », célibataire et ancienne cuisinière au Soudan pour des familles d'expatriés, qui veut « changer de vie et faire des études », veille sur son amie Amsalat, vingt-sept ans, et sa fille Root, huit ans, arrivée il y a quatre jours. Un peu plus loin, Simon, quatorze ans, est tout seul. « Parfois, les familles sont séparées, explique Myriam, du Secours catholique. Sa mère est passée, pas lui. Les autres Somaliens le prennent en charge. » Une Érythréenne prépare des macaronis dans une boîte de conserve, posée sur un feu de bois. Une autre pousse un bébé dans une poussette.

Sur le port, place du Minck, les pêcheurs qui vendent leur poisson prêtent leurs tuyaux d'arrosage aux « réfugiés » pour qu'ils se rasent. Un minibus est pris d'assaut tous les jours à 15 heures : les douches offertes par le Secours catholique.

Ashkân grimpe la nuit sous les poids lourds. Jusqu'à l'épuisement. Il faut courir, se cacher, s'accroupir, s'attacher au châssis ou se glisser sous les bâches. Respirer dans un sac plastique pour ne pas émettre de $CO_2$, détectable. À ses risques et périls. En six ans, on compte une trentaine de morts, tombés en route, écrasés en traversant l'autoroute, électrocutés sur les voies de l'Eurotunnel, percutés par un train, ou tués par un passeur. Il sourit : « Mes habits sont sales, j'ai mal au dos, mal aux pieds, je dors dans l'humidité. Quel genre de pays est-ce, ici ? » En novembre 2002, le ministère de l'Intérieur, en grande partie sous la pression de son homologue britannique, a fait fermer le hangar de la Croix-Rouge de Sangatte, qui avait ouvert trois ans plus tôt pour offrir un toit précaire et des repas aux candidats à l'asile. À l'époque, ils étaient 200 Kosovars à la rue. Ensuite, depuis le hangar, 70 000 migrants sont passés en Angleterre.

Depuis, rétentions, expulsions, la législation britannique s'est durcie, et les zones du port et du fret ferroviaire de Calais sont devenus des camps retranchés. Clôtures grillagées, caméras infrarouges, détecteurs d'haleine, de battements cardiaques, chiens, alarmes et barbelés. Malgré tout, ils traversent encore. Mais là où 800 passaient chaque mois, ils ne sont plus que 40 à 80. Et, selon les migrants, les passeurs leur réclament entre 1 000 et 2 000 euros. La moyenne était autour de 500 en 2001.

En juin 2006, ils étaient 250 à la distribution des repas, selon les associations qui leur viennent en aide en leur offrant habits, douches, soins et repas – Secours catholique, Salam, C'Sur, La Belle étoile, Médecins du monde. On peut multiplier ce chiffre par deux ou trois pour connaître à peu près le nombre de migrants sans abri sur le littoral. Il faut ajouter tous ceux qui vivent dans les squats et autour des aires d'autoroute, ceux qui tentent de passer par Dunkerque, et ceux qui ne se montrent pas. Sans compter ceux qui vivent désormais près de la gare du Nord, à Paris. Un Sangatte éparpillé sur le territoire.

Mi-juillet, ils étaient un peu plus de 150 aux repas. Artificiellement, la préfecture veille à ce qu'ils ne soient pas trop nombreux, pour ne pas créer un abcès de fixation à Calais, le point le plus proche de l'Angleterre. D'ailleurs, en novembre 2005, alors que les forces de police étaient trop occupées dans les banlieues, ils étaient jusqu'à 500 au repas du soir, du jamais vu. Ces jours-ci, à l'été 2006, « ils nous attrapent, puis nous relâchent à la frontière allemande, ou à la frontière italienne », raconte Ashkân.

> « C'est comme un jeu. Parfois, la nuit, alors qu'on dort dans l'herbe, ils nous aspergent de gaz lacrymogène : *"No sleep in Calais ! Calais finish, go !"* Tout ce qu'on voudrait, c'est qu'on nous laisse dormir le jour, passer la nuit. »

Une ambiance qui fait étrangement écho aux déclarations informelles d'un ancien préfet du Pas-de-Calais devant des journalistes : « Ce que je reproche aux associations humanitaires, c'est de rendre leur existence vivable. »

Les migrants sont retenus au centre de rétention de Coquelles puis expulsés si un retour est organisable en moins de douze jours. Selon la Cimade, à Coquelles, les Iraniens, et Pakistanais ne sont pas expulsés, car leurs ambassades rechignent à les reconnaître. Les Somaliens non plus, car ils n'ont ni ambassade ni consulat. Quand on ne peut pas reconduire, on déplace. Ils sont relâchés dans des CHRS, où ils sont censés être informés sur l'asile. Même si la France est le premier pays d'Europe en nombre de demandes d'asile (59 000 en 2005, en baisse), les migrants de Calais ne veulent pas rester. « Pas de travail ici », disent-ils. Par ailleurs, il est difficile d'obtenir l'asile, même quand on vient de pays en guerre ou très troublés : en 1995, seuls 25 % de dossiers soudanais, et 17 % de dossiers afghans ont eu une réponse favorable. Même s'ils sont informés de leurs droits à l'asile en France, ce qui est rare, les migrants déplacés vers Metz ou Lyon prennent presque toujours le train en fraude pour revenir à Calais, jusqu'à la prochaine fois.

À Loon-plage, près de Dunkerque, à quarante kilomètres de là, voilà un camping sauvage entre les usines et le port de fret. C'est Aissa Zaibet,

Sans-domicile

enseignant, et membre du Mrap qui fait le guide entre les broussailles. Fils d'immigrés, il parle l'arabe d'Algérie. Les Kurdes d'Irak, arabophones, traduisent, en persan, aux Iraniens et aux Afghans. « Bienvenue à Hôtel Aissa, cinq étoiles », rigole un Kurde. « La police vient jusqu'à cinq, six fois par jour. Ils ont détruit au bulldozer plusieurs bunkers qui les abritaient. Ils veulent empêcher un nouveau Sangatte. » Aissa les nourrit de dons – de la paroisse, d'Emmaüs, et de la mosquée – de boîtes de conserves, de soupes lyophilisées, de lait. Mohsen, un Iranien, améliore l'ordinaire en chassant le lapin à mains nues. De tous les sans-abri en France, ce sont les migrants qui vivent le pire. À une différence près : eux pensent que le pire est derrière.

**Entretien avec**

# Maryse Marpsat

Chercheur à l'INED, responsable du programme « Les personnes sans domicile et les situations marginales de logement ». Elle a coécrit avec Albert VANDERBURG, *Le Monde d'Albert la panthère. Cybernaute et sans domicile à Honolulu*, Bréal, Rosny-sous-Bois, 2004.

## « Créer du logement social, pas empiler les places d'urgence »

### Les sans-domicile ont-ils toujours existé ?

La question des sans-domicile a une histoire. En France, on a commencé à les voir à la fin des années 1980, sous la pression du public et des associations, puis de l'appel de l'abbé Pierre aux futurs députés en février 1993. Dans les années 1950, il y avait eu les travaux d'un médecin, Alexandre Vexliard. Je distingue ce qui est nouveau, et ce qu'on ne voyait pas avant. En fait, certains étaient déjà là, mais ils sont devenus visibles, parce que l'espace urbain n'a plus d'interstices. La nouveauté, ce sont les difficultés économiques durables et les tensions sur le marché du logement, l'insuffisance des logements bon marché et en particulier des logements sociaux. La première enquête de l'INED date de 1995.

### Les journalistes les racontent-ils avec justesse ?

Ils tentent de toucher les gens par le pathétique des situations. Plutôt que d'élargir à la crise du logement ou de l'emploi, on insiste sur les trajectoires personnelles, les figures les plus visibles, les plus clochardisées. Pourtant, moins de 10 % vivent à la rue. Les autres, les sans-domicile qu'on ne voit pas, sont impossibles à distinguer quand on les croise. Il y a deux stéréotypes. D'abord la tendance « ça peut arriver à tout le monde ». Ce n'est pas vrai. Il n'y a ni hasard ni fatalité. Celui qui a un réseau social et un métier a moins de risque de devenir sans-domicile. Mais on va vous trouver l'exception, l'avocat sans domicile, de famille bourgeoise. La deuxième tendance, c'est d'être extraordinairement différent de vous et moi. Le résultat, c'est une impression de grande distance. On ne voit plus la personne.

**À partir de cinq degrés en dessous de zéro, le journaliste fait un sujet, pour le lendemain. Il va vite, choisit celui qui a le contact le plus facile, et celui qui correspond à l'idée qu'il s'en fait.**

Nous, on tire au sort. On choisit une personne sur dix dans une queue, on compte les tables dans un centre d'hébergement. Ça empêche le choix. Du coup, on a des résultats un peu différents.

**Pourquoi devient-on sans-domicile ?**

Une combinaison de causes. Dans un contexte économique difficile, ça tombe sur les plus fragilisés, ceux qui ont un réseau amical et familial faible. Avec parfois des points communs. Comme avoir été engagé dans l'armée, avoir eu un père militaire, avoir subi des violences dans l'enfance. Des problèmes liés à l'emploi, au logement, à la migration, la maladie mentale, la séparation. Ils viennent plus souvent de milieux modestes, parfois placés dans leur enfance, et se retrouvent en difficulté à dix-huit ans. Ce système a une fin un peu abrupte en France. Ce qui ne veut pas dire, bien sûr, que tous les enfants placés se retrouvent sans domicile ! Ceux qui sortent de prison manquent aussi de mesures d'atterrissage.

**Pourquoi ce lien avec le père militaire, et avec l'armée ?**

Pour ce qui est du père militaire, je ne l'explique pas, c'est juste une constatation, et qui a été faite dans d'autres pays. Chez les engagés, plusieurs éléments. D'abord, ceux qui s'engagent sont souvent motivés par des raisons économiques, et on retrouve la plus forte fréquence des personnes d'origine modeste. Parfois on quitte une situation familiale difficile. Ensuite, les liens familiaux, amicaux (sauf avec les collègues de l'armée), avec un territoire et un voisinage, même s'ils existent avant, peuvent être relâchés par l'éloignement. Dans la même logique, dans l'enquête de 1995 sur Paris, un quart des hommes sans domicile avaient exercé au moins cinq ans une profession itinérante, militaire, chauffeur de camion, travailleur itinérant du bâtiment... Enfin, quand on quitte l'armée, comme quand on sort de prison, d'un foyer de la DDASS, de l'hôpital, on perd le logement qui y est associé.

**Il y a de plus en plus de femmes et d'enfants.**

Oui. C'est en grande partie dû aux migrants et aux demandeurs d'asile.

Sans-domicile

**Ça se passe mieux dans les autres pays occidentaux ?**

On ne peut pas comparer, les sans-abri ne sont pas définis de la même manière. En France, on a un chiffre important parce qu'on fait des efforts pour décompter. En Suisse, on ne les compte pas, parce que la question des sans-domicile n'est pas posée comme un problème social central, comparativement à celle des toxicodépendants ou les demandeurs d'asile. En France, peu de gens se posent le problème des malades mentaux à la rue, mais cette question obsède les Américains.

**Peut-on considérer que certains vivent dans la rue par choix ?**

Un choix très contraint ! La rue est souvent la solution la moins mauvaise, quand on fuit des violences sexuelles, par exemple. Parfois, ce choix sert à prendre une part active à ce qui est en train d'arriver. Albert a choisi. Il avait perdu son travail, l'ami étranger avec lequel il partageait son appartement est retourné dans son pays. Ou il se suicidait, ou il allait dans la rue. S'il ne l'avait pas fait, il se serait trouvé à la rue trois mois après. Certains revisitent les choses : on serait dehors parce qu'on serait plus libre que les « métro-boulot-dodo ». Dire ça, c'est aussi se poser comme quelqu'un qui n'est pas ballotté par les événements. Je ne connais pas beaucoup de gens qui choisiraient de quitter leur travail et de vivre en face [*elle montre un tas de matelas de l'autre côté du périphérique*] pour se sentir libres. Devant une caméra, dire « j'ai tout raté », c'est démoralisant. Affirmer que c'est un choix, c'est prendre le dessus sur ce qui nous accable. Une revendication de dignité.

**Comment régler le problème ?**

Si j'avais la réponse ! D'abord, créer du logement social, plutôt que d'empiler les places d'urgence. Les gens tournent d'un foyer d'urgence à l'autre, ou restent bloqués dans un centre de réinsertion, parce qu'ils n'ont pas de place en HLM. Pour l'instant, on remplit un tonneau qui se vide. La prévention est indispensable.

Ensuite, parmi les sans-domicile, certains ont du mal à rester dans un logement, une fois qu'il est trouvé. Soit parce qu'ils transforment leur logement en squat, soit parce qu'ils n'arrivent pas à rester enfermés, à cause de la solitude. Il faudrait développer des méthodes pour les accompagner dans cette phase d'installation et, pour certains, les loger en maisons relais, sortes de pensions de famille, intermédiaires entre la rue et le logement.

## Pour aller plus loin

Brousse Cécile, De La Rochère Bernadette et Massé Emmanuel, « Hébergement et distribution de repas chauds, le cas des sans-domicile », *INSEE Première*, n° 823, janvier 2002.

De La Rochère Bernadette, *Les Sans-domicile ne sont pas coupés de l'emploi*, INSEE Première, n° 925, octobre 2003.

LAACHER Smaïn, *Après Sangatte. Nouvelles immigrations. Nouveaux enjeux*, La Dispute, Paris, 2002.

MARPSAT Maryse et FIRDION Jean-Marie, « La rue et le foyer. Une recherche sur les sans-domicile et les mal-logés dans les années 1990 », *Travaux et Documents de l'INED*, n° 144, 2000.

Site de l'association d'aide aux migrants de Calais : http://associationsalam.org/

◊ **Haydée Sabéran.**

# Sous contrôle

Comment avoir peur de la police
quand on n'a rien à se reprocher

« L e bleu marine va redevenir à la mode. » En mai 2002, Patrick Devedjian marque sa nomination au ministère délégué aux Libertés locales d'une déclaration métaphorique portée par la vision d'une rue peuplée de policiers en uniforme.

Cette image est parfaitement anachronique. Car, depuis les années 1970 et le début des années 1980, le remplacement des rondes à pied par l'usage désormais systématique de la voiture et, surtout, l'autorisation accordée aux fonctionnaires de police de se rendre à leur travail en civil ont peu à peu réduit la présence visible de la force publique sur la scène quotidienne de leurs concitoyens. Désormais, quand l'administré voit sa police, il n'aperçoit en général que son véhicule.

À partir des attentats de 1986 à Paris, la restauration des contrôles d'identité dits préventifs accentue la nature exclusivement interventionniste de cette présence. La circulaire d'application de la loi du 3 septembre 1986 explique qu'« il est loisible, aujourd'hui, d'opérer des contrôles d'identité partout où un risque potentiel existe : rues, places, quartiers où des actes de délinquance sont fréquemment perpétrés [...], endroits où des infractions sont susceptibles d'être commises en raison de la configuration des lieux (couloirs de métro, rues désertes la nuit) ». Pour le sociologue Fabien Jobard, cette loi et l'autorisation, en 1993, par le Code de procédure pénale, du contrôle d'identité « quel que soit le comportement de la personne » ont pour conséquence de « consacrer les policiers juges de la situation » et de modifier les comportements des personnes susceptibles de faire l'objet d'un contrôle : « La crainte d'être contrôlé suscite une modification de l'attitude, modification qui justifie le contrôle d'identité. » La boucle est bouclée.

Au milieu des années 1990, la multiplication des BAC (brigades anti-criminalité) – unités d'intervention parfois en civil pour mieux sur-prendre les auteurs de flagrants délits, réactives et mobiles, souvent constituées de jeunes gens – achève d'alimenter une nouvelle représen-tation populaire de l'agent de la force publique : on passe du person-nage de Pinot simple flic, moustachu franchouillard médiocrement impliqué dans son travail, à la figure agressive du cow-boy. « Une police nationale qui nous prend pour des cobayes/Polices municipales qui s'prennent pour des cow-boys [1] », chante au printemps 2006 le Minis-tère des affaires populaires, groupe de rap du Nord.

Alors, tous contrôlés ? Pas forcément. Mais l'on observe un senti-ment de défiance récurrent vis-à-vis de la police, voire de peur, chez des personnes qui n'ont aucune raison objective de se sentir coupables de quoi que ce soit. Incompréhension, désarroi et ressentiment qui nour-rissent un infernal cercle vicieux : ceux qui ont peur sont ceux qui font peur, et méritent donc qu'on leur fasse peur.

### Pourquoi courent-ils quand ils voient la police ?

Elles n'ont ni le même âge, ni les mêmes origines sociales, ni la même couleur de peau, ne partagent pas les mêmes situations profession-nelles et familiales, ni leur lieu de vie. Pourtant, toutes ces personnes ont en commun d'avoir au moins une fois dans leur vie vécu comme intru-sive, agressive, voire abusive, l'expérience d'un rapport direct avec les agents de la force publique. Sans voix et souvent sans défense au moment des faits, elles en racontent ici leur version. Et ce que cela a modifié du regard qu'elles portent sur les policiers.

---

[1] MINISTÈRE DES AFFAIRES POPULAIRES, « Lillo », *Debout là-d'dans*, 2006.

Sous contrôle

Azzedine, quarante-quatre ans, vit à Sarcelles. Il est free-lance dans la musique et le cinéma après s'être investi dans le travail social. Pour certains jeunes de la ville, éducateurs et rappeurs, il joue un rôle de jeune « ancien », acteur d'une époque qui, à bien des égards, a préfiguré la leur :

« Un jour que je faisais la queue au service des étrangers, qui se trouve au commissariat, pour renouveler mon titre de séjour, un inspecteur passe et me regarde. Puis revient avec un autre et me fixe. Cinq minutes plus tard, accompagnés de quatre gardiens de la paix, ils m'accostent. Je me retrouve menotté. Un inspecteur me dit qu'une vieille femme s'est fait arracher son sac et que je corresponds au signalement. Je leur réponds : "Oui bien sûr, en chemin pour chercher ma carte de résidence, je tire un sac à une vieille, normal..." Sans m'écouter, ils me poussent vers une salle : je comprends que la femme s'y trouve, derrière une vitre sans tain. Il y a d'autres hommes mais je suis le seul Arabe de la pièce. Je refuse de rentrer. Ils m'y forcent. Heureusement, elle ne m'a pas identifié. J'ai compris ce jour-là que ta vie pouvait basculer en quelques secondes. Depuis, je suis naturalisé français.

Une autre fois, j'ai été humilié de la pire façon. J'habite alors dans le 95. Je dois avoir dix-huit, dix-neuf ans. Avec des potes, on rentre à pied de chez une copine vers 1 heure du matin. Pour aller plus vite, on coupe par une cité. En sortant, on entend un gueulard, une sirène. 200, 300 mètres plus loin, une voiture de flics arrive à fond les manettes et nous serre contre le mur. Parmi nous, il y a un mec un peu chaud. Il se prend la tête avec un flic, qui a la main sur son flingue. Et soudain, l'agent le pointe : "Lâchez-le, je vais faire une bavure." Je serre mon pote à la ceinture, on tombe, ils le menottent et l'embarquent. Mais nous sommes trop nombreux pour tenir tous dans la bagnole. Les flics me prennent et me foutent dans le coffre jusqu'au commissariat. Comme un chien.

Ce sont deux anecdotes parmi beaucoup d'autres mais qui m'ont particulièrement blessé parce que, dans les deux cas, je n'avais rien fait. »

Cheéfa, trente ans, est opératrice vidéo. Née au Maroc, elle a grandi à Paris, dans le XVIIIe arrondissement, quartier marqué du temps de son adolescence par la mort de Makomé M'Bowolé, Zaïrois de dix-sept ans tué d'une balle dans la tête lors de son audition au commissariat des Grandes Carrières en 1993 :

« Je me souviens d'une époque où, malgré le fait d'être une fille et d'avoir une bonne tête, dès que je croisais un flic, c'était pour moi : je me faisais contrôler et fouiller. La première question, c'était toujours : "Avez-vous des substances illicites ?" Ça peut paraître ridicule, c'est presque sans raison précise, mais j'avais peur. À chaque fois que je me suis fait interpeller, j'ai eu l'impression qu'ils me rabaissaient. Mon identité semblait toujours poser problème. Je me sentais toujours devoir être dans la justification. Je suis née au Maroc mais je suis de nationalité française : encore aujourd'hui, j'ai toujours sur moi ma carte orange, ma carte d'électeur et ma carte d'identité. Une fois, en contrôle, alors que je montrais mon passeport, on m'a dit que ça ne prouvait pas ma nationalité française. Aujourd'hui encore, quand je croise un flic dans la rue, je ne me sens pas en sécurité. Je me dis toujours : "Qu'est-ce qu'il va se passer ?"

Début 2006, j'apprends qu'à l'école mon fils de six ans s'est battu à trois contre un. Le soir, je lui explique que ce n'est vraiment pas glorieux, qu'il ne faut pas faire ça. Le lendemain, un samedi, vers 16 heures, je suis à la station Châtelet avec lui. À quinze mètres de nous, un petit Noir – il faisait 1,65 m, 1,70 m – se fait entourer de quatre flics. En deux minutes, deux le saisissent, un troisième se met à lui casser la gueule et une policière éloigne les badauds. Et là mon fils me dit : "Mais, maman, tu m'as dit qu'il fallait pas se battre à trois contre un !" Qu'est-ce que je lui réponds ? Son père est noir, mon fils est métis. C'est un Noir en France. Dans dix ans, il va se le prendre dans la gueule. »

Pour Alex et Youssef, tous deux vingt-trois ans, les contrôles de rue inopinés sont depuis longtemps monnaie courante. Mais, devenus médiateurs dans leur quartier, la cité de la Maladrerie à Aubervilliers, ils ont découvert l'humiliation de devoir présenter leurs papiers d'identité même pendant leur service :

Alex : « On se fait contrôler par les policiers dans la cité pendant notre travail, même si on leur dit qu'on est en service : "Oui, mais t'es sur la voie publique." Après ça, tu n'es plus crédible auprès des habitants. Je me fais contrôler depuis que j'ai douze, treize ans. C'est une éducation qu'ils nous ont donnée. »

Youssef : « Le soir du mercredi 31 mai, pendant la pause du match France/Danemark, vers 21 h 30, 22 heures, je descends fumer une clope en bas de chez moi, à la Maladrerie. La cité est tranquille. Des jeunes discutent dehors. Soudain, je vois arriver en courant une quarantaine de policiers. Ils viennent de partout. Contrôle d'identité. Et là, ils nous mettent au piquet : debout, face au mur, pas le droit de mettre les mains dans les poches, pas le droit de parler. Je vais leur parler : "Je suis médiateur…", "Tu fermes ta gueule." Ils menacent un gars : "C'est toi qu'on a contrôlé hier ? Tu fais moins le malin." »

Il y a la vexation du contrôle jugé injuste. Et il y a les effets collatéraux qu'il peut produire, parfois bien plus tard. Amar, vingt-trois ans, habitant du Val-d'Oise, est au chômage depuis près d'un an, il a perdu son emploi à cause de son immatriculation au STIC (Système de traitement des infractions constatées), fichier recensant les personnes mises en cause par la police, quelles qu'en soient les suites judiciaires :

« Un vendredi soir, en 2004, je descends de mon immeuble. Au pied du bâtiment, je discute avec deux amis quand nous voyons arriver une quinzaine de policiers. Ils contrôlent nos identités. Soudain, l'un d'entre eux me met les menottes et m'embarque. Arrivé au commissariat, j'apprends qu'un vol a eu lieu, et que le coupable, c'est moi, parce que je corresponds au signalement : "Jeune Maghrébin, pull gris, baskets beiges." Je les regarde : je porte un pull vert et des baskets grises. Je comprends que dans l'obscurité naissante de la soirée, ils ont mal vu les couleurs. La victime du vol m'identifie. J'hallucine. Je suis mis en garde à vue. Le lendemain matin, un policier prend ma déposition et me demande de la signer. Je la lis : ce sont des aveux. Je lui dis : "C'est faux." Il me répond : "Pour moi, c'est toi. T'as les mêmes habits." Je m'inquiète : "Mais il y a un problème : mon pull est vert ! Vous vous êtes trompés." Au bout d'un moment, j'insiste tellement que, fâché, il reprend la déposition, la refait. Et me relâche. "Affaire classée sans suite", me dit-il, sans s'excuser.

Quelques mois plus tard, après une formation en "sécurité incendie", je travaille dans un centre commercial. Au bout de six mois, je reçois une lettre de mon employeur : selon lui, j'aurais un casier judiciaire [2], ce qui est interdit pour ce type d'emploi. Je suis licencié. Un peu plus tard, alors que je m'apprête à postuler pour un emploi à la RATP, je retourne au commissariat pour leur demander s'il risque de se reproduire la même chose. Un agent de la BAC vérifie : mon nom figure dans le fichier STIC. Depuis, j'ai envoyé une lettre au Procureur de la République. Et je cherche du travail. »

Anne est chargée de communication pour une radio du service public. Elle n'avait jamais eu de problème avec la police, et même n'avait jamais trop cru aux discours dénonçant l'arbitraire policier, jusqu'à cette sortie familiale, un dimanche matin :

« Dimanche 14 mai, vers 10 h 30, moi-même, mon compagnon et nos deux enfants (cinq et deux ans) partons en voiture au marché de Boulogne-Billancourt. Les enfants sont attachés, moi non, mon compagnon met sa ceinture tout en démarrant doucement, à vingt mètres environ de notre domicile, au moment même où nous croisons un véhicule de la police nationale. Celui-ci fait aussitôt demi-tour et nous demande de nous arrêter. À partir de là, la machine s'est emballée à l'encontre de mon compagnon. Un agent lui demande ses papiers (carte grise, attestation d'assurance, permis de conduire). Ne les ayant pas sur lui, il se propose d'aller les chercher à notre domicile. À son retour, deux minutes plus tard, les trois fonctionnaires de police refusent de recevoir les papiers, poursuivant l'établissement des contraventions commencé pendant sa courte absence.

Mon compagnon insiste. Ne comprenant pas leur comportement, il dit alors : "Pourquoi vous nous emmerdez ?" Les policiers sont alors sortis

---

2  L'employeur se trompe sur ce point, le fichier du STIC n'est pas le fichier des casiers judiciaires.

brutalement de leur véhicule, l'ont menotté et poussé dans la voiture. Devant nos enfants en pleurs.

Il a été placé en garde à vue jusqu'à 16 h 30 : fouille corporelle, obligation de se déshabiller, questions et commentaires avec des sous-entendus déplacés sur son pays d'origine [le Sri-Lanka]. Tout ceci s'est soldé par cinq contraventions, et un procès-verbal de convocation en justice pour outrage. Mon mari est rentré anéanti du commissariat. »

Coline, dix-huit ans, lycéenne, n'avait jamais été arrêtée par la police. C'était avant sa mobilisation contre le CPE (contrat première embauche), au printemps 2006 :

« Pendant le mouvement anti-CPE, j'ai été arrêtée gare de Lyon et placée en garde à vue. Depuis cet épisode, j'ai peur de la police. Je ressens du dégoût, alors que je n'avais pas d'*a priori* contre eux : mon beau-père est policier. Tout le temps que nous avons été retenus au commissariat du XIIIe arrondissement, ce fut horrible. Nous étions une dizaine. Quand nous sommes entrés dans la cellule, ils ont dit : "On a été plein toute la semaine, on n'a pas eu le temps de nettoyer." Ça puait l'urine, c'était irrespirable. Ils ne nous ont pas nourris, pas laissés aller aux toilettes. Et quand nous avons enfin pu y aller, ce fut la porte ouverte.

Ils fumaient devant nous, collés devant la porte de la cellule, en criant : "Retrait, retrait du CPE." C'est la première fois de ma vie que j'ai eu envie de mourir. Je m'arrachais les cheveux. On tapait contre les murs. Je me suis blessé le poignet contre le plexiglas. Après, on s'est rendu compte qu'on aurait pu faire des jeux ensemble pour s'occuper mais, dans la cellule, on n'arrivait même pas à se parler.

Après la sortie, la première fois que j'ai vu un CRS dans la rue, j'ai couru pour m'enfuir. Je n'arrive pas encore à leur parler. Lors d'une autre manifestation, un CRS devant lequel je marchais m'a dit en chantant : "*You're beautiful.*" Je me suis retournée, et j'ai crié : "Ouais, mais toi t'es moche !" C'est sorti tout seul. »

## ▓▓▓▓▓ La police en guerre contre le travail social

Un soir d'octobre 2005 à Stains, peu après la mort de Zyed Benna et Bouna Traoré à Clichy-sous-Bois. Hélène Reys, vingt-six ans, rentre de la mission locale d'Épinay où elle travaille alors comme conseillère en insertion. Installée en Seine-Saint-Denis depuis six ans, elle est conseillère municipale (communiste) de sa ville, Stains :

**Sous contrôle**

« En voiture, je croise des camions de CRS qui prennent la direction de la cité du Clos Saint-Lazare. J'appelle aussitôt la mairie : "Y a un problème ?" On me répond que non. Je suis les camions en voiture, puis à pied. Les CRS commencent une opération escargot en roulant à deux kilomètres/heure. Ce soir-là, deux poubelles brûlent. Le lendemain, la présence policière s'est considérablement renforcée. Dans la journée, je vois passer à plusieurs reprises (trois, quatre fois peut-être) de véritables convois. Cela continue la semaine suivante. Un jour, je vois passer quatre cars et huit camions – je compte, tellement je n'en crois pas mes yeux. On se serait cru en guerre. Pour la première fois de ma vie j'ai ressenti de la haine pour la police. Ça ne m'était jamais arrivé. Je suis consciente de faire une généralité mais, aujourd'hui, les flics, je ne peux plus les voir. Il ne se passait rien à Stains : pas d'émeutes, pas de bâtiments incendiés. Nous ne pouvons pas dire que tout est calme et qu'il ne se passe jamais rien. On sait bien que quelques jeunes sont des écorchés vifs et que la moindre provocation peut entraîner chez eux des comportements violents. Mais là, les policiers cherchaient la merde. Le problème dans les cités, c'est que, quand on voit la police, on n'a pas l'impression d'être protégé mais agressé. À Saint-Ouen, j'ai vu deux flics arrêter des jeunes et les prendre en photo avec leurs téléphones portables. »

Avant de s'installer dans le 93, Hélène, fille de cheminot, vivait à Limoges. La police, elle ne la connaissait que « par les disques de NTM ». Aujourd'hui elle est contractuelle à la mairie de Villetaneuse, où elle coordonne le programme de réussite éducative :

« Tout le travail social que nous sommes nombreux à essayer de fournir en banlieue a été réduit en poussière par le comportement policier pendant les émeutes. Nous essayons de travailler dans le dialogue avec ces jeunes, de leur offrir des espaces d'expression. À partir du moment où ils sont mis en position de balancer des pavés, on les prive de l'accès à la parole. »

Trop de police dans les banlieues ? « Non, pas assez », répond-elle aussitôt. Contre toute attente, ce n'est pas l'omniprésence des agents de la force publique qu'elle dénonce, mais leur indifférence au sort des populations qu'ils sont censés protéger :

« À Villetaneuse, il y a un feu rouge où chaque semaine, plusieurs automobilistes se font braquer. L'autre jour, un gamin d'à peine quinze ans a brisé la vitre de ma voiture pour me voler mon sac. Heureusement, par précaution, je l'avais attaché à la ceinture. Mais vous ne verrez jamais un policier y surveiller ce qui se passe. Par contre, interpeller les petits mecs à cagoule qui balancent des pierres sur le commissariat, ça ne pose pas de problème. À Stains, vivent 33 000 habitants et, juste à côté, à Pierrefitte, 27 000. Il y a un commissariat et une voiture de police la nuit pour 60 000 habitants ! Honnêtement je pense qu'ils n'en ont rien à foutre de la souffrance des habitants. Dans les cités, nous sommes des sous-citoyens. »

## ▬▬▬ Privé de passeport car il s'appelle Ali

Il y a bien Ally (McBeal) qu'il regarde parfois à la télé et Mohammed Ali dont il garde une photo en mémoire dans son téléphone portable. Mais Mohammed le reconnaît : à l'exception notable de ces deux personnages singuliers, le nom « Ali » est l'un des plus communs du monde oriental. Son patronyme complet est, lui, déjà bien plus rare : Mohammed François Ali. Il n'a pourtant pas suffi à protéger cet éducateur spécialisé francilien d'une confusion administrative surréaliste. En septembre 2002, il dépose une demande de renouvellement de passeport à la sous-préfecture. Une semaine plus tard, il y retourne :

> « À l'accueil, une femme me dit : "Votre passeport est bloqué. Vous êtes recherché terroriste Schengen." Je demande à voir sa chef de service. Celle-ci m'explique que j'aurais été arrêté à une frontière, où j'aurais perdu mes papiers. Je suis très étonné : la seule frontière que j'aie jamais passée, c'est celle du pays basque, pour aller quelques jours à Saint-Sébastien avec un groupe de jeunes que j'encadrais. À part un séjour en Algérie à l'adolescence, c'est l'unique fois où j'ai quitté le territoire français. Elle me demande pourquoi je veux un passeport. Je commence à avoir les nerfs. Je lui réponds qu'il y a un stage de macramé en Afghanistan que je ne voudrais rater pour rien au monde. Ça ne lui plaît pas du tout. Elle élève la voix : "Vous dites que je suis raciste." Je n'ai jamais dit ça. "Sortez de mon bureau !", et elle claque la porte. Je me retrouve dehors. Il y a plein de monde. Je leur annonce : "Eh bien voilà, je suis un terroriste." »

Interrogée par le journal local, la préfecture avoue alors ne pas savoir d'où vient la fiche signalant comme recherché par les polices européennes un « Mohammed Ali », né lui aussi en 1963. Mais l'homonymie, aussi absurde soit-elle, les contraint, affirment-ils, à attendre d'avoir eu accès à l'intégralité du dossier pour lui délivrer ses papiers. Un délai insupportable pour Mohammed François Ali, né en France, y ayant toujours vécu, père de famille et ancien employé municipal :

> « Après avoir reçu une lettre lapidaire m'annonçant que mon passeport est prêt, je retourne à la préfecture, et là, ils me donnent mon passeport comme s'il ne s'était rien passé. Ils auraient pu débarquer chez moi en défonçant ma porte, me menotter, me tabasser... et en guise d'excuse, rien. Ils ont touché à mon honneur. Je porte le nom de mon père. Je ne vais quand même pas me

**Sous contrôle**

débaptiser pour m'appeler Patrice Martin. J'ai senti du mépris. Le mépris de cette administration. »

**Entretien avec**

# Mathieu Potte-Bonneville

Philosophe, il a publié *Amorces*, Les Prairies ordinaires, Paris, 2006.

## « Harceler une population, c'est faire en sorte qu'elle se désigne comme dangereuse »

**Harcèlement policier par le biais de contrôles d'identité incessants, fichage administratif (STIC, Schengen...), vidéosurveillance, biométrie : toutes ces techniques relèvent-elles du même type de contrôle ?**

Nous voyons aujourd'hui aboutir une double logique assez ancienne. D'une part, nous n'avons plus affaire à un pouvoir qui se donne à voir à des individus anonymes, mais à un pouvoir qui se retire dans l'opacité – pas besoin que quelqu'un se trouve derrière la caméra de vidéosurveillance pour qu'elle ait un effet de contrôle – et qui cherche à visibiliser l'individu, et à obtenir de lui un maximum de données. D'autre part, l'unité de compte de la rationalité politique c'est, de plus en plus, l'individu (face au groupe, à la classe sociale, à la famille...) ; un individu dont, d'ailleurs, le pouvoir se préoccupe de moins en moins de sonder l'intériorité, les motivations ou l'histoire, et dont il se contente de gérer les circulations. Inversion de l'axe de visibilité du pouvoir, individualisation de son objet : cette dynamique sape en partie les conditions de la citoyenneté. Pour qu'il y ait sens civique, il faut à la fois que l'individu intériorise les normes sociales et qu'il se sente un destin commun avec les autres. Le problème du contrôle aujourd'hui, c'est qu'il détricote à la fois l'intériorité, parce que les dispositifs de contrôle n'ont aucune visée rectificative, et la communauté, car le sort d'un individu qui ne peut pas passer le portillon ne concerne pas celui qui le franchit.

Nous ne sommes pas tous égaux devant le contrôle. Il y a quelques années, je faisais régulièrement l'expérience suivante : lorsque je traversais le hall de la gare RER de Châtelet-les-Halles avec mes lunettes, je ne me faisais pas contrôler par la police. Si je ne les avais pas, si. Les lunettes sont apparemment un signe distinctif de probité sociale. Plus sérieusement, parler de « contrôle » en général n'a guère de sens : le harcèlement policier – qui est par définition une relation visible, explicite, dont l'objectif n'est pas seulement de contrôler la personne mais aussi de lui faire savoir qu'elle est contrôlée – est très différent de la puce qui, à son insu, sait où la personne se trouve. Entre ces deux pôles s'opère un jeu complexe d'occultations et de relais. Tantôt, une critique trop large et emphatique, à la Orwell, va perdre de vue les profondes inégalités que les différentes modalités de contrôle créent entre les citoyens : « Nous sommes tous contrôlés », certes, mais pas de la même façon. Tantôt, au contraire, l'existence de ces contrôles policiers spectaculaires permet de masquer d'autres formes de contrôle très violentes et invisibles qui s'exercent dans nos rapports avec les institutions : radiation des chômeurs des listes de l'ANPE, prolifération et surtout archivage des fichiers administratifs.

**Où s'arrête le maintien de l'ordre et où commence le contrôle social ?**

Il faut, je crois, distinguer entre contrôle et contention : contrôler, au sens strict, c'est faire en sorte que l'individu adapte ses comportements aux objectifs qu'on souhaite obtenir, en s'efforçant de normaliser son action sans perdre pour autant le bénéfice de celle-ci. C'est peut-être là qu'il faudrait placer la barre de l'inégalité devant le contrôle : on contrôle très différemment les individus dont on espère encore quelque chose et ceux dont on n'attend plus rien. La surveillance des salariés, visant à faire en sorte qu'ils soient plus productifs, n'est pas celle des jeunes des cités vissés au bas de leur barre d'immeubles : dans un cas, on est du côté de l'incitation, dans l'autre, dans le blocus.

**Le régime démocratique tient-il encore ses promesses de respect des libertés individuelles et des droits de chacun, à partir du moment où certains citoyens ont peur de la police ?**

On pourrait se dire : si la démocratie, c'est le fait pour un peuple de n'être sujet que de lui-même, alors, la peur de la police témoigne toujours d'une dérive, où l'exercice du pouvoir déborde les principes qui le fondent. Il est dommage, d'autre part, que la gauche française jette un peu vite, avec l'eau du bain libéral, ce principe du libéralisme politique selon lequel l'État a une fonction de protection des libertés individuelles plutôt que d'intimidation. Traîne toujours, entre les « sauvageons » de Chevènement et les « militaires-éducateurs » de Ségolène Royal, cette idée (« républicaine » si l'on veut) qu'une certaine dose de peur est indispensable pour nous apprendre à réprimer nos égoïsmes, pour nous conduire en citoyens. Or ce mythe d'une police fondée à faire peur, pour rappeler les individus à leur citoyenneté, empêche de comprendre la manière dont, aujourd'hui, on fait usage de la peur pour introduire une division entre les citoyens. Harceler une partie de la population, c'est faire en sorte que cette partie de la population se désigne elle-même comme dangereuse, par ses protestations ou sa fuite devant la police. On se dit : « S'enfuiraient-ils, s'ils n'avaient rien à se reprocher ? » Cela accrédite l'idée qu'il y a deux catégories de citoyens : face aux honnêtes gens, des classes dangereuses, effrayantes et apeurées, qui ont peur et font peur. Cela s'appelle bel et bien un déni de citoyenneté. Cela indique surtout qu'en occultant la question des moyens et des usages de la police, les discours de principe sur l'autorité font fausse route. Se contenter d'appeler à plus (ou moins) de présence policière ne fait aucun sens : la seule question, c'est : quelle police ?

### Pour aller plus loin

JOBARD Fabien, *Bavures policières ? La force publique et ses usages*, La Découverte, Paris, 2002.

MIGNARD Jean-Pierre et TORDJMAN Emmanuel, *L'Affaire Clichy : morts pour rien*, Stock, Paris, 2006.

NAPOLI Paolo, *Naissance de la police moderne : pouvoir, normes, société*, La Découverte, Paris, 2003.

LAGRANGE Hugues et OBERTI Marco (dir.), *Émeutes urbaines et protestations : une singularité française*, Presses de sciences po, Paris, 2006.

Rapport d'activité 2005 de la Commission nationale de l'informatique et des libertés : http://www.ladocumentationfrancaise.fr/rapports-publics/064000317/index.shtml

Rapport d'activité de juillet 2002 à juin 2004 de la Commission nationale sur les rapports entre les citoyens et les forces de sécurité, sur le contrôle et le traitement de ces rapports par l'institution judiciaire : http://www.ldh-france.org/media/dossiersdocuments/rapportcjp.pdf

Rapport 2005 de la Commission nationale de déontologie de la sécurité : http://www.cnds.fr/ra_pdf/ra_2005/cnds_som_intro_2005.pdf

Rapport 2006 d'Amnesty International : http://www.amnesty.fr/var/amnesty/storage/fckeditor/File/resume9020Europe.pdf

◇ **Jade Lindgaard.**

# Sous-traités

## Comment on devient un salarié au rabais

**P**roduire sans les hommes. Cela pourrait être l'objectif ultime de l'entreprise moderne. Les sous-traités figureraient alors parmi les derniers des travailleurs. Les moins coûteux, les moins organisés, les plus flexibles. Après la Seconde Guerre mondiale, les sociétés s'appliquent à diversifier leurs activités pour mieux maîtriser l'ensemble du processus de fabrication. Un mouvement inverse s'enclenche à partir des années 1980 avec l'exacerbation de la concurrence et la course à la rentabilité : elles se recentrent sur leur « cœur de métier », là où elles savent pouvoir créer de la valeur ajoutée, et délèguent leurs travaux périphériques à d'autres entreprises, ce qui a pour effet de fragmenter la production.

C'est ce qu'on appelle la sous-traitance [1], particulièrement développée dans la filière automobile, le bâtiment, la confection et le

---

1  Selon la définition de l'AFNOR (Association française de normalisation), « peuvent être considérées comme activités de sous-traitance industrielle toutes les activités qui concourent, pour un cycle de production déterminé, à l'une ou plusieurs des opérations de conception, d'élaboration ou de fabrication, de mise en œuvre ou de maintenance du produit en cause, dont une entreprise dite donneur d'ordres confie la réalisation à une entreprise dite sous-traitante ou preneur d'ordres, tenue de se conformer exactement aux directives techniques arrêtées en dernier ressort par le donneur d'ordres » (novembre 1987).

nettoyage, où des centaines de milliers de salariés sont concernés. Les prestataires sont soumis à des contraintes contradictoires : réaliser mieux, moins cher et plus vite. Pris en tenaille, ils peuvent eux-mêmes être conduits à confier une partie de leur activité à d'autres, et ainsi de suite. Conséquence : pour les sous-traités, cette répartition du travail se traduit par une précarisation de l'emploi, une perte des repères, un risque de déqualification et un affaiblissement de la présence syndicale. Au bout de la chaîne, qui peut comprendre jusqu'à cinq ou six intervenants, les salariés sont comme dilués face à l'organisation. Une invisibilité qui s'accompagne d'une individualisation de la relation au travail. C'est à cette aune que l'on peut mesurer l'importance de la grève, durant l'été 2005, des ouvriers polonais travaillant sur les Chantiers de l'Atlantique, ou de la mobilisation, de mars 2002 à mars 2003, des femmes de chambre des hôtels Accor.

## La filière automobile ou la délocalisation sur place

Sur son chariot Fenwick, Zahuir trace des lignes perpendiculaires à l'intérieur des hangars. Le site d'Aulnay de PSA Peugeot Citroën, en banlieue nord-est de Paris, est son champ d'action. Des hectares de mécanique monumentale, du ferrage au montage en passant par la peinture. Rails suspendus, crochets coulissants, conteneurs empilés, robots désarticulés, tapis roulants : les machines se répondent dans un fracas ininterrompu. Pas de nuit, pas de week-end, toujours un camion à décharger, un bureau à nettoyer, une chaîne à alimenter. Du haut de son engin, Zahuir Benazzouz, trente et un ans, repère les caisses grillagées remplies de petits bacs en plastique, les transporte jusqu'à l'aire de nettoyage, les décharge et les ramène, vides, à leur emplacement d'origine. Et ainsi de suite.

Il travaille au milieu des hommes en gris, les salariés de PSA, mais lui est en bleu. Il est employé par Gefco, une entreprise en charge d'une partie de la logistique sur ce site où cohabitent près de vingt-cinq sous-traitants et d'où sortent, chaque jour, des centaines de véhicules :

> « On est en minorité ici. Au début, les ouvriers de PSA nous ont vus débarquer d'un mauvais œil. Ils se disaient qu'on venait leur piquer leur boulot, qu'on marchait sur leurs plates-bandes. Maintenant, ça va mieux, ils ont compris qu'on n'était pas une menace. Et depuis qu'on a fait grève, au printemps 2005,

ils nous regardent avec respect. Il y en a même qui font des tajines sur les chaînes de montage, parfois ils nous invitent à partager avec eux. »

En octobre 2003, Gefco, filiale de PSA fonctionnant sur le mode de la sous-traitance, recrute une trentaine de manutentionnaires et de caristes. En position de force, l'entreprise promet « monts et merveilles » aux jeunes recrues. Lahcen Ahbiz, quarante-huit ans, s'en souvient :

> « Ils nous ont remis notre paquetage, comme à l'armée, avec les bleus de travail et les chaussures de sécurité, les clés des vestiaires, la carte d'accès au site. On nous a dit qu'on pourrait évoluer, qu'on aurait des augmentations de salaires. [...] Ça me faisait drôle, le vendredi soir, j'étais encore en intérim chez le donneur d'ordres, et le lundi suivant j'étais chez le sous-traitant. »

L'enthousiasme du début retombe rapidement :

> « On s'est vite aperçu que PSA avait fait appel à Gefco pour réduire les coûts de main-d'œuvre : par exemple, on était seul sur des postes qui avant étaient occupés par deux ouvriers de PSA. »

Les salaires sont moins élevés (1 200 euros net par mois, contre 1 300 à 1 400 euros chez le constructeur automobile, selon Zahuir), les possibilités de formation professionnelle réduites, les conditions de travail difficiles et la pression psychologique forte :

> « À la moindre plainte, c'est la menace du licenciement. "T'es pas content ? Barre-toi." Un soir, ils ont jeté un mec comme ça, à 2 heures du matin sans navette. »

Zahuir, amer :

> « Je suis quelqu'un d'hyperponctuel, j'ai toujours bien fait mon boulot. Au bout d'un an après mon embauche, je craque, la charge de travail était trop lourde, je n'en pouvais plus. J'ai dix jours d'arrêt maladie. Eh bien, le patron m'a envoyé quelqu'un à la maison pour vérifier que j'étais bien au lit ! »

Cela le décide à monter une section syndicale CGT en mars 2005. C'est l'une des spécificités du site : les sous-traités, rarement représentés ou soutenus par des organisations syndicales, se sont ici organisés en réseau sous l'impulsion de la CGT de PSA. L'entreprise sous-traitante de nettoyage Enci, qui compte, à Aulnay, environ 150 salariés, dont moins d'une centaine en CDI, a elle aussi sa section. Laurentine Behinan balaie les bureaux de l'usine de 14 h 30 à 21 h 30 :

> « Après treize ans de boulot, je touche 1 080 euros net par mois, ancienneté comprise. »

Sous-traités

Elle n'est pas mal lotie par rapport à ses collègues de la nuit. En plus, elle est à temps plein quand beaucoup d'autres femmes de ménage sont à temps partiel. Mais, comme les autres, les gestes répétitifs finissent par l'user et les produits toxiques lui donnent la nausée. Elle a participé à la grève du 20 juin au 8 juillet 2005 :

> « La sous-traitance, c'est ni plus ni moins de la délocalisation. Pas dans les pays de l'Est ou en Chine, mais sur place, sur le site du constructeur. On coûte moins cher et il n'y a pas de frais de transport. Ici, les sous-traités, on est considéré comme des moins que rien, on est délaissé. Quand l'usine est en chômage technique, ils nous mettent en congés anticipés. On est complètement soumis à leur fonctionnement. On est moins payé, on a aucun de leurs avantages. Déléguer les activités, c'est diviser pour mieux régner. PSA pensait contourner les obligations légales : vu la taille des sous-traitants, il espérait qu'il n'y aurait ni élections professionnelles ni syndicats. Eh bien, c'est raté ! Nous, on s'est implanté, et quand il faut, on fait grève. L'été dernier, on a dormi dehors et dans les vestiaires, on n'a pas bougé pendant trois semaines. Le patron n'arrêtait pas de nous mettre la pression : "On est des clients, si vous continuez comme ça, on va perdre le marché, vous vous tirez une balle dans le pied." Mais, tu parles, on a tenu, et ça a marché, on a eu le treizième mois et des bons d'achat. Et PSA a toujours besoin de nous. »

## Sous-traitance en cascade dans le Sentier

En trente ans, Fatih Kara a gravi puis redescendu tous les échelons – ou presque – du monde de la confection dans le Sentier, à Paris. Il a vu prospérer puis s'essouffler un système de production fondé sur la sous-traitance en cascade et le dévoiement du Code du travail. Originaire d'Adana, dans le sud de la Turquie, il est arrivé en France en 1978 en « clandestin », alors qu'il avait une vingtaine d'années et qu'il rêvait d'Europe. Il se retrouve dans le textile, comme simple mécanicien, en bas de l'échelle :

> « J'assemblais des pièces pour le prêt-à-porter, sur une machine à coudre, 10 à 12 heures par jour. Au début, je dormais dehors, dans les parcs, puis dans les ateliers, sous ma machine. Ça a duré trois ans comme ça. Je n'avais droit à rien, j'étais payé de la main à la main, et encore, je devais courir après. [...] Quand je ne travaillais pas, j'allais me promener dans Paris, j'allais au Sacré-Cœur, à Notre-Dame, à la tour Eiffel. »

Régularisé au début des années 1980, il monte en grade, devient livreur et « organisateur de travail », un peu comme un chef d'équipe :

« Grâce à ça, j'ai commencé à connaître tout le monde, j'allais chez les uns chez les autres apporter les vêtements. J'ai compris comment fonctionnait le Sentier – je l'appelle le requin, il bouffe tout ce qui bouge –, j'ai compris d'où venaient les ordres, où était le pouvoir, où étaient les arnaques. »

Il devient chef d'atelier.

« Les Turcs ont commencé à faire leur apparition : j'allais chez celui qui me donnait le plus de salaire, et comme je n'étais pas mauvais, je faisais marcher la concurrence. Je suis passé d'une petite chambre que je louais à Marx-Dormoy à un deux-pièces au métro Cadet. »

Au bout de deux ans, il devient son propre patron :

« J'ai créé mon atelier, j'avais cinq salariés rue de Rochechouart, soixante-dix mètres carrés dans un premier étage avec sept machines à coudre. Mais je n'ai pas tenu le choc, ça a duré huit mois et j'ai été KO, le Sentier m'a bouffé. »

Le fonctionnement du secteur est complexe : au sommet de la pyramide, les centrales d'achat passent commande à des fournisseurs qui viennent leur proposer des modèles. Après avoir conçu les patrons et précoupé le tissu, les fournisseurs se retournent vers les centaines de façonniers (les ateliers de confection, plus ou moins clandestins) en compétition dans le Sentier pour assembler les pièces et les repasser. Une fois terminés, la veste, le pantalon ou la jupe sont livrés aux fournisseurs puis apportés aux centrales d'achat, qui contrôlent leur conformité et les conditionnent. Les vêtements sont alors prêts à partir sur les présentoirs des boutiques de détail. Pour répondre aux caprices de la mode, ce cheminement s'effectue en un temps record : il n'est pas rare qu'un fournisseur apporte le tissu un vendredi soir pour être livré le lundi matin. Fatih décrit l'évolution du prix d'une veste : le responsable d'atelier en tire entre 8 et 10 euros ; le fournisseur, qui l'a dessinée et a fourni le tissu, la revend 49 euros à la centrale d'achat. En magasin, elle coûte 149 euros. Pourquoi Fatih a-t-il dû fermer son affaire ?

« Les fournisseurs ont tout pouvoir sur les ateliers, ils les écrasent. Comme il y en a plein, ils font jouer la concurrence : tu es obligé d'accepter n'importe quel prix, car si tu ne prends pas, quelqu'un d'autre fera le travail. Quand il y a des descentes de police, ce sont les ateliers qui sont sanctionnés, les fournisseurs font comme s'ils n'étaient pas au courant. Et c'est sans compter qu'ils te paient quand ils veulent. Du coup, tu ne peux plus payer tes ouvriers, tu as beau baisser les salaires, tu ne peux toujours pas. Ils t'obligent à pousser les conditions à l'extrême, à ne rien déclarer, à prendre des clandestins qui n'ont rien à perdre. C'est simple, le système est construit là-dessus. Sans ça, tu ne peux pas survivre. [...] J'ai dû fermer avec 32 000 francs de dettes sur le dos. J'ai mangé des spaghettis à l'eau pendant un an et demi, et je peux te dire que je n'aime pas ça. »

C'était au début des années 1990. Fatih Kara redevient alors chef d'atelier à Aubervilliers et rue Saint-Martin à Paris. Comme avant, il propose ses services au plus offrant. Six ans plus tard, il se fait embaucher comme chef de production chez un « gros fournisseur ». C'est alors à lui que revient le pouvoir de distribuer le travail aux ateliers parisiens et à l'étranger. En clair : c'est à son tour de faire marcher la concurrence au bénéfice de son patron.

« Je choisissais tel façonnier plutôt que tel autre, je faisais baisser les prix, bref, je bouffais les autres comme je m'étais fait bouffer. Je suis devenu un monstre. »

Il travaille beaucoup, « six jours sur sept, sans trop de vacances », mais touche « un bon salaire, environ 2 200 euros net par mois déclarés ». À ce poste pendant onze ans et demi, il observe le début des délocalisations et l'arrivée de la Chine sur le marché :

« À partir de 1995, nous, les fournisseurs, on a commencé à moins s'adresser aux ateliers du Sentier et à se tourner vers la Turquie et surtout le Maroc et la Tunisie qui produisaient beaucoup moins cher et qui avaient l'avantage de parler français. Ça a duré moins de dix ans, jusqu'en 2003-2004. Après, cela a été l'étincelle de la Chine : ils ont débarqué et ils ont tout raflé. »

Détail de la révolution chinoise :

« Les entreprises textiles chinoises envoient des émissaires en France, qui proposent aux fournisseurs de tout fabriquer de A à Z. Le fournisseur se contente de donner un échantillon du tissu, un tableau de mesure et un patronage. Six semaines après, il reçoit par conteneurs le produit fini. Et je peux te dire que la marchandise est parfaite, même si les matières ne sont pas de très bonne qualité. La veste dont je parlais tout à l'heure : son prix de revient tombe à 7 euros, au lieu de 20 quand elle est fabriquée en France. La conséquence, c'est qu'au lieu de faire travailler 45 personnes ici, tu n'en as plus besoin que de 7. C'est radical. Personne n'est épargné. Les ateliers sont obligés de fermer les uns après les autres, même ceux qui emploient des sans-papiers. Même les clandestins ne sont plus assez compétitifs en France comparés aux Chinois. »

À moins de cinquante ans, Fatih vient de faire les frais de cette transformation du secteur :

« Mon patron m'a dit, un jour, qu'il était très satisfait de la Chine, que le Maghreb ça l'intéressait moins, or moi, j'étais chargé d'aller trouver les ateliers là-bas. C'était en septembre 2005. Dix jours après, il m'a licencié pour raisons économiques. Je suis allé devant les prud'hommes, mais je n'ai aucune chance. »

Depuis, il n'a pas retrouvé de travail.

« Je suis dans le grand océan, je nage, je nage, mais je ne vois pas la terre. »

**Entretien avec**

# Annie Thébaud-Mony

Sociologue, directrice de recherche à l'INSERM.

## Les sous-traités du nucléaire, des invisibles gérés par la « dose »

**La maintenance des centrales nucléaires est assurée par des salariés employés par des entreprises sous-traitantes. Combien de personnes sont concernées et à quels types de risques s'exposent-elles ?**

La première invisibilité est d'ordre statistique. Personne ne sait au juste combien de salariés « extérieurs » travaillent dans le nucléaire compte tenu de l'organisation du secteur en sous-traitance en cascade. On estime néanmoins qu'entre 15 000 et 25 000 personnes sont concernées chaque année, pour environ 1 200 entreprises sous-traitantes recensées, ce qui suppose un chiffre beaucoup plus élevé de salariés qui, un jour ou l'autre, sont intervenus dans ces conditions. Le drame, c'est qu'on perd la trace de ceux qui effectuent le travail le moins qualifié et le plus coûteux en doses de radiations, ceux qui, en priorité, devraient être suivis. Les risques auxquels ils sont confrontés sont multiples : outre les rayonnements ionisants et les poussières radioactives qui peuvent être inhalées, ils sont exposés à divers matériaux ou produits aux effets cancérogènes (amiante, solvants, pigments de peinture). Il y a aussi les risques de chute et d'accident, le bruit et la chaleur. Et puis il y a les effets de l'intensification du travail spécifique à leur tâche : pour éviter d'être exposés trop longtemps aux rayonnements, ils doivent travailler très vite. Mais aucun recensement des maladies professionnelles et des accidents du travail associés au travail sous-traité n'est assuré. La question des suicides n'est pas documentée. L'invisibilité est socialement construite et entretenue.

**Comment est organisé le travail ?**

Ces salariés interviennent sur les sites lors de l'arrêt des réacteurs, pour s'occuper de la maintenance ou de la révision des équipements. Ils ne rencontrent donc que fugitivement les salariés permanents des centrales. La direction de la centrale lance un appel d'offres, les anciens constructeurs comme Framatome et Alstom se mettent sur les rangs et eux-mêmes font appel à des sous-traitants pour les travaux les plus exposés et les moins qualifiés. En bout de cascade de sous-traitance, pouvant aller jusqu'à cinq niveaux, voire plus, on peut trouver trente intérimaires pour un salarié en CDI. Ils préparent les échafaudages, décontaminent, vérifient l'isolation, la robinetterie et la tuyauterie, etc. Comme ils sont vite amenés à dépasser les doses de radiations réglementaires, ils sont remplacés par d'autres. Au total, 80 % de l'exposition aux radiations est supportée par les salariés « extérieurs ». L'organisation du travail est fondée sur cette gestion du risque et sur la répartition des doses sur un grand nombre de salariés, ce qui suppose un fort *turn-over* du personnel.

**À quand remonte cette division des tâches ?**

C'est en 1988 que la décision de sous-traiter toute la maintenance a été prise, même si auparavant certaines tâches l'étaient déjà. Préoccupés du maintien de leurs propres acquis, rares sont les syndicalistes EDF qui ont alors compris qu'il s'agissait en fait du début de la privatisation.

**Sur quels types de rapports est fondée la relation entre les permanents et les salariés « extérieurs » ?**

C'est un rapport de domination qui s'est construit avec l'« aide » de la direction : selon leur statut, les salariés n'entrent et ne sortent pas aux mêmes horaires, ils ne partagent ni les vestiaires ni le parking. Les « sous-traités » mangent dans des baraques à l'extérieur quand les autres déjeunent à la cantine. Les horaires, les droits à congés sont également différents. Le passage des consignes entre agents EDF et sous-traitants est très bureaucratique. Cela constitue une sorte de sous-prolétariat du nucléaire.

**Quelles sont les conditions de travail de ces salariés ?**

Ce qui domine, c'est l'insécurité d'emploi et la flexibilité du temps de travail. Relevant de conventions collectives très diverses, ils sont moins bien rémunérés que les agents EDF, n'ont aucun de leurs avantages et se sentent méprisés par eux. Ils se déplacent de centrale en centrale, souvent loin de chez eux, ce qui leur vaut une « prime de déplacement » qui constitue une part non négligeable de leur rémunération mais qui les oblige, eux et parfois leur famille, à vivre dans des conditions précaires. Il leur arrive parfois de dormir en caravane, dans des campings aux portes des centrales, le temps des missions. Certains enchaînent les contrats de courte durée et redoutent même de perdre leur emploi s'ils ont pris trop de doses de radiations, car si vous atteignez la limite réglementaire, vous êtes interdit d'entrer en centrale. Or cette limite d'exposition est un compromis socio-économique et non un seuil d'innocuité. Vous pouvez perdre votre emploi sans pour autant être à l'abri des cancers radio-induits.

**Quelles sont leurs marges de manœuvre ?**

Ils n'en ont pas beaucoup. Les plus qualifiés peuvent négocier le moment d'une intervention, notamment quand ils estiment que « ça crache trop », c'est-à-dire que les risques de contamination sont trop forts. Pour les autres, c'est ça ou la porte, donc aucune négociation n'est possible. À la fin des années 1990, il y a eu quelques arrêts de travail conjoints de travailleurs « extérieurs » de différentes entreprises et d'agents EDF pour dénoncer les conditions de travail, mais, à chaque fois, la répression syndicale est telle que les stratégies de résistance touchent rapidement leurs limites. **Tout en étant invisibles, ces salariés disposent d'une responsabilité et donc d'un pouvoir réel en ayant accès à des installations stratégiques. Au-delà de la réduction des coûts, n'est-il pas aberrant, du point de vue de l'entreprise, de prendre le risque d'une catastrophe majeure ?**

La direction d'EDF n'a pas trouvé d'autre solution pour répondre à ses deux problèmes majeurs : premièrement, la maintenance et la sûreté des installations ne peuvent être assurées que par du travail humain et, deuxièmement, ce travail est coûteux en doses et doit donc être divisé en un nombre suffisamment élevé de personnes pour qu'aucune d'elles ne dépasse la limite réglementaire. Par la sous-traitance, la direction fragmente la dose entre des milliers d'intervenants, ce qui serait impossible avec les salariés permanents. Les enjeux cruciaux de la sûreté nucléaire sont martelés aux salariés « extérieurs ». Ainsi, non seulement ceux-ci ont des conditions de vie et de travail très dures mais en plus ils portent sur leurs épaules la responsabilité d'une maintenance sans faille et donc l'angoisse qu'un jour ça pète.

## Pour aller plus loin

GORGEU Armelle et MATHIEU René, « L'action contrainte des directions d'usines. Analyse de la gestion de l'emploi dans la filière automobile », *Économies et Sociétés*, AB, n° 26, 8/2005.

LEFEBVRE Bruno, « *Posted workers in France* », *Transfer Issue*, ETUI-REHS, Bruxelles, septembre 2006.

LINHART Danièle et MOUTET Aimée (dir.), *Le Travail nous est compté*, La Découverte, Paris, 2005.

THÉBAUD-MONY Annie, *L'Industrie nucléaire, sous-traitance et servitude*, INSERM et EDK, Paris, 2000.

◊ **Carine Fouteau.**

**Sous-traités**

# Stagiaires

Travailler gratuitement (ou presque)

**D**ans sa conception originelle, le stage constitue une période de formation dans le monde professionnel. Ce type de stage, à vocation pédagogique et inscrit dans un cursus de formation, représente sans doute la part la plus importante des 800 000 stages effectués en France chaque année[1]. Mais, en pratique, parmi ces milliers de stages, beaucoup n'en sont pas : le système s'est emballé ces dernières années, faisant apparaître de graves dérives. Le chômage de masse et le manque d'encadrement juridique du statut de stagiaire tendent à transformer les « stages » en instrument de régulation du marché du travail et de sélection des jeunes diplômés.

Voyant se bousculer à leurs portes une masse considérable de jeunes, nombre d'entreprises – et d'administrations – ont profité du flou juridique du statut pour substituer aux offres d'emploi des offres de stages peu ou pas rémunérés. Tandis que nombre d'étudiants sont utilisés comme de pures et simples forces de travail par les entreprises dans le cadre de stages obligatoires, de nombreux diplômés sans emploi

---

1   *L'Insertion professionnelle des jeunes issus de l'enseignement supérieur*, Avis et Rapports, Conseil économique social, 2005. Il s'agit d'une estimation.

prolongent indéfiniment leurs études et enchaînent les stages « post-diplôme » dans l'espoir que leur motivation ainsi démontrée débouchera sur un premier emploi. Des secteurs entiers faisant « tourner les stagiaires » sur des postes fixes, le stage s'est subrepticement transformé en système d'exploitation.

Ces « abus » ont été vivement dénoncés en 2005 et 2006 par un collectif spontané et très médiatisé : Génération précaire[2]. Mais cette dérive a peu de chances d'être enrayée tant que la législation sur les stages, très favorable aux employeurs, ne sera pas modifiée (les stages obligatoires conventionnés sont, par exemple, exonérés de charges sociales si les « indemnités » de stage restent inférieures à 30 % du Smic).

Les « abus » restent manifestes dans les « secteurs paillettes » – très attractifs pour les jeunes générations –, comme celui des médias, où une foule de stagiaires anonymes servent de béquilles aux célébrités. Des invisibles dans l'ombre de la notoriété.

## Yann, entre stages et petits boulots

Sa mère, infirmière, le voyait médecin. Yann, dix-neuf ans, a d'autres ambitions. Aux blouses blanches, il préfère les T-shirts à la mode qui lui donnent un petit air de héros de télé-réalité. Sans projet professionnel particulier mais passionné de musique, il a passé les premières étapes pour devenir chanteur dans une comédie musicale à grand spectacle. Il rêve de succès et ne cache pas qu'il a envie de gagner de l'argent.

En attendant de vivre sous les projecteurs, Yann s'est inscrit à la fac. Conscient que son bac technologique comptabilité-gestion n'est pas suffisant, il veut assurer ses arrières. Mais plutôt que d'esquinter ses pantalons sur les bancs de l'université, et parce qu'il veut être indépendant financièrement, il a passé le plus clair de son temps, ces derniers mois, à travailler comme vendeur. Chez Quick, à Décathlon ou dans la très chic boutique Nike des Champs-Élysées.

Comme tous les étudiants, Yann doit aussi faire des stages pour valider son cursus universitaire. Ayant dégoté un stage dans une microscopique maison de production spécialisée dans la musique africaine, il a donc abandonné son emploi chez Nike pour un « poste » ronflant d'« assistant de direction ». À défaut d'être rémunéré, espère-t-il, ce stage devrait au moins lui permettre de mettre un pied dans le monde de la musique et de se constituer un solide carnet d'adresses. C'est du moins ce qui lui a été promis lors de son entretien d'« embauche ».

La réalité est moins réjouissante. Loin de l'univers enchanté de la musique, il passe ses journées à faire des tableaux Excel et à trier des T-shirts promotionnels :

> « L'ambiance était très sympa, reconnaît-il, mais les responsables n'étaient pas très compétents. C'étaient eux qui récupéraient les bénéfices alors que c'étaient les stagiaires qui étaient le moteur de la boîte. »

Habitué à être payé autrement que par des sourires pour le travail qu'il effectuait jusque-là comme vendeur, Yann supporte mal d'être traité comme un larbin :

> « Moi, ça allait encore, admet-il, conciliant, mais il y avait d'autres stagiaires pour qui c'était plus choquant. La stagiaire maquilleuse par exemple : non seulement elle faisait bien plus que du maquillage mais elle a, en plus, dû batailler pour se faire rembourser ses consommables [le maquillage]. »

Constatant que leur stage ne leur rapporte rien – au contraire –, les stagiaires décident de concert de « claquer la porte ».

N'ayant pas validé son stage de trois mois exigé par son université, Yann reprend donc ses recherches et décide de mettre à profit son expérience de vendeur. Obligé de travailler gratuitement ou presque, il ne veut pas se contenter de fast-food ou de magasins de sport. Il vise l'industrie du luxe :

> « Tant qu'à se faire chier, autant que ça soit pour une boîte connue, pour une grande marque, quelque chose qui accroche l'œil sur un CV. »

Mais ce qui accroche l'œil, lors des quelques entretiens d'« embauche » qu'il parvient à décrocher, c'est plutôt sa couleur de peau. D'origine camerounaise, son profil refroidit l'enthousiasme de ceux des employeurs qui avaient eu la légèreté de se fier à son expérience professionnelle et à son nom « très breton ». Un vendeur noir, ça va chez Quick, Décathlon ou Nike, mais c'est plus difficile dans les boutiques de luxe des beaux quartiers, même quand on propose de travailler gratuitement. Il se fera refouler.

Ayant élargi ses recherches, Yann a fini par décrocher un stage dans une grande chaîne de télévision. Il a commencé depuis quelques jours et se dit, pour l'instant, satisfait de son nouveau « travail ». Il gagne même 400 euros par mois.

## ▓▓▓▓ Le « stage » postdiplôme : la roulette russe vers l'emploi

On ne tolère pas la même chose à tous les stades de la vie. Ce que les stagiaires acceptent, de plus ou moins bon cœur, dans le cadre d'un stage obligatoire inséré dans un cursus universitaire, devient insupportable pour ceux des jeunes diplômés qui continuent à faire des « stages » parce qu'ils ne trouvent pas d'emploi.

C'est dans cette situation que se retrouvent nombre de ceux qui se sont orientés vers ce que l'on appelle les « secteurs paillettes » : audiovisuel, cinéma, journalisme, etc. Confrontés à un marché du travail où le nombre de candidats excède largement le nombre d'élus, ils sont obligés de stationner pendant des années dans le statut de « stagiaire », en prenant à cette fin des inscriptions bidons à l'université, dans l'espoir que leur persévérance leur permettra à terme de se faire embaucher :

> « Je veux vraiment travailler dans l'audiovisuel, c'est pour ça que je persiste », explique par exemple Jérôme, vingt-six ans, qui enchaîne les stages dans les maisons de production et les chaînes de télévision depuis qu'il a eu son diplôme. « Comme on est sur un secteur bouché, c'est celui qui persiste le plus qui l'emporte. »

Faisant financer par ses parents le travail qu'il effectue gratuitement pour les multinationales de l'audiovisuel, il attend ce qu'il appelle le « déclic » : se faire « repérer » et se faire embaucher. Le comportement de ces « stagiaires » qui ne devraient plus l'être est assez comparable à celui des joueurs de roulette russe. Soit ils abandonnent et perdent l'énorme investissement universitaire et financier qu'eux-mêmes ou leurs parents ont consenti, soit ils persistent, avec le risque de tomber de plus haut encore.

À vingt-sept ans, Caroline a semble-t-il gagné son pari. Après six mois de stage non payé dans une émission « branchée » diffusée sur Radio France, elle enchaîne maintenant les CDD de trois mois à la Maison de la Radio. Une situation certes précaire qui peut s'arrêter à tout moment, mais nettement plus confortable que celle dans laquelle elle se trouvait avant et pendant son « stage ». Sans emploi à l'issue de ses études et avec un compte bancaire bloqué, elle empilait les petits boulots au noir et faisait des pieds et des mains pour obtenir le RMI, théoriquement incompatible avec le statut (bidon) d'étudiant qu'elle avait pris pour... faire des stages. Pour en sortir, elle était allée jusqu'à demander une aide d'urgence à la mairie de Paris :

« C'était irréel pour moi, se souvient-elle. Je me suis retrouvée au service des Parisiens en grande difficulté, à côté de familles au bord du gouffre. Je ne me sentais pas bien. Mais voilà, à ce moment-là, je n'avais pas le choix. »

S'ils ne sortent pas tous de la cuisse de Jupiter, beaucoup de stagiaires qui travaillent dans les médias – et en particulier les médias parisiens – n'ont pas grand-chose à voir avec le quart monde. Ils affichent généralement des CV impressionnants : des écoles prestigieuses ou extrêmement spécialisées, une parfaite maîtrise des langues étrangères, des ribambelles de stages... Ils font partie de cette génération qui a prolongé les études au maximum sous l'impulsion, souvent, de parents soucieux de leur éviter le chômage et le déclassement. Comparant sa situation avec les « jeunes de banlieues », Alexandre, vingt-cinq ans, qui a multiplié les stages dans la presse écrite avant et après son diplôme, parle d'une « souffrance de bourgeois » :

« On se fait chier pendant des années sur les bancs d'écoles prestigieuses, on passe nos vacances depuis dix ans à réviser des concours, on fait les larbins pendant des mois et des mois dans de grands journaux... et le seul boulot rémunéré qu'on trouve, au final, c'est de faire du rédactionnel-publicitaire pour les feuilles de choux de je ne sais quelle marque de supermarché. C'est une souffrance de bourgeois, mais c'est une souffrance quand même. »

À une semaine de la fin d'un énième stage, Annie a quant à elle décidé d'abandonner. Elle ne supporte plus l'inférorisation systématique qu'implique le statut de « stagiaire ». Malgré des diplômes très pointus, elle a passé des mois à faire la « boniche » dans différentes « boîtes » : acheter du sucre pour le café de ses supérieures, faire des photocopies à la place des secrétaires, aller chercher le vélo à l'autre bout de Paris d'un patron qui s'est tordu la cheville... Intarissable, elle évoque son stage dans une entreprise unipersonnelle spécialisée dans la vente de programmes télévisés :

« Pendant des semaines, je suis restée seule dans un bureau pendant que le patron travaillait... chez lui ! », se souvient-elle. « Et comme il n'avait pas Internet chez lui, il me téléphonait toutes les heures pour que je lui lise ses e-mails, même personnels... et il me dictait les réponses ! »

À vingt-quatre ans, elle refuse de continuer à « cautionner le système » plus longtemps. Après son stage, elle compte « monter des projets » avec des amis « dans la même galère » en espérant qu'elle pourra enfin vivre de son savoir-faire sans dépendre de patrons prédateurs. Une autre roulette russe.

## ▰▰▰ À France Télévisions : « Si tu savais le nombre de mecs et de nanas qui aimeraient être à ta place ! »

Angélique a trente-cinq ans. Après une courte carrière de commerciale, elle a décidé de se reconvertir dans l'audiovisuel, un secteur qui l'a toujours passionnée mais auquel elle avait dû renoncer, quelques années plus tôt, pour des raisons personnelles. Elle raconte, de manière acerbe, son année de « stage », payé 300 euros par mois, dans un service de France Télévisions.

« Dès le départ, on te fait intégrer l'idée que tu as de la chance d'être là : "C'est incroyable comme tu as de la chance ! Si tu savais le nombre de mecs et de nanas qui aimeraient être à ta place !" Ça, c'est de la manipulation dès le départ. Même dans ta décision d'accepter ou non le stage, on te pousse, on te manipule, on te dit : "Vas-y, vas-y prend-le ! C'est trop bien, tu vas voir !" Ensuite, c'est de la manipulation au long cours. Tout au long de ton stage, on continue à entretenir cette idée que tu as de la chance : tu as de la chance, tu as de la chance... D'accord tu te fais traiter comme une merde, d'accord tu n'as pas de thune, d'accord tu n'as aucune perspective de boulot à la fin... mais, en même temps, tu es là, tu es avec nous ! T'es dans le sérail ! "Tu te rends compte qu'à la cantine tu fais la queue avec les mémères qui présentent le *19/20* et Laurent Romejco qui présente *Les Chiffres et les lettres* ?" La chance ! Moi, ma grand-mère quand je lui ai dit que je voyais Romejco tous les jours, elle était à donf : "Tu l'as vu aujourd'hui ? ! !" Je fais de l'humour parce que je suis obligée, sinon tu pleures. J'en ai pleuré.

Dès le premier jour, je me suis rendu compte que j'avais obligation de résultats, qu'en gros je faisais un CDD non payé. On met le stagiaire devant un ordinateur, et on lui gueule dessus : "Tout est dedans, tu cherches !" Quand on a traîné un peu ses guêtres dans des bibliothèques de fac, on a l'habitude de faire un peu Colombo, on fait des investigations sur des choses qu'on ne connaît pas. À France Télévisions, c'est pareil. C'est comme ça, par exemple, que je me suis retrouvée à faire le compte rendu d'un salon où je n'étais même pas allée. Une de mes chefs était allée à l'étranger. Et quand elle est rentrée, elle est venue me voir avec un café et une clope : "Oh, ça me gave ! Maintenant, il faut que je fasse le compte rendu de ce truc-là... Ah bah, d'ailleurs, c'est toi qui vas le faire !" C'est comme ça que je me retrouvais à rédiger des rapports sur des trucs que je n'avais jamais vus de ma vie... en surfant sur Internet ou en appelant des gens que mes chefs avaient croisés à Madrid ou à Toronto ! Et ensuite, quand ils écrivaient la page de garde, c'était : "Rédigé par Mlle Machin ou M. Truc", et pas du tout par moi. Tout ce qu'ils faisaient, c'était de corriger les fautes d'orthographes et la ponctuation. Mais la direction les félicitait pour "leur clairvoyance", "leur sensibilité" ! Moi, j'hallucinais complètement. Je commençais à me dire : "En fait, on me prend vraiment pour une conne !"

**Stagiaires**

Pendant qu'ils étaient à "l'extérieur" ou qu'ils avaient des "dej" – ils passent leur temps à faire des "dej" et des "réunions", etc. – moi, je passais mes journées et mes soirées à bosser. Non seulement ils spoliaient complètement mon travail, mais ils exploitaient les connaissances que j'avais apprises en école et dans mes précédents stages. C'est pour ça qu'ils m'avaient embauchée d'ailleurs, parce qu'il y a plein de domaines où ils n'y connaissaient rien. Il y en a même une à qui j'ai carrément dû apprendre à utiliser Excel. C'est dire !

À côté des comptes rendus et de l'arrosage des plantes – on me demandait d'arroser les plantes… –, j'ai travaillé sur une série. Mais, à la fin, ils ont enlevé mon nom du générique. Je n'étais même pas citée comme "stagiaire" ! Dans les autres boîtes audiovisuelles où j'avais bossé, on citait tous ceux qui avaient travaillé. C'est normal. "Normal", etc. sauf à France Télévisions. Par contre, évidemment, on a mis en énorme le nom de la personne qui avait commandé le truc et qui allait boire sa coupe de champagne en disant : "Ohohooo, c'était formidaaable ! C'est vrai que c'était beaucoup de travail. C'est vrai que j'y ai passé des soirées… Mais bon, quand on voit le résultat, c'est quand même sympa !" Et toi, tu n'es même pas invitée à manger un petit-four. Alors tu te dis : "Je suis qu'une merde, je suis vraiment qu'une merde."

En plus de stagiaire tu fais aussi psy, souvent. Ils sont très cyclothymiques. Quand tout va bien, ils t'adorent, ils t'invitent au resto – "Mais non, mais non, c'est la boîte qui paie !" – et ça finit à la tequila à quatre heures du mat. Et tu te dis : "En fait, elle est hypercool, ma boss !" Mais le lendemain, elle arrive avec une tronche de six pieds de long et pendant une semaine elle te ruine devant tout le monde. Dans les moments où ça se passait bien, elle se lâchait. Là, ce qui est dur, c'est qu'elle te raconte ses problèmes d'argent : "Bon, c'est vrai que là, j'ai demandé une augmentation, parce qu'à 4 500 euros par mois, c'est vrai que j'en peux plus ! Attends, je suis crevée !" Tu te dis : "Crevée à quoi faire ? C'est moi qui fais son taf !" Ils parlent de leurs vacances, aussi, à l'autre bout du monde pendant que, toi, tu te demandes si tu vas pouvoir payer ton loyer. Finalement, ils prennent vite l'habitude de ces bons gros coussins chauffants que sont les stagiaires, des bonnes grosses bouillottes qu'on met dans un coin de bureau et qui font ronronner les jours de froid.

Donc, tout ça, ça commençait à me gonfler sérieusement. Et j'ai commencé à me sentir vachement seule. Un jour, je suis allée déjeuner à la cantine avec une autre stagiaire de mon service, une petite minette de vingt-deux ans qui se faisait brailler dessus et que, donc, je consolais tous les jours. Elle me dit : "Viens, je vais te présenter mes copains et mes copines." Là, je me retrouve à la cantine, avec une tablée… immense ! Plein de nanas et plein de mecs entre vingt-trois et vingt-six ans… tous stagiaires ! Je dis à ma copine : "Il y a vachement de stagiaires à France Télévisions, en fait !" Et elle me dit : "Non, eux, c'est uniquement les stagiaires de [une émission de France 2]. Ils bossent tous sur la même émission." J'hallucinais : "Ils sont aussi nombreux que ça ! Qu'est-ce qu'ils font dans cette émission ? !" "Bah, les chroniqueurs, tu comprends, c'est des stars : ils bossent à la radio, à la télé, etc. Donc, comme ils n'ont pas le temps de rédiger, ils prennent plein de stagiaires. C'est les stagiaires qui rédigent leurs chroniques."

C'est comme ça que je me suis rendu compte que la boîte était entièrement truffée de stagiaires : stagiaires sur une émission de sport, stagiaires sur une émission de mémères, stagiaire au département jeunesse, etc. Des stagiaires qui sont plutôt des forces de travail intéressantes puisqu'ils n'hésitent pas à donner des heures, à bosser pour 300 euros par mois, à donner gratuitement leurs connaissances... Et qu'est-ce qu'ils ont à la fin ? Rien. Du déni. Je crois qu'en fait, il n'y a rien de pire que d'être nié.

C'est ça qui m'a fait drôle à France Télévisions, c'est la capacité qu'ont tous ces gens – William Leymergie, Paul Amar et tous les autres – à s'approprier le travail de leurs stagiaires. Quand l'idée du stagiaire est géniale, c'est eux. Et quand ils n'assument pas leurs idées de merde, ils regardent le stagiaire en fronçant les sourcils. C'est très pratique d'avoir un stagiaire ! Je n'arrive pas à m'en remettre de ça. Je n'arrive pas à comprendre comment ils font pour dire devant tout le monde que c'est eux qui ont plein de bonnes idées alors qu'ils ont juste pompé sur un stagiaire. Comment ils font pour ne pas se sentir merdeux ? Ces gens-là qui cumulent les casquettes et qui sont payés un maximum, pourquoi on ne leur supprimerait pas une ou deux casquettes pour donner le budget à ceux qui bossent vraiment ? Pour donner, par exemple, un petit CDD – je ne parle même pas d'un CDI – aux stagiaires... Par décence. »

**Entretien avec**

# Michel Villette

Sociologue, auteur de *Le Manager jetable : récits du management réel*, La Découverte, Paris, 1996, et de *Portrait de l'homme d'affaires en prédateur*, La Découverte, Paris, 2005 (avec Catherine VUILLERMOT).

## « Les stages ont été inventés pour les ingénieurs »

**Comment analysez-vous le mouvement des stagiaires qui
s'est élevé contre leur situation à la fin de l'année 2005 ?**

Les abus et détournements du système des stages supposent un fort taux de chômage des jeunes. Le fond du problème, c'est l'inflation des diplômes et la promesse fallacieuse et démagogique d'un emploi « noble », « chic » et

Stagiaires

« confortable » pour tous. Si vous diplômez 300 000 étudiants à bac + 5 et qu'il n'y a que 30 000 postes de cadres débutants à pourvoir dans le secteur privé, vous avez nécessairement des frustrés... On a bien vu que les étudiants qui ont pris la tête du mouvement pour une réforme de la législation sur les stages s'étaient le plus souvent préparés à des métiers particulièrement encombrés par des études de sciences politiques, de lettres, de psycho, de socio, de philo, de journalisme, cinéma, audiovisuel, théâtre et autres activités artistiques et intellectuelles. En choisissant ces métiers attirants pour leur génération alors que les débouchés sont extrêmement étroits, ils se sont condamnés à errer de stages en petits boulots, dans une quête sans fin de l'emploi introuvable... Le drame individuel véritable commence lorsque les stages peu ou mal payés s'enchaînent sans jamais déboucher sur un emploi rémunérateur, et cela devient un drame collectif lorsque la noria des stagiaires au travail gratuit se substitue à des emplois salariés.

**Les jeunes « trop ambitieux » ne sont tout de même pas les premiers responsables de l'emballement du système des stages !**

La crise du système des stages, qui est maintenant bien visible, remonte aux années 1980. Alors que le patronat français a cherché tous les moyens possibles pour réduire le coût du travail, la généralisation d'un système de stages soi-disant pédagogiques est apparue comme un expédient pour contourner le Smic. Il y a aussi la responsabilité des institutions d'enseignement pour lesquelles le stage est un moyen très efficace pour réduire les coûts de l'enseignement : moins d'étudiants dans les locaux, moins d'heures de cours, moins de profs à payer ! Ça ne coûte rien d'envoyer des étudiants trois ou six mois en entreprise, cela permet d'encaisser des frais de scolarité sur trois ans, alors qu'il n'y a en fait que deux ans de scolarité effective. La collusion d'intérêts entre employeurs et établissements d'enseignement a provoqué un emballement du système, trop de jeunes se sont alors trouvés en position de demandeurs de stages « obligatoires » à date fixe, et ils ont dû accepter n'importe quelles conditions – y compris l'absence totale de rémunération – pour avoir leur diplôme coûte que coûte.

**Étant donné l'exploitation actuelle de beaucoup de stagiaires, on pourrait être tenté de supprimer complètement le système des stages... Pour vous, le principe du stage reste une bonne idée ?**

Supposons qu'il n'y ait aucun stage : on ne fournirait pas au jeune l'occasion de discuter de ses premières expériences de travail avec d'autres étudiants et des professeurs dans un endroit qui serait un peu déconnecté de la vie professionnelle. Il n'y aurait plus aucun pont pour aller du monde de l'université au monde des entreprises et retour : cela renforcerait la fermeture des entreprises sur elles-mêmes et l'académisme universitaire...

Pourquoi les jeunes ne veulent pas travailler dans la plomberie ? Ou, pour prendre des exemples qui n'ont pas l'air d'attirer grand monde, dans l'équarrissage de poulets ou le recyclage des ordures ménagères ? L'amour de la chose matérielle est complètement perdu. C'est ce que disent tous les vieux ouvriers : « Les jeunes ne savent rien faire ! » Eh bien, ils disent quelque chose de très fort, là ! Quand je dis les choses matérielles, c'est aussi le maniement d'un magnétophone, d'un ordinateur, d'une caméra... Ce qui est sûr c'est que, dans les salles de classe, on ne manipule pas beaucoup. Il faut remettre en rapport le monde matériel avec le monde des idées, la théorie et la pratique. Le stage, considéré comme une activité sérieuse, difficile et importante, est une formule pédagogique pleine d'avenir.

**Si je comprends bien, vous voudriez inverser la tendance actuelle : là où ce qu'on appelle « stage » est actuellement utilisé comme un moyen de conformer les jeunes au monde de l'entreprise, vous pensez qu'on peut en faire un instrument d'autonomisation ?**

Au départ, les stages ont été inventés pour les ingénieurs. Les premiers stages, à l'École des mines par exemple dans les années 1950-1960, c'étaient des stages ouvriers : on envoyait des enfants de la grande bourgeoisie découvrir le monde du travail, la pénibilité du travail ouvrier, la réalité des rapports sociaux dans l'entreprise et on leur demandait ensuite de prendre du recul, de théoriser leur expérience. Le but était de réduire l'écart entre les élites et le peuple et de développer le sens pratique de jeunes qui n'avaient fait jusque-là que des maths et de la physique et qui avaient donc une approche complètement abstraite – brillante certes mais abstraite – de la réalité.

Ma conviction intime, c'est qu'il est extrêmement intéressant d'apprendre en allant du geste à la parole, de la pratique à la théorie... C'est très important du point de vue de la connaissance, c'est très important du point de vue de la démocratie. Parce qu'un vrai citoyen, c'est quelqu'un qui est capable de délibérer sur les expériences qu'il vit, de former un jugement sur ses pratiques et de proposer, une fois qu'il a bien compris comment ça marche, de changer la pratique, de changer la vie, au ras des pâquerettes, au niveau de la vie quotidienne... Ceci suppose un apprentissage.

## Pour aller plus loin

ACCARDO Alain (dir.), *Journalistes précaires*, Le Mascaret, Bordeaux, 1998.

COLLECTIF GÉNÉRATION PRÉCAIRE, *Sois stage et tais-toi ! Pour en finir avec l'exploitation des stagiaires*, La Découverte, Paris, 2006.

EVIN Guillaume et MAUME Émilie, *Profession stagiaire : enquête sur les nouveaux Ovni (Objets vacants non intégrés) du monde du travail*, Ramsay, Paris, 2006.

**Stagiaires**

HUTEAU Christian, « Écoles et Télévisions locales : le marché de dupe du statut de stagiaire », *Observatoire nantais des médias*, 21 juin 2005. Disponible sur : www.observatoire-nantais-medias.fr

VILLETTE Michel, *Guide du stage en entreprise : de la recherche de stage à la rédaction du mémoire*, La Découverte, Paris, 2004.

WALTER Jean-Louis, *L'Insertion professionnelle des jeunes issus de l'enseignement supérieur*, Avis présenté au Conseil économique et social, 2005. Disponible sur www.ces.fr/rapport/doclon/05071112.pdf

*Génération Précaire* : www.generation-precaire.org

Scandale du stage : www. scandaledustage.hautetfort.com

Stage Critics : www. stagescritics.com

◊ **Thomas Deltombe.**

# Surendettés

Quand on ne prête (cher) qu'aux pauvres

« Tout ce qui vous tient à cœur peut se réaliser. Envie d'un home-cinéma, de vacances, besoin de financer un mariage ou des études... quels que soient vos désirs, vous n'avez aucun justificatif à fournir. Il existe une solution simple et qui respecte votre budget. Et si vous vous faisiez plaisir ! »

Site Internet de Finaref.

En 2005, plus de la moitié des ménages français remboursait au moins un crédit. Si le taux d'endettement des ménages français reste plus faible que dans d'autres pays européens, le nombre de surendettés s'accroît de façon préoccupante en France. Selon les estimations de Jean-Louis Borloo, ministre de l'Emploi et de la Cohésion sociale, 1,5 million de ménages étaient surendettés en 2003. Un chiffre qui dépasse le nombre de dossiers déposés devant les commissions de surendettement de la Banque de France chargées d'étudier la situation financière et sociale des demandeurs, d'examiner la recevabilité de leur dossier et de leur proposer, en accord avec les créanciers, des solutions pour sortir de la spirale de la dette (grâce en particulier au rééchelonnement des remboursements). Depuis la loi Neiertz de 1989 qui a créé les commissions de surendettement, plusieurs mesures visant à prévenir le surendettement et à accompagner les surendettés ont été prises. La loi Borloo de 2003 a instauré la procédure de « rétablissement personnel » qui prévoit, sous certaines conditions strictes, l'effacement des dettes.

Les chiffres périodiquement publiés par la Banque de France montrent que le surendettement est moins une maladie honteuse qu'une vaste question sociale. Selon sa dernière étude, portant sur les dossiers déposés en 2004, les « accidents de la vie », au premier rang desquels les licenciements, suivis des séparations et des maladies, sont à l'origine des trois quarts des situations de surendettement (73 %). C'est donc moins la « fièvre acheteuse » – que les spécialistes classent dans le surendettement « actif » – que la rupture dans les parcours personnels et professionnels – le surendettement « passif » – qui font dérailler les budgets des ménages. Il ne faut pas s'étonner, dès lors, que le surendettement touche massivement les couches les moins favorisées et les plus fragiles de la population : 55 % des surendettés recensés sont ouvriers ou employés, 41 % sont chômeurs ou inactifs.

L'accroissement continu du nombre de dépôts de dossiers de surendettement témoigne aussi de la floraison, ces quinze dernières années, des crédits « faciles » mis sur le marché par les organismes de crédit, contrôlés par les banques ou les enseignes de la grande distribution [1]. Parmi eux, les crédits *revolving* (autrement appelés crédits permanents ou réserves d'argent) méritent une attention particulière. Contrairement aux crédits ponctuels, ils se reconstituent au fil des remboursements et entraînent des taux d'intérêt extrêmement élevés. Accordées avec une facilité déconcertante par les organismes de crédit (l'un d'entre eux offre par exemple un caméscope numérique aux nouveaux contractants…) et donc facilement cumulables, ces réserves d'argent, « toujours disponible » et souvent accompagnées de cartes de paiement, deviennent une planche savonneuse pour les ménages vulnérables qui ont un accès plus limité aux crédits à taux intéressants. On ne prête (pas cher) qu'aux riches…

### ▰▰▰▰ Franck : l'alcool, le jeu, la dette

Franck nous donne rendez-vous dans un bistro du XIIIᵉ arrondissement de Paris. « C'était mon fief, ici », explique cet ouvrier de quarante ans à l'accent parisien. Moustache blonde, pendentif en argent et surchemise à carreaux, il ressemble à ces buveurs qu'on croise dans les bars et qui, accrochés à leur verre, offrent des tournées et lancent des défis aux habitués du comptoir. C'était la vie de Franck il y a quelques années. Aujourd'hui, il commande un diabolo menthe.

---

1  BNP Paribas (Cétélem, Facet), Crédit agricole (Sofinco, Finaref), Crédit mutuel (Financo, Sofemo, Créfidis), Crédit commercial de France (Netvalor), Galeries Lafayette (Cofinoga), Trois Suisses (Cofidis), Carrefour (S2P), etc.

Franck n'a pas touché une goutte d'alcool depuis cinq ans. Pas peu fier d'avoir décroché, il regrette presque qu'on vienne lui parler d'argent. Il préférerait évoquer les difficultés qu'il a rencontrées avec l'alcool et les efforts qu'il a fournis pour en sortir :

> « Je pense que mon surendettement était lié à l'alcool et à la peur du manque, analyse-t-il. Je ne sais pas d'où ça venait, cette peur du manque... »

Cela se sent : Franck fréquente assidûment les psychologues depuis qu'il a arrêté l'alcool. Il parle de ses parents, chez qui il est resté jusqu'à l'âge de trente-trois ans. Il parle surtout de son père, décédé en 2000, après une carrière de magasinier et une longue maladie. Une perte dont il peine à se remettre et qui revient constamment dans son récit. Franck parle aussi de sa mère, ancienne câbleuse-soudeuse, qui a économisé toute sa vie, sous après sous, pour équiper sa cuisine et élever ses enfants. Il évoque enfin sa sœur avec laquelle il jouait aux petits chevaux et au Monopoly. Cette passion enfantine pour les jeux, pense-t-il, n'est pas sans lien avec sa situation financière actuelle : en quelques mois, il a dépensé près de 40 000 euros dans les machines à sous, les casinos et les courses hippiques. En empruntant tout, et sans jamais s'enrichir.

Comme toujours, ce genre d'histoire débute par un « tout allait bien ». Il buvait de la bière (« pas tous les jours »), jouait au tiercé (« des petits couplés ») et remboursait 180 francs par mois un vieil emprunt qu'il avait contracté pour acheter une voiture (« ça ne se voyait même pas sur mon compte »). Il avait même une petite amie à l'époque. Et puis, progressivement, tout s'est écroulé : il est passé au whisky (« même le matin ») et s'est mis à fréquenter l'hippodrome d'Auteuil et les salles de jeux des Champs-Élysées. Franck revit ses soirées alcoolisées en même temps qu'il les raconte :

> « Quand ça fait deux fois que vous allez à l'hippodrome et que la deuxième fois vous sortez avec 13 000 francs en liquide, c'est le micheton !, se souvient-il. Je me suis dit : "J'ai trouvé la voie où je vais gagner de l'argent !" »

Entre le marché de Rungis où il portait des caisses et la société où il travaille encore aujourd'hui, Franck n'a jamais roulé sur l'or. Et comme on ne gagne pas tous les jours aux courses ou aux machines à sous, il s'est mis à emprunter. À la banque d'abord, puis en prenant un « crédit renouvelable » chez Sofinco, un organisme de crédit dont il a découvert l'existence un jour qu'il voulait emmener ses parents en vacances :

« Après quelque temps, j'ai vu dans les prospectus, les *Télépoche*, les *Téléloisir*, que ça existait aussi à Cofidis. J'ai essayé, on m'a donné 15 000 francs. Après, j'ai fait Covefi : j'ai regardé et j'ai téléphoné… »

Il s'embourbe dans les crédits de toute sorte. Pas regardants sur sa situation financière, les organismes de crédit ne lui refusent rien. Cétélem ira jusqu'à « s'excuser » d'une erreur de calcul dans ses emprunts… en lui « offrant » un crédit supplémentaire.

Brisé par la mort de son si cher père et contraint de soutenir financièrement sa mère après ce décès, Franck boit beaucoup, et joue de plus en plus. Il sombre dans la spirale infernale : de nouveaux emprunts pour rembourser les anciens et toujours plus de jeu dans l'espoir d'un gain miraculeux. Alors qu'il a « touché le fond », c'est son patron qui l'aide à en sortir :

« C'est une petite entreprise, on est six ou sept pas plus, alors le patron est paternel, c'est quelqu'un d'humain comme jamais j'ai vu, explique Franck avec émotion. C'est un ancien, il est avec des valeurs, donc c'est à lui que je suis allé me confier quand mon père n'était plus là. »

Le patron l'accompagne à l'hôpital et, surtout, lui explique combien l'entreprise a besoin de lui. Une marque de confiance qui n'a pas de prix, et qui provoque le « déclic » que Franck attendait tant.

Sorti de l'« enfer » de l'alcool, Franck doit aujourd'hui s'extraire du piège de la dette. Il se serre la ceinture et essaie de suivre le plus scrupuleusement possible le plan de surendettement qu'a établi pour lui la Banque de France. Dans sept ans, si tout se passe bien, il aura rendu aux organismes de crédit ce qu'il a donné en quelques mois aux établissements de jeu. En attendant, il tente de garder le sens de l'humour :

« La vraie vie, c'est pas comme le Monopoly, on n'a pas toujours la rue de la Paix. Moi, j'ai une télé, un frigo, un canapé et une armoire en pin démontable. »

### ▬▬▬▬ Jean-Pierre : la « théorie de la relativité »

Jean-Pierre R. l'affirme sans fierté : il y a quelques années, il était « milliardaire ». Il raconte le temps, il y a une trentaine d'années, où il avait un « hôtel particulier avec piscine à Bry-sur-Marne » et où il « achetait des voitures comme on achète des stylos-billes ». Mais aujourd'hui, Jean-Pierre R. est un homme « fatigué » qui « vit très mal » sa situation financière et le regard de son entourage.

Entrepreneur dans l'âme, Jean-Pierre R. a perdu beaucoup dans ses deux dernières « affaires ». L'entreprise d'optique qu'il avait montée avec son frère et la compagnie d'import-export qu'il avait installée en Côte-d'Ivoire se sont écroulées, coup sur coup. Navigant à vue entre ses finances personnelles et ses comptes professionnels, Jean-Pierre R. est criblé de dettes. Il a emprunté 30 000 euros aux maisons de crédit et 80 000 à sa famille et à ses amis. Et il continue d'emprunter aux seconds pour rembourser les premières.

Malgré les « jongleries » qu'impose cette « spirale » infernale, Jean-Pierre R. refuse de « baisser les bras ». Son credo : la « théorie de la relativité », selon laquelle la dette n'a d'importance que si on abandonne sa capacité de se relancer. Dans les entreprises, on appelle cela l'« effet levier » de l'endettement. En vertu de cette loi, Jean-Pierre R. vient de lancer une entreprise unipersonnelle de « consulting ». Il aide ses (rares) clients à... « monter leur affaire » ! Confiné dans un local assez sordide dans le nord de Paris, il attend ainsi le retour d'une hypothétique fortune :

> « Si j'arrive vraiment à monter ce truc-là, j'aurais l'impression d'avoir monté l'Annapurna avec des nu-pieds », explique-t-il en souriant à moitié.

L'image est assez bien trouvée quand on sait qu'il vit aujourd'hui avec le RMI. Incapable de faire face à sa dette exponentielle, Jean-Pierre R. a dû se résoudre à retourner vivre chez sa vieille mère et gratte chaque mois le fond de ses poches pour payer sa carte orange :

> « Je n'ai pas honte de le dire, ça m'arrive souvent de ne pas bouffer le midi, c'est toujours 5 ou 10 euros d'économisés, explique-t-il. Il y en aurait qui diraient : "Je n'ai même pas de quoi bouffer !" Moi, la bouffe, c'est pas mon truc alors je prends ça bien. »

Et Jean-Pierre R. d'évoquer, une fois de plus, sa fameuse « théorie de la relativité ».

Ayant « toujours fait le Yo-Yo » entre richesse et pauvreté, il refuse catégoriquement de déposer un dossier de surendettement à la Banque de France. Un tel encadrement financier le priverait, dit-il, de sa signature bancaire, son « bien le plus précieux », et donc de la possibilité de gérer librement son activité :

> « Je suis surendetté par rapport à mes entrées mais je ne pense pas être surendetté par rapport à mes capacités, estime Jean-Pierre R. Si vous déposez un dossier à la Banque de France, vous changez de catégorie humaine, vous vous retrouvez en marge de la société, rejeté de la société de consommation. Vous êtes mort. »

Persuadé qu'il n'a d'autre choix que de persévérer, Jean-Pierre R. ne semble pas envisager le retournement de l'« effet de levier » de sa dette. Les experts appellent cela l'« effet massue ».

## ▰▰▰▰ Gilles : le piège de la caution solidaire

Assis à la terrasse d'un café parisien, Gilles est un homme soulagé. À soixante-deux ans, il mène ce qu'il appelle la vie d'un « tranquille petit retraité ». Comme beaucoup d'autres, il a pourtant rêvé de gagner de l'argent.

C'est à la fin des années 1980, la décennie de l'argent roi, que l'occasion s'est présentée. De bonnes connaissances lui ayant proposé de créer une entreprise, il n'hésite pas un instant. Dans la force de l'âge, Gilles est prêt à soulever des montagnes. Il se porte caution solidaire, condition exigée par la banque pour soutenir l'affaire, pendant que ses associés s'occupent de lancer l'entreprise. Une belle répartition des tâches qui devait à terme permettre à Gilles de quitter son travail et de s'investir pleinement dans le projet. Le retraité en est persuadé aujourd'hui encore : l'affaire aurait pu rapporter « un demi-milliard ».

Mais la réalité est moins glorieuse. Loin du regard de Gilles, suroccupé par son travail de cadre commercial, la société est très mal gérée et engloutit des sommes colossales. Pieds et poings liés à une entreprise dont il s'est porté garant, il s'inquiète et s'endette à titre personnel auprès des banques et des maisons de crédit pour renflouer les caisses de sa société. Mais l'entreprise s'enfonce chaque jour davantage et Gilles se retrouve seul face au désastre. Il se remémore le cauchemar :

> « Quand on a une femme et trois enfants, un métier qui vous prend seize heures par jour et qu'on se retrouve avec une société en faillite et d'énormes dettes sur les bras, on ne peut pas tenir. J'ai fini la tête sur le bureau. »

Ce n'est pas une image : Gilles fait un infarctus en pleine réunion de travail, en 1993. Mis en incapacité de travail et pris en charge par la Sécurité sociale, l'apprenti entrepreneur n'a aucun moyen de rembourser :

> « Le plus étonnant, explique-t-il, c'est que pour chacun de mes crédits j'avais pris l'assurance facultative que les organismes de crédit vous conseillent et qui doit normalement prendre en charge le remboursement en cas de problème grave. Mais aucune de ces assurances n'a marché, je n'ai jamais compris pourquoi ! »

Si leurs assurances fonctionnent mal, les maisons de crédit en revanche savent utiliser leur téléphone et leur papier à lettres. En pleine convalescence et alors qu'il a mis ses créanciers au courant de son état de santé, Gilles est continuellement harcelé. Intimidations, pressions, menaces : le lot quotidien qu'évoquent tous les surendettés et que seule l'acceptation d'un dossier par la commission de surendettement de la Banque de France permet, conformément à la loi, de stopper.

Physiquement fragile, financièrement démuni et manifestement dépassé par une situation qui exige de solides connaissances juridiques, Gilles trouve une oreille attentive à la Banque de France. On le conseille, on le guide dans ses démarches et la commission finit par lui octroyer un moratoire de trois ans pour le remboursement de ses dettes. Puis un second, quelques années plus tard. Son dossier de surendettement repassant régulièrement devant la commission, Gilles vit pendant huit ans avec une épée de Damoclès au-dessus de la tête, qui lui rend la vie impossible. Jusqu'au jour où, près de dix ans après son infarctus, il découvre enfin l'existence d'une association, SOS Surendettement, qui le soutient dans ses démarches. C'est cette association qui l'accompagnera en 2004 devant le juge de l'exécution, le « Jex », chargé de régler les contentieux qui surgissent au terme de l'examen des dossiers de surendettement par la commission de la Banque de France. Ce passage devant le juge restera longtemps gravé dans la mémoire de Gilles.

> « Pendant que la juge parlait, j'avais les jambes qui flageolaient, se souvient-il. Et je n'ai rien compris au langage juridique qu'elle a utilisé ! »

Il lui faudra attendre la sortie du tribunal pour qu'on lui explique ce qui vient de se produire : en vertu des nouvelles dispositions de la loi Borloo, votée un an plus tôt par le Parlement, la dette qu'il a traînée pendant plus d'une décennie a été… effacée :

> « Ma seule condamnation, ça a été de payer un euro à une société de crédit, alors j'ai envoyé un euro par mandat, explique le retraité, consciencieux. Le plus drôle c'est que le mandat m'a coûté trois euros. »

Mais Gilles n'est pas d'humeur à chipoter. En quittant le bistro, il insiste pour nous offrir le café.

## Mme Rabert face au « Jex »

La loi Borloo, tant vantée par les médias, ayant abouti à quelques (rares) exemples d'effacement de dette, Mme Rabert ne s'est pas trop inquiétée. Elle a emprunté sans compter, au point de ne plus pouvoir rembourser. Harcelée par ses créanciers, elle n'en est pas moins restée confiante. Car Mme Rabert connaît bien les procédures de surendettement. En 1994, après un licenciement qui avait fait exploser son budget, elle avait déjà déposé un dossier à la Banque de France qui lui avait permis d'éloigner les huissiers et de rembourser ses créanciers dans des délais compatibles avec ses revenus limités. Mais, cette fois-ci, les choses se sont moins bien passées. Constatant qu'elle avait retrouvé un emploi, la commission de surendettement a estimé qu'elle s'était surendettée « délibérément » et a jugé son nouveau dossier « irrecevable ».

Ambitieuse dans son malheur, Mme Rabert s'est tournée vers le sauveur : « M. Borloo, c'est lui qui a fait quand même pas mal de choses pour les surendettés », explique-t-elle en rappelant que le ministre de la Cohésion sociale avait juré, la main sur le cœur, de donner une « deuxième chance » aux surendettés :

> « C'est pour ça que je lui ai écrit une lettre pour lui demander de me recevoir et, bien sûr, de voir ce qu'il pouvait faire pour moi. »

Mais sa supplique au ministre n'a pas abouti à la rencontre espérée. Du ministère, Mme Rabert a reçu une « réponse bidon », dit-elle, une lettre type la renvoyant au juge de l'exécution, le « Jex », seule autorité habilitée à annuler la décision de la commission.

Privée du soutien ministériel sur lequel elle semblait très sérieusement compter, Mme Rabert se retrouve donc, par une belle matinée de printemps, dans la petite salle au 129 *bis* du palais de Justice de Paris. Comme elle, une vingtaine de personnes patientent, leurs dossiers sur les genoux, en griffonnant des calculs sur des feuilles de papier et en révisant mentalement leur argumentaire. Dans cette assistance hétéroclite, on peine à différencier les créanciers des débiteurs jusqu'à ce qu'ils se lèvent, par paires, à l'appel de leur numéro. Au fond de la pièce, la juge demande à ses interlocuteurs successifs de baisser la voix. Anxieuse, Mme Rabert tend l'oreille pour comprendre ce qui se chuchote dans ces conciliabules.

Il y a d'abord ces deux dames d'une soixantaine d'années qui se disputent, par juge interposée, sur un échéancier de remboursement. Derrière la querelle d'argent, on devine une amitié brisée. « Pourquoi dois-je attendre seize mois pour qu'elle commence à me rembourser ? », demande en substance la première, étonnée du moratoire accordé à sa débitrice par la commission de surendettement. « Parce que je n'ai pas les moyens de rembourser toutes mes dettes en même temps ! », rétorque vertement la seconde. La juge appelle ensuite une mère de famille dont les créanciers exigent, là encore, un remboursement accéléré : « Vous êtes en congé parental, madame, c'est un choix que vous avez fait, lui explique la magistrate, alors vous pouvez comprendre que les organismes de crédit exigent que vous trouviez un travail pour rembourser. »

Au numéro suivant, un homme en costume se lève en tirant sa femme par le bras. Plein de bonne volonté, ce chômeur d'une cinquantaine d'années semble prêt à tout pour sortir des affres de la dette. La juge se montre circonspecte : « Pendant dix ans, vous allez devoir payer tous les mois. Tous les mois pendant dix ans, il faut tenir ! Ça vous paraît jouable ? »

Malgré cette mise en garde, le débiteur accepte un prélèvement automatique sur son compte et jure à son créancier qu'il retrouvera rapidement du travail.

Ainsi se joue le ballet de la créance et de la dette. Mme Rabert attendra deux heures l'appel de son numéro. La juge étudie la « bonne foi » de sa démarche : pourquoi a-t-elle contracté tant de dettes alors qu'elle venait de passer sept ans à rembourser les précédentes ? Penaude, Mme Rabert reconnaît avoir un peu « abusé » des crédits à la consommation ces dernières années. Mais elle veut aussi convaincre qu'il y a des situations où l'on peine à se restreindre, même quand on finit par retrouver un emploi. Frappée d'une très grave maladie, sa fille passe son temps en chimiothérapie. Une situation douloureuse, ajoute Mme Rabert, surtout quand on a déjà perdu un enfant quelques années plus tôt. Après sept années de vaches maigres, elle voulait simplement offrir à sa fille la « vie normale » des enfants de son âge. Une vie que n'autorise pas son mince salaire de cuisinière scolaire. Pressée par le temps, la juge n'a pas le temps d'entrer dans les détails de ce récit malheureusement trop banal. Et c'est en réprimant un sourire qu'elle parcourt la lettre à Jean-Louis Borloo que Mme Rabert sort délicatement de son dossier.

À la sortie du palais de Justice, Mme Rabert sent qu'elle n'a pas convaincu. L'irrecevabilité de son dossier risque fort d'être confirmée et elle devra vraisemblablement se battre seule face aux organismes de crédit. Décidée à ne pas jeter l'éponge et incapable de toute manière de rembourser ses dettes, elle évoque déjà l'étape suivante : la Cour de cassation et une lettre à Jacques Chirac.

**Surendettés**

## Pour aller plus loin

LA HOUGUE (DE) Arnaud, *À propos du surendettement : hommes et argent*, L'Harmattan, Paris, 2002.

FERRIÈRE Frédéric et CHATAIN Pierre-Laurent, *Le Surendettement des particuliers*, Dalloz, Paris, 2006.

SELLES Laurent, *Le Surendettement*, MB Édition, Paris, 2004.

Guide juridique de l'Indecosa-CGT, Surendettement : réagissons ensemble, VO Éditions, 2006. Disponible sur Internet :
**www**.indecosa.cgt.fr/livre%20surendettement%20site.pdf

*Enquête typologique 2004 sur le surendettement*, Banque de France, septembre 2005. Disponible sur : **www**.banque-France.fr

◊ **Thomas Deltombe.**

# Travailleurs de l'ombre

Les obscures filières de l'économie française

I n'y a pas que les sans-papiers qui soient invisibles. De nombreux travailleurs de secteurs majeurs de l'économie, légalement recrutés, français ou non, vivent dans une sorte d'obscurité. Enfermés dans des lieux, des horaires, des circuits de recrutement singuliers, ils ne croisent à peu près jamais d'autres travailleurs que ceux qui partagent leur sort, et moins encore les autres habitants de la région.

Dans les Bouches-du-Rhône, les travailleurs saisonniers de l'agriculture recrutés par l'OMI (Office des migrations internationales) sont dans ce cas. Les premières luttes, périlleuses, qu'ont menées ces ouvriers agricoles ont contribué à les sortir un peu de l'ombre. Dans un autre secteur, celui de la restauration, qui pèse aussi lourd en termes économiques, une part essentielle du travail est exécutée par des gens qu'on ne voit jamais. Qui jette un œil oblique vers les cuisines d'un restaurant aperçoit fugacement un autre monde, caché, presque invisible : celui des plongeurs ou aides-cuisiniers. Ces hommes des tâches salissantes et méprisées sont le plus souvent noirs. La plonge est le domaine des Comoriens d'origine, français pour la plupart, qui passent l'essentiel de leurs journées et de leurs nuits reclus dans un espace confiné, sans lumière, souvent sans hygiène et sans droits.

Ces travailleurs invisibles n'œuvrent pas dans des secteurs marginaux et ne sont pas non plus des acteurs marginaux de ces secteurs : 
l'agriculture de toute la région PACA emploie onze mille permanents, 
quand les travailleurs OMI du seul département des Bouches-du-Rhône 
sont, suivant les années, entre trois et quatre mille. Quant à la restauration, elle est un des piliers du tourisme, atout majeur de la région.

### ▰▰▰▰▰ « On travaillait de 9 heures à l'infini… »

Pour rencontrer les plongeurs des cuisines, coup de téléphone 
au siège de la Fédération comorienne de Marseille. Le directeur est justement en train de parler avec l'un d'entre eux. L'homme accepte de parler 
brièvement au téléphone, mais pas de dire son nom :

> « J'ai été plongeur, aide-cuisinier, puis cuisinier, mais toujours payé plongeur. Et 
> j'ai travaillé dans un restaurant de Marseille où au moins soixante plongeurs sont 
> passés. Un jour, le patron m'a téléphoné pour me demander de revenir parce 
> qu'il ne trouvait plus personne pour venir chez lui. C'était trop dur. C'est la dicta-
> ture là-bas, l'esclavage moderne. Je ne supportais plus, il valait mieux que j'arrête, 
> sinon ça aurait mal tourné. J'ai pu trouver autre chose, mais longtemps après. Je 
> gagnais 5 000 francs par mois, ça a duré quatre ans en tout… Non, cinq ans. »

On n'en saura pas plus. Heureusement on peut trouver des gens plus 
bavards qui ont envie de raconter ce qu'est cette vie coincée entre un 
évier, une cuisine et une chambre minuscule. Moegni a trente-cinq ans. 
Il est assez grand, le teint noir, le crâne ras. Une barbe de quelques jours 
mange le menton qu'il a volontaire, au-dessous d'un sourire d'un blanc 
éclatant. Il est né à Madagascar, où son père, Comorien venu de la Grande 
Comore, était agent de police. Son grand-père est venu défendre la France 
pendant la Seconde Guerre mondiale. En 1984, la famille s'installe à la 
Réunion, où Moegni poursuit des études mais rate le bac. Et puis en 
août 1993, la famille vient en France, à Marseille, « près des racines » 
comme il le dit lui-même sans ironie. Il s'installe à la cité de la Busserine, 
avant que sa mère ne trouve un petit T2 dans le vieux quartier ouvrier de 
la Belle de Mai. « On s'y entasse à six », cinq enfants et la maman seule. Il 
suit une formation de comptabilité et deviendra finalement, en 2003, 
technicien de réseaux de communication, dans une boîte d'Avignon qui 
le licenciera pour raisons économiques en mars 2006.

Voilà comment il a plongé dans la plonge :

« Dès que je suis arrivé, j'ai entendu parler du métier par un copain qui me dit qu'il peut me trouver un travail de plongeur. Je lui réponds que je sais pas plonger : je n'avais jamais entendu ce mot pour ça, je croyais qu'il s'agissait... de plonger pour de vrai. Mais j'ai très vite compris que c'était un domaine où il y avait beaucoup de Comoriens. C'est même le plus ordinaire, le métier le plus facile à acquérir. Chez nous c'est la plonge, la plonge, la plonge ! »

Un cousin commis, c'est-à-dire aide-cuisinier, dans un restaurant de poisson dans le Var, lui signale en avril 1996 qu'il y a de l'embauche. Il s'y rend, le patron lui fait visiter les lieux et lui donne son tablier, orné de l'emblème du restaurant :

« Au début ça allait, mais très vite j'en ai eu assez. On travaillait de 9 heures à l'infini... On s'arrêtait vers 15 ou 16 heures, on reprenait à 18 heures, jusqu'à l'heure de fermeture, et l'été ce n'était jamais avant 23 heures ou même une heure du matin. Je faisais la plonge, sans arrêt. Le matin on préparait les légumes, les salades, le poisson. Il y avait deux cuisiniers qualifiés, deux aides, dont mon cousin, et deux plongeurs. Trois Comoriens en tout. Je gagnais 6 000 francs net, mais le pire, pour moi, c'était qu'il n'y avait qu'une demi-journée d'arrêt par semaine. »

Moegni est logé dans une minuscule chambre à deux lits superposés, avec l'autre plongeur :

« Il y avait des moisissures sur les murs, on avait une radio à nous, c'est tout. J'ai passé quatre mois là-bas, mais la demi-journée de congé seulement, ça ne passait décidément pas : il m'était impossible de redescendre à Marseille et, d'ailleurs, je n'y suis pas revenu une fois durant les quatre mois de travail là-bas. L'autre plongeur est resté, moi je suis parti, mon cousin y est toujours. Sur la fiche de paye, il y avait pourtant bien écrit deux jours de repos hebdomadaire. »

Ce travail et ses conditions ont une conséquence claire :

« Pendant quatre mois, je ne voyais personne, sauf les copains de la communauté – tous plongeurs. On se rencontrait sur une petite place de l'église, on discutait un peu. Je les ai connus parce que la fenêtre de la cuisine donnait sur une petite rue derrière, on se disait "bonjour, salut" – les Comoriens se reconnaissent entre eux. Parfois on était plus de vingt, on bavardait, on essayait de mettre l'ambiance, pour oublier la journée. »

Ces salariés des coulisses ne voient jamais les clients, et à peine les serveurs – qui, eux, ne les voient pas :

« Parmi les dix serveurs, il n'y avait pas un Comorien. Certains ne répondaient même pas au "bonjour", ça faisait mal. La plonge, c'est un métier sale. Je ne

**Travailleurs de l'ombre**

> sais pas si c'est pour le métier ou pour le racisme qu'ils nous ignoraient – je crois
> que c'est pour les deux. On est toujours debout, c'est un travail épuisant. On
> montait se doucher, on se couchait, on dormait, on était épuisés. »

Moegni a eu deux autres expériences de la plonge, avant de réussir à se lancer dans l'informatique. La seconde s'est déroulée dans de meilleures conditions, dans un hôtel de Saint-Tropez, où un copain, évidemment comorien, l'a fait venir. Travail beaucoup moins dur que le premier, avec de meilleurs horaires pour les quatre plongeurs – comoriens ! – qui touchaient 6 700 francs net. Ils bénéficiaient tous de deux jours de congé par semaine et d'un logement dans un bâtiment à peu près correct, à trois par chambre. Moegni est resté quatre mois là-bas, sans voir grand monde et sans être beaucoup plus remarqué. Ah, si :

> « Sur le port on voyait les stars, c'était amusant. »

Troisième expérience de Moegni, à Courchevel dans les Alpes. Un mois et demi de ce travail, toujours trouvé par la filière des copains comoriens. Meilleures conditions, deux jours de congé, mais de mauvais logements, certains étant même installés dans une cave. Invisibles, et entre eux, puisque cela semble être le sort des plongeurs que de vivre sous la ligne de visibilité.

Qui fréquente les restaurants du Vieux Port de Marseille s'en convaincra vite : en ce haut lieu de la mauvaise cuisine touristique, aucun serveur noir. Mais dans les cuisines, une majorité de Noirs, qu'aucune statistique ne saisit. Ahmed, qui travaille depuis longtemps dans la zone, estime que « plus de la moitié des gens qui travaillent dans les cuisines sont Comoriens ». En précisant qu'à ceux-ci, il faut ajouter « d'autres Blacks ». Il raconte une anecdote récente : serveur qualifié avec références, un de ses amis antillais se présente dans un restaurant dont tout le milieu sait qu'il recherche des serveurs – ceux qui y travaillent ont annoncé leur départ prochain. « Pas d'embauche », lui dit le patron, qui ne prend même pas son numéro de téléphone alors qu'il utilise parfois des apprentis, blancs, non qualifiés et sortis de la plonge, pour remplacer au pied levé un serveur malade.

L'exil dans les cuisines apparaît alors comme un exil de pur racisme. Mohamed, arrivé de la Grande Comore en 1993, n'a travaillé, lui aussi, qu'au Vieux Port. Depuis 1998, chose rarissime, il a accédé au statut de chef cuisinier. Son patron est « très gentil », les horaires, « 18 h 30, une heure du matin », sont corrects, comme le salaire. Travail « crevant, toujours debout, toujours pressé par le service » dans cet établissement qui marche bien et emploie huit personnes en cuisine « dont six Comoriens ». Mais « travail respecté ». Les congés maladie sont normalement payés, les deux jours et demi de congé hebdomadaire, accordés. Il règne là « une bonne ambiance, avec un patron qui ne crie pas mais demande les choses poliment » ; et qui vient parfois danser avec ses employés quand ils « déconnent gentiment dans la cuisine, avec leur radio ». Mais même ici, pas question que les Comoriens servent en salle. On peut les respecter, leur parler aimablement, ils restent un peu moins payés que les serveurs, tous blancs et qui « eux, réclament alors que les Comoriens ont tendance à tout accepter ».

### ▓▓▓▓▓ « On n'a aucun contact à l'extérieur, les gens ont un regard méprisant sur nous »

Moins visibles encore sont les travailleurs « OMI » des Bouches-du-Rhône – c'est comme ça qu'on les désigne et l'adjectif « omis » convient parfaitement à leur situation. Rien qui relève du terroir n'explique pourquoi les agriculteurs des Bouches-du-Rhône font si massivement appel à ces travailleurs sous-payés. Ce département passe à lui seul la moitié des contrats de toute l'agriculture française. Le rapport, officiel et confidentiel, remis au préfet par deux inspecteurs des ministères des Affaires sociales et de l'Agriculture en janvier 2002, constate, après examen minutieux et comparatif des surfaces cultivées et des modes de production, que cette abondance de contrats provient uniquement d'« une politique locale de réduction des introductions OMI difficilement acceptée par la profession, conduite avec maladresse par l'administration ». Quant aux raisons qu'ont les patrons d'employer ces saisonniers, elles sont explicitement données par le même rapport, qui évoque « l'aptitude de cette main-d'œuvre à réaliser avec efficacité et endurance les travaux les plus pénibles ». Pour trois raisons : « La sécurité : dès lors qu'ils sont arrivés sur l'exploitation, les saisonniers OMI ne font pas défection. [...] La disponibilité : expatriés, souvent logés sur place, motivés pour s'assurer un gain maximum durant leur séjour, ces salariés acceptent, sept jours sur sept, de faire face aux points d'activité et aux situations d'urgence. La docilité : désireux de voir leur employeur faire appel à eux chaque année, les saisonniers OMI sont peu portés à contester et à revendiquer. »

On ne saurait mieux donner raison à l'un d'entre eux, Baloua, qui s'est révolté après vingt-trois contrats OMI de huit mois sans souffler mot :

« Tu peux pas demander, tu peux pas parler de salaire, sinon t'es pas repris et ta famille non plus. »

Cette condition d'emploi crée une invisibilité maximale, que Baloua raconte en même temps que sa vie dans les pommiers, puisque durant un quart de siècle ce petit homme brun a fait pousser des pommes que l'Europe entière a mangées. Berbère du Maroc, né en 1967 dans la province de Meknès, Baloua est fils d'un éleveur de moutons qui a eu trois garçons et trois filles. En 1973, il quitte l'école et galère. Son grand frère a tenté l'expérience de l'émigration plusieurs années de suite jusqu'en 1988 : il est venu travailler au domaine du Mas, dans un petit village des bords de la Durance. Las, un jour il a eu le mauvais goût de parler de son salaire au patron : son contrat n'a jamais été renouvelé. Et il a prévenu son frère cadet de cette mésaventure. Mais l'aventure de l'émigration, qu'il croit plus rémunératrice que tout ce qu'il peut faire au Maroc, tente quand même Baloua. Il vient en France en août 1982 avec un contrat OMI de six mois, suivant son beau-frère arrivé en 1975 au domaine du Mas. Il travaille au ramassage des pommes, au calibrage et à la taille des arbres. Il gagne moins que le Smic et habite dans une pièce collective pour dix saisonniers qu'il décrit aujourd'hui comme une « sorte de poulailler ». Vingt personnes travaillent et vivent sur le domaine, presque toutes marocaines, auxquelles s'adjoignent quelques embauchés locaux à la pleine saison. En 1984, il commence à travailler huit mois par an, jusqu'en 2005, et à partir de 1993 il dispose d'une chambre individuelle. Baloua travaille ordinairement huit heures par jour, neuf ou dix heures l'été. Sans que jamais ne soient payées d'heures supplémentaires.

Journée terminée, « on reste sur le domaine à écouter la radio ou rien faire », dit-il, avant d'ajouter « et moi je buvais ». Le village est à plus d'un kilomètre de l'exploitation, et personne n'a de véhicule pour s'y rendre. Les seules rencontres humaines de Baloua sont donc avec le patron et l'oncle de celui-ci qui vit sur les terres ; avec les collègues de travail tous marocains ; et, de temps en temps, avec d'autres saisonniers venant bavarder un peu. On parle du pays, du travail. Tous descendent au PMU le dimanche, jouer un ticket, boire un verre. Mais sans aucun contact avec les autochtones, qui ne les voient pas. « En vingt-cinq ans je connaissais personne à Charleval », découvre Baloua quand il sort de ce si long mutisme. Et personne ne le connaissait non plus, a-t-il compris quand sa lutte et sa médiatisation ont fait connaître son visage et son histoire à quelques habitants.

Car, quand le travail s'interrompt en fin de saison et de contrat, c'est le retour immédiat au pays. Trois jours de train au début, d'Avignon à l'Espagne, Algésiras, Tanger et Meknès. Un trajet un peu moins long à partir des années 1990, avec la mode des fourgons de huit personnes.

Ce mépris pour les hommes qui travaillent et qu'on ne voit pas se manifeste d'ailleurs dès l'arrivée en France. Quand il débarquait chaque année à Senas, terminus du bus, le patron ne venait même pas le chercher. « Sauf la première année, précise Baloua, où il avait envoyé un ouvrier nous prendre en voiture. » Dans cette vie toujours provisoire, on s'équipe comme on peu et on continue, faute de moyens, à fréquenter les marges :

> « J'avais récupéré un frigidaire à la décharge parce qu'il n'était pas question d'en payer un 700 ou 800 euros dans un magasin. »

La maladie elle-même devient ingérable dans ce monde à l'écart du monde :

> « J'ai dû changer de médecin parce que le premier que j'avais vu pour mes allergies, c'était sur rendez-vous. Or tu peux pas aller prendre rendez-vous à la cabine téléphonique quand tu travailles. Tu es obligé d'attendre le samedi où tu es libre. »

Baloua est sans rancœur, mais il dit quand même :

> « On a aucun contact à l'extérieur, les gens ont un regard méprisant sur nous. L'été, quand tous les saisonniers sont là, le village est plein, mais personne ne nous voit. Et les gens méprisent ceux qui prennent un travail sous-payé. Aucun d'ici n'est venu me dire bonjour. Même à la mairie ils ne me voient pas. »

Les administrations ne sont en effet pas plus accueillantes que les gens de la rue. La Poste refuse de lui ouvrir un compte, comme le Crédit agricole. Résultat : il lui a fallu un an plein pour toucher un remboursement maladie. Et encore est-ce parce que la Caisse d'Épargne de Mallemort, le village voisin, a accepté de lui ouvrir un compte.

L'histoire de Baloua bascule en mars 2005 quand un ami qui lit la presse agricole lui dit que le domaine a été vendu :

> « Je vais voir le patron, il me dit que c'est vrai. Je lui demande ce qui va se passer pour moi, il dit : "J'en sais rien." Le ciel m'est tombé sur la tête, je ne connaissais personne, ni syndicat ni ami, rien. »

Le hasard d'une rencontre dans la rue, suivie d'autres avec des associations militantes et une avocate qui prend en charge son dossier, le sort de l'anonymat et le jette dans la lutte : Baloua n'est plus un travailleur

**Travailleurs de l'ombre**

invisible. Il devient un chômeur sans-papiers caché et en colère, car il n'a plus le droit de séjourner en France et aucun employeur du secteur ne veut l'employer, sauf pour quelques tâches discrètes. Il réclame 6 300 heures supplémentaires non payées à son ex-patron et vit quelque part dans le Midi. À trente-neuf ans, il ne peut rentrer au Maroc sous peine de ne pas pouvoir revenir pour son procès. Il ne veut pas non plus le faire tant que, dit-il, « justice ne m'est pas rendue ».

### ▇▇▇▇▇ « J'étais la bonne et c'est tout »

Si la majorité des travailleurs OMI sont maltraités et peu vus à cause de leur statut, il est des cas où leur contrat peut en cacher un autre, et renvoyer à une plus grande invisibilité encore. L'histoire de Naïma, jeune femme toute menue au teint très mat et aux yeux brun foncé soulignés de khôl, en témoigne. Elle reçoit dans la petite maison qu'elle loue à Saint-Chamas, au bord de l'étang de Berre et offre du café et des cornes de gazelle qu'elle a faites elle-même. Elle raconte :

> « Je suis née au Maroc vers 1959. Mon père était agriculteur, il faisait un peu de blé. Il est venu en France en 1977. Ses deux frères ont aussi travaillé chez le même patron, Raoul L., installé à Grans, qui venait chercher ses ouvriers au Maroc dans la famille. M. L. faisait des pommes et de pêches. De 1977 à 2000, mon père a toujours travaillé avec des contrats OMI de huit mois. Il était ouvrier agricole au Smic. Il logeait dans un des nombreux mas de la propriété. Il y avait des dizaines d'ouvriers, des Espagnols et des Marocains d'abord, puis des Marocains seulement. Beaucoup étaient en contrat OMI, d'autres en titre de séjour. Je suis arrivée en 1980. Auparavant, je travaillais à Fès chez un ophtalmologiste où j'étais aide-soignante. L. venait chaque année au Maroc, il mangeait dans les familles, logeait à l'hôtel. Un jour son fils, Denis, m'écrit pour me proposer de venir travailler en France : il s'agissait de garder ses enfants, un garçon de deux ans et demi et une fillette de trois ans et demi. »

Naïma hésite, accepte : elle est très contente de partir en France car elle va changer de travail, de pays, être « libre de ses parents ». En avril 1990, elle passe donc la visite médicale OMI, dans les bureaux de Casablanca et obtient un contrat de six mois :

> « Quand j'arrive à Marignane, L. père et mère sont là, ils me prennent dans la voiture et m'installent dans la maison de Grans. On me montre la maisonnette à côté, qui est mon logement, mais que j'utiliserai pas très souvent. Je ne connaissais personne. »

Elle raconte le travail :

« Je levais les enfants, je les changeais, je leur faisais faire la sieste, je les faisais manger. Je faisais le lavage, le repassage, le ménage, la terrasse, les plantes. Tout sauf du travail dans l'agriculture. Je me suis habituée aux enfants. Je travaillais douze à quinze heures par jour, et puis je retournais au Maroc chaque année. C'était très dur, parfois je pleurais ! J'avais une chambre dans la maison et j'y restais très souvent. Dans la maison, où vivait beaucoup de monde, il y avait toujours des histoires. Je leur faisais du couscous, du tagine, du poulet aux amandes, ils adoraient. Pour les courses, la patronne téléphonait et le Petit Casino livrait. Parfois, revenant de l'école, j'achetais un poulet... En été toute la famille venait à la maison, les frères, les belles-sœurs, les neveux. C'était l'"hôtel" comme disait le père L. Ce que je détestais, c'étaient les critiques : je n'ai pas été élevée pour qu'on me fasse des réflexions. Je prenais sur moi. Mon père, mon oncle m'avaient bien fait la leçon sur les contrats OMI, qu'on ne renouvellerait pas, ni pour moi ni pour eux, si je protestais. Au village, je voyais les mamans devant l'école, "Bonjour", "Bonjour" et c'est tout. Il n'y avait pas d'Arabes au centre de Grans à l'époque. Ceux qui étaient dans les champs, on ne les voyait pas. Je gagnais 3 000 francs par mois, charges retenues mais j'ai jamais su ce qu'on retenait. »

Au début de son installation Naïma manque de partir après un accrochage :

« Une voisine institutrice retraitée que je croisais m'avait proposé de venir discrètement chez elle pour m'apprendre à lire et écrire. Quand je suis rentrée, la belle-mère a vu mon petit sachet, elle l'a fouillé sur la table de la buanderie : il y avait un livre, un cahier et un stylo. Elle a fait un scandale, s'est plainte à la fille. Il y a eu une engueulade, la fille m'a dit : "On arrête de suite." J'ai répondu : "D'accord, on arrête de suite", j'ai enlevé mon tablier, je suis partie à l'appartement, j'étais prête à repartir. La fille est venue avec son beau-père : "Tu es de la famille, les petits t'aiment." Je suis restée. »

Absorbée par les tâches, elle ne sort jamais :

« Je ne savais même pas où était Salon. J'allais aux Deux-Alpes avec eux, mais je sais toujours pas où c'est. Sinon c'était l'aéroport de Marignane-Grans et c'est tout. Je n'avais pas le droit de parler aux voisins. »

Le travail devient de plus en plus extensible :

« Les petits avaient des amis, ils venaient jouer à la maison : le mercredi, c'était la vraie garderie. »

Il faut aussi travailler chez la belle-mère à côté, garder la mamie, lui faire sa toilette, tout en continuant à travailler chez le fils. On avait d'ailleurs dit à Naïma qu'elle ne devait pas se marier ni avoir d'enfants. En

1994, elle se marie quand même à Fès, avec Hassan, un carrossier. La même année, son mari vient travailler à Grans, avec un contrat OMI. Il couche le soir à l'appartement, où sa femme n'est pas bien souvent. « Il trouvait que notre vie n'était pas une vie », se souvient-elle. La situation se dégrade lentement, jusqu'à la fin où tout bascule et où Naïma se retrouve sans droits, sans-papiers, sans travail. En 1999.

> « Un soir, la belle-mère me lance par l'interphone : "Ce soir tu gardes Mémé." Je réponds que je peux pas parce qu'Hassan et moi sommes invités à un mariage – ce n'était pas vrai… Ça a foutu le bordel, on s'est engueulé. Le lendemain, Raoul, le père, vient me voir : "Pense à tout ce qui est en jeu, toi, ta famille, tu devrais te mettre à genoux pour t'excuser." Je réponds : "Je ne crois pas que ça arrivera." Il lance : "Tu sais que tu as toute ta famille ici, tu as beaucoup à perdre." Mais je n'ai pas gardé la Mémé. Et ça a été le début des histoires. Après un autre incident avec la belle-mère, je suis partie chez moi. J'ai appelé le voisin, qui était un cousin de leur famille et que je connaissais vaguement. Il me dit : "Tu retournes pas au travail, tu vas aux prud'hommes" – je ne savais pas ce que c'était. Raoul est revenu me voir : "Tu es de la famille." Je suis retournée travailler. Mais, en 1999, ils n'avaient plus besoin de moi comme avant. Ils m'ont envoyée travailler chez la sœur, chez les uns et les autres. »

Et en 2000 c'est la rupture, parce que Naïma tombe d'un escabeau :

> « J'avais très mal à l'épaule. Ils m'ont dit : "On peut pas te déclarer", puisque je n'étais pas dans les champs. J'annonce que je vais porter plainte. Mon mari m'emmène chez le médecin de Miramas, qui me met en arrêt – mais je travaillais quand même. »

Jusqu'au jour où, après un autre accrochage :

> « Denis L. m'a dit : "Tu ne viens plus travailler, tu restes chez toi." J'ai répondu : "C'est pas chez moi." »

C'était terminé – et le début d'ennuis interminables. Car son contrat OMI faux mais achevé, Naïma devenait une sans-papiers, sans aucune défense possible :

> « Ils ont appelé les flics, ils ont vidé la maison, ils ont porté plainte, prétendu qu'on avait abîmé la maison (il pleuvait dedans), qu'on avait volé des meubles. Ma plainte au pénal a traîné à cause de l'avocat, et malheureusement une partie des choses est prescrite. Finalement, L. ne sera jugé pour faux et usage de faux, travail dissimulé, faux témoignages, fausses déclarations, que pour une courte période de ma vie chez lui. Mais ça m'est égal, je ne fais pas ça pour l'argent. Je n'ai jamais été travailleuse OMI, j'étais la bonne et c'est tout. »

Naïma, cantonnée dans l'invisibilité sociale, celle des sans-papiers chômeurs :

« En 2003, à Saint-Chamas, je ne sortais jamais, je pleurais, mon frère ou mon père me téléphonaient le soir à 11 heures pour me demander de retirer la plainte, je ne dormais plus. Quelqu'un qui n'a pas de papiers, il peut crever dans la rue. »

Elle s'arrête. Et puis, comme apaisée, elle explique que depuis 2004 il y a des bonnes nouvelles : son mari a obtenu des indemnités pour son accident du travail, il a trouvé un travail de carrossier normalement payé. Durant cette période, Naïma a aussi rencontré des « gens bien », ceux qui, dans les syndicats ou les associations, l'ont aidée pour la sortie d'un long calvaire : après la rupture du faux contrat OMI, le couple vivait sur l'indemnité journalière de Hassan. Pour les soins médicaux, il y avait Médecins du monde, pour l'alimentation le Secours catholique ou les Restaurants du cœur.

Naïma conclut sur la blessure la plus profonde, celle qu'elle est en train de refermer :

« Mon père ne m'a plus adressé la parole de 2001 à 2005. On se croisait sur le marché de Lançon, il ne me parlait pas. Et puis, je lui ai payé le voyage à La Mecque, je voulais le faire avant le procès, qu'il ne dise pas : "C'est l'argent de L." Depuis on se reparle. Mon frère, lui, n'a toujours pas avalé ça, il ne me parle plus, même au Maroc. Il habite en dessous de mes parents, et il ne me parle pas. Heureusement mes neveux, eux, me parlent, ils m'aiment beaucoup. »

**Entretien avec**

# Andrea Rea

Professeur à l'Université libre de Bruxelles, directeur du GERME (Groupe d'études sur l'ethnicité, le racisme, les migrations et l'exclusion).

## L'immigration sans immigrés

**Les politiques d'immigration en Europe semblent toujours restreindre les flux d'entrée. Qu'en est-il sur le plan pratique ?**

Bien que les États européens refusent de se percevoir comme des pays d'immigration, les flux d'entrée de nouveaux migrants se sont fortement accrus au cours de la dernière décennie, particulièrement après 1991. L'augmentation des immigrés se vérifie dans les États du sud de l'Europe (Espagne, Italie, Portugal et Grèce) comme dans les pays traditionnels d'immigration (France, Allemagne, Pays-Bas et Belgique). Par ailleurs, la crise de l'asile accroît la présence sur le territoire de nombreux étrangers en situation d'insécurité juridique. Ces flux migratoires ne répondent pas aux seules nécessités des migrants de quitter l'absence de perspective économique ou la persécution dans leur pays d'origine. Ils correspondent également aux nouvelles demandes du marché de l'emploi européen qui cherche des travailleurs aux coûts salariaux les plus bas.

### Y a-t-il une politique européenne de l'immigration unifiée sur l'entrée ou sur les séjours ?

Malgré les taux de chômage élevés, des demandes de main-d'œuvre sont de plus en plus souvent formulées, engendrant de nouveaux appels à la main-d'œuvre immigrée, légale et illégale, qualifiée ou non. Si les États européens et les institutions organisent de manière concertée le contrôle des frontières, l'organisation du recours à l'immigration de travail reste nationale tout en étant dérégulée. La politique d'immigration n'est plus ordonnée mais débridée. La régularisation devient la forme privilégiée de la politique migratoire. Près de quatre millions d'étrangers ont obtenu un statut de séjour en Europe au cours des dix dernières années. De plus, les formes de l'immigration temporaire, toujours la plus prisée des institutions nationales et internationales, se diversifient. Outre le traditionnel permis de travail, on compte à présent le travail saisonnier, le travail des « faux » indépendants, le prêt de main-d'œuvre, les travailleurs déplacés, la sous-traitance, le travail illégal, etc.

### Quelle est actuellement la forme de séjour privilégiée ? Et quels sont les secteurs économiques concernés ?

En volume, le travail saisonnier, tels que les contrats OMI en France, est le plus utilisé. Il concerne plus d'un million de personnes par an en Europe (surtout en Allemagne, France, Autriche et Espagne). Ces contrats sont fréquents dans des secteurs tels que l'agriculture, l'horticulture et la sylviculture. Il s'agit le plus souvent de contrats individuels, parfois inscrits dans des conventions bilatérales. Ces mêmes secteurs assurent le surplus nécessaire de main-d'œuvre pour contenir les salaires des travailleurs déclarés en faisant appel à des travailleurs payés au noir. Bien que le déplacement de personnel soit régi par une directive européenne, le contrôle des conditions dans lesquelles se trouvent les travailleurs déplacés est malaisé. Des entreprises utilisent des travailleurs qui ne sont pas toujours engagés dans les conditions salariales légales du pays où le contrat est exécuté. En outre, l'existence de sous-traitances en cascade augmente la possibilité d'occuper des travailleurs dans des conditions salariales et de travail précaires et non conformes. Le refus de lever les restrictions pour les ressortissants des nouveaux États membres de l'Union européenne conduit également à l'accroissement de faux indépendants.

**Les différences de statut entre les différents travailleurs immigrés se développent. Dans quels secteurs ? Et quel effet cela produit-il sur le marché du travail ?**

Des nouveaux migrants remplissent la fonction économique de l'immigration sans bénéficier d'un statut juridique d'étranger légal. Il s'agit d'une forme d'immigration sans statut de travailleur immigré. Cela se rencontre beaucoup dans le secteur des services, dans le bâtiment et les travaux publics, les transports routiers internationaux, le nettoyage, la nouvelle domesticité (nettoyage, garde des enfants et des personnes âgées), les hôtels et restaurants, etc. Ces nouveaux immigrés, précarisés socialement et insécurisés juridiquement, n'effectuent pas uniquement le travail que les nationaux ne veulent pas faire. Car il est fréquent de voir sur des mêmes chantiers des travailleurs payés aux normes légales et d'autres ayant des conditions de travail et salariales plus précaires. L'embauche d'irréguliers est parfois, pour certaines petites entreprises, un facteur favorisant l'emploi légal de nationaux ou d'étrangers réguliers.

**Les travailleurs immigrés sont-ils en contact avec les autres travailleurs ? Avec les syndicats ?**

Ils souffrent généralement d'invisibilité, quant à leur présence et leur travail. La mise à l'écart résidentielle et la mise à l'abri du regard, notamment médiatique, rendent difficile la constitution de mouvements sociaux contre leurs conditions de vie précaires. En outre, les liens entre ces travailleurs et les syndicats se tissent laborieusement. L'entreprise n'offre plus systématiquement l'opportunité pour les travailleurs immigrés d'accroître leurs droits. D'une part, les transformations actuelles du marché de l'emploi tendent à renforcer l'apartheid professionnel, de nombreux travailleurs immigrés ne côtoyant plus des nationaux et inversement. D'autre part, les syndicats font rarement de la lutte contre l'extrême précarité, de ceux qui cumulent irrégularité du séjour et emploi illégal, leur priorité d'action. Un certain corporatisme de luttes syndicales contribue à la formation d'un racisme de gauche qui identifie les nouveaux migrants à une menace contre les acquis de l'État social.

**L'invisibilité de catégories entières de migrants est-elle liée seulement à la question de la concurrence entre les différentes catégories de travailleurs ?**

Les raisons économiques ne suffisent pas à comprendre l'invisibilisation de ces nouveaux migrants. Des causes politiques conduisent les États à dénier la nécessité, notamment démographique, de faire appel aux immigrés. Les responsables politiques sont confrontés à deux pressions contradictoires : des segments du marché de l'emploi demandent de nouveaux migrants et des partis populistes et d'extrême droite, soutenus par un électorat important, s'opposent à leur présence. Jusqu'à présent, cette contradiction a été traitée par une réponse politique tout aussi paradoxale. En effet, la demande libérale de main-d'œuvre et la demande conservatrice de maîtriser les flux d'immigration reçoivent une réponse par l'absence de politique explicite d'immigration.

**Travailleurs de l'ombre**

En somme, tout semble se passer comme si on voulait l'immigration sans les immigrés, comme si on voulait le travail immigré mais pas le travailleur immigré. Les immigrés, dans cet ordre migratoire, verraient leurs droits limités et seraient réduits à vivre, en toute invisibilité, dans des bantoustans intérieurs.

## Pour aller plus loin

« Éclats de frontières », *La Pensée de Midi*, n° 10, été 2003, Marseille.

PERALDI Michel (dir.), *Cabas et containers : activités marchandes informelles et réseaux migrants transfrontaliers*, Maisonneuve et Larose, Paris, 2001.

PERALDI Michel (dir.), *La Fin des norias ? : réseaux migrants dans les économies marchandes en Méditerranée*, Maisonneuve et Larose, Paris, 2001.

WIHTOL DE WENDEN Catherine, *Les Immigrés et la politique : cent cinquante ans d'évolution*, FNSP, Paris, 1988.

◊ **Michel Samson.**

# Vieux pauvres

Finir sa vie avec le minimum vieillesse

**L**es vieux pauvres ? « Vous faites fausse route, le problème des personnes âgées, c'est d'abord l'isolement. » Celui qui parle est salarié d'une association d'aide aux démunis. Coup de fil dans une association qui distribue des colis d'aide alimentaire : « Des vieux pauvres ? Non, on n'en a pas. Chez nous, ce sont plutôt les jeunes qui viennent réclamer. » Pourtant, plus de 600 000 personnes âgées vivent en France avec 610 euros par mois, le minimum vieillesse. Juste sous le seuil de pauvreté [1], mais trop riches pour bénéficier de la couverture maladie universelle (CMU) [2]. Ce sont des femmes (70 %), des isolés (70 %), des agriculteurs (30 %) et des étrangers. Ils sont plus nombreux dans l'Ouest et le Sud-Ouest, sous une ligne Caen-Bastia, en zone rurale, régions plus âgées et plus pauvres.

---

[1] Le seuil de pauvreté correspond à la moitié du revenu médian du pays : 645 euros pour une personne seule.

[2] Le plafond, revu à la hausse en juillet 2006, est de 598 euros pour une personne seule, soit 12 euros sous le minimum vieillesse. Jusqu'à 675 euros – allocation logement comprise –, on peut toutefois demander à bénéficier d'une aide à l'acquisition d'une mutuelle, de 16 euros par mois.

Il faut ajouter à ce chiffre ceux qui ne touchent pas ce minimum, parce qu'ils ne savent pas qu'il existe, parce qu'ils ont honte de le réclamer, ou qui ignorent comment faire. Et puis ceux qui touchent une petite retraite, 100 ou 200 euros au-dessus du seuil, et qui ont quand même du mal à joindre les deux bouts.

Dans les années 1920, l'âge de la retraite des pauvres coïncidait avec l'âge de la mort. Et puis le niveau de vie a augmenté, les vieux pauvres sont apparus. Passé en cinquante ans de 2 millions à 600 000, le nombre de bénéficiaires du minimum vieillesse baisse chaque année. Pour l'instant. Il s'accroîtra à nouveau quand les prochaines cohortes de précaires atteindront l'âge de la retraite.

Et puis il y a ceux qui ne vivront jamais jusqu'à l'âge du minimum vieillesse. « La France a un des plus forts différentiels européens de morbi-mortalité lié aux inégalités sociales. L'âge moyen du décès de ma clientèle à Roubaix, "capitale de la CMU", est de cinquante-huit ans. C'est-à-dire l'espérance de vie en Érythrée ou au Népal », vient d'écrire Philippe Foucras, médecin généraliste, à la Haute autorité de lutte contre les discriminations. Il s'inquiétait, au nom du Collectif des médecins généralistes pour l'accès aux soins, de refus de soins, notamment de la part de chirurgiens dentistes et médecins spécialistes à ces patients pauvres.

### ▰▰▰ « On me met comme une pelure à la poubelle »

Monique, soixante-neuf ans, commerçante retraitée, divorcée, ne va plus chez le médecin. « Je touche 20 euros de trop pour avoir la CMU. » Elle se contente d'ultralevure achetée à la pharmacie, pour soigner ses problèmes d'estomac. Pour le reste, on verra. Elle n'a que quelque 440 euros de retraite pour vivre dans sa petite maison de courée, dans un quartier populaire de Lille. Une minuscule habitation de deux pièces superposées dans une impasse étroite, typique de l'habitat des ouvriers du textile. Elle paie 70 euros de loyer, au lieu de 240, grâce à l'APL. C'est cette aide qui l'empêche de bénéficier de la couverture maladie.

> « On me donne une chose qu'on me décompte après. C'est ça être français ? Je sais ce que je vais faire, je vais changer de nationalité ! J'ai cotisé pour les allocations familiales et je n'ai rien eu. Vous croyez que c'est juste ? »

Alors que, croit-elle savoir, « les gens de l'extérieur l'ont automatiquement ».

Elle vit dans le centre d'hébergement d'urgence de Capharnaüm, à Lille. Une partie de sa maison a brûlé. L'installation électrique est défectueuse, les plombs avaient sauté, et elle a allumé une bougie pour s'éclairer. Elle reste à Capharnaüm le temps que l'assurance répare les dégâts.

> « Ça me fait autre chose à vivre, ça fait du bien parfois. Je suis dans le coup du moment, dans le rythme des jeunes. Eux aussi, ils ont du tracas à se placer dans la vie. »

Monique a toujours travaillé. « Mon père a toujours voulu que je sois indépendante. Il disait : "Il arrive toujours un moment où tu es seule." » Elle vendait des pelotes de laine Phildar à Bavay, près de Maubeuge. La boutique tournait bien. Et puis son mari l'a quittée il y a vingt ans pour « une jeune. Quand elle l'a laissé tomber à son tour, j'ai brûlé un cierge à la Vierge en remerciement ». Le divorce l'a obligée à fermer son magasin : « Il fallait que j'achète la moitié de la maison et la moitié de la boutique. J'aurais travaillé jusqu'à quatre-vingt-cinq ans. » Elle s'est recyclée dans la vente par téléphone. « Avant Noël, du vin, avant l'été, des alarmes. » Monique est devenue alcoolique. Elle a fait deux rechutes mais elle pense s'en être sortie.

Aujourd'hui, elle a du mal à dormir la nuit : elle craint d'être mise sous tutelle. Parce que sa maison a brûlé ? Parce qu'elle a un passé alcoolique ? Ou parce qu'elle a une dette de 188 euros ? « Quand je suis partie vingt jours en maison de repos, j'ai laissé ma clé à mes voisins, je n'aurais pas dû. Ils ont fait des lessives sur mon compte. Je dois 188 euros à EDF. »

Elle a déjà été examinée par un psychiatre, dans le cadre de la procédure de tutelle :

> « Quand vous avez géré un commerce, que vous vous êtes débrouillée pour trouver du boulot, être mise en tutelle comme un enfant en bas âge, c'est comme être inapte du cerveau, un déchet humain, voilà ce que je ressens. On me met comme une pelure à la poubelle. Je me sens oppressée, ça me fait mal jusque dans le bras. J'en ai chialé toute seule. Moi qui ai supervisé les comptes de mon parrain, ma marraine, mes parents... »

## ▓▓▓▓ Port Barcarès, 1965. La dernière fois qu'elle a vu la mer...

Roselyne montre son pull rouge : « Il me vient de Jeannine. Le pantalon, c'est Annette. Elle a fait ses armoires, elle a rempli les miennes. C'est tout du beau. » Elle montre ses chaussures neuves : « J'ai fait les soldes. 12 euros, à moitié prix. Je n'ai besoin de rien. » Roselyne est une jeune retraitée. Elle touche 863 euros, en tout. Pas de pension de réversion de son mari décédé, ils n'ont pas été mariés assez longtemps.

Elle a travaillé toute sa vie comme intérimaire. « Il fallait toujours s'adapter, j'aimais bien. » D'abord comme secrétaire, puis elle s'est arrêtée de travailler pour soigner son mari malade. Après son décès, les ordinateurs étaient arrivés.

> « J'étais dépassée. Je me suis recyclée dans l'aide aux personnes âgées. Toilettes, les courses, le ménage, la cuisine. Vers la fin, je travaillais moins. J'allais être en retraite, on me donnait plus de nouvelles personnes à soigner. »

Elle ne quitte jamais Lille. Elle calcule tout, achète tout au premier prix. N'allume la lumière que lorsque quelqu'un vient. Mange des œufs, plutôt que de la viande. « Des fois un ragoût de mouton, et je le congèle. » Chez Félix, le volailler du coin, elle ne va que pour sa voisine. « Trop cher pour moi. »

Elle vit dans une chambre avec petite cour, cuisine et salle de bains, 335 euros. Elle perçoit une petite allocation logement : « 74 euros, et la CAF vient de la baisser à 34, je ne sais pas pourquoi. » Le loyer va augmenter de 20 euros, « parce qu'ils m'ont installé le double vitrage ». Il était temps, elle règle 190 euros par mois de facture de chauffage au gaz. « Je m'arrange pour payer tous les trimestres, quand ma retraite complémentaire tombe. Ils sont arrangeants, parce que je tiens toujours les délais. » Elle règle aussi 70 euros de mutuelle. « Plus on vieillit, plus c'est cher. »

Seule folie : les cadeaux à son petit-fils, les jouets chers de la télé, deux fois l'an. Et ses chats. « Tous les Arabes du foyer me disent "Allah te bénit", car l'animal préféré de Mahomet était une chatte. » Six à la maison, et sept dehors, « dont un borgne cradooooo ! Je l'ai vu naître. »

Pour eux, pas de premier prix, « sinon, ils le mangent pas ». Elle a un filon pour les boîtes de thon à 41 centimes à Carrefour. Le vétérinaire les opère gratuitement. Les chats se baladent autour d'elle pendant qu'elle raconte. « J'habite chez eux. »

« Je me plains pas de ma vie. J'ai des amis, un bon docteur. » Elle fait le ménage bénévolement pour la voisine d'en face, plus âgée. Elle a donné un coup de main à une famille de demandeurs d'asile russes :

> « Il dormait dans une voiture avec sa femme et ses enfants. "Madame Roselyne", il disait, avec son accent. Je les ai dépannés en eau chaude, pour se laver. Ils venaient tous les jours, et puis ils ont disparu quand ils ont construit sur le parking. »

Sa connivence avec les chats l'ouvre sur le quartier. « Les gens viennent me voir. C'est incroyable comme un chat ou un chien c'est un bon prétexte pour discuter. Parfois je les emmène au supermarché. Ils me suivent, tout le supermarché les connaît. Je les appelle mes gardes du corps. » Elle retrouve ses amies au rayon chats. « Des copines de toutes origines, polonaise, italienne. » Elle connaît tout le supermarché.

« Il y a des gens qui attirent les ennuis, pas moi. J'aime bien ma vie. Je demande toujours gentiment quand il manque quelque chose. Les employées vont le chercher en réserve. Je vois à qui elles refusent. On blague, on a des parties de fou rire. Elles viennent boire le café chez moi. M'écrivent des cartes postales de vacances. »

Ses dernières vacances à elle ? 1965. Elle avait vingt-sept ans. « À Port Barcarès, trois ans de suite. C'était bien. L'hôtel était dans un cul-de-sac, on n'avait que le chemin à traverser pour aller à la plage. » Après, la retraite est arrivée, et elle n'est jamais plus partie. « De toute façon, toute seule, je n'ai pas envie de bouger. »

Une place, à trois rues de chez elle, dans ce quartier populaire de Lille, a longtemps été un haut lieu de vente de drogue. Elle n'a pas peur. Elle pouffe : « Ils m'ont jamais rien proposé. Il n'y avait pas d'agressions, les dealers faisaient la loi. De toute façon, ma grand-mère disait : "La peur n'évite pas le danger." »

Entrer en maison de retraite ? Elle prend une voix chevrotante : « Quand je serai bien vieille, peut-être. » Sérieuse : « C'est beaucoup trop cher pour moi. » Pour payer, les ressources de son fils devront être prises en compte dans le calcul de l'aide que le département lui verserait, si son dossier était accepté. Et elle aurait droit à 72 euros d'argent de poche par mois. Fini les chats.

Alain Anaos, directeur général du centre communal d'action sociale de Besançon, mission d'évaluation et de contrôle des lois de financement de la Sécurité sociale, affirmait le 3 novembre 2005 : « Nous sommes confrontés à de plus en plus de personnes âgées pauvres pour lesquelles la question du prix de journée est délicate. Dans les logements foyers, 45 % de la population déclare des revenus inférieurs à 1 000 euros. »

## ▓▓▓▓ Demander le minimum vieillesse ? À qui ? Et où ?

C'est la seule pièce chauffée de la maison. C'est l'hiver, et Hubert, quatre-vingt-deux ans, et son épouse Fernande vivent dans leur cuisine, d'un village de l'Avesnois, la partie agricole du Nord. Des pousses vertes germent dans des pots. Un calendrier de 1974 est resté accroché au mur. Le seul objet neuf, c'est la télévision. Sur un fauteuil, une citrouille démesurée, superbe. « Vous pouvez y aller, c'est sans produit chimique, que du naturel », rigole Hubert. Fernande a un beau visage sec, un chignon, un gilet rapiécé, un énorme trou à la place du coude. Lui a une respiration sifflante, et des habits tout aussi usés.

Bienvenue chez deux éleveurs retraités, qui ne possèdent que leur maison et leurs terres. Ils ont vendu leur vache, il y a un an, la dernière. « On achète le fromage, le beurre et le lait, mais ça n'a pas de goût », grimace Fernande. « Avant je mettais le seau de lait à la cave, le temps que la crème remonte. Et puis je battais la crème jusqu'à en faire du beurre. » Dehors, il y a une vieille Mobylette à moitié désossée. Toutes sortes de récipients en guise de seaux accrochés à des clous. Toute une vie sans rien jeter.

Chez Jacques, un peu plus loin, c'est pareil. « Je suis un petit manant. Ici, ce n'est pas la vie des gros exploitants de la Beauce », dit Jacques. Il a quatre-vingt-un ans. Ancien agriculteur, comme Hubert. Veuf depuis sept ans. « Je fais seul mon ménage. On me dit qu'il faudrait que je paye quelqu'un, mais avec quoi ? » Il touche une retraite de « 700 francs par mois. » On n'est pas sûr d'avoir bien compris. 700 euros par mois ? Non, 700 francs, c'est à dire 107 euros. Jacques a les idées claires.

Il double cette somme grâce à la location de pâtures à un autre agriculteur, de quoi payer le fuel, l'hiver. Indispensable depuis que la vieille chaudière à bois a claqué. Et c'est tout. Et le minimum vieillesse ? Il ne l'a pas demandé. « À qui ? Et où ? De toute façon, on n'a droit à rien », gémit-il, « alors je vis en autarcie ».

Il a des frais fixes : l'électricité, l'eau, un peu de téléphone, le gaz. L'essence une fois par mois pour faire les courses à la ville voisine, à cinq kilomètres. Et juste 10 à 15 euros de courses. Juste de quoi acheter du « sel, du poivre, de l'huile, du vinaigre, un morceau de fromage ». Quelques litres de lait, « l'hiver, pour les crêpes ». La viande ? Il a des volailles qui courent devant la maison, et un demi-cochon chaque année, « un arrangement avec un de mes locataires ». Rien de plus.

> « Quand je vois les caddies des autres... moi je ne peux pas me payer des pâtisseries, ni gaspiller de l'argent à tort et à travers au Loto, au Keno. »

Ce dimanche, il a cueilli ses haricots :

« D'habitude, je ne travaille pas le dimanche, mais là, il a bien fallu. Ils allaient grossir, ils n'auraient plus été bons. Ensuite, il faut les laver, les couper, les faire cuire, les faire congeler, si je veux bouffer cet hiver. »

Dans son jardin, c'est la saison des oignons, échalotes, courgettes, framboises, groseilles. « Et quand j'ai trop de salades, j'en donne, parce qu'elles montent. »

Il ne reste rien au bout du mois. « J'aimerais bien aller au cinéma. Ça me ferait plaisir de voyager. » Ses quatre enfants lui ont offert des voyages en Turquie, en Tunisie, en Bavière, quand sa femme était encore là. « Maintenant, je vois tout à la télé. » Pas malheureux. « On ne fait pas voir sa misère, vous savez, c'est un esprit de fierté de paysan. »

## ▓▓▓▓ « Maintenant, on est foutus. Et la France elle s'en fout »

C'est une rue qui n'a pas de nom, entre l'abattoir, la zone industrielle, et le cimetière. Des maisons qui n'en sont pas : plutôt des baraques en parpaings blancs, sur lesquels on a posé un toit en fibrociment. On dirait du provisoire. Et, l'impression d'être à côté de la ville. On vient de quitter l'avenue principale du quartier et ses haies de roses. Et nous voilà dans les herbes folles, et l'abandon. Un lieu clos. « Dans les années 1970, ici, on interdisait aux enfants de rentrer », raconte Mustapha Benherrat, ancien responsable de ce foyer de travailleurs migrants de Douai. Il vient souvent en voisin rendre visite aux locataires, presque tous retraités.

Avec 1 200 euros par mois de retraite et de pension d'invalidité, Lhassen, soixante-trois ans, n'est pas pauvre, à première vue. Mais il vit de peu : il envoie 600 euros par mois à sa femme et à ses quatre enfants. Il est reconnu invalide après un accident de Mobylette alors qu'il allait travailler. Fracture de la mâchoire, tympan perdu, vertiges. Il doit se faire soigner ici. Il voudrait faire venir ses enfants de trois à quatorze ans du Maroc. « Ils n'apprennent rien là-bas. L'école, au Maroc, c'est quatre heures par jour. Je n'arrête pas d'y penser. Quel sera leur avenir ? » Il a fait quatre demandes, toutes négatives. Pas assez de ressources. Il a une autre raison de rester en France : « Ici, ils connaissent ma maladie. Je ne suis pas assuré là-bas. Les deux sous que je gagne, ils partiraient dans des visites médicales. » Il est coincé.

Il est arrivé en France avec un contrat pour descendre au fond de la mine, après une visite médicale au Maroc. « Jamais passé une visite pareille. Des pieds à la tête. Si tu as un seul défaut, tu n'es pas pris. Ni les

gros ni les très grands. Les veines de charbon étaient petites. » Il se souvient du temps de la solidarité entre travailleurs immigrés. « Tous les
jours, un kilo de viande sur la table, chacun faisait sa part. On mangeait
tous ensemble, on vivait tous ensemble, comme des frères et sœurs, tous
les quatre dans le même plat. Nos armoires étaient ouvertes, sans cadenas.
Maintenant, c'est chacun pour soi. » Djamel, un jeune voisin, confirme :
« À 8 h 30, ils sortent, ils font leur petit tiercé, leurs courses, et puis on les
voit plus. Les fenêtres sont fermées toutes la journée. Le communautarisme, ça n'existe pas. Il n'y a pas de solidarité. »

Mauvaise santé, vieillesse prématurée, pauvreté, famille au loin, moral
à plat. Une dépression généralisée s'est abattue sur les hommes qui ont
reconstruit la France après guerre. Lhassen raconte :

> « Le seul ami que j'aie eu dans la vie, il est mort à côté de moi la tête coupée
> sous mes yeux dans un accident de la mine. Je ne suis plus jamais redescendu.
> La mine, ce n'est pas bon. Tu ne profites pas de la vie après. Tous mes copains
> de l'époque sont morts à cause de la poussière qu'ils ont respirée. »

Il a travaillé ensuite en métallurgie, à côté du feu. « Exactement
comme un volcan. » Et puis la Régie Renault, « épouvantable, une mauvaise tartine. On gagne son pain, mais il n'est pas bon ». La chaîne ne faisait pas de cadeau, il fallait la suivre.

> « L'intérêt, il est pour le patron, il ne voit pas la santé de l'ouvrier. Les respon-
> sables ferment les yeux en voyant les ouvriers souffrir. Tu es en sueur, pas le
> temps d'aller aux toilettes tu fais pipi dans un bidon. »

Un jour, le chef le met seul sur une chaîne.

> « C'était impossible. C'était pas humain, une voiture toutes les trois secondes.
> J'ai pris ma caisse et je suis parti. Je suis resté dix-sept jours sans travailler. Je
> faisais attention, je ne sortais pas. Je n'avais pas de papiers, si la police le savait,
> c'était le retour direct. Et puis un ami m'a trouvé du travail, décharger les
> camions. Je ne sais pas ce qu'il a dit au chef, mais le chef m'a dit tout de suite :
> "Enlevez votre veste, au boulot." Le soir même, j'avais un certificat
> d'embauche. »

Quand l'entreprise a fermé, il a enchaîné les intérims. Des usines chimiques, du nettoyage. Et puis, il y a eu l'accident de Mobylette sur le
chemin du travail, accident du travail, donc. La part des étrangers victimes des accidents de travail est de 13,1 % en 1991 alors que leur part
dans la population active salariée n'est que de 6,8 % [3].

---

3    Rapport du Haut conseil à l'intégration, mars 2005.

« J'ai vu des photos d'eux, à vingt ans », dit Mustapha Benherrat. « Ils étaient très jeunes, très beaux très forts. » Et maintenant, « des vieilles carcasses », sourit un vieil homme sur le pas de sa porte, entre un plan de romarin et un plan de menthe. Les personnes âgées maghrébines souffrent de carences alimentaires, d'affections respiratoires, de troubles digestifs, de diabète, dans des proportions plus importantes que le reste de la population en France. Elles subissent un vieillissement précoce, à cause de la pénibilité du travail, de conditions de vie dégradées. Et pourtant, elles consultent trois fois moins les médecins que les personnes âgées françaises, et ne sollicitent presque jamais d'aide ménagère, à laquelle elles ont pourtant droit. Transformer les foyers d'immigrés en maisons de retraite adaptées ? Déplacer les gens en maison de retraite ? Les maisons de retraite sont trop chères pour eux dont la raison d'être est d'envoyer de l'argent au pays. Et ça ne résoudrait pas le problème du déchirement de ces hommes entre deux rives.

Ils sont venus pour travailler. Pour la retraite, ils avaient le projet de rentrer au pays, se reposer. Et puis la vieillesse est arrivée. Les corps usés, ils doivent garder un pied en France pour se soigner. Vivre chichement pour envoyer de l'argent au pays. Faire de constants allers-retours pour éviter de perdre leurs droits. Certains louent une chambre à deux et la partagent : pendant que l'un est au pays, l'autre est en France. À partir de quatre mois d'absence, l'aide personnalisée au logement (APL) saute... On ne touche pas de retraite complémentaire si on n'est plus résident en France, à partir de six mois d'absence. Même chose pour l'allocation supplémentaire du minimum vieillesse. Avec des incohérences : le décret qui fixe les conditions de cette loi n'a jamais été rédigé. Les administrations ont des pratiques hétérogènes. Certaines ne font aucune enquête de résidence.

Driss habite dans la banlieue de Lille. Il voudrait faire venir sa femme en France, pour la soigner. « Elle pleure dans le téléphone. » Il a travaillé trente-deux ans en France. Il n'a pourtant qu'une toute petite retraite, 780 euros par mois. Sur cette somme, il envoie chaque mois à sa femme 250 euros pour vivre. Dans une petite salle éclairée au néon, juste à côté des cuisines collectives, où sont empilés des petits casiers cadenassés, Fatima Skanari, chargée de mission personnes âgées immigrées à la coordination régionale de l'immigration, épluche son dossier : « Trente-deux ans, y'a un problème. » La voix chaleureuse, elle aide les immigrés âgés et le plus souvent illettrés à se retrouver dans le dédale de leurs papiers. Il y a bien une assistante sociale qui vient tous les jeudis. Mais elle est tranchante, sans respect pour le vieil homme. Il a renoncé à lui demander de l'aide.

Driss sert du thé, des pistaches, des gâteaux à la noix de coco. Il sort des papiers, jaunis, troués parfois, à force d'avoir été pliés depuis trente ans. Il n'a plus d'énergie. « On a travaillé. À la première visite médicale on était en bonne santé. Maintenant, on est foutus. Et la France elle s'en fout. Elle nous jette comme un mouchoir en papier. Il faut qu'elle paye les ouvriers », dit-il dans un français approximatif. À soixante-cinq ans, il pourrait en avoir vingt de plus. Il a creusé des tranchées pendant trente-deux ans, terrassier. « Jusqu'à un mètre cinquante de profondeur. Dans la pluie, la neige, le chaud, le froid, on travaillait. »

Pour faire venir sa femme, Driss doit toucher 930 euros et pouvoir prétendre à un logement adéquat. Fatima Skanari cherche comment augmenter les ressources de Driss en faisant valoir ses droits. Ainsi sa femme, en tant que mère de cinq enfants, peut avoir droit à une allocation de « mère de famille » autour de 300 euros. « Après, on n'aura plus qu'à se soucier du logement », dit la jeune femme. Elle a découvert que les retraités non imposables ne paient pas la CSG. Une quarantaine d'euros gagnés au passage. Et puis il y a les trous dans le parcours. « À l'époque, les caisses de prévoyance des boîtes d'intérim n'ont pas fait leur boulot. Il faut rechercher les fiches de paie. » Deux années, juste après l'embauche, ont disparu aussi. Quelques années après, aucune trace de son travail pendant trois ans dans une entreprise qui a aujourd'hui déposé le bilan.

Dans la minuscule chambre de Driss, on touche presque les murs en écartant les bras. Vingt-cinq ans dans moins de neuf mètres carrés. Dans un coin, un lavabo. Les douches sont collectives, les toilettes aussi. Propre, mais lugubre. Au bout du lit, un empilement de valises molles en skaï. Toute sa vie professionnelle est là.

> « La plupart du temps ils ne conservent pas tout. Parce qu'ils perdent des documents, ou parce qu'ils ne prennent pas conscience de leur importance. Il y a plein de gens dans sa situation. »

**Entretien avec**

# Jérôme Pélissier

Écrivain et chercheur en psycho-gérontologie.

## Minimum vieillesse, maltraitance sociale

**Qu'est-ce qu'un vieux pauvre ?**

Les pauvres ne vivent pas vieux. Le corps d'un ouvrier est plus vite usé. Il meurt en moyenne à soixante-quinze ans quand le cadre meurt dix ans plus tard. Mais il y a quand même des vieux pauvres : environ 600 000 si on s'en tient à la définition de l'INSEE, ceux qui vivent sous le seuil de pauvreté.

**Vous ne définissez pas le vieux pauvre différemment du pauvre.**

Je préfère considérer qu'il y a, parmi les pauvres, des adultes de tous âges, dont des vieux. Un vieux pauvre, ça peut être un pauvre devenu vieux. La vieillesse peut le fragiliser et rendre la pauvreté invivable. Ça peut être un vieux devenant pauvre. Celui qui doit dépenser tout son argent pour sa maison de retraite : le coût moyen d'une maison de retraite est de 400 euros au-dessus de la pension de retraite moyenne ! Celui qui ne peut plus se payer un café, des habits, un cadeau à ses petits-enfants est pauvre. C'est le lot de plus de la moitié des gens en maison de retraite. Il arrive ainsi que des personnes se voient donner les habits de résidents décédés, faute de pouvoir s'en acheter.

**Pourquoi ?**

L'investissement immobilier est compris dans le prix. Une crèche, un hôpital n'ont pas ce traitement, mais on l'accepte sous prétexte que les gens concernés sont vieux. Si un Français de quarante ans n'a plus un euro quand il a payé sa nourriture, son logement, et un minimum de vêtements, on se dit qu'il n'a pas de chance. S'il est vieux, on est moins gêné.

**Question de regard ?**

Un vieux n'est pas considéré comme un adulte plus vieux que les autres. Le « problème de la vieillesse » vient en grande partie de ce qu'on pense que la vieillesse est un problème. La majorité des gens vivent leur vieillesse comme d'autres périodes de la vie, sans être plus malheureux ou heureux. Mais il y a une souffrance qui vient du discours, du regard social, de la stigmatisation dont ils sont l'objet : « inutiles », « malades », « dépendants », « gagas ». Et ne parlons pas du discours économique : le vieux serait une « charge », un « poids ». Il suscite le rejet parce qu'il est notre avenir. C'est ainsi qu'un philosophe a proposé récemment sur France Culture qu'on déclare la fin de la vie

**Vieux pauvres**

citoyenne à quatre-vingts ans, avec suppression de la carte d'électeur. Qu'est-ce qui empêche la prochaine étape, l'euthanasie ?

**Selon une idée répandue, les vieux pauvres n'existent pas.**

**Qu'est-ce qui les rend invisibles ?**

Les vieux pauvres, on n'en parle pas. La réalité que constitue la vieillesse l'emporte sur les autres. Entrez dans une maison de retraite, vous ne verrez que des vieux. Pas des riches : des pauvres, des homosexuels, des hétérosexuels, des handicapés... Jusqu'à cinquante-neuf ans, un handicapé est un handicapé. À soixante, il devient une « personne âgée dépendante » et – pour le cas où il était bénéficiaire du complément de ressources de l'allocation adulte handicapé –, le montant de ses aides baisse !

Quand on est vieux, ça efface tout le reste. Ceux qui échappent à ça s'appellent Mitterrand, sœur Emmanuelle ou Françoise Giroud. Le pouvoir ou une activité artistique l'emportent sur la vieillesse. Un certain temps. Après, vous devenez exceptionnel. « Quelle pêche vous avez, monsieur Salvador ! » Ce qui est mis en valeur, c'est son âge. Sous entendu : la majorité des gens de plus de quatre-vingt-dix ans sont de vieux débris, sinon, on ne soulignerait pas l'exceptionnalité d'Henri Salvador. Or plus de la moitié des gens de quatre-vingt-dix ans vont bien et sont aussi autonomes, psychiquement, que les autres adultes.

**Ont-ils une moindre qualité de vie ?**

Il y a des maisons de retraite très chères où il ne fait pas bon vivre, et des maisons de retraite pas chères très agréables. Le coût n'est pas en rapport direct avec la qualité de vie et de soins. À l'hôpital, les gens sont traités de la même manière. C'est à domicile qu'on sent la différence : entre une vieille dame qui dispose juste des soins et aides financés par l'allocation personnalisée à l'autonomie (APA), et une autre qui emploie en plus une cuisinière et une dame de compagnie...

**Et la maltraitance ?**

Une vieille dame riche, handicapée, peut être davantage maltraitée par son fils qui joue au casino qu'une vieille dame pauvre handicapée que ses enfants ne volent pas. Moins elles peuvent se défendre, plus elles risquent d'être maltraitées. L'isolement, la maladie, le handicap augmentent le risque. Ne pas avoir de famille, être pauvre, vieux, n'est pas une catastrophe, mais rend plus vulnérable. La pauvreté – relative, pas la misère, la rue ou le taudis – n'augmente pas le risque de maltraitance. Mais plus les éléments se cumulent, plus la personne risque d'être maltraitée. Tout dépend ce qu'on appelle maltraitance. N'est-ce pas une maltraitance sociale, tous ces vieux qui ne disposent que des 610 euros du minimum vieillesse pour vivre ?

**Pensez-vous que trop de vieux sont sous tutelle ?**

Oui ! Un certain nombre de vieux sont sous tutelle parce que c'est plus pratique pour les spolier, ou pour gérer leurs affaires sans leur demander leur avis.

D'autres sont sous tutelle comme des jeunes pauvres le sont, parce que la tutelle est devenue un outil de gestion de la misère sociale.

**Pourquoi certains, qui auraient droit au minimum vieillesse, ne l'ont pas ?**

Certains ne savent même pas que cela existe, d'autres ne sont pas en état de faire la demande.

**Les vieux auraient moins de besoins que les jeunes, parce qu'ils appartiennent à une génération qui dépense moins.**

C'est un effet de génération, pas une question d'âge. On ne peut pas bâtir une politique sociale là-dessus. Dépenser peu doit rester un choix, sinon, c'est scandaleux. Comment peut-on vivre avec 610 euros par mois ? On commence à voir des vieux qui font des petits boulots pour compléter le minimum vieillesse ou une petite retraite.

**Verra-t-on bientôt des vieux mendier, ou vendre leurs maigres affaires, comme en Russie ?**

On voit déjà des vieux mendier dans les rues [4]... mais ces vieux-là, qui ne sont pas encore très vieux, atteindront rarement soixante-dix ans. La pauvreté, le chômage, et le travail précaire, s'aggravent. Le nombre des vieux pauvres va augmenter. Déjà, depuis quelques années, le nombre des vieux dans les centres d'accueil et d'aide pour sans-domicile ne cesse de s'accroître.

## Pour aller plus loin

COEFFIC Nicole, « Faibles retraites et minimum vieillesse », Direction de la recherche, des études, de l'évaluation et des statistiques (DREES), *Études et résultats*, n° 82, septembre 2000.

DE BEAUVOIR Simone, *La Vieillesse*, Gallimard, Paris, 1970.

PÉLISSIER Jérôme, *La Nuit tous les vieux sont gris. La société contre la vieillesse*, Bibliophane, Paris, 2003.

HAUT CONSEIL À L'INTÉGRATION, *La Condition sociale des travailleurs immigrés âgés, avis au Premier ministre*, mars 2005.

◊ **Haydée Sabéran.**

---

4    Florence COURET, « Les vieux pauvres font leur apparition », *La Croix*, 8 août 2005.

# II

## Connaissances et représentations du monde social

# A

## Outils, mesures

# Les angles morts de la sociologie française

STÉPHANE BEAUD

L a sociologie, discipline qui, dès sa fondation à la fin du XIXᵉ siècle avec Émile Durkheim, a voulu comprendre le monde social par l'enquête (statistique, historique, ethnographique) semble sinon la mieux armée, du moins bien outillée pour explorer ces groupes et régions de l'espace social oubliés de l'espace public, dont il est question dans ce livre. N'est-ce pas sa vocation scientifique première que d'aller au-delà de l'apparence des phénomènes, de dévoiler sous ses multiples facettes le monde social, de faire preuve de curiosité face aux diverses formes de nouveauté ?

Or la sociologie a bien ses angles morts d'analyse et ainsi participe, à sa manière, à l'invisibilisation d'un certain nombre de processus sociaux, pourtant essentiels à la compréhension du monde contemporain. Comment rendre compte de ce qui peut apparaître comme un paradoxe ? Il est bien sûr prématuré, voire présomptueux, de prétendre livrer en quelques pages un diagnostic empiriquement fondé sur cette vaste question des domaines non traités, sous-estimés ou négligés par la « sociologie française [1] » ? Cette contribution doit être lue comme un

---

1    On peut se demander s'il y a un sens à parler d'une « sociologie française ». En effet l'unité de cette dernière est toute relative : certes, une large association professionnelle a vu (tardive-

essai, subjectif, tiré d'une expérience d'enseignant-chercheur à l'université et guidé par un double point de vue : d'une part, la sociologie doit toujours (re)conquérir son autonomie scientifique face aux pressions qui la cantonneraient à n'être qu'un savoir d'experts ; d'autre part, comme le voulait Durkheim, la sociologie, comme science sociale, a pour objectif de traiter scientifiquement les problèmes sociaux de son temps.

Pour comprendre pourquoi ce dernier précepte durkheimien, à nos yeux fondamental, n'est guère appliqué aujourd'hui dans la discipline, il faut faire le détour de l'analyse de la forme prise par l'institutionnalisation de la sociologie depuis une quinzaine d'années. Traiter des angles morts de la sociologie française, c'est donc, indissociablement, examiner les diverses manières de faire de la sociologie en France.

## Comment est organisée la sociologie en France ?

Il convient de rappeler brièvement que, dans le champ des sciences sociales françaises, la sociologie est non seulement une discipline nouvelle, mais une « science paria » comme le disait Bourdieu, qui, à la différence de l'histoire ou de la philosophie, ne s'est pas d'abord institutionnalisée dans l'université. Durkheim (1856-1917), normalien et agrégé de philosophie, recherchait pourtant ce type d'institutionnalisation mais il a rencontré de nombreuses résistances de la part de ses collègues des facultés de lettres, notamment philosophes. Pour contourner ces dernières, l'école durkheimienne (Simiand, Halbwachs) a tenté le pari – manqué – d'une pénétration dans les facultés de droit qui avaient accepté en leur sein la science économique. La sociologie, affaiblie par de nombreuses pertes lors de la guerre de 1914-1918, n'a trouvé ensuite qu'un strapontin dans les facultés de lettres.

En conséquence, la sociologie française est restée longtemps peu implantée à l'université : seulement trois chaires en 1945, un cursus propre (la licence) institué tardivement en 1958. Les départements de

---

ment) le jour en 2003 (l'Association française de sociologie). Ce qui ne peut masquer que cette discipline reste fondamentalement divisée, marquée par des approches et des méthodes très différentes (et parfois très antagonistes), qu'elle a encore du mal à établir des critères de jugement et d'évaluation un tant soit peu communs. Un symptôme de ce « trouble dans la discipline » – surtout à l'université – a été l'« affaire Teissier », du nom de l'astrologue, Élisabeth Teissier, qui, tout en campant sur ses positions, a été autorisée à soutenir une thèse en sociologie, en 2001, « en Sorbonne ». Sur ce sujet, voir Bernard LAHIRE, « Comment devenir docteur en sociologie sans posséder le métier de sociologue », *Revue européenne des sciences sociales*, 2002, n° 122, p. 42-65.

sociologie se créent dans les années 1960-1970 à l'initiative des uns et des autres, grâce à des enseignants, souvent agrégés de philosophie ou de lettres, qui accèdent par cette petite porte à l'université et vont y investir cette discipline nouvelle. Compte tenu de leur formation et de leur absence de pratique de la recherche empirique, l'enseignement de la sociologie restera longtemps marqué par le primat accordé à la théorie générale.

La discipline se développe institutionnellement après 1945, surtout au CNRS dans le cadre d'un laboratoire (le Centre d'études sociologiques) qui est le premier à former les étudiants à l'enquête empirique mais aussi dans d'autres institutions de l'enseignement supérieur – la VI^e section de l'École pratique des hautes études (EPHE) devenue École des hautes études en sciences sociales (EHESS) en 1975, le Conservatoire national des arts et métiers, l'Institut d'études politiques de Paris – ainsi que dans des grands organismes de la statistique publique (l'INED, l'INSEE, l'INSERM). C'est donc à l'extérieur de l'université que la recherche empirique se développe en France en lien étroit avec la conjoncture socioéconomique.

Les années 1960 marquent à cet égard un tournant dans le mode de développement de la sociologie : développement d'une recherche par contrats[2], parfois auprès d'institutions privées, mais plus souvent auprès d'institutions publiques variées (Commissariat général au Plan, etc.). Les années 1960-1970 sont des années de forte expansion de la discipline – le CNRS recrute de nombreux vacataires qui seront ensuite « titularisés » dans les années 1980, ce qui a tari presque définitivement le recrutement dans cet organisme – et d'institutionnalisation forte *via* la création des grandes revues (*Sociologie du travail*, 1959, *Revue française de sociologie*, 1960) et le développement de départements à l'université.

Les années 1990-2005 se caractérisent, d'une part, par un profond renouvellement du corps des sociologues qui s'est fait par l'université et la création annuelle, en moyenne, d'une quarantaine de postes de maîtres de conférences (le CNRS n'assurant plus du tout un rôle de recrutement) et, d'autre part, par un mouvement de professionnalisation qui a commencé par la multiplication de DESS au milieu des années 1990[3] et qui va certainement s'amplifier dans les années prochaines *via* la réforme LMD et la création des « masters professionnels ». Cette arrivée de

2   Philippe MASSON, « Le financement de la sociologie française : les conventions de recherche de la DGRST dans les années soixante », *Genèses*, n° 62, mars 2006, et Jean-Michel CHAPOULIE (dir.), *Sociologues et sociologies. La France des années 60*, L'Harmattan, Paris, 2006.

3   Claude DUBAR, « Les tentatives de professionnalisation des études de sociologie : un bilan prospectif », *in* Bernard LAHIRE (dir.), *À quoi sert la sociologie ?*, La Découverte, Paris, 2002.

nouveaux sociologues s'est accompagnée d'une relative normalisation des thèses de doctorat.

L'état actuel de la discipline est fortement lié à ce mouvement de transition : un grand nombre de sociologues sont sur le point de partir à la retraite, une nouvelle génération arrive. D'une part, l'université a remplacé le CNRS comme lieu principal de recrutement et, d'autre part, les modes de socialisation et d'entrée dans le métier de sociologue, les types de dispositions et d'investissement dans cette discipline diffèrent fortement selon les générations. Pour cette raison, nous mettrons l'accent sur les transformations de la sociologie universitaire qui conditionnent aujourd'hui fortement les modalités de la production de la recherche [4].

## Ce dont la sociologie traite, ce qu'elle oublie...

Pour étudier l'évolution des domaines traités, on peut utiliser divers critères : en premier lieu, les publications de la discipline – les livres comptes rendus d'enquête et les manuels spécialisés, les articles dans les revues de sociologie (qui se sont multipliées et régionalisées), les thèses de doctorat soutenues dans la période récente et les sujets de maîtrise et de DEA. En second lieu, les appels d'offres des administrations publiques ou territoriales, les axes de recherche des laboratoires de sociologie, les libellés des Masters. Autant d'indices, souvent convergents, qui offrent une sorte de photographie des sujets dont traite à gros traits la discipline.

En attendant une enquête exhaustive sur ce thème, on peut dire que les travaux en sociologie couvrent très bien – on serait tenté de dire « trop » bien – les domaines qui correspondent aux « problèmes sociaux » du moment, c'est-à-dire construits comme tels par l'agenda médiatique et politique. Parmi les plus saillants : l'exclusion, l'immigration, les quartiers défavorisés, la délinquance juvénile, la déscolarisation, les familles monoparentales, la prise en charge des personnes dépendantes, les formes du renouveau religieux, etc. Sur ces sujets, il existe une forte « demande sociale » qui va souvent de pair avec une large offre de financement, d'origine variée : appels d'offres des ministères et d'autres administrations publiques, conseils régionaux ou généraux, nouvelle Agence nationale de la recherche (ANR). Ces sujets sont donc particulièrement

---

4   Dans cet article, nous ne traiterons pas de la sociologie comme pratique professionnelle dans les entreprises publiques ou privées.

attractifs pour les laboratoires, les chercheurs ou doctorants en quête de financement.

Si on examine plus en détail les sujets de thèse, on s'aperçoit que le domaine le plus étudié – et de loin – est celui de la sociologie du travail et des organisations (quarante thèses sur cent soixante-dix-huit soutenues en 2006 [5]). En fait, c'est devenu le principal secteur de la sociologie appliquée, souvent « managériale », qui débouche tant sur des emplois de sociologues dans le secteur privé ou public que sur des postes d'enseignement (écoles d'ingénieurs, de commerce, de management, universités).

On peut aussi distinguer un autre groupe d'enquêtes sociologiques étroitement liées à de la commande publique, et plus particulièrement aux services des études de grands ministères (Éducation nationale, Équipement, Culture) : enquêtes à la fois quantitatives et qualitatives qui se répètent dans le temps et qui forment un corpus homogène de données (pensons aux enquêtes sur les pratiques culturelles du ministère de la Culture initiées en 1973). À ce groupe, il faut ajouter les enquêtes liées aux institutions, autrefois rétives à l'enquête sociologique, qui se sont ouvertes au regard des sciences sociales, notamment grâce à un travail de persuasion de sociologues : on peut ici penser aux travaux sur la police (*cf.* l'œuvre pionnière de Dominique Monjardet comme « passeur » de la sociologie au ministère de l'Intérieur) et la gendarmerie, ainsi qu'aux enquêtes réalisées par le GIP Droit et justice (ministère de la Justice).

Il existe un troisième domaine privilégié d'études lié à de nouvelles thématiques qui se trouvent en voie de légitimation dans la discipline : c'est le cas, par exemple, des « rapports de genre », des « relations interethniques », de la sociologie des professions, de la sociologie de la sexualité, du renouveau de la sociologie de la famille, etc. Ces sous-disciplines se constituent et s'institutionnalisent progressivement, défrichent des terrains vierges et font accomplir des avancées à la discipline. Elles peuvent bénéficier d'un financement public si la nouveauté de l'approche séduit les gestionnaires de programme de recherche.

Enfin, il y a des objets qui expriment les choix des chercheurs pour un thème donné. Les sujets traités depuis une quinzaine d'années par les jeunes docteurs en sociologie renvoient très souvent à leurs trajectoires sociales et politiques, à leur mode de socialisation universitaire et professionnelle, à leur sexe (la discipline se féminise). Certains thèmes ou objets sont aujourd'hui peu traités ou oubliés par la discipline. C'est peut-être

---

5  Charles Soulié, Maria Vasconcellos, « Bilan des qualifications aux fonctions de maître de conférences et de professeur, 2006 », *Lettre de l'ASES*, mars 2006.

dans le domaine de l'analyse des classes sociales et de la stratification sociale que les manques, tant en termes de données statistiques qu'en termes d'enquêtes de terrain, sont devenus les plus criants, alors même que la sociologie des classes sociales était auparavant un domaine florissant de la sociologie française.

Pourquoi ? Il y a bien sûr une causalité circulaire entre, d'un côté, la dévaluation de la catégorie de « classe » dans le langage savant pour décrire ou parler du monde social (comme en atteste, par exemple, le langage politique) et, de l'autre, la ratification par les sciences sociales, et tout particulièrement la sociologie, de l'affaiblissement de cette catégorie d'analyse. Si on examine le rôle propre de la discipline, on peut distinguer au moins trois raisons à cette éclipse (temporaire ?) du thème des classes sociales.

La première raison tient au contenu de l'enseignement dans les départements de sociologie [6] : tendanciellement, les classes sociales ont disparu des maquettes – « ça n'intéresse plus », pourrait-on entendre de la bouche de pas mal de collègues. La deuxième renvoie à la relation institutionnelle entre la sociologie et la statistique – les enquêtes fouillées sur les classes sociales nécessitent un fort appareillage statistique et une collaboration étroite avec l'INSEE. Or celui-ci, depuis la refonte des Professions et catégories socioprofessionnelles (PCS) en 1982 et le projet en cours d'harmonisation des classifications européennes, n'en fait plus un axe prioritaire – pour le dire de manière euphémisée – du développement des statistiques sociales. De plus, de moins en moins de thésards en sociologie se risquent à entreprendre des enquêtes quantitatives.

La troisième raison est liée au recrutement social des étudiants de sociologie. Pour s'intéresser aux classes sociales, il faut considérer que les rapports de classes importent dans la compréhension *a minima* d'un certain nombre de mécanismes sociaux. Or les étudiants des quinze dernières années ont été socialisés dans un contexte sociopolitique marqué par un effondrement des références au marxisme [7], par une disqualification des analyses en termes de classes et par une forte réévaluation de la

---

6   Chacun d'eux définit tous les quatre ans ses maquettes d'enseignement, les enseignants sont les maîtres d'œuvre de ce projet.

7   D'un point de vue de la théorie et de la méthode sociologique, la crise des grands paradigmes de type holiste (marxiste, structuraliste, fonctionnaliste) a eu pour pendant l'attrait croissant chez les sociologues, notamment des nouvelles générations, des analyses interactionnistes et de la méthode de l'enquête de terrain et la relative déshérence des enquêtes statistiques.

place à accorder à l'individu dans l'analyse sociologique[8]. Dans ce mouvement de balancier des paradigmes théoriques dans la discipline, il semble bien qu'on ait tordu le bâton dans l'autre sens ou, en tout cas, que l'eau du bain – l'analyse des structures sociales, des rapports de forces et de sens dans une société – ait été jetée avec le bébé – un certain économisme marxien.

Or ce qui nous semble ainsi disparaître, c'est l'analyse attentive des conditions sociales d'existence des individus et des groupes sociaux. On prendra ici comme exemple la sociologie du logement et de l'habitat. D'un côté, les cités sont aujourd'hui « surenquêtées » mais elles le sont trop souvent sous l'angle de la sociologie de leurs habitants, du mode de cohabitation, de la sociabilité des jeunes, etc. Ainsi se trouve négligée toute la dimension institutionnelle, pourtant décisive, de ce que Jean-Claude Chamboredon appelle la « construction des populations[9] », c'est-à-dire les différents mécanismes, complexes et subtils, d'attribution des logements sociaux, étape qui préconditionne l'étude du mode de sociabilité dans les quartiers d'habitat social.

De l'autre côté, les zones pavillonnaires et le mouvement d'accession à la propriété, pourtant massif depuis vingt ans, apparaissent comme « sous-enquêtés ». Lorsqu'on constate que, lors du vote du 21 avril 2002, le Front national a fait parmi ses meilleurs scores dans les départements (Oise, Eure-et-Loir, Seine-et-Marne) de la grande ceinture de la région parisienne, qui ont accueilli dans leurs lotissements des anciens habitants de cités, on voit immédiatement l'intérêt qu'il y aurait à étudier les trajectoires résidentielles qui ont fait passer les habitants des premières aux secondes. Or, pour l'heure, ce sont les géographes qui travaillent sur ces nouveaux pavillonnaires et non pas les sociologues. Hypothèse : ce sujet n'est guère prisé, il semble sans relief et « creux ».

On peut aussi s'étonner de la très faible place qu'occupe la sociologie de la consommation dans les travaux contemporains. Alors même que les pratiques de consommation sont véritablement au cœur de la vie quotidienne à la fois par les sommes qui y sont investies, par les rivalités qu'elles suscitent dans les lieux d'interconnaissance, par les logiques de prestige social qui les sous-tendent. Par exemple, un fait divers aussi

---

8    Voir Philippe Corcuff, Jacques Ion, François de Singly, *Politiques de l'individualisme. Entre sociologie et philosophie*, Textuel, 2006.

9    *Cf.* Jean-Claude Chamboredon et Madeleine Lemaire, « Proximité spatiale et distance sociale », *Revue française de sociologie*, janvier-mars 1977, et Jean-Claude Chamboredon, « La construction des populations », *in* Georges Duby, *Histoire de la France urbaine. Vol. 5 : La ville aujourd'hui*, Seuil, Paris, 1985.

tragique que l'affaire du meurtre de la famille Flactif au Grand-Bornand [10] a la vertu de rappeler aux sociologues l'intérêt qu'il y aurait à prêter à cet enjeu décisif que revêt aujourd'hui le mode de consommation dans les milieux populaires, comment la consommation construit l'estime de soi dans un contexte de déstabilisation de l'identité ouvrière.

Plus globalement, si s'amorce bien l'institutionnalisation d'une sociologie économique en France, l'analyse des pratiques économiques en tant que telles reste largement en retrait. On prendra comme exemple, rétrospectivement saisissant, le passage à l'euro en janvier 2002 et ses effets inflationnistes, qui ont constitué un véritable tabou politique et scientifique. En effet, pour quiconque l'a vécu, le contraste était saisissant entre, d'un côté, les résultats toujours présentés comme rassurants de l'INSEE (il n'y a pas eu d'inflation induite, les commerçants ont été « raisonnables », etc.) et l'expérience vécue par les consommateurs qui, lors de l'année 2002 et ensuite ont pu voir baisser leur pouvoir d'achat, en tout cas pour les petites courses, le nombre d'articles valant dix francs ayant grimpé allègrement en peu de temps à deux euros. Il est frappant que très peu de sociologues aient entrepris une enquête collective sur cette grande question sociologique et politique [11]. Or c'est là un exemple parmi bien d'autres où le sociologue pourrait, une fois n'est pas coutume, « en remontrer » à l'économiste.

De même, le monde rural pourtant en pleine transformation souffre cruellement d'un manque de travaux permettant d'en analyser le ressort. Seuls quelques chercheurs de l'INRA essaient de maintenir le flambeau [12]. En somme, pour ne pas sombrer dans un fastidieux inventaire des objets non traités, on est tenté de dire qu'une large fraction de la sociologie française fait aujourd'hui l'impasse sur ce qu'on pourrait appeler les « fondamentaux » de la vie sociale : l'ensemble des pratiques sociales liées au

---

10  David Hotyat, trente-quatre ans, condamné à une peine de perpétuité pour le meurtre des cinq membres de la famille, est un ouvrier intérimaire du Nord venu tenter sa chance en Haute-Savoie. Xavier Flactif, venu du Nord aussi, promoteur immobilier en possession de tous les signes extérieurs de richesse (chalets, 4 × 4, TV écran plat, hi-fi, etc.) était son propriétaire et voisin. Le mobile du crime, d'après les éléments du procès, semble avoir été la jalousie grandissante, et irrépressible, du couple Hotyat à l'égard de ses propriétaires.

11  Un des grands problèmes que rencontre la sociologie universitaire (nous nous limitons ici à ce champ) est la grande difficulté à mobiliser les étudiants pour effectuer avec eux de véritables enquêtes collectives. Ce d'abord pour des raisons objectives d'organisation universitaire : la semestrialisation des enseignements a conduit à un émiettement des savoirs enseignés, à une impossibilité d'inscrire dans la durée un cours ou, plus encore, une enquête. Ensuite pour des raisons liées à la réticence à la faire dans notre discipline alors que le font depuis des lustres nos collègues historiens.

12  Voir les travaux d'Alice BARTHEZ et Nicolas Renahy à l'INRA, de Christophe GIRAUD à Paris-V.

travail, au niveau de vie et au mode de vie (consommation, logement, vacances, etc.). Ces sujets sont perçus par les apprentis sociologues comme « triviaux ».

On sait qu'il existe une sorte d'invariant des attentes des étudiants vis-à-vis de la sociologie : ils sont, sans forcément le savoir, attirés par la compréhension des écarts à la norme, par l'étude des diverses formes de déviance, des cas bizarres et exceptionnels, bref par tout ce qui apparaît comme « non banal ». Or l'essence même du projet scientifique de la sociologie consiste justement à traiter de la norme, du routinier, du quotidien, du banal et, en ce sens, l'enseignant qui fait son travail doit s'habituer à toujours décevoir les attentes d'« exotisme social » que la sociologie suscite souvent chez les étudiants.

Si l'on compare avec le très ambitieux programme de l'école durkheimienne du début du XXᵉ siècle ou même, plus récemment, avec celui que devaient avoir en tête Pierre Bourdieu et l'équipe du Centre de sociologie européenne des années 1960, on ne peut que constater un rétrécissement de l'horizon d'enquête des sociologues, une sorte de repli sur un « pré carré » de la discipline, qui est le produit, semble-t-il, d'une triple évolution : au plan de la théorie sociologique, l'effet boomerang dans les sciences sociales françaises de la crise du marxisme qui a pour effet objectif de séparer fortement sociologie et économie ; au plan institutionnel, la réduction du champ des objets traités dans le cursus universitaire en sociologie – le « politique » est laissé à une science politique qui s'est fortement renouvelée, les questions d'éducation sont largement déléguées aux « sciences de l'éducation », les pratiques économiques délaissées à la seule science économique ; enfin, point sur lequel nous allons insister, au plan de la sociologie des sociologues, les transformations des conditions d'entrée dans le métier, du rapport au politique et aux valeurs des nouveaux entrants.

## Sociologues, nouvelle génération

Il est essentiel de prendre en compte, dans l'analyse, les caractéristiques sociales des nouveaux entrants dans le métier depuis une quinzaine d'années – féminisation et recrutement plus populaire et classes moyennes – ainsi que les changements dans l'organisation de la recherche, notamment à l'université.

Plutôt issus de classes moyennes/supérieures, les étudiants en sociologie des années 1960-1970 pouvaient, dans un contexte de plein-emploi, engager des études dans le cadre d'une « culture désintéressée ». Dans un milieu étudiant surpolitisé, ils proposaient des sujets intimement liés à leurs propres engagements de l'époque, notamment autour des diverses sortes de « luttes » qui se développent alors et auxquelles beaucoup participent de près ou de loin.

Les étudiants/doctorants des années 1990-2000 se caractérisent par un fort dualisme de recrutement. Une minorité d'entre eux sort des classes préparatoires ou des IEP. La majorité a effectué l'ensemble de son cursus à l'université, le plus souvent dans un département de sociologie. Pour ces derniers, on fait volontiers l'hypothèse, guidée par notre expérience professionnelle, que le choix de leurs objets de recherche renvoie à leur trajectoire sociale – ils viennent plutôt de milieux populaires et des classes moyennes (artisans, commerçants, instituteurs) –, leur parcours scolaire – ce ne sont pas des « boursiers » au sens de Richard Hoggart mais souvent des « enfants de la démocratisation scolaire », étudiants de première génération passés par un système scolaire ayant assoupli ses normes de sélection – et leur expérience générationnelle – ils ont grandi durant la « longue dépression » française de la fin du XXᵉ siècle, sans grands espoirs collectifs de type politique.

Ce qui frappe le plus, dans la nouvelle génération des étudiants de l'université, c'est, nous semble-t-il, une grande réticence à affronter à ce que Robert Castel appelle la « dureté » du monde social, comme si beaucoup d'entre eux aspiraient à mettre à distance les différents mécanismes de domination sociale et symbolique dont ont pu être victimes les membres de leur famille ou leurs proches et qu'eux-mêmes pourraient aussi subir si leur stratégie professionnelle en venait à échouer. En fait, dans un contexte de durcissement de lutte pour les places, d'exacerbation des tensions sociales, de manque de débouchés politiques au sourd sentiment de révolte sociale des jeunes de milieu populaire, on peut interpréter la tendance à la fuite de ces étudiants/doctorants devant les problèmes sociaux les plus brûlants et *a priori* insolubles à leurs yeux – chômage, nouvelles formes de domination au travail, rêve du pavillonnaire, échec scolaire, crise de la représentation politique, etc. – comme une sorte de « refus devant l'obstacle », pour reprendre une image de course hippique. Au fond, ces problèmes sociaux qu'un certain nombre d'enseignants, d'une autre génération, les encouragent à prendre à bras-le-corps, leur apparaissent comme autant de montagnes qui, se dressant devant eux, leur font objectivement peur. Car il leur faudrait un minimum de sérénité face à l'avenir et de force sociale pour les affronter mentalement.

Comme l'a montré l'exemple célèbre du Département de sociologie de Chicago des années 1920-1930, un certain nombre de milieux sociaux et professionnels ne peuvent être enquêtés sans l'aide de chercheurs ayant des qualités sociales particulières, nécessaires pour pouvoir pénétrer de l'intérieur ces univers. À condition bien sûr que ces derniers aient une capacité de distanciation suffisante. On peut aussi considérer que l'expérience dans l'enfance de la domination sociale tend à donner à ceux qui l'ont vécue ce que Hoggart appelle des « antennes sociales » d'une grande finesse qui se révèlent souvent éminemment utiles pour mener à bien l'enquête de terrain, notamment pour prêter attention à la multitude de micro-interactions qui expriment en condensé des petits rapports de forces, ou de domination [13]. On retrouve aussi un effet d'origine sociale parmi les enfants de classes moyennes (notamment d'artisans, commerçants) de petites villes, qui ont vécu dans leur enfance au contact de différents milieux sociaux.

Dans la conjoncture socio-politique actuelle, radicalement différente de celles des années 1960-1970, on a le sentiment que les jeunes sociologues de milieu populaire sont beaucoup moins portés par un tel projet « politique » mais aussi, cela va de pair, bien moins aidés et soutenus par les enseignants qui sont nombreux, entre-temps, à avoir déchanté politiquement. Il y aurait une belle enquête à réaliser sur la manière dont le « salut par la culture » (légitime) a remplacé le salut par la classe ouvrière dans certains départements de sociologie. Si bien que ces jeunes sociologues de milieux populaires retrouvent là le signe de leur élection scolaire et sociale, entrant par la grande porte de la « sociologie de la culture » dans le monde des intellectuels.

La défiance à l'égard des sujets les plus « chauds » socialement et politiquement va aussi de pair avec une certaine forme de fascination pour les « petits objets » qui conservent un fort accent d'étrangeté ou d'exotisme. Il n'est pas sans intérêt de remarquer un tropisme très prononcé des étudiants de sciences sociales pour l'ethnologie *versus* la sociologie : alors que celle-ci est perçue comme déterministe, celle-là offre à leurs yeux davantage de liberté (on pourrait continuer la liste de ces couples d'opposition : froide/chaude, inutilement objectivante/bienveillante, attendue/

---

13 Ceci a joué un rôle certainement majeur dans les travaux originaux de l'équipe de P. Bourdieu dans les années 1960. Les sociologues de cette école qui travaillaient alors sur les classes populaires étaient animés, voire habités, dans leur projet intellectuel par des préoccupations sociopolitiques et partaient d'une réflexion sur l'émancipation sociale, qui serait en quelque sorte informée par les acquis de cette sociologie critique, notamment libérée d'un certain économisme marxien.

dépaysante, etc.). On peut se demander si ce qu'ils reprochent, sans entièrement le formuler explicitement, à la sociologie classique des fondateurs (Marx, Durkheim, Weber), au-delà de sa difficulté d'approche et de son aridité [14], ne réside pas surtout dans sa prétention à la mise au jour de liens de causalité entre phénomènes sociaux – en deux mots, son « déterminisme », mot devenu repoussoir, qui choque les consciences individuelles de cette génération acquise par avance aux vertus d'une sociologie qui exalterait l'individu.

Face à cette réticence à aborder de front les problèmes sociaux du moment, réticence mise en rapport dans un premier temps avec les dispositions des futurs sociologues, on pourrait penser qu'une des réponses possibles se trouve du côté de l'institution universitaire. Par exemple, en proposant/imposant des sujets de thèse. Or, à la différence des disciplines universitaires canoniques (droit, philosophie, histoire...), la sociologie universitaire se caractérise dans l'ensemble par une très grande « liberté » accordée aux thésards pour choisir leurs sujets. Il est inscrit dans l'idéologie professionnelle des enseignants de sociologie de ne pas « brusquer » les étudiants, de les laisser cheminer dans leur réflexion sur un sujet.

Sur ce point, il convient de distinguer deux cas. Le premier concerne les étudiants les plus légitimes sur le plan scolaire (normaliens et autres élèves de grandes écoles), qui sont préorientés dans leur choix de sujet par leurs institutions et le riche environnement qu'elles leur offrent. Lorsque ceux-ci sont amenés à choisir leurs sujets de thèse, la socialisation professionnelle anticipée dont ils ont bénéficié lors de leurs années d'études leur permet de bien connaître le champ des possibilités professionnelles et l'espace des prises de position des sociologues [15]. Soit ils empruntent les sentiers sûrs et balisés des domaines de la sociologie les plus porteurs du moment, en général situés le plus haut dans la hiérarchie des objets de la discipline, pouvant manifester aussi une forme de conformisme prudent et stratégique [16]. Ainsi ils s'inscrivent dès le DEA avec les enseignants les plus légitimes et multipositionnés (non seulement à la fac mais aussi à

---

14  Après quatre ans de cursus à la faculté de sociologie, on peut avancer sans grand risque d'erreur que ces grands auteurs ont été très peu lus par la très grande majorité des étudiants de sociologie et encore moins intégrés à une réflexion empirique.

15  C'est notamment la fonction latente d'un concours comme l'agrégation de sciences sociales, dont la réussite est de plus en plus réservée aux élèves des trois Écoles normales supérieures (ENS).

16  Le risque des choix du premier type, c'est bien évidemment un certain académisme dans la discipline.

l'EHESS, à Sciences-Po ou auprès de directeurs de recherches au CNRS). Soit, munis de l'assurance institutionnelle que leur donne leur CV, ils vont faire preuve de plus d'audace, prendre les risques de faire des thèses sur des terrains peu fréquentés, au croisement des disciplines, ou sur des sujets leur tenant à cœur politiquement (par exemple, les nouveaux mouvements sociaux, l'humanitaire, les ONG...).

Le deuxième cas de figure comprend les « étudiants de fac ». Si l'on excepte le cas de ceux inscrits dans des facultés de sociologie qui peuvent s'appuyer sur un laboratoire du CNRS, les autres étudiants partent dans la lutte pour les postes avec un handicap majeur : l'absence d'une socialisation professionnelle anticipée qui peut leur faire rater les bifurcations essentielles dans leur trajectoire professionnelle. Dans la plupart des facs, on leur laisse choisir leur sujet de thèse qui n'est bien souvent que le prolongement de leurs sujets de maîtrise, voire de licence [17]. Cette liberté laissée aux étudiants s'effectue bien sûr avec le risque, qu'ils ne mesurent pas, d'emprunter les chemins les plus encombrés, de faire une énième thèse sur un sujet déjà très travaillé. Or tout tend à montrer qu'il s'agit là d'une fausse liberté qu'on donne aux doctorants en leur faisant croire qu'ils peuvent, sans risque aucun, choisir seuls leur sujet. La création de laboratoires CNRS dans les UFR pourrait peut-être minimiser ce risque en permettant aux doctorants d'être guidés de près, tant dans le choix du sujet que dans la conduite du travail de recherche. On peut penser qu'il serait du ressort de l'institution de mettre en place un système d'incitations pour orienter un tant soit peu les doctorants vers des terrains prometteurs et pourtant laissés en friche par les aspirants sociologues.

Pour conclure, on doit d'abord préciser que le problème évoqué dans cette contribution est loin d'être spécifique à la France. Il renvoie plus centralement aux contradictions induites par l'institutionnalisation de la discipline dans les pays développés après l'ère des grands fondateurs. Ainsi le sociologue américain Peter Berger, fait-il le constat suivant : « Dans sa période classique – disons entre 1890 et 1930 –, la sociologie abordait les "grandes questions" qui se posaient à l'époque [...]. Aujourd'hui, dans l'ensemble, elle les évite et, quand elle ne les fuit pas,

---

17  La consultation de nombreux dossiers de qualification au Conseil national des universités (CNU) de sociologie (1998-2002) avait attiré notre attention sur ce point. Une grande majorité des « étudiants de fac » avaient travaillé sur un seul sujet depuis la maîtrise alors que les candidats qui étaient passés par d'autres institutions de l'enseignement supérieur avaient travaillé sur plusieurs objets...

elle les traite d'une manière excessivement abstraite [18]. » Dans le cas français, nous avons voulu pointer les conséquences liées au recentrement de la discipline sur l'université.

Mais la question, plus large, qui nous semble posée est la suivante : en s'institutionnalisant dans le cadre de l'université de masse appauvrie, en cherchant à tout prix des débouchés à ses étudiants de plus en plus nombreux, la sociologie ne court-elle pas le risque de se transformer encore plus en une discipline d'expertise, d'ingénierie sociale ? Quelle place peut-il rester à la sociologie « critique », qui construit de manière autonome et rigoureuse ses objets ? Les contraintes institutionnelles (produire de plus en plus vite des thèses) et la conjoncture sociopolitique actuelle, sur fond de dépolitisation relative des étudiants, semblent devoir favoriser la production de travaux de style très « académique » ou celle de « petits » objets sans grands enjeux, sociaux et politiques. C'est peut-être là la « revanche » d'une partie du versant le plus institutionnaliste de la « sociologie française » contre les divers courants de la « sociologie critique », dont Pierre Bourdieu était l'animateur essentiel et la figure d'identification majeure pour beaucoup de nouveaux entrants en sociologie...

---

18  Peter BERGER, *Une invitation à la sociologie*, La Découverte, « Grands Repères », 2006.

# La grande « chasse aux idées »

Ou comment les politiques en consomment un maximum,
sans toujours s'en servir

JADE LINDGAARD

D écembre 2003. Bertrand Delanoë inaugure une nouvelle adresse des Restos du cœur dans le XIII<sup>e</sup> arrondissement parisien. Quelques Irakiens et militants du collectif de soutien des exilés du X<sup>e</sup> arrondissement se sont glissés dans l'assistance. Ils dénoncent l'indifférence des autorités municipales à la population de migrants errant aux alentours de la gare de l'Est. À l'approche du maire, ils brandissent leurs affiches : « Paris n'aime pas les exilés ! » et : « Delanoë et Fillon [1] laissent les exilés à la rue ! » L'édile saisit le bras de Jean-Pierre Alaux, le porte-parole du collectif et le conduit dans une pièce à l'écart des photographes : « Je sais pourquoi vous faites ça. Vous voulez me faire perdre les élections. Vous voulez Tibéri ? Vous l'aurez ! » Stupeur du manifestant. Comme si lui et ses compagnons ne pouvaient se mobiliser que pour une tactique partisane à visée électorale, et non pour la cause qu'ils affichent.

L'obsession de l'élection, premier obstacle à une juste appréhension du monde social par les représentants politiques ? Pour Martin Hirsch, observateur particulièrement informé puisqu'il a mené une double

---

1   François Fillon est alors ministre des Affaires sociales.

carrière, à la fois dans les cabinets ministériels (Santé, Emploi et Solidarité) et dans les associations (président d'Emmaüs-France depuis 2002), l'affaire est entendue : « Nous vivons dans un pays où les producteurs de données et de faits qui contredisent les déclarations des responsables politiques sont considérés comme des ennemis. »

Ce jugement est pourtant incomplet. Car si le mépris des données et des faits ou leurs distorsions caractérisent certaines prises de position d'élus, l'approche des grandes échéances électorales marque aussi pour eux et leurs équipes l'ouverture de la grande « chasse aux idées ».

Comment les idées viennent-elles aux responsables politiques ? Comment viennent-ils aux idées ? Observés depuis cet angle, quatre des principaux présidentiables pour l'élection de 2007 révèlent un surprenant activisme, construisant de véritables plates-formes d'articulations entre eux et ceux qu'ils perçoivent comme étant les acteurs du débat d'idées. À entendre leurs conseillers, l'usage que ces candidats à la candidature font des intellectuels qu'ils approchent ne relève ni de l'instrumentalisation à fins de promotion personnelle ni de l'inféodation à de supposés gourous de l'intellect, mais plutôt d'une relation de dépendance et de nécessité. Nicolas Sarkozy, Laurent Fabius, François Bayrou et Ségolène Royal ont besoin de chercheurs et d'experts car ils sont d'insatiables consommateurs d'idées, toujours à l'affût d'innovations conceptuelles et de formules susceptibles de frapper les esprits de leur clientèle électorale. Ce qu'ils en retirent de connaissances et de compréhension du monde social se perd ensuite dans le réseau de contraintes qu'ils reconnaissent et se choisissent. Résultat : ce n'est pas parce que beaucoup d'idées viennent sans cesse aux politiques qu'ils en connaissent mieux la société.

## Quand les experts consultés sont surtout de bons clients des médias

Autour de Nicolas Sarkozy, il n'y a pas un « Monsieur Idées » mais deux cellules « études et prospectives ». La plus publiquement identifiée est celle de l'UMP, chapotée par Emmanuelle Mignon, trente-sept ans, maître de requêtes au Conseil d'État. L'autre se trouve au ministère de l'Intérieur : c'est lors de son retour place Beauvau, en juin 2005, que le ministre et son directeur de cabinet, Claude Guéant, créent cette structure, sur le modèle du Centre d'analyses et de prévisions du ministère des

Affaires étrangères – où se sont côtoyés, dans les années 1970, Dominique de Villepin et Jean-Louis Gergorin.

La cellule est composée de trois personnes : Cédric Goubet, trente-cinq ans, administrateur civil venu du corps préfectoral, Hugues Moutouh, trente-huit ans, professeur des universités, auteur d'une thèse sur la notion de minorités en droit public et Boris Ravignon, inspecteur des finances. Surnommés les « intellectuels » par les autres membres du cabinet, ils se distinguent du reste des conseillers techniques par la dimension plus personnelle et plus prospective de leur travail : lecture des journaux étrangers, de rapports, de livres. Décrivant son bureau, Hugues Moutouh cite « un dictionnaire de sociologie politique, un manuel de droit constitutionnel, un autre de droit privé, un guide de la défense nationale. Des numéros de *Commentaires*, d'*Esprit*, de *La Vie des idées*, [revue "cousine" de la collection dirigée au Seuil par Pierre Rosenvallon et Thierry Pech : "La République des idées"]. On puise partout, sans grille idéologique, à droite comme à gauche. Je peux revenir à Foucault ou Bourdieu ». Cédric Goubet évoque pour sa part parmi ses lectures récentes *Le Ghetto français* d'Éric Maurin et *La Guerre sans fin. L'Amérique dans l'engrenage* de Bruno Tertrais (tous deux publiés par « La République des idées »), la sociologue du travail Dominique Méda sur le modèle social français et l'essayiste Nicolas Baverez (« les analyses de Nicolas nous intéressent toujours »).

Nicolas Sarkozy reçoit ses « conseillers idées » tous les lundis, collecte leurs notes (« pas un pavé de vingt pages, plutôt trois, quatre pages ») et rencontre parfois, avec son directeur de cabinet, les « experts » qu'ils ont repéré pour lui, venus du monde des idées, mais aussi patrons d'entreprise, médecins et infirmières, sportifs… « Pas d'énarques. » Ce sont des « personnes ressources mobilisées pour élargir le champ des décisions », précise Cédric Goubet, pour qui « il fut un temps où pas mal d'intellectuels et de responsables politiques étaient un peu en dehors de la réalité… ça change, même s'il y a encore des intellectuels dans notre pays pour employer des idées marxistes léninistes ». Ces derniers n'auront pas les honneurs du ministère.

Les rendez-vous avec Nicolas Sarkozy durent entre trente minutes et une heure, ou plus si affinités particulières – Bernard-Henri Lévy, par exemple, est resté déjeuner avec le ministre après sa discussion autour de la société américaine contemporaine. Ont ainsi été reçus place Beauvau : Alain Finkielkraut, André Glucksman, Pascal Bruckner, Maurice Druon, René Rémond – un ancien professeur de Nicolas Sarkozy –, Emmanuel Leroy-Ladurie, Pierre Manent, Françoise Chandernagor, Pierre Miquel,

Jean-Pierre Azéma, Alain Besançon, Guy Carcassonne, Nicolas Hulot, Patrick Weil, etc. La liste exhaustive n'est pas connue puisqu'il n'existe aucun compte rendu de ces rencontres, aucun calendrier public.

Malgré leur vocabulaire empreint de rationalité managériale (« cellule », « personnes ressources »), les conseillers semblent reproduire un dispositif traditionnel, qui a tout du rituel monarchique passant par l'audition au « château » – ici la place Beauvau comme bastion du pouvoir puisque, en plus d'y travailler, le ministre y vit – des conseillers du Prince. Pendant les rencontres, c'est Nicolas Sarkozy qui parle, les membres du cabinet restent assis en retrait sans piper mot. Pour le ministre, c'est l'occasion d'une mise en scène de son propre pouvoir. Pour les experts convoqués, c'est une flatterie à laquelle il est bien difficile de résister. D'après la cellule, personne n'aurait jamais refusé l'invitation.

Max Gallo, écrivain, porte-parole du gouvernement de Pierre Mauroy en 1982, a été invité place Beauvau après la publication de son dernier livre *Fier d'être français* [2]. « Sa mise en perspective historique, cette façon de peser la permanence et le changement, c'est intéressant, et cela a attiré l'attention du ministre qui a souhaité le rencontrer avant de prononcer son discours intitulé "Pour la France" à Nîmes [le 9 mai 2006] », raconte Cédric Goubet, qui ajoute que des traces de l'échange se retrouvent dans l'allocution ministérielle. Deux mois plus tard, le même Max Gallo déclare sur RTL qu'il pourrait « peut-être » soutenir la candidature présidentielle de Sarkozy, « un républicain qui vient de la droite » à ne pas « diaboliser ». Échange de rétribution symbolique.

Le choix des invités se fait « un peu au feeling, en fonction de l'actualité, ajoute Hugues Moutouh. Nous faisons plus appel aux experts qu'aux intellectuels, c'est-à-dire que ce que nous recherchons, c'est un point de vue particulier ». La couleur politique entre-t-elle en jeu dans le choix des interlocuteurs ? « Nicolas Sarkozy est un homme qui écoute même ceux qui ne sont pas forcément de la même opinion que lui », explique Cédric Goubet. Pas trop antagonistes quand même : si tous les intellectuels reçus ne sont pas classés à droite, ils ont pour la majorité d'entre eux, la particularité de chérir un certain sens de l'ordre républicain (Max Gallo, Alain Finkielkraut), d'avoir tenu publiquement une position conservatrice (André Glucksman pendant la guerre en Irak), d'adopter un discours critique des travers de la gauche (Bernard-Henri Lévy s'en prenant à l'anti-américanisme) ou encore du relâchement de mœurs du temps présent

---

2    Max Gallo, *Fier d'être français*, Fayard, Paris, 2006.

(Pascal Bruckner). Ils ont surtout en commun d'êtres des habitués des plateaux de télévision, sans rapport réel avec la recherche universitaire, à quelques exceptions près. Pas tant des experts, donc, que des figures médiatiques.

## Quand gouverner, c'est choisir... ses intellectuels

Dans les réseaux d'idées organisés autour de Laurent Fabius, on trouve beaucoup plus d'énarques, mais pas nécessairement moins d'intellectuels médiatiques. Lionel Zinsou est normalien, économiste de formation, d'origine béninoise. Associé-gérant de la banque Rothschild, il est aussi membre du comité opérationnel mis en place par Édouard de Rothschild à la tête du journal *Libération* en juin 2006. Il dirige le club Fraternité qui compte d'anciens collaborateurs de cabinets ministériels ainsi que des personnalités de l'industrie et de la culture : Jérôme Clément, président d'Arte, Louis Schweitzer, ancien P-DG de Renault aujourd'hui président de la Haute autorité de lutte contre les discriminations et pour l'égalité, Bernard Faivre d'Arcier, ancien directeur du festival d'Avignon. Depuis 2002, le club organise, une fois par mois, un déjeuner avec un invité extérieur, en présence de Laurent Fabius. S'y sont notamment exprimés l'économiste Daniel Cohen, le politologue Marc Lazar, le « médialogue » Régis Debray, Richard Descoings, directeur de l'Institut d'études politiques de Paris, Martin Hirsch, aujourd'hui à la tête de l'Agence nouvelle des solidarités actives, l'historien de l'immigration Patrick Weil, etc.

Mais, à côté de cette organisation plutôt classique dans le paysage politique français, Stéphane Israël, trente-cinq ans, conseiller à la Cour des comptes et professeur associé à Normale Sup', anime un réseau plus informel de deux à trois cents personnes. Agrégé par strates successives, cet ensemble regroupe des hauts fonctionnaires passés par les cabinets de Laurent Fabius ou ayant proposé leurs services après le 21 avril, des cadres d'entreprise venus après la campagne du référendum sur le Traité constitutionnel européen, et quelques universitaires. « Une communauté de travail » qui fonctionne essentiellement par fiches, organisée en une vingtaine de groupes thématiques qui couvrent les champs des politiques publiques : emploi, questions sociales, défense, logement, sport, etc.

Solide infrastructure, conçue pour sonder la société, en surveiller les évolutions souterraines et en faire part au plus vite à l'ancien Premier ministre afin qu'il adapte son discours ? Pas du tout. Car, explique

Stéphane Israël, rien ne vaut un mouvement social ou un résultat électoral pour informer sur le monde social : « Ce qui a donné des informations ces dernières années, ce sont d'abord les mouvements politiques et sociaux, plus que les travaux d'analyses. Le 21 avril, c'est un événement total. La dimension sociale du vote du 29 mai est incroyable. Il ne faut pas attendre d'un homme politique qu'il comprenne le monde en lisant une thèse de sociologie. »

« Au début, lorsque je travaillais pour Laurent Fabius, je lui faisais beaucoup de fiches de lecture. Aujourd'hui beaucoup moins car je vois davantage comment les idées viennent aux politiques : ce qu'ils comprennent des mobilisations massives, des résultats des élections et de leur contact direct avec les électeurs, est la façon pour eux la plus efficace de s'approprier l'épaisseur du monde social. »

Après le 21 avril et l'élimination du candidat socialiste au premier tour des élections présidentielles, s'organisent une quinzaine de petits déjeuners thématiques autour de Laurent Fabius. « Il avait besoin de voir beaucoup de gens différents pour mieux interpréter la défaite de 2002 et notamment la désertion des couches populaires », se souvient Stéphane Israël. Pour réfléchir à « la gauche et le peuple », interviennent Jacques Julliard, Marcel Gauchet, Pascal Perrineau et le psychanalyste Michel Schneider [3]. Sur « les socialismes en Europe » : Pierre Rosanvallon, Thierry Pech, animateurs de « La République des idées », Jean-Claude Monod, chercheur en philosophie politique, et un spécialiste britannique de Tony Blair. Sur la sécurité sociale professionnelle : Jean-Christophe Le Duigou, secrétaire confédéral de la CGT, mais également les sociologues Robert Castel et Louis Chauvel. Liste hétéroclite, sans aucune allégeance à l'égard de Laurent Fabius, qui mélange chercheurs sérieux, bons clients médiatiques et animateurs d'un *think tank* de gauche réformiste, sensible à la critique libérale du modèle social français.

Mais la belle mécanique œcuménique a ses limites : quand Laurent Fabius, ébranlé par la défection des enseignants dans le vote socialiste du 21 avril, décide de rencontrer des acteurs de terrain pour les entendre sur la laïcité un mois avant le congrès de Dijon, il invite des professeurs et des proviseurs. Stéphane Israël se rappelle que « c'était très poignant d'entendre ces enseignants témoigner de leur attachement à la laïcité et demander une loi pour régler les questions de voile à l'école. Cela a compté dans sa décision de s'exprimer sur la laïcité à Dijon ». Ont-ils

---

3    Auteur de *Un État sans pères ni repères*, Odile Jacob, Paris, 2002.

invité à leur tour des jeunes filles voilées à expliquer leur choix ? « Non. C'est vrai qu'on a fait venir des gens qui partageaient dans l'ensemble la même conviction... Mais gouverner, c'est choisir. Notre choix était fait en amont parce que pour nous la laïcité ne se négocie pas. »

## ▆▆▆▆ Quand la société française n'est pas dans les livres

La vice-présidente de l'UDF, Marielle de Sarnez, députée européenne, fait un chaleureux éloge de la recherche et de sa nécessaire utilisation dans l'espace public : « Quand on est engagé en politique, on doit en permanence lire, pour nourrir ses interventions. C'est une manière d'être à l'écoute de ce qui se passe. Le plus utile pour moi, ce sont les points de vue : éditoriaux, tribunes... Parce qu'il y a de l'originalité. Ensuite, on fait le puits. C'est une expression que nous utilisons avec François Bayrou. Ça veut dire ne pas avoir peur de plonger en soi-même et de livrer ses idées. »

Elle ajoute que le président de l'UDF « lit énormément de livres. Et il va énormément sur le Net : pour lui, c'est une source de réflexion. C'est la première personne qui m'a parlé d'Étienne Chouard [créateur et animateur d'un site web très visité défendant le non à la constitution européenne], alors que personne n'en parlait. C'est aussi un fanatique de sociologie. Pour lui, l'instrument sociologique est très important, et complémentaire de tout le temps qu'il passe sur le terrain ».

Une semaine plus tard, François Bayrou reçoit dans son bureau, au siège du parti centriste. À droite de son bureau, une table est recouverte de piles de livres. Devant lui, un petit ordinateur portable.

Alors, la sociologie, ses lectures ? Là, surprise : « La société française contemporaine n'est pas dans les livres et les journaux. Elle est dans ce que vous pouvez en sentir. Quel est le mode de connaissance de la société ? C'est le mode de connaissance non médiatisé. Ce n'est pas par refus de ce qui se publie, je serais ravi de lire des livres passionnants, mais j'ai du mal à en trouver. La théorisation est souvent faible et crée une distance. Ce n'est pas injurier que de dire qu'il existe une crise de la pensée sociologique en France. Je lis beaucoup de sociologues, Éric Maurin par exemple sur la ghettoïsation. Mais ils n'ont pas du tout senti venir l'explosion sécuritaire de 2002. Je n'ai pas non plus lu de textes révélateurs sur la réalité de l'explosion des banlieues de novembre 2005. Il me semble que les psychanalystes auraient davantage à dire sur ce qui s'est passé là que les sociologues. »

Divergence de vues entre les deux collaborateurs. Faut-il y voir la trace d'un désaccord implicite, ou la marque d'un désarroi ? Peut-être la contradiction inhérente à une fonction, celle de l'acteur politique, qui, par peur de paraître élitiste, coupé de la masse de ses concitoyens, semble parfois avoir tendance à gommer la part de mise à distance réflexive de son travail. Un déni de médiation intellectuelle en quelque sorte, au profit de la survalorisation des fonctions – empathique – de confident et – combative – de porte-parole.

François Bayrou dit régulièrement lire les revues *Commentaire*, *Le Banquet* et *Esprit*. Parcourir les blogs. Se passionner pour les logiciels libres, le wiki et cette vision du monde non propriétaire. Apprécier le site de sondages en ligne de Jérôme Jaffré (opinionpublique.com), parce que c'est « spontané », contrairement aux sondages « qui sont toujours faux ». Il regrette qu'il n'y ait pas plus de « ce qu'on appelait autrefois des publicistes », des commentateurs « qui fassent suffisamment confiance à leur intuition pour dire des choses, comme Jacques Julliard », l'éditorialiste du *Nouvel Observateur*, décidément très écouté.

Mais sa principale source d'information, « c'est le contact direct. Dans toutes les villes où je me rends, je fais des cercles de plusieurs heures avec les gens pour comprendre la situation qui est la leur. Pour entendre ce que les gens disent et, plus important encore, ce qu'ils ne disent pas. Pour le reste je suis un très grand lecteur. Je ne lis pas beaucoup de choses sorties récemment. Je lis et fréquente des esprits qui pour certains sont morts depuis plusieurs siècles, qui sont très intéressants pour le contemporain. Je pense qu'Aristote, Platon, Montaigne, Voltaire, Péguy, Bergson sont intéressants. Des gens qui n'ont apparemment aucun lien entre eux. Sauf une revendication d'intuition directe de l'essentiel ». Classicisme des références qui semble habiller une critique non frontale mais forte de l'outil scientifique.

## ▨ Quand il y a le temps des idées d'un côté, et le temps de la politique de l'autre

En quoi les chercheurs et experts peuvent-ils être utiles aux politiques ? C'est au sein de l'équipe de campagne de Ségolène Royal que se formule peut-être une réponse : parce que les responsables politiques sont de grands consommateurs d'idées, perpétuellement à l'affût de nouvelles problématiques et d'expressions inédites. Mais ce qu'ils en font ensuite n'a pas forcément grand-chose à voir avec ce qu'ils ont lu.

Sophie Bouchet-Petersen, cinquante-sept ans, conseillère spéciale de la présidente du conseil régional de Poitou-Charentes, assure depuis près de dix ans la mise en contact de sa « patronne » avec tout ce que les centres de recherche comptent de sociologues, économistes et philosophes travaillant sur les sujets qui la concernent, ou presque. Bernard Lahire, sociologue, se souvient encore ébahi d'avoir vu un jour, en 1998, la conseillère débarquer dans son laboratoire de Bron, dans la région lyonnaise : « J'étais scotché qu'elle soit venue jusqu'au campus. J'ai parlé avec elle pendant trois heures et j'ai accepté son invitation à déjeuner avec Ségolène Royal. Le jour du repas venu, j'ai expliqué le problème que posait pour moi la notion d'illettrisme, formulation que je conteste, car je crois qu'elle ne correspond pas à un réel problème social mais qu'elle procède d'une interprétation mal construite qui nourrit une rhétorique erronée. Ségolène Royal m'a répondu : "J'ai très bien compris votre position. Mais je fais le constat qu'on ne peut plus laisser tomber ce terme." C'était à la fois subtil et parfaitement désespérant politiquement. Elle rentrait complètement dans la logique que je dénonçais, celle qui consiste à utiliser un argument, même s'il est faux, s'il peut emporter l'émotion des gens. »

Pour Sophie Bouchet-Petersen, « on s'intéresse à toutes les écoles de pensée, du moment que ce sont des travaux non superficiels qui aident à comprendre la société. Sur l'éducation, Bourdieu, Lahire ou Dubet, si différents soient-ils, nous aident à penser ». Sur la question de la famille, à l'époque où Ségolène Royal en est ministre déléguée (entre 2000 et 2002), l'équipe fait plancher Irène Théry, tendance famille traditionnelle, et François de Singly, tendance famille recomposée. Deux pôles quasiment opposés, mais deux chercheurs au sérieux incontestable et reconnus par leurs pairs.

Ancienne militante trotskiste, Sophie Bouchet-Petersen dit avoir appris à la Ligue communiste révolutionnaire (« mon ENA à moi ») le goût des textes et des livres. Peut-être aussi celui de la méthode ? Car, avec Ségolène Royal, elles ont cherché à bâtir une vision globale des mutations de la famille à partir de laquelle chaque mesure venait se loger dans une grille, un peu à la manière de la bonne vieille méthode de la bataille navale : « Ségolène s'est forgé une grille de lecture qui lui permettait ensuite d'y aller, sujet par sujet, avec les idées claires sur ce qu'il fallait consolider et ce qu'il fallait libéraliser, car, pour elle, tout se tenait et c'étaient comme des cases qu'on cochait pas à pas. Cette vision croisait deux axes : un axe horizontal, celui des appariements entre adultes consentants et de la pluralité des formes familiales (mariées, concubines, homos, hétéros, monoparentales, recomposées...). Et un axe vertical :

celui de l'autorité parentale structurante, de la responsabilité assumée quelles que soient les formes ou les vicissitudes de la vie de couple : ce qu'une génération doit à l'autre pour que, comme le disait Hannah Arendt, elle puisse à son tour faire quelque chose de neuf. On avait les lignes de force et ça embrassait un large spectre : social, juridique, symbolique... L'autorité parentale, ça impliquait la parité parentale, l'accueil de la petite enfance, le congé de paternité, la solidarité renforcée pour les familles en situation de pauvreté ou de précarité, la prévention des grossesses précoces, les droits égaux des parents gays et lesbiens. Ce qui, pour nous, faisait le lien, c'était une vision actualisée de la famille d'aujourd'hui et des garanties collectives à apporter aux choix individuels. »

Au ministère de la Famille, la grille se remplissait à coups de réunions de travail hebdomadaires. Dans le cadre de la préparation de la campagne présidentielle, cela passe par l'articulation de tout un réseau de producteurs d'idées, formalisé le 25 avril 2006 : « Ce sont des "groupes d'innovation", qui font à la fois un état des lieux et des propositions. Ségolène Royal n'a pas voulu les organiser en reproduisant les découpages institutionnels classiques mais au contraire casser le moule au profit d'approches transversales, partant des problèmes tels que les gens les vivent et pas de la géographie des ministères. Il y a des technos, des chercheurs, des praticiens éclairés, des militants associatifs, des amis du public et du privé. » Mails, réunions, téléphones : en septembre 2006, ils étaient déjà plus de deux cents au travail depuis plusieurs mois.

Bourdieu et la sociologie « biberonnés », des connaissances « plein la besace » : à partir de cette accumulation de données, et de ce que rabattent de leurs côtés les autres collaborateurs, il ne reste plus à la « patronne » qu'à faire « ses courses » dans un vivier de concepts et de formulations hypervariés et parfois contradictoires. Ainsi trouve-t-on sur Désirs d'avenir, le site officiel de Ségolène Royal, plate-forme interactive d'analyses et de discussions, dans l'entrée correspondant au chapitre consacré aux « désordres de l'emploi et du travail » d'un livre en cours, la mention au même plan, des travaux d'auteurs aussi différents que Zygmunt Bauman, le sociologue polonais critique de la notion de société, Robert Castel, théoricien de « la société du précariat » et de « l'insécurité sociale », Philippe Askénazy, l'économiste critique des 35 heures, Fabienne Brutus, conseillère ANPE dénonçant la gestion des chômeurs par leur exclusion de l'indemnisation, ou Claude Bébéar, le fondateur d'Axa. Sans jamais faire apparaître les lignes de fracture politique les éloignant les uns des autres. Sans, surtout, accompagner leurs analyses d'un travail plus théorique d'interprétation, dégageant une vision du monde, et un projet de société. « On n'est pas otages d'une école de pensée. On ne se prend pas pour des intellos », répond Sophie Bouchet-Petersen. Mais le refus de l'aveuglement idéologique ne risque-t-il pas de se traduire par un abandon de la pensée politique du monde social ?

Ainsi, le slogan « l'ordre juste », que certains journaux crurent l'héritier des analyses du cardinal Ratzinger, futur pape Benoît XVI, ou même de la pensée de Thomas d'Aquin, ne serait qu'une affaire de recette intuitive. « C'est notre tambouille à nous. C'est beaucoup plus simple que ça : le désordre n'est pas en soi une idée de gauche ni l'ordre de droite. Le bordel, ce sont toujours les plus faibles qui en font les frais car il réduit leur possibilité de maîtriser leur existence et renforce les inégalités. L'ordre juste, c'est comme la sécurité durable : si on ne marche pas sur ses deux pattes, ça ne va pas. On ne prétend pas avoir un scoop théorique. Jaurès et Blum le disaient déjà. »

Qui dit « tambouille », dit aussi bon sens : « Nous n'aimons pas les déplorations nostalgiques des âges d'or qui n'en étaient pas. Ce qui nous intéresse, c'est de comprendre comment ça change pour trouver des repères partageables. On n'est pas des chochottes intellos, on a les mains dans le cambouis et on veut les y garder... pour agir intelligemment, il faut agir avec les gens. Il y en a marre de ces vieilles conceptions verticales de la politique, de l'autisme de droite et de l'autisme de gauche. »

Ainsi Ségolène Royal peut à la fois « apprécier Lahire pour ce qu'il critique de l'idée de démission des parents » et défendre la punition des parents démissionnaires par la suspension de leurs allocations. Se réjouir en 1997 de s'atteler à repenser un « discours de gauche sur la politique de la famille » et mettre presque dix ans à accepter publiquement la légalisation du mariage pour les homosexuels. « Ah oui, mais ça, c'est notre indépendance, sourit sa conseillère. Il ne faut pas avoir de tabous. Personnellement, je trouve que les plus pointus dans l'analyse critique du désordre des choses sont souvent, quoique pas uniquement, les plus radicaux. Or notre seul critère, c'est la qualité de la réflexion. Après, nous réclamons le droit aux hybridations, et l'entière responsabilité des conclusions que nous en tirons pour l'action politique. À faire notre tambouille. Il y a le temps des idées, et le temps de la politique. »

Informés, pour la plupart d'entre eux, de l'actualité des sciences sociales, beaucoup moins déconnectés qu'on ne pourrait le penser *a priori*, les quatre personnages politiques étudiés ici semblent manifester une inextinguible curiosité pour les innovations conceptuelles. Avec une étonnante uniformité de références, quel que soit leur courant de pensée, que l'on pourrait sans doute qualifier de prime à l'expertise consensuelle, à la fois réformiste et centriste : éditorialistes du *Nouvel Observateur*, dossiers des revues *Esprit*, *Le Débat*, *Commentaires*, livres de la collection du Seuil « La République des idées » et notamment *Le Ghetto français* d'Éric Maurin, cité par tous les interviewés. Mais tout se passe comme si ces connaissances emmagasinées n'étaient pas traitées comme des informations sur le monde social, mais plutôt des éléments de décisions stratégiques et de positionnements médiatiques.

Les livres publiés par les femmes et hommes politiques d'envergure nationale, dans la très grande majorité des cas, en offrent la criante illustration : très peu d'analyses, très peu de références scientifiques ou philosophiques, des livres « creux » pour tout dire, qui accordent une place de plus en plus grande à la mise en scène autobiographique. Signe d'une personnalisation, voire d'une « peoplisation » des fonctions représentatives, mais aussi crainte sans doute que ces références ou analyses n'apparaissent comme des signes extérieurs d'intellectualité, voire d'élitisme.

En réalité, même s'ils s'en défendent, la plupart d'entre eux ne font guère usage de la sociologie et des sciences consacrées à l'étude du monde social. La conséquence en est que leur représentation de la société est vulnérable aux instituts de sondage, aux requêtes de leur clientèle électorale, au formatage induit par leur formation, aux images véhiculées par les médias. C'est sans doute la conséquence inévitable du rejet désormais partagé, à droite comme à gauche, des références aux écoles de pensée et aux concepts politiques au nom de la « fin des idéologies ».

C'est aussi le symptôme de la crise du volontarisme politique, née d'un paradoxe : alors qu'il existe de plus en plus d'instruments de connaissance du monde social, les responsables politiques sont confrontés à une défaillance de leur pouvoir. Soumis à de constantes injonctions à la décision – il leur faut sans cesse montrer qu'ils sont en mesure de prendre des décisions, de changer le cours des choses, dans un environnement jugé de plus en plus imperméable à l'action publique – et alors que le renouveau de l'idéologie républicaine se traduit par une offensive idéologique sur l'utilité politique des sciences sociales [4], ils semblent parfois faire preuve d'une sorte d'hyperactivité normative (sur la sécurité, les mœurs, etc.) qui se nourrit d'une mise à distance des outils de compréhension du social.

---

4   *Cf.* à ce sujet le texte de Didier LAPEYRONNIE dans cet ouvrage.

# Outils statistiques

## Peut-on tout compter,
## avec et pour n'importe qui ?

### Claire Auscure et Lucio Nero
### (Association Pénombre)

> « On peut rire de tout, mais pas avec n'importe qui. »
> Pierre Desproges.

L a statistique entretient un rapport étroit avec la lumière. Rendre visibles les phénomènes sociaux était inscrit dans le programme des premiers promoteurs de l'approche chiffrée : ainsi, au début du XIXᵉ siècle, Adolphe Quetelet exposait comment les comptages entrepris faisaient apparaître avec régularité des choses qui restaient cachées à l'observateur ne disposant pas de cet outil de mesure. Cette affirmation n'allait pas de soi car la mesure statistique pouvait être perçue comme un artefact, un résultat sans rapport avec un objet réel. Aujourd'hui, les nombres font pleinement partie de notre univers quotidien d'informations sur notre société et notre environnement. À tel point que, de plus en plus souvent, ce qui ne se compte pas passe pour ne pas compter.

D'une affirmation hardie, posée il y a près de deux siècles, selon laquelle la statistique donne accès à l'invisible, nous sommes aujourd'hui arrivés à une critique adressée à la statistique qui ne scruterait plus la société, et particulièrement ses « invisibles », avec suffisamment de curiosité ! Dans une société de plus en plus façonnée par les médias, on doit s'interroger sur « qui cherche quelle visibilité ? », en se souvenant que certains « invisibles » souhaitent le rester (travailleurs au noir « volontaires », travailleurs clandestins, par exemple), même si un ministre de l'Intérieur a un autre point de vue. Comment les chiffres peuvent-ils rendre compte de ce que certains veulent faire voir ? Quels usages fait-on dans les débats publics de l'outil de connaissance qu'est la statistique ? Et surtout, quels rapports entretiennent les outils de connaissance de la statistique publique avec la décision de politique publique ?

Le positionnement des investigations statistiques, par rapport à d'autres outils de connaissance ou d'action, est essentiel alors que se répètent de plus en plus deux situations types : celle où les chiffres sont utilisés comme des déclencheurs automatiques de décisions, faisant que le « politique » n'assume pas sa part de responsabilité ; celle où le « politique » prétexte manquer de chiffres pour ne pas décider, comme si seul le chiffre permettait la décision (ce qui est évidemment faux).

C'est aux forces et faiblesses techniques et politiques de la production statistique que nous allons nous intéresser ici.

## ▬▬ Compter sans être compté, savoir que compter...

La statistique publique mobilise deux grandes sources d'information, très différentes dans leur contribution, pour rendre visibles les « invisibles ».

Les fichiers administratifs informatisés, outils de gestion d'une procédure (indemnisation du chômage, paiement des impôts, déclaration annuelle de salaires...), sont utilisables pour produire des statistiques dans le respect de la loi « informatique et libertés » de 1978. Cette production, qui repose sur des données anonymisées, permet d'avoir une information à moindre coût pour l'ensemble des individus, avec des données mises à jour régulièrement. La protection des libertés individuelles impose de limiter le contenu des fichiers administratifs à ce qui est strictement nécessaire aux besoins de gestion. Du coup, ils ne comportent pas toutes les données utiles pour analyser une question, et les définitions et nomenclatures utilisées ne sont pas toujours adéquates pour le statisticien. Cette règle, tout à fait justifiée pour la protection de libertés individuelles, entraîne aussi une grande difficulté de recoupement des informations issues de différents fichiers, recoupement qui pourrait pallier en partie la pauvreté relative de chacun d'eux. Le manque de « visibilité » qu'ils assurent résulte des garanties apportées aux administrés.

Les enquêtes par questionnaire peuvent quant à elles être construites de façon appropriée aux domaines d'intérêt. Elles sont réalisées par sondage et leur point faible est alors la taille des échantillons, souvent trop réduite pour l'étude de catégories de population peu nombreuses. Cette faible taille découle d'un coût de collecte élevé qui impose des choix sous contrainte budgétaire (contenu du questionnaire, périodicité de l'enquête).

Imaginons une enquête effectuée auprès de professionnels des organismes publics produisant la statistique économique et sociale – l'INSEE –, mais aussi auprès des services statistiques des ministères, des organismes à vocation scientifique comme l'INSERM (Institut national de la santé et de la recherche médicale), l'INED (Institut national d'études démographiques) ou le CEREQ (Centre d'études et de recherches sur les qualifications), ou encore auprès des observatoires dédiés à des questions sociales, une enquête visant à connaître ce qui, à leurs yeux, manque de visibilité chiffrée.

Cette enquête ne donnerait probablement pas une liste équivalente à celle de la première partie de cet ouvrage. Peut-être ces professionnels citeraient-ils aussi ce qui, à leurs yeux, ne relève pas d'un chiffrage statistique. Cela dit, cette réserve ne serait pas une prévention à l'égard des chiffres et de leur caractère réducteur, qui interdirait certaines quantifications, mais elle traduirait plutôt leur savoir : pour commencer à compter, il faut s'assurer de la possibilité d'un comptage. Les conditions et la pertinence d'un comptage statistique ne sont pas assurées du simple fait qu'une question est préoccupante selon les dires des personnes concernées ou même selon tous.

Ainsi, pour analyser et agir sur certaines situations, l'important n'est pas toujours un meilleur chiffrage, quel que soit le sentiment de certains acteurs quant à ce qu'il apporterait pour leur activité. Par exemple, les anciens travailleurs immigrés de sexe masculin sont peu nombreux à être pensionnaires en maison de retraite, mais leurs habitudes de vie dans un univers exclusivement masculin du temps de leur activité professionnelle feraient qu'un ou deux cas dans une maison de retraite peuvent représenter une difficulté significative pour le personnel. L'outil d'information utile à la résolution de ce type de difficultés n'est pas une étude statistique.

À l'opposé, quand l'intérêt pour éclairer l'action publique est évident, il y a des situations où, de mémoire de statisticien, on n'a jamais vraiment réussi à faire pénétrer beaucoup de lumière. Le sort des plus privilégiés échappe encore largement à la connaissance statistique. Des raisons juridiques pourront être invoquées : le petit nombre des personnes bien loties interrogées dans les enquêtes par sondage pose un problème de garantie de leur non-identification à partir des statistiques diffusées. Une invisibilité de fait leur est alors accordée « par principe ». Et, lorsqu'on recourt à un questionnaire statistique indiscret, la propension des plus riches à choisir la modalité « sans réponse » ou à refuser de répondre aux questions posées n'étonnera pas le lecteur. Cette invisibilité, dénoncée depuis des décennies, tient aussi en particulier à la grande difficulté – en voie d'être résolue – de rapprocher les informations relatives aux revenus non salariaux et aux patrimoines avec les informations sur les salaires plus faciles d'accès. Il y a des « invisibles » heureux de le rester ! Cette discrétion nuit fortement à l'information réclamée par les citoyens qui veulent connaître l'état et l'évolution des inégalités en prenant en compte, c'est bien compréhensible, les revenus les plus élevés. Face à cette difficulté bien réelle, force est de constater que l'INSEE ne fait pas le même effort que pour ausculter les plus pauvres.

Si on leur demandait ce qui leur demeure, les statisticiens relèveraient encore d'autres lacunes sur des questions encore peu traitées par la statistique publique mais pour lesquelles des demandes pourraient émerger, comme la situation et le devenir des grands handicapés mentaux ou la trajectoire socioprofessionnelle des personnes libres après avoir été incarcérées une ou plusieurs fois.

Sur certains sujets, nos professionnels peuvent légitimement avoir le sentiment que l'aveuglement dont on accuse l'appareil statistique n'est guère conforme à la réalité de la production statistique. Ainsi, cette production ne devrait pas se voir reprocher un voilement des questions de genre alors que toutes les enquêtes et fichiers administratifs font état du sexe des interviewé(e)s. Puisque lacune il y a, sa nature exacte doit être précisée, notamment les insuffisantes mises en valeur des spécificités liées au genre dans les publications et utilisations pour l'action.

À ce stade, retenons que, contrairement à une idée trop répandue, tout ne peut pas être « bien compté » par la statistique publique ; une question peut être importante sans être « d'emblée comptée », et lorsque « le compte est fait » reste le point essentiel de la diffusion et de l'utilisation des données produites.

## La production statistique publique : liberté sous contrainte

« Bien compter », nous allons le voir maintenant, est une notion complexe. La légitimité accordée aux chiffres de la statistique publique lui impose de ne pas s'introduire à la légère dans de nouveaux sujets et de respecter des exigences contradictoires. Connaître ces contraintes permet de mieux formuler les critiques vis-à-vis des insuffisances actuelles.

Les organismes publics de production statistique ne sont pas à l'écart des débats visant à fixer leur programme d'activité. Pour la France, une présentation « officielle » de la façon dont ils réagissent à l'apparition de nouvelles préoccupations mettrait en avant le rôle du CNIS (Conseil national de l'information statistique), qui regroupe une large représentation d'intérêts divers et qui fixe ce programme en entendant des représentants de la société. L'allocation des budgets reflète alors le mandat donné aux producteurs de données et se traduit dans le programme annuel publié au *Journal officiel*. Mais le programme n'est pas construit en partant d'une feuille blanche et les dispositifs permanents repris d'une année ou d'une période à l'autre forment la part la plus consistante de ce programme.

Passer d'une préoccupation sociale, économique ou politique à une rénovation ou une nouvelle opération de production statistique (sur les pratiques économiques ou sociales, les modes de vie, le logement, l'équipement des ménages, l'éducation et les parcours professionnels) implique en général un lourd processus de formulation et de préparation méthodologique. Les délais de mise en œuvre qui en résultent conduisent à l'impression souvent justifiée que, pour les questions nouvelles, la statistique publique est en retard sur l'actualité.

Les standards méthodologiques appliqués (choix pour l'échantillon enquêté, construction et test des questionnaires, exploitation des données) sont exigeants en temps et en moyens financiers. On est loin des sondages tels que les pratiquent les instituts privés pour lesquels il est possible d'inclure quelques questions d'opinion ciblées au milieu d'un questionnaire relativement court.

Ces sondages dont les citoyens sont largement abreuvés ne permettent pas d'aller loin dans les analyses ni de traiter de relativement « petites » populations car ils reposent sur des échantillons de taille trop réduite. Sur le terrain de la réactivité rapide à des questions dites « d'actualité », la statistique publique ne peut entrer en concurrence avec les médias, grands consommateurs de ces sondages réalisés « en exclusivité ». Les reproches souvent adressés aux statisticiens du « service public » viennent alors probablement en partie du décalage entre les deux modes de production du chiffre, les instituts de sondage ayant des raisons commerciales de proposer des informations chiffrées sur le sujet du jour presque en temps réel. Et les médias sont alors tentés de faire de la publication d'un sondage un événement en soi, sans craindre de rester à la surface des choses, ce qui comme le sait tout apprenti philosophe n'est qu'une forme élémentaire de l'aveuglement.

Quelques statisticiens publics considèrent que la production de données doit rester à l'écart de l'agitation médiatique, mais la profession souhaite surtout qu'une réponse chiffrée soit apportée aux besoins nouveaux, s'ils sont exprimés clairement par le débat public et social et si l'outil statistique peut apporter réellement de la connaissance. Ainsi, au-delà du processus institutionnel évoqué, les statisticiens peuvent, par réaction directe à un besoin exprimé publiquement, préparer une évolution du dispositif existant ou la mise en place de nouveaux outils. Chacun de ces deux modes de réponse a des contraintes propres.

Il est délicat de modifier un dispositif statistique existant. La statistique tire en effet une grande partie de sa force démonstrative de l'observation prolongée dans le temps. Rendre visibles de façon lisible des évolutions suppose une stabilité des méthodes de mesure. Pas de mesure ayant un sens dans la durée sans choix et maintien de définitions, de méthodes de chiffrage, de nomenclatures. Ce sont ces continuités qui font de la statistique un moyen d'observation de ce qu'Alain Desrosières a appelé des « objets durcis [1] » au terme d'un processus intellectuel et institutionnel. La tension entre continuité et évolution est une véritable difficulté, à bien traiter, sinon le risque est grand d'une complète déconstruction de l'outil de connaissance.

On sait ainsi que plusieurs définitions du chômage sont appliquées : celle du BIT (Bureau international du travail), applicable dans les enquêtes par questionnaire, et celles qui sont directement liées aux processus d'indemnisation spécifiques à chaque pays et chaque moment. Il y a régulièrement des raisons de prôner un changement des définitions, par élargissement ou rétrécissement, parfois en se référant explicitement à un usage pour lequel les définitions utilisées s'avèrent mal adaptées. Effectivement, caractériser l'évolution conjoncturelle ou structurelle d'un point de vue économique, apprécier les conséquences en termes d'indemnisation, décrire la population subissant les conséquences du chômage ne requièrent pas forcément les mêmes définitions. Les changements qui sont intervenus périodiquement ont souvent généré, au moins dans un premier temps, autant de pénombre que de nouvelles lumières. Finalement, le débat public et les politiques publiques gagnent à mieux cerner

---

1    Alain Desrosières, *La Politique des grands nombres : histoire de la raison statistique*, La Découverte, Paris, 1993.

les contours des situations frontières entre emploi et chômage, entre pré-carité et stabilité de l'emploi.

Un autre exemple, où l'évolution s'est avérée délicate, est donné par l'approche des questions de logement dans le recensement. Pour le recensement de 1999, le projet de questionnaire était sur le point de supprimer les questions relatives à l'alimentation en eau et en électricité car ces éléments de confort semblaient acquis pour la quasi-totalité des logements et leur questionnement paraissait superflu (n'oublions pas que la taille du questionnaire du recensement n'est guère extensible et que le maintien d'une question interdit souvent l'introduction d'une autre et *vice versa*). Dans une période de fortes interventions médiatiques en faveur des mal-logés, ce choix a finalement été remis en cause par les pressions des associations : décision heureuse puisque les résultats ont montré la pertinence du maintien de la question.

## Les statisticiens au milieu du gué : des chiffres aux mots (maux)

Parfois, la sensibilité des statisticiens aux besoins de nouveaux chiffrages s'arrête à un niveau qui ne satisfait pas des acteurs majeurs. Le dispositif statistique sur les conditions de logement est assez riche en informations. Mais la statistique publique ne donne pas le chiffre des mal-logés, comme le souhaitent les associations intervenant dans ce domaine. Celles-ci chiffrent donc les mal-logés à partir de données publiées par l'INSEE, en prenant la responsabilité des définitions. Est-ce une situation anormale ? En tout cas, on constate maintenant un rôle plus important des acteurs publics ou associatifs dans la production et la diffusion des données statistiques. Comme dans le cas des « mal-logés », lorsqu'il n'y a pas de consensus en perspective, il peut s'avérer préférable que, pour un temps, plutôt que d'avoir là des « invisibles » ou une définition peu légitime mais figée pour longtemps par la statistique publique, la définition soit laissée à l'appréciation des utilisateurs.

La précarité en offre un exemple emblématique. Cette notion était déjà utilisée assez systématiquement dès la fin des années 1970, avec le développement du travail intérimaire et des contrats à durée déterminée à côté des contrats habituels à durée indéterminée. Dès le début de la décennie 1980, les enquêtes « emploi » introduisent des questions relatives à ces catégories de contrats. Mais la façon d'utiliser et de présenter les résultats a longtemps été l'objet de débats internes à l'INSEE et les publications n'ont pas institué une catégorie de « précaires » pour l'ensemble des personnes employées selon ces types de contrats. En défaveur d'une agrégation de ces contrats, il était avancé que ce statut pouvait être choisi par les personnes et que la précarité de droit (moindres garanties du contrat de travail) n'est pas assimilable à la précarité de fait (risque effectif de perdre son emploi). Aura-t-il fallu que la flexibilité de l'emploi soit promue par les libéraux au rang de vertu d'un système économique pour que les publications de l'INSEE donnent un nombre global de précaires ? Dans ce domaine, les adaptations se poursuivent : des questions nouvelles concernant les stages en entreprise cherchent à cerner l'emploi abusif de cette formule. Mais le caractère « abusif » doit être établi par des questions permettant de vérifier que le stagiaire effectue des tâches qui pourraient être confiées dans le cadre d'un contrat de plein droit sans contrepartie de formation.

### Difficultés techniques réelles ou invoquées

Lorsque le dispositif existant se révèle totalement inadapté, de nouveaux outils doivent être construits. L'approche quantitative des personnes sans domicile fixe ne pouvait pas être menée à partir d'enquêtes fondées sur un échantillon de logements (méthode traditionnelle d'échantillonnage de l'INSEE) et les personnes sans domicile ne pouvaient pas être contactées sans intermédiaires. Ce qui a conduit à une enquête importante menée en collaboration par l'INSEE et l'INED, avec l'implication des structures d'accueil des SDF[2]. L'évolution est ici notoire sur le plan de l'implication directe des partenaires intéressés au bon déroulement de l'enquête. Cet exemple n'est pas isolé : ainsi, l'enquête réalisée par l'équipe ENVEF (Enquête sur les violences envers les femmes) en juillet 2000 a également été préparée en partenariat avec des associations[3]. Mais ces enquêtes ponctuelles ne débouchent pas sur des dispositifs permanents de collaboration, ce qui explique en partie l'insatisfaction exprimée assez fortement à l'égard de la statistique publique pour son manque de réactivité et d'attention à la demande sociale.

---

2  Cécile Brousse, Bernadette de la Rochère et Emmanuel Massé, « Hébergement et distribution de repas chauds. Le cas des sans-domicile », *INSEE Première*, n° 823, janvier 2002.

3  Maryse Jaspard, Élizabeth Brown, Stéphanie Condon *et al.*, *Les Violences envers les femmes en France, une enquête nationale*, La Documentation française, Paris, 2003.

Interviewer des personnes sans domicile fixe était une situation inhabituelle pour les enquêteurs. La difficulté de passation d'un questionnaire pour un sujet délicat auprès de certaines populations est un argument qui doit être entendu pour apprécier l'opportunité de la mise en route d'une enquête. L'INSEE invoque aussi une difficulté juridique lorsque l'interview aborde des situations illégales ou appelant légalement une intervention des autorités publiques. Les responsables de l'Institut font alors valoir que le statut d'agent public de son personnel lui imposerait de rapporter à ces autorités les informations recueillies, ce qui irait à l'encontre du respect du secret et de la déontologie statistiques. Ainsi, ceci interdirait de poser des questions visant le séjour irrégulier d'un étranger (cela a été justement rappelé aux sénateurs par le directeur général de l'INSEE lors d'une audition en 2005) ou bien la pratique de la polygamie. Mais on relèvera que l'argument n'est pas soulevé pour les questions relatives aux crimes et délits subis par les enquêtés (cambriolages, vols divers, violences physiques ou verbales), alors même que l'enquêteur peut parfois être le premier agent public à prendre connaissance de tels faits et pourrait ainsi se voir reprocher de ne pas les avoir signalés. Certains domaines d'investigation sont plus sensibles que d'autres en termes de déontologie et le cadre légal de déroulement d'enquêtes statistiques peut nécessiter alors des aménagements. Mais ces aspects ne doivent pas rendre inconciliables la défense des libertés publiques et l'investigation statistique.

En dehors de l'INSEE, des enquêtes sont régulièrement menées sur des situations d'illégalité, comme en matière de toxicomanie. Sur ce sujet maintenant assez bien exploré grâce au rôle moteur de l'OFDT (Observatoire français des drogues et des toxicomanies), l'approche proprement sociologique a bénéficié des méthodes venant de l'épidémiologie. De façon générale, les enquêtes menées dans le domaine de la santé par la DREES (Direction de la recherche, des études, de l'évaluation et des statistiques du ministère de la Santé) ou par l'INSERM semblent aborder avec moins de résistance des sujets considérés comme sensibles.

Cette différence ne doit pas être rapportée seulement à une plus ou moins grande ouverture aux questions nouvelles qui, dans le domaine de la santé, prennent d'ailleurs parfois un caractère d'urgence plus forte en raison des risques encourus. Ainsi, les enquêtes spécialisées menées dans un contexte de prise en charge médicale ou sociale autorisent un approfondissement qui paraîtrait déplacé dans le cadre d'une enquête dont l'échantillon couvrirait la population entière et qui serait menée au domicile des enquêtés.

On pourra encore mentionner ici la description statistique des personnes issues de l'immigration. Alors que le système statistique français se voit reprocher par certains (avec des relais dans les médias) de refuser l'introduction de catégories dites ethniques, ce qui serait la preuve d'un refus de mesurer les discriminations subies par des groupes issus de l'immigration (en particulier noirs ou maghrébins), des spécialistes de ces questions regrettent que les données disponibles ne soient pas mieux mises en lumière. Le recensement et les plus importantes enquêtes permettent dorénavant de décrire la situation et quelquefois le parcours des immigrés (nés étrangers à l'étranger, y compris devenus français) ou des personnes nées de parents immigrés. Développer la collecte et, surtout maintenant, l'utilisation de ces données (qui sont détaillées par origine géographique) couvrirait un grand champ pour la connaissance des discriminations. Pourtant, certains chercheurs concentrent leur énergie pour obtenir l'introduction d'une catégorie statistique dite ethnique dont les groupes ne seraient pas évidents à définir et les effets politiques et sociaux difficiles à prévoir. Alors que les discriminations dues au racisme sont évidentes, il faudrait que la statistique publique invente une variable ethnique (ou raciale, ou religieuse, ou un mélange) alors même qu'aucune politique publique n'est fondée sur un critère ethnique. Lourde responsabilité que l'on voudrait faire prendre aux statisticiens alors que l'usage de telles classifications fait dans le passé et la nature des débats politiques sur l'immigration ne permettent pas d'anticiper des politiques publiques ethnicisées favorables aux discriminés.

## ▨ Invisibles ou mouvants ? Mesurer les évolutions dans le temps

Sujets d'interview délicats pour les enquêteurs ou les enquêtés, populations concernées de très faible taille, les « invisibles » de ce livre présentent aussi des situations mouvantes et fluctuant rapidement dans le temps.

Les étrangers en séjour irrégulier ne sont pas dénombrés par un dispositif permanent. Seules des estimations, principalement d'origine policière et basées sur les interpellations, sont fournies de temps à autre. Mais la mesure du nombre de sans-papiers, à supposer qu'elle soit possible par enquête à un moment donné, serait peu apte à saisir les flux résultant de nombreux effets importants (régularisations, répression intensive, crise dans un pays de migration).

Certains « invisibles » ne peuvent être « bien décrits » qu'avec une approche intégrant leur « trajectoire sociale ». Des outils statistiques de suivi permettant des études longitudinales (évolution dans le temps de la situation d'un individu) existent. Ainsi, l'EDP (Échantillon démographique permanent) est constitué à partir des bulletins individuels du recensement et de diverses sources de données apportant des informations supplémentaires au fil du temps pour les quelque 500 000 personnes suivies. Même avec cette grande taille d'échantillon, les phénomènes rares restent mal décrits. D'où le projet de renforcer cet échantillon à l'occasion du passage au recensement « permanent » et d'élargir les sources mobilisées pour mieux décrire par exemple des processus d'exclusion encore peu mesurables.

D'autres outils renseignent sur les parcours professionnels. Ainsi, les enquêtes « Génération » du CEREQ étudient l'insertion professionnelle d'un échantillon de jeunes sortis de formation initiale une année donnée en les interrogeant trois ans plus tard, puis encore un peu plus tard pour une partie d'entre eux. Ce dispositif étalé dans le temps est riche d'informations mais celles-ci peuvent être prêtes pour diffusion en complet décalage par rapport à la conjoncture. Ainsi, les premiers résultats de « Génération 1998 » faisant état de l'effet de la reprise économique de 2001 ont été rendus publics alors que la conjoncture avait nettement changé. Les résultats les plus récents (début 2006) portent sur la « Génération 2001 » dont l'échantillon est de taille moindre. L'enquête « Génération 2004 » en préparation n'apportera de résultats qu'en 2008. En attendant, les débats relatifs à l'insertion professionnelle des jeunes avec le projet « contrat première embauche » (CPE) de mars 2006 n'ont manifestement pas profité de l'information sur les générations antérieures qui aurait pu être mobilisée. Situation peu imaginable dans certains pays du nord de l'Europe où de telles données statistiques de qualité ne pourraient être ainsi ignorées des autorités politiques.

## ▬ Statistique publique et demande de chiffres : un dialogue de sourds ?

La présence des chiffres dans les médias et dans le débat public n'entraîne pas une meilleure diffusion des résultats de grandes enquêtes statistiques. Dans la presse non spécialisée, le chiffre ne semble avoir de valeur que par son caractère frappant et la nécessaire simplicité de l'argumentation qu'il permet. D'où, souvent, des titres chocs avec des chiffres (absolus ou en pourcentages) sortis de leur contexte et des raccourcis abusifs tirés du résumé d'un quatre pages que le statisticien s'était efforcé de rendre accessible. Ces mésusages des chiffres, que l'association Pénombre pointe avec constance, ne seront pas détaillés ici. Certains relèvent de la démagogie, voire de la manipulation de l'opinion, avec des chiffres mal interprétés, voire inventés ou évalués sans précaution. Plus souvent, l'évocation de chiffres dans le débat public utilise un registre impressionniste (c'est vraiment beaucoup, c'est bien peu...). Il est rare de voir utilisé un registre analytique (étude des évolutions, des différences, des conjonctions pour comprendre, rendre compte d'un phénomène quantifié). Dans leur dialogue, le journaliste et le producteur de chiffres souffrent. Le producteur de chiffres est sommé de répondre en peu de mots à la question : « Combien sont-ils de cela ? » Malheur à son message s'il explique que la réponse n'est pas un simple chiffre, que « cela » doit être abordé sous différents aspects, que les conventions de définition et les restrictions de champ statistique limitent la certitude du chiffre... Cette présentation est certes caricaturale : des journalistes se donnent la peine de travailler leur sujet à partir des travaux publiés par les statisticiens et cela alors que les statisticiens ont eux parfois du mal à traduire leur « dialecte professionnel » en français courant. Une revue comme *Alternatives économiques* tente d'améliorer le dialogue. Mais le décalage existe bel et bien entre des demandeurs (journalistes, chercheurs, acteurs économiques ou sociaux, etc.) affirmant ne pas trouver les informations chiffrées correspondant à leurs interrogations et des producteurs de chiffres ayant le sentiment d'une nette sous-utilisation des données existantes.

Pour en revenir à la description des « invisibles », les grandes enquêtes régulières (emploi, salaires, logement, conditions de vie) contiennent des renseignements sur les caractéristiques des personnes ou des ménages qui permettent de compter et d'analyser de nombreux sujets (femmes, jeunes, handicapés, immigrés, enfants issus de l'immigration, etc.). En même temps, l'accès des chercheurs aux grandes enquêtes et leurs reprises pour des analyses sociologiques restent très en retrait de ce qui se passe dans d'autres pays européens. Des progrès importants sont toujours à réaliser. On pourrait attendre d'un meilleur accès des chercheurs aux données un impact en termes de qualité d'information disponible sur les différents « invisibles ».

Outre l'accès aux données, la collaboration entre chercheurs et producteurs de chiffres est particulièrement utile pour enrichir le dispositif statistique (l'enquête sur les sans-domicile a déjà été évoquée). Une collaboration pourrait aussi contribuer à remédier au cloisonnement et aux points aveugles. Si l'on peut reprocher aux statistiques publiques de mal rendre compte des rapports de genres, c'est en partie parce que les enquêtes concernant l'emploi et les salaires (et donc les inégalités de sexe à ce niveau) et celles concernant les conditions de vie dans le ménage ne sont pas reliées : le chaînage manque entre l'approche de l'emploi et l'approche de l'emploi du temps dans tous les aspects de la vie quotidienne.

Pour terminer ce survol des rapports souvent difficiles entre demandeurs et producteurs de chiffres, nous évoquerons le cas où les résultats établis de façon scientifique ne confirment pas les attentes des demandeurs ou ne parviennent pas à mettre fin à des controverses. Cette situation est assez fréquente s'agissant des risques sanitaires ou environnementaux. Ainsi, le passage du nuage de Tchernobyl au-dessus d'une partie du territoire français a provoqué une contamination radioactive qui n'a pas été mesurée avec autant de diligence que dans d'autres pays et qui est suspectée d'avoir entraîné une recrudescence des cancers de la thyroïde. Or il semble que l'augmentation des cas enregistrés (en partie liée à un meilleur dépistage) est antérieure à Tchernobyl. Et les estimations d'un excès de cancers chez les enfants ont un degré d'incertitude du même ordre de grandeur en chiffres absolus que celui qui affecte le nombre total prévisible en dehors de toute contamination (une soixantaine de cas en vingt-cinq ans pour environ neuf cents au total). Cela n'empêchera pas certains de ne pas prendre en compte ces chiffres et de limiter leur intervention à dénoncer une volonté des autorités publiques de cacher la réalité.

Les controverses font partie du cours normal de la vie, y compris des scientifiques. Comme dans le cas des causes et des conséquences possibles du réchauffement de la planète, elles incitent à la mise en place de nouveaux dispositifs d'observation. En attendant qu'ils apportent éventuellement une information claire, et alors que l'état des connaissances ne permet pas encore (ou ne permettra jamais) d'apporter avec certitude une réponse aux questions posées, la suspicion d'un « quelque chose de caché » sera plus facilement présente. L'ignorance, même scientifique, n'a pas bonne presse.

## Pour aller plus loin

ASSOCIATION PÉNOMBRE, *Chiffres en folie*, La Découverte, Paris, 1999.

DESROSIÈRES Alain, *La Politique des grands nombres : histoire de la raison statistique*, La Découverte, Paris, 1993.

*Alternatives économiques*, « Les chiffres de l'économie 2006 », hors série n° 66, 2005.

Conseil national de l'information statistique : http://www.cnis.fr

Association Pénombre : http://www.penombre/org, voir en particulier le dossier hors série « Enquêtes et origine », janvier 2002.

# (In)visibilité sociale, (in)visibilité juridique

DANIÈLE LOCHAK

L a notion d'invisibilité renvoie à des réalités et à des représentations multiples : le terme « invisibles » peut désigner ceux qu'on ne voit pas parce qu'ils sont trop marginaux et donc, au sens propre, invisibles pour les autres membres du corps social ; ceux qu'on ne veut pas voir et qu'on rejette aux marges de la société ; ceux dont la visibilité dérange et qu'on réprime... La façon dont le droit appréhende et traite les « invisibles » est elle-même multiforme. Que nous dit-il sur ces populations « invisibles » ? Quel rôle joue-t-il dans le phénomène de l'invisibilité ?

On peut tout d'abord distinguer l'invisibilité *dans* le droit et l'invisibilité – ou plutôt l'invisibilisation – *par* le droit. Il y a ceux dont le droit ne se saisit pas, qu'il ignore, et ceux qu'il contribue à rendre socialement « invisibles » en produisant de l'exclusion ou en renforçant une exclusion préexistante. Un premier axe de réflexion conduit donc à s'interroger sur ce que le droit saisit ou au contraire ignore ou occulte, sur la façon dont s'articulent la visibilité juridique et l'invisibilité sociale, et finalement sur les rapports entre les catégorisations juridiques et les représentations sociales.

Lorsque le droit se saisit des invisibles, c'est pour les soumettre à un certain régime juridique. Mais ses modes de gestion à leur égard revêtent des formes et poursuivent des objectifs très divers, allant de la répression/stigmatisation à la reconnaissance sociale. Un second axe de réflexion a donc pour but de montrer comment la prise en compte par le droit – la visibilité juridique – peut recouvrir des mécanismes d'invisibilisation sociale ou à l'inverse tendre à la réintégration des invisibles dans le jeu social.

Enfin, *le* droit, entendu comme l'ensemble des normes juridiques, est là aussi pour conférer (ou dénier) *des* droits aux individus. On est ainsi amené à constater, dans un troisième temps, que l'invisibilité coïncide avec un déficit des droits – droits déniés, droits minorés, droits bafoués –, et à mettre en lumière les difficultés spécifiques que les invisibles rencontrent pour faire respecter ceux qui ne leur sont pas refusés.

### Quelle visibilité juridique pour les invisibles ?

Les invisibles ont-ils une existence du point de vue du droit ? Y a-t-il concomitance entre le phénomène social de l'invisibilité et sa non-prise en compte par le droit ? La réponse à cette question n'est pas univoque.

Certaines formes d'invisibilité sociale vont de pair avec le silence du droit. Il y a d'abord les situations que le droit ignore purement et simplement. Cette ignorance peut avoir des significations diverses. On peut imaginer un phénomène tellement marginal quantitativement qu'il est, au sens propre, invisible : il n'est pas surprenant dès lors qu'il soit ignoré par le droit. L'invisibilité peut aussi résulter de ce qu'un phénomène, un type de situation, est littéralement impensable parce qu'entaché d'une forte réprobation morale et/ou trop éloigné des schémas conceptuels à travers lesquels les acteurs sociaux appréhendent le monde environnant : c'était, jusqu'à une date récente, le cas du couple homosexuel ou du transsexualisme. Le droit vient ici en redoublement de l'expérience courante : il ne se saisit pas de ce qui est inconcevable pour l'entendement commun.

Il y a des objets que le droit ignore parce qu'ils n'ont pas (encore) été inscrits sur l'agenda politique ni constitués en cibles des politiques publiques : les « pauvres », dès lors qu'ils n'étaient ni « vagabonds » ni « mendiants », sont longtemps restés juridiquement invisibles, jusqu'à ce qu'ils soient saisis par le droit sous la catégorie des « exclus ». On pourrait faire un constat analogue à propos des « handicapés » ou, plus nettement encore, des « surendettés », longtemps ignorés par le droit et qui font désormais l'objet d'une réglementation de plus en plus touffue.

Il y a aussi des catégories sociales que le droit ne saisit qu'indirecte-ment : les populations « issues de l'immigration », les « jeunes des ban-lieues » sont des catégorisations du langage politique et médiatique, elles ont été constituées en objets d'étude sociologique, elles peuvent être la cible de politiques publiques qui les appréhendent à travers des territoires – la politique de la ville et ses zones franches, la politique éducative et ses ZEP (zones d'éducation prioritaires)… –, mais elles ne correspondent pas à des catégories juridiques. Le droit connaît seulement les étrangers et les nationaux, les moins de dix-huit ans ou de vingt-cinq ans, les résidents des HLM, les habitants de telle commune ou de tel département, etc.

Cette forme de ciblage indirect nous rapproche de l'hypothèse où l'invisibilité juridique est le résultat d'une occultation volontaire, du refus de prendre en compte certaines données pourtant visibles pour le sens commun. Ainsi, les « origines raciales » ou « ethniques », la couleur de la peau, mais aussi l'orientation sexuelle ne sont pas juridiquement « dicibles », sauf sur le mode de l'interdit (interdiction posée par la loi « informatique et libertés » de collecter ou traiter des données person-nelles qui font apparaître les origines raciales ou ethniques des personnes, pénalisation de la discrimination ou de l'incitation à la haine raciale ou homophobe…). La loi doit être « *color blind* », comme disent les Améri-cains, aveugle à la couleur. C'est là, pour partie, l'expression de l'idéologie universaliste profondément ancrée dans la culture politique et juridique française.

Mais cette invisibilisation est aujourd'hui contestée de plusieurs côtés à la fois. D'abord du côté des groupes concernés eux-mêmes : les membres des minorités dites « visibles » se plaignent, justement, de ne pas l'être et revendiquent une plus grande visibilité sociale. Certains chercheurs, experts ou hommes politiques estiment que le refus de prendre en compte les différences au nom de l'universalité de la règle de droit fait obstacle tant à la prise de conscience des discriminations, qu'il aboutit à masquer, qu'à la mise en place de politiques volontaristes permettant d'y remé-dier. Reste le risque, qu'il ne faut pas sous-estimer, d'assigner les indi-vidus à des groupes d'appartenance figés, de les enfermer dans des catégories stigmatisantes. Car les catégorisations juridiques ne sont pas seulement des instruments neutres au service d'une finalité pragmatique, elles produisent aussi des effets sur les représentations sociales.

## ▬▬▬▬ Catégorisations juridiques
## et représentations sociales des invisibles

On peut définir une catégorie juridique comme un ensemble de faits, d'objets et d'actes auxquels la loi ou toute autre norme attache des conséquences juridiques déterminées. Elle est créée lorsque le droit se saisit pour la première fois de certaines situations. Concrètement, l'émergence d'une nouvelle catégorie juridique correspond à un choix de la part du législateur, qui estime opportun, à un moment donné, d'attacher des conséquences juridiques à tel ou tel élément de la réalité. Mais cette émergence produit en retour des effets sociaux, à la fois pratiques et symboliques : des effets pratiques, parce que l'on ne peut réglementer que ce que l'on a préalablement fait accéder à l'existence juridique ; des effets symboliques, parce que, attachant à une situation ou une conduite des conséquences négatives (répression) ou positives (reconnaissance), le droit influe sur les représentations collectives et sur la perception de ce qui est ou non normal ou acceptable. Les catégories juridiques ont beau ne pas être le simple décalque de la réalité sociale mais une reconstruction en partie arbitraire et donc déformée de cette réalité, le capital d'autorité dont jouit le texte juridique incite à voir et interpréter la réalité sociale à travers ce prisme déformant.

Dès lors, l'accès à la visibilité juridique produit des conséquences sociales variables selon la voie que le droit emprunte. Dans certains cas, il désigne pour réprimer ou exclure : ainsi, la répression du « vagabondage » et de la mendicité par le Code pénal jusqu'en 1992 impliquait à la fois l'existence juridique des « vagabonds » et des mendiants, leur visibilité juridique, et le caractère hors la loi de leur mode de vie sinon de leur existence, donc une forme d'invisibilisation sociale. De même, la loi de 1970, en incriminant l'usage de stupéfiants, a créé la figure du toxicomane-délinquant qui coexiste, dans les représentations collectives, avec celle du toxicomane-malade et irresponsable, soumis à une injonction de soins.

Parfois, le processus de désignation est plus indirect et se lit en creux dans la loi : ainsi, les « sans-papiers » ne constituent pas à proprement parler une catégorie juridique, même s'ils sont appréhendés par le droit. Leur existence découle *a contrario* de l'obligation faite aux étrangers d'être munis de documents autorisant leur séjour en France : à défaut, ils sont passibles d'une sanction pénale et peuvent être reconduits à la frontière. De la législation se dégage néanmoins une certaine vision des étrangers : la surabondance des dispositions répressives incite à se les représenter comme des êtres foncièrement dangereux, des délinquants en puissance qui ne respectent pas les lois ou cherchent à les contourner.

Dans d'autres cas, à l'inverse, la prise en compte d'une situation par le droit équivaut à une forme de légitimation : ainsi, le Pacs (pacte civil de solidarité), créé par la loi du 15 novembre 1999, porte en lui l'acceptation – ou tout au moins l'acceptabilité – du couple homosexuel. La visibilisation juridique conforte ici le processus de visibilisation sociale (la sortie du placard...) ; et, bien que le processus soit actuellement stoppé, on peut raisonnablement faire l'hypothèse qu'il finira par aboutir à la reconnaissance juridique de l'homoparentalité et du mariage entre personnes de même sexe.

Ces quelques exemples, que l'on a choisis volontairement contrastés, montrent que les représentations véhiculées par le droit dépendent évidemment du régime juridique applicable aux situations qu'il prend en compte : ceci amène alors à se pencher de façon plus attentive sur les différents types de traitements que le droit réserve aux invisibles.

## La gestion des invisibles par le droit

L'invisibilité juridique correspond à une situation d'a-légalité : une situation qui échappe au droit, dans laquelle les invisibles n'ont pas de droits, mais qui les met aussi à l'abri de toute forme de répression. Quand le droit se saisit des invisibles, il leur donne par hypothèse une certaine forme de visibilité, mais cet accès à la visibilité juridique peut revêtir des formes et des significations diverses : exclusion, marginalisation, intégration, etc.

Plusieurs types de situations mettant en jeu des types différents de rapports au droit peuvent se présenter. Tout d'abord, l'illégalité : hier les vagabonds et les mendiants, aujourd'hui les squatteurs ou les sans-papiers sont par hypothèse dans l'illégalité. Ensuite, la clandestinité : afin d'échapper à la répression, ceux qui sont dans l'illégalité peuvent être incités – et sont incités de fait – à recourir à cette forme d'invisibilité par excellence. On peut évoquer à cet égard la situation actuelle des prostituées, dont l'activité n'est pas illicite mais qui risquent à tout moment des poursuites pénales, notamment pour racolage. Le rapport au droit conserve une dimension essentiellement répressive s'agissant des détenus, soumis à un régime disciplinaire sévère, ou encore des toxicomanes, pris entre l'injonction de soins et la menace de la sanction pénale. Mais le rapport au droit peut aussi revêtir la forme d'un encadrement protecteur. On pense notamment aux « exclus » – personnes sans ressources, handicapés, chômeurs, etc. –, pour lesquels la prise en compte par le droit constitue la condition et l'instrument d'une réinsertion sociale. Cette concomitance entre reconnaissance juridique et reconnaissance sociale s'observe aussi dans des hypothèses de nature différente : permettre à des personnes de même sexe de conclure un Pacs ou à des transsexuels d'obtenir un changement d'état civil, c'est attribuer à une situation de fait une existence juridique qui conditionne en retour la possibilité d'une meilleure intégration sociale.

On peut donc, dans une première approche, opposer deux modèles de gestion des invisibles par la législation, laquelle ne fait que retranscrire l'orientation des politiques publiques et leurs évolutions : un modèle répressif, qui appréhende les invisibles comme une menace pour l'ordre public, et un modèle intégrateur, qui vise à préserver ou rétablir la cohésion sociale. Il arrive que l'on passe d'un modèle à l'autre, comme l'illustre l'exemple des SDF : vagabonds et mendiants ont longtemps été traités exclusivement sur un mode répressif, avant que les délits de vagabondage et de mendicité ne tombent en désuétude puis soient abrogés par le nouveau Code pénal en 1992 ; parallèlement, à partir des années 1970, le changement d'orientation des politiques publiques a conduit à l'augmentation des crédits consacrés à l'accueil, à l'hébergement d'urgence et à la réadaptation sociale. Mais ce même exemple montre que les deux modèles ne sont pas exclusifs l'un de l'autre et peuvent coexister : ainsi, dans la gestion de la question des SDF, les préoccupations d'ordre public restent latentes et peuvent réapparaître brusquement, comme le révèlent les arrêtés municipaux « antimendicité » qui se sont multipliés dans les années 1990 ou, plus récemment, l'incrimination de la « mendicité agressive », avec la loi pour la sécurité intérieure (LSI) du 18 mars 2003.

Non seulement il n'y a pas antinomie entre ces deux modèles, mais ils ne résument pas à eux seuls les caractéristiques des législations concernant les invisibles. Les politiques publiques, dont le droit est à la fois l'instrument et le reflet, sont en effet beaucoup plus diversifiées. Certaines empruntent à la fois à l'intégration et à la répression. On peut citer l'exemple de la réglementation touffue et multiforme à laquelle sont soumis les gens du voyage : la loi de 1969 les oblige à être munis d'un livret ou d'un carnet de circulation qu'ils doivent périodiquement faire viser par la police ; pour pouvoir exercer leurs droits civiques, obtenir le versement des prestations sociales, faire scolariser leurs enfants, ils doivent être rattachés administrativement à une commune (rattachement qui vise aussi à les soumettre à leurs obligations fiscales et, naguère, à leurs obligations militaires). Quant au dispositif législatif qui régit leur stationnement et leur accueil, s'il vise officiellement à leur garantir un habitat adapté à leur mode de vie, sa portée intégratrice manque en revanche sa cible : tandis que sa dimension répressive fonctionne pleinement – le stationnement sans autorisation en dehors des aires d'accueil est systématiquement et de plus en plus sévèrement sanctionné (la LSI a même créé un nouveau délit d'« installation illicite en réunion ») –, les communes sont loin de respecter leurs obligations.

Dans d'autres hypothèses, la prise en compte des invisibles par le droit peut être lue comme un dispositif d'intégration à visée protectrice mais qui, en les maintenant dans un statut infériorisé, les cantonne à la marge du système en même temps qu'il les réintègre. Il en est ainsi des différentes catégories de travailleurs précaires : le Code du travail régit, et donc reconnaît, les diverses formes de « travail atypique » mais il ne confère à ces salariés que des droits minorés et consacre ainsi leur condition juridiquement diminuée.

Enfin, les politiques de lutte contre l'exclusion tendent à multiplier les dispositifs spécifiques, ciblés sur les catégories les plus démunies. La sélectivité des prestations, en rompant avec la logique universaliste qui sous-tend le système assurantiel, réactive le clivage propre aux mécanismes d'assistance entre deux catégories de citoyens : ceux qui peuvent s'assumer (en s'assurant) et ceux à qui la collectivité doit venir en aide (par l'assistance). Il en résulte un risque de stigmatisation des populations concernées. Le RMI en offre l'exemple emblématique : la reconnaissance du droit à un minimum de rémunération a constitué un progrès considérable dans la lutte contre l'exclusion ; mais le prix à payer se lit dans la cristallisation du mot « Rmiste » et les représentations qui s'y attachent.

## Le déficit des droits

Le droit en vigueur confère des droits aux uns, en refuse aux autres. À cet égard, précisément, l'invisibilité sociale se caractérise par un déficit de droits : les invisibles bénéficient d'une moindre protection juridique et, réciproquement, la dénégation des droits est un des facteurs de l'invisibilité sociale.

La loi d'orientation relative à la lutte contre les exclusions du 29 juillet 1998 exprime de façon très claire l'enjeu que constitue la reconnaissance des droits. Partant du constat que l'exclusion se caractérise par la dénégation des droits, elle se fixe pour objectif de « garantir sur l'ensemble du territoire l'accès effectif de tous aux droits fondamentaux ». La réinsertion sociale passe par l'accès à de vrais droits, fondés sur la solidarité et pas seulement sur l'assistance, dans tous les domaines : moyens d'existence, logement, santé, formation, emploi, culture, citoyenneté, justice. Si le résultat n'est pas à la hauteur des ambitions, c'est parce que les moyens mis en œuvre sont insuffisants, parce que la volonté politique fait défaut pour accompagner les déclarations d'intention, mais aussi en raison de la difficulté des personnes les plus démunies à faire valoir leurs droits.

Entre reconnaissance et dénégation, l'alternative n'est pas, de fait, aussi radicale : il y a aussi les droits minorés, les droits violés, les droits qu'on n'arrive pas à faire valoir. De plus, la privation des droits elle-même n'est jamais totale. Même les sans-papiers conservent certains droits : droit à des soins ; droit de faire scolariser leurs enfants ; droit au respect de la réglementation du travail et au paiement de leurs salaires, même lorsqu'ils sont employés sans autorisation de travail. Mais ces droits restent trop souvent ineffectifs : l'accès aux soins est entravé par l'impossibilité de bénéficier de la Sécurité sociale et par le resserrement des conditions d'obtention de l'aide médicale ; la scolarisation des enfants peut être remise en cause à tout moment par la menace d'une reconduite à la frontière ; la protection contre les abus de l'employeur est réduite à néant dès lors que la crainte de sortir de la clandestinité dissuade de faire valoir ses droits en justice.

De façon générale, les invisibles sont plus exposés que d'autres à la violation de leurs droits et plus souvent victimes des comportements illégaux de la police, de l'administration, des employeurs. Malgré toutes les proclamations solennelles sur le caractère inconstitutionnel des contrôles au faciès, il est impossible en pratique de faire échec aux contrôles d'identité ciblés qui frappent prioritairement, sinon exclusivement, ceux qui « ont l'air » étrangers. Les personnes prostituées sont également soumises à des contrôles qui ne respectent guère les règles du Code de procédure pénale, sans même parler des violences policières qui les accompagnent souvent, sans qu'elles aient les moyens de se défendre efficacement ; leur vulnérabilité a été encore accrue par la LSI qui, en pénalisant le racolage passif, les accule à la clandestinité et à l'isolement. Dans les prisons, malgré certains progrès, continue à s'appliquer un droit d'exception, un droit dévalué, à base de circulaires, de règlements intérieurs, de « coutumes » qui, en l'absence de voies de recours effectives, laissent le champ libre à l'arbitraire des détenteurs de l'autorité : en témoigne le fait que, sur des questions capitales pour les détenus et qui touchent à des droits fondamentaux – les fouilles, les parloirs, l'accès au téléphone, la censure du courrier, la répression disciplinaire –, les règles diffèrent souvent d'un établissement à l'autre.

Mais même la reconnaissance de droits « authentiques » ne garantit pas leur application effective. Les bilans dressés chaque année par l'Observatoire de la pauvreté et de l'exclusion sociale insistent sur les obstacles que rencontrent les personnes en difficulté pour connaître et faire valoir leurs droits : manque d'information, complexité des démarches, échéances manquées, éparpillement des guichets sociaux, difficulté à constituer des dossiers complets, ignorance du droit au recours, etc.

La question de l'accès au droit et à la justice fait, certes, officiellement partie des préoccupations du législateur qui, par des lois successives, a prévu la mise en place de dispositifs destinés à le faciliter ; les principales initiatives dans ce domaine restent néanmoins du ressort des associations qui aident les plus démunis à connaître et surtout faire reconnaître leurs droits.

Bien entendu, le droit ne peut nous livrer à lui seul les clefs d'un phénomène social complexe et multiforme, pas plus qu'il ne suffit à rendre compte des conditions de vie réelles des invisibles. Néanmoins, dans ce domaine comme dans bien d'autres, l'entrée par le droit reste pertinente et éclairante. Tout d'abord parce que, en tant qu'instrument des politiques publiques, il reflète la façon dont les problèmes sociaux sont appréhendés et les réponses qui leur sont apportées ; ensuite parce qu'il encadre les pratiques sociales en posant des règles contraignantes auxquelles les individus sont tenus de conformer leurs conduites ; enfin parce que, en véhiculant une certaine image des rapports sociaux, il contribue à forger les représentations collectives. À travers les règles juridiques, on peut donc percevoir non seulement le traitement concret que la société réserve aux invisibles, mais aussi la façon dont elle se les représente.

## Pour aller plus loin

GROUPE D'INFORMATION ET DE SOUTIEN DES IMMIGRÉS, *Sans-papiers mais pas sans droits*, Note pratique, 4e éd., 2006. Disponible sur le site du Gisti :
http://www.gisti.org/doc/publications/2005/prestations-familiales/index.html

OBSERVATOIRE NATIONAL DE LA PAUVRETÉ ET DE L'EXCLUSION SOCIALE, Rapports annuels. disponibles sur le site de l'Observatoire :
http://www.social.gouv.fr/htm/pointsur/onpes/sommaire.htm

ROMAN Diane, *Le Droit public face à la pauvreté*, LGDJ, Paris, 2002.

SIMON Patrick et Joao STAVO-DEBAUGE, « Lutte contre les discriminations et statistiques : à la recherche d'une cohérence », Rapport au FASILD, 2002.

# B

## Fausses représentations et imaginaires biaisés

# « Bobos » et « travailleurs pauvres »

## Petits arrangements de la presse avec le monde social

XAVIER DE LA PORTE

Que les médias aient du mal à appréhender le monde social est une évidence. Mais, compte tenu de leur importance dans la mise en scène du débat public, ils sont au cœur d'un questionnement sur l'invisibilité. À cause d'un paradoxe qui leur est propre. D'un côté, ils donnent à voir le monde à leurs lecteurs, aux auditeurs et téléspectateurs. Ils ne se contentent pas de rendre compte de l'actualité, mais sont aussi producteurs de réalités par l'impact qu'ils donnent aux représentations dominantes. De l'autre, du fait de leur rythme (« télégraphique » selon Pierre Bourdieu), des contraintes d'audience et de vente, de la spectacularisation de l'information, de sa « folklorisation » – à travers notamment les faits divers –, des lacunes de la formation des journalistes, de leurs contraintes de temps dans leur travail au quotidien, du « formatage » qui pousse au schématisme et parfois à la caricature, et de leur perméabilité à l'agenda politique, ils sont les premiers producteurs d'invisibilité.

Sur ce phénomène, une critique frontale des médias n'était guère possible ici. Le choix a été fait de suivre le destin médiatique de deux expressions apparues à peu près au même moment et qui ont en commun de traiter de deux phénomènes sociaux : les *working poor* (travailleurs pauvres) et les « bobos », deux expressions venues des États-Unis.

Alors que le phénomène des « travailleurs pauvres » demeure peu connu et donne l'impression d'être perpétuellement redécouvert par les journalistes français, l'expression « bobos » a connu un succès immédiat dans notre pays, bientôt confortée par la légitimité que lui ont accordée des « chercheurs » en demande d'un nouveau vocabulaire pour désigner les changements qu'ils observaient dans les comportements sociaux des populations urbaines.

Échec à s'imposer dans le sens commun dans un cas, succès foudroyant dans l'autre, deux trajectoires médiatiques pourtant inversement proportionnelles au crédit scientifique des deux notions.

## ▓▓▓▓ Les « travailleurs pauvres » longtemps ignorés

L'existence d'une pauvreté laborieuse n'est pas nouvelle, mais les « *working poor* » sont identifiés en tant que tels aux États-Unis à la fin des années 1970. Le Bureau of Labor Statistics formalise statistiquement la catégorie en 1989. Même si les chiffres montrent alors que le taux de pauvreté parmi les actifs (environ 6 %) est inférieur à celui du reste de la population (entre 12 et 15 %), l'idée qu'un individu qui a la volonté – et la possibilité – de travailler ne soit plus assuré de subvenir à ses besoins interpelle les Américains.

En France, même si Lionel Stoléru se penche sur la question dans les années 1970, il faut attendre le milieu des années 1990, et la progression du travail à temps partiel et des emplois précaires, pour que les statisticiens s'interrogent sur l'existence de « travailleurs pauvres » français. En 1997, Sophie Ponthieux, alors chercheuse à la DARES (Direction de l'animation de la recherche, des études et des statistiques) du ministère de l'Emploi, et Pierre Concialdi à l'IRES (Institut de recherche économique et sociale), conduisent une première étude. La définition statistique retenue s'inspire de la définition américaine : est considérée comme « travailleur pauvre » une personne qui travaille pendant tout ou partie de l'année mais vit au sein d'un ménage pauvre. Les deux chercheurs montrent non seulement qu'il y a en France des « travailleurs pauvres » (leur nombre en 1996 est estimé à 1,3 million, soit 6 % des travailleurs), mais que leur proportion ne cesse de croître depuis les années 1980.

Depuis, quelques études ont été publiées, appuyées par les alertes récurrentes des associations caritatives et des foyers d'hébergement qui remarquent de plus en plus de « travailleurs » parmi ceux à qui ils viennent en aide. Les journalistes découvrent alors que le travail, même salarié, ne protège plus de la pauvreté, et que, pour prendre un exemple frappant, on peut avoir un emploi et être à la rue.

Avant 1997 et l'étude de Sophie Ponthieux et Pierre Concialdi, le terme de « travailleur pauvre » est totalement absent de la presse française. Quelques rares articles ont mentionné l'existence de *working poor* aux États-Unis, mais le journal *La Croix*, par exemple, traduit l'expression par « pauvres au travail [1] ». Lors de la parution de l'étude du ministère de l'Emploi, *La Croix* titre « La France découvre ses travailleurs pauvres [2] ». Deux semaines plus tard, *Le Monde* note : « Censés caractériser le système américain, les *"working poor"* – les salariés pauvres – font désormais partie du paysage social français [3]. » Le même jour, *Le Parisien* écrit : « On assiste, comme aux États-Unis et en Grande-Bretagne à l'émergence d'une véritable classe de *"working poor"*, littéralement de pauvres au travail [4] » et *Libération* sous-titre son article : « Une étude du ministère de l'Emploi montre l'émergence d'une catégorie de *"pauvreté laborieuse"* [5]. »

Éclosion d'une notion dans le débat public ? En réalité, pas du tout. Car depuis, à intervalles réguliers, les journaux n'ont cessé de redécouvrir les « travailleurs pauvres ». Ainsi, en 2000, suite à un colloque organisé par l'université d'Évry-Val d'Essonne, *Le Monde* titre, trois ans après *La Croix*, « La France *découvre* ses "travailleurs pauvres" [6]. » En 2004, *Le Monde*, citant cette fois-ci une étude régionale de l'INSEE qui montre que 35 % des SDF recensés en Île-de-France travaillent évoque une « *nouvelle* catégorie », celle des « travailleurs pauvres [7] ». En 2005, dans *Le Monde* toujours, on peut lire qu'on assiste à « l'*émergence* d'une *nouvelle* catégorie de salariés, les *"working poor"* ("travailleurs pauvres") [8] ». Huit ans après son apparition, la catégorie reste si peu établie qu'elle est toujours qualifiée d'« émergente » et qu'elle nécessite toujours d'être rapportée à son origine américaine. Fin 2005, Sylvain Shiltz, un intérimaire expulsé de chez lui meurt de froid dans sa voiture. Le drame suscite un nouvel

---

1    *La Croix*, « Les "pauvres au travail" américains veulent garder la tête hors de l'eau », 4 avril 1996.

2    *La Croix*, « La France découvre ses travailleurs pauvres », 6 novembre 1997.

3    *Le Monde*, « Les "salariés pauvres" seraient de plus en nombreux en France », 20 novembre 1997.

4    *Le Parisien*, « Près de 3 millions de salariés gagnent moins de 5 000 F », 20 novembre 1997.

5    *Libération*, « Le salaire de la misère », 20 novembre 1997.

6    *Le Monde*, 31 mai 2000, souligné par moi.

7    *Le Monde*, « Travailleurs sans logis », 9 novembre 2004, souligné par moi.

8    *Le Monde*, « Les nouvelles métamorphoses de la question sociale », 7 avril 2005, souligné par moi.

intérêt, peut-être plus massif, qui se manifeste cette fois-ci par un traitement télévisuel non négligeable : sujets dans les journaux télévisés et deux reportages sur TF1 et France 2 [9].

### Une catégorie difficile à incarner

« Travailleurs pauvres » : peinant déjà à s'imposer dans le champ des stastiques, la catégorie existe difficilement hors des chiffres qui la mesurent. Les articles ne s'y intéressent qu'à l'occasion de la publication d'une étude (DARES, INSEE, etc.) ou d'un rapport (Observatoire national de la pauvreté et de l'exclusion sociale, Secours catholique, Fondation Abbé-Pierre, etc.). « On nous appelle par exemple au début de l'hiver, explique Pierre Concialdi, quand les associations caritatives font un travail d'alerte et que la question remonte [10]. »

Sophie Ponthieux ne se fait guère d'illusions : « Est-ce qu'un journaliste pourrait imaginer tenir en haleine son public avec les "travailleurs pauvres" alors que ce n'est pas une statistique "alternative" – comme la croissance ou l'inflation – et que c'est un phénomène plus structurel que conjoncturel ? » Du coup, les articles concernant les « travailleurs pauvres » sont majoritairement des comptes rendus chiffrés. Les reportages et portraits sont rares. Sophie Ponthieux se souvient avoir été invitée à participer à l'émission « Les Maternelles », sur France 5 : « On me dit : "On fait une émission sur les travailleurs pauvres" [11]. » En fait, l'émission portait sur les smicards. « Voilà la dérive, les travailleurs pauvres deviennent des familles qui gagnent moins que le Smic. Qu'est-ce que ça veut dire une famille qui gagne moins que le Smic ? Est-ce le revenu total de la famille qui équivaut au Smic ? Je ne comprends pas bien ce qu'ils veulent dire. Mais eux non plus ne comprennent pas bien ce que je veux dire quand je parle de "travailleur pauvre"… Le principe de l'émission, c'était d'aller chercher des témoins. Ils avaient interviewé une famille partie en province pour la qualité de la vie, dont la mère s'était arrêtée de travailler et dont le père ne gagnait que le Smic. Et un patron de bistrot "qui gagnait le Smic". Du sujet de départ sur "Les travailleurs pauvres", on passe à : "Peut-on vivre au Smic ?" »

---

9   « Le Droit de savoir » du 4 avril 2006 sur TF1, « Envoyé spécial » du 20 avril 2006 sur France 2.
10   Entretien, 7 juillet 2006.
11   Entretien, 6 juillet 2006.

À la décharge des journalistes, la catégorie est complexe. « Quand on pense au "travailleur pauvre", explique Sophie Ponthieux, on pense au salaire. Or la pauvreté se mesure à partir du niveau de vie du ménage. Cela crée un premier décalage. Ensuite qu'est-ce qu'un travailleur ? L'INSEE parle d'"actifs pauvres", et distingue les "travailleurs pauvres" qui ont travaillé au moins un mois dans l'année des "chômeurs pauvres", qui ont chômé toute l'année. Il faudrait réfléchir à trouver un indicateur et un label qui permettraient de réconcilier la définition technique et sa perception sociale. »

« Ce qui me soucie, explique Pierre Concialdi, c'est d'arriver à faire passer le message sur les facteurs qui contribuent à créer la situation des "travailleurs pauvres". La presse a tendance à voir les "travailleurs pauvres" comme un phénomène microéconomique (ça concerne tel type d'emploi, tel genre de famille...), mais oublie que la situation générale des salariés s'est dégradée. Et si on observait cette dégradation, on se rendrait compte qu'il n'est pas étonnant qu'il y ait des "travailleurs pauvres". »

En somme, le fait que la catégorie n'existe pas en tant que telle et qu'elle ne soit abordée que sous certains de ses aspects (les SDF, la famille monoparentale, etc.) tend à occulter la question centrale : celle de la dégradation de la situation générale des salariés.

## L'attrait immédiat des journaux pour les « bobos »

En 2000, David Brooks, rédacteur en chef du *Weekly Standard* et éditorialiste à *Newsweek*, publie un livre intitulé *Bobos in paradise*. Les « bobos » sont selon lui des « bourgeois-bohèmes », « qui ont suivi des études supérieures et qui ont un pied dans le monde bohème de la créativité et un autre dans le royaume bourgeois de l'ambition et de la réussite matérielle ». Ils forment une « nouvelle élite de l'ère de l'information », un « nouvel establishment [12] ».

S'il cherche bien à identifier et décrire une nouvelle catégorie sociale, le livre « contient peu de statistiques. Peu de théorie. Max Weber peut dormir sur ses deux oreilles ! Je me suis contenté de décrire comment vivent ces gens en utilisant une méthode qui pourrait être qualifiée de "sociologie comique" [13] ». De fait, le ton est enlevé, drôle et moqueur (même si Brooks l'annonce d'entrée : « J'appartiens à cette catégorie.

---

12  David Brooks, *Les Bobos*, Florent Massot, Paris, 2000, p. 12.
13  *Ibid.*, p. 14.

Nous ne sommes pas si méchants que ça [14]. »). La population décrite est typiquement américaine, le parangon du « bobo » est le couple Clinton « faisant partie des pacifistes des années 1960 et des fanatiques des échanges boursiers des années 1980. Ils sont arrivés à la Maison-Blanche chargés à bloc d'idéaux bohèmes et d'ambitions bourgeoises [15] ».

Avant même la traduction française du livre de Brooks, et malgré l'arrière-plan très américain, la catégorie fait une entrée fracassante dans l'espace médiatique français. À la base, la traduction d'un compte rendu du livre dans *Courrier International* du 15-21 juin 2000. Un mois plus tard, *Libération* consacre la rubrique « Tendance mode de vie » de son numéro du week-end aux « bobos » [16]. La journaliste, Annick Rivoire, ancre la catégorie dans un contexte français : « [ils] cultivent une passion pour les légumes bio et les gadgets techno. Ils engrangent les stocks options et soutiennent José Bové à Millau. Ces bohémiens chics veulent avoir les pieds dans la terre et la tête dans le cyberspace. »

Bien que se référant au livre de Brooks, l'article décrit sur le mode du « ils sont comme ci... ils font comme ça... » une catégorie sociale très éloignée des « bobos » américains. C'est la naissance des « bobos » à la française. Un mois plus tard, le magazine *Elle*, sous la plume d'Alix Girod de l'Ain, consacre à son tour un article aux « bobos » [17]. La journaliste évoque une « nouvelle catégorie sociale » et précise que « l'expression est déjà sur toutes les lèvres ». Peu après, c'est le tour du *Parisien*, qui parle d'une « nouvelle catégorie socioculturelle [18] », puis de *France Soir* [19] et du *Monde* [20]. Mi-novembre 2000 – délai exceptionnellement court dans l'édition –, paraît la traduction française du livre de Brooks. L'« événement » offre l'occasion d'une nouvelle salve d'articles (*Libération, Le Nouvel Observateur, Le Monde, Elle*, etc.).

Un tournant s'opère avec un article publié dans les pages « Rebonds » de *Libération* le 8 janvier 2001. Sous le titre « Municipales : les bobos vont faire mal », le géographe Christophe Guilluy utilise le terme de « bobos » pour décrire la nouvelle bourgeoisie de gauche qui s'installe massivement dans les quartiers populaires de l'Est parisien. Il précise que cette

---

14 *Ibid.*, p. 13.

15 *Ibid.*, p. 275.

16 *Libération*, « L'été de tous les bobos », 15-16 juillet 2000.

17 *Elle*, « Voici les bobos », 17 août 2000.

18 *Le Parisien*, « Le "bobo", bourgeois, bohème et à la mode », 21 août 2000.

19 *France-Soir*, « Les bobos entre Internet et tapenade », 8 septembre 2000.

20 « Très bourgeois et très bohèmes, les "bobos" entrent en scène », 20 octobre 2000, *Le Monde*.

population « a évacué la question sociale, et se détermine prioritairement sur des questions ayant trait à la qualité de la vie au bien-être individuel ». Il conclut qu'elle sera un enjeu important de la campagne parisienne.

Cet article, outre qu'il constitue les « bobos » en catégorie politique, offre une caution scientifique à leur existence et élève Christophe Guilluy au rang de spécialiste des « bobos ». Il est interrogé très régulièrement dans les articles qui suivent et pendant toute la campagne des élections municipales parisiennes. Dès lors, la catégorie des « bobos » existe de manière autonome (peu à peu, la référence à Brooks et à son origine américaine disparaît), n'a plus besoin d'être expliquée et s'impose dans des champs qui vont de la consommation (les « produits bobos ») à la politique (les municipales de 2001 consacrent la victoire des « bobos » dans les principales grandes villes de France) en passant par le langage commun.

## ▆▆▆▆ Une catégorie créée par un journaliste pour les journalistes

Créée par un journaliste, la catégorie « bobo » arrive en France sous la plume des journalistes. Alix Girod de l'Ain, de *Elle*, se souvient avoir lu le papier de *Courrier International*. Annick Rivoire, de *Libération*, est plus précise : « Un jour, avant l'été, une documentaliste m'apporte un entrefilet paru dans *Courrier International* et me dit : "Toi qui es à l'affût des tendances, ça devrait t'intéresser." J'ai lu le papier, et j'en ai parlé à mon chef de service qui a tout de suite vu le truc. » De fait, le succès est immédiat. « C'est un des papiers sur lesquels j'ai eu le plus de réactions, se souvient Annick Rivoire. J'ai été très surprise parce que je trouvais le sujet rigolo mais pas fondamental. J'ai reçu des coups de fil de la presse féminine, de télés, de radios, même d'une radio québécoise. C'était invraisemblable. » Le géographe Christophe Guilluy raconte la même histoire : « Le lendemain de mon Rebonds dans *Libé*, j'étais sur Europe 1 pour expliquer ce que c'était. Et c'est parti très, très vite. J'ai donné énormément d'interviews très rapidement. C'est marrant, parce que c'était une prédiction de la fille qui m'avait interviewé sur Europe 1 : "Vous êtes sur un truc qui va plaire aux journalistes." »

Les articles d'Annick Rivoire et d'Alix Girod de l'Ain consistent en des portraits collectifs. De quel travail journalistique sont-ils le produit ? « 90 % de mes papiers, explique Alix Girod de l'Ain, c'est comme ça : je m'assieds, j'écoute, j'écris. Je vis à Paris, je me promène, je m'installe aux terrasses des cafés. Le sujet était là, sous mes yeux. Les bobos, on les connaît bien, c'est familier. Pas besoin de faire une enquête. » Annick Rivoire se souvient : « Je n'ai rien inventé. J'ai appelé un ou deux sociologues. J'ai fait mon boulot de journaliste. »

La description du « bobo », qui repose sur le paradoxe du « bourgeois-bohème », offre l'occasion d'exercices d'écriture qui jouent des paradoxes du type « le bobo aime la tapenade mais surfe sur le web ». « Le mot "bobo" en lui même est bien, dit Alix Girod de l'Ain, on le retient facilement. Et puis, il permet plein de jeux de mots "ça fait mal de se découvrir bobo". » Mais si le travail d'enquête n'est pas nécessaire, c'est aussi parce que « les journalistes sont à 95 % des bobos », dit Alix Girod de l'Ain. Annick Rivoire décrit cette même homogénéité : « Quand j'ai commencé à creuser, j'ai été frappée de voir à quel point ça collait. J'en ai discuté autour de moi dans la rédaction et on a commencé à se traiter de "bobo". À *Libé*, on est majoritairement de cette tendance de gauche bien-pensante, une élite qui refuse de se penser comme telle. *Libé*, c'est le temple de la boboïtude. » Dans l'envie de décrire cette nouvelle catégorie, il y a « une forme d'automoquerie. C'était aussi tendre un miroir aux gens de la rédaction et aux lecteurs, mais sans les stigmatiser ».

Le raisonnement de Christophe Guilluy est à peu près le même : « Quand j'ai écrit ce texte et que j'ai utilisé ce terme de "bobo", j'ai immédiatement pensé : "C'est un article pour *Libé*." D'abord parce que *Libé* est toujours dans l'écume, dans l'espèce de moove. Et ensuite, parce que s'il y a un lectorat bobo, c'est bien celui de *Libé*. Je n'allais pas envoyer cet article au *Figaro*, ni même au *Monde*. D'ailleurs, quand j'ai faxé l'article à *Libé* fin décembre 2000, le responsable des pages Rebonds m'a appelé pour être sûr que je ne l'envoie pas au *Monde*, m'expliquant qu'ils allaient le sortir, mais qu'ils attendaient le bon moment. Parce que, pour eux, la campagne allait démarrer avec ça. Ils pensaient faire un coup avec cet article. Ils ont attendu la fin des fêtes. Et boum, c'est parti. Ça a été repris le jour même dans les revues de presse de France Info, de France Inter. »

Pour Annick Rivoire, « il faut se remettre dans le contexte de l'époque : le mot correspondait très bien à la catégorie sociale émergente. "Bobos", c'est mieux que "gauche caviar" parce que ça n'englobe pas seulement les vrais riches, ça concerne aussi les diplômés, les cadres supérieurs... Et puis la catégorie donne moins l'impression d'être une catégorie de mode comme celle des "hippies chics" qui fait plus référence au style vestimentaire ».

Le géographe Christophe Guilluy défend un usage plus politique du terme : « Je travaillais à ce moment-là sur la transformation sociale dans les villes, et notamment dans les quartiers populaires, l'Est parisien, la Croix-Rousse à Lyon, etc. J'avais déjà écrit un bouquin sur cette question. Mais je n'arrivais pas à médiatiser le truc, parce que je n'avais pas de terme. Je parlais de "catégories sociales supérieures" ou de "professions intellectuelles supérieures". Mais il n'y avait pas cette idée – pour moi fondamentale – de classe. [...] Quand j'ai vu cet article, je me suis dit : "C'est génial, je vais utiliser ce terme pour résumer ce que je vois depuis dix ans et je vais en faire un article." Donc je fais un article sur la campagne de Delanoë en disant que celui qui remportera Paris, c'est celui qui arrivera à capter le nouvel électorat qui sociologiquement s'impose dans tous les quartiers parisiens populaires, qui est l'électorat "bobo". » Christophe Guilluy ajoute : « On a bien un objet sociologique nouveau que je définissais comme la nouvelle bourgeoisie qui s'installe dans les quartiers populaires et qui tend à remplacer les couches populaires des anciens quartiers ouvriers des grandes villes. [...] Et je voulais un terme qui définisse la violence sociale. Parce que l'embourgeoisement de ces quartiers populaires, qu'on appelle la *"gentrification"*, est une violence sociale. »

En effet, une terminologie scientifique préexistait à la « boboïsation » des quartiers populaires : la « gentrification ». Mais « ce qui est intéressant dans le "bobo", c'est l'introduction d'une dimension culturelle », dit Christophe Guilluy. C'est l'idée d'une catégorie qui se construit moins sur des niveaux de revenus (même si apparaît un jour dans la presse l'idée que les bobos « gagnent entre 50 000 et 140 000 francs par mois [21] »), que sur un partage de goût. « J'aime beaucoup le travail du sociologue Bernard Lahire, explique Annick Rivoire, qui a bien montré que les anciennes catégories ne fonctionnaient plus. » Elle ajoute : « En France on est encore dans les anciennes catégories. Pour faire mon papier, j'ai appelé Monique et Michel Pinçon-Charlot : ils n'étaient pas très convaincants car, eux, travaillent sur une catégorie ancienne, la très grande bourgeoisie. »

C'est peut-être là l'une des raisons principales du succès des « bobos ». En un seul mot, il devient possible de parler de populations qui n'entrent dans aucune catégorie statistique mais partagent des comportements : vivre dans les quartiers anciennement populaires, voter plutôt à gauche, avoir un souci de l'écologie, des goûts vestimentaires et culinaires néo-hippie et proches du terroir.

Mais, derrière ce mode de vie qualifié de « bobo », ce sont des populations très différentes qui sont concernées : des cadres et professions

---

21  *Le Figaro*, 2 avril 2001.

intellectuelles supérieures certes, mais aussi des intellectuels précaires, des intermittents de l'emploi et des chômeurs en fin de droit ; des classes moyennes précarisées chassées des centres-ville par les hausse des loyers ; un électorat pluriel allant de la sensibilité social-démocrate à l'extrême gauche, et même l'abstentionnisme. Le problème, c'est donc que « bobo », ça ne veut rien dire. Ou plus exactement, qu'il y a un monde entre le sens, politique, que lui accorde Christophe Guilluy et la perception qu'en garde le sens commun, plutôt péjorative, en tout cas moqueuse, d'une population assimilée à la « gauche caviar » et aux privilèges.

Ceci n'aurait aucune importance si l'hypervisibilisation de la catégorie ne jouait pas comme un masque. Pendant que le terme de « bobo » est utilisé pour railler les contradictions des bénéficiaires du « nouvel esprit du capitalisme » – sans doute réelles chez certains mais tellement minoritaires –, les pages sociales des journaux perdent de vue l'apparition massive de phénomènes à l'œuvre à l'intérieur de cette catégorie fourre-tout : précarisation croissante des professions intellectuelles et, plus généralement, appauvrissement général des classes moyennes. Au-delà, le glissement qui s'est opéré entre le « bobo » à l'américaine et le « bobo » à la française et la connotation très péjorative du terme dans le langage courant (qui explique en partie que personne ne veuille s'y reconnaître) participent à un usage conservateur qui disqualifie d'emblée toute une série de velléités (écologiques, sociales, etc.) immédiatement considérées comme naïves, un peu affectées et de mauvaise foi. Christophe Guilluy le reconnaît lui-même : « Ce qui est drôle, c'est que le détournement a fait que d'un descriptif sociologique qui aurait dû rester dans les pages des magazines féminins, on est arrivé à un sujet politique qui a desservi fortement la gauche. »

Mettre en parallèle le destin médiatique des « bobos » et des « travailleurs pauvres » illustre une dernière tendance dont la presse n'est qu'un révélateur. Qu'une catégorie qui évacue la question des *revenus* pour préférer les *comportements* (les « bobos ») connaisse le succès pendant qu'une autre, qui s'applique précisément à poser les problèmes en termes de salaire (les « travailleurs pauvres »), émerge aussi difficilement montre que la question des revenus est passée au second plan du débat médiatique à une époque où le partage de la richesse nationale se fait de plus en plus au profit du capital, au détriment du travail.

Certes, l'analyse d'une colonne de chiffres sera toujours plus complexe et moins vendeuse qu'un brillant portrait. Mais c'est là le reflet d'un glissement plus profond qui consiste à mettre en avant des statuts (le « SDF », le « précaire », le « bobo ») aux dépens de catégories fondées sur un critère chiffré et complexe – le revenu. Si le problème touche à la pratique des journalistes, il est avant tout politique.

## Pour aller plus loin

BROOKS David, *Les Bobos*, Florent Massot, Paris, 2000.

BOURDIEU Pierre, *Sur la télévision*, Liber « Raisons d'agir », Paris, 1996.

« La France des travailleurs pauvres », *Économie politique*, n° 26, 2005.

# Le social ignoré
# ou le point aveugle
# de la République

**D**epuis maintenant une trentaine d'années, les sciences sociales sont régulièrement accusées de faire le lit d'une grande partie des maux dont souffrirait la société française : elles seraient à la source du multiculturalisme, lui-même fatal à l'unité nationale ; elles favoriseraient le développement d'un individualisme consommateur et narcissique en alimentant le relativisme culturel et moral ; elles seraient à l'origine de la baisse du niveau dans les établissements scolaires, en nourrissant un « pédagogisme » consistant à tenir compte de la réalité des élèves et non pas du « savoir » ; elles seraient coupables d'alimenter la délinquance en fournissant des « excuses sociologiques » aux délinquants, justifiant ainsi leurs actes.

## Rejet des sciences sociales et dénégation du social

Les commentaires très abondants qui ont accompagné et suivi les émeutes de l'automne 2005 offrent un concentré de ces accusations. Dans l'ensemble, la presse écrite, mais aussi les médias radiophoniques ou télévisuels ont donné une large place à l'expression des émeutiers à travers entretiens et reportages. Pourtant, dans cette même presse, les analyses et les réactions ont été dans l'ensemble étrangères à cette parole et, le plus souvent, ont affirmé des interprétations ignorant à peu près complètement la réalité sociale et plus encore les mots des émeutiers, comme si ceux-ci n'avaient rien à dire, ou comme si leurs propos n'avaient pas de sens. Tout un travail de « dépolitisation » et de « désocialisation » des émeutes a été opéré au profit d'une lecture essentiellement *morale et culturelle* : certes, ont admis beaucoup de commentateurs, il existe la toile de fond du chômage et de la discrimination, mais le plus important est la désocialisation, l'absence de règles et de repères, la démission des familles qui font des émeutiers des individus irrationnels et dangereux. Le chômage et les perspectives d'avenir sont centraux... « Mais il y a une désocialisation dont il importe de prendre la mesure. Ces jeunes minoritaires qui se livrent à des violences sont autocentrés et en rage, ils mêlent désespoir et nihilisme [1]. »

Une « économie morale » est réapparue avec force, fondée sur la vieille association de la peur des classes moyennes face aux classes dangereuses et de la distinction entre les « bons » et les « mauvais » pauvres ou les « bons » et les « mauvais » immigrés, entre « ceux qui essaient de s'en sortir » et « ceux qui s'y refusent » ou entre « ceux qui veulent s'intégrer » et « ceux qui préfèrent le communautarisme ou l'affirmation identitaire » et font le choix de la violence. La responsabilité individuelle est au cœur de cette philosophie sociale des classes moyennes : la pauvreté y est comprise finalement comme un acte de volonté personnelle qui renvoie à une explication éthique et non sociologique. Elle est en quelque sorte choisie à partir d'un égarement de la liberté ou un individualisme dévoyé. Comme le pensaient les bourgeois du XIXᵉ siècle à Londres ou Paris, le pauvre est pauvre parce qu'il boit et non l'inverse. Il convient donc d'abord de l'empêcher de boire, de le redresser moralement, de l'éduquer ou de le réprimer, de lui donner des repères ou de l'intégrer pour lui permettre éventuellement de n'être plus pauvre. Il faut qu'il soit méritant pour que l'aide apportée soit efficace et n'ait pas l'effet inverse à celui recherché.

On comprend alors comment toute explication sociale de son comportement revient à le conforter dans son « immoralisme » en lui fournissant des « excuses » et des « justifications ». Expliquer les conduites socialement serait supposer pouvoir les améliorer en

---

1    Jean-Pierre Le Goff, *Libération*, 21 novembre 2005.

changeant la société. Or « le mal est dans la nature » et la « corruption de l'âme » ne découle pas de la « corruption de la société », bien au contraire, c'est le défaut de culture et la promotion de l'être brut qui corrompent la société. Il ne faut donc pas voir dans la violence une réaction à la misère ou à l'injustice mais une « action répréhensible[2] ». Dans ce type d'argumentation, la violence est une sorte de baguette magique de la simplification et de la tautologie : elle n'est jamais que le miroir de la normalité revendiquée. La dénégation du social a ainsi pour conséquence que le point de vue moral vaut comme modèle explicatif et, inversement, le modèle explicatif vaut comme point de vue moral. Il ne saurait y avoir de « science sociale », de distinction possible entre explication et justification, autrement dit, il ne peut y avoir d'explication scientifique du comportement humain ou des conduites sociales.

Face à la violence, la panique morale devant les « classes dangereuses » et le rejet des émeutiers, cette « économie morale » et cette dénégation du social ne sont pas simplement l'expression d'une posture conservatrice traditionnelle. Elles se conjuguent, en France, avec un appel à l'ordre républicain ou à l'État, définis comme les porteurs de l'unité nationale mais surtout comme les garants de l'égalité et de l'intégration. Les émeutes et les violences de novembre sont alors lues comme des menaces pour la stabilité sociale dans la mesure où elles seraient la marque d'un « communautarisme » « prenant une forme foncièrement réactionnaire » « à l'instar de l'exaltation religieuse » et donc d'une « révolte » qui n'est pas « bonne à prendre » car menaçant la République, les services publics et les fonctionnaires[3]. Là encore, si les dimensions sociales sont concédées, elles ne sont pas considérées comme suffisantes et significatives : elles doivent être soumises à l'affirmation de la République, à une morale de l'universel renvoyant les dominés non pas à leur situation sociale mais, de façon aussi très traditionnelle, à leur particularisme. Les « jeunes de banlieue » ne sont pas considérés pour ce qu'ils sont ou ce qu'ils disent mais par ce qui leur manque : une sorte de déficit de rationalité ou, inversement, d'excès de particularisme.

La « violence communautaire » qu'ils portent, et dont ils ne perçoivent pas eux-mêmes le sens, appelle à la défense et au renforcement de l'État, à la fois pour la réprimer mais aussi pour prendre en charge et « émanciper » les individus : « L'État, s'il peut être porteur des pires

2    Alain FINKIELKRAUT, *L'Imparfait du présent*, Paris, Gallimard, 2002.

3    Alain LECOURIEUX et Christophe RAMAUX, « La République à jeter ou à achever », *Libération*, 15 novembre 2005.

oppressions, s'il n'est pas sans défaut (la bureaucratie, etc.), ne peut-il néanmoins, si l'on admet que l'intérêt général n'est pas réductible au jeu des intérêts particuliers, être un instrument irremplaçable d'émancipation [4] ? »

Refusant d'accepter les revendications et de comprendre les conduites de dominés par des relations sociales, les classes dominantes ont toujours tendance à accuser ceux qui les contestent de « particularisme » et à percevoir leurs actions comme une menace pour l'universel dont elles seraient l'incarnation. Au XIXᵉ siècle, la bourgeoisie accusait les ouvriers de particularisme : ne défendaient-ils pas leurs communautés et les vieilles formes d'organisation du travail ? Leur attachement aux traditions ne les empêchaient-elles pas de comprendre la réalité du progrès et donc, d'accéder à ce qui, finalement, serait bien pour tous et bien pour eux ?

En 1848, Marx avait déjà souligné l'aveuglement social des politiciens et des intellectuels français, très attachés aux grands principes, enfermés dans une langue verbeuse plus ou moins radicale et défenseurs acharnés de la « civilisation » contre les ouvriers et le peuple parisien. Ils étaient « tellement prisonniers de l'idéologie républicaine » qu'ils furent comme « hébétés par la fumée de la poudre dans laquelle s'évanouissait leur République imaginaire [5] ». Les émeutes de juin 1848 révèlent pour la première fois de façon tragique le fossé séparant l'affirmation des principes politiques de la République et la question sociale, la « trahison » de la langue, « les paroles dorées qui ont créé tant de crimes » selon l'expression de Baudelaire.

Derrière le rejet des sciences sociales, c'est donc bien souvent la volonté, plus ou moins affirmée ou revendiquée, de ne pas accepter d'explication sociale et de ne pas voir la réalité sociale qui s'exprime très directement à travers l'association du moralisme et de l'ordre républicain. La distance entre l'affirmation des principes généraux et une société qui en est loin conduit, non pas à l'abandon ou à l'examen critique des principes, mais à une sorte de volonté de « non-savoir ». Il est toujours plus simple de refuser la réalité que de changer de croyances.

En confrontant principes et vie sociale, discours et conduites, les sciences sociales fragilisent les croyances politiques et l'idéologie : elles seraient du côté de la société et de la démocratie contre l'État et la République et donc une menace pour l'unité nationale. Derrière les accusations et les polémiques, se profile ainsi une « idéologie » nationale et

---

4  *Ibid.*
5  Karl Marx, *Les Luttes de classes en France*, Paris, UGE, 1962.

républicaine qui irrigue largement les institutions, en fonde la légitimité et en oriente l'action. Elle est portée par des mondes sociaux eux-mêmes fortement liés à l'État, fonctionnaires, intellectuels, employés des services publics, enseignants.

Surtout, il semble bien qu'elle se soit renforcée tout au long des années 1980, au point d'être devenue aujourd'hui une sorte d'évidence dans l'affirmation de la spécificité française : face à une mondialisation libérale, au néolibéralisme, et plus généralement face à des changements qui affectent directement la vie sociale, économique et culturelle, il conviendrait de réaffirmer les fondements de la Nation en groupant, ou en intégrant, les Français autour de leur État et de leur services publics. Cette idéologie républicaine peut être de droite ou de gauche. Dans un cas, elle en appelle plus directement à la Nation et à son unité, dans l'autre, elle met en avant l'État et son devoir d'intégration et de contrôle de la société. Elle peut être aussi plus ou moins radicale, allant de l'affirmation de la préférence nationale au rejet pur et simple du social et du marché. Même si elle n'est pas toujours fortement cristallisée, il reste que cette idéologie est une des composantes essentielles de la vie politique et du fonctionnement social dans la société française d'aujourd'hui. C'est à partir d'elle que sont définis les problèmes sociaux, que sont jugées les conduites sociales et les individus, qu'est, au fond, pensée la vie sociale.

## Les fondements d'une idéologie morale républicaine

Roland Barthes définissait l'idéologie comme un discours de « naturalisation » : il consiste à rendre les choses évidentes en faisant oublier leur genèse sociale et historique, comme si elles avaient toujours été là. C'est un discours de l'oubli de la société et de l'histoire. Mais c'est aussi un discours « producteur de réel » ou tout au moins qui construit la réalité d'une certaine façon, qui, de ce point de vue n'est ni faux ni vrai. En ce sens aussi, il précède largement le sujet comme l'a abondamment souligné Althusser, sujet qui n'existe que par l'actualisation du discours. De ce point de vue, l'idéologie est toujours le discours de tous et de personne, un discours sans auteur. Elle est une façon de définir la vie sociale, d'en tracer les limites, d'en interpréter les problèmes et d'en indiquer les solutions ; elle est aussi une façon de donner une place à chacun en fonction d'une hiérarchie particulière de valeurs et de placer celui qui la professe dans une position de supériorité.

Pour comprendre son fonctionnement actuel, par-delà ses différentes déclinaisons, il est important d'essayer d'en repérer les articulations. Au-delà des élaborations plus ou moins savantes et subtiles qu'ont pu en donner la philosophie politique et l'histoire des idées, il est possible de pointer quelques éléments permettant d'expliquer la dénégation du social qui se trouve au cœur de cette idéologie, notamment la conception de l'individualité qui la porte et la place centrale accordée aux institutions publiques et à l'école en particulier, conçues comme des incarnations de la Raison et de la Morale. Une des particularités de cette idéologie est de reposer sur deux grandes affirmations qui se conjuguent : la supériorité de la raison sur l'émotion ou la tradition ; l'identification de la raison avec la liberté et la respectabilité de l'individu. Les conséquences en sont très directes car il ne s'agit pas simplement d'idées mais aussi des fondements de la conception de l'ordre social et de l'éducation.

À la fin du XIX<sup>e</sup> siècle, les républicains ont cherché à fonder les principes d'une intégration nationale moderne stable [6]. Pour eux, avec les progrès et la civilisation, la société succède au monde des communautés dont le principe d'intégration morale est la religion. On ne peut donc accepter de solution « communautaire » au problème de l'unité nationale. Au contraire, toute particularité est une entrave sur le chemin de cette unité. La morale collective doit donc être séparée de la religion et fondée sur des bases rationnelles et scientifiques. En construisant une connaissance positive, on pourra déduire les fondements d'une morale laïque et rationnelle. La science doit remplacer le divin dans la société moderne et l'école doit succéder à la religion comme institution centrale de la vie sociale. L'État, en s'identifiant à la Raison, est ainsi à la fois vecteur de l'émancipation, guide de l'action et source de l'éducation morale.

Les républicains fondent leur raisonnement et ses justifications sur l'opposition et la succession des sociétés anciennes et des sociétés modernes et la supériorité des secondes sur les premières. En cela, cette pensée n'a rien de très original : elle reprend les idées dominantes de la fin du XIX<sup>e</sup> siècle, dérivées de la théorie de l'évolution. L'apparition des sociétés modernes est le résultat d'un processus général de différenciation. Les unités sociales des communautés traditionnelles se divisent au fur et à mesure qu'elles se spécialisent. Par exemple, dans les sociétés primitives, le sorcier est à la fois un médecin et un prêtre. On expliquera la

---

6   On pourra se reporter aux travaux de Claude Nicolet, *L'Idée républicaine en France. Essai d'histoire critique*, Paris, Gallimard, 1982 ou de Jean-Fabien Spitz, *Le Moment républicain en France*, Paris, Gallimard, 2005.

maladie par une faute ou par la colère des dieux et non par un désordre biologique dépourvu de sens moral. Il n'y a pas de séparation entre nature et culture. Dans la société moderne, ces deux rôles sont séparés et parfaitement identifiés. Par exemple encore, dans les sociétés traditionnelles, la famille est à la fois une unité affective et une unité économique. Dans la société moderne, affectivité et action économique se séparent, se différencient structurellement.

La société moderne est ainsi une société de différenciation structurelle et de sécularisation culturelle. Elle est une société « supérieure » aux sociétés primitives moins différenciées et moins rationnelles. Elle s'intègre donc autour d'une morale rationnelle et par la mise à l'écart, voire l'infériorisation, du non-rationnel, essentiellement l'émotion, le biologique et le traditionnel ainsi que des catégories sociales qui les portent : les femmes, les enfants, les primitifs, les immigrés. Cette société a donc un « fardeau » éducatif : il lui appartient, en soumettant ces différentes catégories, de les faire accéder aux Lumières et à l'universel, bref de les émanciper et de les libérer.

C'est ainsi qu'a été conçu le modèle éducatif ou la question de l'intégration des migrants en France : enfants et migrants sont dominés par des traditions, l'affectivité ou l'émotivité. Par l'éducation et les institutions, en devenant français, ils pourront se libérer d'eux-mêmes et accéder ainsi à la véritable liberté. C'est pourquoi, dans cette conception, l'école est l'« institution organique de la société » et la « laïcité » doit être affirmée sans concession pour le bien même de ceux qui ne la comprendraient pas, comme l'affirme Henri Pena-Ruiz : « L'État laïque joint à la neutralité confessionnelle le souci de promouvoir effectivement l'autonomie de jugement de chaque citoyen… C'est donc naturellement que la laïcité élève la puissance publique à son universalité de principe et les citoyens à l'autonomie rationnelle. Celles-ci les rendent maîtres d'eux-mêmes, capables de vivre leurs appartenances de façon assez distanciée pour donner sens à un monde commun [7]… » D'une certaine façon, la soumission à l'État laïque est la première marche vers la liberté, notamment en France, puisque la France serait l'État qui « se rapprocherait le plus de cet idéal » universel [8].

---

7   Henri Pena-Ruiz, *Qu'est-ce que la laïcité ?*, Paris, Gallimard, 2003. Pour cet auteur, la laïcité ne saurait être soumise à un examen critique par les sciences sociales. Au contraire, « elle échappe au relativisme sociologique ou ethnologique » (p. 14).

8   *Ibid.*

## Le social absorbé par le moral

Pour les républicains, il faut le souligner et le rappeler, la société sera d'autant plus unie qu'elle aura fait disparaître les « communautés » et le « social », qu'elle sera organisée rationnellement par des individus eux-mêmes rationnels. C'est même là une de ses caractéristiques centrales ainsi que le soulignait Marcel Mauss : « Il ne peut y avoir de Nation sans une certaine intégration de la société, c'est-à-dire qu'elle doit avoir aboli toute segmentation par clans, cités, tribus, royaumes et domaines féodaux... Cette intégration est telle que dans les nations d'un type naturellement achevé, il n'existe pour ainsi dire pas d'intermédiaire entre la nation et le citoyen, que toute espèce de sous-groupe a pour ainsi dire disparu, que la toute-puissance de l'individu dans la société et de la société sur l'individu s'exerçant sans frein et sans rouage, a quelque chose de déréglé. » La Nation est en quelque sorte le groupe naturel d'appartenance de l'individu. Elle est « la société qui se voit elle-même comme composée d'individus » [9].

Dans les sociétés primitives et inférieures, l'individu n'existe pas. Il est entièrement défini par la communauté. L'individu « ne s'appartient pas » écrit Durkheim. Au contraire, dans les sociétés évoluées et modernes, l'individu n'est pas « absorbé » par la conscience collective. Il n'empêche. L'individu moderne libre est aussi capable de fonder un ordre social stable et intégré. L'explication réside dans la conception duale de l'individu qui est au cœur de cette idéologie, conception largement héritée de Descartes.

L'individu est constitué de son organisme et de son âme. Le corps est le lieu des sensations. Il est la source de l'individuation. L'âme, au contraire, est le réceptacle des idées et des sentiments. Elle est « éveillée » par la société. Si la passion nous individualise, elle nous asservit. Le seul moyen de lui échapper, et donc d'exister comme personne morale, est d'être capable d'agir en fonction de son « âme ». C'est donc notre appartenance à une société qui nous le permet. Toute société est une « réalité morale » extérieure et supérieure aux individus qui s'impose à eux. Les individus en intériorisent les valeurs et ils existent ainsi comme être moraux parce que sociaux. Dans le monde ancien, c'est la religion ou la communauté qui jouent ce rôle moralisateur. Les croyances religieuses soudent le groupe et intègrent l'individu car il les partage avec les autres membres de sa communauté. Dans les sociétés modernes, au contraire,

---

9   Marcel MAUSS, *Écrits politiques. (Textes réunis et présentés par Marcel Fournier)*, Paris, Fayard, 1997.

l'individu « s'appartient ». Il existe donc une conscience individuelle source de la volonté autonome. Celle-ci ne peut trouver son origine ailleurs que dans l'appartenance des hommes à une collectivité morale.

Par le biais des institutions et des corps intermédiaires, notamment grâce à l'école, les individus apprennent et intériorisent les morales civiques et professionnelles qui permettent à la société de garder son unité et, surtout, qui leur permettent d'exister comme « personne ». L'individu est libre parce qu'intégré moralement à la vie sociale. À l'inverse, son organisme, ses désirs et ses émotions restent hors de la société et constituent une menace permanente. Si l'intégration faiblit, l'infini des désirs sans bornes progresse et génère l'anomie. La conséquence est alors de faire régresser l'espèce humaine à un stade de développement et de différenciation inférieur. C'est pourquoi il est essentiel que les immigrés abandonnent leur culture, que les enfants se soumettent à l'ordre du savoir abstrait et que le monde du public et de l'action qui libère domine le monde du privé et des sentiments qui asservit.

Ces conceptions irriguent les appels à l'ordre social et les lectures morales des questions sociales. Elles fondent bien des appréciations sur la montée de la délinquance par exemple, dénoncée comme la manifestation d'une mauvaise intégration, d'un défaut d'éducation et de « repères ». Ainsi, par exemple, lors du fameux colloque de Villepinte en 1997, le ministre de l'Intérieur, Jean-Pierre Chevènement, déclarait : la délinquance actuelle « est le résultat de deux décennies de laisser-aller économique et social, et j'ajoute moral... Le grand risque qui menace nos sociétés, c'est l'anomie, l'absence de règles reconnues... Il faut qu'à un moment donné, le rapport à la loi s'opère. La règle seule est restructurante de la personnalité. »

Les conceptions des républicains et surtout de Durkheim ne se sont pas toujours dégradées dans ces formes de moralisme et d'appel à l'ordre. Durkheim ne s'est jamais laissé emporté par les dérives d'un Sorel et n'a jamais été tenté par l'association de radicalisme social et de nationalisme qu'incarnait Boulanger. Il cherchait à montrer que cet individualisme moderne pouvait être au fondement d'une société stable et solidaire. Pour lui, la société et l'État-nation (la République) devaient être la garantie du progrès, de la stabilité et de l'ordre social. Ils devaient nous protéger contre l'anomie et la régression. Par la promotion des valeurs de la culture moderne et de la « morale patriotique », ils permettaient à la vie sociale de se rationaliser et de s'intégrer et aux individus de s'individualiser. « Le devoir fondamental de l'État, écrit Durkheim, est d'appeler progressivement l'individu à l'existence morale [10]. » Pour exister comme « convention » d'individus, la société doit être aussi une « réalité morale » qui s'impose à ces mêmes individus. Il ajoute : « La morale est ce qu'est la société... La première n'est forte que dans la mesure où la seconde est organisée... Les États sont aujourd'hui les plus hautes sociétés organisées qui existent [11]. »

Une telle conception explique l'intérêt constant de la République pour l'éducation morale et sa difficulté intrinsèque à penser, voire accepter le social. Bien plus, dans cette idéologie, le moral absorbe le social. L'éducation, parce qu'elle repose sur l'intériorisation de la morale et détermine la participation active à la vie sociale, est l'institution essentielle de la société. C'est pourquoi, pratiquement, la société moderne nationale est d'abord construite par un système d'éducation unifié. Certes, par l'éducation la société assure ainsi son intégration en tant que nation, mais elle assure aussi l'intégration de ses membres en leur inculquant une morale collective rationnelle. L'intériorisation de la « morale collective » rationnelle qui constitue les individus autonomes et l'institutionnalisation de cette morale qui fonde la société sont une même et seule opération. De même, dans leur conception de la solidarité et du socialisme, les républicains défendaient un « corporatisme » qui devait permettre de trouver l'équilibre entre la morale professionnelle et le développement des revendications ouvrières. La réalité sociale est d'abord une réalité morale. La question de la stabilité sociale est résolue par la société conçue comme une mécanique institutionnelle morale.

Cette idéologie est devenue aujourd'hui une rhétorique conservatrice. Elle affirme des principes que même ceux chargés de les incarner ne respectent pas. L'égalité des chances et l'universalisme sont à la base de la construction d'une idéologie républicaine : quelles que soient les caractéristiques d'un individu, il doit être considéré comme étant égal aux autres sur le plan du droit et des chances. C'est le cas, par exemple en matière d'emploi. Tous les emplois se doivent d'être ouverts à tous sans conditions particulières. Or, depuis la fin du XIXᵉ siècle et les poussées nationalistes en France, une grande masse des emplois publics et privés est légalement interdite aux étrangers [12]. Cette réalité de très forte

---

10 Émile Durkheim, *La Science sociale et l'action*, PUF, Paris, 1970.

11 *Ibid.*

12 *Le Monde*, 14 juin 2005. 30 % des emplois sont interdits aux étrangers non ressortissants de l'Union européenne, soit 7 millions. Sur ce contingent, 5,2 millions sont dans le secteur public : État, collectivités locales, hôpitaux, entreprises publiques (EDF-GDF, SNCF). Seules la RATP et la Sécurité sociale, depuis 2001, sont ouvertes aux étrangers. Préférence nationale

discrimination, totalement contraire aux principes affirmés, n'a jamais empêché quiconque de réaffirmer lesdits principes, de considérer que les « services publics » sont un gage de démocratie et d'égalité.

Le modèle républicain, tel qu'il apparaît dans les propos de ses défenseurs, est un modèle de la « respectabilité » individuelle : l'individu est pleinement libre s'il est rationnel et maître de ses émotions et de ses affects. Inversement, soumis à sa biologie, à ses instincts à son sexe ou à ses appartenances, il n'est pas un individu accompli, il n'est pas libre. Ce contraste officiel et politique entre la bonne Raison et les mauvaises émotions s'est matérialisé dans la vie sociale par les différences de genre, de race et de classe. La discrimination à l'égard des femmes, définies par leur biologie et leurs émotions, a été constitutive de la République et l'est encore largement. L'infériorité « émotionnelle » des primitifs a justifié leur éducation par les colonisateurs et justifie encore l'affirmation du caractère positif de la colonisation. Les classes inférieures ont été définies par leurs émotions et leur distance à la « Culture », voire l'illégitimité pour ceux qui en sont issus d'accéder à la « Culture ». L'élite rationnelle et républicaine manifeste sa haine de l'égalité sociale qui mettrait en cause son statut d'élite, comme le soulignait récemment Jacques Rancière [13]. C'est pour ces raisons que les femmes, les enfants, les immigrés doivent être tenus à l'écart de la vie collective. C'est pour cette raison aussi que la République s'est toujours méfiée de la société et a manifesté une défiance presque constante vis-à-vis des manifestations populaires et des mouvements sociaux. Il ne s'agit jamais que de l'expression d'émotions ou d'intérêts particuliers et l'intérêt général ne saurait résulter d'un compromis social entre ces différents intérêts.

Dans cette perception de la vie sociale, il y a adéquation profonde entre l'intégration et la morale et inversement entre la déviance, la marginalité, voire la pauvreté et l'immoralité. Au fond, seul un long travail d'éducation morale pourrait rendre le peuple et ses diverses catégories dignes de la République. En ce sens, l'État et ses fonctionnaires sont des sortes d'« instituteurs » du social. Ils doivent appeler chacun à la raison et

---

oubliée en ce qui concerne les contractuels, par exemple dans les hôpitaux (les médecins étrangers assurent la moitié des gardes) ou dans l'Éducation nationale. Dans le privé, une grande partie des professions est aussi interdite : notaires, avocats, médecins, pharmaciens, gérants d'entreprises de pompes funèbres, cafetiers, géomètres, commissaires-priseurs, courtiers d'assurances, guides touristiques, capitaines de navires marchands... soit au total cinquante professions et 2 millions d'emplois.

13  Jacques Rancière, *La Haine de la démocratie*, La Fabrique, Paris, 2005, p. 76. Sur l'illégitimité et le danger de l'accès des individus issus des classes populaires à une éducation trop poussée, voir Alain Finkielkraut, *L'Imparfait du présent, op. cit.*

à la responsabilité. Cette idéologie donne aux catégories liées à l'État une supériorité morale et en fait une élite située à l'avant-garde. À travers elle, cette élite se voit toujours comme étant placée au-dessus de la vie sociale. Elle leur permet de décontextualiser ou de désocialiser leur identité sociale et leurs intérêts en s'identifiant à l'universel, à l'intérêt général, et en définissant les autres catégories négativement par la distance qu'elles entretiennent avec cet universel. Il ne saurait donc y avoir de place pour le social et les différences dans cette perception de la vie collective. Ils sont dissous dans la morale.

## Pour aller plus loin

CINGOLANI Patrick, *La République, les sociologues et la question politique*, La Dispute, Paris, 2003.

RANCIÈRE Jacques, *Aux bords du politique*, La Fabrique, Paris, 1999.

ROSANVALLON Pierre, *Le Modèle politique français*, Seuil, Paris, 2004.

SADOUN Marc, dir, *La Démocratie en France. 1. Idéologies*, Gallimard, Paris, 2000.

TOULMIN Stephen, *Cosmopolis. The Hidden Agenda of Modernity*, The University of Chicago Press, Chicago, 1990.

# Les discours sur les classes moyennes

## Aux frontières du visible et de l'invisible

JEAN RUHLMANN

> « Mais pourquoi la souffrance est-elle toujours pour nous ? Et pour des gens comme nous ? Pour les gens ordinaires ? Pour les petits-bourgeois. »
>
> Irène NÉMIROVSKY, *Suite française*, Gallimard, coll. « Folio », Paris, 2004 (1942), p. 267.

Louis Maurin a ouvert un récent hors série d'*Alternatives économiques* consacré à la société française en soulignant qu'aujourd'hui, « le décalage est profond entre la façon dont vivent les habitants de la France et la manière dont ils sont "vus d'en haut" par les médias, les partis politiques et une bonne partie des cadres de notre société [1] ». Certes, l'uniformité du « discours surplombant » appelle de sérieuses nuances, vu le foisonnement des interventions, des essais et des articles, mais en raison aussi de voix discordantes qui, nous le verrons, cultivent une approche plus critique – car plus « réaliste » – et proche des apports et problématiques scientifiques (d'ordres économique, historique ou sociologique).

Notre propos veut toutefois prolonger et préciser cette affirmation liminaire, en se demandant dans quelle mesure l'invocation des classes moyennes contribue à ce décalage du discours *mainstream*. Il s'agira donc d'examiner la place et les fonctions dévolues au terme de « classes moyennes » dans ce « discours surplombant ».

---

1  Louis MAURIN, *Alternatives économiques*, hors-série « La société française », avril 2006.

## ▨▨▨▨ Les classes moyennes, une « visibilité » paradoxale

Si les classes moyennes sont bien présentes dans le discours public, c'est en raison de la place considérable qu'occupe depuis longtemps l'instance politique dans la production de discours à leur sujet – ce qui, au passage, soutient l'hypothèse d'un décalage entre le regard surplombant sur la société et l'état réel de celle-ci.

Dans cette optique, l'historien Christophe Charle discerne un discours de « centre-gauche[2] », qui remonte aux débuts de la IIIe République, avec la célèbre formule gambettiste des « couches nouvelles » : cette conception recherche une mobilisation électorale et politique à base sociale élargie, en vue d'établir puis de défendre la toute récente République contre ses différents adversaires politiques, puis contre les « gros ». Le discours de « centre-droit », lui, s'épanouit à la Belle Époque, et présente les « classes moyennes » comme l'un des échelons stratégiques d'une bourgeoisie confrontée aux conflits sociaux et aux solutions préconisées par l'« État social-libéral » pour les désamorcer.

Ces deux conceptions tendent à élargir les classes moyennes, d'une part, vers les marges inférieures susceptibles de les rejoindre – les ouvriers des PME ou les compagnons de l'artisan, voués à se « mettre à leur compte » – et, d'autre part, vers ces « capacités » (professions médicales, juridiques, puis d'ingénierie), que leur réussite professionnelle et/ou politique placent au seuil des classes supérieures.

Du coup, les classes moyennes vont endosser, et pour longtemps, une fonction capitale dans le discours public : en relativisant la partition et les tensions classistes pouvant exister ou apparaître dans la société française, elles soutiennent le souhait de les dépasser et de les réduire, dans des solutions soucieuses d'échapper à l'alternative libéralisme-collectivisme, du solidarisme aux multiples formules de « troisième voie ». Dans ces dispositifs, les classes moyennes, alors dominées numériquement par le travail indépendant, étaient exemplaires : leur diversité en faisait le lieu emblématique de la coexistence de statuts et de professions variés ; elles conciliaient aptitudes, capital et travail ; dans la vie politique de la IIIe République, leur capacité à amortir les traductions politiques des tensions sociales se traduisait par la place stratégique du parti républicain radical et radical-socialiste, au carrefour de toutes les majorités parlementaires et donc des combinaisons gouvernementales ; de sorte que ce

---

2 Christophe CHARLE, « Les "classes moyennes" en France : discours pluriel et histoire singulière », *Revue d'histoire moderne et contemporaine*, n° 50-4, octobre-décembre 2003, p. 108-134.

groupe étendu, électoralement dominant en régime représentatif, confortait un idéal de concorde sociale plus ou moins explicitement inspiré du propos aristotélicien développé dans le livre IV du *Politique*. On voit bien comment le discours sur les classes moyennes put servir à masquer ou au moins atténuer les périodes de forte conflictualité sociale. Or divers symptômes indiquent que ce bel ordonnancement est aujourd'hui menacé : les classes moyennes vont-elles se voir assigner dans le discours public une fonction de substitution ?

En effet, par contraste avec la IVᵉ République, où les classes moyennes se trouvaient au cœur du politique, l'on assiste, depuis la fin des Trente Glorieuses, au décalage progressif des discours avec les situations et configurations sociales qu'ils prétendent saisir, ne serait-ce qu'en raison du rétrécissement du groupe ouvrier et de la recomposition de la « classe laborieuse ». Ce malaise touche la rhétorique dérivée du modèle « postgambettiste » : rappelons le sort électoral – plutôt tragique – réservé en 2002 aux visées mobilisatrices de Lionel Jospin, alors Premier ministre et pas encore candidat, à destination des « couches moyennes » – y compris les « cadres et créateurs et dirigeants de PME » – menacées par l'ultralibéralisme économique et pour cette raison enrôlés aux côtés des « laissés-pour-compte »...

La version de « centre-droit » est dans une posture plus paradoxale, dans la mesure où elle montre qu'une représentation sociale peut subsister en dépit d'un décalage de plus en plus net avec les évolutions sociales en cours. Sa variante des années 1970 fut présentée en deux temps par Valéry Giscard d'Estaing, avec les ouvrages *Démocratie française* puis *Deux Français sur trois*[3]. Ce discours, non dépourvu de pertinence, avait porté assez précocement un regard plus « réaliste » sur les classes moyennes : en effet, dès la IVᵉ République, le discours de centre-droit s'était imprégné des apports de diverses associations de défense des classes moyennes gravitant soit dans l'orbite du Centre national des indépendants et paysans (CNIP), soit en périphérie du Rassemblement du peuple français (RPF). Il s'était ensuite nourri de références scientifiques, lorgnant du côté de la sociologie : l'incontournable référence à Tocqueville (constitution d'un vaste « groupe central » favorisée par l'égalisation des conditions) s'est prolongée dans les analyses de Raymond Aron[4]. Dans

---

3  Valéry Giscard d'Estaing, *Démocratie française*, Fayard, Paris, 1976 et *Deux Français sur trois*, Flammarion, Paris, 1984.

4  Voir par exemple Raymond Aron, *La Lutte de classes. Nouvelles leçons sur les sociétés industrielles*, Gallimard, Paris, 1964.

ces conditions, et jusqu'au milieu des années 1990, ce discours allait d'autant mieux imprégner le discours public qu'il pouvait partager avec la science humaine dominante la tendance à décrire les classes moyennes en « nébuleuse », « constellation » (étendue des professions intermédiaires jusqu'aux cadres supérieurs) ou « groupes » centraux.

Le puissant mouvement social de l'hiver 1995 donna-t-il le signal, dans les milieux savants, d'une prise de distance et d'un regard plus critique sur le *credo* d'une vaste « société moyenne » ? Toujours est-il que le tassement des inégalités économiques et l'égalisation des conditions paraissent moins d'actualité. En outre, l'effet d'attraction de la sociologie nord-américaine – *via* l'influence de C. Wright Mills et de son fameux essai *Les Cols blancs*[5] – semble avoir fait son temps : la transposition à la France de cette grille de lecture des classes moyennes venue d'outre-Atlantique se voit souvent contredite par une autoaffiliation aux classes moyennes plutôt circonspecte de la part de fractions du monde des employés[6].

Ces rhétoriques rassembleuses des classes moyennes, qui imprègnent le discours public, n'ont pas disparu, malgré un décalage de plus en plus net avec l'évolution de la société française. Cette sorte de résilience peut se prolonger, et il n'est pas de notre ressort d'en prédire le terme. Notons tout de même que, n'ayant pu empêcher l'émergence d'une « France invisible », elles l'ont parfois reconnue : Jacques Delors place ainsi la catégorie des exclus aux marges inférieures de ces « deux Français sur trois » qui forment le groupe central de la société française[7]. Tout se passe comme si cette nouvelle catégorie s'était installée en lieu et place de feu la classe ouvrière, ou des « classes laborieuses », aux marges inférieures des classes moyennes, et sans dommage pour elles. Dès lors se pose la question des rapports qu'entretiennent ces deux groupes.

## Des segments « survisibles » occultant la France invisible ?

La thèse de l'occultation des « invisibles » présente une certaine pertinence, dans la mesure où l'invocation des classes moyennes s'inscrit

5    C. Wright Mills, *Les Cols blancs : essai sur les classes moyennes américaines*, Seuil, Paris, 1970 (1959).

6    Selon les données recueillies et analysées par divers centres de recherche à l'occasion des élections de 2002, citées par Claude Dargent, *Informations sociales*, n° 106, 2003, p. 56.

7    *Le Monde*, 15 novembre 1994, cité par Louis Chauvel, « Le retour des classes sociales », *Revue de l'OFCE*, n° 79, octobre 2001.

dans la tradition décrite plus haut d'atténuation-négation de la lutte des classes. Une telle tendance procède alors par valorisation sélective de certaines fractions agrégées *a priori* aux classes moyennes par le discours dominant.

À une extrémité du spectre social, les cadres concentrent toujours prestige, pouvoir et ressources, incarnant la modernité et le pouvoir d'achat dans une société de consommation et une économie de services désormais bien établies. Le discours médiatique et publicitaire tend ainsi à tirer la représentation commune des classes moyennes vers le haut et à faire des cadres le noyau d'identification pour l'ensemble des classes moyennes, comme l'étaient les petits commerçants jusqu'au milieu du siècle dernier. Il est vrai que cette présentation participe d'un effort d'ensemble, entrepris à partir des Trente Glorieuses et à son apogée dans les années 1970, avec l'explosion des effectifs de l'encadrement (aujourd'hui, les 3 millions de « cadres et professions intellectuelles supérieures » représentent 12 % de la population active). Parallèlement, les cadres trouvent une sorte de consécration dans la bande dessinée, grâce aux *Tranches de vie* de Gérard Lauzier, transfuge de la publicité, qui montre l'envers de leur réussite : rapports humains stéréotypés, multiples frustrations et dérisoires stratégies professionnelles des cadres supérieurs ; le cinéma, depuis Claude Sautet (*Vincent, François, Paul et les autres*, 1974), s'intéresse également au mode de vie et aux mœurs de ce groupe, lui donnant une visibilité sociale sans précédent, tout comme les lettres, lorsque Georges Perec évoque dans *Les Choses* ces « gens pour *L'Express* ».

Cette agrégation plus ou moins explicite des cadres – toutes catégories confondues – aux classes moyennes participe d'une conception extensive, à l'œuvre notamment dans le « discours de centre-droit » ; aujourd'hui, elle permet de justifier des politiques publiques, notamment fiscales, favorables aux catégories les plus aisées, sous couvert de satisfaire les aspirations des classes moyennes. L'exemple le plus emblématique est le régime fiscal bénéficiant aux particuliers utilisant des « services extérieurs » (aides ménagères, garde d'enfants à domicile) : les exonérations fiscales, par le jeu du plafonnement (passé de 7 000 à 10 000 puis 12 000 euros), sont indiscutablement avantageuses, et ont sans doute eu pour effet de stimuler la création d'emplois dans les services aux particuliers (dont la croissance en effectifs est bien plus forte que celle de leurs homologues de bureau et du commerce). Cependant, le discours politique justifie ces mesures au nom des classes moyennes, alors que, selon Louis Maurin [8], le recours à ce type de prestations est l'un des critères distinctifs entre ces dernières et les classes supérieures !

À l'autre extrémité, des catégories emblématiques du travail indépendant tiennent le devant de la scène, s'attaquant parfois de manière spectaculaire aux symboles de l'État, quand elles ne défient pas son autorité. Pour forcer le trait, l'on pourrait presque avancer que, de la même manière que les classes moyennes mobilisées avant guerre prétendaient se poser en « question sociale » à part entière, au nom d'une prolétarisation imminente, l'on assiste à une tentative d'appropriation-détournement de la thématique de l'exclusion. Dans une représentation professionnelle très éclatée, entretenue par la propension de l'État à privilégier une concertation catégorielle à des contacts avec des intérêts plus centralisés, diverses professions mettent en valeur leurs revendications, confisquant volontiers des thématiques comme celle de la « France d'en bas ».

Certaines, reprenant le fil de la révolte des « soutiers de l'économie » comme au temps de Pierre Poujade, choisissent l'action directe : on pense ici aux marins-pêcheurs bloquant les ports, arraisonnant des navires des flottes concurrentes, et surtout aux petits patrons routiers aussi réactifs vis-à-vis des tensions sur le prix des combustibles que peu regardants sur le respect du droit du travail dans leurs établissements. De leur côté, restaurateurs et buralistes, bataillons avancés du petit commerce, empruntent plus volontiers les voies de la communication : c'est ainsi que le treize heures de TF1 et son présentateur fétiche cultivent avec succès l'esprit « rebelle boutiquier » (pour reprendre une expression de Daniel Schneidermann). La mobilisation et l'influence sont l'affaire d'organisations – Union des métiers de l'industrie de l'hôtellerie ; Confédération des débitants de tabac – qui se sont ainsi élevées successivement, et assez efficacement, hier contre la hausse des prix des cigarettes, aujourd'hui contre l'interdiction de fumer dans leurs établissements, en même temps qu'elles maintiennent leur pression sur les pouvoirs publics afin d'infléchir leur taux de TVA de 19,6 à 5,5 %. Il n'est pas anodin de noter que lors des dernières élections régionales, en pleine querelle sur la hausse des prix du tabac, des buralistes avaient animé des listes de la « France d'en bas »... Dans d'autres cas, comme celui des agriculteurs, la reprise du fil des « fureurs paysannes » s'insère dans une stratégie où le rapport de forces n'exclut ni les considérations politiques ni l'existence de relais d'influence éprouvés auprès des pouvoirs publics (*via* la FNSEA notamment).

---

8  Louis MAURIN, *Alternatives économiques, op. cit.*

## ▓▓▓▓ Aux frontières de l'invisible

La référence aux classes moyennes reste d'actualité... alors même que les certitudes à leur sujet semblent plus fragiles que jamais ! Le substrat positif sur lequel elles pourraient reposer dans le discours public est peu assuré, si tant est qu'il ne l'ait jamais été. En effet, plus encore que la (ou les) « bourgeoisie(s) », la classe « ouvrière » (ou « laborieuse »), a toujours posé un problème aux disciplines savantes – sociologie et histoire sociale en tête – qui s'y sont frottées. Depuis une quinzaine d'années, dans le champ scientifique, l'incertitude à leur sujet s'est accrue : l'hypothèse de leur cohérence et la validité même du terme sont discutées. Bref, leur visibilité est contestée.

Le premier obstacle tient aux difficultés inhérentes au paradigme de classe et à sa pertinence pour décrire la société et son organisation en termes de position sociale, d'identité et d'action collectives ; ce n'est d'ailleurs pas tant les critères qui font problème que leur articulation, de plus en plus problématique. François Dubet et Danilo Martucelli [9] insistent sur le brouillage des positions sociales, la tension entre celles-ci et le mode de vie, la complexification des conduites sociales, la distanciation et l'autonomisation des relations entre structures de classe et action collective, engendrant une grande difficulté à déterminer un système clair de domination sociale. Au pire, l'on suivra les travaux diagnostiquant la « fin des classes [10] », qui insistent sur l'hétérogénéité interne d'un groupe parcouru de fractures transversales, et sur une recomposition des hiérarchies liée à une double fragmentation, symbolique autant qu'économique. Si l'on est plus optimiste, l'on pourra considérer les classes moyennes comme précurseurs de la tendance actuelle à ne plus considérer les classes sociales comme des « êtres sociaux totaux », conjuguant harmonieusement position, identification et action.

Or, circonstance aggravante, partagée avec les « invisibles », les « classes moyennes » ne sont pas mieux servies par un « noyau d'identification » susceptible – comme ce fut le cas pour les cadres par exemple – de les pourvoir dans l'espace public d'une identité sociale construite et reconnue aux plans politique et symbolique. En effet, le milieu des années 1950 a vu l'extinction des projets et tentatives de grands mouvements de défense des classes moyennes, entrepris tout au long de la première moitié du XXᵉ siècle. Ces divers épisodes de mobilisation avaient

---

9 François DUBET et Danilo MARTUCELLI, *Dans quelle société vivons-nous ?*, Seuil, Paris, 1998.
10 Jan PAKULSKI et Malcom WATERS, *Death of Class*, Sage, Londres, 1996.

élaboré et tenté de diffuser – essentiellement par le biais de leur presse et des organisations professionnelles adhérentes – un sentiment d'appartenance fondé sur une identité collective à base de valeurs républicaines, mais intégrant les apports doctrinaux venus d'horizons variés. En l'absence d'une mobilisation structurée et spécifique suffisamment large, tangible et durable, les classes moyennes n'ont jamais été pourvues, et encore, assez tardivement, que de formes catégorielles de représentation professionnelle et symbolique.

Dans ces conditions, que reste-t-il donc des « classes moyennes » dans un discours politique et médiatique réduit à recycler les doutes du discours savant et dans l'incapacité de relayer un discours militant quasi inexistant ? Sans doute une lecture syncopée, assez sommaire et mécanique, de la vie politique sur fond d'hypothèses concernant le comportement des classes moyennes, l'impact supposé de décisions de politique économique, la séduction exercée par tel ou tel agent politique, individuel ou collectif. Les classes moyennes, tel un serpent de mer, réapparaissent à la faveur de mesures régulant la durée du travail (les 35 heures), modifiant les transferts sociaux et les formes de redistribution (réforme des allocations familiales tentée par le gouvernement Juppé en novembre 1995). On les associe souvent à la question fiscale, dans le cadre de politiques stimulant l'emploi ou la consommation (modifications de l'imposition sur les revenus).

En l'espèce, la référence aux classes moyennes est occasionnelle, le plus souvent éphémère, et dans tous les cas partielle, les mesures adoptées ne favorisant ou ne desservant que très inégalement les classes moyennes. Il y eut cependant quelques cas de convergence et de « peurs croisées », comme au cours de l'année 1997, quand le gouvernement Jospin – parallèlement à une mise en place précipitée des 35 heures – abaissa de moitié le plafond des rémunérations d'emploi familial donnant droit à déduction fiscale, tenta de placer les allocations familiales sous condition de ressources et diminua l'allocation de garde d'enfant à domicile : toutes ces mesures eurent pour effet de propulser les « classes moyennes » dans les cent « mots-clefs » de l'année 1997 [11]...

Succès d'estime, mais notoriété sans lendemain, et brouillard persistant autour de la catégorie englobante, tant la référence aux classes moyennes paraît incantatoire. Tout se passe comme si les « classes » ou « couches » moyennes avaient intégré le patrimoine de ces mots

---

11 *Libération*, 22 décembre 1997.

passe-partout, commodités de langage et autres raccourcis saisissants dont personne, hors les milieux savants, n'interroge plus le bien-fondé, suivant en cela l'usage du terme de « classe(s) ». Quand elles tentent pourtant d'être définies, divers critères sont avancés, mais ce sont souvent de « faux amis » selon les chercheurs. Il en va ainsi de ces éléments soidisant « objectifs » élaborés depuis une base salariale très discutable : Louis Chauvel, comme Alain Bihr et Roland Pfefferkorn [12], soulignent justement les difficultés de quantification salariale (sous une forme statique ou dynamique ?), des revenus (« disponibles » après prélèvements, ou calculés sur la base des « unités de consommation » ?) et des transferts sociaux, pour ne rien dire de la congruence entre ces différentes données, le tout dans une société moins « salariale » qu'auparavant, au sens où le critère patrimonial retrouve sa pertinence dans la définition d'inégalités elles-mêmes en perpétuelle voie de recomposition.

La complexification du discours savant sur les classes et les classes moyennes, l'absence de foyer d'identification en mesure d'affirmer une identité collective n'ont donc pu conjurer un discours public particulièrement sélectif (dans le temps comme dans les segments traités), stéréotypé, voire indigent à leur sujet. De sorte que l'on se trouve en présence d'un vrai casse-tête, qui met aux prises une notion déjà ancienne mais à la réalité discutée, et une autre qui, en voie d'émergence, devrait en bonne logique, susciter un débat sur sa pertinence ! Cette incertitude partagée n'est cependant pas le seul élément rapprochant les classes moyennes de la « France invisible ».

## ▨▨▨▨ Catégories « survisibles » frappées de maux « invisibles »

L'approximation qui préside au discours dominant aiguise un regard plus critique, auquel nous encourage une lecture transversale, qui ferait passer les critères de différenciation au sein même de chaque catégorie. Cette lecture est pertinente pour les cadres, dont le désenchantement récent trouve un certain écho, pour cause de public plus réceptif. Il émerge ainsi dans la production cinématographique, qui l'aborde sur des modes plus ou moins graves : comique – avec d'anciens élèves d'HEC que les petites crapuleries de leurs « camarades » de promotion conduisent à se constituer en *Association de malfaiteurs* (Claude Zidi, 1987) –,

---

12    Alain Bihr et Roland Pfefferkorn, *Déchiffrer les inégalités*, Syros, Paris, 1995.

tragi-comique quand *Une époque formidable* (Gérard Jugnot, 1991) montre la dérive consécutive au déclassement d'un cadre supérieur, où la précarité sert de refuge paradoxal pour les vrais contacts humains, voire dramatique, avec le récent *Sauf le respect que je vous dois* (Fabienne Godet, 2004).

Ces exemples illustrent le diagnostic du sociologue Paul Bouffartigue sur la fin du cadre comme « figure sociale », repris dans un dossier récent de *Marianne* consacré à la possible « révolte des cadres [13] ». Divers échelons de l'encadrement entrent dans une crise, sur fond de passage d'une économie industrielle à une économie de services basée sur la « révolution informationnelle ». Dans ces conditions, le pacte fondateur (loyauté, dévouement, subordination contre salaires relativement élevés, assortis d'une garantie de l'emploi, de perspectives de carrière par promotion interne, d'autonomie et de responsabilités largement déléguées) a été remis en cause à grande échelle. À vrai dire, il ne semble plus fonctionner qu'au bénéfice d'une mince élite de « cadres à haut potentiel » : ce sont ces quelque 100 000 managers, cadres de direction « survitaminés aux stock-options ».

L'émergence de thématiques telles que le « stress du cadre » recoupe un nouveau rapport au travail : mobilisation intense et éphémère sur des missions et des objectifs précis favorisant l'éclosion de cadres « nomades », multiplication des normes, sous-estimation chronique des contraintes en termes de temps et de charges de travail imprimées aux échelons inférieurs par l'échelon managérial... Dans un numéro récent du *Monde campus*, l'ergonome Gérard Le Joliff n'avait pas de mots assez durs pour décrire la parcellisation des tâches et des contraintes de temps tapies derrière les discours officiels sur le bien-être et la liberté des cadres dans l'organisation de leur travail : « Aujourd'hui, le statut de cadre est beaucoup plus répandu... Un cadre sait parfaitement, par exemple, qu'il ne deviendra jamais riche... Avec les nouvelles technologies, le fantasme, aujourd'hui, est de tout mettre sous forme de prescriptions. Et, cadre ou pas, le salarié est obligé de se conformer à ces dernières. Les contraintes sont si grandes qu'on se demande parfois si les salariés qui les subissent sont encore des cadres... Le comble, ce sont les start-up, où un salarié est payé une poignée de riz, avec quelques stock-options. On lui explique néanmoins que l'avenir est à lui et on lui pose un matelas à côté de son ordinateur, comme ça, il n'a même plus besoin de sortir ! J'entends déjà les objections : "Mais dans les start-up, le travail est intelligent !"...

---

13 *Marianne*, 17-23 septembre 2005.

Comme si le travail physique d'un travailleur expert n'était pas commandé par le cerveau. Mais, que ce soit devant un ordinateur ou pas, s'il y a répétitivité et contrainte de temps, il s'agit bien d'une forme de taylorisme. [...] Le cadre est libre. La preuve : il quitte son boulot à minuit et emporte du travail chez lui le week-end [14]. »

Quels sont les aspects concrets de cette « segmentation interne et [de cette] déstabilisation multidimensionnelle [15] » ? Avant tout, diverses formes de rupture du lien de loyauté : d'un côté, une démotivation et un désinvestissement qui expliqueraient l'appropriation des 35 heures par divers échelons (surtout moyens et inférieurs) de l'encadrement ; de l'autre, l'éviction des cadres après cinquante ans (chômage, « placardisation », dispositifs de préretraite)... On retrouve bien quelques traits en partage avec certaines catégories de la « France invisible », y compris dans le fait que beaucoup de cadres se défient désormais d'un « discours surplombant en interne » – jadis magistralement décortiqué par René-Victor Pilhes dans *L'Imprécateur* [16] : c'est ce sabir managérial censé motiver les cadres de rang inférieur, diffuser des orientations à l'élaboration desquelles ils ne participent pas, voire justifier les restructurations-évictions.

## Des classes moyennes au bord de l'invisibilité ?

La crise étudiante et lycéenne liée à l'adoption du CPE au printemps 2006 peut servir de prisme pour lire le mécontentement (par génération interposée) de cette partie « silencieuse » des classes moyennes, mais qui pourrait bien en former le noyau. Elle est également l'occasion de définir plus positivement les classes moyennes, et de préciser les points de contact possibles, quoique largement fantasmés, avec la « France invisible ».

Les dispositions du CPE – sa durée, le public visé (moins de vingt-six ans), et l'absence de justification pour la rupture du contrat d'embauche – ont provoqué une secousse majeure dans des filières (littéraires notamment) et des établissements universitaires occupés dans de très fortes proportions par les enfants des professions intermédiaires d'État (dans la santé, le social, l'administration, les enfants des enseignants du primaire faisant exception) et du secteur privé (contremaîtres, agents de maîtrise,

---

14  Gérard LE JOLIFF, « Taylor au pays des cols blancs », *Monde campus*, mars 2001.

15  Paul BOUFFARTIGUE, *Les Cadres. La fin d'une figure sociale*, La Dispute, Paris, 2001.

16  René-Victor PILHES, *L'Imprécateur*, Seuil, Paris, 1974.

représentants de commerce...), en vertu d'une hiérarchie d'accès aux filières reflétant celle des statuts professionnels. Or ce groupe était jusque-là silencieux à plus d'un titre : hétérogène, assez peu visible socialement, il est peu valorisé professionnellement, rassemblant des salariés qualifiés, dépourvus de tout pouvoir de décision dans leur entreprise ou leur administration, et très inégalement représenté institutionnellement, la syndicalisation dans le secteur privé étant faiblement assurée. Néanmoins fort nombreux, il est passé de 11,5 à 18 % de la population active entre 1970 et 2001, et cultive des liens étroits avec les « classes moyennes », dans la mesure où il s'y « autoaffilie » dans la plus forte proportion (deux tiers) de ceux qui se situent dans une « classe » ; enfin, on retrouve ses valeurs dans celles que les étudiants ont jugées, à tort ou à raison, menacées par le CPE.

Cette disposition de feu la loi sur l'égalité des chances a en effet heurté de plein fouet l'espoir de promotion sociale générationnelle. Dans le cas des étudiants en « filières ouvertes », le spectre du déclassement est en effet assez tangible, et affublé du nom de « galère ». Les difficultés se matérialisent d'ailleurs bien avant la sortie d'études et ses perspectives déjà fort sombres : chômage, stages – éphémères ou renouvelés – pas ou peu rémunérés... En effet, la nécessité de financer ses études a conduit nombre d'étudiants vers des « petits boulots », qui les confrontent à un marché du travail très peu qualifié, mal rémunéré, instable. Cette étape est synonyme d'une « précarité » toutefois admise car conçue comme transitoire, le diplôme de fin d'études étant justement censé leur permettre d'y échapper définitivement : d'où sa « fétichisation », dans des proportions souvent inverses à sa « monnayabilité » sur le marché du travail ; l'université française n'a, en effet, dans ce domaine et tout spécialement dans les filières littéraires, apporté qu'une réponse quantitative – *via* l'inflation des diplômes – à sa massification et à la professionnalisation des formations... Les parents, de leur côté, ont sans doute pris conscience de cette perspective de déclassement : ils mesurent, parfois au prix d'une comparaison anachronique, le décalage avec leur situation au même âge. En effet, le salaire d'embauche dans les années 1970 suffisait pour s'installer en ménage et un baccalauréat ouvrait des perspectives de promotion au moins jusqu'aux échelons moyens d'encadrement. Ils appréhendent ce décalage *a fortiori* lorsqu'ils doivent faire face, matériellement et financièrement, aux retards d'insertion de leurs enfants dans la vie sociale, ou devant l'avenir dessiné par l'extension des dispositifs comparables au CPE sur le marché du travail.

Mais au total, pour ce groupe sorti du silence à la faveur de la crise étudiante, les perspectives tangibles semblent moins de rejoindre la France de l'exclusion qu'envisager un déclassement plus ou moins prolongé, de sorte que le mécontentement traduit plutôt des constantes (enfin !) chez les classes moyennes : un solide espoir dans l'instruction, mais qui s'est déplacé, au fil des décennies, de l'école vers l'université massifiées, et s'est fixé sur le diplôme de fin d'études. Dans ces conditions, le CPE a « hystérisé » les craintes de déclin et de déclassement social, mettant en lumière l'incertitude des destinées qui travaille tout particulièrement les classes moyennes, en raison de leurs origines sociales « bigarrées ». Là encore, les remèdes à cette crise des classes moyennes silencieuses (sauf électoralement) pourraient bien prendre le pas sur la sollicitude à l'égard de la « France invisible »...

## Les classes moyennes, avec, à la place ou contre la « France invisible » ?

Le discours public sur les classes moyennes conserve des rhétoriques passées une tendance à l'extension du groupe et à mettre en avant le thème de sa « mise en péril ». Le premier terme conditionne le second, qui répond à des stratégies idéologiques, politiques (en période électorale) et catégorielles rodées et de plus ou moins long terme. Des essais rouvrent à intervalles réguliers le procès du principal inculpé, un État français hypertrophié « surinterventionniste », trop peu économe, si ce n'est de ses performances...

Pour autant, cette insistance sur la « mise en péril » dépasse la signification communément répandue d'une France inquiète, peureuse, repliée, obsédée par le « risque zéro », dénaturée car transformée en gigantesque « nurserie » où les citoyens, surprotégés par l'État, s'éloigneraient de l'idéal d'« aventuriers du quotidien [17] » qu'avaient su et cru incarner les classes moyennes. Elle recouvre une inquiétude majeure des classes moyennes, quelles que soient leurs reconfigurations successives : cette crainte séculaire a pu se lire dès la Belle Époque, au milieu des années 1930 puis 1950 (*via* la geste poujadiste), et s'est traduite par des tentatives de mobilisation sur le spectre social s'étendant des paysans aux professions libérales. Elle interroge les perspectives de promotion sociale d'un

---

17  Catherine BIDOU-ZACHARIASEN, *Les Aventuriers du quotidien. Essai sur les nouvelles classes moyennes*, PUF, Paris, 1984.

ensemble dont l'histoire et la sociologie ont établi la particulière sensibilité à des « possibilités d'avenir égalisées [plus qu'à une] égalisation des situations de fait [18] ».

Ces considérations ouvrent la voie, pour les classes moyennes, d'un possible regain de faveur, selon trois *scenarii* envisageables.

Dans le premier cas de figure, avec des classes moyennes qui s'étendraient notamment sur leurs marges inférieures, certaines fractions des classes moyennes, « silencieuses » s'approcheraient de la « France invisible », en vertu de ces lignes de fracture sociale transversales qui parcourent chaque catégorie, à l'instar de ce qui se produit chez les cadres. C'est l'image de *La Société en sablier* [19], avec des classes moyennes qui seraient (ou auraient conscience d'être) entraînées vers le corps bombé des plus pauvres.

L'autre hypothèse dresserait les classes moyennes *contre* la « France invisible », comme le suggère le sociologue Louis Chauvel [20]. Pour lui, en effet, les années 1980 montrent l'agrégation des mécontentements de groupes, soit menacés par l'imposition progressive de leur patrimoine, soit sous la coupe de politiques salariales peu dynamiques, en tout cas mécontents que l'État-providence se tourne plus spécialement vers les plus démunis. C'est à ce même diagnostic que tend l'analyse des limites de la « courbe de compassion » des classes moyennes s'agissant des transferts sociaux relatifs aux prestations familiales : attachement à ces allocations comme à un droit inaliénable (justifiant la redistribution comme contrepartie du travail), aspiration à un système redistributif horizontal (et non vertical faisant porter l'effort au bénéfice des plus démunis), à l'exemple de la branche maladie de la Sécurité sociale.

Il n'est pas dit qu'une notion aussi plastique et extensive que celle des « classes moyennes » soit condamnée dans son usage public. Il est fort possible qu'au vu de l'irréductible variété des situations prévalant au sein des classes moyennes françaises la notion se recompose et tende à s'approprier des thématiques émergentes, hier la « question sociale », aujourd'hui l'exclusion ou l'« invisibilité ». Dans ce cas de figure, relayée par le discours dominant, il s'agit de solliciter des remèdes à leur profit, comme naguère le spectre de sa « prolétarisation » avait pu servir de justification pour les politiques publiques de défense de ses intérêts catégoriels.

---

18  Éric Maurin, *L'Égalité des possibles. La nouvelle société française*, Seuil, Paris, 2002.

19  Alain Lipietz, *La Société en sablier*, La Découverte, Paris, 1996.

20  Louis Chauvel, « Le retour des classes sociales », *op. cit.*

## Pour aller plus loin

**Ouvrages et articles :**

BIHR Alain et PFEFFERKORN Roland, *Déchiffrer les inégalités*, Syros, Paris, 1995.

BOLTANSKI Luc, *Les Cadres : la formation d'un groupe social*, Minuit, Paris, 1982.

BOSC Serge, *Stratification et classes sociales. La société française en mutation*, Armand Colin, Paris, 2004.

BOUFFARTIGUE Paul, *Les Cadres. La fin d'une figure sociale*, La Dispute, Paris, 2001.

CHARLE Christophe, « Les "classes moyennes" en France : discours pluriel et histoire singulière », *Revue d'histoire moderne et contemporaine*, n° 50-4, octobre-décembre 2003, p. 108-134.

CHAUVEL Louis, « Le retour des classes sociales », *Revue de l'OFCE*, n° 79, octobre 2001, p. 319-356.

DUBET François et MARTUCELLI Danilo, *Dans quelle société vivons-nous ?*, Seuil, Paris, 1998.

FITOUSSI Jean-Paul et ROSANVALLON Pierre, *Le Nouvel Âge des inégalités*, Seuil, Paris, 1996.

GUILLAUME Sylvie, *Les Classes moyennes au cœur du politique sous la IVᵉ République*, MSHA, Talence, 1997.

HEIDSIECK Emmanuelle, *Notre aimable clientèle*, Denoël, Paris, 2005.

MAURIN Éric, *L'Égalité des possibles. La nouvelle société française*, Seuil, Paris, 2002.

**Revues :**

*Alternatives économiques*, hors-série « La société française », avril 2006.

*Informations sociales*, « Portrait social des classes moyennes », n° 106, 2003.

*Sciences Humaines*, hors-série « France 2005. Portrait d'une société », septembre-octobre 2005.

# Des classes populaires (presque) invisibles

**Henri Rey**

L a notion de classes populaires porte en elle des difficultés de définition liées à l'association de deux notions contestées, en partie poly-
sémiques et connotées idéologiquement : celle de classe et celle de
peuple. On peut avancer sans grand risque que la notion de classe pèse le
plus fortement dans les dénégations et évitements constatés. Le recours
aux expressions de « catégories populaires » ou « milieux populaires »,
présentées comme des synonymes, ne lève pas entièrement la difficulté ;
il signale le doute ou le rejet exprimés à l'égard d'une vision antagonique
de la société, souvent considérée aujourd'hui comme obsolète ainsi que la
difficulté à trouver pertinente, avec la diversification des intérêts et des
appartenances, la délimitation stricte opérée dans la réalité sociale par
l'analyse en termes de classes. Il n'y a de classe que par opposition, les
classes se définissant les unes par rapport aux autres. Dominants/
dominés, exploiteurs/exploités, acheteurs/vendeurs de force de travail,
voilà autant de modalités de cette existence conflictuelle enracinée dans
le procès de production.

Les classes populaires se caractérisent par leur position subordonnée
dans la structure sociale. Formées des ouvriers et des employés, qui constituent les groupes les plus nombreux, elles comprennent aussi les petits

indépendants de l'agriculture, du commerce et de l'artisanat, malgré la difficulté fréquente de ces derniers à s'imaginer une identité sociale autre que celle des couches moyennes de leur secteur d'activité. Elles combinent des propriétés sociologiques et des propriétés culturelles : « Position subalterne dans la division du travail, positions peu élevées dans la distribution des richesses et de statut, étroitesse des ressources économiques, vulnérabilité, précarité... et de façon combinée un éloignement par rapport à la culture savante, écrite, scolairement transmise et exigée ainsi que des propriétés spécifiques de style de vie, des manières d'être et de penser [1]. » Mais une grande partie d'entre elles se caractérisent en même temps par leur résistance à une telle subordination et leur rejet, plus ou moins global et systématique, de cette situation d'infériorité sociale. L'absence de manifestation visible d'une telle conflictualité pendant une période assez longue conduit, sinon à la dénégation de l'existence des classes, en tout cas à l'éclipse de leur évocation : il est alors question d'autre chose.

## L'éclipse des classes populaires

De nombreux facteurs ont contribué, depuis une vingtaine d'années, à réduire à presque rien la visibilité et la reconnaissance sociale des catégories populaires comme sujet collectif. Les transformations apparues dans la production des biens et services, dans les modes de consommation, dans l'accès à la formation et à l'information ont joué, on le sait, un rôle essentiel ; en même temps, les croyances dans l'importance et la particularité de la fonction exercée par les classes populaires dans les dynamiques d'évolution de la société ont considérablement fléchi. Aux anciennes constructions, souvent d'inspiration marxiste (mais pas seulement), qui tendaient à en faire, autour de leur noyau ouvrier, un acteur majeur de la vie politique et sociale et qui pouvaient alors en exagérer la cohésion et l'unité internes ont succédé, depuis les années 1980, une banalisation systématique et un manque d'intérêt flagrant, tant de la part du monde politique que des milieux académiques.

1 Olivier Schwartz, *Quelques réflexions sur la notion de classes populaires*, conférence à l'ENS de Lyon, novembre 2005.

Ce déni entre cependant en contradiction avec des faits têtus, tels que l'importance démographique des catégories populaires, la permanence des conflits sociaux ou encore les manifestations de mécontentement, perceptibles dans leurs traductions électorales (abstention, vote protestataire). La référence au peuple qui, en France particulièrement, trouvait depuis la Révolution une forte légitimité historique et paraissait un mythe indestructible, n'a plus guère droit de cité dans le discours de la gauche de gouvernement. Cette mention de la notion de peuple, quand elle n'est pas banalisée, sent plutôt le soufre, celui d'un populisme aux mille visages dont la simple évocation est censée clore le débat.

Priées de s'effacer de la scène et de rentrer dans le rang, les classes populaires se rappellent aussi de temps à autre à l'attention de la société. Cette tension se retrouve dans les opérations symboliques tendant à redéfinir et à requalifier les catégories populaires, au prix de leur morcellement et de leur division, comme c'est le cas, par exemple, dans les discours sur l'exclusion, où l'on sépare « inclus » et « exclus » des milieux populaires, selon, avant tout, le statut de l'emploi. Auparavant, ce type de distinction n'avait pas cours. C'est en ce sens qu'on peut parler de « brouillage » de la notion de classe. Une condition essentielle de ce brouillage est l'accent mis sur la dilution des collectifs, sur la décollectivisation – même si la « décollectivisation est en elle-même une situation collective [2] » –, et sur la fragmentation des identités collectives.

Depuis peu de temps, particulièrement depuis l'élection présidentielle de 2002, on assiste à un certain regain d'intérêt pour les milieux populaires et à une attention renouvelée à l'ampleur des inégalités dans la société française. Sans contrarier fondamentalement le *mainstream* médiatique qui tend à marginaliser et à disqualifier ces milieux (suspectés à présent de favoriser les extrémismes, de refuser le progrès et l'ouverture au monde, de s'accrocher aux « avantages acquis » après avoir été promis à un accès rapide à la classe moyenne), les débats publics et les travaux académiques centrés sur les inégalités leur redonnent une certaine présence sociale.

Se trouve ainsi rétablie une part de leur existence : au sein du *no man's land* social, être nommé, compté et distingué d'autres catégories plus continûment identifiées. Toutefois, c'est en termes de ségrégation, de séparatisme social imposé et de cumul des inégalités que s'effectue ce retour modeste. Les discriminations sont bien révélées, tout ou partie,

2   Robert Castel, *L'Insécurité sociale : qu'est-ce qu'être protégé ?*, Seuil, Paris, 2003.

mais, à de rares exceptions près, l'acteur social reste absent ou effacé derrière les réformes des politiques publiques que l'on propose d'effectuer au profit des catégories populaires.

La polarisation de l'attention sociale (depuis celle d'une partie du monde savant jusqu'à celle, plus efficace, des médias et du cercle des commentateurs adoubés par eux) se porte sur de nouveaux enjeux et de nouveaux mouvements sociaux dont on ne sait s'ils résultent du déplacement et du dépassement des tensions anciennes ou s'ils n'ont plus de rapports avec elles.

L'environnement, l'immigration, les relations entre les sexes, la place des minorités sexuelles et visibles ont pu ainsi tour à tour occuper le devant de la scène dans le débat public, le plus souvent sans que les liens entre ces enjeux émergents et une problématique de classe ne soient établis, même indirectement. La conflictualité s'est alors manifestée de manière plus ponctuelle que structurelle (ce qui ne veut pas du tout dire moins intense), plus idéologique que simplement expressive et dans des formes plus imprévisibles que routinières. Toutefois, à partir du dernier trimestre de 2005, on a pu assister successivement aux émeutes urbaines de novembre puis aux mobilisations conjointes d'étudiants, de lycéens et de salariés contre le CPE (contrat première embauche). S'agissant des premières, a été évoqué le retour de « classes dangereuses », sans pour autant que la notion de classe puisse décrire les caractéristiques sociales des acteurs d'une révolte exclusivement conduite par des adolescents et des jeunes adultes masculins. L'antagonisme alors manifesté – explicable par le contexte résidentiel, les discriminations subies, les injustices ressenties, la stigmatisation et la provocation venues d'en haut – désigne pour cible privilégiée les forces de police mais se manifeste également par la destruction de biens et d'immeubles utiles à la collectivité d'appartenance : écoles, équipements de loisirs ou sportifs, pouvant parfois s'apparenter à une sorte d'automutilation. L'opposition pratique entre des groupes sociaux identifiables, aux intérêts contradictoires, est difficile à reconstruire autrement que de façon abstraite et par interprétation.

Au premier abord, pareille difficulté ne se présente pas dans le cas du CPE : la tension entre, d'une part, le gouvernement et une grande partie du patronat et, d'autre part, les jeunes scolarisés et les salariés, revêt une allure presque classique. L'alliance nouée temporairement entre ces dernières composantes pourrait renvoyer à la notion de « peuple », ensemble plus vaste et assez mal délimité, dont la convergence des intérêts et le caractère conjoint de la mobilisation dessineraient pratiquement les contours. Le domaine contesté – le contrat de travail précaire – et l'implication de la plupart des syndicats ouvriers contribuent à rendre familier le cadre de la mobilisation. Pour autant, dans cette opposition frontale et efficace au pouvoir, la largesse du consensus enveloppe et dissimule l'hétérogénéité sociale des diverses composantes. C'est ce qu'atteste par exemple l'unanimisme momentané de partenaires qu'avaient opposés les enjeux concrets de la réforme des retraites ou les modalités de mise en œuvre de la réduction du temps de travail ou encore, sur un registre conflictuel, les violences, pas seulement crapuleuses, exercées par des bandes d'adolescents à l'encontre de manifestants lycéens. Par excès ou par défaut, les mouvements sociaux les plus récents ne peuvent être appréciés exactement dans les catégories de classes ou de classes populaires, y compris, si on n'en reste pas à la surface, ceux qui paraissent en être les plus proches.

La disqualification, fréquemment éprouvée, d'une analyse en termes de classe tient également au jugement porté sur le devenir historique de la classe ouvrière. Surplombant l'analyse sociologique des évolutions subies par les collectifs ouvriers et extrapolant la portée des transformations apparues dans l'économie mondiale, les théories centrées sur le postcapitalisme concluent à l'obsolescence du secteur de production des biens matériels et à la relégation et au déclassement des salariés qui y sont employés. Dans le même temps, l'accumulation du savoir et la maîtrise des nouvelles technologies permettraient à une élite ouverte sur la mondialisation de s'imposer. La traduction politique et idéologique de ces changements s'opérerait dans l'émergence de nouvelles valeurs et de nouveaux enjeux (environnement, libéralisation des mœurs), portés par de nouveaux partis (par exemple écologistes), au détriment des aspirations proprement matérialistes (pouvoir d'achat, consommation). Elle s'opérerait également à travers le brouillage des frontières entre gauche et droite traditionnelles, et à travers la captation par l'extrême droite des réactions xénophobes et sécuritaires, suscitées dans les couches populaires par la prise de conscience de leur condamnation à disparaître. Si l'allure générale des transformations décrites ou projetées comporte un fort degré de ressemblance avec certains faits empiriquement vérifiés, la rapidité, l'ampleur et l'univocité de ces évolutions paraissent en revanche très exagérées.

À l'« ouvrier de l'abondance », attiré par le mode de vie des classes moyennes, aurait ainsi succédé l'« ouvrier de la crise », préoccupé par le déclin de son statut et hostile au changement. À l'extérieur d'un groupe émietté par la recherche de la promotion individuelle puis dissocié dans la crise, disparaîtrait ainsi le sentiment d'avoir affaire, avec la classe ouvrière, à un vecteur d'une transformation sociale, attendue ou redoutée.

La conviction qu'il s'agit au contraire d'un ensemble disparate d'individualités et d'agrégats précaires est très répandue. Même en présence de mobilisations syndicales importantes, l'accent sera mis sur le « corporatisme », les motivations égoïstes et primaires, le déni de l'intérêt général ou de l'historicité. L'occupation de la rue ou la persistance dans la grève apparaissent comme autant d'irréductibles archaïsmes sous lesquels s'organise la recherche de satisfactions catégorielles. Malgré la fréquence de ces représentations se manifeste aussi en contrepoint l'idée inverse, celle d'une contribution à l'intérêt général, exprimée depuis 1995 par la formule de la « grève par procuration ». Mais on peut lire dans cette expression ambiguë les restrictions à agir et la passivité prescrite au plus grand nombre, qui sont souvent des salariés du privé, menacés de perdre leur emploi s'ils s'engagent dans le conflit.

## L'affaiblissement du vote de classe

L'invisibilité politique des classes populaires résulte d'abord de l'affaiblissement du vote de classe. Durant une longue période, la relation entre l'appartenance aux catégories populaires et le vote en faveur des partis de gauche a pu être établie avec régularité. Le vote de classe ne constituait pas pour autant une conséquence mécanique de l'appartenance sociale et ce déterminisme opérait par l'intermédiaire des systèmes de valeurs et des normes diffusés dans les groupes d'appartenance. Il devait composer avec l'influence de la pratique religieuse. Mais l'identification durable à un parti politique, et par là même la propension constante à voter pour ses candidats, a pu longtemps être étroitement corrélée avec l'appartenance sociale. Mesuré par les enquêtes d'opinion (plus aisément et plus systématiquement pour les ouvriers que pour les employés, longtemps réunis aux cadres moyens), fondé, avec ses exceptions, par la géographie électorale, le recoupement entre catégories populaires et vote de gauche est resté prévalant en France jusqu'au milieu des années 1980. Au lendemain de la Seconde Guerre mondiale et jusqu'à la fin de la IV$^e$ République, les partis de gauche recueillaient les deux tiers des votes ouvriers. Cette proportion se réduit momentanément au début de la V$^e$ République, sans toutefois remettre en cause l'influence majoritaire de la gauche dans l'électorat ouvrier (celle-ci fait mieux que De Gaulle au tour décisif de l'élection présidentielle de 1965) ; momentanément, car la gauche retrouve son avantage antérieur dans les années 1970.

Si l'on se fonde sur les résultats des élections législatives, le renversement de tendance apparaît en 1986, après cinq ans d'exercice du pouvoir par le parti socialiste, et s'aggrave fortement en 1993, où le vote de gauche ne représente guère plus du tiers des votes ouvriers. Ajouté à la dispersion des voix sur un grand nombre de candidatures, ce fléchissement de la gauche dans l'électorat populaire rend compte pour une large part de sa débâcle à l'élection présidentielle de 2002. Tandis que le candidat communiste ne rassemble que 6 % des ouvriers et 2 % des employés, Lionel Jospin, le Premier ministre sortant, n'est soutenu que par 13 % des premiers et 12 % des seconds. La gauche de gouvernement n'est pas parvenue à mobiliser les catégories sociales qui constituaient ses soutiens privilégiés dans un passé encore proche, et la gauche, toutes tendances confondues et extrême gauche comprise, n'obtient que 40 % des suffrages populaires. Elle n'en rassemblera pas davantage aux élections législatives qui succèdent à l'élection présidentielle de 2002.

Le délitement de l'influence de gauche dans ces catégories est à apprécier également par la quasi-disparition de l'effet d'intégration à l'univers ouvrier sur le vote. Comme l'avaient mis en lumière Michelat et Simon [3], la propension au vote de gauche s'élevait autrefois avec l'intégration au monde ouvrier, par les liens familiaux. Le fait d'avoir un conjoint ou un parent ouvrier et plus encore le fait de cumuler de tels attributs (avoir un conjoint *et* des parents ouvriers) renforçait la probabilité de voter à gauche. Dès la fin des années 1990, cette relation devient plus aléatoire. Ainsi, en 1997, alors que 41 % seulement des personnes sans attribut ouvrier ont voté en faveur de la gauche plurielle, 53 % de celles qui ont un attribut et 57 % de celles qui en ont deux ont voté à gauche. Cependant, le niveau électoral de la gauche retombe à 50 % chez les personnes ayant trois attributs. Le cœur de cible de la classe ouvrière (les ouvriers enfants d'ouvriers et mariés à un conjoint ouvrier) n'a déjà plus de relation privilégiée avec la gauche.

On observe en revanche une relation plus récente et mieux établie avec le vote Front national (FN). Le FN ne parvient pas d'entrée de jeu à attirer plus largement l'électorat populaire que les électeurs des autres catégories sociales ; on constate même plutôt l'inverse jusqu'en 1986

---

3  Guy MICHELAT et Michel SIMON, *Classe, religion et comportement politique*, Presses de Sciences Po et Éditions sociales, Paris, 1977.

mais la progression, mesurée par les scores présidentiels de Jean-Marie Le Pen, sera régulière : un quart des ouvriers, actifs ou retraités, vote pour lui au premier tour de l'élection présidentielle de 1995 ; 27 % soutiennent les candidats de l'extrême droite (Le Pen et Mégret) au premier tour de la présidentielle de 2002. Plus significatif encore, le vote Le Pen s'accroît avec l'intégration à l'univers ouvrier : plus on dispose d'attaches avec le monde ouvrier, plus on est porté à voter FN. En 1995, comme en 1997, le score du FN est évalué à plus de 30 % parmi les personnes dotées de trois attributs ouvriers. La conquête par l'extrême droite d'une audience importante et pérenne dans l'électorat ouvrier a soulevé la question de l'analyse du FN en termes de nouveau parti ouvrier.

Le FN rassemble un quart de l'électorat ouvrier depuis 1995 et le constat de cette progression, appréciée à partir de données d'enquêtes, est recoupé par l'examen de la géographie électorale : c'est dans les régions désindustrialisées du nord et de l'est de la France, à forte composante ouvrière, que le FN étend dans cette période son implantation électorale. Toutefois, compte tenu de l'abstention et du poids de la composante étrangère, plus élevées dans la classe ouvrière qu'en moyenne, le fait qu'un quart des électeurs identifiés comme ouvriers votent pour le FN n'équivaut pas, naturellement, à une emprise sur le quart des ouvriers recensés dans la population active. Sur un total de près de 10 millions d'ouvriers et anciens ouvriers, on peut estimer à 1,35 million le nombre d'électeurs ouvriers, actifs ou retraités, qui ont choisi Jean-Marie Le Pen ou Bruno Mégret au premier tour de l'élection présidentielle de 2002, soit 15 à 16 % d'électeurs ouvriers ayant fait le choix de l'extrême droite. Ce niveau est légèrement supérieur aux 13,3 % d'électeurs inscrits (France entière) qui ont voté Le Pen ou Mégret le 21 avril 2002.

L'identification d'une part aussi importante (mais toujours minoritaire) de l'électorat ouvrier au FN à partir de 1995 et les bons résultats réalisés dans les villes de la banlieue rouge ont fait s'interroger, sous des formes diverses, sur la substitution du FN au PC : transferts directs d'un électorat à l'autre, relève d'un parti par l'autre dans l'exercice de la fonction tribunitienne, similitude – voire identité – des extrêmes. Au niveau électoral, le passage du vote communiste au vote frontiste existe, mais il est rare : tant les enquêtes d'opinion que les analyses de géographie électorale mettent en évidence le caractère limité des transferts directs. Quant aux transferts indirects, c'est-à-dire le vote FN d'électeurs ayant autrefois voté communiste puis s'étant abstenus ou ayant voté pour d'autres partis avant de soutenir par leurs suffrages l'extrême droite, beaucoup plus nombreux, il n'est pas aisé de les établir. La composante ouvrière et populaire du vote frontiste est elle-même composite : elle rassemble, schématiquement, des ouvriers conservateurs, qui n'ont jamais appartenu à la gauche et qui, proches de la droite, ont opéré à la faveur de l'émergence du FN une certaine radicalisation ; de jeunes ouvriers, qui n'ont voté que pour le FN ; et d'anciens électeurs de gauche, communistes et non communistes.

La relève dans la fonction de porte-parole des classes populaires est très partielle. Capitalisant le mécontentement, l'exaspération ou la désespérance d'une partie substantielle de l'électorat populaire, le FN se contente d'en retirer un ensemble de prébendes et de mandats électifs qu'il gère à son propre profit. Absent des mouvements sociaux, ayant échoué dans la tentative de se constituer des relais syndicaux, il ne dispose pas, en raison d'une structure partisane limitée en effectifs et peu populaire dans sa composition sociale, de réelles capacités d'encadrement et de mobilisation. De ce fait, il ne joue pas véritablement un rôle de porte-parole.

## La perte d'identité sociale des partis de gauche

Outre l'affaiblissement du vote de classe, l'invisibilité politique des classes populaires résulte également de la perte d'identité sociale des partis de gauche. Y contribuent aussi, de manière plus diffuse, la nature composite des mouvements sociaux et la disparition d'un rôle substantiel de ces classes dans l'imaginaire collectif.

Ainsi, le divorce électoral entre la gauche et les classes populaires, constaté le 21 avril 2002, n'a pas surgi soudainement : il est le produit d'une longue érosion et fait suite à une recomposition interne inaboutie. La principale transformation tient à l'évolution de la place réciproque du parti communiste et du parti socialiste. Le parti communiste, qui structurait jusqu'à la fin des années 1970 l'implantation électorale de l'ensemble de la gauche, s'engage dans un processus pratiquement continu de déclin. Or c'est ce parti qui incarnait dans le contexte français le rôle du parti de classe. Parti ouvrier, ouvriériste aussi, revendiquant haut et fort sa capacité à représenter le monde ouvrier et sourcilleux du monopole de représentation qu'il entendait exercer, il entraîne dans les différentes étapes de sa chute la notion même de parti de classe. Pendant une dizaine d'années, de 1978 à 1988, il est relayé comme force dominante dans l'électorat ouvrier par le parti socialiste, qui connaît après cela sa désaffection. Mais le PS accédant au pouvoir ne revendique en aucune manière l'identité d'un parti de classe. Après 1988, la contribution des catégories populaires dans l'électorat socialiste se réduira fortement au profit des cadres supérieurs et des professions intermédiaires. La gauche s'est ainsi éloignée de ses bases sociales traditionnelles, sous le double effet de la marginalisation communiste et de l'embourgeoisement socialiste.

Les catégories populaires d'ouvriers et d'employés, qui comptaient pour près de 60 % dans la population active au recensement de 1999, sont peu présentes dans les rangs des adhérents socialistes et tendent même à l'être de moins en moins (10 % d'ouvriers et 13 % d'employés en 1985, 5 % d'ouvriers et 13 % d'employés en 1998, 3 % d'ouvriers et 13 % d'employés parmi les nouveaux adhérents de 2006). Le parti communiste, qui avait fait de l'identité ouvrière sa raison sociale, devient représentatif de la société salariale française dans son ensemble et compte désormais un peu plus d'employés (33 %) que d'ouvriers (31 %). Sa spécificité de « parti ouvrier », au sens plein du terme, appartient de plus en plus au passé, même s'il rassemble encore beaucoup plus d'adhérents issus des milieux populaires que les autres partis traditionnels.

La composition sociale des partis n'est certes qu'un aspect, révélateur, de leur aptitude à représenter les catégories populaires. D'autres dimensions s'y ajoutent ou en dépendent : fonctionnement, participation à des réseaux, pratiques militantes, contenu programmatique, sélection des enjeux. Mais les conséquences d'un tel décalage entre la structure sociale de la population et celle des adhérents socialistes ainsi que la forte réduction de la composante ouvrière parmi les adhérents communistes sont convergentes : elles soulignent la distance croissante qui s'est établie avec une partie importante des salariés, chômeurs et précaires, tenus en dehors du jeu partisan.

La forte réduction d'une activité politique organisée en direction des milieux populaires contribue de manière encore plus importante à cette distanciation. De fait, la contraction des effectifs d'adhérents s'est accompagnée d'une baisse d'intensité des pratiques militantes et de l'abandon des lieux et modes classiques d'interaction (porte-à-porte, vente de la presse, présence sur les marchés, réunions festives), à travers lesquels se construisait quotidiennement une représentation, idéologiquement et politiquement orientée, du groupe ouvrier. Dans les municipalités ouvrières, c'est-à-dire le plus souvent communistes, une sorte de contre-société s'était constituée autour du parti communiste, articulée sur un réseau dense d'associations, de sections syndicales, de services municipaux et paramunicipaux ; celle-ci a pratiquement disparu aujourd'hui.

Les quartiers populaires les plus défavorisés n'ont souvent plus de représentation, ne serait-ce qu'au niveau des conseils municipaux. Le rendez-vous manqué avec les militants des cités [4] n'a pas permis le renouvellement des élites locales à partir des nouvelles générations issues de l'immigration, ou en tout cas l'a fortement réduit et retardé.

De ce fait, l'expression des attentes et des mécontentements, nécessairement associés aux difficultés quotidiennes d'une population défavorisée, parvient seulement de manière indirecte et souvent abstraite aux instances de décision partisanes. La sélection sociale de fait des adhérents socialistes contribue à rendre invisibles aux yeux de leurs dirigeants les catégories populaires. Il a fallu l'épreuve de la cuisante défaite électorale de 2002 et le désaveu enregistré au référendum européen de 2005 pour que la gauche de gouvernement en revienne à une forme d'affichage de son intérêt pour les classes populaires.

Une raison majeure de l'oubli de ces dernières dans la rhétorique et les propositions de la gauche de gouvernement réside dans le fait que les partis en charge de la gestion gouvernementale ont essentiellement de mauvaises nouvelles à apporter aux catégories les plus modestes de leur pays : précarisation de l'emploi, stagnation du pouvoir d'achat, augmentation de l'âge de départ à la retraite, avenir peu brillant promis aux jeunes générations, etc. Même des mesures qui s'offrent d'abord comme conquêtes sociales – la réduction hebdomadaire du temps de travail par exemple – trouvent leurs limites et des contreparties dures pour les plus défavorisés : flexibilité accrue, contrainte d'horaires irréguliers, stress aggravé.

S'il est apparu possible d'améliorer le sort d'une partie des plus pauvres, par exemple en instaurant le RMI ou la couverture médicale universelle, aucune réponse ne vient résoudre substantiellement le problème majeur de la société française : le chômage de masse, qui touche en premier lieu les catégories populaires. Les altérations des situations de travail qui en découlent sont pudiquement laissées de côté par des partis de gouvernement qui savent ne pouvoir les éviter (dans certains pays, comme la Grande Bretagne, le choix est fait de convertir un grand nombre de chômeurs en travailleurs pauvres). L'époque des doctrines insistant sur le rôle actif des salariés dans l'entreprise, le fameux âge de l'autogestion est bien révolu ; à peine

---

4   Olivier MASCLET, *La Gauche et les cités, enquête sur un rendez-vous manqué*, La Dispute, Paris, 2003.

entend-t-on regretter, sans conséquence, les carences d'une démocratie sociale ou la faiblesse des syndicats de salariés. L'entreprise n'apparaît plus comme un cadre possible de mobilisation politique. À la fois encore très nombreux et insaisissables, les électeurs des classes populaires ne sont pas considérés comme de possibles acteurs d'une transformation sociale par les partis de gouvernement.

En définitive, l'invisibilité politique des classes populaires résulte d'une double tendance à leur effacement. La première tendance, interne à ces classes et imparfaitement révélée par la réduction du vote de classe, consiste dans la perte d'influence d'une culture de l'autonomie et dans l'absence d'une forte affirmation spécifique tant dans l'ordre électoral (un soutien modéré et fluctuant à la gauche, un certain avantage constant à l'extrême droite, une relative amplification d'un abstentionnisme qui a gagné toutes les catégories), que dans celui des mouvements sociaux, dans lesquels l'hétérogénéité sociale est la plus fréquente. La seconde tendance, externe, tient à la conversion du regard porté sur ces classes en raison de l'obsolescence du rôle historique qui leur était prêté : seule la crainte de leur accaparement par des forces hostiles à la démocratie ou des effets imprévisibles de leur nomadisme électoral les préserve d'une indifférence complète.

## Pour aller plus loin

BEAUD Stéphane et PIALOUX Michel, *Retour sur la condition ouvrière : enquête aux usines Peugeot*, Fayard, Paris, 1999.

BETZ Hans-Georg, *Radical Right-Wing Populism in Western Europe*, Saint Martin's Press, New York, 1994.

CAPDEVIELLE Jacques, *Modernité du corporatisme*, Presses de Sciences Po, Paris, 2001.

CEVIPOF, « Les opinions et les comportements politiques des ouvriers : une évolution inévitable, irréversible ? », *Cahier 21*, Paris, 1999.

CHAUVEL Louis et SCHULTHEIS Franz, « Le sens d'une dénégation, l'oubli des classes en France et en Allemagne », *Mouvements*, n° 26, mars-avril 2003.

LAZARSFELD Paul, BERELSON Bernard et GAUDET Hazel, *The People's Choice*, Columbia Univercity Press, New York, 1944.

MASCLET Olivier, *La Gauche et les cités, enquête sur un rendez-vous manqué*, La Dispute, Paris, 2003.

MAYER Nonna, *Ces Français qui votent FN*, Flammarion, Paris, 1999.

MICHELAT Guy et SIMON Michel, *Classe, religion et comportement politique*, Presses de Sciences Po et Éditions sociales, Paris, 1977.

MICHELAT Guy et SIMON Michel, *Les Ouvriers et la politique : permanence, ruptures, réalignements 1962-2002*, Presses de Sciences Po, Paris, 2004.

PERRINEAU Pascal, *Le Symptôme Le Pen : radiographie des électeurs du Front national*, Fayard, Paris, 1998.

REY Henri, *La Gauche et les classes populaires : histoire et actualité d'une mésentente*, La Découverte, Paris, 2004.

SCHWARTZ Olivier, *Quelques réflexions sur la notion de classes populaires*, Conférence à l'ENS de Lyon, novembre 2005.

# C

## Question sociale, gestion sociale

# De la précarisation de l'emploi à la précarisation du travail

## La nouvelle condition salariale

STÉPHANE BEAUD
et MARIE CARTIER

I l peut paraître paradoxal de consacrer un chapitre à ces thèmes tant ils semblent faire l'actualité et être particulièrement médiatisés. En février-mars 2006, le CPE (contrat première embauche) a suscité un vaste mouvement social et a contribué, par ricochet, à faire reparler du CNE (contrat nouvelle embauche) voté en catimini à l'été 2005. Des livres sortent tous les jours pour analyser/dénoncer les diverses formes de souffrance au travail, les « virés du boulot », le harcèlement moral, les jobs mal payés des jeunes, etc. Bref, la précarisation de l'emploi est devenue une question centrale de la société française.

Que peuvent apporter de neuf les sciences sociales en ce domaine ? Surtout prendre du recul, mettre en cohérence la série des petits changements observables sur le terrain, inscrire ces phénomènes dans une perspective plus vaste comme l'a fait Robert Castel dans ce livre, *Les Métamorphoses de la question sociale* [1], qui met en lumière le progressif « effritement de la condition salariale », condition qui s'était construite dans la longue durée en France, de la fin du XIXᵉ siècle au début des

---

[1]  Robert CASTEL, *Les Métamorphoses de la question sociale*, Fayard, Paris, 1996.

années 1970. Au cours de cette période historique, à la conception du travail comme simple marchandise, échangée au jour le jour à l'occasion d'un pur contrat individuel entre un salarié et un patron, s'en substitue une nouvelle, comme statut impliquant des protections et des avantages garantis par le droit. La relation de travail n'est plus un simple contrat individuel : l'État social y intervient comme un tiers en garantissant au salarié des protections (la retraite, la sécurité sociale, etc.) et des droits (le droit d'être représenté, le droit d'être indemnisé en cas de licenciement, etc.). Ainsi le travail salarié a-t-il été, à cette période, un support de protection qui a permis à des millions de salariés de se mettre durablement à l'abri des diverses formes de vulnérabilité sociale qui était le propre de la condition prolétaire.

Le processus d'effritement de la condition salariale prend sa source d'abord dans le développement du chômage de masse et la précarisation de l'emploi, celle-ci rejaillissant sur la précarisation du travail lui-même – au sens où l'activité de travail elle-même devient plus intense, plus dangereuse et dégradante pour la santé.

## Chômage de masse et précarisation de l'emploi

Inutile d'insister longtemps sur la forte montée du chômage au cours de la période récente. Elle pèse sur les individus qui ne bénéficient pas de la sécurité d'emploi.

Précisons d'emblée que le halo qui entoure le chômage s'est tellement épaissi qu'il n'est plus possible d'opposer chômeurs et non-chômeurs mais qu'il faut, en étudiant de près les trajectoires des chômeurs, faire apparaître le *continuum* entre ces deux situations polarisées [2]. Par ailleurs, le chômage de masse est trop souvent évoqué de manière indifférenciée (les tableaux statistiques croisent peu souvent le taux de chômage avec les CSP). Ce faisant, on oublie de mentionner les fortes inégalités entre groupes sociaux dans l'exposition au chômage et à la précarité et, plus précisément, la plus grande vulnérabilité des classes populaires.

L'enquête emploi la plus récente (2005) montre que le chômage des cadres n'est plus négligeable (4,9 % d'entre eux sont demandeurs d'emploi), mais elle établit aussi qu'il reste sans commune mesure avec

---

2  Voir l'article de synthèse, complet et incisif, de Jacques RIGAUDIAT, « À propos d'un fait social majeur : la montée des précarités, des insécurités sociales et économiques », *Droit social*, n° 3, mars 2005.

celui des ouvriers (12,5 %) et employés (10,3 %) [3]. La période récente (2002-2005) de forte hausse du chômage s'est d'ailleurs caractérisée par un accroissement de la vulnérabilité des classes populaires à l'égard du chômage (respectivement + 2,6 points pour le chômage des ouvriers, + 2,1 pour celui des employés, contre + 1,3 point pour celui des cadres). Si l'on raisonne en termes de durée du chômage, on retrouve des inégalités semblables, la possibilité de retrouver un emploi étant plus importante quand le niveau de diplôme s'élève.

Ajoutons que le chômage, notamment des jeunes, est aujourd'hui fortement territorialisé : les émeutes de novembre 2005 ont fait découvrir à ceux qui veulent « voir » le très fort taux de chômage des jeunes de cité : souvent de l'ordre de 30 à 40 % de ceux qui se retrouvent sur le marché du travail [4]. Enfin le chômage reste une « abstraction » tant que l'on ne saisit pas concrètement ses conséquences sur le niveau de vie/mode de vie des ménages. Les enquêtes statistiques deviennent très parlantes quand elles montrent le progressif étranglement du budget des ménages quand la durée du chômage s'allonge et que les indemnités s'amenuisent. Les premiers postes budgétaires qu'il est possible de réduire correspondent à ce qui apparaît après coup comme « superflu » (les sorties, les restaurants, le cinéma, les vacances, les déplacements), ensuite sont menacées les dépenses vitales comme le loyer et surgissent les dettes et impayés [5].

Enfin, les travaux statistiques ont progressé quand ils ont pu intégrer davantage la variable « couple » dans l'analyse des évolutions d'emploi et de chômage. Une enquête récente a mise en évidence la différenciation des familles face au risque du chômage [6]. Deux résultats apparaissent sur la période 1975-2002 : d'une part, la hausse des ménages doubles actifs

---

3   « Premiers résultats de l'enquête sur l'emploi 2005 », *INSEE Première*, n° 1070, mars 2006.

4   Ces chiffres montrent les difficultés d'accès à l'emploi qui touchent de manière privilégiée les jeunes des cités, enfants d'immigrés pour la plupart : on peut bien sûr évoquer les discriminations à l'embauche qui semblent aujourd'hui atteindre surtout les diplômés de l'enseignement supérieur. Cependant une analyse sociologique, plus complète, devrait aussi intégrer dans l'analyse la distorsion entre les exigences croissantes des employeurs à l'égard de leurs potentiels embauchés et les codes sociaux et les manières d'être desdits « jeunes de cité » ainsi que, pour certains un refus du travail d'exécution qui s'ancre pour partie dans l'histoire migratoire de leurs parents et dans la dégradation objective des conditions de travail.

5   Voir l'enquête, déjà un peu ancienne, de Nicolas Herpin, « La famille à l'épreuve du chômage », *Économie et Statistique*, n° 235, 1990. Si ces données statistiques sont robustes et assez cumulatives, on peut regretter le faible nombre d'études qualitatives sur le mode de vie des chômeurs, sur leurs manières de faire face à la vie quotidienne. On a beaucoup d'études de qualité sur les SDF et/ou les chômeurs de longue durée mais très peu sur les personnes qui sont à la lisière, qui plongent par moments au chômage et qui en sortent.

6   *INSEE première*, « 1975-2002 : la part des ménages sans emploi a doublé », n° 998, janvier 2005.

(où maris et femmes travaillent) et, d'autre part, la montée structurelle du chômage affectant les familles monoparentales. Ainsi, entre 1975 et 2002, la proportion de ménages sans emploi au sein de ces dernières est passée de 9,6 à 25, 8 %. Si l'on restreint l'analyse aux couples ayant au moins un enfant de moins de trois ans, ce pourcentage atteint 59,1 % en 2002 (contre 12,9 % en 1975).

De même que le chômage frappe de manière différenciée les groupes socioprofessionnels, la précarité augmente au fur et à mesure que l'on descend dans la hiérarchie des statuts professionnels. Elle affecte davantage les professions intermédiaires que les cadres, davantage les ouvriers et les employés que les professions intermédiaires, davantage les ouvriers non qualifiés que les ouvriers qualifiés. Pour évoquer avec précision cette question de la précarité, il faut avant tout en revenir au droit.

Le droit social distingue habituellement deux sortes de formes particulières d'emploi : d'une part, celles qui dérogent à la norme du point de vue de la durée et de la stabilité du contrat de travail : contrats à durée déterminée (CDD), intérim, stages, mais aussi contrats aidés nés des politiques d'insertion (CES, contrat de qualification) ; d'autre part, celles qui se distinguent du point de vue de la norme du temps de travail : il s'agit principalement du travail à temps partiel.

Depuis plus de vingt ans, entre 1982 et 2001, on a assisté à la multiplication par quatre du nombre d'intérimaires et de bénéficiaires de contrats aidés (alors que sur la même période le nombre de salariés en CDI ou en emploi public n'augmentait que de 12 %), les autres contrats à durée déterminée ayant été multipliés par trois. Même si ces formes d'emploi sont encore minoritaires (15 % de l'emploi salarié privé en 2002), il faut insister sur le fait qu'elles sont devenues pour beaucoup de jeunes un passage obligé pour l'entrée dans la vie active [7] : en 2002, un jeune sur trois étant entré dans la vie active au cours des cinq dernières années est employé avec un contrat temporaire. Ces emplois précaires se concentrent dans certains secteurs de l'économie : l'industrie recourt davantage à l'intérim que le secteur tertiaire qui, lui, préfère avoir recours à des CDD et/ou à temps partiel.

Le cas des équipementiers de l'automobile permet de comprendre les enjeux de l'intérim : ce secteur où les établissements sont nés à l'occasion d'un mouvement d'externalisation de l'emploi est caractérisé par un fort volant d'intérimaires (et de CDD). Les intérimaires y sont utilisés de façon

---

[7]    Pauline GIVORD, « Formes particulières d'emploi et insertion des jeunes », *Économie et Statistiques*, n° 388-389, 2005.

quasi permanente. Il apparaît ainsi que l'intérim est non seulement un dispositif permettant de faire face aux fluctuations de la demande du client (c'est sa définition légale), mais aussi un dispositif de sélection et de mise sous tension des salariés. Les établissements, lorsqu'ils peuvent embaucher en CDI des ouvriers de production, recrutent des intérimaires présents depuis longtemps sur le site ou qu'ils connaissent bien. Ainsi l'intérimaire est conduit à faire preuve de docilité et d'implication au travail dans l'espoir d'une embauche définitive.

La sous-traitance automobile n'a pas le monopole de l'emploi précaire et du durcissement de la sélection des salariés qu'il permet. Dans le secteur des services marchands, la grande distribution constitue, à bien des égards, une sorte de laboratoire expérimental d'un mode « dur » de gestion de la main-d'œuvre : surveillance stricte et informatisée du travail des caissières, mise en concurrence systématique des salariées entre elles, peu de place accordée aux acteurs syndicaux (s'ils existent...), *turn-over* élevé de la main-d'œuvre. Dans un hypermarché de la région parisienne, dix mois après son ouverture en 1991, on constatait ainsi un *turn-over* de 100 % (sur les 692 embauches de cette année, seuls 349 salariés étaient restés au bout d'un an), avec des départs sous forme de licenciements, de démissions et des fins de contrat ou de périodes d'essai [8].

L'exemple de la grande distribution permet de revenir sur la question importante du temps partiel, très fréquent dans les services (activités non stockables), notamment les services domestiques (femmes de ménage, assistantes maternelles), dans le personnel de nettoyage des bureaux, les activités de restauration et de commerce. Du côté des salariés, le temps partiel signifie bien entendu aussi, on l'oublie trop souvent, un salaire partiel : le temps partiel subi est ainsi un des socles du phénomène des *working poor* ou travailleurs pauvres [9]. Jacques Rigaudiat rappelle que, en 2001, parmi les actifs « pauvres » (au sens de l'INSEE, percevant la moitié du salaire médian français), « la moitié d'entre eux a occupé un emploi stable pendant l'ensemble de l'année ».

Il existe aussi des formes moins visibles mais non moins réelles de précarisation. La première est le risque de perdre son emploi. Or la dernière enquête FQP (Formation et qualification professionnelle) de l'INSEE montre que le risque de perdre son emploi (on le mesure en comptant les

---

8  Voir Véronique GUIENNE et G. PHILONENKO, *Au carrefour de l'exploitation*, Desclée de Brouwer, Bruxelles, 1997.

9  Voir Margaret MARUANI, « Les *working poors*, version française travailleurs pauvres et/ou salarié(e)s pauvres ? », *Droit social*, n° 7/8, juillet-août 2003.

transitions annuelles de l'emploi pour le chômage) a augmenté pour toutes les catégories de salariés, qualifiés ou non qualifiés, jeunes ou âgés entre les années 1970 et les années 1990. Le taux de perte d'emploi pour les salariés du privé était de 1,5 % dans la période 1965-1970 et atteignait 8,9 % pour la période 1988-1993. Un tel chiffre permet de comprendre que la précarité est bien un processus qui traverse l'ensemble de la société et qui ne concerne pas seulement une population spécifique d'exclus.

La deuxième forme moins visible de précarisation est celle de la « déstabilisation des stables ». Dans les secteurs industriels qui ont été concernés par la sous-traitance et le développement de l'intérim (comme l'industrie automobile ou l'industrie nucléaire), des enquêtes de terrain montrent qu'il existe une concurrence très forte et conflictuelle entre les salariés stables en CDI (souvent des anciens), et les salariés temporaires (employés d'entreprises sous-traitantes ou intérimaires). Les conflits et les tensions portent sur le rapport au travail. Par exemple, les intérimaires acceptent les conditions de travail les plus dures, des cadences ou des horaires que les salariés permanents refusent.

Les permanents, qui ont toujours peur des licenciements, craignent que les intérimaires, souvent plus diplômés et jugés plus dociles, finissent par prendre leur place. Intérimaire chez Peugeot, Yamina, trente-deux ans, témoigne : « On n'a pas le droit à la moindre faille. Comme on vous promet une embauche, vous y croyez. » Elle précise : « J'arrive presque à faire un poste et demi. » Elle se sent mal vue par ceux qu'on appelle les « embauchés » « Comme on se défonce, ils sont obligés de suivre. En fait tout le monde vit mal. » C'est un cercle vicieux si « on fait mieux et plus vite, on rajoute une pièce en plus à faire ». Ce qu'on appelle « déstabilisation des stables » passe ainsi par cette mise en concurrence de salariés aux statuts et aux caractéristiques sociales variées qui aboutit à produire chez les salariés stables un sentiment de fragilisation et de démoralisation, un sentiment qu'on les pousse vers la sortie, même s'ils sont d'un point de vue juridique, des salariés stables puisqu'ils sont en CDI.

De tels mécanismes se rencontrent aussi dans le secteur public auprès de salariés qui sont protégés non seulement par un CDI mais aussi par le statut de fonctionnaire ou un statut approchant (comme dans les entreprises publiques telles la RATP ou la SNCF). Ces salariés sont stables, plus stables que d'autres en raison des droits et des devoirs inclus dans leur contrat de travail. Mais eux aussi sont de plus en plus conduits à travailler avec de nouvelles recrues qui ont un statut de droit privé (Les contractuels à la Poste) et qui incarnent pour eux au quotidien une menace sur leur statut. Là aussi on trouve des salariés juridiquement stables, mais moralement et psychologiquement déstabilisés, inquiets pour leur emploi.

S'agissant des emplois publics, il faudrait enfin évoquer toutes les transformations du travail, de l'introduction de nouvelles techniques de management qui ont contribué à déstabiliser dans leur travail des salariés. Par exemple, un guichetier de la Poste de plus en plus incité à « vendre » des produits postaux, ou un contrôleur de la SNCF pour qui le nombre d'amendes qu'il inflige devient un indicateur de sa productivité.

La précarité ne se résume pas à la nature de l'emploi et au type de contrat de travail, mais peut aussi être liée au type d'entreprise dans lequel on travaille. D'une part, les entreprises sous-traitantes se retrouvent en première ligne face aux variations de conjoncture et aux aléas du marché ; d'autre part, les salariés des petites entreprises sont structurellement fragilisés parce que le droit du travail s'y applique plus difficilement (faible présence syndicale, embauche sur une base locale et forme de proximité avec le patron qui sont autant d'obstacles à l'émergence d'un conflit). On assiste donc à une diversification des formes de contrat de travail qui signifient pour les salariés une perte des protections et droits attachés au travail dans la « société salariale ».

## L'érosion du droit du travail et ses effets sociaux

Certaines évidences méritent toujours d'être rappelées : les droits attachés au CDI ne valent pas pour les contrats courts, temporaires, ni pour l'intérim. Donc pour les précaires, pas question de pouvoir compter sur les indemnités à verser en cas de licenciement, sur les droits en termes de congés spéciaux, de formation, de reclassement, de carrière, sur un quelconque plan social (au-delà de dix licenciements). L'employeur, en limitant d'avance le temps de ses engagements, se dispense ainsi d'avoir à payer des indemnités de rupture [10].

La sous-traitance et l'externalisation de certains emplois permettent aussi aux employeurs de contourner le droit du travail : d'une part, nombre de textes législatifs et réglementaires ne s'appliquent qu'à partir

---

10 Rappelons que la loi française permet de ne payer les intérimaires que durant la durée de leur mission et non entre deux missions. L'intérimaire reçoit une indemnité de précarité, ce qui le prive de tout droit à préavis et de toute indemnité en cas de licenciement. Même si le temps de sa mission est supérieur à six mois.

d'un nombre minimum de salariés [11] et, d'autre part, les institutions représentatives des salariés (délégué syndical, délégué du personnel) sont fonction de la taille de l'entreprise. La grande majorité des salariés d'entreprises de moins de vingt salariés n'ont aucun représentant. Dans ces petits établissements, il n'y a ni comité d'entreprise ni section syndicale. Les risques de contournement du droit du travail sont alors renforcés, certaines dispositions juridiques se retrouvant non appliquées, en quelque sorte par ignorance [12].

Par ailleurs, l'externalisation des emplois n'obéit pas seulement à une recherche de gains de productivité, elle correspond souvent à une stratégie pour contourner les résistances de la lutte syndicale. Elle va toucher en priorité les activités et les personnels qui sont les plus organisés et prompts à la grève. L'absence de relais syndical au niveau du lieu de travail dans les petites entreprises ou l'absence de relation avec les syndicalistes de la part des travailleurs précaires est un critère essentiel de développement de la précarisation de l'emploi. En effet, c'est la section syndicale de base dans une entreprise qui, d'un côté, va informer l'inspection du travail des infractions au droit qu'elle repère et, de l'autre, va informer les travailleurs sur leurs propres droits. L'absence de relais syndical équivaut à un fort déficit d'information qui s'effectue au détriment des salariés et au profit des dirigeants d'entreprise. Enfin, en cas de conflit, l'identification de l'employeur est toujours difficile (à qui adresse-t-on la revendication ? À l'entreprise cliente ? À l'entreprise employeur ?), ce qui entrave l'exercice des droits collectifs des salariés.

S'il y a bien un trait caractéristique des salariés précaires au travail, c'est la grande difficulté qu'ils éprouvent à faire tout simplement respecter leurs droits. On se souvient avec précision, lors des « permanences » effectuées par l'union locale CGT d'Audincourt (Doubs), des timides entrées dans le local d'ouvrières, tout juste licenciées de leur usine (le plus souvent des sous-traitants de Peugeot) et qui présentaient ainsi leur requête : « Je viens de me faire licencier, on m'a dit d'aller voir à la CGT... pour me défendre. » En effet, il est quasi impossible pour les précaires de se syndiquer et, cercle vicieux oblige, le mélange d'éloignement des structures syndicales et de crainte de représailles en cas de contact prolongé avec les

---

11 Par exemple le droit d'avoir un comité d'entreprise ne concerne que les entreprises de plus de 50 salariés.

12 Le parquet de Colmar en 1999, devant le fait que les petits patrons évoquaient leur méconnaissance et la complexité du droit du travail, a décidé de faire subir aux fraudeurs des stages payants de formation au droit du travail.

délégués est sur les lieux de travail un grand obstacle à l'obtention d'informations et, davantage encore, à la revendication de leurs droits.

Résultat : les grèves, qui ont toujours été des révélateurs pour l'extérieur de tensions accumulées au travail, menées par des précaires ont été fort rares. Certaines ont eu lieu ces dernières années dans la restauration rapide, chez McDonald's en particulier [13]. D'un côté, on peut dire qu'elles vont à l'encontre de cette idée d'une contradiction entre précarité et action collective mais, de l'autre, elles s'expliquent aussi par la configuration particulière de ces lieux de travail : c'est la forte mobilisation dans le conflit des « managers », passés par l'université et titulaires d'un bac + 3 mais frustrés dans leur progression de carrière, qui ont su et pu entraîner dans l'action des équipiers, venant comme la plupart d'entre eux des cités de la région parisienne.

Enfin, la précarisation de l'emploi contribue à diversifier à l'extrême la condition salariale. Y compris parmi le personnel occupé sur un même site où les travailleurs peuvent relever d'un grand nombre d'employeurs et être gérés selon des règles différentes en matière de salaire ou d'horaires. La sous-traitance et le développement des emplois précaires ont contribué à faire coexister des individus qui ont le même travail, exécutent les mêmes tâches mais sous des statuts très différents (les salariés délégués temporairement par un établissement sous-traitant, des travailleurs temporaires délégués par des agences d'intérim, des travailleurs sous CDD directement embauchés par l'établissement).

Cette diversification des statuts et des employeurs fait éclater le collectif de travail, rend très difficile toute action collective, toute représentation organisée des salariés. C'est aussi un des processus qui nourrit la désyndicalisation. On assiste donc à une dualisation ou à une segmentation du salariat du fait de l'évolution du droit du travail avec, d'un côté, ceux qui ont un véritable emploi, avec un contrat « typique » auquel sont attachés des droits en matière de représentation, de formation, de congés et, de l'autre, ceux qui occupent des emplois précaires et qui se trouvent – en droit ou en fait – privés des droits liés à une présence durable dans l'entreprise. Alain Supiot rappelle que ce clivage est aujourd'hui bien plus structurant que l'opposition public/privé que l'on a tendance à brandir à toute occasion [14].

Un exemple permet ainsi de rappeler que la précarisation concerne aussi le secteur public. La ville de Paris emploie de nombreux vacataires

---

13  Voir Abdel Mabrouki, *Génération précaire*, Le Cherche Midi, Paris, 2004.

14  Alain Supiot, « Les nouveaux visages de la subordination », *Droit social*, n° 2, février 2000.

dans des emplois de service comme guichetier de musée ou gardien d'école. Michel est vacataire depuis cinq ans, gardien d'école à la ville de Paris : il n'a pas de congés payés, travaille 55 heures par semaine, gagne 1 100 euros et est ballotté d'école en école au gré des besoins. Il déclare sa franche hostilité aux syndicats accusés de laisser faire et de ne pas s'intéresser aux vacataires.

Enfin, la précarisation de l'emploi exerce ses effets en aval, sur la précarisation du travail. Le déclin de l'industrie et la montée des services constituent un mouvement structurel qui va de pair avec une mise en visibilité des formes d'organisation du travail dites « modernes » – polyvalence, autonomie, réactivité, etc. – et qui peut faire croire que le travail pénible a disparu. Or rien n'est moins sûr. Tant les enquêtes « conditions de travail [15] » que certaines enquêtes ethnographiques montrent que la pénibilité du travail perdure, en particulier pour les salariés d'exécution. Ces nouvelles pénibilités sont souvent mentales, désormais liées à la multiplicité et à la diversité des tâches à accomplir en même temps (pour les opératrices d'usine, les caissières d'hypermarchés), à la fatigue liée à la moindre porosité du temps de travail (la chasse aux temps morts sur les postes de travail), à la réduction des marges d'autonomie, à l'accélération des rythmes ou des cadences. Ces tendances à l'œuvre dans les entreprises industrielles qu'on a voulu dire trop vite « posttayloriennes » se retrouvent aussi dans beaucoup de métiers de service : le cas des centres d'appel est en l'occurrence exemplaire, à la condition de voir qu'il peut y avoir, dans ces lieux de travail de jeunes, une sorte de satisfaction à « bourrer » au travail et une envie de se faire remarquer pour d'éventuelles promotions. Cette pénibilité peut concerner les cadres, mais elle touche plus fortement les ouvriers et employés et ceux du secteur privé que ceux du secteur public où la syndicalisation et les luttes permettent de défendre encore des marges d'autonomie.

De toutes ces tendances, l'évolution des accidents du travail constitue un précieux indicateur. Alors que le taux de fréquence des accidents du travail avait diminué des années 1950 jusqu'aux années 1980, on observe depuis le début des années 1990, un retournement de cette tendance dans des secteurs comme le BTP, la métallurgie et les sociétés de services divers. Plusieurs enquêtes (sur l'industrie du nucléaire où la sous-traitance mais aussi sur la grande distribution) montrent le lien entre la précarisation de l'emploi et la fréquence des accidents du travail : les salariés en contrat

---

15  Voir les travaux de Michel GOLLAC et Serge VOLKOFF, notamment *Les Conditions de travail*, La Découverte, « Repères », Paris, 2004.

temporaire, les intérimaires et les salariés des entreprises sous-traitantes sont plus accidentés que les autres.

Cette suraccidentabilité est d'autant mieux établie que sont en même temps mis en évidence les processus qui entretiennent une invisibilité (une non-déclaration à la Sécurité sociale ou une non-reconnaissance et indemnisation) des accidents du travail dans le cas des emplois les plus précaires : les salariés en CDD ou en intérim, soit qu'ils ne connaissent pas leurs droits en matière d'accidents du travail, soit que leurs employeurs fassent pression sur eux, ont tendance à ne pas déclarer leurs accidents du travail [16]. Les entreprises qui externalisent certains emplois se dégagent aussi de leur responsabilité en cas d'accidents ou de maladies professionnelles. Elles sous-traitent non seulement le travail, mais aussi les risques qui y sont associés.

Là aussi on observe un clivage entre les grandes entreprises où les risques et les pénibilités évoluent plutôt de façon favorable et les petites et moyennes entreprise où la santé au travail se dégrade. Dans ce cas, ce ne sont pas seulement les travailleurs en contrat précaire mais aussi les salariés en CDI dans des entreprises en situation de sous-traitance qui sont concernés par cette surexposition aux accidents du travail : ces salariés sont isolés du fait de l'absence de syndicat. Ils sont mal informés du droit en matière d'accident du travail ou sur les obligations en matière de sécurité qui pèsent sur leurs employeurs et auxquelles souvent ils se soustraient car ils sont soumis à l'urgence et à la pression directe de leur client. Il est difficile d'abstraire ces processus d'un autre mécanisme, aujourd'hui central dans beaucoup de lieux de travail, à savoir l'affaiblissement de la solidarité des collectifs de travail et la détérioration de l'« ambiance » au travail [17]. On ne s'étonnera pas si ces phénomènes affectent en tout premier lieu les conditions d'intégration professionnelle des jeunes.

Nombre d'indicateurs permettent aujourd'hui d'établir une « montée de la précarité ». D'un point de vue sociologique, il conviendrait toutefois de ne pas se limiter à ce seul constat qui reste, malgré tout, assez flou.

Pour désigner cette nouvelle condition sociale, des chercheurs ont inventé le néologisme de « précariat ». Mais le statut d'emploi ne suffit

---

16  Voir Véronique DAUBAS-LETOURNEUX et Annie THÉBAUD-MONY, « Les angles morts de la connaissance des accidents du travail », *Travail et Emploi*, octobre 2001, n° 88, 25-42.

17  Voir les travaux de Michel PIALOUX, notamment « L'ouvrière et le chef d'équipe. Ou comment parler du travail ? », *Travail et Emploi*, n° 52, 1996.

pas à lui seul à définir et figer une position sociale. Pour ce faire, il convient de prendre en compte d'autres critères comme la position dans le cycle de vie, la situation matrimoniale, l'origine et la trajectoire sociale, le niveau de diplôme et le rapport à l'avenir. Sans cette attention aux différences, le risque peut être, sous couvert de cette expression de « précarité généralisée » (qui vaut dénonciation), d'homogénéiser le groupe des salariés précaires et de ne pas assez caractériser les différences de conditions de vie et de styles de vie qui séparent objectivement les précaires eux-mêmes.

On pourrait ainsi, dans le *continuum* des positions sociales associées à la vie précaire, examiner les pôles opposés qui seraient constitués, d'un côté, par le (la) jeune précaire, alternant petits travaux d'exécution et périodes de chômage non ou peu diplômé(e) issu(e) d'une famille populaire, vivant dans une cité d'une région frappée par le chômage de masse et la croissance inexorable du nombre de bénéficiaires du RMI et, de l'autre, un(e) autre jeune précaire, diplômé de l'enseignement supérieur, alternant des petits boulots intellectuels et chômage (les « intellos précaires ») qui, habitant le centre-ville d'une grande agglomération, peut s'appuyer sur les ressources de ses parents et de son réseau d'entraide et dont on peut dire qu'il (elle) vit une précarité moins subie, qui peut correspondre à une période de latence sociale ou de réorientation professionnelle, en attente de trouver un emploi correspondant à sa formation ou à ses aspirations.

Si le « précariat » est un concept sociologique promis à un bel avenir, tant les conditions socioéconomiques semblent pousser structurellement à son développement, il ne doit pas pour autant minimiser les fortes différences internes à ce groupe. Il faut sans cesse rappeler, au risque que cette mise en garde soit étiquetée comme « populiste », que ce sont les femmes et les jeunes de milieux populaires (les jeunes non qualifiés ainsi que les titulaires de « petits » diplômes universitaires) et, parmi eux les jeunes d'origine immigrée, qui restent le plus touchés par ces emplois peu protecteurs et même fragilisants et qui sont de plus en plus voués à la « peur du lendemain ».

### Pour aller plus loin

CASTEL Robert, *Les Métamorphoses de la question sociale. Chronique du salariat*, Fayard, Paris, 1996.

MABROUKI Abdel, *Génération précaire*, Le Cherche Midi, Paris, 2004.

MARTINEZ Daniel, *Carnets d'un intérimaire*, Agone, Marseille, 2003.

PAUGAM Serge, *Le Salarié de la précarité. Les nouvelles formes de l'intégration professionnelle*, PUF, Paris, 2001.

SUPIOT Alain (dir.), *Au-delà de l'emploi. Transformations du travail et devenir du droit du travail en Europe*, Flammarion, Paris, 1999.

# Des syndicats affaiblis et décalés

DOMINIQUE LABBÉ

**O**n dit souvent que les syndicats français se désintéressent des exclus, des chômeurs, des travailleurs précaires... L'affirmation est exacte, mais elle occulte le fait que c'est la très grande majorité des salariés français qui, en réalité, est devenue « invisible » et « inaudible » pour les syndicats.

L'état des forces syndicales permet de comprendre cette étrange cécité. En effet, on compte, en 2006, 2,2 millions de syndiqués (dont 1,9 million d'actifs) parmi les 22,5 millions de salariés français [1]. Non seulement les syndiqués sont rares, mais ils sont concentrés dans un nombre limité de secteurs. En effet, le noyau du syndicalisme français provient des salariés à statut des grandes entreprises nationales (EDF, SNCF, RATP, Arsenaux) auxquels il convient d'ajouter les postiers et les employés de France Télécom, les fonctionnaires de l'Éducation nationale, des Finances et de l'Équipement, les personnels des hôpitaux publics et des

---

[1] Toutes les indications concernant les effectifs des syndicats sont tirées d'une enquête pour la DARES (Direction de la recherche du ministère du Travail), sous la direction de Dominique ANDOLFATTO dont le rapport sera déposé à l'automne 2006. Une enquête du même genre avait déjà été réalisée en 1995, par Dominique LABBÉ, *Syndicats et syndiqués en France depuis 1945*, L'Harmattan, Paris, 1996.

collectivités territoriales. Ces salariés du secteur public, protégés par de solides garanties collectives, fournissent les deux tiers des syndiqués et l'essentiel des permanents et des dirigeants syndicaux. Tout naturellement, leurs préoccupations et leur vision du monde imprègnent le mouvement syndical français.

Dans le secteur privé, soit 16 millions de salariés, on ne compte que 600 000 syndiqués. Moins de 5 millions de salariés disposent d'une présence syndicale sur leur lieu de travail, même si, dans quelques grandes entreprises de l'aéronautique, du pétrole, de la chimie, du livre ou de la presse, on trouve une situation proche des entreprises publiques. Partout ailleurs, le syndicat se réduit à des élus invisibles en dehors des périodes électorales... Pour sept salariés du privé sur dix, le syndicalisme est devenu une idée vague, quand elle n'est pas empreinte d'une image négative.

Pourtant, il n'en a pas toujours été ainsi. Jusqu'à la fin des années 1970, plus du quart des salariés français étaient syndiqués et les autres avaient, dans leur grande majorité, facilement accès à un syndicat sur leur lieu de travail ou près de leur domicile.

## Le modèle syndical français

Dans tous les pays et en France, jusqu'à la fin des années 1970, la principale activité des responsables syndicaux d'entreprise consiste à fournir à leurs adhérents une aide individuelle contre les sanctions, les mutations arbitraires, les brimades – celles des chefs mais aussi celles des autres collègues – et pour résoudre les multiples problèmes de la vie quotidienne au travail : mauvaises conditions de travail, machines dangereuses, horaires incommodes, congés refusés, primes non payées... Cette fonction dite de « défense et recours » n'est guère appréciée des militants, car elle dévore leur temps sans faire avancer les luttes. Elle est pourtant acceptée, car la tournée du délégué était aussi le moyen de récupérer les cotisations et parce que des interventions efficaces permettent de gagner des adhérents et des électeurs. En fait, l'intervention des syndicalistes, l'action collective des salariés, les compromis passés avec la maîtrise étaient source d'une sorte de droit coutumier régissant la vie quotidienne au travail d'une manière plus souple et souvent plus efficace que le Code du travail ou la convention collective. Ce système a permis la modernisation « négociée » des entreprises et l'amélioration des conditions de travail durant la majeure partie du XXᵉ siècle. En France, une certaine culture ouvrière y était associée, qui constituait un facteur décisif d'intégration des jeunes, des ruraux déracinés, puis des immigrés.

Dans la plupart des pays fortement syndiqués (pays scandinaves, Angleterre, Amérique du Nord), la défense individuelle des syndiqués est principalement assurée par un professionnel salarié par le syndicat, ce qui garantit son indépendance par rapport à l'employeur. En France, comme en Allemagne, elle est prise en charge par un délégué du personnel (DP). Pour être efficace, ce délégué doit disposer du respect de tous dans l'entreprise. L'élection ne peut conférer cette autorité mais simplement la sanctionner.

Malheureusement, en France, la sélection de ces DP a été confiée aux bureaucraties syndicales qui n'apprécient guère les personnalités indépendantes et populaires mais préfèrent souvent les camarades idéologiquement « sûrs ». De plus, on a admis que cette fonction pouvait être cumulée avec d'autres, comme délégué syndical (DS) ou élu au comité d'entreprise (CE). En fait, le cumul des mandats est devenu systématique. En y ajoutant divers « droits » syndicaux implicitement ou explicitement négociés avec l'employeur, le syndicaliste peut maintenant consacrer la majeure partie de son temps au « travail syndical » et ne plus faire que de rares apparitions dans son atelier ou son bureau. Ce système condamne à mort la défense individuelle et la traditionnelle « tournée » des ateliers par le DP, car les fonctions de DS ou d'élu CE sont autrement plus gratifiantes et moins difficiles que celles du DP.

Dans les villes ouvrières, les syndicats étaient également accessibles hors du lieu de travail. En effet, dans tous les pays industriels, ils ne sont pas organisés sur le lieu du travail mais sur une base géographique plus ou moins large (toujours locale quand ils regroupent les ouvriers d'une même branche). Cette particularité renforce le syndicat : les frictions, qui existent sur le lieu du travail entre les différentes catégories de salariés, s'en trouvent réduites ; elle place l'organisation à distance des manœuvres patronales, et peut freiner les tentations « parlementaires » chez les élus du personnel (utiliser son mandat à des fins personnelles, s'isoler le plus possible de ses mandants...) ; elle mutualise les frais généraux (loyer du local, salaire du secrétaire, etc.) ; elle organise la solidarité en cas de grève dans une entreprise ou lorsque l'une des sections se trouve en difficulté ; enfin et surtout, elle permet d'appointer un négociateur chargé de discuter avec les employeurs au nom de leurs salariés. Ce dernier point est capital : le salaire du négociateur dépend des syndiqués, pas de l'employeur, ce qui évite les pressions que celui-ci est toujours tenté d'utiliser quand le négociateur est l'un de « ses » salariés (comme c'est le cas en France depuis l'institution du DS). Dans ce système, le chômeur continue à être syndiqué, il a accès au syndicat local et garde ainsi un lien avec son métier et ses collègues. Des aides sont prévues en sa faveur. Certes, le « placement » a été rapidement abandonné, mais les informations concernant les offres d'emploi sont diffusées et des aides sont accordées, notamment la prise en charge des frais de déplacement pour se rendre à un entretien d'embauche (le « viatique » d'autrefois).

Dans tous les pays industriels où le syndicalisme est puissant, on trouve une organisation territoriale de ce genre, dans laquelle le local syndical – payé par les cotisations des membres, non par l'employeur – est le lieu d'une vie collective plus ou moins intense.

En France, la création de la section syndicale d'entreprise après Mai 68 a rompu cet équilibre. Dotés de locaux et de ressources sans commune mesure avec les maigres cotisations d'autrefois, les syndicalistes d'entreprise n'ont plus besoin des adhérents ni du syndicat. Un indice de cette autonomie : les confédérations syndicales françaises ne connaissent pas la moitié des entreprises privées dans lesquelles elles sont censées être présentes ! Privée du tissu collectif qui faisait autrefois sa force, la section syndicale d'entreprise repose alors sur quelques individualités qui peuvent se décourager, partir à la retraite, être achetées par l'employeur ou licenciées si elles résistent... Les statistiques des élections aux CE permettent de suivre le mouvement des implantations syndicales jusqu'au milieu des années 1990 : on assiste à un recul continu de leur présence dans les entreprises privées françaises. Depuis lors, les statistiques ne permettent plus cette mesure, mais le sens général de l'évolution ne fait aucun doute. L'institutionnalisation est synonyme de disparition des syndicats de la plupart des lieux de travail, même s'ils continuent à présenter des listes aux élections et à mener des « négociations » plus ou moins formelles avec l'employeur.

## ▓▓▓▓ L'affaissement des résistances collectives

On a souvent noté que, jusqu'aux années 1980, les entreprises françaises répugnaient aux licenciements, préférant les réductions d'activité, voire le chômage partiel. On attribue généralement cette attitude au paternalisme du patronat traditionnel et l'on ne fait pas le lien avec la présence syndicale et l'ambiance particulière qui en résultait. En fait, les employeurs utilisaient les sanctions et les licenciements avec prudence, car de telles mesures étaient à l'origine d'une grande partie des grèves spontanées si fréquentes dans l'histoire sociale française. Par exemple, en mai 1936, les deux premières grèves avec occupation ont éclaté au Havre et à Toulouse pour protester contre des licenciements d'ouvriers qui n'étaient pas venus travailler le 1er mai. À partir des années 1970, l'institutionnalisation des syndicats – c'est-à-dire la liquidation des collectifs ouvriers – a rendu possibles les « plans sociaux » qui ont marqué un tournant dans l'histoire des relations industrielles en France.

Sur le lieu du travail, l'affaiblissement des capacités d'action collective des salariés a eu des conséquences considérables, notamment sur les conditions de travail (la fameuse « flexibilité »). Certes, la présence syndicale sur le lieu de travail fut un puissant facteur d'amélioration. Par exemple, la création des délégués à la sécurité dans les mines, institution qui a inspiré les DP, puis les comités d'hygiène et de sécurité. Mais la loi et les inspecteurs du travail ne peuvent à eux seuls rendre effectives ces institutions. Pour se traduire dans la réalité des entreprises, il leur faut un réseau collectif capable d'alerter les délégués quand se pose un problème et de contrôler ensuite la bonne application des décisions. Sans action collective, ces institutions de prévention deviennent progressivement des coquilles vides. Pire : les élus, surtout préoccupés par leur réélection, se mettent d'accord avec l'employeur pour compenser les pénibilités ou les nuisances par des primes, électoralement payantes, mais catastrophiques pour la santé et la sécurité des salariés.

En France, les conséquences sont particulièrement claires : on assiste depuis plus de vingt-cinq ans à une dégradation continue des conditions de travail de la majorité des salariés du secteur privé, à une augmentation inquiétante des accidents du travail et des maladies professionnelles. Cette dégradation continue est confirmée par toutes les enquêtes, trop rares, mais dont le sérieux n'est pas discutable [2]. Pourtant, ces mauvaises nouvelles sont tombées dans une indifférence générale : les pouvoirs publics sont restés silencieux, le patronat a semblé indifférent, de même que la plupart des dirigeants syndicaux, la presse s'en est désintéressée, les chercheurs ont cherché ailleurs, à quelques rares exceptions qui n'ont pas été écoutées.

Tout s'est passé comme s'il y avait eu un échange inégal : une réduction (très faible) du temps de travail et quelques primes en contrepartie

---

[2]  Certains résultats des enquêtes sur les conditions de travail ont été publiés par la Direction de la recherche du ministère du Travail dans *Premières informations* (accessibles en ligne : www.travail.gouv.fr). Voir également les enquêtes européennes en ligne sur le site de la Fondation européenne pour l'amélioration des conditions de vie et de travail : www.fr.eurofound.eu.int/

d'une intensification et d'une flexibilisation du travail souvent brutales. La disparition des collectifs de travail – dont le syndicat était un vecteur – fait que, pour la première fois dans l'histoire industrielle moderne, les employeurs ne se heurtent plus à la résistance collective qui était la hantise du taylorisme. Au contraire, la disparition des militants et de l'ambiance créée par la présence syndicale, ainsi que l'éclatement des équipes traditionnelles en « modules autonomes » ont laissé les salariés démunis face à cette évolution des techniques de production. L'individualisation des tâches, devenue la règle, fait peser sur chaque salarié un autocontrôle autrement plus rigoureux que celui du bureau des méthodes d'autrefois. Certes, les salariés n'accepteraient pas de revenir au travail à la chaîne d'antan, mais peu sont conscients du prix qu'ils paient pour leur autonomie (souvent illusoire et peu sécurisante).

Il existe beaucoup d'autres symptômes de cette dégradation des relations professionnelles en France. Par exemple, l'encombrement des conseils de prud'hommes dont tout le monde semble s'accommoder, alors que le principe même de ces juridictions d'exception était de rendre une justice rapide et fondée sur l'équité plus que sur le respect strict de règles de droit d'ailleurs de plus en plus obscures...

L'institutionnalisation des syndicats français, c'est aussi la disparition de leurs implantations locales. Certes, il existe toujours des édifices nommés « Bourses du travail » ou « unions départementales » mais elles hébergent maintenant des permanents « politiques » peu au fait de la réalité des entreprises de la région. La plupart des syndicats n'assurent plus de permanence et le chômeur ou le travailleur précaire ne peuvent s'y rendre pour conserver un lien avec leur profession et avec leurs anciens camarades. Ils n'y trouveront plus une écoute, des aides et des informations concernant l'embauche. S'ils sont aiguillés vers les sections de leurs entreprises, ils se verront répondre que, ne faisant plus (ou pas) partie du personnel, on ne peut s'occuper d'eux... S'il sont renvoyés vers une association de chômeurs ou vers le syndicat des intérimaires, ils y trouveront les dernières personnes qu'ils ont envie de rencontrer, puisqu'elles ne peuvent guère les aider et qu'elles leur renvoient une image désespérante de leur propre condition.

## Un « syndicalisme sans adhérents »

Au fond, partis et syndicats français font preuve de la même surdité face à la montée de la précarité, du chômage et à la dégradation des conditions de travail du plus grand nombre des salariés. En effet, les dirigeants politiques et syndicaux proviennent du même milieu et ils ont la même base sociale : les « gens du public ». Même si leur travail est parfois difficile et leurs statuts souvent fragilisés par l'institutionnalisation de leurs propres syndicats, ils évoluent dans un univers relativement protégé et se révèlent incapables de voir la dégradation des conditions de travail et de vie de l'écrasante majorité de leurs concitoyens.

Les premiers responsables de cet aveuglement sont sans doute les syndicalistes eux-mêmes, mais les employeurs et l'État portent également une lourde responsabilité. En effet, depuis les années 1960, les gouvernements successifs – de droite comme de gauche – et les dirigeants des grandes entreprises ont cherché à renforcer le syndicalisme : ils considéraient que des syndicats « forts » (raisonnables ?) étaient des acteurs indispensables au dialogue social et à la modernisation des entreprises et des administrations. Pourtant, le résultat se situe à l'opposé du but poursuivi : affaiblissement continu des organisations, incapacité à mettre fin aux divisions, représentativité de plus en plus problématique, montée des corporatismes, blocages de tous ordres, flambées de colère et de violence...

Les multiples droits, aides et protections accordés aux syndicats ont été conçus pour bénéficier à l'ensemble des salariés compris dans le champ des mesures adoptées. Mais ces droits, ces protections, ces financements ont été accaparés par quelques dizaines de milliers de professionnels de la représentation – les syndicalistes – qui n'ont plus de liens, autres qu'électoraux, avec les salariés qu'ils sont censés représenter et qui n'ont plus qu'une connaissance assez théorique de la situation réelle et des attentes de ces salariés. Cette situation n'exclut pas le dévouement et l'altruisme, au niveau de quelques petits groupes, mais elle interdit l'émergence d'un « modèle social français » aussi introuvable dans la réalité qu'il est omniprésent dans les discours.

Enfin, on ne peut évoquer la fatalité et, contrairement à ce que disent les contempteurs de la mondialisation, il ne faut pas chercher les responsables au loin mais bien dans la confiscation des organisations collectives sans lesquelles aucune société organisée ne peut vivre. Dans le domaine des relations professionnelles, l'intervention de l'État ne peut rien arranger. Bien au contraire, depuis près de quarante ans, l'action « volontariste » de l'État – qu'ont voulue les politiques de droite comme de gauche – n'a fait qu'étouffer la capacité d'action autonome des salariés et elle a permis l'émergence d'un « syndicalisme sans adhérents » aussi gourmand qu'inefficace. Ces interventions sont la principale explication de la situation dans laquelle se trouvent les millions de « salariés de la précarité », soumis à la dure loi du marché et privés des instruments nécessaires à leur défense collective.

## Pour aller plus loin

ANDOLFATTO Dominique et LABBÉ Dominique, *Sociologie des syndicats*, La Découverte, Paris, 2000.

ANDOLFATTO Dominique et LABBÉ Dominique, *Histoire des syndicats*, Seuil, Paris, 2006.

ASKENAZY Philippe, *Les Désordres du travail*, Seuil, Paris, 2004.

BEAUD Stéphane et PIALOUX Michel, *Retour sur la condition ouvrière. Enquête aux usines Peugeot de Sochaux-Montbéliard*, Fayard, Paris, 1999.

CFDT, *Le Travail en question : enquêtes sur les mutations du travail*, Syros-La Découverte, Paris, 2000.

GOLLAC Michel et VOLKOFF Serge, *Les Conditions de travail*, La Découverte, Paris, 2000.

LABBÉ Dominique, *Syndicats et syndiqués en France depuis 1945*, L'Harmattan, Paris, 1996.

PAUGHAM Serge, *Le Salarié de la précarité*, PUF, Paris, 2000.

# La solitude
# des enfants
# des quartiers populaires

LAURENT OTT

L a jungle des travaux scientifiques spécialisés sur les questions d'éducation est tellement dense qu'il est parfois difficile de se faire une idée de la situation concrète des enfants et des adolescents d'aujourd'hui et encore moins d'entrevoir les tendances lourdes qui sont à l'œuvre au sein de l'école. Cette situation s'explique largement par la fragmentation des sujets de recherche (résultats dans certaines disciplines, orientations, choix de filières) et par la captation de ces recherches par des problématiques strictement internes à l'institution scolaire.

Rares sont, en outre, les études qui se proposent de mettre en cohérence les tendances de fond qui affectent non seulement l'école, mais aussi l'organisation des loisirs, des activités culturelles et sportives. C'est pourtant de tels rapprochements qu'il faut faire si on veut comprendre ce paradoxe, rarement perçu par les sociologues de l'éducation : comment se fait-il que les enfants et adolescents d'aujourd'hui soient autant livrés à eux-mêmes, autant à l'écart de la vie des adultes, alors qu'on n'a jamais vu autant de professionnels, de lieux de structures se consacrer à leur suivi ?

## Une nouvelle « ère scolaire »

Les mutations sociales entraînées par les changements économiques et notamment l'apparition d'un chômage de masse dans les années 1980 ne pouvaient pas rester sans influence, même retardée, sur les pratiques et les modèles d'enseignement.

C'est le ministre de l'Éducation nationale Jean-Pierre Chevènement qui va ouvrir, en 1984, une nouvelle « ère scolaire » autour d'un thème qui ne va cesser de s'affirmer jusqu'à aujourd'hui : la restauration de l'autorité de l'institution scolaire.

Les instructions officielles du ministère marquent, en 1985, la fin officielle des « matières d'éveil », le rétablissement de l'éducation civique et de l'apprentissage de *La Marseillaise* ainsi que l'affirmation d'un républicanisme « fort » [1]. Jean-Pierre Chevènement se présente alors dans la presse comme l'« ombre de Jules Ferry » et se prononce pour le retour des « leçons de morale » à l'école. Ses instructions assignent à l'école la mission de se concentrer sur les « apprentissages de base ». L'éducation civique quant à elle constitue « l'élément fondamental de l'éducation dans un État républicain, garant des libertés ». Elle « a pour objectif de « développer chez l'élève le sens de l'intérêt général », « le respect de la loi, l'amour de la République ». « Pour cela, l'élève doit être éclairé, c'est-à-dire instruit des droits et devoirs que le citoyen exerce pleinement à sa majorité. » Ces objectifs s'accompagnent de la restauration de connaissances apprises « par cœur », notamment en histoire-géographie et d'une critique des pratiques éducatives issues des années 1970 (les méthodes dites « globales », les maths dites « modernes », la « non-directivité », etc.).

Depuis lors, les éléments de cette rupture n'ont cessé d'être repris et adaptés par ses successeurs : François Bayrou s'est fait le chantre du retour aux méthodes syllabiques d'apprentissage de la lecture, Luc Ferry de l'apprentissage « par cœur », Jack Lang du retour (lui aussi) de *La Marseillaise* à l'école, et François Fillon de l'instauration d'un « socle commun » de connaissances. Dans tous les cas, il s'agissait de présenter comme des « progrès » des objectifs qui proposaient pourtant des « retours » : il s'agit de renvoyer les enfants à leur juste place, à leur devoir d'obéissance et aux savoirs de base qu'ils doivent acquérir.

---

1  MINISTÈRE DE L'ÉDUCATION NATIONALE, *Collèges – Programmes et instructions 1985*, CNDP, Pour la première fois immédiatement publiées en livre de poche, ces instructions constituent un véritable outil de communication politique. La méthode sera plus tard reprise par Jack Lang et François Fillon.

Ce retour aux méthodes et fondamentaux traditionnels, pour éviter de paraître par trop réactionnaire, était justifié au nom même des élèves les plus en difficulté, qui font l'objet d'une attention particulière dans la plupart des instructions officielles depuis 2005. À chaque fois, le mot d'ordre est le même : repérer le plus tôt possible les problèmes comportementaux, voire médicaux (tels la dyslexie), « responsabiliser les familles » et « contractualiser » la relation éducative. L'idée est bel et bien de déceler le moindre signe avant-coureur de problèmes chez les enfants et de charger (le terme employé est « associer ») les parents des démarches et rééducations et d'assister de près les enseignants ; dans les faits, si la famille n'y arrive pas, ou ne répond pas, elle risque fort d'apparaître comme « défaillante ».

Ce changement de paradigme éducatif s'opère d'autant plus efficacement dans les pratiques enseignantes qu'il peut s'appuyer sur la nostalgie des enseignants, voire des parents eux-mêmes, des pratiques élitistes traditionnelles qui avaient réussi à subsister tout au long des années 1960 et 1970 de façon « clandestine », mais aussi sur la désorientation des enseignants confrontés à une nouvelle forme de contestation sociale : problèmes d'autorité, montée en puissance du phénomène dit de « violence scolaire », perte de prestige de l'ensemble des fonctionnaires dans la société française sous l'effet d'une critique de leur « coût économique », etc.

L'originalité de la période que nous vivons est cette alliance étonnante entre les justifications d'ordres scientifique et médical et celles qui relèvent du souci de la restauration de l'autorité de l'école, en passant par la sécurité ou de la prévention de la délinquance. Les pratiques disciplinaires de l'école actuelle cumulent en effet aujourd'hui ces deux logiques : les enfants en difficulté sont considérés comme victimes de dysfonctionnements cognitifs ou psychologiques qui sont pris en compte pour leur gravité propre mais qui sont également perçus comme autant de signes avant-coureurs de conduites « antisociales ».

Toute proximité de l'enfant, tout projet éducatif fondé sur le développement de ses capacités d'expression sont dorénavant à proscrire. Le verbe « éduquer » est surtout entendu comme le fait d'amener un enfant à avoir un comportement acceptable pour l'école et les institutions publiques dans leur ensemble. Par ailleurs, l'activité scolaire est de plus en plus dévolue à la productivité et aux résultats et ne laisse plus de temps pour le jeu ; l'activité physique elle-même, qui a pu, par le passé, représenter un exutoire, peut être réduite selon les écoles (on compte le temps des récréations comme de l'activité sportive, ou les « temps » sont supprimés car « on est en retard dans le programme ») mais le plus souvent encore envahie par la recherche de la conformité à un standard de performance. Le même souci d'« efficacité » et de recherche de standard de qualité touche les arts plastiques ou l'expression écrite : on travaille sur des séquences courtes et centrées sur des résultats rapides. L'activité libre de l'enfant, en lui donnant du temps pour la réaliser paraît toujours de plus en plus loin des pratiques acceptées par la hiérarchie.

Depuis 1985, et d'une façon continue, ce sont des savoirs disciplinaires appauvris qui sont remis au premier plan : il s'agit de définir des objectifs moins ambitieux, plus simples mais mieux contrôlés, bref revenir aux savoirs de « base ». L'objectif affiché de lutte contre l'« échec scolaire » doit être compris dans sa dimension « prédictive » : en se focalisant sur la peur de l'échec à très court terme (le passage dans la classe suivante), on sacrifie les objectifs à plus long terme, ce qui contribue à faire perdre son sens au travail scolaire, pour les enfants, comme pour les enseignants et les familles. À cette fin, on multiplie les évaluations à la fois collectives et individuelles centrées sur deux disciplines (le français et les mathématiques) et sur les opérations les plus normalisables et élémentaires liées à ces disciplines.

## Enfermés à l'école

Les questions de sécurité individuelle, sanitaire, collective et policière vont prendre, à partir des années 1980, de plus en plus de place dans le quotidien des écoles. Elles affectent principalement l'enseignement primaire, qui avait développé le plus de pratiques d'ouverture sur le monde extérieur.

Un exemple parmi d'autres : les sorties scolaires tendent ainsi à diminuer en nombre, en fréquence, en distance et en durée. On sait peu que le maintien du plan Vigipirate (défini en 1978 et ininterrompu depuis 1991) a rendu *de facto* impossible aux classes de décider et effectuer par elles-mêmes leurs sorties et déplacements, par l'interdiction des transports en commun et le strict encadrement de tous les autres modes de déplacement : les cars sont rares et chers, à la merci du bon vouloir des municipalités qui n'hésitent plus dès lors à donner leur avis sur les projets pédagogiques qui doivent justifier les demandes ; les sorties sont soumises à projet, à justification, réservation, et aux tracasseries de la part du directeur de l'école, de l'inspecteur de circonscription et, de plus en plus, du maire, acteur de plus en plus omniprésent en matière de sécurité.

Les possibilités d'ouvrir l'école aux pratiques de découverte de l'environnement, à la spontanéité et à l'initiative des classes, à l'ouverture sur le monde des adultes et à travers eux, sur le monde du travail et de l'organisation sociale, n'ont fait que reculer sous le coup de réglementations de plus en plus draconiennes, édictées au nom de la sécurité. Combien d'enseignants peuvent encore aujourd'hui organiser une simple sortie en vélo avec leurs élèves ? Combien peuvent encore faire du roller en classe entière dans la cour de l'école ? Combien peuvent organiser avec ces derniers un camp itinérant avec camping pour découvrir leur région ?

Au primaire, les enfants se retrouvent de plus en plus enfermés dans leur école, et même au sein de leur propre classe : on ne compte plus les écoles où les enfants n'ont plus le droit de sortir seuls pour aller aux toilettes. Rares sont les écoles où on laisse les enfants monter et descendre par eux-mêmes en classe, à une époque où la tendance est plutôt à proscrire et réglementer tout ce qui se passe dans la cour : ici, on interdit les ballons en cuir, là les ballons tout court, ailleurs les images et les cordes à sauter, là encore les foulards, écharpes et sucettes ; nombre d'équipes d'enseignants et de directeurs limitent les zones autorisées dans les cours de récréation pour les rétrécir, voire limitent les possibilités de se rendre aux toilettes pendant les récréations elles mêmes.

À l'intérieur même de la classe, la discipline n'est plus abordée comme la conséquence directe de la nécessaire organisation du travail collectif, mais comme une matière, un enseignement à part entière, ou alors comme une compétence préalable qui donne lieu à délivrance de notes et qui conditionne l'avenir de la scolarité de l'enfant. Les dernières instructions officielles établissent la délivrance, au collège et au lycée, d'une « note de conduite » qui compte dans la moyenne des élèves et pour l'obtention du brevet, allant en cela à l'encontre de l'évolution de la pensée pédagogique qui proposait de différencier l'évaluation du travail, de celle du comportement, et cela afin d'éviter les phénomènes de « double peine » : le risque que les sanctions puissent venir affaiblir ou dénaturer les résultats scolaires.

En effet, au-delà de la sanction directe des comportements jugés « déviants » des enfants sous forme de punitions ou d'influence sur les résultats de leur travail, c'est bien l'image même de l'enfant et de ses possibilités de progresser au sein du système scolaire qui se trouve aujourd'hui affectée par la mise en avant des problèmes comportementaux ; combien d'enseignants en CP préjugent couramment le succès ou l'insuccès de leurs élèves dès le premier jour de classe à travers leur capacité à se tenir tranquilles à une table sans rien faire ? On comprend combien le rapport de l'INSERM sur le « trouble des conduites chez l'enfant et l'adolescent [2] », les propositions récentes de la Haute Autorité sanitaire [3] de dépister précocement la psychopathie (syndrome au statut problématique de l'aveu même de cette « Haute Autorité » et qui se définit justement par l'instabilité des enfants dans les institutions qui les accueillent) viennent renforcer une puissante tendance professionnelle. On n'est pas loin du « livret de comportement », destiné à suivre (ou poursuivre ?) les enfants tout au long de leur développement, évoqué devant la presse par Nicolas Sarkozy en 2005 et dont on trouve comme un écho dans l'assignation faite aux services de PMI (protection maternelle et infantile) de détecter les troubles précoces de la conduite [4].

On objectera facilement que cet enfermement n'est pas si nouveau et que les écoles d'autrefois étaient bien connues pour leurs pratiques autoritaires et répressives vis-à-vis de la jeunesse. C'est exact, à ceci près que cette fois les progrès des pratiques autoritaires et d'enfermement dans et autour de l'école sont décrites par leurs promoteurs comme un « sain » retour à un juste statut de l'enfant ; on présente comme un « progrès » une régression consciente et affirmée du statut et des libertés de l'enfant à l'école par rapport aux années 1970 et 1980.

Ce tournant disciplinaire de l'école est assorti de nouvelles justifications. Les écoles des années 1930-1950 (dont le fonctionnement de type « casernes » a été dénoncé dans les années 1960) justifiaient leurs pratiques autoritaires et coercitives par le caractère immuable et traditionnel de l'institution : en bref, il s'agissait pour tout le monde d'en passer par là. Les nouvelles pratiques de l'école vont chercher leurs justifications dans des registres bien plus dérangeants, au moins en milieu défavorisé : c'est en faisant référence aux problèmes spécifiques des individus et des familles qu'on replie l'école sur elle-même ou qu'on en appelle à une gestion stricte et « non complaisante » des élèves. On est ainsi passé d'une logique éducative à une logique *rééducative* : le régime disciplinaire auquel on soumet l'enfant est aujourd'hui censé corriger les défauts de son éducation familiale. Il s'agirait de lui donner des « repères » et des « limites » que ses parents ou son milieu n'auraient pas su lui imposer. On véhicule ainsi à l'école une image d'emblée péjorative tant des parents que de leur

---

2  http://ist.INSERM.fr/basisrapports/trouble-conduites.html.

3  *Actualités sociales hebdomadaires*, 23 juillet 2006.

4  Cette mission de repérage systématique retirée du projet de loi sur la prévention de la délinquance avant son examen, a été réintroduite par voie d'amendement dans une autre loi de 2006 : celle réformant la protection de l'enfance.

milieu social ou culturel d'origine. Les parents eux-mêmes sont seulement associés à cette politique et surtout sommés de prendre des mesures et de venir en aide à une institution scolaire qui cherche à refonder son autorité.

Classe après classe, les enfants et leurs parents se trouvent alors « coincés » par les injonctions « éducatives » qu'ils reçoivent : du point de vue de l'institution scolaire, ils accumulent les fautes, les retards, les manquements, les lacunes dans les prescriptions qu'ils reçoivent continuellement de la part des enseignants, des réseaux d'aide [5], des directeurs d'école et des rééducateurs. Les parents ne peuvent plus dès lors opposer quelque légitimité que ce soit à une institution qui, peu à peu, se spécialise dans le pointage des fautes et la surveillance des familles. Les parents se trouvent alors contraints d'adhérer aux mesures de rééducation, redoublement, aux orientations, aux parcours individualisés, aux classes aménagées « proposées », etc.

Situation paradoxale des parents par ailleurs reconnus comme des « partenaires » de l'école – leur accord sur toute orientation est obligatoire. Cette tension entre des droits affirmés et des pratiques de plus en plus autoritaires favorise alors la prise en compte par l'institution scolaire des parents socialement et culturellement installés. En cas de litige avec l'école, ces derniers obtiennent facilement le renoncement à des orientations scolaires précoces pour des résultats moyens, là où les parents plus défavorisés font confiance aux professionnels ; de même, les parents favorisés savent toujours mieux se faire entendre pour éviter à leur enfant la classe de tel enseignant ou l'école du bout de leur rue. En cas de conflit, ils arrivent en général à faire admettre leur point de vue, et savent produire les arguments qui vont dans leur sens en faisant intervenir médecins et spécialistes extérieurs. À l'inverse, les parents plus défavorisés renoncent, dans la plupart des cas, à s'opposer tant la partie leur semble par trop inégale.

L'incapacité des parents les plus fragiles à contredire l'institution ou l'enseignant peut être mise en lien avec le renoncement progressif à la culture « du débat contradictoire ». Le consensus semble être devenu non seulement un « bien en soi » mais quasiment une norme. Il paraît normal par exemple que les parents partagent les points de vue des enseignants (comme ceux des policiers) quand ceux-ci sanctionnent leurs enfants.

---

5  Les réseaux d'aide sont des structures internes de l'Éducation nationale (premier degré), communes à un territoire et destinées à « aider » les élèves en difficulté et leur famille. Chaque réseau d'aide compte un ou deux rééducateurs, enseignants spécialisés dans l'accompagnement de la difficulté scolaire.

Le fait, pour des parents, de « soutenir leurs enfants » n'est plus perçu comme une évidence mais comme une connivence, voire comme un acte de complicité. De la même manière, dans le cadre des procédures judiciaires, l'accompagnement dans la sanction, la reconnaissance anticipée de la culpabilité, la capacité du délinquant à reconnaître les faits, à seconder la police, à aider l'enquête menée contre lui, à exprimer des regrets, à réparer les préjudices ont parfois de nos jours plus de poids dans la détermination de la peine que le délit initial. À l'école, ce n'est pas si différent : les dispositifs d'accompagnement des élèves en difficulté qui fleurissent réforme après réforme ont tendance à se transformer en modes d'accompagnement des familles à accepter et admettre l'échec de leurs enfants.

## À l'extérieur de l'école : un autre déni d'éducation

Ces tendances lourdes ne se limitent pas seulement à l'école. Elles affectent l'ensemble des institutions de loisirs, culturelles ou d'encadrement, qui ont tendance à reproduire le même schéma ; il s'agit, pour chacune d'elles, de revenir à des « compétences », ou des normes de comportements à transmettre au détriment de toute référence à des notions d'accueil, d'accompagnement, de découverte, d'éducation au risque ou d'apprentissage de l'autonomie. Cette priorité donnée par l'école aux objectifs internes qui favorisent avant tout son propre fonctionnement est largement reprise par les institutions de loisirs, culturelles ou sportives : il s'agit avant tout d'obtenir des enfants accueillis, et de leur famille, une adhésion aux objectifs qui rend inutile un travail éducatif, préalable à l'intégration d'un individu au sein d'un collectif que l'on supposera comme relevant de responsabilités extérieures ; il s'agira de sanctionner les attentes divergentes des enfants vis-à-vis de l'activité proposée ou leurs écarts de conduite, au nom de leur « manque d'éducation ». Il s'agit donc, là encore, de faire accepter le découragement de l'enfant, ou son exclusion, à partir d'un constat partagé sur son parcours dans la structure éducative.

Pour y parvenir, les centres de loisirs, cantines, maisons des jeunes se dotent progressivement des mêmes outils que les écoles : les enfants et adolescents d'aujourd'hui savent bien que l'arrivée dans une nouvelle structure est consacrée à l'écoute des sanctions qui les attendent et des mises en garde inévitables ; très fréquemment, ils sont invités à produire eux-mêmes le règlement intérieur qu'on leur opposera par la suite.

Dans tous les lieux, s'impose la règle du « donnant-donnant », issue de l'école. C'est par exemple l'enseignant qui dit à ses élèves qu'une récréation, ou qu'une séance de sport ou de jeux, « ça se mérite », qu'elle est la récompense de la réalisation d'un travail préalable ou la contrepartie de l'arrêt d'une certaine « agitation » du groupe. En centre de loisirs, on retrouve la même logique ; le fait que le groupe puisse pratiquer telle ou telle activité convoitée fait l'objet d'un marchandage constant, dont le principe semble aujourd'hui faire consensus.

La multiplication des services et des activités de loisirs et parascolaires ne doit donc pas faire illusion ; dans la réalité, la totalité des enfants sont bien loin d'en toucher un profit important. D'abord, une grande partie d'entre eux n'accèdent à rien car leurs parents déjà exclus de l'emploi, de la culture et des loisirs (ou du droit au séjour régulier) ne perçoivent pas l'intérêt de faire garder leurs enfants ou de les inscrire dans des structures souvent coûteuses ou peu accessibles. Par ailleurs, quantité d'enfants n'accèdent à ces structures que d'une façon très intermittente. Au fond, il existe de moins en moins de lieux et d'adultes qui seraient chargés de l'accompagnement et de l'encadrement d'un même groupe d'enfants vivant à proximité, sur le long terme.

En somme, les bulletins municipaux de la plupart des villes ont beau de plus en plus ressembler à un catalogue de cocagne avec leur lot d'activités offertes ou proposées (en réalité le plus souvent directement ou indirectement payantes, voire assez coûteuses), il n'en demeure pas moins que les enfants d'aujourd'hui échappent tout simplement aux relations éducatives dont ils auraient besoin.

Bien qu'on le remarque rarement, il est frappant que, lorsque l'enfant fréquente un dispositif d'animation, culturel ou social, il y est de moins en souvent mêlé aux enfants de son quartier. De nombreuses communes centralisent leurs centres de loisirs et n'y intègrent plus qu'une fraction de leur population enfantine, ceux dont les parents travaillent, ceux qui sont inscrits, ceux qui sont à jour de leurs cotisations et de leurs factures ; de nombreuses maisons de jeunes ne fonctionnent pas autrement et reçoivent des adolescents ou préadolescents inscrits à des activités précises dans des horaires établis qui ne leur permettront pas d'y retrouver ceux qui ont fait d'autres choix. Les centres de vacances et séjours sont de plus en plus souvent sous-traités par les communes ou les comités d'établissement à des associations prestataires qui n'accordent qu'un nombre limité de places. Tous ces éléments concourent à limiter l'effet de socialisation des enfants à partir de leur environnement réel et proche : à la confrontation régulière et soutenue des enfants du voisinage se substitue la rencontre avec des enfants du même milieu mais auprès desquels on ne vit pas ; on y perd tout à la fois la rencontre de l'hétérogénéité et le suivi de relations durables.

Ce refoulement spatial se double d'une forme d'instabilité temporelle. Les enfants des villes et singulièrement ceux, issus « des quartiers » ont intégré ces dernières années des modes de fréquentation des structures de loisirs, éducatives, culturelles ou sociales que l'on a qualifiés trop facilement de « zapping » ; les enfants ont tendance à ne venir dans les structures qu'à l'occasion d'événements ponctuels. Par ailleurs, nombreux sont ceux qui commencent des activités sportives et ne les poursuivent pas en cours d'année ou essaient, année après année, différentes activités sans s'investir durablement dans aucune.

Traditionnellement, les explications convoquées pour expliquer ce phénomène qui désoriente les équipes tiennent toutes d'un jugement péjoratif des enfants et des familles : ils ne souhaiteraient que « consommer ». On passe ainsi sous silence d'autres explications : c'est souvent au moment des inscriptions fermes, de la nécessité d'acheter du matériel coûteux, de réaliser des démarches administratives longues, ou de se faire accompagner par des adultes disponibles (tournois, etc.) que les enfants semblent abandonner. Ce type d'abandon traduit moins un souci de convenance personnelle que la difficulté de certains enfants à mobiliser des parents découragés et en difficulté. C'est une forme d'oppression et de sélection douce : au moindre problème, on peut les mettre face à leurs responsabilités et les renvoyer chez eux. On se trouve dans un cadre de relations de services de type contractuel et non plus dans une relation éducative qui suppose, par principe, l'asymétrie des relations avec les adultes et l'acceptation de l'enfant tel qu'il est. Bien entendu, cette forme de sélection est encore plus efficace de façon préventive : les enfants qui ne sont pas d'emblée capables d'une démarche autonome, s'autocensurent volontiers et sont les premiers ou à ne pas se présenter, ou à partir.

Le corollaire de cette situation est la spécialisation et la hiérarchisation des modes de professionnalité des intervenants. Rare est devenue la figure de l'animateur généraliste qui connaît bien les enfants d'un secteur et qui les suit dans la durée ; l'animation socioculturelle est elle-même concurrencée par de nombreuses autres structures spécialisées à dominante linguistique culturelle, sportive ou artistique. Au sein même de l'animation socioculturelle, les spécialisations ont fait florès et on ne compte plus les animateurs qui ne contactent plus les enfants qu'à partir d'une discipline ou d'un domaine qu'ils ont fait leur, qui semblent leur conférer une plus grande légitimité professionnelle mais qui les éloigne d'autant du travail éducatif ; on a ainsi vu se multiplier, y compris au sein de la fonction publique territoriale, des intervenants d'une seule discipline sportive, musicale, culturelle, ou artistique. C'est à partir de leur spécialisation disciplinaire que leur intervention auprès des enfants prend sens à leurs yeux : les particularités de l'enfant ou de son histoire ne les concernent que dans la mesure où elles affectent les modes de participation aux activités qu'ils proposent.

De très nombreux enfants des villes passent aujourd'hui l'essentiel de leur temps libre enfermés chez eux, ou dans les espaces publics tout proches, dans une effarante solitude, parfois entrecoupée par de rares séjours ou une activité discontinue. On semble ainsi avoir complètement perdu de vue l'importance qu'il y a pour eux à appartenir à un collectif au sein duquel se construit l'identité personnelle en relation avec les autres. La représentation de l'enfant qui se dégage est, sans surprise, celle d'un enfant abstrait, isolé et consommateur d'activité.

Pour comprendre la spirale de transgression/pénalisation qui semble prendre possession d'une partie de la jeunesse d'aujourd'hui, il faut se donner les moyens de comprendre cet abandon et surtout ce sentiment de solitude qu'ont connu ces adolescents durant leur enfance. C'est qu'ils sont parmi les premières générations à avoir connu la tendance au remplacement des relations éducatives par un nouveau type de relations de contrôle et de rééducation.

Chercherait-on à assigner l'enfant pauvre en particulier à résidence surveillée ? Comment comprendre que cette circulation entravée chez les enfants pauvres se trouve au même moment valorisée chez les enfants plus favorisés qui, eux, multiplient raids sportifs, séjours linguistiques, programme Erasmus, études à l'étranger, etc. ? Comment comprendre que l'on reproche aux enfants « enfermés chez eux » leur « esprit de cage d'escalier », leur manque d'ouverture, de vocabulaire, de connaissance des autres, de capacité de s'adapter à d'autres modes de vie, croyances, coutumes, etc. ? Et, comble d'ironie, pourquoi fallait-il donc que tous ces enfants « enfermés chez eux », bannis à domicile… soient issus du monde entier ?

Le plus inquiétant est qu'un tel déni d'éducation, un tel refus de prendre en compte les besoins affectifs et éducatifs des enfants et des jeunes d'aujourd'hui, dans la situation actuelle, ne peut engendrer que des phénomènes d'agressivité et de violences qui seront inévitablement interprétés par les médias et les hommes politiques comme un appel à plus de pénalisation et de répression. Le serpent, comme il se doit, se mord la queue.

## Pour aller plus loin

JESU Frédéric, *Co-éduquer : pour un développement social durable*, Dunod, Paris, 2004.

*Innover hors école : la pédagogie Freinet en perspective, une expérience dans le secteur socio-éducatif*, ICEM-Pédagogie Freinet, Nantes, 2006.

OTT Laurent, *Travailler avec les familles*, Érès, Ramonville-Saint-Agne, 2004.

# École : la double disqualification des lycées professionnels

**GILLES MOREAU**

L a question scolaire se focalise en France sur des maillons considérés comme faibles : le collège, au cœur des débats sur la déscolarisation, le « seuil minimum de connaissances », l'« apprentissage à quatorze ans », mais aussi les premières années d'université, régulièrement montrées du doigt pour cause de taux d'abandon ou d'échec aux examens relativement élevés. À écouter les spécialistes de l'éducation, il s'agirait là des enfants terribles de la famille scolaire.

Étouffé par le bruit de ces querelles familiales, un rejeton, sans doute provincial, meurt pendant ce temps à petit feu : le lycée professionnel (LP). Souffrant de porter la même dénomination que ses cousins les lycées technologique et général, et donc de leur être hâtivement assimilé, il fait rarement la une du débat scolaire, sauf lorsqu'un élève agresse un enseignant, comme à Étampes en décembre 2005. Le reste du temps, qui s'attarde sur ce qui s'y passe, sur ce qu'on y apprend et sur ceux qu'on y forme ? Si l'on excepte l'ère « Mélenchon », où le bruyant ministre délégué à l'Enseignement professionnel dissertait sans grands moyens sur les lycées des métiers, force est de constater que les lycées professionnels n'en peuvent plus des responsables politiques, ministres ou chefs d'État, qui visitent au pas de course un établissement en saluant ces « filières d'excellence » et l'« intelligence de la main », avant de passer à autre chose.

Les sciences sociales sont complices de cet abandon. Les historiens de l'éducation ont été les premiers à lancer un « cri d'alarme » en constatant dans les années 1990 que, sur la totalité des études publiées dans leur discipline depuis 1950, seules 2 à 3 % se rapportaient à l'enseignement technique et professionnel ; *a contrario*, les enseignements primaire, secondaire et supérieur représentaient chacun 20 à 25 %. La sociologie ne fait pas mieux : un rapide inventaire des intitulés des thèses soutenues en France depuis 1960 indique que, parmi celles consacrées à la formation et l'éducation, moins de 5 % concernent le lycée professionnel quand 27 % sont dévolues à l'enseignement supérieur.

Mais l'oubli serait un moindre mal s'il n'annonçait une agonie. Depuis vingt ans, les lycées professionnels sont laissés en friche, abandonnés à une démographie déclinante où les fermetures de section succèdent aux fermetures de section. Lointain canton oublié de la géographie scolaire, les lycées professionnels sont pourtant au cœur d'un enjeu de société majeur : la formation des ouvriers et des employés de demain.

## ▓▓▓▓▓▓▓ L'école de ceux qui n'aiment pas l'école

Les élèves de LP sont aujourd'hui plus de 700 000 à préparer un CAP (certificat d'aptitude professionnelle), un BEP (brevet d'études professionnelles) ou un baccalauréat professionnel dans l'un de ces 1 700 étranges établissements qui réunissent salles de classe et ateliers, tenues « jeunes » et bleus de travail, stylos et marteaux, ordinateurs et machines à commandes numériques. Ils préparent des diplômes aux appellations peu familières, parfois étranges – matériaux souples, maintenance des systèmes mécaniques, productique mécanique, couture flou, décolletage, matériaux composites, bioservices… –, et aux abréviations encore plus obscures : MSMA, ROCSM, MHL PMI, etc. [1]. Soit près de 500 diplômes, options comprises, de niveau inférieur ou égal au baccalauréat, autrement moins (re)connus que le fameux bac S. Pourtant, ce sont des jeunes comme les autres, certes souvent en « froid » avec l'école. Majoritairement enfants d'ouvriers et d'employés, souvent issus de

---

[1] Respectivement « Maintenances des systèmes mécaniques automatisés » ; « Réalisation d'ouvrages chaudronnés », « Structures métalliques » ; « Maintenance et hygiène des locaux » ; « Production mécanique informatisée ».

familles d'immigrés ou de familles monoparentales, ils semblent être passés à côté de la marche scolaire. Plutôt moyens, voire médiocres du point de vue des critères du collège, portant un « regard oblique » sur l'enseignement classique, ils se sont vus offrir, souvent à leur corps défendant, une place en LP. Séances d'atelier, stages en entreprises, pédagogie adaptée, la plupart d'entre eux y trouveront un sens à la formation qu'ils ne trouvaient plus au collège. Mieux, certains n'hésiteront plus à vouloir « poursuivre » en bac pro, voire en BTS, renouant ainsi avec un parcours scolaire. La plupart s'attacheront à réussir leur diplôme pour s'affronter ensuite à un marché du travail qui ne leur fait pas de cadeaux : contrats à durée déterminée, intérim, périodes de chômage et contrats « nouvelle embauche » les attendent à la sortie.

Malheureusement pour eux, être en lycée professionnel est aujourd'hui un fardeau qui s'ajoute à celui d'une origine sociale modeste, voire pauvre : ils ne sont pas dans les « bonnes » filières, pire, ils sont dans celles qu'il faut à tout prix éviter ; ils ne sont pas dans les bons établissements, pire, ils sont dans ceux que les médias ne présentent qu'à travers le prisme de la violence et des incivilités. Bref, ils sont à l'école de ceux qui n'aiment pas l'école. Pourtant, qui connaît les élèves de LP sait combien ils sont avant tout des jeunes parmi les jeunes : des garçons qui rêvent d'« avoir une maison, une femme, une voiture » et des filles qui voudraient « être bien dans leur peau ». Une vie de « petits salariés » les attend, pavillonnaires, populaires, ordinaires, précaires aussi. Une vie sans histoires, mais aussi sans Histoire : écartés entre deux catégories médiatiques, jeunesse délinquante d'un côté et jeunesse étudiante de l'autre – révoltes de novembre 2005 d'un côté, mouvement anti-CPE de l'autre –, ils n'ont plus de place dans la société française. Effacés, invisibles, gommés, oubliés.

Comment est-on arrivé à un tel discrédit des établissements qui forment les ouvriers et les employés de demain ? Il est de bon ton de dire que la « mauvaise image » des métiers manuels mine l'enseignement professionnel. Or cette représentation fait écran à une réalité plus pesante : le discrédit des emplois d'exécution, tant sur le plan des conditions de travail que de vie. Corrélativement, les formations qui conduisent à ces métiers mal vus et mal reconnus en ont pâti. Les lycées professionnels sont ainsi passés progressivement de la formation de l'élite ouvrière au statut d'instance de « relégation ». Comment ? Par une double disqualification : scolaire et sociale.

## ▧▧▧▧ Les mécomptes de la politique scolaire

C'est dans les années 1950, au lendemain de la guerre, que s'impose l'idée que les métiers peuvent s'apprendre à l'école. Contre un apprentissage en entreprise incapable de fournir rapidement la main-d'œuvre formée et qualifiée nécessaire à la reconstruction de la France et à l'industrie renaissante, se développent des établissements scolaires, alors appelés centres d'apprentissage, qui forment des jeunes à un diplôme encore rare sur le marché du travail : le CAP. Devenus CET (collèges d'enseignement technique) en 1959, ces écoles sont les ancêtres du lycée professionnel d'aujourd'hui. Leur succès est important. Dès 1947, ils accueillent près de 120 000 jeunes, contre 200 000 apprentis en entreprise et, en 1972, l'écart est définitivement creusé : 677 000 élèves en CET contre 303 000 jeunes dans les centres de formation d'apprentis. Cette époque est aussi celle où se forge l'identité des établissements professionnels. Autour d'une formule séculaire, « former l'Homme, le travailleur et le citoyen », se construisent, d'une part, une alliance entre éducation professionnelle et éducation populaire, entre diplômes professionnels et promotion sociale, et, d'autre part, une pédagogie différenciée propre à la « culture technique » portée notamment par les ENNA (écoles normales nationales d'apprentissage), instances de formation des enseignants de lycée professionnel.

Pourtant, dès les années 1970, ce dispositif va se fissurer. La politique d'unification du système scolaire et d'élévation des niveaux – orchestrée par les réformes Berthoin (1959), Capelle-Fouchet (1963) puis Haby (1975) – va conduire les CET d'alors à perdre peu à peu leur identité. Le principe de cette politique est *a priori* généreux et démocratique : mettre fin à la double filière qui caractérisait l'enseignement français en généralisant l'accès au collège et en faisant de la classe de troisième le nouveau palier d'orientation. Les établissements professionnels vont beaucoup y perdre. À la fin des années 1960, la suppression des concours d'entrée, la création de nouveaux diplômes comme le BEP, le développement des filières de « rattrapage » vers les baccalauréats techniques vont largement contribuer à dévaloriser l'enseignement professionnel, de plus en plus perçu comme filière de relégation. Les effectifs traduisent bien ce mouvement : alors que, dans les années 1970, l'enseignement professionnel réunissait le même nombre d'élèves que le lycée général et technique, il en compte aujourd'hui deux fois moins.

Les années 1980 vont renforcer ce mécanisme. La décision d'emmener 80 % d'une classe d'âge au niveau du baccalauréat disqualifie un peu plus la filière professionnelle. Les élèves qui, dans l'ancien dispositif, se voyaient offrir des places en CAP ou en BEP peuvent désormais accéder à une seconde « indifférenciée » ; du coup, ces « petits » diplômes professionnels apparaissent clairement comme une marchandise de rebut. Ce qu'acteront les politiques publiques en instituant moult dispositifs et aides financières à l'embauche de jeunes de niveau inférieur au bac : le CAP ou le BEP ne valent même plus l'investissement d'un Smic patronal. Le CAP sera d'ailleurs massivement abandonné par les lycées professionnels : entre 1980 et 1990, ses effectifs passent de 458 000 à 110 000.

Certes, la réforme de 1985 offre aux LP une voie de renouveau : la création du baccalauréat professionnel, accessible après un BEP. Ce nouveau diplôme contribuera à rehausser l'image des lycées professionnels. Mais, outre qu'il conduit à l'abandon des CAP, il renforce malgré tout la disqualification de la filière professionnelle, car le bac pro n'est pas un bac comme les autres : il conduit rarement en BTS ou en IUT et ses titulaires qui s'aventurent à l'université y sont rapidement perdus ; il rend quasi impossible un retour vers la « voie normale ». C'est là le paradoxe de la politique d'unification du système scolaire et d'élévation des niveaux conduite en France depuis les années 1960. En alignant la voie professionnelle sur le modèle du lycée général, en construisant l'enseignement des métiers ouvriers et employés à l'ombre du modèle bourgeois napoléonien, l'école renforce l'unidimensionnalité des savoirs et confine les diplômes professionnels et les élèves qui les préparent en bas de l'échelle scolaire. Le choix de l'alignement, que traduisent la redénomination en 1975 des CET en lycées (professionnels) et la création en 1985 d'un bac (professionnel), tend à élever le plafond sans s'interroger sur les dégâts causés au plancher. Or cette politique a détruit ce qui caractérisait et autonomisait l'enseignement professionnel. C'est ainsi que l'homogénéisation des statuts des enseignants a remplacé les professeurs d'atelier (anciens ouvriers promus enseignants) par de jeunes professeurs, certes bardés de diplômes de l'enseignement supérieur mais moins aptes à socialiser les élèves aux conditions de salarié d'exécution. De même, la disparition en 1991 des ENNA, à l'occasion de la mise en place des IUFM (instituts de formation des maîtres), créés là encore pour unifier la formation des futurs enseignants, a mis fin aux espaces d'innovation et de réflexion pédagogiques propres à l'enseignement professionnel. La récente loi Fillon (2005) prévoit le bac pro en trois ans après la troisième ; c'en sera fini du BEP et des spécificités de la voie professionnelle. À quel prix ?

## ▰▰▰▰▰ L'ombre portée de l'apprentissage

Comme s'il ne lui suffisait pas de recevoir des coups à gauche, il faut également au lycée professionnel se défendre des attaques venues de droite, *via* l'apprentissage en entreprise.

Condamné dans les années 1960 par les experts de la planification et par l'allongement des scolarités, l'apprentissage sous statut salarié restait cantonné à un nombre limité de métiers artisanaux et au seul CAP. Le développement du chômage des jeunes à partir des années 1980, l'essor d'un discours sur l'entreprise « formatrice » et la mise en place de dispositifs d'insertion basés sur l'alternance allaient contribuer à faire renaître ce phénix de ses cendres. Sa revalorisation s'est faite en deux temps. Tout d'abord, la crise des années 1980 a entraîné une déstabilisation forte de l'école, accusée d'être en inadéquation avec les « besoins » du marché du travail. Le lycée professionnel était aux premières loges de ces critiques : machines et matériel obsolètes, méconnaissance de la réalité des entreprises, formations inutiles, etc., tout était bon pour le discréditer. Ensuite, des mesures législatives ont contribué à redonner vie à l'apprentissage en entreprise ; parmi elles, la loi Seguin de 1987 a élargi le champ d'application de l'apprentissage salarié à tous les diplômes professionnels et autorisé la succession des contrats d'apprentissage jusqu'à vingt-cinq ans. La politique de l'État a renforcé ces changements. Alors que dans les années 1950 il avait fait le pari de l'apprentissage des métiers à l'école, avec les centres d'apprentissage, ancêtres des lycées professionnels, il s'oriente ensuite vers un rééquilibrage des deux voies de formation professionnelle : la voie scolaire et la voie salariée. Ainsi, la loi du 16 juillet 1971 sur la formation professionnelle pose l'apprentissage comme une « forme normale d'éducation » à égalité avec les LP, ce que traduira complètement la loi Séguin déjà citée. Plus récemment, depuis les années 1990 et surtout 2000, l'État semble avoir choisi son camp en misant uniquement sur l'apprentissage salarié : la loi Balladur de 1993 ou la loi Borloo de 2005, pour ne citer que les plus importantes, vont en sens unique : dérégulation des conditions d'embauche des apprentis, campagnes de promotion et aides financières aux entreprises. Sur ce chemin, il est suivi, si ce n'est précédé, par les syndicats patronaux – notamment l'UIMM (Union des industries métallurgiques et minières) –, hier partisans des écoles professionnelles et aujourd'hui promoteurs de l'apprentissage en entreprise. Ce revirement des pouvoirs publics se traduit dans les chiffres : en 1985, l'apprentissage en entreprise ne représentait qu'un quart des effectifs des lycées professionnels. Aujourd'hui, il en représente presque la moitié. Un tiers des jeunes qui préparent un diplôme professionnel de niveau inférieur ou égal au bac le font sous statut d'apprenti, contre un sur cinq il y a vingt ans.

Mais l'apprentissage en entreprise est-il paré des vertus qu'on lui attribue volontiers ? Largement mis en scène par les médias, contrairement au lycée professionnel, il est présenté sous l'angle d'une focale bien particulière : apprenti en BTS, apprenti rattaché à une grande école, « universités des métiers », etc. Or l'apprenti salarié est avant tout un jeune qui prépare un CAP, un BEP, un bac pro ou encore un brevet professionnel ou de maîtrise. Là sont réunis 80 % des apprentis. Une confusion est ainsi entretenue entre un apprentissage « d'en haut » et un apprentissage « d'en bas » qui n'ont en commun que l'appellation. Les premiers proviennent des lycées généraux, technologiques ou des premières années de l'enseignement supérieur et se recrutent plus souvent dans les catégories intermédiaires et supérieures ; les seconds sont des sortes d'*alter ego* des élèves de LP, notamment sur le plan des antécédents scolaires et du recrutement social. Si bien que la « filière apprentissage », pour reprendre la phraséologie endogène, n'en est pas une. De plus, les mécanismes de sélection des apprentis sont très forts. Certes, il est de bon ton de signaler les secteurs déficitaires du bâtiment ou des métiers de la bouche, mais on oublie souvent de dire qu'il n'est pas rare de devoir frapper à la porte de cinquante entreprises pour devenir apprenti coiffeur ou préparatrice en pharmacie, et que nombre d'apprentis pourtant titulaires d'un CAP ou d'un BEP ne peuvent poursuivre à un niveau supérieur faute de trouver une entreprise pour les former. Enfin, et là réside sans doute le plus important, l'apprentissage en entreprise, présenté par les plus radicaux comme une alternative à l'école, est loin d'être universel. Les filles n'y représentent que 30 % des effectifs et les réformes des dernières décennies n'y ont rien changé. Quant aux enfants d'immigrés, ils sont quasi absents du dispositif : l'apprentissage est « blanc ». Peut-on décemment penser une politique de formation professionnelle des jeunes avec de tels biais, quand on connaît par ailleurs la réalité des conditions de travail des apprentis et le nombre important de ruptures de contrat ?

## Réinvestir l'éducation professionnelle

Pris en étau entre une disqualification scolaire par la logique d'unification et d'élévation des niveaux et une disqualification sociale par l'essor et le renouveau de l'apprentissage en entreprise, le LP cumule les handicaps. Il est définitivement en bas de la hiérarchie scolaire et accueille dans ses établissements un public plus souvent féminin et plus souvent d'origine immigrée que l'apprentissage, soit la population la plus discriminée sur le marché du travail.

Ces deux raisons suffisent à justifier un réinvestissement politique dans l'enseignement professionnel. Car le LP n'est pas resté immobile face à ces défis. Il a notamment mis en place un enseignement alterné où les séquences en entreprises jouent un rôle important, tant pour la formation que pour la socialisation au travail. C'est ainsi que les élèves de baccalauréat professionnel passent de douze à vingt-quatre semaines en stage en entreprises. Le lycée professionnel dispose également de perspectives de renouveau. La première est sans nul doute la mise en place d'une rétribution juste des périodes de stage. La comparaison avec l'apprenti salarié, certes payé à un niveau inférieur au Smic, est cruelle pour les élèves de lycée professionnel : leur temps en entreprise s'apparente plus à une loterie financière, où l'on perd plus souvent qu'on ne gagne, qu'à la véritable construction d'un rapport positif au travail. La seconde perspective de renouveau est l'ouverture d'un espace de formation spécifique au-delà du bac pro, pour que la filière professionnelle retrouve la vertu promotionnelle de ses origines. La troisième perspective concerne le renforcement des diplômes professionnels de niveau inférieur au bac, pour offrir à ceux qui ne deviendront pas bacheliers un minimum de garanties face à la dureté du marché du travail. Pour cela, le lycée professionnel doit gagner en autonomie vis-à-vis du modèle scolaire et chercher à construire un « espace unifié de la formation professionnelle initiale » avec l'apprentissage en entreprise. Car si le LP a gagné des points ces dernières années sur le chemin de l'alternance, l'apprentissage salarié, lui, s'est profondément scolarisé, tant du point de vue de la réussite au diplôme et de la poursuite d'apprentissage qu'au niveau du temps consacré aux cours dans les centres de formation.

L'enjeu n'est pas mineur. Maintenir le délitement du lycée professionnel serait condamner le public déjà fragile qu'il accueille à une précarité durable. La menace est réelle et les dispositifs qui pensent « autrement » sont déjà là. Les CQP (certificats de qualification professionnelle), certificats définis et validés par les branches professionnelles et qui ont la remarquable propriété d'exclure toute formation générale, les dispositifs de validation d'acquis « tout au long de la vie » et l'« apprentissage à quatorze ans » dessinent déjà une alternative : une immersion précoce en entreprise qui laisse au jeune la responsabilité de sa formation au titre de la formation continue. C'est l'annonce d'une « décollectivisation » de la formation professionnelle initiale. Or former les ouvriers et les employés de demain mérite mieux que la simple préoccupation de leur trouver momentanément une place sur le marché du travail.

## Pour aller plus loin

AGULHON Catherine, *L'Enseignement professionnel, quel avenir pour les jeunes ?*, L'Atelier, Paris, 1994.

BEAUD Stéphane, *Les Enfants de la démocratisation : 80 % au bac, et après ?*, La Découverte, Paris, 2002.

BEAUD Stéphane, PIALOUX Michel, *Retour sur la condition ouvrière : enquête aux usines Peugeot*, Fayard, Paris, 1999.

BRUCY Guy, *Histoires des diplômes de l'enseignement technique et professionnel, 1880-1965 : l'État, l'école, les entreprises et la certification des compétences*, Belin, Paris, 1998.

BRUCY Guy et ROPÉ Françoise, *Suffit-il de scolariser ?*, L'Atelier, Paris, 2000.

JELLAB Aziz, *Scolarité et rapport aux savoirs en lycée professionnel*, PUF, Paris, 2001.

MOREAU Gilles (dir.), *Les Patrons, l'État et la formation des jeunes*, La Dispute, Paris, 2002.

MOREAU Gilles, *Le Monde apprenti*, La Dispute, Paris, 2003.

PELPEL Patrice et TROGER Vincent, *Histoire de l'enseignement technique*, Hachette, Paris, 1993.

PROST Antoine, *Éducation, société et politiques : une histoire de l'enseignement en France, de 1945 à nos jours*, Seuil, Paris, 1997.

TANGUY Lucie, *L'Enseignement professionnel en France : des ouvriers aux techniciens*, PUF, Paris, 1991.

# Le malaise du travail social

NICOLE MAESTRACCI

**B**ien qu'ils fassent partie depuis longtemps du paysage familier, les travailleurs sociaux sont paradoxalement mal connus. Contrairement aux infirmières, aux instituteurs ou aux pompiers, ils souffrent d'un déficit d'image et de reconnaissance. Certes, la complexité et la diversité des missions qu'ils exercent, l'hétérogénéité des métiers qui relèvent du travail social contribuent au brouillage. Mais, plus encore, leur présence dans les interstices ignorés des médias, dans les entre-deux, aux frontières des tensions sociales, les rend invisibles au regard du grand public qui ne perçoit ni les objectifs ni les résultats du travail accompli. Pourtant, même s'ils s'adressent prioritairement à ceux qui sont aux marges, voire au-delà des marges, les travailleurs sociaux sont immergés dans la société au point de se confondre parfois avec elle et d'en épouser tous les contours. C'est sans doute cette plasticité qui explique que leur présence soit si profondément ignorée tout en étant si habituelle et quotidienne.

De l'assistance à l'aide sociale, de l'État providence à la décentralisation de l'action sociale, les missions du travail social ont évolué considérablement au cours du XXᵉ siècle. Elles se sont d'abord modifiées sous l'impulsion des associations qui ont répondu à de nouveaux besoins et créé de nouveaux services que l'État est venu progressivement reprendre à son compte et réglementer. Elles ont également cherché à s'adapter aux bouleversements sociaux, économiques et institutionnels, en épousant de manière plus ou moins explicite l'évolution des représentations et des attentes réelles ou supposées des décideurs et de l'opinion publique.

L'ensemble de ces éléments a produit une situation contrastée. Le travail social n'a jamais été autant présent et inscrit dans toutes les politiques publiques, qu'il s'agisse des politiques régaliennes (justice, administration pénitentiaire) ou des politiques sociales décentralisées des régions, des départements et des communes. Mais l'objectif qui lui est assigné, tout en étant presque illimité, reste imprécis et contradictoire. Le travail social est ainsi écartelé entre l'impatience croissante des élus ou des services de l'État, qui attendent des résultats visibles et immédiats en termes de sécurité et d'apaisement social, et la demande croissante d'un public mieux informé de ses droits, qui demande des services concrets et tangibles.

Enfin, de cet écartèlement, de ce flou, de ce malaise, les travailleurs sociaux ne sont jamais invités à débattre. La question sociale reste essentiellement posée en référence à la situation économique et à l'emploi, de sorte que le travail social comme enjeu et comme outil de transformation sociale est pratiquement absent du débat politique.

Et si l'efficacité du travail social est constamment interrogée, c'est que le sens et les objectifs qui lui sont assignés n'ont jamais été réellement explicités dans les politiques publiques qui le concernent. Les travailleurs sociaux eux-mêmes en sont venus à douter de leur utilité ; ils ne savent pas toujours dire l'évidence, c'est-à-dire le fait que si on s'occupe des personnes en difficulté, non seulement elles vont mieux mais l'ensemble de la société va mieux.

## La lente construction du travail social

La construction lente du système de protection et d'aide sociale s'est constamment organisée autour de la tension entre les partisans d'une vision libérale fondée sur la responsabilité individuelle et les tenants d'une conception de la solidarité fondée notamment sur la Déclaration des droits de l'homme et du citoyen de 1793, qui affirme dans son article 21 : « Les secours publics sont une dette sacrée. La société doit la subsistance aux citoyens malheureux, soit en leur procurant du travail, soit en assurant les moyens d'exister à ceux qui sont hors d'état de travailler. »

Le travail social a tout d'abord été cantonné dans la sphère de la charité, de la bienveillance, en marge d'un fonctionnement sociétal dont les associations et les congrégations étaient chargées de réparer les effets néfastes. C'est ce travail des associations que les pouvoirs publics ont lentement pris en compte et transformé en politique publique dans la période de forte industrialisation dite des Trente Glorieuses.

À partir de 1945, les différents systèmes de protection sociale (sécurité sociale, assurance chômage) s'organisent autour de la socialisation du risque, dans une logique qui relève à la fois de l'assurance et de l'assistance. C'est la naissance de l'« État providence » ou l'« État social », qui a pour objectif une protection sociale généralisée de l'ensemble de la population. À la fin des années 1970, la sécurité sociale est en principe généralisée à l'ensemble de la population, de sorte qu'il apparaît acquis que cet objectif est atteint. La mise en œuvre du RMI (revenu minimum d'insertion) en 1988 et de la CMU (couverture médicale universelle) en 1998 montrera plus tard qu'à l'issue de cette première phase de nombreuses personnes ne bénéficiaient encore d'aucune protection sociale.

Dans ce contexte, l'action sociale s'est peu à peu définie comme l'ensemble des dispositifs qui prolongent et complètent les systèmes d'assurance en s'adressant surtout à ceux qui en sont exclus. Elle vise, selon la définition d'Henri Nogues, « à remédier aux injustices les plus criantes qui demeurent, même après l'intervention de la protection sociale légale [1] ».

Cette période des Trente Glorieuses est marquée par une vision optimiste de l'évolution de la société : la croissance économique doit produire inéluctablement du progrès social, qui permettra d'inclure tous ceux qui, en raison de leurs difficultés d'adaptation, ont été exclus des bénéfices de la croissance. Le travail social, à partir d'une action individuelle et collective, est chargé d'apporter l'aide nécessaire pour que cet ajustement des individus à la société soit possible.

La crise sociale et culturelle de 1968 fait éclater ce bel optimisme. Elle est également l'occasion d'une ébullition intellectuelle sans précédent et de débats passionnés et passionnants sur les finalités du travail social. Les doutes et critiques formulés à cette époque sur l'efficacité de l'action sociale servent encore de référence aujourd'hui : abandon d'une vision moralisante des familles, défiance à l'égard de toute forme de contrôle social, souci d'émancipation et d'accès aux droits des individus, critique

---

1   Henry Noguès et Jacques Tymen, *Action sociale et décentralisation. Tendances et prospectives*, L'Harmattan, Paris, 1988.

de la société libérale, critique de l'enfermement et des prises en charge institutionnelles.

C'est également au cours de ces années que se construisent les notions de handicap social et d'inadaptation. Le travail social s'organise alors autour de catégories, de dispositifs et de financements précis. C'est donc paradoxalement un modèle relativement gestionnaire du travail social qui s'impose, d'autant plus gestionnaire que la crise économique qui s'annonce conduit à mettre fin à l'essor des budgets sociaux dans un souci de rationalisation des choix budgétaires. C'est ainsi qu'à partir de 1974 René Lenoir, alors secrétaire d'État à l'Action sociale, limite le recrutement de nouveaux travailleurs sociaux.

La mise en œuvre des politiques territoriales et transversales dans les années 1980 (développement social des quartiers, politiques de prévention de la délinquance, politiques de la ville) fait émerger de nouveaux métiers (chefs de projet, agents de développement, médiateurs) et un enchevêtrement de dispositifs et d'acteurs. À partir de l'idée évidente qu'un travail collectif sur l'environnement dans les quartiers les plus pauvres est seul en mesure d'agir efficacement, les notions de partenariat ou de proximité émaillent tous les textes officiels sans toujours permettre de leur donner une définition opérationnelle. L'imagination et la créativité qui ont marqué cette période ont permis de nombreuses et passionnantes expérimentations. Celles-ci en sont cependant restées à ce stade, au-delà du raisonnable, entraînant de la part des travailleurs sociaux un sentiment de découragement et d'épuisement.

Il ne suffit pas en effet, même si c'est un préalable nécessaire, de mettre tous les acteurs autour d'une table pour conduire une action efficace, dès lors que les objectifs et les missions de chacun ne sont pas précisément fixés dans la durée. Malgré la pertinence du diagnostic, c'est sans doute la limite de ces dispositifs.

C'est également durant cette période qu'émerge la notion de « guichet unique », toujours réinventée depuis, permettant une approche globale de la personne. L'exemple le plus significatif est la création des missions locales pour l'emploi des jeunes en difficulté, en 1982, qui étaient conçues pour apporter non seulement une aide en termes d'insertion professionnelle mais également répondre à tous les autres problèmes rencontrés par les jeunes dans les domaines de la santé, du logement ou de la vie familiale.

Avec la crise économique qui rend improbable le retour au plein-emploi, s'installe l'idée d'une pauvreté structurelle. Celle-ci a pour corollaire l'obligation d'assurer des conditions de vie minimum à des personnes qui ne retrouveront pas d'emploi à moyen terme. L'adoption du RMI intervient dans ce contexte et installe les travailleurs sociaux dans un rôle de gestionnaires de dispositif qui n'est pas exempt d'une certaine bureaucratisation.

Dans le même temps, les lois de décentralisation de 1983 et 1986 ont obligé les travailleurs sociaux à de nouveaux rapports avec les élus locaux dont ils ont craint dans un premier temps l'interventionnisme et une forme de clientélisme. Ces craintes se sont révélées largement infondées, les collectivités territoriales, et en particulier les conseils généraux, ont rapidement pris la mesure de leurs nouvelles compétences et se sont dotées dans leur grande majorité des moyens nécessaires à l'exercice de leur mission. En revanche, la multiplicité des niveaux de pilotage et de décision a contribué à rendre illisibles les missions du travail social. D'autant plus que l'État n'a pas su précisément redéfinir son rôle face à des départements « pilotes » de l'action sociale. Si les gouvernements successifs rappellent fréquemment que l'État est « garant » (de la solidarité et de l'attention apportée aux plus démunis), ce mot reste largement vide de sens. Au-delà des mots, personne ne dit ce que l'État garantit ni, en l'absence de mécanismes de recours concrets, comment il le fait.

Au cours de ces quelques décennies, le travail social s'est professionnalisé. Il est sorti de l'âge de l'assistance et a acquis une légitimité telle que personne ne songerait à le supprimer. Cependant, à travers la multiplicité des discours et la diversité des missions qu'il est censé accomplir, on devine une identité qui demeure incertaine et floue. Faute d'objectifs politiques clairs, il reste souvent cantonné à la fonction peu valorisante de celui qui doit limiter les dégâts causés par des décisions prises ailleurs et sur lesquelles il n'a aucune prise.

## ■■■■■■■ « À quoi sert le travail social ? »

À cette question posée avec fracas par la revue *Esprit* en 1972, les réponses n'ont jamais été clairement données. Les tentatives d'explicitation sont dans tous les cas restées confinées au cercle étroit des spécialistes du social.

Le discours politique est resté pauvre, de sorte que seule une lecture des intentions implicites au gré des dispositifs et plans successifs peut être recherchée. Le travail social est ainsi tour à tour gestionnaire de dispositifs, gardien des interstices institutionnels de la société, voiture-balai pour les personnes que la société rejette inéluctablement, outil de contrôle social, agent de prévention de la délinquance, médiateur entre les personnes et les institutions... La demande à l'égard des travailleurs sociaux est infinie et, dans le même temps, en enfermant leur action dans des catégories et programmes de plus en plus contraignants, on ne leur fait pas vraiment confiance.

Il est vrai que l'évaluation de l'efficacité du travail social n'est pas aisée. Si plusieurs textes successifs ont imposé à tous les établissements et services médico-sociaux une démarche d'évaluation interne, les méthodes pour évaluer les effets des politiques sociales sur un territoire restent balbutiantes.

En conséquence, le travail social reste pour tous les décideurs une source de dépenses, sans que les bénéfices qu'il engendre ne soient jamais évalués. Cette situation conduit à arbitrer entre plusieurs dépenses sociales sans jamais se donner les moyens de regarder les économies réalisées grâce à elles dans d'autres secteurs. Le problème est donc toujours mal posé.

Pourtant, une telle évaluation est possible : une étude réalisée en Pays de la Loire en 2005 [2] a mesuré l'impact des structures d'insertion par l'économique, sans se contenter, comme c'est souvent le cas, de la simple mesure du retour à l'emploi. Or les résultats sont sans appel : ces structures participent au développement du territoire ; elles créent de la richesse et jouent un rôle important pour l'insertion des publics les plus fragiles. En comparant les financements perçus et les économies réalisées, cette étude aboutit à la conclusion que les structures d'insertion par l'activité économique génèrent des économies non négligeables et qu'elles injectent dans l'économie locale des sommes plus importantes que leur chiffre d'affaires. À partir de cette étude, elles ne peuvent donc plus être seulement envisagées comme un coût supplémentaire mais comme un investissement rentable, ce qui change la donne du débat politique local.

On ne sait pas davantage mesurer l'effet de l'« inaction sociale ». Il a fallu la crise dite des banlieues de novembre 2005 pour que les pouvoirs publics prennent conscience que les subventions accordées aux associations locales avaient peut-être un effet sur le tissu social et que leur suppression n'était pas dénuée de conséquences. En décembre 2005, le rétablissement de ces subventions, à hauteur de cent millions d'euros, a donc été annoncé avec une certaine force médiatique. Mais aucune leçon n'a été tirée de cette valse-hésitation. Et les effets attendus de ces

---

2    OPUS3 pour le CNIAE (Conseil nationale de l'insertion par l'activité économique), *État des lieux de l'insertion par l'activité économique en Pays de Loire*, 2005. Disponible sur www.avise.org.

nouvelles subventions n'ont pas été mieux définis que ceux qui étaient attendus de leur suppression. Si les banlieues se sont provisoirement calmées, tous ceux qui y vivent et y travaillent savent bien que les causes profondes de cette révolte atypique demeurent fondamentalement inchangées.

Cependant, même lorsque des données rigoureuses démontrent que l'accompagnement social est efficace, les politiques publiques n'en tiennent pas toujours compte. Ainsi, plusieurs études [3] ont démontré que la sortie de prison en libération conditionnelle, c'est-à-dire accompagnée d'un suivi social et parfois médical intensif, réduisait sensiblement le risque de récidive. Ces mêmes études ont montré que les peines exécutées en milieu ouvert, c'est-à-dire sous le contrôle des travailleurs sociaux des services pénitentiaires d'insertion et de probation, étaient également, toutes choses étant égales par ailleurs, plus efficaces en termes de prévention de la récidive que les peines de prison. Néanmoins, dans l'imaginaire collectif, tout se passe comme s'il était acquis, contre l'évidence des données scientifiques, que la prison était seule à même de garantir la sécurité.

En fait, le travail social ne se prête pas à une évaluation purement clinique et statistique, et c'est sans doute une des clés du doute insidieux et constant qui pèse quant à son efficacité : il est perpétuellement en quête de sens. Or, malgré l'ensemble des débats et des remises en cause dont il a fait l'objet, malgré les discours récurrents annonçant le déclin ou la fin du travail social, ce qui frappe et fait douter finalement de sa fragilité, c'est sa remarquable pérennité.

### ▓▓▓▓ Une professionnalisation grandissante et une pluralité de métiers

S'il existe un relatif consensus chez les travailleurs sociaux pour dire qu'ils ne veulent pas seulement être des « pansements des dysfonctionnements sociaux », ils ont en revanche du mal à dire ce qu'ils sont, ce qu'ils font et ce qu'ils veulent faire. Or le travail social ne peut se définir exclusivement par défaut.

La situation est encore compliquée par le fait que le travail social recouvre des réalités et des métiers divers. Selon le rapport annuel 2005 de

---

3 Pierre TOURNIER et Annie KENSEY, *Administration pénitentiaire*, CNRS/Paris-1, Paris, 2005.

l'IGAS (Inspection générale des affaires sociales), le ministère des Affaires sociales reconnaît une dizaine de professions comme participant au travail social. Parmi lesquelles : les assistants de service social, les conseillers en économie sociale et familiale, les éducateurs spécialisés, mais aussi les éducateurs de jeunes enfants, les travailleuses familiales (devenues les techniciennes d'intervention sociale et familiale), les auxiliaires médico-pédagogiques, les assistantes maternelles et les animateurs. Même si on admet qu'une partie seulement de ces professionnels se consacre au travail social *stricto sensu*, il faut bien reconnaître que les frontières sont floues. Si toutes les personnes qui ont un diplôme de travail social ne font pas d'intervention sociale, à l'inverse, toutes les personnes qui font de l'intervention sociale ne sont pas des travailleurs sociaux. Ainsi, les dispositifs liés à la politique de la ville, à l'insertion, à la prévention de la délinquance font intervenir sous des dénominations variées des agents de développement, des agents d'insertion, des chefs de projet, des chargés de mission à la ville, des responsables d'entreprises d'insertion, des animateurs de zones d'éducation prioritaires, qui disposent de compétences et de qualifications très variables. Enfin, l'intervention sociale recourt aussi à des personnels d'un bas niveau de qualification, notamment dans les métiers d'aide à domicile ou dans les activités de médiation sociale.

Le travail social ne peut donc pas se définir à partir d'une qualification ou d'un diplôme, et n'est d'ailleurs pas constitué en discipline universitaire reconnue. Il se définit en référence à une pratique qui puise à de nombreuses sources : psychologie, psychanalyse, sociologie, sciences de l'éducation mais aussi expérience et formation « sur le tas ». Cette pratique, qui s'est construite par strates successives, est traditionnellement plus tournée en France vers la relation individuelle que vers l'intervention collective. Cette tendance est renforcée par le cloisonnement des dispositifs, la multiplicité des décideurs et, en conséquence, la difficulté à faire émerger une vision globale, difficulté qui accroît le sentiment d'impuissance.

Les conséquences de cette situation ne sont pas anodines. L'aide ou l'accompagnement social individuels restent essentiellement fondés sur la formulation d'une demande. Or les personnes les plus en difficulté ne demandent rien et leur souffrance est d'autant plus importante qu'elle est invisible. Pour avoir une réelle action sur un territoire, il est donc essentiel de se donner les moyens d'aller au-devant des personnes qui ne demandent rien et de leur proposer une prise en charge, même en l'absence de demande de leur part.

Dans les relations individuelles, le concept du travail social emprunte le plus souvent la forme du contrat, même si celui-ci est implicite. Il s'agit, comme l'écrit Jacques Donzelot en 1998, de « l'exercice d'un travail auprès d'un individu de nature à lui faire accepter les normes collectives ou à adapter celles-ci à son cas ». Or un contrat suppose la liberté de conclure. Une récente étude du Copas [4] montre qu'une même personne en difficulté peut par exemple signer simultanément un contrat d'insertion avec le président de la commission locale d'insertion (CLI), un contrat de séjour avec un centre d'hébergement et de réinsertion sociale (CHRS), un contrat avec l'opérateur d'appui social individualisé (ASI) et le prescripteur (en l'espèce l'ANPE), ainsi qu'un contrat de travail aidé (contrat emploi solidarité jusqu'à la fin de l'année 2005, contrat d'avenir depuis le plan de cohésion sociale de 2005) avec un maire ou un président de conseil général.

Les termes de ces contrats sont dans la plupart des cas imposés sans que les travailleurs sociaux aient davantage que les usagers la liberté de négocier les obligations respectives. Même s'ils peuvent être utilisés plus ou moins finement pour obtenir une sorte de coproduction avec les usagers du parcours d'insertion, les limites de tels modes d'action sont évidentes. D'autant plus que l'évolution rapide des dispositifs, leur complexité croissante associée à une certaine rigidité les rendent difficilement lisibles même pour les travailleurs sociaux.

Face à cette situation, ces derniers apparaissent souvent isolés et peu soutenus. Il en résulte un sentiment d'épuisement et des interventions qui manquent parfois de cohérence et de continuité sur un temps long. Par ailleurs, faute d'articulation suffisante entre les prises en charge individuelles et l'intervention plus collective, ils se privent de la possibilité d'agir sur l'environnement des personnes.

Même s'il a un coût, le développement d'une supervision qualifiée et systématique au sein des équipes de travailleurs sociaux permettrait de renforcer la qualité de l'intervention sociale tout en répondant mieux à l'épuisement, voire à la souffrance des professionnels. Si elle est plus répandue dans certains secteurs, notamment dans celui de l'enfance, cette pratique est loin d'être généralisée.

Enfin, même si l'exigence d'évaluation fait aujourd'hui partie de toutes les politiques sociales, celle-ci reste souvent vécue comme un outil de contrôle et ne fait pas l'objet d'une formation adaptée. Comme le

---

4    Copas, *L'Accompagnement social dans les politiques d'insertion et de lutte contre les exclusions*, étude réalisée pour la direction générale de l'Action sociale, 2003.

souligne Marceline Gabel dans un article récent, « donner dès l'enfance un esprit de recherche, comme dans les pays anglo-saxons, c'est construire des adultes capables de s'analyser, de se critiquer et se remettre en cause sans blessure narcissique ! Cette absence d'éducation précoce à l'évaluation constitue un déficit difficilement rattrapable lorsque les professionnels sont confrontés aux effets de la pathologie des liens familiaux [5] ».

## ▰▰▰▰▰ Un déficit d'image auprès de l'opinion publique

Si le principe d'un devoir de solidarité à l'égard des personnes les plus faibles et les plus démunies est bien ancré dans l'opinion publique, la tendance est plutôt au durcissement des exigences à l'égard du comportement individuel de ces personnes. Plus l'opinion publique apparaît inquiète face au chômage et à l'exclusion, plus elle semble préoccupée par son propre avenir et celui de ses enfants, plus elle a tendance à exiger des contreparties de la part de ceux qui bénéficient de l'aide publique. Même si la pauvreté monétaire a régulièrement diminué depuis vingt ans, au moins jusqu'en 2003, le sentiment d'accroissement de la misère est partagé par une majorité de Français qui ont une conscience aiguë de leur propre fragilité et n'excluent pas de devenir eux-mêmes pauvres. Leur vision de l'aide à apporter aux personnes les plus démunies est liée aux formes de pauvreté les plus visibles et les plus médiatisées. Ainsi, l'urgence sociale, l'intervention du SAMU social auprès des personnes qui dorment dans la rue, les banques alimentaires sont connues de tous.

Les associations qui travaillent dans le secteur de l'humanitaire, de l'urgence ou de la distribution de repas, souvent portées par des personnalités très médiatiques, bénéficient d'une opinion particulièrement favorable, alors que les structures ou services très professionnalisés qui accompagnent les personnes dans la durée sont peu visibles et mal connus.

Cette évolution s'accompagne d'une perte de confiance à l'égard des pouvoirs publics, dont la capacité à mettre fin aux situations de pauvreté et d'exclusion est remise en cause. Si les Français sont très attachés aux dispositifs de protection sociale fondés sur la solidarité collective, ils ne

---

5    Marceline GABEL, « L'intervention sociale, un travail de proximité », *in* IGAS, rapport annuel 2005, p. 47.

sont pas toujours prêts à payer plus d'impôts pour améliorer la prise en charge des plus démunis. Ils jugent souvent plus utile de consacrer quelques heures de leur temps à une mission humanitaire bénévole – même s'ils sont d'ailleurs peu nombreux à le faire eux-mêmes – plutôt que de financer des structures d'insertion professionnalisées ou surtout de les voir s'installer dans leur quartier. Ainsi, les actions de solidarité les plus populaires et les mieux comprises sont celles qui sont conduites par des personnes pour lesquelles les exigences de qualification et de professionnalisme sont les moins grandes.

Les travailleurs sociaux, qui tentent dans le même temps de mettre en œuvre dans la durée des interventions sociales de plus en plus difficiles, ont le sentiment de n'être ni compris ni reconnus.

Si le grand public a des circonstances atténuantes, car il ne peut appréhender que ce qu'on lui montre, les pouvoirs publics et les médias portent en revanche une grande part de responsabilité. Ainsi, les pouvoirs publics, en multipliant les effets d'annonce chaque fois qu'une catastrophe sociale fait la une des médias, donnent l'illusion qu'il suffit de discours et de mesures ponctuelles pour régler les problèmes. Les médias quant à eux paraissent n'avoir aucune mémoire et vérifient rarement si ces annonces sont suivies d'effets. Lorsqu'ils privilégient logiquement les actions de solidarité spectaculaires qui se déroulent dans l'urgence, tout se passe comme si les pouvoirs publics ne trouvaient d'autre voie que de leur emboîter le pas. Les travailleurs sociaux eux-mêmes, mais aussi les associations dans lesquelles ils travaillent, ne sont pas exempts de toute responsabilité. Trop souvent persuadés qu'il suffit d'être proche du terrain pour savoir ce qu'il faut faire, ils n'ont pas toujours conscience de n'appréhender qu'une partie de la réalité et qu'il ne suffit pas d'être convaincu pour être convaincant. Par conséquent, ils ne font pas les efforts nécessaires pour donner à voir la réalité du travail social.

## Le travail social : outil de gestion des contradictions des politiques publiques ?

Dans un contexte où la disparition de la pauvreté et de l'exclusion n'apparaît plus comme un objectif atteignable, les travailleurs sociaux se trouvent pris dans un double mouvement : le déplacement des politiques sociales du niveau national au niveau local et, dans le même temps, la double référence à l'État libéral d'une part et à l'État social d'autre part. Ils sont soumis à des injonctions contradictoires pour lesquelles les grilles d'analyse et les référentiels d'action manquent.

Dans le même temps, les budgets se resserrent. Même si les sommes consacrées par l'État à la lutte contre l'exclusion sont restées constantes, voire ont augmenté, les associations bénéficiaient de nombreux autres financements, notamment dans le cadre de la politique de la ville, qui ont pour partie disparu.

En outre, le travail social se heurte dans tous les domaines à des dysfonctionnements dont il ne voit pas l'issue : accès au logement devenu presque impossible, difficulté d'accéder à un emploi qui procure des ressources suffisantes, déboutés du droit d'asile et étrangers en situation irrégulière et/ou en situation de grande détresse, personnes souffrant de troubles psychiques, jeunes en errance, personnes victimes de violences familiales… Les personnes les plus démunies ont de plus en plus de mal à accéder aux droits les plus élémentaires quels que soient les efforts déployés par les travailleurs sociaux. Elles sont en conséquence contraintes de rester dans des lieux spécialisés, voire des lieux d'accueil d'urgence, pendant un temps déraisonnable, fermant ainsi la porte à d'autres qui en auraient besoin.

Ces constats sont connus. Ils ont fait l'objet de rapports multiples et pertinents mais tout se passe comme si personne ne voulait vraiment en tirer les conséquences. Certes, les pouvoirs publics ne peuvent pas tout, et surtout pas tout en même temps. En revanche, ils peuvent faire preuve de transparence et dire ce qu'ils s'engagent à faire mais aussi ce qu'ils ne feront pas, soit parce qu'ils ne peuvent pas, soit parce qu'ils ne veulent pas. Or, au lieu de cela, ils annoncent à intervalles réguliers des plans chiffrés énumérant des places nouvelles, des mesures nouvelles, de nouveaux dispositifs, sans dire ce qui en est précisément attendu, ni dans quelle mesure ils s'ajoutent ou se substituent aux mesures existantes.

On comprend que dans ce contexte le travail social ait du mal à trouver ses repères. Cette difficulté s'illustre dans la plupart des domaines qu'il concerne : l'urgence, l'hébergement, le logement, l'insertion par l'activité économique, l'accès à l'emploi, la prise en charge des jeunes les plus en difficulté, l'accès aux soins, l'accueil des étrangers et demandeurs d'asile, etc. Nous en citerons deux à titre d'exemple : la crise du logement et de l'hébergement, d'une part ; l'accueil des étrangers et demandeurs d'asile, d'autre part.

Depuis des années, l'écart se creuse entre l'offre et la demande de logements accessibles aux personnes les plus pauvres. Même si l'on n'a jamais autant construit, les plus démunis rencontrent les plus grandes difficultés à se loger. Quant aux aides au logement, qui restent un outil efficace de redistribution, elles n'ont pas suivi la progression des loyers et des revenus.

Malgré les alertes incessantes du monde associatif depuis quinze ans, les pouvoirs publics n'ont pas anticipé les mutations profondes de la société française, notamment le vieillissement de la population et les transformations de la composition des familles, qui ont un effet évident sur la demande de logement.

Certes, en programmant la construction de 500 000 logements dans les cinq ans à venir, le plan de cohésion sociale de 2005 reconnaît implicitement la nécessité d'un rattrapage. Cependant, les atermoiements du gouvernement et du parlement sur l'obligation pour les communes d'accueillir un certain pourcentage de logements sociaux montrent bien la difficulté rencontrée pour défendre et expliciter les choix réels, au-delà des déclarations lénifiantes sur la nécessaire mixité sociale.

Les personnes qui ne peuvent accéder au logement sont donc hébergées de plus en plus longtemps dans des centres d'hébergement dans lesquels elles n'ont pas, ou plus, de raisons de se trouver. Ces personnes, contraintes de rester dans les centres d'hébergement au seul motif qu'il n'existe pas de logements disponibles, correspondent à environ 30 % des hébergements en CHRS. En 2005, plus de 15 000 enfants étaient hébergés dans des centres d'hébergement, dans des conditions totalement inadaptées.

Or un hébergement n'est pas un logement et, pour faire un projet de vie, il faut habiter durablement quelque part. Les travailleurs sociaux le savent bien, eux qui en font la priorité lorsqu'ils accompagnent une personne ou une famille. Le temps d'attente de plus en plus long et imprévisible, les exigences de plus en plus strictes à l'égard des nouveaux locataires constituent autant d'obstacles qui découragent les familles et rendent aléatoire le travail d'insertion. Ces difficultés jettent également le discrédit sur les travailleurs sociaux, mis en échec par une situation qu'ils ne peuvent pas maîtriser. Parallèlement, la multiplication des hébergements d'urgence laisse croire qu'une simple mise à l'abri saisonnière peut tenir lieu de projet.

Dans le domaine de l'accueil des étrangers et demandeurs d'asile, le travail social, soumis à des injonctions contradictoires, a également du mal à trouver ses repères. L'évolution législative qui durcit le droit d'asile et le droit au séjour des étrangers en France, comme dans tous les pays d'Europe, s'inscrit dans un climat de suspicion généralisée. Il en résulte des conditions d'accueil très dégradées et inégalitaires. Ainsi, si 60 à 80 %

des personnes hébergées en CADA (centres d'accueil pour demandeurs d'asile) obtiennent un statut de réfugié, elles ne sont que 16 % à l'obtenir si elles ne sont pas accueillies dans ces centres. Or les demandeurs d'asile qui trouvent une place en CADA ne représentent que 15 % du total, ce qui prive la plupart des candidats à l'asile de l'aide nécessaire à la constitution de leur dossier.

« Toute personne en détresse sociale doit être prise en charge », affirme la direction générale de l'Action sociale (DGAS). Mais, dans le même temps, la direction de la Population et des Migrations (DPM) demande aux CADA de faire sortir les demandeurs d'asile dans le délai d'un mois après l'obtention d'une réponse, qu'elle soit négative ou positive. Or ces délais sont impossibles à tenir et, en outre, la multiplication des contrôles policiers à proximité des centres d'hébergement entraîne une méfiance telle de la part des étrangers qu'ils n'osent plus aller à la préfecture faire valoir leurs droits. Un nombre important de personnes en grande détresse sociale, dont les travailleurs sociaux sont priés dans le même temps de s'occuper et de ne pas s'occuper, est ainsi remis à la rue.

Le travail social peut ainsi apparaître comme le lieu de la gestion impossible des contradictions des politiques publiques. On peut y voir également un enchevêtrement de services et d'initiatives peu lisibles que les pouvoirs publics cherchent à organiser *a posteriori*, en créant constamment de nouvelles catégories et de nouveaux dispositifs. Mais le travail social est moins fragile qu'il n'y paraît et résiste assez bien aux tentatives visant à fixer de manière rigide ses contours.

Si le malaise est évident, il est sans doute consubstantiel au travail social qui semble se construire et se reconstruire perpétuellement autour d'un espace de liberté, au sein duquel les définitions des publics et les méthodes d'intervention sont constamment remises en cause et réinventées. Le travail social est vivant. Il est un formidable révélateur des enjeux sociaux. On comprend donc encore plus mal pourquoi l'intervention sociale ne constitue pas, contrairement aux questions de sécurité, un enjeu politique majeur.

## Pour aller plus loin

AUTÈS Michel, *Les Paradoxes du travail social*, Dunod, Paris, 2004.

INSPECTION GÉNÉRALE DES AFFAIRES SOCIALES (IGAS), *L'Intervention sociale, un travail de proximité*, rapport annuel, 2005.

AVENEL Cyprien et THIBAULT Florence (dir.), *Problèmes politiques et sociaux, n° 921 Précarités et insécurité sociale*, La Documentation française, Paris, 2006.

CASTEL Robert, *L'Insécurité sociale : qu'est-ce qu'être protégé ?*, Seuil, Paris. 2005.

CHAUVIÈRE Michel, *Le Travail social dans l'action publique : sociologie d'une qualification controversée*, Dunod, Paris, 2004.

CHOPART Jean-Noël (dir.), *Les Mutations du travail social : dynamiques d'un champ professionnel*, Dunod, Paris, 2000.

VILBROD Alain (dir.), *L'Identité incertaine des travailleurs sociaux*, L'Harmattan, Paris, 2003.

KARSZ Saül, *Pourquoi le travail social ? : définition, figures, clinique*, Dunod, Paris, 2004.

# La psychologisation rampante de la question sociale

FRANÇOIS SICOT

**N**otre époque se caractérise par la multiplication des souffrances provoquées par les insécurités sociales et identitaires propres à l'organisation sociale actuelle. Or les causes et la prise en charge de ce mal-être, loin d'être renvoyées à des facteurs sociaux – tels que l'organisation du marché de l'emploi ou les conditions de vie –, trouvent désormais leurs explications dans l'individu lui-même, dans sa psyché. Ce renvoi vers l'individu, vers sa responsabilité, s'appuie sur des technologies visant à mettre entre ses mains les moyens de faire face, de s'adapter, de dépasser sa situation, et s'effectue au détriment des solutions politiques et collectives.

De prime abord, cette psychologisation du social est un phénomène général, qui ne concerne pas les seules populations pauvres et précaires. Pourtant, les populations les plus fragiles socialement et économiquement sont spécifiquement concernées par ce phénomène : alors qu'elles ne sont pas nécessairement demandeuses de soutien psychologique et autre « écoute bienveillante » vaguement professionnalisée, elles subissent une interprétation psychologisante de leurs difficultés. Cette violence symbolique s'inscrit par ailleurs dans un contexte d'accès aux soins toujours plus difficile, du fait de l'évolution de notre système de protection sociale qui rend plus onéreuses les prises en charge médicales. La psychologisation du social se distingue en effet d'une médicalisation, au sens où des difficultés antérieurement traitées de manière économique ou sociale le seraient désormais par le système médical.

Deux catégories d'individus sont tout particulièrement l'objet de ce déni de la dimension sociale de leur situation : les usagers du travail social et les jeunes considérés comme déviants ou perturbateurs.

## Une psychologisation générale du mal-être social

À l'appui de la thèse d'une psychologisation du social, on peut établir plusieurs constats : en dix ans, la « file active » en psychiatrie – définie comme « l'ensemble des patients vus au moins une fois dans l'année par un des membres de l'équipe du secteur » – a doublé ; le taux de recours à la psychiatrie dans la population française est passé de 17 patients pour 1 000 habitants de plus de vingt ans en 1989, à 21 pour 1 000 en 1995, et à 26 pour 1 000 en 2000 [1]. Et encore, ces chiffres ne rendent pas bien compte de l'augmentation des prises en charge pour des difficultés comme les souffrances psychiques ou pathologies psychiatriques. On sait en effet qu'une part importante de ces prises en charge est effectuée par les médecins généralistes, qui sont les premiers prescripteurs d'antidépresseurs. La France est par ailleurs l'un des pays où l'on consomme le plus de médicaments psychotropes (tranquillisants, hypnotiques, antidépresseurs, neuroleptiques), ce qui renforce l'idée d'une véritable médicalisation des difficultés de l'existence. De son côté, Philippe Pignarre qualifie d'« épidémie de dépression » le phénomène d'augmentation considérable du nombre de personnes déprimées en France, multiplié par sept entre 1970 et 1996 [2].

La psychologisation du social se manifeste encore par la place prise par le thème de la souffrance dans les débats publics et les médias, depuis le milieu des années 1990. Enfin, une multiplication de rapports officiels sur la souffrance (ordinaire, des adolescents, des pauvres et des exclus, au travail…) vient manifester l'émergence de ce qui constitue désormais un nouveau problème social et de santé publique.

---

1   Magali COLDEFY, « Les secteurs de psychiatrie générale en 2000 », DREES, *Études et résultats*, n° 42, mars 2004.

2   Philippe PIGNARRE, *Comment la dépression est devenue une épidémie*, La Découverte, Paris, 2001.

Le dispositif de soins psychiatriques manifeste et incarne cette préoccupation générale pour les situations de souffrance et de mal-être : dès le tout début des années 1990, il a commencé à se reconfigurer non plus autour des maladies mentales « traditionnelles », c'est-à-dire inscrites dans les nosographies les plus anciennes, mais autour de la « santé mentale ». À travers les différentes lois et rapports sur la psychiatrie, la notion de santé mentale a pris le pas sur celle de maladie mentale et l'on insiste désormais dans les textes d'organisation sur le fait que « le champ de la santé mentale dépasse celui de la psychiatrie proprement dite comme celui de la santé dépasse celui de la médecine [3] ». Parmi les concepts généraux de la santé mentale figurent le bien-être subjectif, l'autoperception de l'efficacité personnelle, l'autonomie, la compétence, la dépendance intergénérationnelle, l'autoactualisation du potentiel intellectuel et affectif, etc. La santé mentale apparaît à la fois comme quelque chose de très indéterminé et de beaucoup plus étendu que la simple absence de troubles mentaux.

S'il y a lieu de parler de psychologisation plus que de psychiatrisation, c'est que la santé mentale n'est plus l'affaire des seuls psychiatres. Avec la doctrine qui promeut les interventions « en partenariat » ou « en réseau », le psychiatre n'est plus qu'un professionnel parmi beaucoup d'autres à l'écoute de la souffrance : il doit désormais composer avec d'autres professions médicales, avec des psychologues, des travailleurs sociaux, des représentants de la justice. Dans ce partenariat, non seulement le psychiatre a perdu son rôle prééminent mais son intervention se dilue, perd sa spécificité. La psychiatrie publique, faute de moyens de fonctionnement, dépérit. D'une manière plus générale, qu'elle s'exerce en clinique ou en cabinet, la psychiatrie ne parvient pas à répondre à la demande sociale. Il faut ainsi souvent attendre plusieurs mois avant d'obtenir un rendez-vous en pédopsychiatrie.

Il est d'autant plus logique que la psychiatrie perde son monopole qu'à la dichotomie normal/pathologique, ou encore santé/maladie, s'est substitué un continuum du plus au moins normal. Le marché des interventions psychosociales et psychothérapeutiques s'est développé sur ce continuum, à tel point qu'on peut désormais évoquer un « marché des services psy », destiné à tous ceux qui souhaitent bénéficier d'un soutien pour faire face à telle ou telle difficulté ou améliorer leurs compétences relationnelles.

---

3  Jean-Luc Roelandt, *La Démocratie dans le champ de la santé mentale. La place des usagers et le travail en partenariat dans la cité*, ministère de la Santé, Paris, 2002.

Cette psychologisation relève de deux évolutions culturelles majeures. La première est notre rapport à la santé. Plusieurs sociologues ou historiens, tel Georges Vigarello, ont ainsi décrit l'émergence d'une société dans laquelle la promotion de la santé, le travail sur sa propre efficience, la multiplication des pratiques préventives, la recherche indéfinie du mieux-être sont désormais des valeurs hautement prisées : « La logique consommatoire du mieux-être a transformé les pratiques préventives, installées plus que jamais dans un développement indéfini[4]. » Le déplacement de la politique de santé publique est donc en phase avec une évolution culturelle.

Plus déterminant encore, l'individu contemporain est délivré des contraintes de la communauté, de la famille, de la tradition. Son avenir n'est plus déterminé à la naissance, mais il est dans le même temps tenu pour responsable de ce qu'il devient. Il est sommé de se produire, de se réaliser, de s'épanouir, d'être mobile, de s'adapter. Dès lors, la dépression et la souffrance seraient le lot de tous ceux qui ne peuvent assumer cette responsabilité.

Une société qui promeut des individus délivrés du collectif et de la communauté produit en même temps sa vulnérabilité sociale. L'individu moderne est censé gérer lui-même son rapport aux risques. Une société qui privilégie les formes précaires et flexibles du travail produit de l'insécurité sociale. Sans emploi stable, ni reconnaissance sociale, ni vie de famille pérenne, le respect de soi-même et des autres se trouve affaibli, l'autonomie réelle limitée.

On trouve un exemple éclatant de ce déplacement de la responsabilité collective à la responsabilité individuelle dans le traitement actuel du chômage et la figure de l'« inemployable ». L'inemployable est privé d'emploi parce qu'il est incapable de s'adapter aux changements économiques, en raison de manques individuels. Manques de toutes sortes mais surtout manque d'esprit d'entreprise. C'est pourquoi les politiques d'activation des chômeurs tentent de modifier l'individu, de le reconfigurer en accord avec les exigences de l'entreprise : adaptable, flexible, soucieux de la rentabilité de ses investissements, entrepreneur de son parcours professionnel. La pratique du « projet individualisé » remet entre les mains des individus la responsabilité de construire le monde dans lequel ils vivent.

On ne sait absolument rien des caractéristiques sociales objectives des clientèles des multiples services « psy » ni de leurs parcours

---

4    Georges Vigarello, *Le Sain et le Malsain*, Seuil, Paris, 1993, p. 311.

institutionnels et de soins. En ce sens, les patients de la psychiatrie publique sont inconnus. Cette ignorance produit une invisibilisation du phénomène. On en sait à peu près autant sur les personnes toujours plus nombreuses à être orientées en psychiatrie sous contrainte, en HO (hospitalisation d'office) ou en HDT (hospitalisation à la demande d'un tiers) [5].

## Une psychologisation des pauvres en l'absence de toute demande

Il ne serait pas pertinent d'opposer de manière trop radicale les aides et « thérapies » choisies par les classes moyennes et supérieures aux interventions « psy » imposées aux classes populaires. Le paysage est constitué en fait d'une hiérarchie de structures et de prises en charge « psy », des plus stigmatisées aux plus valorisées socialement, des plus contraintes aux plus recherchées, des mieux équipées aux plus paupérisées. Les CHS (centres hospitaliers spécialisés) en constituent un des derniers échelons. Ils accueillent, à côté des malades chroniques, les populations les plus précaires et ne disposant pas des ressources suffisantes pour éviter le stigmate et la relégation. Mais plus bas encore dans cette hiérarchie, les CHRS (centres d'hébergement et de réhabilitation sociale) accueillent nombre d'ex-patients de la psychiatrie, tout comme les prisons enferment un nombre croissant de malades, d'ex-patients et de populations marginalisées aux troubles les plus variés. Une enquête de 2004 montrait ainsi que plus du tiers des détenus avaient déjà consulté un psychologue, un psychiatre ou un médecin généraliste pour un motif d'ordre psychiatrique et que 75 % d'entre eux présentaient une pathologie psychiatrique [6]. Et l'on sait que la prison accueille aujourd'hui encore majoritairement, comme depuis sa naissance, les populations pauvres et autres invalides sociaux et économiques.

Les populations précaires ou pauvres souffrent plus que les autres... de leur condition. Cette tautologie fait le lit des traitements par l'écoute et des interventions psychologisantes, au détriment des traitements sociaux, économiques ou politiques de la pauvreté. Certes, comme le

---

5  Philippe BERNARDET, « Un bilan, de la loi du 27 juin 1990 à la lumière de la pratique et de la défense des droits des patients », *in* Claude LOUZON et Denis SALAS (dir.), *Justice et Psychiatrie*, Érès, Toulouse, 1998, p. 101-118.

6  Bruno FALISSARD et Frédéric ROUILLON, *Enquête de prévalence des troubles mentaux parmi les personnes détenues*, Société d'épidémiologie Cemka-Eval, ministères de la Santé et de la Justice, Paris, 2004.

remarquait un rapport du Haut Comité pour la santé publique, en 1998 : « La pauvreté et la précarité provoquent des sentiments individuels comme la mauvaise image de soi, la dévalorisation, le sentiment d'inutilité, voire de honte, qui sont à l'origine d'une souffrance psychique aujourd'hui largement répandue [7]. » L'absence de travail, la précarité provoquent du stress, sont sources de mal-être.

Des enquêtes épidémiologiques d'un nouveau genre sont apparues, qui ne visent plus à mesurer la présence et la distribution des maladies mentales dans la population mais le niveau de bonne ou de mauvaise santé mentale. Les résultats auxquels elles aboutissent réifient de simples expériences de vie et légitiment dans l'opinion l'idée qu'il existe quelque chose comme la – bonne ou mauvaise – santé mentale. Mais que faut-il penser des enquêtes sur la santé mentale des pauvres ou des SDF (sans domicile fixe), censées fournir la preuve de cette mauvaise santé mentale des pauvres ? Dans certaines de ces enquêtes, on demande aux SDF : « Vous sentez-vous affligé par la vie que vous menez ? » Ou : « Vous sentez-vous découragé ou inquiet pour votre avenir ? » On mesure la santé mentale ou la présence de troubles mentaux à partir d'indicateurs tels que la difficulté à s'endormir, la nervosité, la consommation d'alcool ou de drogue. Le symptôme de maladie mentale ne serait-il pas plutôt à chercher chez un Rmiste ou un SDF heureux et détendu ?

Dès le milieu des années 1990, ces enquêtes vont se multiplier et accréditer les témoignages des travailleurs sociaux. Plusieurs rapports vont mettre en lumière cette « souffrance sans nom » des pauvres, les difficultés à la désigner, à l'identifier, à la prendre en charge, une souffrance dont la présence massive devient un objet incontournable pour les pouvoirs publics. En 1996, le rapport *Les Lieux d'écoute de la souffrance sans nom* [8] inventorie ainsi les lieux où l'on expérimente la prise en charge en santé mentale dans la communauté, tandis que le rapport *Psychiatrie et grande exclusion* [9] fait état d'un certain nombre de propositions pour agir auprès des populations défavorisées en l'absence de demande ou de diagnostic. On y évoque les « nouvelles méthodes d'approche » qui permettraient de « créer une demande » car « ce sont des gens qui ne demandent plus rien ».

7   Haut Comité pour la santé publique, *La Progression de la précarité en France et ses effets sur la santé*, Paris, 1998.

8   P.-A. Vidal-Naquet et Sophie Tiévant, *Les Lieux d'écoute de la souffrance sans nom*, DIV, DSU, 1996.

9   Xavier Emmanuelli, « Psychiatrie et grande exclusion », secrétariat d'État à l'Action humanitaire d'urgence, Paris, juin 1996.

Progressivement, aussi bien la psychiatrie que le travail social vont être sollicités pour dépasser leurs clivages, innover et se mettre à l'écoute des pauvres. « Les professionnels des secteurs éducatifs, médico-sociaux et sociaux doivent pouvoir proposer un cadre adéquat à l'expression des difficultés psychologiques des personnes qu'ils accueillent. Ce cadre doit favoriser l'écoute empathique des personnes souhaitant parler de leur souffrance... Les intervenants doivent "prendre soin" de ces personnes [...] par un accompagnement et une écoute empathiques [10]. » Les lieux d'écoute vont donc se multiplier hors des structures traditionnelles de la psychiatrie, dans les quartiers de relégation, les CMS (centres médico-sociaux), les PAJ (points accueil jeunes), etc. Dans le *Programme de lutte contre la pauvreté et l'exclusion sociale*, les psychiatres sont sollicités, entre autres, pour une « action directe auprès des publics démunis et le développement de la prévention : l'intervention d'un professionnel de la psychiatrie (ou d'une équipe pluridisciplinaire) dans les lieux de vie et de passage de ces populations (centres sociaux, missions locales, foyers de jeunes travailleurs, centres d'hébergement et de réinsertion sociale...) ou dans des lieux "banalisés", où sont intégrées les fonctions d'accueil, d'écoute et de soins, doit permettre d'animer un dispositif d'écoute et d'expression de la souffrance et d'apporter aux personnes en grande vulnérabilité un soutien individuel ou collectif [11] ».

Dans une situation de rationnement des soins, où la psychiatrie n'a plus les moyens d'abriter des indigents, des individus précaires en rupture sociale, il s'agit de se transporter dans les structures sociales et de gérer au mieux, sur place, dans la communauté, la détresse sociale. Ce que Didier Fassin nomme un « gouvernement par l'écoute » : « Avec la souffrance et l'écoute inscrites dans les politiques de l'État, on assiste à la consécration d'un discours et à l'officialisation d'une pratique qui légitiment une nouvelle manière d'administrer la question sociale [12]. »

Le paradoxe qui sous-tend toutes ces actions est qu'elles sont menées en l'absence de toute demande des principaux intéressés. Car la première demande des SDF est de manger, de trouver provisoirement un abri ; celle des usagers du travail social est d'obtenir une aide économique pour élever les enfants correctement, un accompagnement administratif pour

---

10 Direction générale de la Santé, Groupe de travail relatif à « L'Évolution des métiers en santé mentale : recommandations relatives aux modalités de prise en charge de la souffrance psychique jusqu'au trouble mental caractérisé », avril 2002, p. 30-31.

11 Ministère de l'Emploi et de la Solidarité, « Programme de lutte contre la pauvreté et l'exclusion sociale », Paris, 2001.

12 Didier Fassin, *Des maux indicibles. Sociologie des lieux d'écoute*, La Découverte, Paris, 2004, p. 13.

trouver un emploi. Ils n'expriment pas de demande psychologique, bien au contraire, et pour les professionnels du social le problème se situe bien là : réussir à proposer une intervention « psy », voire des soins à des personnes qui n'en demandent pas et les refusent parfois de manière véhémente quand on leur propose. Les pauvres résistent à cette interprétation de leurs difficultés.

Il faut bien mesurer la profondeur de ce renversement : les psychiatres, tant critiqués dans les années 1970-1980, accusés d'exercer un contrôle social de la déviance, de vouloir normaliser les improductifs, d'être les « flics du capitalisme », sont aujourd'hui assez consensuellement sollicités pour intervenir auprès des pauvres. L'absence de demande n'est plus considérée comme l'indicateur de ce contrôle social mais au contraire, comme un *symptôme*. C'est au nom de l'urgence, du pragmatisme – on ne peut plus attendre que les pauvres demandent, sauf à voir leur situation se dégrader – qu'il faut intervenir.

La légitimité de cette « clinique psychosociale » repose sur un déplacement explicite de la recherche de solutions à la « souffrance », du social vers l'individu et ses « ressources personnelles ». Il s'agit d'écouter mais aussi de donner les moyens aux individus de faire face – psychologiquement – à leur situation. Les actions visent à améliorer les capacités des individus à « la confrontation et l'adaptation », à « développer les occasions de renforcement de l'estime de soi [13] ». Le concept de « résilience sociale » met l'accent sur les mécanismes qui aident les personnes à surmonter leurs difficultés quotidiennes, les processus collectifs qui leur permettent de mieux se débrouiller dans leur quotidien. « Le concept de responsabilisation met plutôt l'accent sur la prise en charge par chacun de ses problèmes et de ses objectifs de vie [14]. »

On estime que si certains pauvres ont une santé mentale détériorée c'est qu'ils bénéficient d'un soutien social moindre, qu'ils ont une « vulnérabilité psychologique » qui s'exprime en particulier par « la résignation et le déni ». Le fonctionnement et l'éducation des familles d'origine populaire sont supposés pathogènes au nom d'une norme implicite de la bonne famille, comme l'attestent certaines affirmations : « La relation avec les parents durant l'enfance et l'adolescence dans les milieux défavorisés peut expliquer également le plus grand nombre de conflits

---

13  Fernando BERTOLOTTO et Michel JOUBERT, « Politiques locales, actions de proximité et de prévention en santé mentale. Enjeux pour les politiques publiques », *in* Michel JOUBERT (dir.), *Ville, violence, santé mentale*, Érès, Toulouse, 2003, p. 249.

14  Michel TOUSIGNANT, « Écologie sociale, résilience et santé », *in* Michel JOUBERT (dir.), *Ville, violence, santé mentale*, Érès, Toulouse, 2003, p. 24, 29 et 31.

psychiques dans ce milieu. Les parents des classes pauvres s'occupent beaucoup moins de leurs enfants que ceux des classes moyennes [15]. » Les pauvres s'occuperaient moins ou moins bien de leurs enfants, occasionnant la survenue de problèmes de santé mentale ou de troubles du comportement.

### Les déviances juvéniles au crible des lectures psy

Le récent rapport de l'INSERM sur les troubles des conduites chez l'enfant et l'adolescent, publié en 2005, peut être envisagé comme le dernier épisode de la longue histoire de la psychologisation des déviances juvéniles des milieux populaires. On peut considérer que l'ordonnance de 1945 sur la justice des mineurs, la prérogative qu'elle octroyait à l'éducatif sur le répressif et le médico-psychologique, puis les textes successifs des années 1970 sur l'enfance inadaptée et/ou à protéger avaient constitué un fragile équilibre dans les conflits d'interprétation entre savoirs et compétences professionnelles. L'expertise de 2005 sur les troubles des conduites rompt brutalement cet équilibre à plusieurs titres, même si les remises en cause successives de l'ordonnance de 1945 avaient déjà entamé l'édifice.

Passons sur la rhétorique du rapport qui multiplie les formules hypothétiques (« il semble », « sans doute », « probablement »), l'emploi du conditionnel et les approximations (« en général », « pour un grand nombre », « certains », « davantage », « souvent »)... Passons sur la forme de la compilation qui laisse le lecteur dans l'expectative après la longue litanie des facteurs de risque énumérés – tabagisme maternel, grossesse précoce, pratiques éducatives inadaptées, déficits neurocognitifs, taux anormalement bas de cholestérol dans le sérum, héritabilité génétique [16]...

Les études présentées et les actions proposées empiètent sur les prérogatives actuelles des secteurs éducatifs et judiciaires, en requalifiant des actes auparavant qualifiés de délits – les vols, les fraudes, les dégradations,

---

15  Ce sont des idées émises entre autres par l'épidémiologue Viviane Kovess, dans son cours « Sujets en situation de précarité, facteurs de risque et évaluation », à l'université de Rouen, faculté de médecine-pharmacie. Accessible sur http://www.univ-rouen.fr/servlet/com.univ.utils.

16  On peut légitimement se demander quel est le poids de chacun de ces facteurs dans l'apparition du symptôme désigné par le fait de « rester dehors tard dans la nuit avant treize ans ». La réponse est peut-être dans la formule utilisée à plusieurs reprises : « La plupart des auteurs insistent sur le cumul des facteurs de risque. » C'est lorsqu'on ignore tout des causes des phénomènes qu'on invoque le cumul des facteurs de risque.

les violences… – en symptômes. Les acteurs des secteurs judiciaires et scolaires sont non seulement ravalés au rang de partenaires des thérapeutes mais on considère qu'ils doivent être sensibilisés à voir, formés à dépister autrement. Ce qu'ils « voyaient » doit être vu et interprété différemment, à l'aune des nouvelles « connaissances » et théories psychiatriques. Les actions de prévention envisagées visent logiquement la famille du jeune déviant – suivi médical et social précoce, formation à la parentalité – et le jeune lui-même, qui peut faire l'objet de différentes modalités de prise en charge psychothérapeutique ainsi que d'un « traitement pharmacologique en deuxième intention ». Si l'engorgement actuel du dispositif pédopsychiatrique n'est pas résorbé, le traitement pharmacologique risque malheureusement de basculer en première intention, voire d'être la seule intervention appliquée.

Le tournant épistémologique manifesté par ce rapport est considérable [17]. En lieu et place du modèle scientifique auparavant reconnu – à une maladie correspond une cause –, au modèle hypothético-déductif qui imposait au chercheur de faire des hypothèses basées sur un modèle théorique et de les tester par des méthodes empiriques, on a substitué des techniques statistiques dans lesquelles il s'agit et il suffit de croiser des séries de variables jusqu'à trouver des corrélations. Celles-ci ne permettant pas d'identifier des causes, chaque corrélation sera appelée « facteur de risque ». Le fait qu'aucun modèle théorique ne nous permette d'expliquer la relation entre les TOP (troubles oppositionnels avec provocation) et la présence d'un marqueur chimique dans le cerveau n'a dès lors plus aucune importance. C'est statistiquement démontré.

Le rapport s'inscrit plus généralement dans l'évolution déjà relevée au terme de laquelle la maladie est phagocytée par des états bien plus indéterminés, ici celui de « troubles ». À aucun moment, dans le rapport, les jeunes visés ne sont dits malades. Ils sont atteints de troubles des conduites, de l'adaptation. Des comportements auparavant considérés comme normaux ou gérables dans les interactions sociales courantes ou encore de manière routinière par les professionnels de l'Éducation nationale, du travail social, du secteur de la prévention – vols, mensonge, opposition, violence, bagarres, fugues… – sont désignés à l'intervention de nouveaux thérapeutes. La répétition, la persistance, la gravité font de la colère, de la désobéissance, de la bagarre ou du mensonge des symptômes. On aurait pu imaginer des critères plus objectifs !

---

17 Tournant déjà réalisé ailleurs, en particulier dans la classification américaine des troubles psychiatriques (DSM).

Finalement, le rapport INSERM ignore de manière caricaturale toute causalité sociale des comportements incriminés. Ni revenus, ni conditions de logement, d'emploi, ni discriminations, ni privations n'apparaissent à aucun moment. Le jeune déviant visé par ces expertises est en apesanteur sociale. De ce point de vue, on n'a pas assez souligné, dans les critiques, que les populations cibles – pourtant jamais nommées – sont sinon exclusivement du moins prioritairement les enfants des populations pauvres et/ou des quartiers relégués. Et que leurs actes ou leurs vécus peuvent difficilement être autant déconnectés de leurs conditions de vie.

Il reste que cette expertise rompt un dernier équilibre qu'il serait naïf d'ignorer, à l'intérieur du champ « psy » lui-même. Ce sont les approches psychothérapeutiques et particulièrement d'orientation psychanalytique qui voient ici leur suprématie interprétative contestée par des spécialités dont le crédit ne cesse de s'étendre : les thérapies comportementales et cognitives.

Le rapport de l'INSERM, qui signe sans conteste une réorientation majeure dans l'interprétation des déviances juvéniles des milieux populaires, ne doit pas masquer le fait que celles-ci font déjà l'objet d'une psychologisation massive de la part d'une institution normative par excellence : l'école. La longue histoire de la psychologisation des élèves « en difficulté » ou perturbateurs commence avec l'école obligatoire et l'entrée en masse de nouveaux publics. Dès le début du XXᵉ siècle, un dispositif d'accueil des enfants considérés tour à tour comme instables, caractériels, débiles légers, déficients intellectuels, s'est mis en place. Les classes populaires ont fourni aux pédopsychiatres et aux psychologues leurs contingents d'« anormaux d'école » et autres « débiles légers ». Depuis le milieu des années 1970 jusqu'à aujourd'hui, le diagnostic psychiatrique de TCC (troubles du caractère et du comportement) « véhicule, derrière des stéréotypes imprécis et désuets (de type "enfants caractériels"), une reconnaissance quasi officielle d'un handicap de nature très vague pour une population mal définie, dont on sait seulement qu'elle est trop inadaptée à l'institution scolaire pour y demeurer, et pas assez caractérisée pour l'élaboration d'un diagnostic exclusivement médical et univoque [18] ». De fait, ce diagnostic sert à justifier les mises à l'écart de l'école ordinaire. Dans les établissements de rééducation, plus de 80 % des enfants sont admis pour des TCC. Les institutions médico-éducatives accueillent des jeunes sur la base de diagnostics aussi

---

18  Michel GAGNEUX et Pierre SOUTOU, *Rapport sur les instituts de rééducation*, Inspection générale des affaires sociales, 1999, p. 11.

folkloriques que « difficultés scolaires graves liées à des problèmes sociaux », « autres déficiences », « autres déficiences intellectuelles ».

De 1988 à 1998, il y a eu une augmentation de 19 % du nombre de places dans ces établissements, suivie d'une stagnation jusqu'en 2001, « période durant laquelle on enregistre même une très légère diminution de la capacité d'accueil en institution [19] », compensée par une augmentation des prises en charge en ambulatoire (+ 21 %). L'activité des CDES (commissions départementales d'éducation spécialisée) est un autre révélateur de l'augmentation du nombre d'élèves considérés comme inadaptés. En douze ans, de 1988 à 2000, le nombre d'enfants concernés par une ou plusieurs demandes auprès des CDES est passé de 146 500 à 185 100, soit une augmentation de 21 %.

Jusqu'à très récemment, nous ne disposions que d'enquêtes très ponctuelles sur la situation sociale des jeunes orientés en établissements médico-éducatifs [20], qui révélaient toutefois une surreprésentation des enfants des classes populaires. L'absence étonnante de ce type d'informations permettait à nombre de professionnels d'affirmer que tous les milieux sociaux s'y trouvaient représentés. L'enquête HID (« Handicaps Incapacités Dépendance ») [21] est venue combler cette lacune, en confirmant tout d'abord la surreprésentation des enfants des classes populaires dans les instituts de rééducation et en apportant une précision supplémentaire : « Considérant que le recours à l'institution est souvent plus contraint que choisi et qu'un environnement social favorisé pouvait, à déficiences égales, permettre d'éviter ce recours », les auteurs ont cherché à savoir ce qu'il en était du taux de recours à l'institution selon le statut social des parents. La conclusion est la suivante : « Le rapport entre le taux d'institutionnalisation des enfants d'ouvriers et d'employés est trois fois supérieur à celui des enfants de cadres et de professions intermédiaires. [...] Les écarts sont d'autant plus grands que les déficiences sont moins sévères, une prise en charge institutionnelle s'imposant à tous les milieux pour les atteintes les plus graves [22]. »

Dans le secteur de l'enfance inadaptée comme dans celui des usagers du travail social, les professionnels sont obligés, selon leur expression, de

---

19  Pascale Roussel et Catherine Barral, « Les usagers des Instituts de rééducation : une étude à partir des données des enquêtes HID 1998-2000 », *La Nouvelle Revue de l'AIS*, n° 26, 2004, p. 10.

20  François Sicot, « Intégration scolaire : le handicap socio-culturel a-t-il disparu ? », *Revue française des affaires sociales*, n° 2, avril-juin 2005.

21  Pierre Mormiche et Vincent Boissonnat, « Handicap et inégalités sociales : premiers apports de l'enquête HID », *La nouvelle revue de l'AIS*, n° 31, 2005.

22  *Ibid.*, p. 26 et 27.

« travailler la demande des familles », car, dans la grande majorité des cas, l'orientation est d'abord une demande de l'école. De plus, les familles résistent aux interprétations qui font de leurs enfants, en raison de leurs difficultés scolaires ou de leurs actes, des enfants déficients et/ou nécessitant une prise en charge spécialisée.

Le paradoxe apparent de cette psychologisation des difficultés des populations défavorisées est qu'elle se développe dans un contexte de rationnement et de renchérissement des soins, d'augmentation du nombre de personnes qui n'y recourent pas ou y recourent de manière tardive pour des raisons financières. Les interventions se réalisent hors du système médical, dans la communauté d'appartenance ou les structures sociales et médico-sociales. En outre, il s'agit moins pour les « partenaires » de soigner une quelconque maladie que de gérer les risques représentés par les perdants de la compétition. Risques de perturbation, de remise en cause de l'ordre social, de l'ordre scolaire, du cadre normal de l'aide sociale. On pourrait parler, avec certains auteurs anglo-saxons [23], d'une nouvelle forme de gouvernementalité : une conception du traitement de la déviance débarrassée de ses ambitions adaptatives et réhabilitatrices, de ses objectifs de correction, au profit d'une conception managériale et gestionnaire.

En fait, les gouvernements n'abandonnent pas la gestion des risques mais la confient aux citoyens – outillés – auxquels il incombe de mobiliser leurs ressources personnelles et les ressources communautaires. « La maîtrise des risques n'est plus dès lors une entreprise collective mais une stratégie individuelle [24]. » Dans la gestion des risques, l'exclusion est devenue une « condition subjective », au sens où les problèmes des exclus doivent être résolus par leur réforme morale : ils doivent se sentir et devenir responsables d'eux-mêmes, ne plus blâmer les autres ou le système. On le sait, la « refondation de la protection sociale » repose chez ses promoteurs sur l'idée que le chômage et la pauvreté ne résultent pas seulement des politiques de l'emploi, de la croissance économique... mais aussi du manque de motivation, de l'incompétence sociale, de la déresponsabilisation. Les assistés doivent alors être incités à améliorer leur situation, ils ont à se mobiliser, à participer à des programmes d'éducation et de formation professionnelle, de recherche active d'emploi. Gouverner, ici, c'est

---

**23** En particulier Nikolas Rose, « Psychiatry as a political science : advanced liberalism and the administration of risk », *History of the human sciences*, 1996, vol. 9, n° 2, p. 1-23.

**24** Robert Castel, *L'Insécurité sociale. Qu'est-ce qu'être protégé ?*, Seuil, Paris, 2003, p. 64.

faire que chacun se gouverne au mieux lui-même, apprenne à gérer les risques que la société libérale moderne recèle par nature.

## Pour aller plus loin

AIACH Pierre, DELANOË Daniel (dir.), *L'Ère de la médicalisation. Ecce homo sanitas*, Economica, Paris, 1998.

BRESSON Maryse, « Le lien entre santé mentale et précarité sociale : une fausse évidence », *Cahiers internationaux de sociologie*, vol. CXV, 2003, p. 311-326.

BRESSON Maryse (dir.), *La Psychologisation de l'intervention sociale : mythes et réalités*, L'Harmattan, Paris, 2006.

CARIO Robert, *La Prévention précoce des comportements criminels. Stigmatisation ou bientraitance sociale ?*, L'Harmattan, Paris, 2004.

EBERSOLD Serge, *La Naissance de l'inemployable. Ou l'insertion aux risques de l'exclusion*, PUR, Rennes, 2001.

EHRENBERG Alain, *L'Individu incertain*, Hachette Pluriel, Paris, 1995.

GATEAUX-MENNECIER Jacqueline, *La Débilité légère : une construction idéologique*, CNRS, Paris, 1990.

OTERO Marcelo, *Les Règles de l'individualité contemporaine. Santé mentale et société*, Presses de l'université de Laval, Montréal, 2003.

SICOT François, *Maladie mentale et pauvreté*, L'Harmattan, Paris, 2001.

# Les auteurs

**Philippe Artières** est historien, chargé de recherches au CNRS et président du Centre Michel-Foucault. Il est notamment l'auteur de *Le Livre des vies coupables. Autobiographies de criminels (1896-1909)* (Albin Michel, 2000).

**Stéphane Beaud** sociologue, enseigne à l'université de Nantes. Il est notamment l'auteur de *Retour sur la condition ouvrière* (avec Michel Pialoux, Fayard, Paris, 2004), *80 % au bac. Et après ?*, La Découverte/Poche, 2003 et *Pays de malheur !* (avec Younes Amrani, La Découverte, 2004).

**Marie Cartier** est sociologue. Elle est l'auteure de *Les Facteurs et leurs tournées : un service public au quotidien* (La Découverte, 2003).

**Joseph Confavreux** est journaliste à France Culture et membre du comité de rédaction de la revue *Vacarme*.

**Emmanuel Defouloy** est journaliste à l'AFP. Parallèlement, il enquête sur le sort des ouvrières françaises licenciées par Levi Strauss en 1999 et prépare deux livres sur leurs vies.

**Thomas Deltombe** journaliste indépendant, est l'auteur de *L'Islam imaginaire. La construction médiatique de l'islamophobie en France, 1975-2005* (La Découverte, 2005).

**Carine Fouteau** est journaliste aux *Échos*, en charge des « questions de société ».

**Jérôme Huguet** est sociologue au sein du bureau d'études Act consultants.

**Dominique Labbé** est maître de conférences à l'Institut d'études politiques de Grenoble. Il est notamment l'auteur de *Histoire des syndicats (1906-2006)* (Seuil, 2006), de *Sociologie des syndicats* (avec Dominique Andolfatto, La Découverte, 2000) et de *La CGT. Organisation et audience depuis 1945* (La Découverte, 1997).

**Jean-François Laé** est sociologue, enseignant à l'université de Paris-VIII-Saint-Denis. Il est notamment l'auteur de *L'Ogre du jugement* (Stock, 2000) et de *Lettres perdues, amour et solitude* (avec Philippe Artières, Hachette Littérature, 2003).

**Didier Lapeyronnie** est sociologue au Centre d'analyse et d'intervention sociologiques (CADIS), université Victor-Segalen, Bordeaux. Il est notamment l'auteur de *L'Individu et les minorités* (PUF, 1993).

**Thomas Lemahieu** est journaliste à *L'Humanité*. Il anime par ailleurs avec Mona Chollet le webzine *Périphéries* (www.peripheries.net).

**Jade Lindgaard** est journaliste aux *Inrockuptibles*. Elle est l'auteure du *B A BA du BHL. Enquête sur le plus grand intellectuel français* (avec Xavier de la Porte, La Découverte, 2004).

**Danièle Lochak** est professeur de droit à l'université Paris-X-Nanterre. Elle est membre du Groupe d'information et de soutien des immigrés (GISTI), dont elle a été présidente de 1985 à 2000. Elle est également vice-présidente de la Ligue des droits de l'homme.

**Nicole Maestracci** a exercé les fonctions de juge des enfants et de juge de l'application des peines ainsi que diverses responsabilités au ministère de la Justice. Responsable de la Mission interministérielle de lutte contre la drogue et la toxicomanie (MILDT) de 1998 à 2002, elle est présidente du tribunal de grande instance de Melun, et présidente de la Fédération nationale des associations de réinsertion sociale (FNARS).

**Stéphanie Maurice** est journaliste indépendante. Elle travaille notamment pour *Libération* et pour des magazines de la presse féminine.

**Gilles Moreau** est sociologue, maître de conférences à l'université de Nantes.

**Laurent Ott** est éducateur et enseignant, docteur en philosophie, auteur de *Travailler avec les familles*, Érès, 2004.

**Yves Pagès** est l'auteur d'une dizaine d'œuvres de fiction, parmi lesquelles *Petites Natures mortes aux travail* (Verticales, 2000) ; *Le Théoriste* (Verticales, 2001) et *Portraits crachés* (Verticales, 2003). Il fait partie, depuis 1998, de l'équipe éditoriale des éditions Verticales.

L'association **Pénombre** « propose un espace public de réflexion et d'échange sur l'usage du nombre dans les débats de société : justice, sociologie, médias, statistiques ».

**Xavier de la Porte** est journaliste. Il est l'auteur du *B A BA du BHL. Enquête sur le plus grand intellectuel français* (avec Jade Lindgaard, La Découverte, 2004).

**Nicolas Renahy** docteur en sociologie, est chercheur à l'INRA et au Laboratoire de sciences sociales (ENS-EHESS). Il est l'auteur de *Les Gars du coin. Enquête sur une jeunesse rurale* (La Découverte, 2005).

**Henri Rey** est directeur de recherche au Centre de recherches politiques de Sciences Po et chargé d'enseignement à l'Institut d'études politiques de Paris et à l'université de Marne-la-Vallée. Il est notamment l'auteur de *La Peur des banlieues* (Presses de Sciences Po, 1996) et de *La Gauche et les classes populaires* (La Découverte, 2004).

**Marie-Laurence Rincé** est journaliste reporter indépendante. Elle a travaillé à France Culture et BFM et a collaboré au magazine *Rolling Stone*.

**Jean Ruhlmann** est maître de conférences en histoire contemporaine à l'université Lille III-Charles-de-Gaulle et chercheur associé au Centre d'histoire de Sciences-Po. Il est l'auteur de *Ni Bourgeois ni prolétaires. La défense des classes moyennes au xx$^e$ siècle* (Seuil, 2001).

**Michel Samson** est correspondant du *Monde* en Provence-Alpes-Côte-d'Azur. Il est notamment l'auteur de *Le Front national aux affaires, deux ans d'enquête sur la vie municipale à Toulon* (Calmann-Lévy, 1997) et de

*Gouverner Marseille. Enquête sur les mondes politiques marseillais* (avec Michel Peraldi, La Découverte, 2005).

**Haydée Sabéran** est correspondante de *Libération* à Lille depuis 1999. Elle a exercé en locale, pour le quotidien *Nord Éclair*, dans les quartiers populaires de la banlieue lilloise.

**François Sicot** est maître de conférences en sociologie à l'université de Toulouse-II.

# Index thématique

(419). – (In)visibilité sociale, (in)visibilité juridique (499).

**Licenciements** : Délocalisés (40). – Disparus (79). – Intermittents de l'emploi (229). – Salariés déclassés (346). – Sans-emploi (356). – Sous-traités (399). – Travailleurs de l'ombre (429).

**Logement** : Banlieusards (32). – Discriminés (62). – Disparus (79). – Drogués (100). – Égarés (115). – Éloignés (121). – Expulsables (141). – Expulsés (155). – Femmes à domicile (166). – Gens du voyage (187). – Habitants des taudis (200). – Jeunes au travail (245). – Précaires du public (268). – Prostitué(e)s (305). – Rénovés (316). – Salariés déclassés (346). – Sans-domicile (370). – Stagiaires (408). – Travailleurs de l'ombre (429). – Vieux pauvres (443).

**Loisirs, divertissements, vacances** : Banlieusards (32). – Femmes à domicile (166). – Gars du coin (178). – Gens du voyage (187). – Intermittents de l'emploi (229). – Précaires du public (268). – Rmistes (333). – Salariés déclassés (346). – Sans-domicile (370). – Surendettés (419). – Vieux pauvres (443).

**Mobilisations** : Accidentés et intoxiqués (19). – Banlieusards (32). – Délocalisés (40). – Discriminés (62). – Drogués (100). – Enfermés (129). – Expulsables (141). – Handicapés (212). – Pressurés (277). – Privatisés (293). – Rénovés (316). – Rmistes (333). – Sous-traités (399). – Stagiaires (408). – Travailleurs de l'ombre (429).

**Monde rural** : Gars du coin (178). – Rmistes (333). – Travailleurs de l'ombre (429). – Vieux pauvres (443).

**Peur** : Accidentés et intoxiqués (19). – Délocalisés (40). – Discriminés (62). – Dissimulés (88). – Drogués (100). – Expulsables (141). – Expulsés (155). – Habitants des taudis (200). – Handicapés (212). – Jeunes au travail (245). – Précaires du public (268). – Pressurés (277). – Privatisés (293). – Prostitué(e)s (305). – Sans-domicile (370). – Sous contrôle (388). – Sous-traités (399). – Stagiaires (408). – Travailleurs de l'ombre (429).

**Police** : Discriminés (62). – Drogués (100). – Enfermés (129). – Expulsables (141). – Expulsés (155). – Gens du voyage (187). – Prostitué(e)s (305). – Sans-domicile (370). – Sous contrôle (388).

**Pouvoir d'achat** : Délocalisés (40). – Démotivés (51). – Intermittents de l'emploi (229). – Précaires du public (268). – Pressurés (277). – Prostitué(e)s (305). – Rmistes (333). – Salariés déclassés (346). – Sans-emploi (356). – Sans-domicile (370). – Sous-traités (399). – Stagiaires (408). – Surendettés (419). – Travailleurs de l'ombre (429). – Vieux pauvres (443).

**Résignation** : Discriminés (62). – Expulsables (141). – Habitants des taudis (200). – Privatisés (293). – Rénovés (316). – Sans-domicile (370). – Stagiaires (408).

**RMI** : Intermittents de l'emploi (229). – Habitants des taudis (200). – Précaires du public (268). – Prostitué(e)s (305). – Rmistes (333). – Salariés déclassés (346). – Sans-domicile (370). – Stagiaires (408). – Surendettés (419).

**Rues, routes, aires** : Drogués (100). – Égarés (115). – Gars du coin (178). – Gens du voyage (187). – Précaires du

# Table

Table | 643

**Table** | 645

## II. Connaissances et représentations du monde social

Table | 647

# Dans la même collection

### Littérature et voyages

Fadhma Amrouche, *Histoire de ma vie.*

Taos Amrouche, *Le grain magique.*

Ibn Batûtta, *Voyages* (3 tomes).

Louis-Antoine de Bougainville, *Voyage autour du monde.*

René Caillié, *Voyage à Tombouctou* (2 tomes).

Christophe Colomb, *La découverte de l'Amérique* (2 tomes).

James Cook, *Relations de voyages autour du monde.*

Hernán Cortés, *La conquête du Mexique.*

Bernal Díaz del Castillo, *Histoire véridique de la conquête de la Nouvelle-Espagne* (2 tomes).

Charles Darwin, *Voyage d'un naturaliste autour du monde.*

Charles-Marie de La Condamine, *Voyage sur l'Amazone.*

Homère, *L'Odyssée.*

Jean-François de Lapérouse, *Voyage autour du monde sur l'Astrolabe et la Boussole.*

Bartolomé de Las Casas, *Très brève relation de la destruction des Indes.*

Louis-Sébastien Mercier, *L'an 2440, rêve s'il en fut jamais.*

— *Le tableau de Paris.*

Louise Michel, *La Commune, histoire et souvenirs.*

Martin Nadaud, *Léonard, maçon de la Creuse.*

Paul Nizan, *Aden Arabie.*

Mongo Park, *Voyage dans l'intérieur de l'Afrique.*

Lady M. Montagu, *L'islam au péril des femmes.*

Marco Polo, *Le devisement du monde, le livre des merveilles* (2 tomes).

Horace Benedict de Saussure, *Premières ascensions au Mont-Blanc, 1774-1787.*

*Mémoires de Géronimo.*

Victor Serge, *Les années sans pardon.*

— *Le Tropique et le Nord.*

Inca Garcilaso de la Vega, *Commentaires royaux sur le Pérou des Incas* (3 tomes).

### Essais

Mumia Abu-Jamal, *Condamné au silence.*

— *En direct du couloir de la mort.*

Lounis Aggoun et Jean-Baptiste Rivoire, *Françalgérie, crimes et mensonges d'États.*

Hocine Aït-Ahmed, *L'affaire Mécili.*

Fadela Amara, *Ni putes ni soumises.*

Patrick Artus et Marie-Paule Virard, *Le capitalisme est en train de s'autodétruire.*

Michel Authier et Pierre Lévy, *Les arbres de connaissances.*

Morjane Baba, *Guérilla Kit.*

Étienne Balibar, *L'Europe, l'Amérique, la guerre.*

Nicolas Bancel, Pascal Blanchard et Sandrine Lemaire (dir.), *La fracture coloniale.*

Louis Barthas, *Les carnets de guerre de Louis Barthas, tonnelier, 1914-1918.*

Nicolas Beau et Catherine Graciet, *Quand le Maroc sera islamiste.*

Nicolas Beau et Jean-Pierre Tuquoi, *Notre ami Ben Ali.*

Michel Beaud, *Le basculement du monde.*

Stéphane Beaud et Younès Amrani, *« Pays de malheur ! ».*

Stéphane Beaud, Joseph Confavreux et Jade Lindgaard, *La France invisible.*

Miguel Benasayag et Diego Sztulwark, *Du contre-pouvoir.*

Sophie Bessis, *L'Occident et les autres.*

Mongo Beti, *La France contre l'Afrique.*

Paul Blanquart, *Une histoire de la ville.*

La Découverte/Poche

La Découverte/Poche

Isabelle Stengers, *Sciences et pouvoirs*.
Benjamin Stora, *Imaginaires de guerre*.
— *La gangrène et l'oubli*.
Charles Szlakmann, *Le judaïsme pour débutants* (2 tomes).
Pierre Vermeren, *Le Maroc en transition*.
Pierre Vidal-Naquet, *Les crimes de l'armée française*.
— *Les assassins de la mémoire*.
Michel Villette et Catherine Vuillermot, *Portrait de l'homme d'affaires en prédateur*.
Michel Wieviorka, *Le racisme, une introduction*.
— *Une société fragmentée ?*

## Sciences humaines et sociales

Louis Althusser, *Pour Marx*.
Jean-Loup Amselle et Elikia M'Bokolo, *Au cœur de l'ethnie*.
Benedict Anderson, *L'imaginaire national*.
Paul Bairoch, *Mythes et paradoxes de l'histoire économique*.
Étienne Balibar, *L'Europe, l'Amérique, la guerre*.
Étienne Balibar et Immanuel Wallerstein, *Race, nation, classe*.
Stéphane Beaud, *80 % au bac... et après ?*
Jean-Jacques Becker et Gilles Candar, *Histoire des gauches en France* (2 volumes).
Miguel Benasayag, *La fragilité*.
— *Le mythe de l'individu*.
Miguel Benasayag et Gérard Schmit, *Les passions tristes*.
Yves Benot, *La démence coloniale sous Napoléon*.
— *Massacres coloniaux, 1944-1950*.
— *La Révolution française et la fin des colonies*.
Bernadette Bensaude-Vincent et Isabelle Stengers, *Histoire de la chimie*.
Pascal Blanchard et al., *Zoos humains*.
Judith Butler, *Trouble dans le genre*.
Alain Caillé, *Anthropologie du don*.
François Chast, *Histoire contemporaine des médicaments*.
Jean-Michel Chaumont, *La concurrence des victimes*.

Yves Clot, *Le travail sans l'homme ?*
Serge Cordellier (dir.), *La mondialisation au-delà des mythes*.
Georges Corm, *L'Europe et l'Orient*.
François Cusset, *French Theory*.
Muriel Darmon, *Devenir anorexique*.
Mike Davis, *City of Quartz. Los Angeles, capitale du futur*.
— *Génocides tropicaux*.
— *Le pire des mondes possibles*.
Alain Desrosières, *La politique des grands nombres*.
François Dosse, *L'histoire en miettes*.
— *Michel de Certeau*.
— *L'empire du sens*.
— *Paul Ricœur*.
Mary Douglas, *Comment pensent les institutions*.
— *De la souillure*.
W. E. B. Du Bois, *Les âmes du peuple noir*.
Florence Dupont, *L'invention de la littérature*.
Jean-Pierre Dupuy, *Aux origines des sciences cognitives*.
Abdou Filali-Ansary, *Réformer l'islam ?*
Moses I. Finley, *Économie et société en Grèce ancienne*.
Patrice Flichy, *Une histoire de la communication moderne*.
François Frontisi-Ducroux, *Dédale*.
Yvon Garlan, *Guerre et économie en Grèce ancienne*.
Peter Garnsey et Richard Saller, *L'Empire romain*.
Jacques T. Godbout, *L'esprit du don*.
Olivier Godechot, *Les traders*.
Nilüfer Göle, *Musulmanes et modernes*.
Jack Goody, *L'islam en Europe*.
— *La peur des représentations*.
Anne Grynberg, *Les camps de la honte*.
Françoise Hatchuel, *Savoir, apprendre, transmettre*.
Jacques Kergoat, *La France du Front populaire*.
Will Kymlicka, *Les théories de la justice. Une introduction*.
Camille Lacoste-Dujardin, *Des mères contre les femmes*.
Yves Lacoste, *Ibn Khaldoun*.
Bernard Lahire (dir.), *À quoi sert la sociologie ?*

La Découverte/Poche

Bernard Lahire, *La culture des individus.*
— *L'esprit sociologique.*
— *L'invention de l'« illettrisme ».*
— (dir.), *Le travail sociologique de Pierre Bourdieu.*
Bruno Latour, *Changer de société, refaire de la sociologie.*
— *L'espoir de Pandore.*
— *La fabrique du droit.*
— *La science en action.*
— *Nous n'avons jamais été modernes.*
— *Pasteur : guerre et paix des microbes.*
— *Petites leçons de sociologie des sciences.*
— *Politiques de la nature.*
Bruno Latour et Steve Woolgar, *La vie de laboratoire.*
Bernard Lehmann, *L'orchestre dans tous ses éclats.*
Prosper-Olivier Lissagaray, *Histoire de la Commune de 1871.*
Geoffrey E.R. Lloyd, *Pour en finir avec les mentalités.*
Georg Lukacs, *Balzac et le réalisme français.*
Armand Mattelart, *La communication-monde : histoire des idées et des stratégies.*
— *Histoire de l'utopie planétaire.*
— *L'invention de la communication.*
John Stuart Mill, *La nature.*
Arno Mayer, *La « solution finale » dans l'histoire.*
Gérard Mendel, *La psychanalyse revisitée.*
Michel Morange, *Histoire de la biologie moléculaire.*
Annick Ohayon, *Psychologie et psychanalyse en France.*
François Ost, *La nature hors la loi.*
Élisée Reclus, *L'homme et la Terre.*
Roselyne Rey, *Histoire de la douleur.*
Annie Rey-Goldzeiguer, *Aux origines de la guerre d'Algérie.*
Maxime Rodinson, *La fascination de l'islam.*
— *Peuple juif ou problème juif ?*
Richard E. Rubenstein, *Le jour où Jésus devint Dieu.*
Fernand Rude, *Les révoltes des canuts (1831-1834).*
André Sellier, *Histoire du camp de Dora.*
Jean-Charles Sournia, *Histoire de la médecine.*

Isabelle Stengers, *Cosmopolitiques* (2 tomes).
Timothy Tackett, *Le roi s'enfuit.*
Michel Terestchenko, *Un si fragile vernis d'humanité.*
Sylvie Thénault, *Une drôle de justice.*
Francisco Varela, *Quel savoir pour l'éthique ?*
— *Les fondements philosophiques du libéralisme.*
Jean-Pierre Vernant, *Mythe et pensée chez les Grecs.*
— *Mythe et société en Grèce ancienne.*
Jean-Pierre Vernant, Pierre Vidal-Naquet, *Mythe et tragédie en Grèce ancienne* (2 tomes).
Pierre Vidal-Naquet, *Le chasseur noir.*
Michel Vovelle, *Les Jacobins.*
Loïc Wacquant, *Parias urbains.*
Max Weber, *Économie et société dans l'Antiquité.*
— *Le savant et le politique.*
William Foote Whyte, *Street Corner Society.*
Charles Wright Mills, *L'imagination sociologique.*

## État du monde

*L'État du monde en 1945.*
*États-Unis, peuple et culture.*
Rochdy Alili, *Qu'est-ce que l'islam ?*
Bertrand Badie (dir.), *Qui a peur du xxᵉ siècle ?*
Serge Cordellier (dir.), *Dictionnaire historique et géopolitique du xxᵉ siècle.*
Georges Corm, *Histoire du Moyen-Orient.*
Marc Ferro et Marie-Hélène Mandrillon (dir.), *Russie, peuples et civilisations.*
Anne-Marie Le Gloannec (dir.), *Allemagne, peuple et culture.*
Pierre Gentelle (dir.), *Chine, peuples et civilisation.*
Camille et Yves Lacoste (dir.), *Maghreb, peuples et civilisations.*
Jean-François Sabouret (dir.), *Japon, peuple et civilisation.*
François Sirel, Serge Cordellier *et al. Chronologie du monde au 20ᵉ siècle.*

La Découverte/Poche